Daniel Goleman

Der Erfolgsquotient

EQ²

Aus dem Amerikanischen
von Friedrich Griese
und Thorsten Schmidt

Carl Hanser Verlag

Titel der Originalausgabe:
Working with Emotional Intelligence
Bantam Books, New York 1998
© 1998 by Daniel Goleman

1 2 3 4 5   03 02 01 00 99

ISBN 3-446-19652-8

Alle Rechte der deutschen Ausgabe:
Carl Hanser Verlag München Wien 1999
Satz: Filmsatz Schröter, München
Druck und Bindung: Franz Spiegel Buch, Ulm
Printed in Germany

Für diejenigen, die mir gezeigt haben,
was es heißt, mit emotionaler Intelligenz zu arbeiten:
meine Eltern Fay und Irving Goleman
meinen Onkel Alvin M. Weinberg
meinen Professor David C. McClelland

Inhalt

Fünfter Teil
Die emotional intelligente Organisation

Anhang

EQ 2

Jenseits des Sachverstandes

Erster Teil

I

Der neue Maßstab

Die Regeln der Arbeitswelt sind im Wandel. Heute werden wir an einem neuen Maßstab gemessen – nicht nur daran, wie gescheit wir sind, oder an unserer Ausbildung und unserer Fachkenntnis, sondern auch daran, wie geschickt wir mit uns selbst und mit anderen umgehen. Dieser Maßstab kommt immer öfter zur Anwendung, wenn darüber entschieden wird, wen man einstellt und wen nicht, wen man entläßt und wen man behält, wen man übergeht und wen man befördert.

Die neuen Regeln lassen erkennen, wer wahrscheinlich ein Leistungs-As und wer höchstwahrscheinlich scheitern wird. Und sie messen, gleichgültig, auf welchem Gebiet wir gerade tätig sind, die Merkmale, von denen es abhängt, ob wir für einen künftigen Job in Frage kommen oder nicht.

Diese Regeln haben wenig mit dem zu tun, was uns in der Schule als wichtig gepredigt wurde; akademische Fähigkeiten spielen für diesen Maßstab kaum eine Rolle. Der neue Maßstab setzt als selbstverständlich voraus, daß wir ausreichende intellektuelle Fähigkeiten und technisches Wissen mitbringen, um unsere Aufgaben zu bewältigen; im Mittelpunkt stehen vielmehr persönliche Qualitäten wie Initiative und Empathie, Anpassungsfähigkeit und Überzeugungskraft.

Es geht hier nicht um eine flüchtige Mode und nicht um das Management-Patentrezept des Augenblicks. Die Daten, die dafür sprechen, diesen neuen Maßstab ernst zu nehmen, beruhen auf Untersuchungen an Zehntausenden von Beschäftigten in allen möglichen Berufen. Die Forschung arbeitet mit unerhörter Genauigkeit heraus, welche Qualitäten ein Leistungs-As auszeichnen. Und sie legt klar, welche menschlichen Fähigkeiten zum größeren Teil jene Ingredienzien ausmachen, auf denen herausragende Leistungen und besonders Führungsqualitäten beruhen.

Wenn Sie in einer großen Organisation arbeiten, werden Sie vermutlich jetzt schon nach diesen Fähigkeiten beurteilt, auch wenn Sie es vielleicht nicht wissen. Wenn Sie sich um eine Stelle bewerben, wird man Sie wahrscheinlich mit dieser Lupe prüfen, auch wenn man Ihnen das nicht ausdrücklich sagen wird. Was auch immer Ihre Tätigkeit ist – es kann für Ihren Berufserfolg entscheidend sein, daß Sie wissen, wie man diese Fähigkeiten pflegt.

Wenn Sie zur Leitung eines Unternehmens gehören, müssen Sie prüfen, ob Ihre Organisation diese Kompetenzen fördert oder hemmt. Je mehr das Klima Ihrer Organisation diese Kompetenzen stärkt, desto effektiver und produktiver wird Ihre Organisation sein. Sie werden die Intelligenz Ihrer Gruppe, das synergetische Zusammenwirken der besten Talente aller Beteiligten, maximieren.

Wenn Sie für eine kleine Organisation arbeiten oder wenn Sie selbständig sind, hängt die Möglichkeit, Spitzenleistungen zu erbringen, in sehr großem Maße davon ab, ob Sie diese Fähigkeiten besitzen – auch wenn man Ihnen das in der Schule ganz bestimmt nicht beigebracht hat. Auf jeden Fall wird Ihr Berufserfolg mehr oder weniger davon abhängen, wie weit Sie diese Fähigkeiten gemeistert haben.

In einer Zeit, wo es keine Arbeitsplatzsicherheit gibt, wo schon der Begriff des »Arbeitsplatzes« zusehends durch »portable Fertigkeiten« ersetzt wird, sind dies vorrangige Fähigkeiten, die uns eine Beschäftigung verschaffen und erhalten. Jahrzehntelang hat man locker, unter den verschiedensten Bezeichnungen, über diese menschlichen Talente gesprochen; es war die Rede vom »Charakter« und der »Persönlichkeit«, von »weichen Fähigkeiten« und »Kompetenz«. Jetzt versteht man sie endlich genauer, und es gibt einen neuen Namen für sie: emotionale Intelligenz.

Eine andere Art von Klugheit

»An meiner Ingenieurschule hatte ich einen so niedrigen Notendurchschnitt wie noch nie«, berichtet mir der Kodirektor einer Unternehmensberatung. »Aber als ich in die Armee eintrat und den Offiziersanwärterkurs besuchte, war ich der beste meiner Klasse. Es ging nur darum, wie man mit sich selbst umgeht, wie man mit Leuten zurechtkommt, es ging um Teamarbeit, um Führung. Und ich stelle fest: Das gilt auch in der Arbeitswelt.«

Worauf es ankommt, ist, anders gesagt, eine andere Art von Klugheit. In meinem Buch *Emotionale Intelligenz* habe ich vor allem die Erziehung behandelt, auch wenn ein kurzes Kapitel sich mit den Folgen für die Arbeit und das Gemeinschaftsleben befaßte.[1]

Was mich aufs höchste überraschte – und erfreute –, war das überwältigende Interesse aus der Geschäftswelt. Eine Flut von Briefen und Faxanfragen, E-Mails und Telefonanrufen, Bitten um Vorträge und Beratungen lockte mich auf eine weltweite Odyssee, auf der ich zu Tausenden von Menschen – von Unternehmensleitern großer Firmen bis zu Sekretärinnen – darüber sprach, was es heißt, emotionale Intelligenz auf die Arbeitswelt anzuwenden.

Immer wieder bekam ich dasselbe zu hören – es wurde für mich zu einer vertrauten Litanei. Leute wie der überdurchschnittlich erfolgreiche Unternehmensberater mit dem niedrigen Notendurchschnitt sagten mir, nach ihrer Erfahrung komme es für Höchstleistungen nicht auf technisches Fachwissen oder Buchgelehrsamkeit an, sondern auf emotionale Intelligenz. Nach dem Erscheinen meines Buches hätten sie sich endlich getraut, ein klares Wort über die wirtschaftlichen Kosten emotionaler Unfähigkeit zu sagen und die borniere Auffassung anzuzweifeln, der zufolge es allein auf Fachwissen ankommt. Jetzt seien sie in der Lage, auf eine neue Weise zum Ausdruck zu bringen, was sie sich für ihren eigenen Arbeitsplatz wünschten.

Man sprach ungewöhnlich freimütig über Dinge, die von den PR-Leuten des Unternehmens überhaupt nicht erfaßt werden. Viele schilderten ausführlich, was *nicht* funktioniert (wenn hier von solchen Fällen emotionaler Inkompetenz die Rede ist, wird die Identität des Betreffenden oder seiner Firma verschwiegen). Viele konnten aber auch von Erfolgen berichten, die bestätigen, daß es in der Praxis von Nutzen ist, wenn man mit emotionaler Intelligenz arbeitet.

Und so begann die zweijährige Untersuchung, die sich in diesem Buch niedergeschlagen hat. Dabei sind verschiedene berufliche Erfahrungen aus meinem eigenen Leben zusammengeflossen. Wenn es um die Ermittlung von Fakten und die Darstellung meiner Schlußfolgerungen ging, habe ich mich von vornherein auf die Methoden des Journalismus verlassen. Auch habe ich auf meine beruflichen Anfänge als wissenschaftlicher Psychologe zurückgegriffen und die Forschung umfassend gesichtet, soweit sie die Bedeutung der emotionalen Intelligenz für Hochleistungen von einzelnen, Teams und Organisationen beleuchtet. Schließlich habe ich einige neue wissenschaftliche Analysen von Daten aus Hunderten von Firmen vorgenommen beziehungsweise durchführen lassen, um ein exaktes Maß für die Quantifizierung des Werts der emotionalen Intelligenz zu entwickeln.

Diese Suche hat mich zurückgebracht zu Forschungen, an denen ich als Student und später als Mitglied des Lehrkörpers der Harvard University selbst mitgewirkt habe. Dabei ging es um einen der ersten Versuche, den IQ zu entzaubern, die weitverbreitete, aber verkehrte Vorstellung, daß man allein mit Intellekt Erfolg haben könne. Diese Arbeit hat dazu beigetragen, daß inzwischen eine Minibranche entstanden ist, die untersucht, welche Kompetenzen wirklich dafür verantwortlich sind, daß Menschen an Arbeitsplätzen und in Organisationen jeglicher Art erfolgreich sind, und die Ergebnisse sind erstaunlich: Hervorragende berufliche Leistungen hängen erst in zweiter Linie vom IQ ab – am wichtigsten ist emotionale Intelligenz.

Dutzende von Fachleuten sind bei der Untersuchung von annähernd fünfhundert Unternehmen, staatlichen Behörden und gemeinnützigen Organisationen zu bemerkenswert einhelligen Feststellungen gelangt, die vor allem deshalb überzeugen, weil sie die Vorurteile und Beschränkungen vermeiden, denen ein einzelner oder eine einzelne Gruppe zwangsläufig unterliegt. Sie alle verweisen darauf, daß Hochleistungen im Beruf, gleich welcher Art, vor allem auf emotionaler Intelligenz beruhen.

Das sind für die Arbeitswelt natürlich keine neuen Erkenntnisse: Die Frage, wie Menschen mit sich selbst umgehen und wie sie mit ihrer Umgebung zurechtkommen, war schon in der älteren Lehre von der Unternehmensführung von zentraler Bedeutung. Das Neue sind jedoch die Daten; aufgrund der empirischen Forschung von mittlerweile fünfundzwanzig Jahren können wir mit einer bisher unbekannten Genauigkeit sagen, wie stark der Erfolg von emotionaler Intelligenz abhängt.

Ein weiterer Erfahrungsstrang: In den Jahrzehnten, seit ich selbst in der Psychobiologie forschte, habe ich immer die neuesten Erkenntnisse der Neurowissenschaft verfolgt. Das versetzte mich in die Lage, für das Modell der emotionalen Intelligenz eine hirnwissenschaftliche Grundlage zu formulieren. Während viele Geschäftsleute seit jeher Vorbehalte gegen die »weiche« Psychologie haben und sich vor den populären Theorien, die kommen und gehen, in acht nehmen, erklärt die Neurowissenschaft unzweideutig, warum die emotionale Intelligenz eine solche Rolle spielt.

In den uralten Hirnzentren der Emotion sitzen auch die Fähigkeiten, die man braucht, um mit sich und anderen richtig umzugehen. Diese Fähigkeiten beruhen somit auf Grundlagen, die uns die Evolution für unser Überleben und unsere Anpassung mitgegeben hat.

Dank der Neurowissenschaft wissen wir, daß dieser emotionale Teil des Gehirns anders lernt als das denkende Gehirn. Das ist eine Einsicht, die für die Konzeption dieses Buches grundlegend war und die mich veranlaßt, viele herkömmliche Rezepte der firmeninternen Aus- und Weiterbildung in Frage zu stellen.

Damit stehe ich nicht allein. In den beiden letzten Jahren war ich als Vorstandsmitglied im Consortium for Research on Emotional Intelligence in Organizations tätig, einer Gruppe von Forschern aus betriebswirtschaftlichen Fakultäten, Bundesbehörden und Industrie. Wir haben in der Art und Weise, wie die Wirtschaft ihre Leute in Fähigkeiten wie dem Zuhören, der Führung, der Teambildung und der Handhabung von Veränderungen ausbildet, beklagenswerte Schwächen aufgedeckt.

In den meisten Ausbildungsprogrammen geht man von einem bestimmten theoretischen Modell aus – ein fundamentaler Irrtum, durch den Millionen von Stunden und Milliarden von Dollars vergeudet werden. Benötigt wird eine ganz neue Auffassung davon, was man braucht, um den Menschen zu helfen, ihre emotionale Intelligenz zu steigern.

Falsche Auffassungen

Während meiner weltweiten Vortrags- und Beratungstätigkeit bin ich bei Geschäftsleuten auf einige weitverbreitete Mißverständnisse bezüglich der emotionalen Intelligenz gestoßen. Sie sollten gleich zu Anfang klargestellt werden. Erstens bedeutet emotionale Intelligenz nicht einfach nur, »nett zu sein«. In entscheidenden Momenten kann sie erfordern, daß man nicht »nett« zu Menschen ist, sondern sie schonungslos mit einer unbequemen Wahrheit konfrontiert, der sie bisher ausgewichen sind.

Zweitens bedeutet emotionale Intelligenz nicht, den Gefühlen freien Lauf zu lassen, »ganz aus sich herauszugehen«. Sie bedeutet vielmehr, mit Gefühlen so umzugehen, daß sie auf angemessene und wirksame Weise zum Ausdruck gebracht werden, damit Menschen für ihre gemeinsamen Ziele reibungslos zusammenarbeiten können.

Außerdem sind Frauen in Sachen emotionaler Intelligenz nicht »klüger« als Männer, und umgekehrt sind die Männer nicht den Frauen überlegen. Jeder von uns hat in dieser Hinsicht sein eigenes Profil mit Stärken und Schwächen. Der eine besitzt vielleicht ein hohes Maß an Einfühlungsvermögen, kann aber nicht mit seinem eigenen Kummer fertigwerden; der andere mag vielleicht die geringsten Schwankungen der eigenen Stimmung bemerken, doch fehlt es ihm an sozialen Fähigkeiten.

Allerdings haben Männer und Frauen jeweils ein geschlechtsspezifisches Profil von starken und schwachen Punkten. Eine Untersuchung der emotionalen Intelligenz bei Tausenden von Männern und Frauen fand heraus, daß Frauen im Durchschnitt mehr auf ihre eigenen Emotionen achten, mehr Empathie zeigen und mit zwischenmenschlichen Beziehungen geschickter umgehen.[2] Männer sind dagegen selbstsicherer und optimistischer, passen sich leichter an und werden besser mit Streß fertig.

Doch insgesamt sind die Gemeinsamkeiten stärker als die Unterschiede. Es gibt Männer, die genauso einfühlsam sind wie die Frauen mit der größten zwischenmenschlichen Sensibilität, so wie es Frauen gibt, die Streß ebensogut aushalten wie der emotional hartgesottenste Mann. Betrachtet man die Gesamtbeurteilungen von Männern und Frauen, so gleichen sich die Stärken und Schwächen aus, so daß es, was die emotionale Intelligenz insgesamt betrifft, keine Geschlechtsunterschiede gibt.[3]

Schließlich ist das Maß unserer emotionalen Intelligenz nicht genetisch festgelegt, und es entwickelt sich auch nicht nur in der frühen Kindheit. Im Unterschied zum IQ, der sich nach den Jugendjahren kaum noch ändert, scheint die emotionale Intelligenz weitgehend erlernt zu werden, und sie entwickelt sich weiter, während wir durchs Leben gehen und aus unseren Erfahrungen lernen – unsere Kompetenz kann in dieser Hinsicht ständig zunehmen. Als man die Entwicklung der emotionalen Intelligenz über Jahre hinweg verfolgte, zeigte sich in der Tat, daß die Menschen hinsichtlich dieser Fähigkeiten immer besser wurden; sie konnten mit ihren eigenen Emotionen und Impulsen besser umgehen, sich selbst besser motivieren und ihr Einfühlungsvermögen sowie den Umgang mit anderen verfeinern. Für diese Zunahme an emotionaler Intelligenz gibt es ein altmodisches Wort: *Reife*.

Emotionale Intelligenz: Die mangelnde Priorität

Immer mehr Firmen erkennen, daß es für die Führungsphilosophie einer Organisation wichtig ist, emotionale Intelligenz zu fördern. »Nicht nur mit seinen Produkten steht man heute im Wettbewerb, sondern auch mit dem richtigen Einsatz der eigenen Leute«, erklärte mir ein Manager bei Telia, dem schwedischen Telekommunikationsunternehmen. Und Linda Keegan, Vizepräsidentin für die Weiterbildung von Führungskräften bei der Citybank, erklärte mir: »Emotionale Intelligenz ist die Grundvoraussetzung der gesamten Management-Ausbildung.«

Das wird mir immer wieder bestätigt:

- Der Leiter eines Betriebs mit 100 Mitarbeitern aus der Luft- und Raumfahrtindustrie berichtet mir, daß Allied-Signal, einer seiner Hauptkunden, verlangt habe, daß er und seine sämtlichen Angestellten sich in der überall anzutreffenden »Qualitätszirkel«-Methode ausbilden lassen. »Sie wollten, daß wir als Team besser arbeiten, und das war prima«, sagt er. »Aber es fiel uns schwer, denn wie kann man ein Team sein, wenn man nicht zuvor eine Gruppe ist? Und um eine Gruppenbindung zu entwickeln, mußten wir unsere emotionale Intelligenz steigern.«
- »Durch technische Verbesserungen und Beschleunigung der Umlaufzeit für neue Produkte konnten wir die Ertragsfähigkeit enorm steigern. Aber trotz einiger großer Erfolge flacht sich unsere Steigerungskurve ab«, erklärt mir ein Manager des deutschen Siemens-Konzerns. »Damit sie wieder ansteigt, werden wir unsere Leute besser einsetzen, unser Humankapital maximieren müssen. Deshalb bemühen wir uns, die Firma emotional intelligenter zu machen.«
- Ein ehemaliger Projektmanager bei Ford schildert, wie er die an der Sloan School of Management des MIT entwickelten Methoden der »lernenden Organisation« bei der Umgestaltung des Lincoln Continental nutzte. Was er über die emotionale Intelligenz lernte, war für ihn so etwas wie eine Offenbarung: »Das waren genau die Fähigkeiten, die wir brauchten, um aus uns eine effektiv lernende Organisation zu machen.«

Die American Society for Training and Development untersuchte 1997 die bei Großunternehmen angewandten Beurteilungsverfahren und stellte fest, daß vier von fünf Unternehmen sich bemühen, durch Aus- und Weiterbildung die emotionale Intelligenz bei ihren Beschäftigten zu fördern, die die Leistung bewerten oder für Einstellungen verantwortlich sind.[4]

Wenn das stimmt, warum schreibe ich dann dieses Buch? Weil das, was viele oder gar die meisten Organisationen getan haben, um die emotionale Intelligenz zu fördern, kläglich war und Unmengen an Zeit, Energie und Geld vergeudet hat. So ergab die systematischste Studie, die (siehe Teil 4) jemals im Hinblick auf den Ertrag von Aufwendungen für die Ausbildung von Führungskräften durchgeführt wurde, daß ein hochangesehenes einwöchiges Seminar für Topmanager sich leicht *negativ* auf ihre Leistung auswirkte.

Die Unternehmen werden sich der Tatsache bewußt, daß auch die kostspieligste Ausbildung schiefgehen kann und vielfach auch schiefgeht. Und dieses Scheitern tritt zu einem Zeitpunkt auf, da man erkennt, daß es die emotionale Intelligenz von einzelnen und Organisationen ist, die als Zutat im Rezept für Konkurrenzfähigkeit fehlt.

Warum es jetzt darauf ankommt

In einem innovativen kalifornischen Jungunternehmen, das sich mit Biotechnologie befaßt, listete der Chef stolz die Merkmale auf, die die Modernität seiner Organisation ausmachen: Keiner hatte ein festes Bürozimmer, auch er nicht, sondern jeder hatte einen kleinen Laptop bei sich, sein mobiles Büro, und war mit allen anderen vernetzt. Hierarchische Titel spielten keine Rolle; die Angestellten arbeiteten in funktionsübergreifenden Teams, und das Unternehmen sprudelte über vor kreativer Energie. Eine Arbeitswoche von siebzig oder achtzig Stunden war die Regel.

»Und wo ist die Kehrseite?« fragte ich ihn.

»Die gibt es nicht«, versicherte er mir.

Und das war ein großer Irrtum. Als ich ungehindert mit den Angestellten sprechen konnte, stellte sich die Wahrheit heraus: Durch das hektische Tempo fühlten sich die Leute ausgebrannt und ihres Privatlebens beraubt. Und wenn auch jeder per Computer mit jedem kommunizieren konnte, hatten die Leute doch das Gefühl, daß keiner ihnen wirklich zuhörte.

Sie sehnten sich ungeheuer nach persönlichen Beziehungen, nach Empathie, nach offener Kommunikation.

In dem neuen, schnörkellosen Unternehmensklima, für das »jeder Arbeitsplatz zählt«, werden diese menschlichen Realitäten wichtiger als je zuvor. Ständiger Wandel ist die Regel; technische Neuerungen, der globale Wettbewerb und der Druck der institutionellen Anleger werden immer stärker und die Menschen dauernd in Trab gehalten.

Noch wichtiger wird emotionale Intelligenz durch eine andere Realität: Während durch Entlassungswellen die Organisationen schrumpfen, bekommen diejenigen, die übrigbleiben, mehr Verantwortung – und sie stehen mehr im Rampenlicht. Konnte ein mittlerer Angestellter früher leicht seine Gereiztheit oder seine Schüchternheit verbergen, werden solche Kompetenzen wie die Handhabung der eigenen Emotionen, Geschicklichkeit im Umgang mit anderen, Teamarbeit und Führungsfähigkeit heute sichtbarer – und es kommt stärker auf sie an. Die Globalisierung des Arbeitsmarktes macht emotionale Intelligenz in den reicheren Ländern besonders lohnend. Sollen die höheren Löhne dort behauptet werden, müssen sie durch eine neuartige Produktivität gerechtfertigt werden. Und dafür reichen strukturelle Korrekturen oder technische Neuentwicklungen nicht aus: Wie die kalifornische Biotech-Firma zeigte, schaffen der Abbau von Hierarchien und andere Innovationen oft neue Probleme, die dringend nach noch mehr emotionaler Intelligenz verlangen.

So, wie sich die Wirtschaft ändert, ändern sich auch die Eigenschaften, die man braucht, um herausragende Leistungen zu erbringen. Wenn man die Vorzüge von Leistungs-Assen über mehrere Jahrzehnte verfolgt, zeigt sich, daß zwei Fähigkeiten, die noch in den siebziger Jahren für den Erfolg keine besondere Rolle spielten, in den neunziger Jahren entscheidende Bedeutung bekommen haben: Teambildung und Wandlungsfähigkeit. Und als Merkmale von Leistungs-Assen zeichnen sich ganz neue Fähigkeiten ab: als Katalysator des Wandels zu wirken und sich die Vielfalt zunutze zu machen. Neue Herausforderungen verlangen nach neuen Talenten.

Ständige Unruhe und neue Angst

Ein Freund in einer Firma, die zu den 500 größten auf der Liste der Zeitschrift *Fortune* gehört und sich gerade durch die Entlassung von Tausenden von Angestellten verschlankt hat, sagte mir: »Es war furchtbar: So viele Leute, die ich seit Jahren kenne, wurden rausgeschmissen, heruntergestuft oder versetzt. Für alle war es hart. Ich habe meinen Arbeitsplatz behalten, aber meine Einstellung hat sich total verändert.

Ich bin hier seit dreißig Jahren, und in dieser Zeit hat man uns das Gefühl gegeben, daß, solange wir anständige Arbeit leisten, die Firma zu uns hält. Dann hieß es völlig unerwartet: ›Hier hat niemand mehr einen garantierten Arbeitsplatz.‹«

Es scheint, daß niemand mehr irgendwo einen garantierten Arbeitsplatz hat. Für die abhängig Beschäftigten sind schwierige Zeiten angebrochen. Wenn sich das Gefühl einschleicht, daß niemandes Arbeitsplatz sicher ist, obwohl die Firma prächtige Gewinne erzielt, machen sich Angst, Sorge und Verwirrung breit.

Ein Anzeichen dafür ist wachsende Nervosität: Eine amerikanische

Firma für die Vermittlung von Führungskräften gab an, daß von denen, die sich nach Stellen erkundigten, über die Hälfte noch beschäftigt war, aber aus Furcht, die Stelle zu verlieren, sich schon nach einer neuen umsah.[5] An dem Tag, als AT&T begann, die ersten von vierzigtausend Mitarbeitern von der beabsichtigten Entlassung zu informieren – und das in einem Jahr, in dem ihr Gewinn die Rekordsumme von 4,7 Milliarden Dollar erreichte –, wurde durch Umfrage ermittelt, daß jeder dritte Amerikaner befürchtete, daß ein Familienangehöriger in Kürze seine Arbeit verlieren würde.

Solche Befürchtungen setzen sich fest in einer Zeit, in der die amerikanische Wirtschaft mehr Arbeitsplätze schafft, als sie verliert. Der ständige Abbau von Arbeitsplätzen, von den Ökonomen als »Flexibilisierung des Arbeitsmarktes« beschönigt, ist inzwischen eine besorgniserregende Erscheinung. Und er ist Bestandteil einer globalen Flutwelle, die über alle führenden Wirtschaftsmächte der entwickelten Welt hinwegfegt, in Europa genauso wie in Asien und Amerika. Eine blühende Konjunktur ist keine Garantie für Beschäftigung; während die Wirtschaft boomt, wird weiter entlassen. Dieses Paradox ist – in den Worten des MIT-Ökonomen Paul Krugman – »der bedauerliche Preis, den wir dafür bezahlen müssen, daß wir eine so dynamische Wirtschaft haben«.[6]

Man spürt inzwischen deutlich, wie sich die neue Berufslandschaft verdüstert hat. »Das Klima, in dem wir arbeiten, entspricht einem geräuschlosen Krieg«, erklärte mir ein Mann der mittleren Führungsebene aus einem multinationalen Unternehmen. »Früher war man loyal gegenüber seiner Firma und erwartete Loyalität von ihr. Das ist heute nicht mehr drin. Jeder wird zu seiner eigenen kleinen Firma innerhalb des Unternehmens – man muß in der Lage sein, im Team zu arbeiten, aber auch bereit sein, um Macht zu kämpfen und sich von den anderen zu lösen.«

Für viele ältere Arbeitnehmer, Kinder der Leistungsgesellschaft, denen man beigebracht hat, daß Bildung und Sachverstand ein Dauerticket zum Erfolg seien, mag diese neue Denkweise schockierend sein. Allmählich begreifen sie, daß ausgezeichnete geistige Fähigkeiten und überragendes technisches Können für den Erfolg nicht ausreichen und daß wir auf dem zunehmend turbulenten Arbeitsmarkt der Zukunft für das bloße Überleben – und erst recht für ein gutes Leben – eine andere Art von Fähigkeiten brauchen. Innere Qualitäten wie Belastbarkeit, Initiative, Optimismus und Anpassungsfähigkeit erfahren eine neue Wertschätzung.

Eine Krise kündigt sich an:
Der IQ steigt, der EQ sinkt

Seit 1918, als der IQ-Test erstmals in großem Maßstab bei den Rekruten der amerikanischen Armee angewandt wurde, ist der durchschnittliche IQ-Wert in den Vereinigten Staaten um 24 Punkte gestiegen, und einen ähnlichen Anstieg verzeichneten alle entwickelten Länder.[7] Gründe sind unter anderem eine bessere Ernährung, eine größere Zahl von Kindern, die länger zur Schule gehen, Computerspiele und Puzzles, die Kindern helfen, räumliche Fähigkeiten zu entwickeln, und eine geringere Kinderzahl pro Familie (die durchweg mit höheren IQ-Werten bei den Kindern einhergeht).

Wir beobachten jedoch eine gefährliche gegenläufige Entwicklung: Während die Kinder beim IQ immer schlauer werden, sinkt ihre emotionale Intelligenz. Die möglicherweise beunruhigendste Tatsache kam durch eine großangelegte Befragung von Eltern und Lehrern ans Licht: Die derzeitige Kindergeneration ist emotional stärker gestört als die letzte. Die Kinder sind im Schnitt einsamer und depressiver, zorniger und aufsässiger, nervöser und stärker zu Kummer neigend, impulsiver und aggressiver.

Zweimal im mehrjährigen Abstand wurden Zufallsstichproben amerikanischer Kinder zwischen sieben und sechzehn Jahren von ihren Eltern und Lehrern, also von Erwachsenen, die sie gut kannten, beurteilt – zuerst Mitte der siebziger Jahre, dann Ende der achtziger Jahre.[8] In diesen fünfzehn Jahren hat die emotionale Intelligenz der Kinder ständig nachgelassen. Zunächst schnitten ärmere Kinder im Schnitt schlechter ab, doch der Rückgang war in allen ökonomischen Gruppen derselbe – in den reichsten Vororten war er genauso steil wie im ärmsten innerstädtischen Slum.

Der Psychologe Thomas Achenbach von der Universität von Vermont, der diese Untersuchungen durchführte und bei entsprechenden Studien in anderen Ländern mitwirkte, sieht einen weltweiten Rückgang bei den grundlegenden emotionalen Kompetenzen der Kinder. Ausdruck dessen ist die steigende Zahl junger Leute, bei denen Probleme wie Verzweiflung, Entfremdung, Drogenmißbrauch, Kriminalität und Gewalt, Depressionen oder Eßstörungen, ungewollte Schwangerschaft, Mobbing und Abbruch des Schulbesuchs zu beobachten sind.

Für die Arbeitswelt kündigen sich hier beunruhigende Entwicklungen an, nämlich wachsende Defizite an emotionaler Intelligenz, besonders bei den Berufsanfängern. Die Mehrzahl der Kinder, die Achenbach Ende der achtziger Jahre untersuchte, wird im Jahr 2000 in den Zwanzigern sein. Die Generation, die bezüglich der emotionalen Intelligenz zurückfällt, kommt jetzt auf den Arbeitsmarkt.

Was Arbeitgeber sich wünschen

Wie eine Umfrage unter amerikanischen Arbeitgebern ergab, fehlt es mehr als der Hälfte ihrer Mitarbeiter an der Motivation, sich in ihrem Beruf weiterzubilden und aufzusteigen. Vier von zehn Mitarbeitern sind unfähig, mit ihren Kollegen kooperativ zusammenzuarbeiten, und nur 19 Prozent derer, die sich als Berufsanfänger um eine Stelle bewerben, besitzen genügend Selbstdisziplin in ihren Arbeitsgewohnheiten.[9]

Immer mehr Arbeitgeber beklagen, daß es den Neueingestellten an sozialen Fähigkeiten fehlt. Ein Vorstandsmitglied einer großen Restaurantkette sagt: »Allzu viele junge Leute können keine Kritik vertragen; wenn man sich über ihre Leistungen äußert, gehen sie auf Abwehr oder werden aggressiv. Auf Leistungsbeurteilungen reagieren sie, als würde man sie persönlich angreifen.«

Das Problem tritt nicht nur bei neuen Mitarbeitern auf, sondern auch bei altbewährten Mitgliedern der Führungsebene. In den sechziger und siebziger Jahren konnte man Karriere machen, wenn man die richtigen Schulen besuchte und einen guten Abschluß vorlegte. Doch die Welt ist voll von gutausgebildeten, einstmals vielversprechenden Männern und Frauen, die wegen entscheidender Mängel an emotionaler Intelligenz in ihrer Berufslaufbahn steckengeblieben oder, schlimmer noch, gescheitert sind.

In einer landesweiten Umfrage gaben Arbeitgeber an, was sie von Berufsanfängern erwarten; danach sind bestimmte fachliche Kenntnisse nicht so wichtig wie die grundlegende Fähigkeit, berufsbegleitend zu lernen. Darüber hinaus wünschten sich die Arbeitgeber
- Zuhörenkönnen und mündliche Kommunikation;
- Anpassungsfähigkeit und kreative Reaktionen auf Rückschläge und Schwierigkeiten;
- Gewandtheit, Selbstvertrauen, Motivation zu zielgerichteter Arbeit, Bedürfnis nach beruflichem Aufstieg und Stolz auf eigene Leistungen;
- erfolgsorientierte, kooperative Einstellung zur Gruppe und zu an-

deren, Teamarbeit, Fähigkeit zur Beilegung von Meinungsverschiedenheiten;

- Effektivität innerhalb der Organisation, das Bedürfnis, etwas beizutragen, Führungsqualitäten.[10]

Von sieben gewünschten Eigenschaften hatte nur eine mit der Vorbildung zu tun: lesen, schreiben und rechnen können.

Eine ähnliche Liste ergab eine Untersuchung, bei der Firmen gefragt wurden, was sie von studierten Betriebswirten bei der Einstellung erwarten.[11] Am häufigsten genannt werden kommunikative Fähigkeiten, Gewandtheit im Umgang mit anderen und Initiative. Von Jill Fadule, dem für die Aufnahme und finanzielle Unterstützung von Studierenden zuständigen geschäftsführenden Direktor an der Harvard Business School, erfuhr ich, daß die Schule bei Bewerbern vor allem auf »Empathie, Blick für die Verhältnismäßigkeit der Dinge, psychischen Kontakt und Kooperation« achtet.

Unsere Reise

Mit diesem Buch möchte ich auf die wissenschaftlichen Argumente aufmerksam machen, die uns nahelegen, mit emotionaler Intelligenz zu arbeiten – als einzelne, in Gruppen, als Organisationen. Bei jedem Schritt habe ich mich bemüht, die Richtigkeit der wissenschaftlichen Feststellungen dadurch zu belegen, daß ich Menschen zu Wort kommen lasse, die in den verschiedensten beruflichen Stellungen und Organisationen tätig sind.

In Teil 1 zeige ich, daß herausragende berufliche Leistungen weniger vom IQ und vom Sachverstand abhängen, sondern von der emotionalen Intelligenz, und daß Führungsqualitäten fast ausschließlich auf ihr beruhen. Die wirtschaftlichen Tatsachen sind eindeutig: Firmen, die sich diesen Vorteil zunutze machen, haben ein meßbar höheres Betriebsergebnis.

Teil 2 geht auf zwölf berufsbezogene Fähigkeiten ein, darunter Initiative, Vertrauenswürdigkeit, Selbstvertrauen und Zielstrebigkeit, die allesamt auf Selbstmeisterung beruhen, und beschreibt, was sie jeweils zu herausragenden Leistungen beisteuern.

In Teil 3 wende ich mich dreizehn entscheidenden Beziehungsfähigkeiten zu, darunter Empathie und politisches Bewußtsein, die Nutzung von Vielfalt, Teamfähigkeiten und Führungsqualität. Diese Fähigkeiten erlauben uns zum Beispiel, uns sicher durch die Tendenzen innerhalb einer Organisation zu bewegen, während andere scheitern. Insgesamt wird der Leser ungefähr ermessen können, wie es bei ihm mit der praktischen Nutzung der emotionalen Intelligenz im Berufsleben bestellt ist. Wie man in Kapitel 3 sehen wird, verlangen herausragende Leistungen nicht, daß man in all diesen Fähigkeiten glänzt, sie verlangen aber, daß man in hinreichend vielen von ihnen stark ist, um die kritische Masse für den Erfolg zu erreichen.

Teil 4 verkündet die gute Nachricht: Gleichgültig, in welchen Kompetenzen wir schwach sind, wir können stets lernen, besser zu werden. Um dem Leser, der seine emotionalen Intelligenzfähigkeiten verbessern möchte, dabei zu helfen, nach Möglichkeit weder Zeit noch Geld zu vergeuden, biete ich praktische, wissenschaftlich gestützte Anleitungen, wie man das am besten bewerkstelligt.

Teil 5 geht schließlich auf die Frage ein, was es für eine Organisation bedeutet, emotional intelligent zu sein. Ich beschreibe ein entsprechendes Unternehmen und zeige, inwiefern die dort angewandten Praktiken nicht nur zum Geschäftsergebnis beitragen können, sondern auch dazu, daß es befriedigend und erstrebenswert ist, für Organisationen zu arbeiten. Ich zeige ferner, daß Firmen, die die emotionalen Realitäten ihrer Angestellten ignorieren, sich dadurch selbst in Gefahr bringen, während Organisationen, die mit emotionaler Intelligenz arbeiten, bestens gerüstet sind, um in den stürmischen Jahren, die vor uns liegen, nicht nur zu überleben, sondern glänzend zu bestehen.

So sehr ich wünsche, hilfreich zu sein, ist dieses Buch doch keine Anleitung zur Selbsthilfe. Es sind allzu viele Ratgeber auf dem Markt, die allzuviel versprechen, was die Steigerung der emotionalen Intelligenz angeht. So wohlgemeint diese Bücher ohne Zweifel sind – in der Regel verfestigen sie die bestehenden Illusionen darüber, was wirklich von einem verlangt wird, wenn man sich in diesen entscheidenden Fähigkeiten verbessern will. Patentlösungen werden Sie hier nicht finden, dafür aber brauchbare Anleitungen zu der echten Arbeit, die es kostet, wenn man seine emotionale Kompetenz steigern will. Um diese Anleitungen zu formulieren, wurden neue Denkansätze ebenso sorgfältig geprüft wie Forschungsergebnisse und modellhafte praktische Anwendungen in Organisationen verschiedener Länder.

Heute hängen unsere Zukunftsaussichten zunehmend davon ab, daß wir im Umgang mit uns selbst und mit anderen mehr Geschicklichkeit zeigen. Ich hoffe, eine gewisse praktische Anleitung dafür zu liefern, daß wir die großen persönlichen und beruflichen Herausforderungen des nächsten Jahrhunderts bewältigen.

2

Kompetenzen der Leistungs-Asse

Anfang der siebziger Jahre, auf dem Höhepunkt der weltweiten Studentenproteste gegen den Vietnamkrieg, kam einer Bibliothekarin, die bei einer Auslandsniederlassung der U.S. Information Agency eingesetzt war, Böses zu Ohren: Eine Studentengruppe drohte, ihre Bibliothek niederzubrennen. Doch sie hatte Freunde unter den Aktivisten, von denen die Drohung ausging. Man könnte ihre Reaktion auf den ersten Blick für naiv oder tollkühn oder auch beides halten: Jedenfalls lud sie die Gruppe ein, die Bibliotheksräume gelegentlich für Zusammenkünfte zu nutzen.

Sie brachte indessen auch Amerikaner, die in dem betreffenden Land lebten, dazu, den Treffen als Zuhörer beizuwohnen – und leitete auf diese Weise statt einer Konfrontation einen Dialog in die Wege.

Sie machte sich damit ihre persönliche Beziehung zu der Handvoll von Studentenführern zunutze, die sie gut genug kannte, um ihnen zu vertrauen, und die wiederum ihr vertrauten. Der kluge Schritt eröffnete neue Wege zur gegenseitigen Verständigung und kräftigte die freundschaftlichen Bindungen zu den Studentenführern. Die Bibliothek blieb unversehrt.

Die Bibliothekarin bewies die Fähigkeiten einer hervorragenden Vermittlerin oder Friedensstifterin, denn sie begriff, worauf eine angespannte, rasch eskalierende Situation zulief, und brachte eine Reaktion zustande, die die Menschen nicht entzweite, sondern zusammenführte. Ihre Institution entging den Beschädigungen, die andere amerikanische Auslandsvertretungen erlitten, deren Mitarbeiter nicht im gleichen Maße über diese menschlichen Fähigkeiten verfügten.

Die Bibliothekarin gehörte zu einer Gruppe von jungen Diplomaten, die, vom State Department als »Superstars« benannt, von einem Team unter Leitung von Professor David McClelland von der Harvard University ausführlich interviewt wurden.[1]

McClelland war damals mein Doktorvater, und er bezog mich in sein Forschungsprogramm ein. Die Ergebnisse seiner Studien veranlaßten ihn, einen Aufsatz zu publizieren, der die Auffassungen über die Entstehungsbedingungen von hervorragenden Leistungen revolutionierte.

Mit der Erforschung dessen, was zu hervorragenden beruflichen Leistungen beiträgt, trat McClelland in ein Forschungsprogramm ein, das mit dem Werk von Frederick Taylor zu Beginn des 20. Jahrhunderts seine erste wissenschaftliche Begründung erhalten hatte. Von Taylor inspirierte Arbeitsstudien, bei denen ermittelt wurde, wie ein Arbeiter seine Aufgabe mechanisch am effizientesten erfüllen kann, eroberten die Welt der Fabriken. Maßstab der menschlichen Arbeit war die Maschine.

Dem Taylorismus auf dem Fuße folgte ein anderer Bewertungsmaßstab: der IQ-Test. Für seine Befürworter waren die Fähigkeiten des menschlichen Geistes der korrekte Leistungsmaßstab.

Mit dem Aufstieg der Freudschen Lehre traten dann wieder andere Experten auf, die zusätzlich zum IQ die Persönlichkeit zur Voraussetzung glänzender Leistungen erklärten. In den sechziger Jahren waren Persönlichkeitstests und Typisierungen – ob jemand beispielsweise extravertiert oder introvertiert, ein »gefühlsbetonter« oder »rationaler« Typ ist – gängige Verfahren zur Beurteilung der Leistungsfähigkeit.

Es gab da jedoch ein Problem. Etliche Persönlichkeitstests waren für vollkommen andere Zwecke entwickelt worden, etwa für die Diagnose psychischer Störungen, und gaben daher über die berufliche Leistung nur unzureichend Auskunft. Auch IQ-Tests waren nicht unfehlbar; Menschen mit einem hohen IQ schnitten im Berufsleben oft kläglich ab, während solche mit einem mittleren IQ sich äußerst gut bewährten.

McClellands Aufsatz von 1973, »Testing for Competence Rather than Intelligence«, erweiterte die Grenzen der Debatte. Die herkömmliche Art, akademische Leistungen durch Schulnoten und Zeugnisse auszudrücken, gab keinerlei Auskunft darüber, wie einer sich im Beruf bewähren und ob er im Leben erfolgreich sein würde.[2] McClelland vertrat vielmehr die Meinung, daß eine Reihe von spezifischen Kompetenzen, darunter Empathie, Selbstdisziplin und Initiative, die Erfolgreichsten gegenüber denen auszeichnet, die lediglich gut genug sind, um ihre Stelle zu behalten. Um die Kompetenzen herauszufinden, auf denen die Spitzenleistung im jeweiligen Beruf beruht, solle man sich zunächst die Stars vornehmen und feststellen, welche Kompetenzen sie an den Tag legen.

Der Aufsatz von McClelland begründete eine völlig neue Auffassung, wie Leistung zu messen sei: Die zur Beurteilung herangezogenen Kompetenzen richteten sich nach der jeweiligen beruflichen Aufgabenstellung. Eine »Kompetenz« in diesem Sinne ist ein Persönlichkeitsmerkmal oder ein Komplex von Verhaltensgewohnheiten, der zu effektiverer oder überlegener beruflicher Leistung führt, anders gesagt: eine Fähigkeit, die die Anstrengungen, die einer in seine Arbeit investiert, mit einem eindeutigen ökonomischen Wert versieht.

Von dieser Erkenntnis ausgehend, hat man in den letzten fünfundzwanzig Jahren Hunderttausende von Beschäftigten bewertet, von Büroangestellten bis zu Spitzenmanagern, in Organisationen, die so riesig sind wie die amerikanische Bundesverwaltung und AT & T oder so winzig wie ein Ein-Mann-Betrieb. Immer stellte sich heraus, daß ein Grundbestand an persönlichen und sozialen Fähigkeiten für den Erfolg der Menschen entscheidend ist: die emotionale Intelligenz.

Der ausgeblendete Programmierer

Zwei Computerprogrammierer schildern, wie sie ihre Aufgabe angehen, Programme zu entwickeln, die den dringenden geschäftlichen Bedürfnissen ihrer Kunden entsprechen. Der eine erzählt: »Ich hörte, wie er sagte, daß er alle Daten in einem einfachen Format braucht, das auf eine einzige Seite paßt.« Also machte er sich daran, genau das zu liefern.

Doch der andere hat offenbar Schwierigkeiten, zur Sache zu kommen. Im Unterschied zum ersten Programmierer spricht er nicht von den Bedürfnissen seiner Kunden. Stattdessen ergeht er sich in langweiligen technischen Erläuterungen: »Der BASIC-Compiler des HP 3000/30 war zu langsam, deshalb griff ich direkt auf eine Routine in Maschinensprache zurück.« Mit anderen Worten: Sein Hauptinteresse gilt den Maschinen, nicht den Menschen.

Es hieß, der erste Programmierer leiste hervorragende Arbeit, er könne Programme schreiben, die wirklich benutzerfreundlich sind; der zweite ist in dieser Hinsicht allenfalls mittelmäßig – er hat seine Kunden praktisch ausgeblendet. Der erste Programmierer zeigt emotionale Intelligenz, der andere, daß es ihm daran mangelt. Beide wurden nach einer Methode befragt, die McClelland entwickelt hatte, um die Kompetenzen zu ermitteln, durch die sich Leistungs-Asse in allen erdenklichen Tätigkeiten auszeichnen.[3]

McClellands Einsicht beruhte auf seinen Untersuchungen im Auftrag verschiedener Unternehmen und Organisationen wie dem amerikanischen State Department, das ihn um eine Bewertung der Fähigkeiten herausragender Mitarbeiter gebeten hatte, jener jungen Diplomaten, die Amerika in anderen Ländern repräsentieren. Ihre Aufgabe besteht, wie bei Verkäufern oder Kundenbetreuern, im Grunde darin, Amerika zu »verkaufen«, also Leute im Ausland dazu zu bringen, positiv über die Vereinigten Staaten zu denken.

Der Auswahltest für diese Diplomatenposten war nur von Bewerbern zu schaffen, die die beste Ausbildung mitbrachten. Er maß Fähigkeiten, die ein Diplomat nach Ansicht höherer Beamter des State Department brauchte, vor allem gediegene Kenntnisse in akademischen Fächern wie amerikanische Geschichte und Kultur, sprachliche Gewandtheit und Fachkenntnisse auf einem Gebiet wie etwa der Wirtschaft. Das Problem war, daß die Prüfung lediglich ermittelte, wie gut die Bewerber ihre Lernaufgaben bewältigt hatten.

Ihr Abschneiden ließ kaum erkennen, wie diese jungen Diplomaten sich in Frankfurt, Buenos Aires oder Singapur bewähren würden.[4] Tatsächlich bestand sogar eine negative Korrelation zwischen ihrer dienstlichen Leistungsbewertung und ihrem Abschneiden in dem Test, mit dessen Hilfe man sie ausgewählt hatte; die bloße Beherrschung akademischer Themen war bedeutungslos (oder schlimmer, sie war abträglich) für die Kompetenzen, auf die es bei jener Form von Verkaufstätigkeit ankommt, die man Diplomatie nennt.

Was wirklich zählte, war nach McClellands Feststellung eine ganz andersartige Kompetenz. Als er die »Superstars« befragte, die ihm vom State Department als seine begabtesten und tüchtigsten jungen Diplomaten benannt worden waren, und sie mit mittelmäßigen Kollegen verglich, ergaben sich die aufschlußreichsten Unterschiede bei einer Reihe von grundlegenden menschlichen Fähigkeiten, die von akademischen oder IQ-Tests einfach nicht erfaßt wurden.

Unter den ganz andersartigen Tests, zu denen McClelland griff, war eine ausgeklügelte Bewertung der Fähigkeit, Emotionen zu deuten, die kurz zuvor ein Harvard-Kollege entwickelt hatte. Der Prüfling betrachtet kurze Ausschnitte von Videoaufnahmen, in denen Menschen von emotionalen Situationen sprechen, etwa von einer Ehescheidung oder einer Auseinandersetzung am Arbeitsplatz.[5] Der Klang wird elektronisch so verfremdet, daß die Worte selbst nicht zu verstehen sind, sondern nur der Tonfall durchkommt, dessen Nuancen verraten, was die betreffende Person empfindet.

McClelland fand heraus, daß die »Stars« sehr viel besser als die Mittelmäßigen imstande waren, die Emotionen der Sprecher genau zu erfassen. Das äußerte sich in einer Fähigkeit, emotionale Botschaften bei

Menschen von völlig anderer Herkunft zu deuten, sogar dann, wenn sie deren Sprache nicht verstanden, eine Kompetenz, die nicht nur für Diplomaten wichtig ist, sondern die man in der gesamten heutigen Arbeitswelt braucht, um sich Vielfalt zunutze zu machen.

Bei der Schilderung von kritischen Momenten im Dienst kamen die Außenamtsmitarbeiter immer wieder auf heikle Situationen zu sprechen, wie sie die friedensstiftende Bibliothekarin erlebt hatte. Bei den sozial nicht so gewandten Diplomaten endete die Geschichte meistens damit, daß die Dinge schiefliefen, weil sie unfähig waren, die Menschen, mit denen sie es zu tun hatten, zu deuten und mit ihnen umzugehen.

Bereiche der Spitzenleistung: Die Grenzen des IQ

Zwei Menschen, die zu den (zumindest im akademischen Sinne) gescheitesten gehören, die ich je kennengelernt habe, sind beruflich sehr unterschiedliche Wege gegangen. Mit dem einen befreundete ich mich während meines ersten Studienjahres; bei der Aufnahmeprüfung schnitt er glänzend ab – im akademischen Leistungstest kam er im verbalen und im mathematischen Teil auf 800 Punkte, und drei Einstufungstests bestand er mit »sehr gut«. Doch er hatte keine Lernmotivation, schwänzte oft die Vorlesung und gab seine Referate nicht rechtzeitig ab. Eine Zeitlang ließ er das Studium schleifen, um es nach zehn Jahren endlich abzuschließen. Heute gibt er an, mit seiner Tätigkeit als selbständiger Computerberater zufrieden zu sein.

Der andere war ein mathematisches Wunderkind und kam mit zehn Jahren auf meine High-School, die er mit zwölf abschloß, um mit achtzehn in Oxford den Doktorgrad in theoretischer Mathematik zu erwerben. Auf der High-School war er ein bißchen klein für sein Alter, und da er so jung war, reichte er den meisten von uns gerade bis zur Schulter. Außerdem war er ungefähr doppelt so intelligent wie alle anderen, und viele Schüler nahmen ihm das übel. Oft wurde er verhöhnt und getriezt. Aber trotz seiner Kleinwüchsigkeit ließ er sich nichts gefallen. Wie ein kleiner Kampfhahn behauptete er sich auch gegen die größten Kerle in der Schule. Seine Selbstwahrnehmung stand seinem Intellekt nicht nach. Das erklärt vielleicht, warum er nach meinem letzten Kenntnisstand inzwischen Chef eines der angesehensten Mathematik-Departments der Welt ist.

Wenn man bedenkt, wie hoch der IQ in Schulen und Aufnahmeprüfungen bewertet wird, ist es erstaunlich, wie wenig er über den Erfolg im Beruf und im Leben aussagt. Setzt man das Abschneiden im IQ-Test in Beziehung zum beruflichen Erfolg, so werden die Unterschiede der höchsten Schätzung zufolge zu rund 25 Prozent dem IQ zugeschrieben.[6] Eine genaue Analyse läßt jedoch vermuten, daß der Einfluß des IQ auf den beruflichen Erfolg maximal bei 10 Prozent und minimal bei 4 Prozent liegt.[7]

Der IQ allein läßt also im besten Fall 75 Prozent und im schlimmsten Fall 96 Prozent des beruflichen Erfolgs unerklärt; von ihm hängt es folglich nicht ab, ob einer Erfolg hat oder scheitert. Eine Untersuchung von Harvard-Absolventen in den Fächern Recht, Medizin, Lehrberuf und Betriebswirtschaft ergab zum Beispiel, daß das Abschneiden bei den Aufnahmeprüfungen – als Surrogat für den IQ – mit dem späteren beruflichen Erfolg keinen oder einen negativen Zusammenhang aufwies.[8]

Paradoxerweise ist der IQ am wenigsten imstande, den Erfolg derjenigen vorherzusagen, die immerhin so gescheit sind, daß sie mit den kognitiv anspruchsvollsten Fächern zurechtkommen, und die Bedeutung der emotionalen Intelligenz für den Erfolg wird um so größer, je höher die Intelligenzanforderungen für die Aufnahme in einen Fachbereich sind. In MBA-Programmen oder in Bereichen wie Ingenieurwissenschaft, Recht oder Medizin, wo die Auswahl von Bewerbern fast ausschließlich auf intellektuelle Fähigkeiten abstellt, hängt die Entscheidung, wer am Ende einen Führungsposten einnimmt, sehr viel stärker als vom IQ von der emotionalen Intelligenz ab.

»Unter den fünf- bis sechshundert Stellen, für die wir Kompetenzstudien durchgeführt haben, war nur eine Handvoll, bei denen sich Spitzenkräfte durch das auszeichneten, was sie in der Schule gelernt hatten«, sagt Lyle Spencer Jr., Direktor für internationale Forschung und Technologie und Mitbegründer von Hay/McBer, der von McClelland ins Leben gerufenen Unternehmensberatung.[9] »Es ist bloß eine Schwellenkompetenz; man braucht sie, um hineinzukommen, aber sie macht einen nicht zum Star. Für Spitzenleistungen kommt es mehr auf Fähigkeiten der emotionalen Intelligenz an.«

Diese paradoxe Bedeutung der emotionalen Intelligenz in kognitiv anspruchsvollen Disziplinen ist eine Folge der Schwierigkeit, überhaupt erst in sie hineinzukommen. In akademischen und technischen Fächern braucht man für die Zulassung in der Regel einen IQ von 110 bis 120.[10] Da man also ohnehin eine so hohe Zulassungshürde überspringen muß, daß alle, die aufgenommen werden, bezüglich der Intelligenz zu den obersten 10 Prozent gehören, ist mit dem IQ als solchem ein relativ unbedeutender Konkurrenzvorteil verbunden.

Wir konkurrieren in unserem jeweiligen Beruf nicht mit Leuten, denen es an der erforderlichen Intelligenz mangelt, um in unseren Beruf hineinzukommen oder sich in ihm zu behaupten, sondern mit der sehr viel kleineren Gruppe derer, die es geschafft haben, die Hürden der Schule, der Aufnahmeprüfungen und sonstiger kognitiver Herausforderungen zu überwinden, um überhaupt in den Beruf hineinzukommen.

Da die emotionale Intelligenz bei der Auslese für die Zulassung zu solchen Fächern eine nicht annähernd so große Rolle spielt wie der IQ, ist unter den Profis die Variation in diesem »weichen« Bereich größer als beim IQ. Der Abstand zwischen denen, die auf der Skala der emotionalen Intelligenz am oberen, und denen, die am unteren Ende stehen, ist sehr groß, und wer im oberen Bereich liegt, besitzt einen erheblichen Konkurrenzvorteil. In »harten« Fächern hängt der Erfolg deshalb noch stärker von »weichen« Fähigkeiten ab.

Der zweite Bereich:
Sachverstand

Nehmen wir an, Sie stehen vor folgendem Problem: Sie sind Kulturattaché an einer US-Botschaft in Nordafrika, und Sie kriegen aus Washington ein Telegramm mit dem Auftrag, einen Film über einen amerikanischen Politiker zu zeigen, der in diesem Land verrufen ist.

Wenn Sie ihn zeigen, werden die Einheimischen sich empören. Wenn Sie ihn nicht zeigen, kriegen Sie Ärger mit der Zentrale.

Was machen Sie?

Das ist keine hypothetische Situation; vor diesem Dilemma stand einer der Außenamtsmitarbeiter, die von McClelland befragt wurden. Er erinnerte sich: »Mir war klar, daß, wenn ich diesen Film zeigen würde, am nächsten Tag fünfhundert zornige Studenten unser Gebäude abfackeln würden. Washington fand den Film jedoch großartig. Ich mußte also eine Möglichkeit finden, den Film zu zeigen, so daß die Botschaft nach Washington melden konnte, daß wir ihrem Wunsch entsprochen hatten, ohne die Einwohner des Landes vor den Kopf zu stoßen.«

Seine Lösung? Er setzte den Film an einem religiösen Feiertag aufs Programm – da würde, das wußte er, sowieso keiner kommen.

Dieser glänzende Beweis von gesundem Menschenverstand ist ein Musterbeispiel praktischer Intelligenz, einer Verbindung von Sachverstand und Erfahrung.[11] Unabhängig vom IQ hängt es von unseren praktischen Fähigkeiten und unserem fachlichen Können ab, wie gut wir im Alltag zurechtkommen. Unabhängig von unserer intellektuellen Begabung ist es der Sachverstand, die Gesamtheit unserer fachlichen Kenntnisse und praktischen Fähigkeiten, was uns befähigt, eine bestimmte Aufgabe zu bewältigen.

Die kompetentesten Ärzte sind zum Beispiel jene, die ihr Wissen ständig erweitern, indem sie sich mit aktuellen Forschungsergebnissen vertraut machen, und zugleich über ausgedehnte praktische Erfahrung verfügen, so daß sie sich das alles bei der Diagnose und der Behandlung ihrer Patienten zunutze machen können. Das fortgesetzte Bestreben, sich auf dem laufenden zu halten, ist für ihren Behandlungserfolg sehr viel wichtiger als die Punktzahl, die sie bei der Aufnahmeprüfung zum Medizinstudium erzielten.

Im Sachverstand verbindet sich gesunder Menschenverstand mit dem fachlichen Wissen und Können, das wir im Laufe unserer beruflichen Tätigkeit erwerben. Sachverstand erwirbt man sich in der alltäglichen Praxis. Er äußert sich darin, daß man die Kniffe seines Berufes beherrscht, also jenes Wissen, das man zur Lösung eines Problems braucht und das man nur durch Erfahrung gewinnt.

Der Yale-Psychologe Robert Sternberg, eine Autorität in Sachen Intelligenz und Erfolg, hat sich ausgiebig mit solchen praxisbezogenen Fähigkeiten befaßt.[12] In Tests mit Managern von Firmen, die zu den 500 größten auf der Liste der Zeitschrift *Fortune* gehören, fand Sternberg heraus, daß die praktische Intelligenz für den beruflichen Erfolg mindestens so wichtig ist wie der IQ.[13]

Andererseits ist praktische Intelligenz selten der Hauptfaktor für herausragende berufliche Leistungen. »Wir haben in Hunderten von strengen Untersuchungen die Leistungen von Spitzenkräften mit denen von durchschnittlichen Kräften verglichen, in Firmen aus aller Welt, doch der Sachverstand gab in keinem Fall den Ausschlag«, sagt Ruth Jacobs, Geschäftsführerin bei Hay/McBer in Boston.

»Sachverstand ist eine Grundkompetenz. Man braucht ihn, um den Posten zu bekommen und zu meistern, doch die Leistung hängt davon ab, wie man ihn meistert, welche Kompetenzen man sonst noch mitbringt«, fährt Jacobs fort. »Kann man seinen Sachverstand umsetzen, kann man etwas Verwertbares daraus machen, etwas, das herausragt? Wenn nicht, spielt er keine Rolle.«

Der Vorgesetzte von technischen und wissenschaftlichen Mitarbeitern muß auf dem jeweiligen Gebiet einen gewissen Sachverstand besitzen; wer nicht bis zu einem gewissen Grad versteht, was die Leute machen, könnte einen solchen Posten nicht ausfüllen. Dieser Sachverstand ist jedoch eine *Zugangs*bedingung; die Fähigkeiten, die den herausragenden Vorgesetzten in technischen Fächern auszeichnen, sind nicht technischer Art, sondern betreffen den Umgang mit Menschen.[14]

Bis zu einem gewissen Grade kommt es also auf Erfahrung und Sachverstand ebenso an wie auf den IQ, aber wenn es um herausragende Leistungen geht, hat es damit nicht sein Bewenden.

Der dritte Bereich:
Emotionale Intelligenz

Sternberg beschreibt als warnendes Beispiel die Geschichte der beiden Studenten Penn und Matt. Penn war ein begabter und kreativer Student, ein Musterbeispiel des Besten, was Yale zu bieten hatte.[15] Der Haken an Penn war, daß er wußte, daß er außergewöhnlich war – und deshalb war er, wie es ein Professor ausdrückte, »unglaublich arrogant«. Trotz seiner Fähigkeiten stieß Penn die Menschen ab, besonders diejenigen, die mit ihm arbeiten mußten.

Trotzdem machte er auf dem Papier einen blendenden Eindruck. Nach seinem Abschlußexamen war Penn sehr gefragt: Alle führenden Firmen auf seinem Fachgebiet luden ihn zu Einstellungsgesprächen ein, und überall galt er als erste Wahl – zumindest nach Ausweis seines Lebenslaufs. Doch seine Arroganz kam allzu unzweideutig herüber; am Ende wurde ihm nur eine einzige Stelle angeboten, von einer zweitrangigen Firma.

Matt, der ebenfalls auf Penns Fachgebiet in Yale studierte, war theoretisch nicht so begabt. Aber er wußte mit Menschen umzugehen; alle, die mit ihm zusammenarbeiteten, mochten ihn. Matt bekam nach acht Einstellungsgesprächen sieben Stellenangebote, und er hatte nachhaltigen Erfolg, während Penn nach zwei Jahren aus seiner ersten Anstellung entlassen wurde.

Penn fehlte es an der emotionalen Intelligenz, die Matt besaß.

Fähigkeiten, die auf emotionaler Intelligenz basieren, wirken synergetisch mit kognitiven Fähigkeiten zusammen, und Spitzenkräfte besitzen beide. Je komplizierter die Aufgabe, desto mehr kommt es auf emotionale Intelligenz an, und sei es nur, weil ein Mangel an solchen Fähigkeiten die Anwendung des fachlichen Sachverstands oder des Intellekts, über den jemand verfügen mag, behindern könnte. Man denke nur an den Geschäftsführer, der soeben eingestellt wurde, um einen Familienbetrieb mit einem Jahresumsatz von 65 Millionen zu leiten, als erster Chef, der nicht aus der Familie kommt.[16]

Mit einer Interviewmethode, die ermitteln soll, wie jemand mit kognitiver Komplexität fertig wird, fand der Befrager heraus, daß er das Zeug für höchste Aufgaben hatte, daß er theoretisch so beschlagen war, um Chef eines globalen Unternehmens oder Regierungschef eines Landes zu werden.[17] Doch während des Interviews kam das Gespräch auf die Frage, warum er seinen bisherigen Job hatte aufgeben müssen: Man hatte ihn gefeuert, weil er es unterlassen hatte, Untergebene zur Rede zu stellen und sie wegen ihrer mangelhaften Leistungen zur Rechenschaft zu ziehen.

»Es versetzte ihn noch immer in Aufregung«, erzählte mir der Forscher. »Er wurde rot, wußte nicht, wo er seine Hände lassen sollte – offensichtlich machte es ihm zu schaffen. Wie sich herausstellte, hatte sein neuer Boß, der Firmeninhaber, ihn am selben Morgen genau deshalb kritisiert, und er beklagte, wie schwer es ihm falle, Angestellte mit ungenügenden Leistungen zur Rede zu stellen, speziell, wenn sie schon lange in der Firma waren.« Und, so fuhr er fort, »während er so aufgeregt war, sackte seine Fähigkeit, mit kognitiver Komplexität umzugehen, schlagartig ab.«

Kurz: Unkontrollierte Emotionen können kluge Leute dumm machen. Doug Lennick, geschäftsführender Vizepräsident bei American Express Financial Advisors, drückte es mir gegenüber so aus: »Die Fähigkeiten, die man braucht, um Erfolg zu haben, fangen bei den intellektuellen PS an, doch um seine Talente voll nutzen zu können, benötigt man auch emotionale Kompetenz. Wenn jemand seine Fähigkeiten nicht voll entfaltet, liegt es an seiner emotionalen Inkompetenz.«

Der entscheidende Unterschied

Es war Super-Bowl-Sonntag, jener sakrosankte Tag, an dem man die meisten amerikanischen Männer vor ihrem Fernseher findet. Ein Flug, der von New York nach Detroit abgehen sollte, verzögerte sich um zwei Stunden, und die Spannung unter den Fluggästen, fast alle Geschäftsleute, war mit Händen zu greifen. Als sie endlich in Detroit landeten, war der Flugsteig defekt, und so hielt die Maschine rund dreißig

Meter vom Eingang entfernt. Trotzdem sprangen die Fluggäste auf, besorgt, zur Fernsehübertragung zu spät zu kommen.

Eine der Stewardessen ging zur Bordsprechanlage. Wie würde sie es am besten schaffen, daß alle sich wieder setzten, damit die Maschine bis an den Flugsteig heranrollen konnte?

Sie verkündete *nicht* in strengem Ton: »Laut gesetzlicher Vorschrift müssen Sie sich setzen, bevor wir an den Flugsteig heranrollen können.«

Vielmehr trällerte sie in einem eintönigen Singsang, wie man ihn mahnend gegenüber einem entzückenden Kindchen anstimmt, das etwas Ungezogenes, aber Verzeihliches getan hat: »Sie stehen noch!«

Das brachte alle zum Lachen, und sie nahmen Platz, bis die Maschine am Flugsteig angedockt hatte. Und sie verließen das Flugzeug, wenn man die Umstände bedenkt, erstaunlich gut gelaunt.

Der entscheidende Unterschied in den Kompetenzen besteht zwischen Geist und Herz oder, sachlicher ausgedrückt, zwischen Kognition und Emotion. Es gibt rein kognitive Kompetenzen wie analytisches Denken oder technisches Wissen. Es gibt aber auch solche, die Denken und Fühlen verbinden; ich nenne sie »emotionale Kompetenzen«.[18]

Bei allen emotionalen Kompetenzen geht es um eine gewisse Fertigkeit im Bereich des Gefühls, wobei auch kognitive Elemente beteiligt sein können. Dies steht in scharfem Gegensatz zu rein kognitiven Kompetenzen, die ein entsprechend programmierter Computer fast ebensogut ausführen kann wie ein Mensch. In diesem Fall hätte eine digitalisierte Stimme verkünden können: »Laut gesetzlicher Vorschrift müssen alle Fluggäste sitzen, bevor wir an den Flugsteig heranfahren.«

Der geschraubte Ton einer Computerstimme hätte jedoch nie die raffinierte Wirkung erzielt wie der witzige Einfall der Stewardeß. Vielleicht hätten die Menschen murrend die roboterhafte Anweisung befolgt, aber es wäre nie zu dem Stimmungsumschwung gekommen, welcher der Stewardeß gelang. Sie war imstande, genau den richtigen emotionalen Ton zu treffen – und das schafft die menschliche Kognition allein (oder auch ein Computer) nicht (zumindest noch nicht).[19]

Nehmen wir zum Beispiel die Kompetenz in der Kommunikation. Während ich dies in den Computer eingebe, kann ich ein Programm aufrufen, das den Text auf grammatikalische Korrektheit hin prüft. Aber kein Programm kann ihn auf seine emotionale Wirkung hin prüfen, oder seine Leidenschaftlichkeit oder seine Fähigkeit, die Leser zu fesseln und zu beeinflussen. Diese anderen, wichtigen Elemente einer gelungenen Kommunikation hängen von emotionalen Fähigkeiten ab: von der Fähigkeit, die Reaktionen eines Publikums abzuschätzen und einen Vortrag so zu gestalten, daß er die gewünschte emotionale Wirkung erzielt.

Die überzeugendsten, durchschlagendsten Argumente sprechen Herz und Verstand gleichzeitig an. Diese enge Abstimmung zwischen Denken und Fühlen wird ermöglicht durch eine, wie man sagen könnte, Autobahn im Gehirn, ein Bündel von Neuronen, die die Stirnlappen hinter der Stirn, das oberste Entscheidungszentrum des Gehirns, mit einem tief im Gehirn liegenden Bereich verbindet, in dem unsere Emotionen sitzen.[20]

Nach einer Schädigung dieser Verbindung sind Menschen emotional inkompetent, auch wenn ihre rein intellektuellen Fähigkeiten unversehrt bleiben. Bei IQ-Tests und anderen Messungen der kognitiven Fähigkeiten würden solche Menschen weiterhin gut abschneiden. Doch im Beruf – und im Leben allgemein – würden sie in den emotionalen Künsten, mit denen zum Beispiel die Stewardeß so erfolgreich war, scheitern.

Die Unterscheidung zwischen rein kognitiven Kompetenzen und solchen, die auch auf emotionaler Intelligenz beruhen, ist also Ausdruck einer entsprechenden Unterscheidung im Gehirn.

Emotionale Kompetenz

Eine emotionale *Kompetenz* ist eine auf emotionaler Intelligenz beruhende erlernte Fähigkeit, die herausragende Arbeitsleistungen zur Folge hat.[21] Betrachten wir die Raffinesse, mit der die Stewardeß zu Werke ging. Sie war hervorragend in der Beeinflussung, einer wichtigen emotionalen Kompetenz: andere dazu zu bringen, auf gewünschte Weise zu reagieren. Hinter dieser Kompetenz stecken zwei Fähigkeiten: Empathie, bei der es darum geht, die Empfindungen anderer zu deuten, und soziale Fähigkeiten, die es erlauben, geschickt mit diesen Empfindungen umzugehen.

Von unserer emotionalen *Intelligenz* hängt unsere Möglichkeit ab, die praktischen Fertigkeiten zu erlernen, die auf ihren fünf Elementen beruhen: Selbstwahrnehmung, Motivation, Selbstregulierung, Empathie und Geschicklichkeit in Beziehungen zu anderen. Unsere emotionale *Kompetenz* zeigt, wie weit wir diese Möglichkeit in berufliche Fähigkeiten umgesetzt haben. Kunden gut bedienen zu können ist zum Beispiel eine Kompetenz, die auf Empathie beruht. Vertrauenswürdigkeit ist eine Kompetenz, die auf Selbstregulierung oder dem geschickten Umgang mit Impulsen und Emotionen beruht. Sowohl Kundendienst als auch Vertrauenswürdigkeit sind Kompetenzen, die zu herausragenden Leistungen befähigen können.

Wer hohe emotionale Intelligenz besitzt, hat damit noch nicht die emotionalen Kompetenzen erlernt, auf die es im Beruf ankommt; er hat lediglich eine exzellente Möglichkeit, sie zu erlernen. Da besitzt jemand zum Beispiel ein hohes Maß an Empathie, und dennoch hat er nicht die auf Empathie beruhenden Fertigkeiten erlernt, die sich ausdrücken in einem überragenden Kundendienst, einer erstklassigen Trainer- oder Mentorentätigkeit oder der Fähigkeit, ein Arbeitsteam aus sehr unterschiedlichen Menschen zu bilden. Im Bereich der Musik wäre das vergleichbar mit einem Menschen, der eine perfekte Stimme hat, außerdem Gesangsunterricht erhielt und so zu einem herrlichen Operntenor wurde. Ohne den Unterricht gäbe es trotz der Begabung keine Opernkarriere – ein Pavarotti, der keine Chance hatte, zu brillieren.

Emotionale Kompetenzen lassen sich in Gruppen einteilen, die jeweils auf einer gemeinsamen emotionalen Intelligenzfähigkeit beruhen. Die zugrunde liegenden emotionalen Intelligenzfähigkeiten sind wichtig für das Erlernen der Kompetenzen, die man braucht, um im Beruf erfolgreich zu sein. Wem es etwa an sozialen Fähigkeiten mangelt, der wird nicht imstande sein, andere zu überzeugen oder zu inspirieren, ein Team zu leiten oder als Katalysator des Wandels zu wirken. Wem es an Selbstwahrnehmung fehlt, der wird seine eigenen Schwächen nicht bemerken, und es wird ihm an dem Selbstvertrauen mangeln, das aus der Gewißheit der eigenen Stärken erwächst.

Tabelle I zeigt den Zusammenhang zwischen den fünf Dimensionen der emotionalen Intelligenz und den fünfundzwanzig emotionalen Kompetenzen.[22] Niemand von uns ist, daran gemessen, vollkommen; wir haben alle ein Profil, das sich aus Stärken und Schwächen zusammensetzt. Doch wie man noch sehen wird, verlangen die Voraussetzungen für herausragende Leistung nur, daß wir in einigen dieser Kompetenzen Stärken haben, in der Regel mindestens in sechs, und daß die Stärken sich über alle fünf Bereiche der emotionalen Intelligenz verteilen. Es gibt mit anderen Worten viele Wege zur Spitzenleistung.

Diese emotionalen Intelligenzfähigkeiten sind
• *unabhängig:* Jede leistet ihren eigenen Beitrag zur beruflichen Leistung.

Tabelle I
Die emotionale Kompetenz
im Überblick

Persönliche Kompetenzen
Von diesen Kompetenzen hängt es ab, wie wir mit uns selbst umgehen.

Selbstwahrnehmung
Die eigenen inneren Zustände, Präferenzen, Ressourcen und Intuitionen erkennen (siehe 4. Kapitel)

- **Emotionales Bewußtsein:** die eigenen Emotionen und ihre Auswirkungen erkennen
- **Zutreffende Selbsteinschätzung:** die eigenen Stärken und Grenzen kennen
- **Selbstvertrauen:** ein positives Selbstwertgefühl und eine entsprechende Einschätzung der eigenen Fähigkeiten

Selbstregulierung
Seine inneren Zustände, Impulse und Ressourcen handhaben (siehe 5. Kapitel)

- **Selbstkontrolle:** störende Emotionen und Impulse in Schach halten
- **Vertrauenswürdigkeit:** sich an Aufrichtigkeit und Integrität orientieren
- **Gewissenhaftigkeit:** Verantwortung für die eigene Leistung übernehmen
- **Anpassungsfähigkeit:** Flexibilität angesichts des Wandels
- **Innovation:** neue Ideen, Methoden und Informationen bereitwillig aufnehmen

Motivation
Emotionale Tendenzen, die das Erreichen von Zielen leiten bzw. erleichtern (siehe 6. Kapitel)

- **Leistungsdrang:** einen hohen Leistungsanspruch zu erfüllen oder zu übertreffen suchen
- **Engagement:** sich die Ziele der Gruppe oder des Betriebs zu eigen machen

- Initiative: bereit sein, Chancen zu ergreifen
- Optimismus: trotz Hindernissen und Rückschlägen beharrlich seine Ziele verfolgen

Soziale Kompetenzen

Von diesen Kompetenzen hängt es ab, wie wir Beziehungen handhaben.

Empathie

Wahrnehmung der Gefühle, Bedürfnisse und Sorgen anderer (siehe 7. Kapitel)

- **Andere verstehen:** die Gefühle und Sichtweisen anderer feinfühlig erfassen und an ihren Sorgen aktiv Anteil nehmen
- **Andere entwickeln:** die Entwicklungsbedürfnisse anderer erfassen und ihre Fähigkeiten fördern
- **Serviceorientierung:** die Bedürfnisse der Kunden *vorwegnehmen*, erkennen und befriedigen
- **Vielfalt nutzen:** die durch die Verschiedenheit der Menschen entstehenden Chancen nutzen
- **Politisches Bewußtsein:** die emotionalen Strömungen und Machtbeziehungen in einer Gruppe erfassen

Soziale Fähigkeiten

Mit Geschicklichkeit erwünschte Reaktionen in anderen hervorrufen (siehe 8. und 9. Kapitel)

- **Einfluß:** sich wirksamer Mittel der Beeinflussung bedienen
- **Kommunikation:** unvoreingenommen zuhören und überzeugende Botschaften aussenden
- **Konfliktbewältigung:** über Meinungsverschiedenheiten verhandeln und sie beilegen
- **Führung:** einzelne und Gruppen inspirieren und lenken
- **Katalysator des Wandels:** den Wandel initiieren und steuern
- **Bindungen aufbauen:** nützliche Beziehungen pflegen
- **Zusammenarbeit:** mit anderen für gemeinsame Ziele zusammenarbeiten
- **Teamfähigkeiten:** beim Verfolgen gemeinsamer Ziele für Gruppensynergie sorgen

- *interdependent:* Jede nimmt bis zu einem gewissen Grad andere in Anspruch, mit vielen starken Wechselwirkungen.
- *hierarchisch:* Die emotionalen Intelligenzfähigkeiten bauen aufeinander auf. So ist Selbstwahrnehmung entscheidend für Selbstregulierung und Empathie; Selbstregulierung und Selbstbewußtsein tragen bei zur Motivation; die vier vorgenannten wirken sich zusammen in sozialen Fähigkeiten aus.
- *notwendig, aber nicht hinreichend:* Die zugrundeliegenden emotionalen Intelligenzfähigkeiten zu besitzen heißt noch nicht, daß jemand die damit verbundenen Kompetenzen, zum Beispiel Kooperation oder Führungsfähigkeit, entwickelt oder zeigt. Ob die Kompetenz zum Tragen kommt, hängt auch von solchen Faktoren wie dem Klima einer Organisation oder dem Interesse ab, das jemand seinem Beruf entgegenbringt.
- *allgemein:* Die gesamte Liste ist bis zu einem gewissen Grad auf alle Berufe anwendbar. Allerdings sind die Kompetenzanforderungen von Beruf zu Beruf verschieden.

Man kann anhand der Liste eine Bestandsaufnahme seiner Stärken machen und Kompetenzen bestimmen, die eventuell gestärkt werden sollten. In den Teilen 2 und 3 dieses Buches gehe ich näher auf diese Kompetenzen ein und zeige, wie es ist, wenn sie mit voller Kraft zum Tragen kommen beziehungsweise wenn sie fehlen. Für den Fall, daß der Leser direkt zu den ihn interessierenden Kompetenzen überzugehen wünscht: Die Kapitel, in denen sie beschrieben werden, bauen – ebenso wie die beschriebenen Kompetenzen – bis zu einem gewissen Grade aufeinander auf, aber man muß sie nicht in einer bestimmten Reihenfolge lesen.

Die Besten und was sie brauchen

Ein und dieselben Kompetenzen können in unterschiedlichen Tätigkeiten zu hohen Leistungen befähigen. So zeigen erfolgreiche Kundendienstvertreter einer Krankenversicherungsabteilung von Blue Cross ein hohes Maß an Selbstkontrolle, Gewissenhaftigkeit und Empathie. Zu den wichtigsten Kompetenzen erfolgreicher Einzelhandelsmanager gehören dieselben drei – Selbstkontrolle, Gewissenhaftigkeit und Empathie – und dazu eine vierte: Serviceorientierung.[23]

Wenn man aufsteigt, können sich die Kompetenzen ändern, die man braucht, um erfolgreich zu sein; in den meisten Großorganisationen benötigen Spitzenmanager ein höheres Maß an politischem Bewußtsein als die mittlere Führungsebene.[24] Und bestimmte Positionen erfordern ganz spezifische Kompetenzen.[25] Bei den besten Krankenschwestern ist es der Sinn für Humor; bei Bankern die Wahrung des Vertrauens des Kunden; bei herausragenden Schulleitern das Herausfinden von Möglichkeiten, Feedback von Lehrern und Eltern zu bekommen. Beim Bundesfinanzamt sind die besten Steuereinnehmer nicht nur in Buchführung stark, sondern auch in sozialen Fähigkeiten. Bei Polizeibeamten schätzt man verständlicherweise die Fähigkeit, so wenig Gewalt wie möglich anzuwenden.

Im übrigen hängt es auch von der Realität der jeweiligen Organisation ab, welche Kompetenzen wichtig sind. Jede Firma und jede Branche besitzt ihre eigene emotionale Umwelt, und entsprechend sind die adaptivsten Merkmale von einer zur anderen verschieden.

Von solchen Besonderheiten einmal abgesehen, geht aus knapp dreihundert industriefinanzierten Studien hervor, daß das Erfolgsrezept für die unterschiedlichsten Positionen und Tätigkeiten den emotionalen Kompetenzen weit mehr Gewicht gibt als den kognitiven Fähigkeiten.[26] Daß die wichtigsten Kompetenzen der Spitzenkräfte auf emotionaler Intelligenz beruhen, ist beispielsweise für Verkäufer keine Überraschung. Aber sogar bei Wissenschaftlern und Technikern rangiert analytisches Denken erst an dritter Stelle, nach der Fähigkeit zur Beeinflussung und der Zielstrebigkeit. Glänzende Fähigkeiten allein werden eine Wissenschaftlerin nicht an die Spitze befördern, wenn sie nicht auch die Fähigkeit besitzt, andere zu beeinflussen und zu überzeugen, sowie die innere Disziplin, um hohe Ziele anzustreben. Ein faules oder schweigsames Genie mag alle Antworten schon kennen, doch bedeuten sie wenig, wenn keiner davon weiß oder sich dafür interessiert.

Nehmen wir die »technischen Superstars«, die gewöhnlich als »technische Betriebsberater« bezeichnet werden. High-Tech-Firmen halten sie ständig in Bereitschaft, damit sie mit ihrer überragenden Fähigkeit, Störungen zu beheben, Projekte retten, die schiefzugehen drohen; ihre Wertschätzung kommt darin zum Ausdruck, daß sie im Jahresbericht zusammen mit der Führungsmannschaft erwähnt werden. Was ist das Besondere an den besten Technik-Gurus? »Was sie auszeichnet, ist nicht ihre Intelligenz – in diesen Firmen ist fast jeder genauso schlau –, sondern ihre emotionale Kompetenz«, sagt Susan Ennis von der Bank Boston, vormals bei DEC. »Es ist ihre Fähigkeit, zuzuhören, andere zu beeinflussen, zu kooperieren und Leute zu motivieren und sie dahin zu bringen, daß sie gut zusammenarbeiten.«

Natürlich sind auch manche an die Spitze gelangt, obwohl es ihnen an emotionaler Intelligenz mangelte; das kennt man seit jeher aus Organisationen. Doch jetzt, wo die Arbeit immer komplexer und kooperativer wird, haben diejenigen Firmen einen Konkurrenzvorteil, in denen die Leute optimal zusammenarbeiten.

An dem neuen Arbeitsplatz, der Flexibilität, Teamarbeit und starke Kundenorientierung verlangt, erhalten diese grundlegenden emotionalen Kompetenzen zunehmende Bedeutung für herausragende Leistungen, in jeder Position und in allen Teilen der Welt.[27]

3

Der harte Beweis für
weiche Fähigkeiten

- Bei Lucent Technologies benötigen die Teams, die das Rohmaterial
  für die Weiterverarbeitung bereithalten, mehr als nur technisches
  Know-how – sie müssen zuhören können und Verständnis aufbringen, sie müssen flexibel sein und im Team arbeiten können. Außerdem müssen sie andere anspornen können und brauchen Engagement und Vertrauen in diejenigen, mit denen sie zu tun haben.
- Am Medical Center der Universität von Nebraska werden fachliches Können und analytische Fähigkeiten hoch geschätzt, nicht
  minder aber auch emotionale Kompetenzen wie Geschicklichkeit im
  Umgang mit anderen, Innovation, Führungsfähigkeit, Aufbau von
  Partnerschaften und Networking.
- Auch bei dem Petrochemie-Giganten Amoco werden, wenn es um
  herausragende Leistungen in der technischen und kaufmännischen
  Informationstechnologie geht, fachliches Können und analytisches
  Denken verlangt. Man fordert jedoch auch Selbstvertrauen, Flexibilität, Zielstrebigkeit, Serviceorientierung, Teamarbeit und Koopera-
  tion sowie die Fähigkeit, andere zu beeinflussen und aufzubauen.[1]

Das Bild der Kompetenz, wie es sich hier auf der Grundlage Hunder-
ter von innerbetrieblichen Interviews und Beurteilungen abzeichnet,
ist für Tausende von Berufstätigen die grundlegende Realität. Während ich Hunderte solcher Berichte durcharbeitete, kam mir eine Frage
in den Sinn, die zu stellen bisher niemandem eingefallen war: Wie
wichtig ist – ganz exakt – die emotionale Intelligenz für herausragende
Leistungen, verglichen mit fachlichem Können und intellektuellen
Fähigkeiten?

Worauf Spitzenleistung beruht

Zum Glück hatte ich Zugang zu Kompetenzmodellen für 181 verschiedene berufliche Positionen in 121 Firmen und Organisationen weltweit, deren Mitarbeiterzahl zusammengenommen in die Millionen geht. Die Modelle zeigten, was nach übereinstimmender Meinung des Managements der betreffenden Organisationen das spezielle Leistungsprofil einer gegebenen Position ausmacht.[2]

Meine Vorgehensweise war einfach: Ich ermittelte, welche der Kompetenzen, die als wesentlich für eine Tätigkeit, eine Rolle oder einen Fachbereich genannt wurden, als rein kognitive oder technische Fähigkeiten eingestuft werden konnten und welche emotionale Kompetenzen darstellten. Bei Amoco wurden zum Beispiel für Projektmanager im Bereich Informationstechnologie fünfzehn entscheidende Kompetenzen genannt. Davon waren vier rein kognitiver oder technischer Art, der Rest fiel unter die Kategorie emotionale Kompetenz. Eine einfache Rechnung ergibt, daß 73 Prozent der Fähigkeiten, die von Amoco in diesem Bereich als wichtig für Spitzenleistungen bezeichnet werden, emotionale Kompetenzen sind.

Diese Methode wandte ich auf alle 181 Kompetenzmodelle an, die ich untersucht hatte, und kam zu dem Ergebnis, daß von den Fähigkeiten, die als wesentlich für herausragende Leistungen erachtet werden, *67 Prozent* – also zwei Drittel – emotionale Kompetenzen waren. Emotionale Kompetenz hatte, verglichen mit dem IQ und dem fachlichen Können, *doppeltes* Gewicht. Dieses Ergebnis galt durchgängig für alle Arten von Jobs und in allen Arten von Organisationen.

Um sicherzustellen, daß meine Resultate kein Zufall waren, wandte ich mich an Hay/McBer und gab bei ihnen eine unabhängige Untersuchung in Auftrag. (Siehe Anhang 2 für nähere Einzelheiten über diese und andere bestätigende Untersuchungen.) Sie unterzogen die Rohdaten aus vierzig Firmen einer erneuten Analyse, um herauszufinden, wieviel mehr von einer gegebenen Kompetenz die Leistungs-Asse im Vergleich zum Durchschnitt an den Tag legten – ein etwas anderer Weg, meine Frage zu beantworten.

Hay/McBer analysierte einige der besten Daten, die überhaupt aufzutreiben waren, nämlich die Ergebnisse von Tiefeninterviews sowie ausführlichen Tests und Evaluationen von Hunderten von Beschäftigten. Wieder zeigte sich, daß emotionale Kompetenz zu herausragender Leistung *doppelt* soviel beiträgt wie bloßer Intellekt und fachliches Können.

Was Führungspersönlichkeiten auszeichnet

Emotionale Kompetenz ist besonders wichtig in Führungspositionen, deren Wesen darin besteht, andere dazu zu bringen, ihre Aufgaben effizienter zu erfüllen. Wenn Vorgesetzte unfähig sind, mit anderen umzugehen, sinkt die Leistung aller: Zeit wird vergeudet, es kommt zu Verbitterung, Motivation und Engagement leiden, Feindseligkeit und Apathie breiten sich aus. Die Stärken und Schwächen eines Vorgesetzten in emotionaler Kompetenz haben für die Organisation meßbare Auswirkungen, schlagen sich als Gewinn oder Verlust nieder.

Ein für Business Research zuständiger Manager eines global tätigen Technologieunternehmens hat weltweit zweihundert Researcher unter sich. Zu ihren wichtigen Aufgaben gehört, sich mit technischen Experten zu besprechen, die neue Produktideen entwickelt haben, und zu entscheiden, ob das Konzept marktreif gemacht werden sollte; Manager von Produkten, deren Marktanteil sinkt, anzuspornen; Researcher, die ins Schwimmen kommen und Anleitung benötigen, zu unterstützen.

»Bei diesen Konferenzen erhitzen sich die Gemüter«, erzählt mir der Manager. »Man muß Vernunft bewahren, angespannte Situationen entschärfen, einen kühlen Kopf behalten. Wer ein Produkt, das er entwickelt hat, auf den Markt bringen möchte oder wer Probleme hat, kann hochgradig erregbar sein. Da muß man den Überblick behalten und sich so präsentieren, daß einem Vertrauen und Respekt entgegengebracht werden.«

»Die meisten unserer Leute sind MBAs, sie beherrschen das analytische Instrumentarium«, fährt er fort. »Doch wenn Leute sie mit all ihren Ängsten und Problemen überfallen, müssen sie imstande sein, spielend damit fertig zu werden und einen übergeordneten Standpunkt zu beziehen. Sie beherrschen das technische Instrumentarium, aber sie müssen in der Lage sein, die kreative Idee zu erfassen und einen gangbaren Weg zu zeigen, um aus der Idee ein brauchbares Produkt zu machen.«

Um mit einer emotionalen Situation umgehen zu können, braucht man die Fähigkeiten eines Friedensstifters: Man muß imstande sein, rasch Vertrauen und einen persönlichen Kontakt herzustellen, genau zuzuhören und andere von einer Empfehlung zu überzeugen und sie dafür zu begeistern. Mit seinen Worten: »Um derjenige zu sein, dem alle um den Tisch Versammelten vertrauen, braucht man Fähigkeiten wie Selbstwahrnehmung, Abstand und eine gewisse Ausstrahlung.«

Robert Worden, Leiter des Business Research bei Eastman Kodak, teilt diese Ansicht: »Es reicht nicht, daß man eine Conjoint-Analyse erstellen kann oder vor seinem Computer sitzt und sich über eine phantastische Regressionsanalyse freut, wenn man andererseits einen Bammel davor hat, diese Ergebnisse vor einem Leitungsgremium vorzutragen. Man muß auch andere ansprechen können, den Mund aufmachen und sich Gehör verschaffen – das sind die Fähigkeiten, auf die es entscheidend ankommt.«

Worden nennt weitere Erfolgsbedingungen, auf die man bei Kodak Wert legt: »Wie gut können Sie Ihre Sache vertreten? Elan – sitzen Sie bloß von acht bis fünf Ihre Zeit ab und müssen angetrieben werden, oder besitzen Sie Energie und sind bereit, persönliche Opfer zu bringen? Ist es schwierig, mit Ihnen zusammenzuarbeiten, oder sieht man in Ihnen die geborene Führungspersönlichkeit? Dann kommt noch die Diplomatie hinzu – Haben Sie ein Gespür für Dinge, die persönlich oder bezüglich der Firma heikel sind? Können Sie kreative Risiken eingehen und sich anpassen? Sind Sie aggressiv und untergraben Sie das Selbstvertrauen anderer, oder können Sie andere begeistern und mitreißen? Und schließlich ist da noch die Tatkraft: Sind Sie handlungsorientiert, bleiben Sie am Ball, um das Geschäft voranzubringen?«

Viele Topmanager bei Kodak haben in der Marktforschung angefangen, auch der Präsident selbst, der dort sieben Jahre zubrachte. Aber das Gespür für den Markt, das man durch die Forschung bekommt, ist nur ein Anfang. »Die Fähigkeiten, die man braucht, sind zur Hälfte technische«, sagt Worden. »Die andere Hälfte liegt jedoch in dem weicheren Bereich der emotionalen Intelligenz. Und es ist unglaublich, in welchem Maß sich die Spitzenkräfte durch die letzteren auszeichnen.«

Die Faustregel

Wordens Bemerkung wird durch die Daten bestätigt. Ich habe Hunderte von Firmen untersucht, und mir wurde klar, daß die Bedeutung der emotionalen Intelligenz zunimmt, je höher man in der Organisation aufsteigt.

Was ich geahnt hatte, bestätigte eine systematische Untersuchung einer sehr großen Organisation, der amerikanischen Bundesregierung mit ihren über zwei Millionen Beschäftigten. Sie ist eine der wenigen Organisationen überhaupt, die die für eine effektive Arbeit auf praktisch allen Posten erforderlichen Kompetenzen detailliert erfaßt.[3] Zusammen mit Robert Buchele, einem Arbeitswissenschaftler am Smith College, fand ich heraus, daß, je höher ein Posten in der Hierarchie angesiedelt ist, fachliche Kenntnisse und kognitive Fähigkeiten an Bedeutung verloren und emotionale Kompetenz um so bedeutsamer wurde.

Aber vielleicht ist die Regierung ein Sonderfall. Deshalb beauftragte ich noch einmal Hay/McBer, ihre eigene Datenbasis zu analysieren, diesmal mit dem Ziel, die Bedeutung der emotionalen Kompetenz für Management- und Führungspositionen in der Wirtschaft abzuschätzen. Ausgehend von ihren Untersuchungen von Hunderten von Spitzenmanagern in fünfzehn globalen Unternehmen, darunter IBM, PepsiCo und Volvo, kamen sie zu verblüffenden Ergebnissen.

Die Leistungs-Asse unterschieden sich nur in einer kognitiven Fähigkeit vom Durchschnitt: der Mustererkennung, dem Denken in »großen Bildern«, dank dessen Führungspersönlichkeiten aus der Fülle von Informationen, mit denen sie überschüttet werden, die bedeutsamen Entwicklungen herauspicken und strategisch weit in die Zukunft hinein denken können.[4]

Doch von dieser Ausnahme abgesehen, waren intellektuelle oder fachliche Überlegenheit für den Erfolg der Führungselite bedeutungslos. In den Führungsetagen braucht man ohnehin ein gewisses Maß an kognitiven Fähigkeiten, und wer sich darin auszeichnet, ist noch längst keine überragende Führungspersönlichkeit.

Der entscheidende Unterschied zwischen mittelmäßigen und den besten Führungspersönlichkeiten lag vielmehr in der emotionalen Kompetenz. Die »Stars« zeigten eindeutig größere Stärken in einer Reihe von emotionalen Kompetenzen, darunter Einfluß, Teamführung, politisches Bewußtsein, Selbstvertrauen und Zielstrebigkeit. Im Schnitt ließen sich fast *90 Prozent* ihres Führungserfolges auf emotionale Intelligenz zurückführen.

Zusammengefaßt: Für herausragende Leistungen in allen Berufen und in jedem Bereich ist emotionale Kompetenz doppelt so wichtig wie rein kognitive Fähigkeiten.

Erfolg auf den höchsten Ebenen, in Führungspositionen, läßt sich praktisch zu hundert Prozent mit emotionaler Kompetenz erklären.

Der Wert der Magie

Patrick McCarthy läßt wieder einmal seinen kleinen Zauber spielen, diesmal bei Donald Peterson, dem im Ruhestand lebenden Vorsitzenden der Ford Motor Company. Peterson sucht nach einem bestimmten Sportsakko in Größe 43, das schwer zu bekommen ist. Er ruft McCarthy an, einen Verkäufer für Herrenbekleidung in Nordstroms Hauptgeschäft in Seattle, der im Lager nachschaut, das gesuchte Stück aber nicht findet. Also ruft Peterson der Reihe nach die anderen Geschäfte für Herrenbekleidung an, muß jedoch feststellen, daß keiner die Jacke hat.

Doch einige Tage später ruft McCarthy bei Peterson an: Es sei ihm gelungen, seinen Lieferanten durch dringliche Bitten zu bewegen, und nun sei die Jacke in der passenden Größe unterwegs zu ihm.

McCarthy, bei einer für ihren Kundendienst berühmten Kette tätig, ist eine Legende; über fünfzehn Jahre lang war er dort der Top-Verkäufer.[5] McCarthy pflegt seinen persönlichen Kundenstamm von rund sechstausend Käufern, indem er den Kunden seine hilfreichen Dienste nicht nur dann angedeihen läßt, wenn sie im Laden sind; er hat es sich zur Gewohnheit gemacht, bestimmte Kunden anzurufen, wenn Ware hereinkommt, von der er glaubt, daß sie ihnen gefallen könnte. Wenn der Geburtstag eines Kunden oder ein Jubiläum bevorsteht, ruft er sogar bei den Angehörigen an und gibt ihnen Anregungen für Geschenke.

Da solche herausragenden Leistungen zu zwei Dritteln oder mehr auf emotionalen Kompetenzen beruhen, trägt es enorm zum Geschäftsergebnis eines Unternehmens bei, wenn es Leute mit diesen Fähigkeiten findet oder sie bei seinen eigenen Angestellten pflegt. McCarthy erzielt einen Jahresumsatz von über 51 Millionen Dollar – der Branchendurchschnitt liegt bei 80 000 Dollar.

Was solche Spitzenkräfte wirtschaftlich einbringen, zeigt am klarsten eine bahnbrechende Untersuchung von Tausenden von Menschen, vom Postbeamten bis zum Teilhaber von Anwaltskanzleien.[6] Die Studie wurde von John Hunter (Michigan State University) sowie Frank Schmidt und Michael Judiesch (beide von der University of Iowa) durchgeführt; sie, die Fachleute auf diesem Gebiet, verglichen den wirtschaftlichen Wert solcher Spitzenkräfte wie Patrick McCarthy – sie bilden das oberste 1 Prozent – mit dem Ertrag anderer, die durchschnittliche oder mangelhafte Leistungen erbringen.

Nach ihren Feststellungen wächst dieser Wert mit der Komplexität der Aufgabe:

- Bei einfacheren Jobs wie Maschinisten oder Bürohilfskräften erzeugten diejenigen, die zum obersten 1 Prozent gehören, dreimal mehr Ertrag als diejenigen, die zum untersten 1 Prozent gehören – sie waren also dreimal mehr wert.
- Bei Jobs von mittlerer Komplexität wie Verkaufsangestellten oder Mechanikern war ein Leistungs-As zwölfmal produktiver als diejenigen im untersten Bereich. Ein einziger in dem obersten 1 Prozent war also soviel wert wie zwölf im untersten 1 Prozent.
- Bei den komplexesten Jobs wie Versicherungsverkäufern, Kundenbetreuern, Anwälten und Ärzten wurde ein anderer Vergleich gezogen. Die Spitzengruppe wurde nicht mit der untersten verglichen, sondern mit dem Durchschnitt. Auch dabei betrug der Mehrwert einer Spitzenkraft aus dem obersten 1 Prozent noch 127 Prozent.[7]

Kompetenz zahlt sich am besten an der Spitze aus

Als der Chef einer Tochter eines südamerikanischen Mischkonzerns auf einen anderen Posten befördert wurde, bemühten sich sechs Topmanager um seine Nachfolge. Die sechs verfielen in einen Konkurrenzkampf, der ihre Einigkeit als Führungsteam untergrub. Der Konzern bestellte einen Berater, der die Stärken und Schwächen der sechs ermitteln und dadurch helfen sollte, zu einer Entscheidung zu kommen.

Manager Nr. 1 besaß die meiste Erfahrung und war der gescheiteste von dem Haufen; nach herkömmlichen Maßstäben wäre die Wahl vermutlich auf ihn gefallen. Gegen ihn sprach jedoch ein weithin bekannter Umstand: Es mangelte ihm an den persönlichen und sozialen Qualitäten der emotionalen Intelligenz.

Manager Nr. 2 machte ebenfalls den Eindruck eines starken Kandidaten – er besaß ein hohes Maß an Erfahrung und emotionaler Intelligenz und war sehr intelligent. Ein aussichtsreicher Bewerber war auch Manager Nr. 3 – er besaß das höchste Maß an emotionaler Intelligenz und lag, was IQ und Erfahrung betraf, knapp hinter den beiden führenden Kandidaten.

Wer es wurde?

Manager Nr. 3. Ausschlaggebend war, daß es zu den wichtigsten Aufgaben des neuen Chefs gehörte, die Führung des Management-Teams zu übernehmen und es wieder arbeitsfähig zu machen, und diese

Aufgabe erforderte ein hohes Maß an zwischenmenschlicher Durchsetzungsfähigkeit. Der Unternehmensberater bemerkt dazu: »Seine hochentwickelte emotionale Intelligenz erleichterte es den anderen fünf, die sich alle um diesen Posten beworben hatten, seine Beförderung zu akzeptieren.« Und wie er hinzufügt, ist die Firma unter der Führung des neuen Chefs »zur rentabelsten des Landes auf diesem Sektor geworden und hat ihre bisher höchste Rentabilität erreicht«.

Wenn emotionale Kompetenz zu so herausragenden Leistungen anspornt, dann zahlt sie sich natürlich am meisten an der Spitze aus. Wegen ihrer Macht über die Finanzen wirkt sich die Leistung von Führungskäften sehr viel stärker auf die Erträge aus als die ihrer Angestellten. Im Extremfall kann ein brillanter Unternehmensleiter die Erträge eines Unternehmens millionenfach vermehren, während ein Pfuscher an der Spitze ein Unternehmen in den Untergang treiben kann.

Bei weniger komplexen Arbeitsplatzanforderungen besteht ein mehr oder weniger direktes Verhältnis zwischen kognitiver Fähigkeit und Leistung, denn ein schlauerer Maschinist wird seine Sache besser machen als ein nicht so intelligenter. Bei den komplexesten Arbeitsplatzanforderungen – in Vorstands- oder Managerpositionen oder bei Ingenieuren und Wissenschaftlern – sagen IQ und fachliches Können, wie wir im 2. Kapitel sahen, nichts darüber aus, wer die überragenden Könner sein werden; sie fungieren weitgehend als Zugangsbarrieren.

Aus dem von Hunter ermittelten Sachverhalt, daß in Jobs von hoher Komplexität zwischen Topleuten und schwachen Kräften ein gewaltiger wirtschaftlicher Wertunterschied besteht, kann man folgern, daß emotionale Intelligenz sich nicht bloß zur kognitiven Fähigkeit addiert, sondern sich mit dieser multipliziert, und vielleicht ist das die heimliche Ursache von Spitzenleistungen.

Was genau ist ein As wert?

Eine kleine Gruppe von Kundenbetreuern konnte den Umsatz auf den von ihnen verwalteten Konten Jahr für Jahr um zig Millionen Dollar steigern. Und zwar nicht, weil sie fachlich besser waren als andere Kundenbetreuer, sondern weil sie besser mit Menschen umgehen konnten.

Dies ist eines unter Tausenden von Beispielen, die ein Schützling McClellands, Lyle Spencer Jr., Direktor für internationale Forschung und Technologie bei Hay/McBer in Boston, zusammengetragen hat.[8] Worauf beruht der erstaunliche Erfolg der Kundenbetreuer?

»Gerade mal durchschnittliche Kundenbetreuer begnügten sich damit, minimale Zeit mit ihren Kunden zu verbringen, gerade soviel, daß die Kunden zufrieden waren«, erklärte Spencer mir. »Diese Asse widmeten ihnen dagegen eine Menge Zeit, umwarben sie, gingen mit ihnen trinken, sprachen mit ihnen über neue Technologien und Produktmöglichkeiten, die die Produkte ihrer Kunden verbessern würden, mit dem Ergebnis, daß das Konto nicht bloß seinen Stand hielt, sondern mehr Umsatz machte. Entscheidend war, daß sie eine Beziehung herstellten, daß sie die empfindlichen Punkte und Leidenschaften des Kunden herausfanden und es verstanden, diese geschickt auszunutzen, um schließlich die Bedürfnisse und Wünsche des Kunden mit ihrem Produkt zur Deckung zu bringen.«

Zu den eher überraschenden Tätigkeitsbereichen, in denen emotionale Intelligenz einen Wettbewerbsvorteil bringt, gehört das Schreiben von Computerprogrammen; hier übertreffen die besten 10 Prozent den Durchschnitt um 320 Prozent. Und die wenigen Superstars, das oberste 1 Prozent der Programmierer, sind um schwindelerregende 1272 Prozent besser als der Durchschnitt.[9]

»Es sind nicht bloß Computerkenntnisse, durch die sich die Asse auszeichnen, sondern Teamarbeit«, sagt Spencer. »Die allerbesten sind bereit, bis in die Nacht hinein zu arbeiten, um ihren Kollegen zu helfen, ein Projekt zu Ende zu bringen, und wenn sie Möglichkeiten der Vereinfachung entdecken, teilen sie sie ihnen mit, statt sie für sich zu behalten. Sie konkurrieren nicht – sie kooperieren.«

Spitzenkompetenz kann sich spektakulär auszahlen. Spencer machte eine Umfrage bei Vertriebschefs von vierundvierzig Firmen, die zu den 500 größten auf der Liste der Zeitschrift *Fortune* gehören, darunter AT&T, IBM und PepsiCo. Er wollte wissen, um wieviel die besten Verkäufer den Durchschnitt übertrafen. Die obersten 10 Prozent des Verkaufspersonals erzielten einen Pro-Kopf-Umsatz von 6,7 Millionen Dollar – verglichen mit der Norm von 3 Millionen Dollar mehr als das Doppelte. Da das übliche Jahresgehalt eines Verkäufers seinerzeit bei 42 000 Dollar lag, betrug der Mehrwert von 3,7 Millionen Dollar, den die Spitzenverkäufer erzielten, ungefähr das Achtundachtzigfache ihres Gehalts![10]

Der Umschlagpunkt

Kompetenzen treten gebündelt auf. Um Spitzenleistungen zu erzielen, benötigt man ein Gemisch von Kompetenzen, nicht bloß eine oder zwei. David McClelland fand heraus, daß Asse nicht nur mit Initiative und Überredungskunst begabt sind, sondern breitgestreute Stärken aufweisen, darunter Kompetenzen aus jedem der fünf Bereiche der emotionalen Intelligenz: Selbstwahrnehmung, Selbstregulierung, Motivation, Empathie und soziale Fähigkeiten.

Erst wenn sie eine kritische Masse aus dem gesamten Spektrum erreichen, erkennt man sie als herausragende Kompetenzen, ähnlich wie eine chemische Reaktion, wenn sie den Moment der Katalyse erreicht. McClelland nennt diese kritische Masse den »Umschlagpunkt«.

»Wenn Sie den Umschlagpunkt erreichen, nimmt die Wahrscheinlichkeit, daß Sie eine herausragende Leistung erbringen, schlagartig zu«, erklärte mir Mary Fontaine von Hay/McBer zu Untersuchungen über Führungskräfte bei IBM und PepsiCo. »Der kritische Punkt kann darauf beruhen, wie oft Sie die entscheidenden Kompetenzen zeigen, oder auf dem Grad der Perfektion, die Sie darin erreichen, oder darauf, wie gut Sie sie zur Geltung bringen.«

Diejenigen Führungskräfte bei PepsiCo, die den Umschlagpunkt erreicht hatten und Stärken in mindestens sechs Kompetenzen aus dem gesamten Spektrum besaßen, gehörten mit weit größerer Wahrscheinlichkeit zum obersten Drittel, was sich in Gehaltszulagen für die Leistung der von ihnen geleiteten Abteilungen äußerte. Von den Führungskräften, die in sechs oder sieben Kompetenzen stark waren, gehörten 87 Prozent zum obersten Drittel.[11]

Ein Indiz für Erfolg waren die Kompetenzen nicht nur in den amerikanischen Unternehmenszweigen, sondern weltweit; von denen, die den Umschlagpunkt erreichten, gehörten in Europa 82 und in Asien 86 Prozent zum obersten Drittel.

Schwächen in diesen Kompetenzen hatten vielfach fatale Folgen. Unter denen, die in den wichtigsten Kompetenzen überhaupt keine Stärken aufwiesen, zeigten in Europa nur 13, in Asien bloß 11 und in Amerika 20 Prozent eine herausragende Leistung. Die emotionalen Kompetenzen, die am häufigsten zum Erfolg beitrugen, waren
- Initiative, Zielstrebigkeit und Anpassungsfähigkeit;
- die Fähigkeit, andere zu beeinflussen, Teamführung und politisches Bewußtsein;
- Empathie, Selbstvertrauen und die Fähigkeit, andere aufzubauen.

Abteilungsleiter mit diesen Stärken übertrafen ihre Zielvorgaben um 15 bis 20 Prozent; solche, die sie nicht besaßen, unterschritten die Ziele um fast 20 Prozent.

Der Umschlagpunkt ist nicht nur für Führungskräfte bedeutsam, sondern macht sich auf jeder Organisationsebene bemerkbar. Einen eindrucksvollen Beweis fand man bei einer landesweiten Versicherungsgesellschaft. Die Versicherungsvertreter, die in bestimmten emotionalen Kompetenzen wie Selbstvertrauen, Initiative und Empathie sehr schwach waren, verkauften Policen mit einer durchschnittlichen Prämie von 54 000 Dollar. Auffallend erfolgreich waren demgegenüber diejenigen, die in mindestens fünf von acht Kompetenzen sehr stark waren – sie verkauften Policen mit einer durchschnittlichen Prämie von 114 000 Dollar.

Wenn der Ertrag
durch Fluktuation schrumpft

So wie emotionale Kompetenz sich eindeutig auszahlt, ist ein Defizit an diesen Kompetenzen mit einem hohen Preis verbunden – in Gestalt der Personalfluktuation. Der Abgang eines Mitarbeiters kostet eine Firma nach Schätzung von Lyle Spencer soviel wie ein volles Jahresgehalt. Diese versteckten Kosten entstehen nicht nur durch die Suche nach einem Nachfolger und seine Einarbeitung, sie machen sich auch in der Kundenzufriedenheit und -treue bemerkbar sowie in einer geringeren Effizienz bei all jenen, die mit dem Neueingestellten zu tun haben.

Wenn Organisationen viele Mitarbeiter verlieren, können selbst bei unteren Gehaltsstufen erhebliche Kosten entstehen. Im Einzelhandel und im Versicherungsgeschäft schätzt man die jährliche Fluktuationsrate auf über 50 Prozent, und sie betrifft überwiegend die Neueingestellten.[12] Ist es eine hochrangige Führungskraft, die die Firma verläßt, sind die Kosten bisweilen enorm. Was ein Unternehmen aufwenden muß, um eine gescheiterte Führungskraft durch jemanden von außen zu ersetzen, beläuft sich manchmal auf Dollarbeträge von Hunderttausenden, wenn nicht Millionen.

Als man in einer weltweit operierenden Getränkefirma bei der Einstellung von Abteilungspräsidenten noch mit den üblichen Methoden arbeitete, bei denen die emotionale Kompetenz außer acht gelassen wird, gingen 50 Prozent innerhalb von zwei Jahren (meistens wegen unzureichender Leistungen), und die Suchkosten betrugen knapp 4 Millionen Dollar. Die Bleiberate war sehr viel höher, als die Firma dazu überging, Bewerber auf solche Kompetenzen wie Initiative, Selbstvertrauen, Führungsqualität und dergleichen hin zu prüfen; nur 6 Prozent der neuen Abteilungspräsidenten gingen innerhalb von zwei Jahren.[13]

Betrachten wir drei Beispiele, die Verkaufsleute in ganz verschiedenen Branchen betreffen.[54] Bei dem Kosmetik-Riesen L'Oréal war die Fluktuation im ersten Jahr unter jenen Vertretern, die wegen ihrer Stärken in emotionaler Kompetenz eingestellt worden waren, um 63 Prozent niedriger als unter denen, bei deren Einstellung das Kompetenzprofil keine Rolle gespielt hatte. Diejenigen von den neuen Handelsvertretern eines jungen Computerunternehmens, die wegen emotionaler Kompetenz *eingestellt* wurden, blieben zu 90 Prozent häufiger bis zum Ende ihrer Einarbeitung als jene, die nach anderen Kriterien eingestellt wurden. Und bei einer landesweit operierenden Möbelkette stiegen von den Verkäufern, die aufgrund von Stärken in wichtigen emotionalen Kompetenzen eingestellt wurden, im ersten Jahr nur halb so viele aus wie von denen, die aufgrund anderer Maßstäbe eingestellt wurden.

Der Fall des gescheiterten Verwaltungsleiters

Nach einem Vortrag, den ich über emotionale Intelligenz gehalten hatte, erzählte mir der Hauptgeschäftsführer einer Firma, die zu den zehn größten ihrer Branche gehört, im Vertrauen, warum er seinen langjährigen Verwaltungsleiter nicht zu seinem Nachfolger aufgebaut, sondern ihn gefeuert hatte: »Er war außerordentlich begabt, konzeptionell glänzend, ein beeindruckender Kopf. Er war großartig am Computer, kannte die Zahlen aufwärts, abwärts und rückwärts. Deshalb wurde er Verwaltungsleiter.

Aber ein glänzender Führer war er nicht, er war nicht einmal sonderlich sympathisch. Oft war er von ätzender Schärfe. In Gruppen benahm er sich linkisch; er hatte keine Lebensart und keinerlei geselligen Umgang. Mit fünfundvierzig hatte er keinen Vertrauten, keine Freunde. Er arbeitete immer nur. Er war eindimensional; deshalb habe ich ihn schließlich gehen lassen.«

Abschließend meinte der Hauptgeschäftsführer: »Wenn er nur fünf Prozent von dem gebracht hätte, worüber Sie hier gesprochen haben, hätte ich ihn behalten.«

Dieses Beispiel entspricht genau den Feststellungen, zu denen eine bahnbrechende Studie über gescheiterte Topmanager gelangte.[15] Die häufigsten Merkmale derer, die es nicht geschafft haben, sind

- *Starrheit:* Sie konnten ihren Stil nicht an Wandlungen der Unternehmenskultur anpassen, oder sie waren nicht imstande, Rückmeldungen über Eigenschaften, die sie hätten ändern oder korrigieren müssen, zu schlucken und darauf einzugehen. Sie waren unfähig, zuzuhören oder zu lernen.

- *Kümmerliche Beziehungen:* der am häufigsten genannte Faktor: Sie kritisierten zu streng, waren gefühllos oder schwierig und befremdeten dadurch diejenigen, mit denen sie zu tun haben.

Diese Merkmale erwiesen sich als verhängnisvolle Handikaps selbst für glänzende Führungskräfte mit guten Fachkenntnissen. Ein Topmanager beschrieb einen gescheiterten Kollegen folgendermaßen: »Er ist ein großer strategischer Denker und besitzt hohe ethische Maßstäbe, aber er macht die Leute zur Sau. Er ist sehr intelligent, aber er erreicht Überlegenheit dadurch, daß er andere erniedrigt. Viele haben versucht, ihm zu helfen, daß er an diesem Fehler arbeitet, aber es ist aussichtslos.«[16]

Das Gegenteil von Starrheit ist Anpassungsfähigkeit. »Bewegliche Führung, die Fähigkeit, mit unterschiedlichen Stilen und mit Menschen auf allen Ebenen der Organisation zurechtzukommen, vom einfachen Handelsvertreter bis zum Topmanagement, erfordert Empathie und emotionale Selbststeuerung. In der Führung muß man genauso beweglich sein wie in der Ausbildung«, erklärt mir Patrick O'Brien, vormals für den Nordamerika-Vertrieb zuständiger Vizepräsident bei Johnson Wax. »Wenn bei Leuten, die wir entwickeln möchten, diese Art von Beweglichkeit fehlt, ist das für uns ein entscheidendes Handikap.«

Zwischen erfolgreichen und gescheiterten Managern traten im Hinblick auf ganz entscheidende Dimensionen der emotionalen Kompetenz deutliche Unterschiede zutage:[17]

- *Selbstkontrolle:* Diejenigen, die scheiterten, konnten keinen Druck ertragen und neigten zu Launenhaftigkeit und Zornausbrüchen. Die Erfolgreichen bewahrten unter Streß ihre Gelassenheit, blieben in der Hitze des Gefechts ruhig und selbstsicher – und verläßlich.

- *Gewissenhaftigkeit:* Die Gescheiterten reagierten auf Versagen und Kritik abwehrend, mit Leugnen, Vertuschen oder Beschuldigung anderer. Die Erfolgreichen übernahmen die Verantwortung, räumten ihre Fehler und Versäumnisse ein, ergriffen Maßnahmen, um die Probleme zu beheben, und machten weiter, ohne über ihren Fehltritt nachzugrübeln.

- *Vertrauenswürdigkeit:* Die Versager waren in der Regel übertrieben ehrgeizig, allzu leicht bereit, auf Kosten anderer voranzukommen. Die Erfolgreichen waren hochanständig, sorgten sich sehr um die Bedürfnisse ihrer Untergebenen und Kollegen sowie um die Anforderungen der jeweiligen Aufgabe, die für sie wichtiger waren als der Wunsch, den eigenen Chef um jeden Preis zu beeindrucken.
- *Soziale Fähigkeiten:* Den Versagern mangelte es an Empathie und Feingefühl, weshalb sie oft schroff und arrogant waren und dazu neigten, Untergebene einzuschüchtern. Manche konnten zwar gelegentlich charmant sein und sogar den Anschein erwecken, sich um andere zu sorgen, doch war es ein bloß gespielter Charme, um andere zu manipulieren. Die Erfolgreichen besaßen Empathie und Feingefühl und bewiesen Takt und Rücksichtnahme im Umgang mit jedermann, ob Vorgesetzter oder Untergebener.
- *Bindungen herstellen und Vielfalt nutzen:* Die Gescheiterten vermochten wegen ihres Mangels an Feingefühl und ihres Hangs zur Manipulation kein verläßliches Netz von kooperativen Beziehungen zum gegenseitigen Nutzen aufzubauen. Die Erfolgreichen waren aufgeschlossener für Vielfalt und kamen mit den unterschiedlichsten Menschen zurecht.

Talente für die Gegenwart:
Die globale Sicht

Claudio Fernández-Aráoz, der in der Buenos Aires-Niederlassung von Egon Zehnder International für die Suche nach Führungskräften in ganz Lateinamerika zuständig ist, hat 227 äußerst erfolgreiche Führungskräfte mit 23 solchen verglichen, die an ihrer Aufgabe gescheitert sind.[18] Die Manager, die versagten, verfügten nach seinen Feststellungen fast durchweg über hohes fachliches Wissen und einen hohen IQ. Sie scheiterten in allen Fällen an ihrer mangelnden emotionalen Intelligenz: Sie waren arrogant, verließen sich zu sehr auf den Verstand, konnten sich nicht an die bisweilen verwirrenden ökonomischen Veränderungen in dieser Region der Erde anpassen und hatten für Zusammenarbeit oder Teamwork nur Verachtung übrig.

Dasselbe Bild ergab sich, als man in Deutschland und Japan erfolgreiche und gescheiterte Manager miteinander verglich: Die Versager hatten ihr größtes Defizit in der emotionalen Intelligenz, und sie scheiterten trotz ihrer Stärken in fachlichen und kognitiven Fähigkeiten. In

Deutschland zeigten drei Viertel der gescheiterten Manager, in Japan etwas mehr als die Hälfte ein erhebliches Defizit an emotionaler Intelligenz.[19]

In Lateinamerika ist ein Defizit an emotionaler Intelligenz offenbar gleichbedeutend mit sicherem Versagen, während dies in Deutschland oder Japan nicht so eindeutig der Fall ist – bislang jedenfalls. Fernández-Aráoz erklärte mir: »Lateinamerika hat in den letzten Jahren gewaltige Veränderungen durchgemacht – Hyperinflation, politische Umwälzungen, den Übergang von einer staatlich gelenkten zu einer offenen Marktwirtschaft. Die Dinge ändern sich gundlegend, manchmal von einem Tag zum anderen. Da kommt es nicht so sehr auf Erfahrung, sondern auf Anpassungsfähigkeit an. Schon um auf dem laufenden zu bleiben, braucht man enge Kontakte zu allen, den Kunden, den Lieferanten – wirklich allen. Es gibt neue Formen der Organisation, neue Fusionen und Koalitionen, neue Technologien, neue Regeln. Wir haben festgestellt, daß ein Mangel an emotionaler Intelligenz in einer so wechselhaften Umwelt gleichbedeutend ist mit sicherem Scheitern. Und das ist die Zukunft von uns allen.«

Oder wie es Kevin Murray, Kommunikationsdirektor bei British Airways, zusammenfaßt: »Organisationen, die den stärksten Wandel durchmachen, benötigen emotionale Intelligenz am dringendsten.«

Das Peter-Prinzip:
Zuviel Uni, zuwenig Kindergarten

Ein junger Ingenieur, der in der Schule nur Einser eingeheimst hatte, nahm seine Arbeit bei einer Firma für Umwelttechnik auf, wurde aber nach relativ kurzer Zeit gefeuert. Warum? »In seiner Arbeit war er untadelig«, erzählte mir sein Manager, »aber er wollte sich nichts sagen lassen. Sein Vorgesetzter sagte ihm, wie er etwas konstruieren sollte, aber er machte seinen eigenen Kram. Wenn sein Vorgesetzter ihn darauf hinwies, daß die Konstruktion nicht den Vorgaben entsprach, blockte er ab. Er konnte Feedback nicht ertragen, so als würde er persönlich kritisiert.

Wenn andere Ingenieure ihn um Hilfe baten, lehnte er ab, mit der Begründung, er sei zu sehr von seinem Teil des Projekts in Anspruch genommen. Er brachte die anderen so sehr gegen sich auf, daß niemand bereit war, ihm zu helfen, als er Hilfe brauchte.«

Hoher IQ und fachliches Können wirken sich bei scheinbar vielversprechenden Leuten, die dann doch scheitern, manchmal auf paradoxe Weise aus. Nach einer Untersuchung von ehemals erfolgreichen Managern, die gescheitert sind, besaßen die meisten brillante Fachkenntnisse.[20] Und in vielen Fällen war es gerade ihr fachliches Können, weshalb sie überhaupt ins Management aufgestiegen waren.

Wenn sie aber einmal höhere Positionen erreicht hatten, wurde ihre fachliche Stärke zu einer Belastung: Sie waren dermaßen arrogant, daß sie Gleichrangige vor den Kopf stießen, indem sie sich wie Vorgesetzte aufspielten, oder Untergebene gängelten, auch dort, wo diese sich fachlich besser auskannten.

Hier macht sich das Peter-Prinzip bemerkbar: Die Leute steigen so lange auf, bis sie eine Stufe erreichen, auf der sich ihre Unfähigkeit offenbart. Jemand wird wegen seines fachlichen Könnens (»Mit den Zahlen kennt er sich phantastisch aus«) befördert und landet auf einer Ebene, wo nicht mehr die technischen Kenntnisse zählen, sondern wo seine Aufgabe oft oder überwiegend darin besteht, mit Menschen umzugehen. Deshalb ist die Arbeitswelt übersät mit unfähigen Chefs.

Das Peter-Prinzip erklärt weitgehend, warum man Menschen, die schroff, rücksichtslos und auf andere Weise unfähig zu zwischenmenschlichen Beziehungen sind, so oft in Führungspositionen antrifft, in Organisationen jeglicher Art. Der klassische Irrtum besteht in der Annahme, jemand, der auf einem Fachgebiet beschlagen ist, müsse auch fähig sein, andere zu führen. »Ich nenne das den Michael-Jordan-Effekt«, erklärt mir Paul Robinson, Direktor von Sandia National Laboratories. »In Forschungslabors beobachte ich das immer wieder: Ein Topmanager geht, und um seine Stelle auszufüllen, greift man sofort auf den besten Wissenschaftler zurück.

Das ist aber, als ob die Chicago Bulls einen Trainer verloren hätten und Michael Jordan zu seinem Nachfolger berufen würden. Als Basketballspieler ist er natürlich phantastisch, aber das Spiel fällt ihm dermaßen leicht, daß er vielleicht nicht so gut darin ist, andere zu trainieren – wahrscheinlich hat er noch nie überlegt, wie er das macht, was er macht. Dann stellt sich die Frage, wie gut die Bulls als Mannschaft abschneiden werden, wenn Jordan auf der Bank und nicht auf dem Platz ist. So ist es auch bei uns: Wir brauchen diese herausragenden Wissenschaftler im Labor, nicht in der Verwaltung.«

Um dieses Problem zu vermeiden, so erklärte mir Ira Stepanian von der BankBoston, »haben wir zwei Laufbahnen geschaffen, in der Erkenntnis, daß es Leute gibt, die auf ihrem Fachgebiet glänzen und ihre Arbeit lieben, als Manager jedoch nichts taugen und eine Managementkarriere ablehnen. Ohne die sozialen Fähigkeiten würden sie auf den obersten Managementebenen nie Erfolg haben. Wir haben uns bemüht, sie vor dem Scheitern zu bewahren, das sie dem Peter-Prinzip gemäß ereilen würde, und sie weiter in ihrer fachlichen Laufbahn belassen.«

Wiederum gilt das Prinzip für Posten jeglicher Art. Denken Sie zum Beispiel an Patrick McCarthy, den Top-Verkäufer bei Nordstrom. In jungen Jahren machte man ihn zum Abteilungsleiter, doch er gab den Posten nach anderthalb Jahren auf und wurde wieder Verkäufer.[21] Er drückt es so aus: »Im Verkaufen war ich gut, und dabei fühlte ich mich wohl.«

Der Computertrottel:
Gebildete Unfähigkeit

»Den Beschäftigten der Informationstechnologie sagt man nach, daß sie hochgradige technische Fähigkeiten besitzen, aber mit Menschen nicht so gut zurechtkommen«, erklärte mir ein Manager bei Hitachi Data Systems. »Oft gehen ihnen bestimmte Fähigkeiten ab, zum Beispiel Empathie und Umgänglichkeit. Die Leute in den informationstechnischen Abteilungen unserer Branche sind dafür berüchtigt, daß sie mit den Leuten in anderen Bereichen ihrer Firma nicht zurechtkommen.«

Ich habe immer geglaubt, in solchen Äußerungen spiegele sich ein kulturelles Mißverständnis, ein negatives Stereotyp vom »Computertrottel«. Dem lag meine Überzeugung zugrunde, daß zwischen emotionaler Intelligenz und IQ keinerlei Zusammenhang besteht.

Ein Freund, der am MIT lehrt, meint jedoch, daß am äußersten oberen Ende der IQ-Skala oft ein Mangel an sozialen Fähigkeiten zu beobachten sei. Von »gebildeter Unfähigkeit« spricht Stephen Rosen, selbst theoretischer Physiker und mittlerweile Leiter eines Projekts, das herausfinden soll, warum manche Wissenschaftler in ihrer Karriere scheitern.[22] »Je intelligenter sie sind, desto unfähiger sind sie sehr oft im emotionalen Bereich und im Umgang mit Menschen. Es ist, als wäre der IQ-Muskel gestärkt worden auf Kosten der Muskeln für persönliche und soziale Kompetenz.«

Wer in diesen Fachbereichen etwas werden will, muß viele Stunden mit einsamer Arbeit aufwenden, und das fängt vielfach schon in der Kindheit oder zu Beginn des Teenageralters an, in einem Lebensabschnitt, in dem die Menschen normalerweise durch den Verkehr mit

Freunden elementare soziale Fähigkeiten erlernen. Natürlich spielt auch eine gewisse Selbstselektion mit. Wenn Menschen sich zu Fächern hingezogen fühlen, die sich wie die Computer- und die Ingenieurwissenschaft durch ein Höchstmaß an kognitiven Anforderungen auszeichnen, dann hängt das manchmal »auch damit zusammen, daß man sich nicht mit seinen Emotionen zu befassen braucht«, erklärt der Psychologe Robert E. Kelley von der Carnegie-Mellon University. »Das ist es, was den Trotteln an der Ingenieurwissenschaft gefällt: Man kann zurückgezogen leben und braucht auf Umgangsformen keine Rücksicht zu nehmen, solange man im kognitiven Bereich gut ist.«

Das heißt natürlich nicht, daß alle Wissenschaftler mit einem hohen IQ nichts vom Umgang mit anderen verstehen. Es heißt jedoch, daß emotionale Intelligenz und Kompetenz sich besonders auszahlen werden in solchen Karrieren, wo der Vorrat an potentiell herausragenden Managern, die hohe wissenschaftliche Fähigkeiten mit hohen sozialen Fähigkeiten verbinden, relativ klein ist.

An der University of California in Berkeley lief in den fünfziger Jahren eine ungewöhnliche Untersuchung an. Achtzig Doktoranden der Naturwissenschaften wurden in IQ- und Persönlichkeitstests gründlich durchleuchtet, und in ausführlichen Interviews mit Psychologen wurden Eigenschaften wie emotionale Ausgeglichenheit und Reife, Integrität und Geschicklichkeit im Umgang mit anderen bewertet.[23]

Vierzig Jahre später, als die ehemaligen Doktoranden Anfang siebzig waren, wurden sie erneut von Forschern aufgesucht. In der Nachuntersuchung von 1994 wurde der jeweilige berufliche Erfolg auf der Grundlage von schriftlichen Lebensläufen, Beurteilungen durch Fachkollegen und Quellen wie *American Men and Women of Science* bewertet. Das Ergebnis: Beruflicher Erfolg und Ansehen waren – selbst bei diesen Naturwissenschaftlern – *viermal* stärker von emotionalen Intelligenzfähigkeiten als vom IQ abhängig.

Wie mir ein Ingenieur sagte, der früher bei Exxon tätig war: »Der Notendurchschnitt spielte dort keine Rolle – in der Schule hatten alle gut abgeschnitten. Was zählte, waren persönliche Qualitäten wie Beharrlichkeit, einen Mentor zu finden, die Bereitschaft, Überstunden zu machen und sich stärker ins Zeug zu legen.« Oder wie es Ernest O. Lawrence formulierte, der Nobelpreisträger, der die nach ihm benannten Laboratorien in Berkeley gründete: »In der naturwissenschaftlichen Forschung hängen herausragende Leistungen nicht von fachlicher Kompetenz ab, sondern vom Charakter.«[24]

Hilfe gesucht:
Technikfreaks mit Leidenschaft und Intuition

Solche Erkenntnisse waren der Anlaß dafür, daß man sich an den Universitäten zunehmend bemüht, die angehenden Ingenieure und Wissenschaftler mit größerer emotionaler Intelligenz für ihren Eintritt ins Berufsleben zu rüsten. Phil Weilerstein, Direktor der National Collegiate Inventors and Innovators Alliance, erklärte mir: »Ingenieure werden künftig andere Fähigkeiten benötigen als die, in denen sie ausgebildet wurden: ihr Leben lang in einem Kabuff bei General Dynamics zu sitzen und Propellerblätter zu konstruieren. Sie werden so beweglich sein müssen, daß sie alle drei, vier, fünf Jahre ihren Job wechseln. Sie müssen wissen, wie man als Teil eines Teams Ideen entwickelt und umsetzt, wie man eine Idee verkauft, sie müssen Kritik und Feedback einstecken und sich anpassen können. Solche Fähigkeiten wurden in der Ingenieurausbildung bisher vernachlässigt. Künftig wird sie sich das nicht mehr leisten können.«

John Seely Brown, der Leiter der Forschungs- und Entwicklungsabteilung der Xerox Corporation im Silicon Valley, sagte mir: »Stirnrunzelnd erkläre ich den Leuten, daß wir uns nicht sonderlich bemühen, die intelligentesten Leute einzustellen; in all den Jahren, seit ich hier bin, habe ich nie einen Blick auf Universitätsdiplome geworfen. Die beiden Kompetenzen, auf die wir den größten Wert legen, sind wohlbegründete Intuitionen und ein leidenschaftliches Verlangen, einen starken Eindruck zu hinterlassen. Wir brauchen Leute, die kühn und zugleich gründlich sind.«

Doch was heißt das: intuitiv, leidenschaftlich, kühn und zugleich gründlich zu sein? Heißt das, emotionale Intelligenz zu zeigen? Worin bestehen die menschlichen Fähigkeiten, von denen der Erfolg am Arbeitsplatz am stärksten abhängt?

Die präzise Beantwortung dieser Fragen wird die nächste Station unserer Erkundung sein: was es denn nun heißt, mit emotionaler Intelligenz zu arbeiten.

Zweiter Teil

Selbstmeisterung

EQ²

4

Der innere Kompaß

Einem Arzt, mit dem ich befreundet bin, wurde einmal folgendes Angebot unterbreitet: Wenn er seine Praxis aufgeben würde, um ärztlicher Direktor einer neuerrichteten Eigentumswohnanlage in einem Kurbad zu werden, würde sein Geschäftsanteil bei einer Einlage von 100 000 Dollar innerhalb von drei Jahren auf schätzungsweise 4 Millionen Dollar anwachsen. So verhieß es jedenfalls der Prospekt.

Die Vision eines Kurbades, wo die Leute Urlaub machen und dabei etwas für ihre Gesundheit tun könnten, gefiel meinem Freund, und der zusätzlichen Verlockung, einen phantastischen Gewinn einzustreichen, konnte er nicht widerstehen. Er verkaufte seine Arztpraxis, investierte in den Kurort und wurde dessen ärztlicher Direktor. Er mußte freilich feststellen, daß es in jenem ersten Jahr noch kein medizinisches Programm gab, das er hätte leiten können – schließlich verbrachte er seine Tage im Grunde als Verkäufer, der Leute dafür zu gewinnen suchte, Eigentumswohnungen mit zeitlich begrenzter Nutzung zu erwerben.

Eines Tages, als er zu seiner neuen Wirkungsstätte fuhr, bemerkte er zu seinem eigenen Erstaunen, daß er mit der Faust auf das Armaturenbrett seines Wagens einhämmerte und brüllte: »Ich kann das nicht! Ich kann das nicht!« Mein Freund hielt an, um seiner aufgewühlten Gefühle Herr zu werden, und als er sich schließlich beruhigt hatte, setzte er die Fahrt zur Arbeit fort.

Ein Jahr später war das Kurbad pleite – und er auch.

Heute gibt er zu, daß er von Anfang an ein inneres Gefühl hatte, das ihm sagte, daß mit dem Angebot etwas nicht stimmte, daß die Gewinnvorausschätzungen in dem Prospekt allzu rosig waren und daß es bei dem Projekt in Wahrheit nicht um Präventivmedizin ging, sondern um Immobilienspekulation. Aber damals hatte er eine Veränderung herbeigesehnt. Und die finanziellen Anreize erschienen so verheißungsvoll, daß er seine bösen Ahnungen vergaß – was er nachträglich sehr bereute.

Das Leben stellt uns meistens vor unklare Entscheidungen, die nichts zu tun haben mit den eindeutigen, sauberen »wenn dies, dann das«-Matrizen, wie sie in der Theorie der Risikoanalyse und Entscheidungsfindung benutzt werden. Man preist uns diese Theorie als eine Möglichkeit an, die realen, alltäglichen Entscheidungen zu fällen, vor denen wir in der Arbeitswelt stehen: wer befördert werden soll, mit welchem Unternehmen man fusionieren soll, welche Marketingstrategie verfolgt werden soll oder ob man auf ein angebotenes Geschäft eingehen soll. Bei solchen Entscheidungen liefert unser inneres Gefühl – unser tiefstes Empfinden, das uns sagt, ob eine Sache *gefühlsmäßig* in Ordnung oder ob »etwas faul« ist – entscheidende Informationen, die wir nicht übergehen dürfen, wenn wir unsere Entscheidung nicht einen Monat oder ein Jahr später bereuen wollen.

Jenseits von Pro und Kontra

Das Geschäft, auf das mein Freund einging, machte einen guten Eindruck – auf dem Papier. Aber weit wichtiger als die finanziellen Vorausschätzungen waren so immaterielle Dinge wie die Vertrauenswürdigkeit und die Fähigkeiten der Leute, mit denen er sich verbündete. Gewiß sind solch wichtige Aspekte einer Entscheidung nicht einfach zu quantifizieren, aber wir besitzen einen riesigen Vorrat an relevanten »Daten« in Gestalt von Vorahnungen. Und es geschieht auf eigene Gefahr, wenn wir – wie es mein Freund tat – solche Daten ignorieren.

Von sechzig äußerst erfolgreichen Unternehmern, deren Firmen Erträge zwischen 2 und 400 Millionen Dollar erzielen, erklärte nur einer, seine geschäftlichen Entscheidungen nur mit den klassischen Methoden des Entscheidungsbaums zu treffen – und auch er fügte hinzu, daß er seine letzte Entscheidung nach wie vor intuitiv treffe.[1] Die übrigen ließen sich entweder ihre rationale Analyse durch das Gefühl bestätigen (oder verwerfen), oder sie ließen sich anfangs von ihren Emotionen leiten, um anschließend nach Daten oder einer logischen Begründung zu suchen, die ihre instinktive Ahnung stützte.

Ein Unternehmer sagte mir: »Zunächst wird das Problem Schritt für Schritt angegangen, bewußt und mit Bedacht, ganz analytisch ... doch gleichzeitig tut sich etwas auf der emotionalen Seite. Ich denke, man braucht beides.«

Ein anderer meinte, es sei ein Irrtum, Entscheidungen rein rational treffen zu wollen: »Wenn man das macht und dabei vollkommen objektiv ist, hat man im Grunde nur nüchterne statistische Zahlen. Doch im Inneren ist es fast so, als hätte man ein Meßinstrument, das all diese Daten mißt ... Die Nadel mißt das Gefühl. Manchmal sagt das Gehirn:

›Hm, das wird aber eine Menge Leute auf die Palme bringen‹ oder so, und trotzdem sagt dieser sechste Sinn: ›Schon, aber gefühlsmäßig ist es in Ordnung‹. Und ich habe gelernt, darauf zu vertrauen.«

Die Quelle des inneren Gefühls

Die Fähigkeit, solche subjektiven Tendenzen zu deuten, wurzelt tief in der Evolution. Die am inneren Gefühl beteiligten Hirnareale sind weit älter als die dünnen Schichten des Neokortex, die Zentren des rationalen Denkens, die praktisch die äußere Hülle des Gehirns bilden. Ahnungen entspringen viel tiefer im Gehirn. Sie sind eine Funktion der emotionalen Zentren, die um den Hirnstamm oberhalb des Rükkenmarks angesiedelt sind, besonders eines mandelförmigen Gebildes, das Amygdala oder Mandelkern genannt wird, und der von ihm ausgehenden neuralen Schaltungen. Dieses Netz von Nervenbahnen, das man auch als erweiterte Amygdala bezeichnet, erstreckt sich bis hinauf zur Schaltzentrale des Gehirns in den Stirnlappen, direkt hinter der Stirn.[2]

Das Gehirn speichert verschiedene Aspekte einer Erfahrung in unterschiedlichen Arealen: Die Quelle einer Erinnerung ist in einer bestimmten Zone verschlüsselt, die optischen, akustischen und olfaktorischen Eindrücke in anderen Arealen. Die Emotionen, die eine Erfahrung auslöst, werden in der Amygdala gespeichert. Jede Erfahrung, auf die wir eine noch so unmerkliche emotionale Reaktion haben, scheint in der Amygdala verschlüsselt zu sein.[3]

Als Aufbewahrungsort für alles, was wir im Hinblick auf unsere Erfahrung empfinden, überschüttet uns die Amygdala ständig mit dieser Information. Wann immer wir eine Vorliebe für etwas hegen und beispielsweise statt Seebarsch lieber Risotto bestellen oder wenn wir das unwiderstehliche Gefühl haben, daß wir unsere Aktien eines bestimmten Unternehmens abstoßen sollten, dann ist das eine Meldung von der Amygdala. Und über von der Amygdala ausgehende Schaltungen, speziell Nervenbahnen, die zu den Eingeweiden verlaufen, können wir auf die Optionen, vor denen wir stehen, eine somatische Reaktion haben, ein regelrechtes »Gefühl im Bauch«.

Diese Fähigkeit kann, wie andere Elemente der emotionalen Intelligenz, im Laufe des Lebens mit wachsender Erfahrung stärker werden. Ein erfolgreicher Unternehmer beschrieb es in einer Untersuchung der University of Southern California so: »Es ist ein *kinästhetisches*

Gefühl, das manche Menschen haben. Bei jungen Menschen sind starke Intuitionen, denke ich, seltener als bei älteren, weil die Lebenserfahrungen dazu beitragen … Es ist, als ob der Bauch einem etwas sagt, und im Körper läuft eine chemische Reaktion ab, die vom Gehirn ausgelöst wird und dafür sorgt, daß die Bauchmuskeln sich anspannen, und der Bauch sagt einem dann: ›Dabei habe ich kein gutes Gefühl.‹«

Dieses Stärkerwerden des Gefühls, das uns leitet, nennt man seit jeher *Weisheit*. Und wir werden sehen, daß, wer Botschaften von diesem Quell der Lebensweisheit ignoriert oder in den Wind schlägt, dies auf eigene Gefahr tut.

Der Jurist, der sich nicht entscheiden konnte

Der Neurologe Antonio Damasio von der University of Iowa hatte einen Patienten, der ein glänzender Wirtschaftsjurist war. Einige Jahre zuvor hatte man bei diesem Mann einen kleinen Tumor in den Stirnlappen diagnostiziert. Die Operation verlief erfolgreich, nur daß der Chirurg versehentlich die Bahnen durchtrennte, die die Stirnlappen des Juristen mit seiner Amygdala verbanden. Einerseits hatte der Jurist keine erkennbaren kognitiven Defizite. Andererseits wurde er arbeitsunfähig, verlor seine Stelle und konnte sich auch in einer anderen nicht halten. Am Ende war er arbeitslos; seine Frau verließ ihn; er verlor sein Haus.[4]

Der Jurist wandte sich um Hilfe an Damasio. Dieser studierte die Ergebnisse seiner neuropsychologischen Tests, die alle normal waren, und war zunächst ratlos. Als er dann eines Tages die harmlose Frage stellte, wann der nächste Termin sein sollte, fiel ihm auf, daß der Jurist imstande war, die vernünftigen Gründe anzuführen, die für und gegen jede erdenkliche Stunde innerhalb der nächsten vierzehn Tage sprachen, aber nicht sagen konnte, welche die beste war.

Damasio erkannte, wo der Haken war: Der Jurist hatte kein *Empfinden* für seine Gedanken und deshalb keine Präferenzen. Damasio schloß daraus, daß unser Gehirn nicht wie ein Computer konstruiert ist, der uns einen sauberen Ausdruck aller rationalen Argumente für und wider eine Entscheidung im Leben liefern würde, gestützt auf alle bisherigen Gelegenheiten, bei denen wir vor einer vergleichbaren Situation standen. Das Gehirn tut etwas viel Eleganteres: Es wägt das *emotionale*

Resultat aus diesen früheren Erfahrungen und liefert uns die Antwort in Gestalt einer Ahnung, eines inneren Gefühls.

Dieses Empfinden für das Richtige oder Falsche tief im Körper ist Teil eines stetigen hintergründigen Gefühlsstroms, der den ganzen Tag durchzieht. So wie es einen Gedankenstrom gibt, gibt es auch einen parallelen Gefühlsstrom. Die Vorstellung, es gebe ein *reines Denken*, eine von Emotionen freie Rationalität, ist eine Fiktion, eine Illusion, die daher rührt, daß wir die subtilen Stimmungen, die uns durch den Tag begleiten, nicht beachten. Alles, was wir tun, woran wir denken, was wir uns vorstellen, woran wir uns erinnern, ist von Gefühlen begleitet. Denken und Fühlen sind unauflöslich ineinander verwoben.

Solche flüchtigen Gefühle sind meistens kaum faßbar, aber bedeutsam. Nicht, daß das innere Gefühl gewichtiger wäre als die Tatsachen, aber es sollte zusammen mit den Tatsachen abgewogen werden. Wenn wir auf die Gefühle hören, erhalten wir Informationen, die wichtig sind, um durchs Leben zu kommen. Dieses Empfinden für das Richtige oder Falsche signalisiert uns, daß das, was wir tun, mit unseren Präferenzen, unseren Wertvorstellungen und unserer Lebensweisheit im Einklang ist oder nicht.

Die Macht der Intuition:
Die ersten dreißig Sekunden

Kreditsachbearbeiter müssen spüren, wann ein Geschäft schiefgehen könnte, obwohl die Zahlen gut aussehen; Topmanager müssen entscheiden, ob ein neues Produkt die Zeit und das Geld, das seine Entwicklung erfordert, wert ist; Menschen müssen eine halbwegs begründete Vermutung darüber anstellen, wer aus einer Reihe von Bewerbern sich am besten in eine Arbeitsgruppe einfügen wird. All diese Entscheidungen erfordern die Fähigkeit, unser intuitives Gespür für das Richtige und Falsche in unseren Entscheidungsprozeß einzubeziehen.

Als man die Entscheidungsprozesse von dreitausend Spitzenmanagern untersuchte, zeigte es sich denn auch, daß diejenigen, die auf verschiedenen Feldern die Besten waren, am geschicktesten die Intuition in ihre Entscheidungen einbezogen.[5] Ein sehr erfolgreicher Unternehmer sagte: »Eine intuitive Entscheidung ist nichts anderes als eine unbewußte logische Analyse ... Das Gehirn überprüft diese Überlegungen und präsentiert uns das, was man eine gewichtete Schlußfolgerung nennen würde – es so zu machen, erscheint richtiger, als es anders zu machen.«[6]

Ihre größte Rolle im Berufsleben dürfte die Intuition spielen, wenn es um Menschen geht. Björn Johansson, Chef einer Züricher Personalvermittlungsfirma, die sich darauf spezialisiert hat, Topmanager in multinationalen Unternehmen unterzubringen, sagte mir: »Dieses Geschäft ist von A bis Z Intuition. Als erstes muß man die Chemie eines Unternehmens erfassen – den Unternehmensleiter einschätzen, seine persönlichen Qualitäten und Erwartungen, den von ihm angegebenen Ton und die daraus resultierende Unternehmenskultur. Ich muß begreifen, wie das Führungsteam funktioniert, wie sie miteinander umgehen. Jedes Unternehmen hat, was man einen ›Geruch‹ nennen könnte, etwas Eigentümliches, das man spüren kann.«

. Nachdem er diesen »Geruch« registriert hat, macht Johansson sich an die Einschätzung der in Frage kommenden Bewerber. Das entscheidende Urteil ist intuitiv: »Wenn ich jemanden treffe, weiß ich innerhalb von dreißig Sekunden, ob die Chemie des Betreffenden zu meinem Kunden paßt. Natürlich muß ich auch seine bisherige Laufbahn, seine Referenzen und dergleichen prüfen. Allerdings gebe ich mich damit gar nicht erst ab, wenn er nicht die erste Hürde genommen hat, mein intuitives Gespür. Wenn jedoch mein Verstand, mein Herz und mein Bauch alle sagen, daß er der richtige ist, dann empfehle ich ihn.«

Das stimmt mit Ergebnissen von Harvard-Studien überein: Menschen können innerhalb der ersten dreißig Sekunden einer Begegnung intuitiv erfassen, welchen grundlegenden Eindruck sie nach fünfzehn Minuten – oder nach einem halben Jahr – von dem anderen haben werden. Führt man zum Beispiel Dreißig-Sekunden-Videos von Lehrern vor, die eine Vorlesung halten, können die Betrachter das Leistungsniveau der Lehrer mit einer Genauigkeit von etwa 80 Prozent einschätzen.[7]

Vielleicht ist solch ein augenblickliches intuitives Erfassen ein Überbleibsel eines lebenswichtigen Frühwarnsystems für Gefahren, das heute fortlebt in solchen Gefühlen wie der Vorahnung. Gavin deBecker, der sich um die Sicherheit von Prominenten kümmert, bezeichnet die Vorahnung als ein »Geschenk der Furcht«.[8] Dieses Radar für Gefahren warnt uns mit einem ersten Gefühl, daß etwas »faul« ist.

Intuition und inneres Gefühl zeugen von der Fähigkeit, Botschaften aus unserem inneren Speicher emotionaler Erinnerungen zu erfassen, unserem eigenen Vorrat an Weisheit und Urteilskraft. Diese Fähigkeit ist die Grundlage der Selbstwahrnehmung, die wiederum die entscheidende Voraussetzung von drei emotionalen Kompetenzen ist:

- *Emotionales Bewußtsein:* die Erkenntnis, wie unsere Emotionen unsere Leistung beeinflussen, und die Fähigkeit, uns in unseren Entscheidungen von unseren Wertvorstellungen leiten zu lassen.
- *Zutreffende Selbsteinschätzung:* ein objektives Gespür für unsere Stärken und Grenzen, ein klares Bild davon, wo wir uns verbessern müssen, und die Fähigkeit, aus Erfahrung zu lernen.
- *Selbstvertrauen:* der Mut, der aus der Gewißheit über unsere Fähigkeiten, Werte und Ziele erwächst.

Emotionales Bewußtsein

Die eigenen Emotionen und ihre Auswirkungen erkennen

MENSCHEN MIT DIESER KOMPETENZ
- wissen, welche Emotionen sie empfinden und warum.
- erkennen die Zusammenhänge zwischen ihren Gefühlen und dem, was sie denken, tun und sagen.
- erkennen, wie ihre Gefühle ihre Leistung beeinflussen.
- haben ein ihr Verhalten leitendes Bewußtsein ihrer Wertvorstellungen und Ziele.

• • • • •

Er soll Teilhaber einer mächtigen New Yorker Investmentbank werden. Und er ist in Schwierigkeiten.

»Er hat es dadurch geschafft, daß er sich alles und jeden, der ihm über den Weg kam, unterworfen hat«, sagte der Psychiater, den er auf Anraten seiner Firma aufsuchte. »Aber er wendet diese Rücksichtslosigkeit eines Kriegers auch dort an, wo sie einfach nicht am Platze ist. Er wird viel zu leicht ärgerlich, und er merkt gar nicht, daß er aufgrund seiner Verärgerung die Leute schroff behandelt. Keiner will mit ihm oder für ihn arbeiten. Er hat einfach kein Bewußtsein davon, daß er ein Opfer seiner Emotionen ist.«

Dieses Bewußtsein, daß unsere Emotionen sich auf das, was wir tun, auswirken, ist die grundlegende emotionale Kompetenz. Wenn es uns an dieser Fähigkeit fehlt, kann es uns wie dem Investmentbanker ergehen, daß unkontrollierte Emotionen ihr Spiel mit uns treiben. Dieses Bewußtsein leitet uns, wenn wir uns auf die Bedingungen am

Arbeitsplatz einstellen, wenn wir unsere ungestümen Gefühle zähmen, wenn wir unsere Motivation aufrechterhalten, wenn wir uns auf die Empfindungen derer, mit denen wir es zu tun haben, feinfühlig einstellen und wenn wir gute, arbeitsbezogene soziale Fähigkeiten entwickeln, einschließlich solcher, die für Führungsaufgaben und Teamarbeit wichtig sind.

Es wird wohl niemanden überraschen, daß herausragende psychologische Berater und Psychotherapeuten diese Fähigkeit besitzen. »Es ist eine Fähigkeit, seine Aufmerksamkeit auf innere Vorgänge zu konzentrieren, die inneren Meßanzeigen und subtilen Signale zu beachten, die uns mitteilen, was wir empfinden, und uns in dem, was wir tun, fortlaufend an ihnen zu orientieren«, sagt Richard Boyatzis, der sich mit der Selbstwahrnehmung von Beratern befaßt hat.

Diese Fähigkeit kommt fast überall ins Spiel, besonders dort, wo man mit Menschen über heikle Dinge verhandeln muß. Bei American Express Financial Advisors zum Beispiel ist das Bewußtsein, das die Finanzberater von ihren eigenen Emotionen haben, eine für herausragende Leistungen in diesem Job zentrale Kompetenz.[9] Die Beziehung zwischen dem Finanzplaner und seinem Kunden ist eine heikle Sache, denn es geht nicht nur um nüchterne Geldfragen, sondern, wenn die Lebensversicherung zur Sprache kommt, auch um das noch sensiblere Thema der Sterblichkeit.

Wie das Unternehmen herausfand, sind diese Beziehungen belastet von Empfindungen der Sorge, des Unbehagens und Mißtrauens, die in der Eile, nur ja einen Abschluß zu machen, allzu oft übergangen werden. American Express erkannte, daß es seinen Finanzberatern helfen mußte, sich auf diesen Ozean von Gefühlen einzustellen und effektiv damit umzugehen, damit sie ihren Kunden besser dienen konnten.

American Express schulte, wie wir in Kapitel 11 sehen werden, seine Finanzberater mit dem Ziel, daß sie mehr emotionales Selbstbewußtsein und mehr Empathie für ihre Kunden entwickelten, und danach konnten diese besser langfristige, vertrauensvolle Beziehungen herstellen. Und diese Beziehungen zahlten sich in höheren Umsätzen pro Kunde aus.

Emotionales Bewußtsein beginnt damit, daß wir auf den Gefühlsstrom hören, der in uns allen ständig da ist, und daß wir erkennen, wie diese Emotionen alles, was wir wahrnehmen, denken und tun, prägen. Aus diesem Bewußtsein erwächst ein anderes: daß unsere Gefühle sich auf diejenigen, mit denen wir zu tun haben, auswirken. Für Finanzplaner bedeutet das, zu erkennen, daß ihre eigenen Emotionen auf die

Beziehung zum Kunden durchschlagen können, im Guten wie im Bösen (mehr dazu in Kapitel 7).

Wer diese Kompetenz beherrscht, ist sich seiner Emotionen jederzeit bewußt – und kann oft erkennen, wie sie sich körperlich anfühlen. Er kann diese Gefühle artikulieren und weiß sie auf sozial angemessene Weise auszudrücken.

American Express Financial Advisors erkannte, daß seine Finanzberater mehr benötigten als ein Bewußtsein ihrer Gefühle; sie mußten auch fähig sein, zu spüren, ob ihr Berufsleben, ihre Gesundheit und ihre familiären Dinge im Gleichgewicht waren, und die Arbeit mit ihren persönlichen Wertvorstellungen und Zielen in Einklang bringen können – alles Fähigkeiten, die, wie wir sehen werden, auf der Selbstwahrnehmung aufbauen.

Der Gefühlsstrom

Unser hintergründiger Gefühlsstrom fließt vollkommen parallel zu unserem Gedankenstrom. Wir sind ständig von irgendeiner Stimmung erfüllt, auch wenn wir auf die feineren Stimmungen, die im Laufe der Alltagsroutine an- und abschwellen, gewöhnlich nicht achten: das mürrische oder freudige Gefühl, mit dem wir aufwachen, die leichte Verärgerung, die eine frustrierende Fahrt zum Arbeitsplatz hervorruft, und die Hunderte oder gar Tausende von großen und kleinen Gefühlen, die mit dem Auf und Ab des Alltags kommen und gehen.

Was unseren Geist im Drang des Arbeitsalltags beschäftigt, ist der Gedankenstrom: Wir planen den nächsten Schritt, vertiefen uns in die vorliegende Aufgabe, sorgen uns um unerledigte Dinge. Um empfänglich zu werden für das unterirdische Murmeln der Stimmungen, müssen wir abschalten – und das erlauben wir uns kaum. Unsere Gefühle sind ständig mit uns, aber wir sind zu selten mit ihnen. In der Regel werden wir nur dann auf unsere Emotionen aufmerksam, wenn sie sich aufgestaut haben und überkochen. Wenn wir jedoch achtsam sind, können wir sie abgestufter erleben, lange bevor sie sich so nachdrücklich bemerkbar machen.

Das Tempo des modernen Lebens läßt uns zuwenig Zeit, um Dinge aufzunehmen, darüber nachzudenken und darauf einzugehen. Unser Körper gehorcht einem langsameren Rhythmus. Um in uns hineinzuhorchen, brauchen wir Zeit, aber wir haben sie nicht – oder nehmen sie uns nicht. Emotionen haben ihren eigenen Terminkalender, ihren eigenen Fahrplan, doch unsere gehetzte Lebensweise läßt ihnen keinen Raum, keine Sendezeit, und so gehen sie in den Untergrund. Dieser ganze psychische Druck verdrängt eine leisere innere Stimme, die uns einen verläßlichen inneren Kompaß bieten würde, mit dessen Hilfe wir unseren Weg durchs Leben bestimmen können.

Wer unfähig ist, seine eigenen Gefühle zu erkennen, ist ungeheuer benachteiligt. Er ist sozusagen ein emotionaler Analphabet, blind gegen einen Bereich der Wirklichkeit, der für den Erfolg im Leben insgesamt, von der Arbeit gar nicht zu reden, von entscheidender Bedeutung ist.

Bei manchen äußert sich die emotionale »Taubheit« darin, daß sie nicht die Signale bemerken, die ihr Körper ihnen – in Gestalt von chronischen Kopfschmerzen, Kreuzschmerzen oder Angstattacken – zu senden versucht, weil etwas nicht stimmt. Am anderen Ende der Skala stehen Menschen, die unter Alexithymie leiden; so bezeichnen die Psychiater einen Zustand, in dem man seine eigenen Gefühle nicht klar auszudrücken vermag. Für die Betroffenen ist die Außenwelt klarer und übersichtlicher als die eigene Innenwelt. Für sie verwischen sich die Unterschiede zwischen den Emotionen, seien es angenehme oder unangenehme, und ihr Gefühlsspektrum ist verengt und besonders arm an positiven Stimmungen wie Glück. Gefühlsnuancen sind für sie unfaßbar, und deshalb können sie sich in ihrem Denken und Handeln auch nicht vom inneren Gefühl leiten lassen.

Man kann die Selbstwahrnehmung jedoch kultivieren. Edward McCracken, ehemaliger CEO von Silicon Graphics, unterstreicht, daß man das Intuitive in seine Entscheidungsfindung einbeziehen kann, und erklärt: »In unserer Branche haben wir oft gar keine Zeit zum Überlegen. Natürlich muß man seine Hausaufgaben machen, aber dann muß man seiner Intuition folgen, ohne daß der Verstand dazwischenkommt.« Was tut McCracken, um seinen intuitiven Gefühlen Raum zu geben? Er meditiert täglich, seit zehn Jahren.[10]

Dies ist eine altehrwürdige Methode, um mit der tieferen, leiseren Stimme unserer Gefühle in Kontakt zu treten: eine Pause zu machen, um »nichts zu tun«. Nichtstun im produktiven Sinne bedeutet nicht nur, nicht zu arbeiten, sondern auch, die Zeit nicht mit nutzloser Zeitvergeudung auszufüllen, zum Beispiel mit Fernsehen oder, was noch schlimmer ist, damit, daß man während des Fernsehens etwas anderes tut. Es bedeutet vielmehr, vorläufig alle anderen zielorientierten Aktivitäten zurückzustellen und etwas zu tun, das unseren Geist für eine tiefere, stillere Sensibilität öffnet.

Leben nach dem inneren Kompaß

Richard Abdoo hat eine Lösung: Gleichgültig, wie sehr die Arbeit ihn in Anspruch nimmt, reserviert er acht Stunden pro Woche für die einsame Reflexion.[11] Als Chef von Wisconsin Energy, einem Energieversorgungsunternehmen mit einem Jahresumsatz von 2 Milliarden Dollar, bekommt er diese Lösung nicht geschenkt. Abdoo, ein frommer Katholik, nutzt diese Stunden oft zu langen Spaziergängen. Gelegentlich verwendet Abdoo seine Zeit der Kontemplation auch in anderer Form: Er betätigt sich als Heimwerker oder fährt auf seiner Harley aus. »Man muß sich zwingen, vom Betrieb Abstand zu gewinnen, um wieder mit der Realität in Kontakt zu kommen«, erklärt Abdoo. »Wenn man sich dafür nicht genügend Zeit nimmt, können einem die Zügel entgleiten, und man gerät in alle möglichen Schwierigkeiten.«

Was für Schwierigkeiten? Daß man sich beispielsweise von den eigenen Wertvorstellungen entfernt. Das sind durchaus keine erhabenen Abstraktionen, sondern unsere innersten Überzeugungen, die wir vielleicht nie restlos in Worte fassen können, aber die wir *empfinden*. Unsere Wertvorstellungen äußern sich in dem, was für uns positive oder negative emotionale Macht oder Resonanz besitzt.

Die Selbstwahrnehmung funktioniert wie ein inneres Barometer, das uns anzeigt, ob das, was wir tun (oder vorhaben), wirklich der Mühe wert ist. Wo es wirklich steht, zeigen uns die Gefühle. Besteht zwischen unserem Tun und unseren Wertvorstellungen eine Diskrepanz, so empfinden wir Unbehagen, sei es ein Schuld- oder Schamgefühl, seien es tiefe Zweifel oder quälende Gedanken, sei es Reizbarkeit oder Reue. Dieses Unbehagen wirkt wie ein emotionaler Schleppanker, es rührt Gefühle auf, die unsere zielgerichteten Bemühungen behindern oder vereiteln können.

Sind unsere Entscheidungen jedoch im Einklang mit diesem inneren Kompaß, so gibt uns das Auftrieb. Nicht nur, daß wir dabei ein gutes Gefühl haben – es wächst auch die Aufmerksamkeit und die Kraft, die uns für die Verwirklichung unserer Ziele zur Verfügung steht. In einer Studie über »Geistesarbeiter« (in diesem Fall Ingenieure, Computerprogrammierer und Wirtschaftsprüfer) hatten die Leistungs-Asse Karriereentscheidungen getroffen, bei denen ihre Lebensziele durch die Arbeit nicht nur nicht beeinträchtigt, sondern sogar unterstützt wurden, bei denen sie das Gefühl hatten, etwas zu erreichen und einen Beitrag zu leisten.[12]

Diejenigen mit durchschnittlichen Leistungen waren zufrieden, das ihnen jeweils übertragene Projekt auszuführen; dagegen dachten Spitzenkräfte darüber nach, welches Projekt sie anregend finden würden, welcher Projektleiter sie stimulieren würde, welche eigene Idee ein gutes Projekt abgeben würde. Sie wußten intuitiv, was sie am besten konnten und was ihnen am meisten Spaß machte – und was nicht. Sie leisteten deshalb Herausragendes, weil sie fähig waren, sich so zu entscheiden, daß ihre Konzentration und Tatkraft keinen Schaden nahm.

Wer bei der Entscheidung, wie er seine Kräfte einsetzen soll, seinem inneren Gefühl folgt, hält sich selbst von emotionalen Störungen frei. Leider glauben allzu viele, am Arbeitsplatz nicht offen für ihre Wertüberzeugungen eintreten zu können, weil so etwas unzulässig sei.

Wenn über Wertvorstellungen nicht gesprochen wird, entsteht ein falsches Bild von dem, was die Menschen bewegt, und das Geldverdienen als einziger Zweck scheint eine größere Bedeutung zu gewinnen, als es für viele von uns tatsächlich hat. In der Studie der University of Southern California über sechzig höchst erfolgreiche Unternehmer kam es kaum vor, daß jemand seinen erworbenen Reichtum ostentativ zur Schau stellte. Was diese erfolgreichen Unternehmer motivierte, war mehr als Geld, waren Dinge wie die Spannung und Herausforderung, ein Unternehmen zu gründen, die Freiheit, selbst der Chef zu sein, die Chance, kreativ zu sein, und die Gelegenheit, anderen zu helfen, indem sie sich selbst halfen.

Menschen arbeiten nicht nur für Geld, außer es geht ihnen finanziell dreckig. Ihre Arbeitsfreude wird zudem genährt von einem stärkeren Empfinden der Sinnhaftigkeit und von der Möglichkeit, sich leidenschaftlich einzusetzen. Wenn sie wählen können, neigen die Menschen zu Tätigkeiten, die ihnen das Gefühl geben, etwas Sinnvolles zu tun, die ihnen an Engagement, Talent, Energie und Können alles abfordern. Und das kann bedeuten, daß wir den Arbeitsplatz oder den Beruf wechseln müssen, um besser mit dem in Einklang zu sein, was uns wirklich wichtig ist.

Kluge berufliche Entscheidungen treffen

Das Bestreben, uns eine berufliche Stellung zu schaffen und uns einen Namen zu machen, ist am stärksten, wenn wir in den Zwanzigern und Dreißigern sind, und reicht bis in die Vierziger hinein. Doch wenn wir Mitte vierzig bis Anfang fünfzig sind, unterziehen wir unsere Ziele einer Prüfung, weil wir vielfach zu der grundlegenden Einsicht kommen, daß das Leben begrenzt ist. Diese Anerkennung unserer Sterblichkeit geht einher mit einer Neubewertung dessen, was wirklich wichtig ist.

»Es gibt viele, viele Topmanager und Anwälte mit siebenstelligem Jahresgehalt, die in der Lebensmitte den Wunsch empfinden, lieber Sozialarbeit zu leisten oder ein Restaurant zu betreiben«, sagt Stephen Rosen, der Fachleute berät, die einen Broterwerb suchen, der sie mehr ausfüllt – oder die nach dem Verlust ihres Arbeitsplatzes keine andere Wahl haben.

Ein Unternehmensberater, der Topmanager in Firmen wie General Electric, DEC und Mobil Oil begutachtet hat, erzählt mir, daß viele sich in der Lebensmitte »für ein Hobby, zum Beispiel die Mitwirkung in der Schulbehörde oder ein Kleinunternehmen, das sie nebenbei betreiben, richtig ereifern können. Aber in ihrem eigenen Job langweilen sie sich.« Ein sehr erfolgreicher Unternehmer, der eine Reihe von Unternehmen auf die Beine gestellt hatte, leitete am Ende eines, das er haßte: »Diese Firma frißt mich beinahe auf. Ich kann nicht mehr ... Es widert mich an, was ich mache. Ich fühle mich viel wohler, wenn ich den Motor meines Bootes oder sonstwas repariere, aber das mag ich nicht.«[13]

Wie man so sagt: »Wenn man nicht weiß, wohin man will, ist jeder Weg recht.« Je weniger wir wissen, was uns wirklich interessiert, desto mehr kommen wir ins Trudeln. Und das kann sich sogar auf unsere Gesundheit auswirken: Wer den Eindruck hat, seine Fähigkeiten würden an seinem Arbeitsplatz nicht richtig genutzt, oder wer seine Arbeit repetitiv und langweilig findet, zieht sich eher eine Herzkrankheit zu als derjenige, der überzeugt ist, daß seine besten Fähigkeiten in seiner Arbeit zum Tragen kommen.[14]

Die Selbstwahrnehmung bietet einen verläßlichen Kompaß, um sicherzustellen, daß unsere Karriereentscheidungen mit unseren tiefsten Wertüberzeugungen übereinstimmen. »Es gibt weibliche Führungskräfte, die ihre Selbstwahrnehmung unterdrückt haben, um ihre jetzige Position zu erreichen«, erklärte mir Kathy Kram, Management-Professor an der Universität Boston. Es sind Frauen, die mit Zielstrebigkeit ins Topmanagement aufgestiegen sind, aber sie leiden unter Beziehungsmangel. Ihre persönlichen Verbindungen werden für die Erreichung bestimmter Ziele instrumentalisiert – ein Bild, das wir eher von Männern kennen. Sie bezahlen dafür den Preis, daß ihr Privatleben verkümmert.«

Dieses Problem beschränkt sich durchaus nicht auf Frauen. »Viele Führungskräfte, speziell Männer, haben es im Grunde nie für wichtig befunden, sich über ihr Innenleben kundig zu machen«, erklärt mir Michael Banks, in New York als Managementtrainer für KRW International tätig. »Der Zusammenhang zwischen ihrem Verhalten unter Streß und ihrer Fähigkeit, Loyalität und Talent zu bewahren oder die Anforderungen zu erfüllen, ist ihnen nie aufgefallen. Sie gehen vielleicht auf Ende vierzig zu, wenn sie dunkel ahnen, daß ihnen etwas entgangen ist. Der Auslöser kann eine zerbrechende Ehe sein, oder sie merken, daß sie wegen ihres inneren Aufruhrs Fehler machen.« Doch diese Krisen sind bisweilen fruchtbar: »Langsam bricht ihre harte Schale auf, sie fangen an, Emotionen zu empfinden, die sie sich vorher nie gestattet haben, und jene Seite ihres Lebens in einem anderen Licht zu sehen.«

Aufmerksamkeit:
unsere kostbarste Ressource

Er war geschäftsführender Teilhaber einer gutgehenden Anwaltskanzlei, reich und kultiviert. Aber mit fünfzig nagte etwas an ihm.

»Er hatte immer geglaubt, wenn er fünfzig wäre, würde er mehr persönliche Freiheit und Beweglichkeit besitzen«, beschrieb ihn die Psychologin Shoshana Zuboff, Professor an der Harvard Business School. »Doch statt dessen empfand er sich als Sklave der Erwerbsarbeit, der Bedürfnisse seiner Partner und der Forderungen seiner Klienten. Sein Erfolg war ihm zum Gefängnis geworden.«

Das wurde ihm bewußt, als er die »Reise durch die Odyssee« machte, ein unvergleichliches Programm der Selbstreflexion.[15] Das von Zuboff entwickelte Programm wurde zunächst nur ehemaligen Studenten der Harvard Business School angeboten, aber weil es so großen Zuspruch fand, steht es jetzt auch anderen Geschäftsleuten und Geistesarbeitern im mittleren Lebensalter offen. Die Begeisterung für »Odyssee« rührt vor allem daher, daß die Teilnehmer Gelegenheit erhalten, ihr Leben kritisch zu prüfen, indem sie ihre tiefsten Gefühle befragen, um Antworten auf Fragen wie »Wer bin ich?«, »Wohin gehe ich?« und »Was will ich?« zu finden.

Die meisten Teilnehmer, sagt Zuboff, sind sehr erfolgreich, haben die Ziele, die sie sich in den Zwanzigern und Dreißigern gesetzt hatten, erreicht. Doch nun sehen sie zwei oder drei weiteren Jahrzehnten eines produktiven Berufslebens entgegen und fragen sich, was auf sie zukommt.

Üblicherweise begegnet man dieser Frage, indem »man uns ermutigt, unser Berufsleben von außen zu betrachten, indem wir überlegen, wie wir uns zu einer attraktiveren Ware machen, wie wir uns besser vermarkten können, und äußerliche Variablen zu berücksichtigen, wie etwa: Was zahlt man mir, welche Position bekomme ich, in welcher Stadt ist die Firma? Oder: Wie schneide ich im Vergleich zu meinen Konkurrenten ab? Wir gehen umgekehrt heran und betrachten von innen unser sich veränderndes Selbstgefühl und worin die Erfüllung besteht«, sagt Zuboff.

Für viele Teilnehmer von »Odyssee« ist ihre Karriere zu so etwas wie einem fahrenden Zug geworden, in dem sie sitzen, ohne daß sie die Zeit oder den Raum hätten, zu entscheiden, ob sie wirklich auf diesem Gleis weiterfahren wollen. »Odyssee« gibt den Leuten Gelegenheit, in sich hineinzuschauen und über ihre Reise nachzudenken. In der ersten Programmwoche lernen die Teilnehmer, auf ihre Innenwelt und darauf zu achten, was sie gegenüber ihrer Tätigkeit oder ihrer Wunschtätigkeit empfinden; in einer dreiwöchigen Pause können sie ihre Erlebnisse verdauen und überdenken; dann folgt eine Woche, in der sie zusammen mit ihrer Ehefrau einen Plan für die Zukunft ausarbeiten.

»Man sollte seine Gefühle nicht länger als etwas Bedeutungsloses und Verworrenes betrachten und erkennen, daß sie in Wirklichkeit hochdifferenzierte, nuancierte Reaktionsmuster sind, erkennbare Quellen der Information«, erklärt Zuboff. »Was wir tun sollen, werden wir nur dann wissen, wenn wir uns bewußt machen, was wir gefühlsmäßig als das Richtige empfinden. Aufmerksamkeit ist unsere kostbarste Ressource. Gefühle sind die Situationsbeurteilungen des Körpers; alles, was wir über unsere Situation wissen müssen, tritt in unseren Gefühlen zutage. Für Geschäftsleute kommt das große Erwachen, wenn sie merken, daß das, was sie für weich hielten, hart ist, und das, was sie für hart hielten, oft beliebig ist. In diesem Sinne lenken uns die Gefühle zu den großen Fragen wie ›Wohin gehe ich?‹«

Bei dem verstimmten Anwalt, berichtet Zuboff, führte die Woche der Reflexion zu der Erkenntnis, daß er nicht mehr in dem Maße wie früher auf die Kanzlei angewiesen war, wenngleich seine Partner ihre Identität weiterhin hauptsächlich aus ihr bezogen. Inhalt seines Lebens war, was andere von ihm erwarteten. Wirklich Vergnügen machte ihm ein Viehhandel, den er nebenbei mit seinem Sohn betrieb. Er empfand das Unternehmen, das als Hobby begonnen hatte, als eine spannende Herausforderung, und es machte ihm Spaß.

Aufgrund dieser Selbsterkenntnis beschloß er, seine Erwerbsarbeit in den nächsten zwei bis drei Jahren um 50 Prozent einzuschränken und die frei gewordene Zeit dem Viehhandel zu widmen. Ergebnis: Zwei Jahre später hatte er genau das getan und zusätzlich zwei weitere Firmen gegründet – und er verdiente mit dem Viehhandel innerhalb von sechs Monaten mehr als in der Kanzlei in zwei Jahren.

Wichtiger, sagte Zuboff, sei etwas anderes: »Er ist glücklich. Damals hatte es ihn gegraut, morgens aufzustehen und zur Arbeit zu gehen. Jetzt ist er aufgeregt, wieder voller Energie, verjüngt.«

Zutreffende Selbsteinschätzung

Seine inneren Ressourcen, Fähigkeiten und Grenzen kennen

MENSCHEN MIT DIESER KOMPETENZ SIND
- sich ihrer Stärken und Schwächen bewußt.
- besonnen, lernen aus Erfahrung.
- offen für freimütige Rückmeldungen, neue Perspektiven, fortgesetztes Lernen und Selbstentwicklung.
- fähig, sich selbst mit Humor und Abstand zu sehen.

• • • • •

Mort Meyersons Erwachen begann, als er der Einladung folgte, Chef von Perot Systems zu werden, einer Firma für Computerdienstleistungen. Im ersten Halbjahr in seiner neuen Stellung ging ihm allmählich auf, daß, verglichen mit der Organisationswelt, die er Jahre zuvor als Chef des Branchenriesen EDS kennengelernt hatte, alles anders war – nicht nur die Technik, der Markt und die Kunden, sondern auch die Leute, die für ihn arbeiteten, und die Gründe, warum sie arbeiteten. Er begriff, daß auch er sich ändern mußte. In einem erstaunlich offenherzigen, introspektiven Artikel schrieb er darüber: »Alles, was ich über Führung zu wissen glaubte, war falsch. Meine erste Aufgabe als Führungsperson bestand darin, ein neues Verständnis von mir selbst zu kreieren.«[16]

Meyerson machte eine Zeit der, wie er sagt, »intensiven Selbstprüfung« durch und rang mit Fragen, die den Kern des Führungsstils betrafen, auf den er sich soviel zugute gehalten hatte. Er begriff, daß er als Chef von EDS sowohl extrem erfolgreich als auch extrem rücksichtslos gewesen war. Gewiß, unter seiner Führung waren die Gewinne von EDS in jedem Quartal gestiegen, und viele Angestellte mit Kapitalanteilen wurden wohlhabend, doch im Rückblick erkannte Meyerson auch, daß er seine Angestellten, während er sie reich machte, in große persönliche Nöte gestürzt hatte. Achtzig-Stunden-Wochen waren bei EDS die Regel, die Leute wurden von einer Filiale zur anderen versetzt ohne auch nur einen Gedanken daran, was für tiefe Eingriffe in ihr Leben damit verbunden sein mochten – und sie hatten bedingungslos zu folgen. Wenn ihnen ein Auftrag erteilt wurde, sprachen die Angestellten von einem »Todesmarsch«; der im Unternehmen herrschende Ton war, wie Meyerson schrieb, »jung, männlich und militärisch«.

Bei EDS leitete Meyerson ein Fünfzig-Personen-Team, das ein System für die Verarbeitung von Anträgen an das Bundesgesundheitsfürsorgeprogramm Medicare entwickelte; um einen Termin einzuhalten, arbeitete jeder achtzehn Stunden täglich. Eines Tages schafften es trotz schwerer Schneefälle alle zur Arbeit, nur einer nicht: Max Hopper. Meyserson war wütend und schnauzte ihn am Telefon an. Hopper verließ die Firma bei der erstbesten Gelegenheit – und revolutionierte anschließend das Reservierungswesen der Fluggesellschaften mit dem von ihm erfundenen computergestützten Reservierungssystem SABRE.

Im Rückblick darauf, daß er Hopper, einen brillanten, talentierten Mitarbeiter, hinausgeekelt hatte, räumte Meyerson ein, daß er mit schroffen Urteilen allzu schnell bei der Hand war und gleichzeitig versäumte, die Dinge aus der Sicht anderer zu betrachten. Als er Jahre später über die menschlichen Kosten seines früheren Führungsstils nachdachte, kam Meyerson zu der Einsicht, daß das, was er als Stärken angesehen hatte, jetzt klarer als Schwächen erkennbar war. So folgte seine Kommunikation mit den Mitarbeitern von EDS dem alten hierarchischen Muster: »Alle sechs Monate erschien ich vor versammelter Mannschaft und hielt eine aufmunternde Rede.« Seine Memos gingen nur an die obersten zwölf Leute; mit dem Rest seiner Angestellten hatte er praktisch keinen Kontakt.

Nachdem Meyerson erkannt hatte, daß eine Führungspersönlichkeit heute für ehrliche direkte Mitteilungen eines jeden Mitarbeiters aus allen Teilen seiner Firma erreichbar sein muß, änderte er sein Verhalten. Er bekam eine E-Mail-Adresse, bei der aus dem gesamten Firmenbereich allmonatlich Tausende von Nachrichten eingingen – die er alle las. Er schickte sogar eine Gratulations-E-Mail an ein Team, das beim Umsatzwettbewerb gewonnen hatte, und das binnen einer Stunde nach ihrem Sieg.

»Bevor man andere führen kann, bevor man anderen helfen kann, muß man sich selbst entdecken«, sagt Joe Jaworski, ehemals in der Szenario-Planungsgruppe bei Royal Dutch/Shell.[17] »Wenn man wünscht, daß es zu einer Explosion von Kreativität kommt, wenn man die Art von Leistung wünscht, die zu wirklich außergewöhnlichen Resultaten führt, dann muß man bereit sein, auf eine Reise zu gehen, die zu einer Übereinstimmung zwischen den Wertvorstellungen und Bestrebungen des einzelnen und den Wertvorstellungen und Bestrebungen des Unternehmens führt.«

Blinde Flecke

Harry war Topmanager in einer Firma, die eine große Kampagne begonnen hatte, um zu einer flacheren Hierarchie zu kommen und den Mitarbeitern die Verantwortung für wichtige Entscheidungen zu übertragen. Harry wußte schön über »Machtteilung« und das Delegieren von Verantwortung zu reden – aber er schaffte es einfach nicht, wenn sich auch nur der Hauch einer Krise andeutete.

Wenn alles gut lief, konnte Harry durchaus Verantwortung an seine äußerst tüchtigen Mitarbeiter abgeben. Doch beim geringsten Anzeichen einer kritischen Situation riß Harry die Zügel an sich und wies alle Ratschläge und Bemühungen anderer zurück. Das untergrub nicht nur das Vorhaben der Firma, Macht nach unten zu verteilen, sondern beeinträchtigte auch das Selbstvertrauen seiner Mitarbeiter. Und es zerstörte seine Glaubwürdigkeit, daß er dauernd davon redete, die Macht zu teilen, und sie in Wirklichkeit wieder an sich zog.

»Leider sah Harry nicht den Widerspruch, nicht einmal, als ein Untergebener den Mut hatte, ihn darauf aufmerksam zu machen«, sagt Robert E. Kaplan, früher beim Center for Creative Leadership.[18] »Der erste Schritt zur Verbesserung der eigenen Leistung ist die Einsicht, daß eine Verbesserung nötig ist, doch kann es wie in Harrys Fall äußerst schwierig sein, zu einer solchen Selbsterkenntnis zu gelangen.«

Wer blind für seine Problembereiche ist, setzt unter Umständen seine Karriere aufs Spiel. In einem Vergleich von gescheiterten und erfolgreichen Führungskräften zeigten beide Gruppen Schwächen; der entscheidende Unterschied bestand darin, daß die Erfolglosen nicht aus ihren Fehlern und Mängeln lernten.[19] Sie waren weit weniger bereit, ihre eigenen Fehler zuzugeben, und oft wiesen sie andere zurück, die sie darüber aufzuklären versuchten. Weil sie sich gegen die Einsicht sträubten, konnten sie ihre Fehler nicht ablegen.

Unter mehreren hundert Managern aus zwölf verschiedenen Organisationen zeichneten sich die Leistungs-Asse durch eine zutreffende Selbsteinschätzung aus; daran mangelte es denen, deren Leistung zu wünschen übrig ließ.[20] Die Fähigkeiten der Leistungs-Asse sind durchaus nicht unbegrenzt, nur kennen sie ihre Grenzen – und daher wissen sie, wo sie sich verbessern müssen, oder sie verstehen es, mit jemandem zusammenzuarbeiten, der eine Stärke besitzt, die ihnen abgeht.

Unsere Stärken – und unsere Schwächen

Als er an die Spitze eines großen Industrieunternehmens berufen wurde, stand er in dem Ruf, ein brutaler Sanierer zu sein, weil er in früheren Stellungen rücksichtslose Umstrukturierung und Arbeitsplatzabbau betrieben hatte. »Er lächelte nie, sondern hatte ständig einen finsteren Gesichtsausdruck«, erklärte mir Kathryn Williams, Managementtrainerin bei KRW International. »Er war immer ungeduldig und brauste leicht auf. Wurden ihm ungünstige Nachrichten überbracht, griff er den Überbringer an; deshalb sagten die Leute gar nichts mehr. Er hatte keine Ahnung davon, daß er den Leuten Angst machte. Sein grobes, einschüchterndes Verhalten mochte seinen Zweck erreicht haben, als er noch der Sanierer war, doch inzwischen untergrub es seine Stellung.«

Williams wurde als Beraterin für den Manager hinzugezogen. Sie zeichnete sein Verhalten auf Video auf, und als sie ihm das Band vorspielte, wies sie ihn auf die Wirkung hin, die sein gewohnter abschreckender Gesichtsausdruck auf andere hatte. Es war eine Offenbarung für ihn: »Als er begriff, wie er rüberkam, traten ihm Tränen in die Augen«, erinnert sich Williams.

Das war der Beginn einer positiven Veränderung bei dem vormals so groben Manager. Diese Wirkung tritt jedoch nicht immer ein: Die Notwendigkeit, sich zu ändern, fassen allzu viele Leute in hohen Positionen als ein Zeichen des Versagens oder der Schwäche auf. Der Konkurrenzkampf gegen andere, der sie an die Spitze gebracht hat, kann sie auch daran hindern, Mängel einzugestehen, und sei es nur aus Furcht vor innerbetrieblichen Intrigen ihrer Konkurrenten.

Wir alle besitzen diese Neigung zum Verleugnen, eine emotional bequeme Strategie, die uns den Kummer erspart, der mit dem Eingeständnis der harten Wahrheit verbunden wäre. Die Abwehrhaltung äußert sich in mancherlei Formen: Herunterspielen der Tatsachen, Herausfiltern wichtiger Informationen, Rationalisierungen und »guten Ausreden«; das alles dient dazu, die Tatsachen ihrer emotionalen Wahrheit zu berauben.

Und es kommt vor, daß unsere Umgebung diese Strategie des Leugnens insgeheim unterstützt. In Organisationen fällt es manchmal schwer, bestimmte Informationen zu erhalten, nämlich ehrliche, konstruktive Rückmeldungen über unsere Leistungen und speziell über unsere Schnitzer. Lieber tauschen Mitarbeiter, Untergebene und Vorgesetzte hinter unserem Rücken abfällige Bemerkungen über uns aus, als uns offen und ehrlich auf unsere Fehler anzusprechen. Es hat etwas von einem Faustischen Teufelspakt, wenn so getan wird, als sei alles in Ordnung, obwohl nichts in Ordnung ist, denn die Illusion von Harmonie und Effektivität wird erkauft um den Preis der Wahrheit, die den Weg zu wirklichen Verbesserungen freimachen könnte.

Wenn jemand einen bestimmten Sachverhalt immer wieder falsch anpackt, ist das ein sicheres Anzeichen für einen blinden Fleck. In den unteren Rängen einer Organisation kann man solche Probleme eher als »Schrulle« abtun. Auf den höheren Rängen sind sie jedoch folgenreicher und sichtbarer; die negativen Folgen betreffen nicht nur den, der die Probleme hat, sondern die gesamte Organisation.

Robert E. Kaplan ist in einer Untersuchung über zweiundvierzig ansonsten sehr erfolgreiche Führungskräfte mehr als einmal auf die folgenden kostspieligen blinden Flecke gestoßen.[21] Die Stellung der untersuchten Personen reichte vom Abteilungsleiter bis zum Hauptgeschäftsführer, doch können solche Probleme in jeder Position auftauchen.

- *Blinder Ehrgeiz:* muß um jeden Preis gewinnen oder »Recht behalten«; konkurriert, statt zu kooperieren; mißt sich und seinem Beitrag einen übertriebenen Wert bei; ist prahlerisch und arrogant; teilt Menschen nach Schwarz-Weiß-Manier in Verbündete und Feinde ein.
- *Unrealistische Ziele:* setzt für die Gruppe oder Organisation übertrieben ehrgeizige, unerreichbare Ziele fest; hat von dem erforderlichen Aufwand unrealistische Vorstellungen.
- *Pausenloser Einsatz:* zwanghafter Arbeitsdrang auf Kosten aller anderen Lebensbereiche; verausgabt sich sinnlos; ist Burnout-gefährdet.
- *Treibt andere an:* treibt andere so hart an, daß sie ausgelaugt werden; gängelt andere und macht ihre Aufgaben, statt zu delegieren; wirkt

schroff oder rücksichtslos und gefühllos und fügt anderen emotionale Verletzungen zu.

- *Machthungrig:* strebt nach Macht, um eigenen Interessen statt denen der Organisation zu dienen; setzt eigene Prioritäten ohne Rücksicht auf andere Standpunkte durch; ist ausbeuterisch.
- *Unstillbarer Drang nach Anerkennung:* ruhmsüchtig; schreibt sich die Erfolge anderer zugute und wälzt Fehler auf andere ab; opfert langfristige Interessen einem kurzlebigen Triumph.
- *Legt großen Wert auf den äußeren Schein:* muß um jeden Preis Eindruck schinden; sorgt sich zu sehr um das öffentliche Image; äußere Insignien der Macht gehen ihm über alles.
- *Will unbedingt perfekt erscheinen:* auch begründete Kritik weist er empört zurück; wenn er versagt, sind andere schuld; kann Fehler oder persönliche Schwächen nicht zugeben.

Solche blinden Flecke können Menschen durchaus dazu bringen, sich vor der Selbsterkenntnis zu drücken, denn wenn sie sich selbst erkennen würden, müßten sie Schwächen eingestehen, deren Anerkennung ihnen unerträglich ist. Dieser Drang zur Verleugnung läßt jegliches Feedback an ihnen abprallen – und macht sie zum Alptraum für alle, die mit ihnen und für sie arbeiten.

Alle Arbeitsplatz-Kompetenzen sind *erlernte Gewohnheiten* – wenn wir in der einen oder anderen Schwächen haben, können wir lernen, es besser zu machen. Ein arroganter und ungeduldiger Mensch kann durchaus lernen, zuzuhören und die Ansichten anderer zu berücksichtigen; der Workaholic kann durchaus kürzer treten und mehr Ausgleich im Leben finden. Zu diesen Verbesserungen kommt es jedoch nie ohne den ersten Schritt, der in der Einsicht besteht, wie diese Gewohnheiten uns schaden und unsere Beziehungen vergiften. Wer keine Ahnung hat, was solche Verhaltensweisen bei uns selbst und bei anderen anrichten, hat auch keinen Anlaß, sie zu verändern. Wie mir der Leiter der Weiterbildung von Führungskräften in einer Firma, die zu den 500 größten auf der Liste der Zeitschrift *Fortune* gehört, sagte: »Das größte Problem, das wir haben, ist mangelnde Selbstwahrnehmung.«

Beim Center for Creative Leadership wurden 184 Manager der mittleren Ebene gebeten, sich selbst und ihre Kollegen im Hinblick auf Fähigkeiten wie Zuhörenkönnen und Anpassungsfähigkeit zu bewerten; dabei wich die Selbstbeurteilung stark von der Fremdbeurteilung ab. Wenn solche Abweichungen auftreten, gibt die Beurteilung durch unsere Kollegen im allgemeinen besser Auskunft über unseren tatsächlichen Leistungsstand.[22] Größtenteils wurden die Abweichungen in den einzelnen Kompetenzen dadurch ausgeglichen, daß die Selbstbeurteilung in dem einen Punkt nachsichtiger, im anderen strenger ausfiel als die Fremdbeurteilung.

Es gab aber auch solche, die sich nur im rosigen Licht sahen; wer sich in solchen Kompetenzen wie Umsichtigkeit und Flexibilität für signifikant besser hielt, betrachtete sich auch als vertrauenswürdig und glaubwürdig. Im Extremfall ergibt sich das Selbstbild des Narzisten, der keine Mängel zugibt, seine eigenen Fähigkeiten übertreibt und sich vor Feedback drückt, weil er von seinen Schwächen nichts hören möchte.

Wege zur Verbesserung

Ein Collegeprofessor berichtet von einem kleinen, phantasievollen Schritt, den er unternahm, um seine Kommunikationsfähigkeit zu verbessern.[23] Eines Tages hatte ein Student sich ein Herz gefaßt und ihn auf eine Angewohnheit aufmerksam gemacht, einen Tick, der seine Hörer ablenkte und verwirrte: An jeden Satz hängte er die Worte »on it« an, so wie manche völlig sinnlos die Floskel »wissen Sie« in ihre Sätze einflechten.

Der Professor zeichnete seine Vorlesungen auf Tonband auf und mußte zu seinem Entsetzen feststellen, daß »on it« immer wieder vorkam, ohne daß er es beabsichtigt oder auch nur gemerkt hätte, daß er diese Worte aussprach. Diese irritierende Angewohnheit war völlig seiner Aufmerksamkeit entgangen. Doch entschlossen, dies zu ändern, tat er nun einen kühnen Schritt: Er bat die Studenten, jedesmal, wenn sie die Worte hörten, die Hände zu heben. Das Ergebnis in seinen Worten: »Als dreihundert Hände mir diese Angewohnheit vollständig zu Bewußtsein brachten, stellte ich sie unverzüglich ab.«

Leistungs-Asse suchen gezielt Feedback; sie wollen hören, wie andere sie wahrnehmen, denn sie können mit dieser Information etwas anfangen. Vielleicht liegt es auch daran, daß Menschen mit Selbstwahrnehmung in der Regel bessere Leistungen erbringen.[24] Wahrscheinlich kommt ihnen ihre Selbstwahrnehmung in einem Prozeß der stetigen Verbesserung zu Hilfe.

Selbstwahrnehmung unterstützt Veränderungen auf ungeahnte Weise, besonders dann, wenn die notwendige Veränderung mit den Zielen, dem Sendungsbewußtsein oder den grundlegenden Wertvorstellungen des Betreffenden im Einklang steht – und dazu gehört auch die Überzeugung, daß Selbstverbesserung eine gute Sache ist.

Die eigenen Stärken und Schwächen zu kennen und dementsprechend an die Arbeit heranzugehen, war eine Kompetenz, die eine Studie über mehrere hundert »Geistesarbeiter« – Computerwissenschaftler, Wirtschaftsprüfer u. dgl. – aus Firmen wie AT&T und 3M bei praktisch jedem Leistungs-As ermittelte. Robert E. Kelley von der Carnegie-Mellon University, der zusammen mit Janet Caplan die Studie durchführte: »Die Asse wissen gut über sich Bescheid.«[25]

Selbstvertrauen

Ein ausgeprägtes Empfinden für den eigenen Wert und die eigenen Fähigkeiten

MENSCHEN MIT DIESER KOMPETENZ
- treten selbstsicher auf; haben »Ausstrahlung«.
- können unpopuläre Ansichten aussprechen und auf einsamem Posten für das als richtig Erkannte kämpfen.
- sind entschlossen, können trotz Ungewißheiten und Streß vernünftige Entscheidungen treffen.

• • • • •

Er selbst würde es zwar auf keinen Fall so sagen, aber was er auf seinem Posten leistete, war ein einziger Mutbeweis.

Man hatte ihn geholt, um die Leitung einer privaten Fluggesellschaft in einem kleinen lateinamerikanischen Land zu übernehmen, doch was er vorfand, war ein verkommener Laden. Die sinkenden Erträge waren auf eine eingefleischte Vettern- und Günstlingswirtschaft zurückzuführen: Der Inhaber der Hauptagentur war eng mit dem Eigentümer befreundet und hatte einen weit günstigeren Vertrag als seine Konkurrenten, obwohl er schwache Umsätze machte. Der überaus großzügige Vertrag mit den Piloten, die einer der politisch einflußreichsten Gewerkschaften des Landes angehörten, waren für das Unternehmen eine schwere finanzielle Belastung. Ihr Gehalt lag weit über dem Branchendurchschnitt.

Hinzu kam, daß zwei Maschinen der Gesellschaft auf dem Weg zu einem Badeort abgestürzt waren, und die negative Werbung ließ ihren Marktanteil in wenigen Tagen von 50 auf 20 Prozent absinken.

Man warnte den neuen Chef, sich nicht mit der Gewerkschaft anzulegen; wer so etwas versuchte, mußte damit rechnen, daß seine Angehörigen bedroht würden und sein eigenes Leben nicht mehr sicher war. Doch er ließ sich nicht abschrecken. Er erklärte den Piloten, die Gesellschaft würde pleite gehen und zumachen müssen, wenn sie nicht bereit seien, neu über ihren Vertrag zu verhandeln. Die Piloten gaben nach und arbeiteten länger, ohne einen Zuschlag zu fordern.

Dann ging er zu dem Eigentümer der Fluglinie und rechnete ihm schonungslos vor, daß der mit ihm eng befreundete Inhaber der Hauptagentur unfähig sei und nicht die erwarteten Einkünfte erziele. »Lösen Sie sich von dieser Agentur, oder ich gehe«, sagte er. Auch der Eigentümer gab nach und kündigte seinem Busenfreund den Vertrag.

Ein Freund, der diesen beherzten Manager kannte, drückte es so aus: »Er war bereit zu kämpfen, und wenn er dabei auch seinen Posten oder seine Sicherheit aufs Spiel setzte.«

Ein solches Selbstvertrauen ist für überragende Leistungen unerläßlich – wer es nicht besitzt, kann nicht mit der nötigen Überzeugung schwere Herausforderungen in Angriff nehmen. Mangelndes Selbstvertrauen kann sich in Empfindungen der Hilflosigkeit, der Ohnmacht und in lähmenden Selbstzweifeln äußern. Umgekehrt wirkt extremes Selbstvertrauen leicht wie Arroganz, besonders wenn es dem betreffenden an sozialen Fähigkeiten mangelt. Und Selbstvertrauen darf nicht mit auftrumpfendem Gebaren verwechselt werden; um positiv zu wirken, muß es mit Nüchternheit gepaart sein. Wem es an Selbstwahrnehmung fehlt, der kann auch kein realistisches Selbstvertrauen entwickeln.

Selbstvertrauen kann sich in einer beeindruckenden Selbstdarstellung äußern, von der etwas »ausstrahlt«. Von Menschen mit großem Selbstvertrauen scheint ein Charisma auszugehen, das ringsum Vertrauen einflößt. Unter Vorgesetzten aller Ebenen zeichnen sich die Spitzenkräfte gegenüber dem Durchschnitt durch ein höheres Maß an Selbstvertrauen aus.[26]

Sich selbst sehen Menschen mit Selbstvertrauen in der Regel als tüchtig und fähig, Herausforderungen anzunehmen und neue Aufgaben oder Fähigkeiten zu meistern. Sie halten sich für Katalysatoren, treibende Kräfte und Initiatoren, und sie glauben, daß ihre Fähigkeiten sich im Vergleich zu anderen vorteilhaft ausnehmen. Von einer solchen Position der inneren Stärke aus können sie ihre Entscheidungen oder Maßnahmen besser begründen, und Widerspruch läßt sie kalt. Wirtschaftsprüfer mit herausragenden Leistungen zeichnen sich zum Beispiel dadurch aus, daß sie sich nicht leicht einschüchtern oder unter Druck setzen lassen.

Selbstvertrauen gibt einem die Stärke, eine unangenehme Entscheidung zu treffen oder einen Kurs zu verfolgen, von dem man überzeugt ist, trotz Widerspruch, Ablehnung oder gar ausgesprochener Mißbilligung durch Vorgesetzte. Menschen mit Selbstvertrauen sind entschlossen, ohne arrogant oder abweisend zu sein, und halten an ihren Entscheidungen fest. Lee Iacocca, der aus Chrysler wieder ein Automobilunternehmen von Weltformat gemacht hat, formulierte es so: »Wenn ich die Qualitäten, die einen guten Manager ausmachen, in einem Wort zusammenfassen müßte, würde ich sagen, daß es auf Entschlossenheit ankommt ... Letztlich muß man all seine Informationen zusammenbringen, einen Fahrplan aufstellen und handeln.«[27]

Man muß an sein Talent auch glauben

»Als ich neun oder zehn war, beschloß ich, mir im Sommer mit Rasenmähen etwas Geld zu verdienen. Ich trieb einen Mäher auf, brachte meine Eltern dazu, daß sie das Benzin für mich kauften, und verteilte sogar Flugblätter. Doch als es soweit war, von Tür zu Tür zu gehen und um Aufträge zu bitten, mangelte es mir an dem Vertrauen, auch nur ein Haus aufzusuchen.«

Diese rührende Erinnerung trägt ein Teilnehmer eines MBA-Programms für Führungskräfte vor, um zu erklären, warum er nach einigen Jahren als Manager wieder auf die Schulbank zurückgekehrt ist, entschlossen, etwas für sein Selbstvertrauen zu tun.[28] Auch jetzt noch, als Erwachsener, findet er es »äußerst schwierig, auf jemanden zuzugehen, sei es am Telefon oder direkt, um über Gelegenheiten zu sprechen, an denen ich interessiert bin – es fehlt mir an Selbstvertrauen.«

Diese Geschichte geht gut aus: Nachdem er mehrere Monate lang ein selbstbewußteres Auftreten sytematisch geübt hatte, wuchs sein Selbstvertrauen. Manchen scheint ein selbstsicheres Verhalten angeboren zu sein, aber auch wer schüchtern und ängstlich ist, kann durch Übung mutiger werden.[29]

Eng verwandt mit dem Selbstvertrauen ist das, was die Psychologen »Selbst-Wirksamkeit« nennen, die positive Einschätzung des eigenen Leistungsvermögens. Selbst-Wirksamkeit ist nicht dasselbe wie die Fähigkeiten, die wir tatsächlich besitzen, sondern vielmehr unser *Glaube* im Hinblick auf das, was wir mit unseren Fähigkeiten erreichen können. Können allein reicht nicht aus, um unsere Bestleistung zu garantieren – wir müssen an unsere Fähigkeiten *glauben*, um sie im Höchstmaß nutzen zu können.

Der Psychologe Albert Bandura von der Stanford University, der in der Erforschung der Selbst-Wirksamkeit bahnbrechend wirkte, verweist auf den Unterschied zwischen denen, die an sich zweifeln, und denen, die an ihre Fähigkeiten glauben, wenn es um die Übernahme einer schwierigen Aufgabe geht.[30] Menschen mit Selbst-Wirksamkeit treten freudig an die Herausforderung heran, während diejenigen, die an sich zweifeln, es noch nicht einmal probieren, gleichgültig, wie gut sie abschneiden würden. Selbstvertrauen läßt die Ambitionen steigen, Selbstzweifel lassen sie sinken.

Unter 112 untersuchten neueingestellten Wirtschaftsprüfern wurden diejenigen mit dem stärksten Gefühl von Selbst-Wirksamkeit zehn Monate später von ihren Vorgesetzten als diejenigen mit der besten Arbeitsleistung bewertet. Ihr Grad der Selbst-Wirksamkeit gab über ihre Arbeitsleistung zuverlässiger Auskunft als der Stand ihres Könnens oder der Ausbildung, die sie vor ihrer Einstellung erhalten hatten.[31]

Es besteht ein enger Zusammenhang zwischen Selbsterkenntnis und Selbstvertrauen. Wir alle haben eine innere Karte von unseren Neigungen, Fähigkeiten und Mängeln. Ein junger Mann zum Beispiel, der sich in der persönlichen Darstellung als so geschickt betrachtete, daß er glaubte, ein Einstellungs- oder Verkaufsgespräch elegant zum Erfolg führen zu können, war im privaten Leben schüchtern, sei es auf einer Party oder bei einem Rendezvous.[32] Das Gefühl der Selbst-Wirksamkeit ist somit bereichsspezifisch: Die Einschätzung unseres Könnens am Arbeitsplatz entspricht nicht unbedingt dem, was wir uns in einem anderen Lebensbereich zutrauen.

Wenn diejenigen, die an ihre Fähigkeiten glauben, besser abschneiden, dann liegt das auch daran, daß dieser Glaube sie motiviert, intensiver und länger zu arbeiten und bei Schwierigkeiten nicht aufzugeben. In der Regel meiden wir Situationen oder Gebiete, auf denen wir zu versagen fürchten; obwohl wir die für die erfolgreiche Bewältigung einer Aufgabe erforderlichen Fähigkeiten durchaus besitzen, kann es, wenn uns der Glaube fehlt, daß wir mit ihren Schwierigkeiten fertig werden, passieren, daß wir uns so ungeschickt anstellen, daß es schiefgehen muß. Der Gedanke »Ich kann es nicht« ist lähmend.

Ein Merkmal, das man bei Mitarbeitern mit mangelndem Selbstvertrauen häufiger antrifft, ist die lähmende Furcht, als unfähig aufzufallen. Ein anderes besteht darin, daß sie ihre eigenen Meinungen und Urteile und sogar ihre guten Ideen allzu schnell aufgeben, wenn sie in Frage gestellt werden. Des weiteren können sie sich, besonders unter Druck, ewig nicht zu einem Entschluß aufraffen, scheuen selbst vor dem geringsten Risiko zurück und halten mit nützlichen Ideen hinter dem Berg.

In einer über Jahrzehnte fortgeführten Studie über Manager bei AT & T kam heraus, daß Selbstvertrauen schon am Anfang einer Karriere spätere Beförderungen und Erfolg in höheren Positionen vorherzusagen erlaubt.[33] Und laut einer über 60 Jahre laufenden Untersuchung, die den Lebensweg von über tausend Männern und Frauen mit hohem IQ von der Kindheit bis zum Ruhestand verfolgte, hatten diejenigen, die in der Jugend das größte Selbstvertrauen zeigten, im Laufe ihrer Karriere die größten Erfolge.[34]

Der Mut, kein Blatt vor den Mund zu nehmen

Weil er versäumt hatte, sein Blutdruckmittel zu nehmen, war der Blutdruck des älteren Mannes außer Kontrolle geraten, und er hatte einen massiven Schlaganfall erlitten. Jetzt lag er in einem Fachkrankenhaus für Hirnschäden auf der Intensivstation, und in wenigen Tagen würde sich entscheiden, ob er weiterleben oder sterben würde. Die Ärzte waren hektisch bemüht, das Ausmaß der Hirnschädigung abzuschätzen und eine weitere Blutung nach Möglichkeit zu unterbinden.

Seine Besucherin, eine enge Freundin, die im selben Krankenhaus als geprüfte Krankenschwester tätig war, warf zufällig einen Blick auf das Krankenblatt des Mannes und bemerkte, daß unter den vielen Medikamenten, die er bekam, keines gegen Bluthochdruck war. Besorgt fragte sie den neurologischen Assistenzarzt, der neben dem Bett ihres Freundes ein Hirn-CT zu deuten versuchte: »Nimmt er denn auch sein Blutdruckmittel?«

Verärgert über die Störung, fuhr der Hirnspezialist sie an: »Wir behandeln sie hier nur vom Hals an aufwärts« und stolzierte aus dem Zimmer.

Nunmehr beunruhigt, daß man ein für die Genesung ihres Freundes wichtiges Medikament anscheinend übersehen hatte, marschierte die Krankenschwester ins Büro des Chefarztes. Sie wartete, bis er ein Telefongespräch beendet hatte, entschuldigte sich für die Störung und trug ihr Anliegen vor. Die Anweisung, die Blutdruckbehandlung des Patienten wieder aufzunehmen, erging unverzüglich.

»Daß ich mich nicht an den Dienstweg hielt, als ich direkt zum Chefarzt ging, war mir klar«, sagte mir die Schwester. »Aber ich hatte schon erlebt, daß Patienten mit Schlaganfall starben, weil man ihren Blutdruck nicht unter Kontrolle hielt. Es war viel zu dringend, um auf Fragen der Etikette Rücksicht zu nehmen.«

Die Einstellung, daß man die Regeln und die üblichen Verfahren umgehen kann, und der Mut, dies auch zu tun, sind Anzeichen von Selbstvertrauen. Eine Studie ergab denn auch, daß von 209 Krankenschwestern eines großen Universitätskrankenhauses am ehesten diejenigen, die das ausgeprägteste Gefühl von Selbst-Wirksamkeit hatten, angesichts von unzureichenden oder medizinisch riskanten Behandlungsmaßnahmen den Mund aufmachten.[35] Krankenschwestern mit hohem Selbstvertrauen sprachen die Ärzte direkt an oder wandten sich, wenn das nicht half, an deren Vorgesetzten.

Ein solcher Einspruch verlangt Mut, besonders da die Krankenschwestern in der Hierarchie des Krankenhauses ganz unten stehen. Die selbstbewußten Krankenschwestern waren überzeugt, durch ihren Einspruch zur Behebung des Problems beizutragen. Die Krankenschwestern, denen es an Selbstvertrauen mangelte, protestierten hingegen nicht und taten auch nichts, um den Mißstand zu beheben, sondern erklärten, sie würden kündigen.

Nun mag die Krankenpflege ein Sonderfall sein, weil Krankenschwestern sehr gefragt sind. Dort, wo die Arbeitsmarktlage angespannter ist, zum Beispiel bei Lehrern, Sozialarbeitern oder im mittleren Management, dürfte es ein besonders hohes Maß an Selbstvertrauen erfordern, um ähnlich couragiert offenen Widerspruch zu äußern. Doch unabhängig von der Tätigkeit oder Organisation werden es immer diejenigen mit dem größten Selbstvertrauen sein, die bereitwillig das Risiko auf sich nehmen, den Mund aufzumachen und auf Probleme oder Ungerechtigkeiten hinzuweisen, bei denen andere höchstens murren – oder eben kündigen.

5
Selbstkontrolle

Verbannt die Furcht.
W. Edwards Deming

Es ist der schlimmste Alptraum jedes Redners: Mein Freund, ein Psychologe, war von der Ostküste nach Hawaii geflogen, um vor einer Tagung von Polizeipräsidenten zu sprechen. Wegen verspäteter Abflüge und verpaßter Anschlüsse versäumte er den Nachtschlaf, so daß er, durch die Zeitverschiebung ohnehin aus dem Rhythmus, vollkommen erschöpft war, und dabei stand sein Vortrag am nächsten Morgen als erstes auf dem Programm. Mein Freund hatte wegen des Vortrags von vornherein einen Bammel gehabt, da er einen umstrittenen Standpunkt vertrat. Diese Angst wuchs sich jetzt durch die Erschöpfung zu einer regelrechten Panik aus.

Mein Freund eröffnete den Vortrag mit einem Witz – doch kurz vor der Pointe verstummte er. Er hatte sie vergessen. Er erstarrte, in seinem Kopf herrschte völlige Leere. Nicht nur an die Pointe, auch an seinen Vortrag konnte er sich nicht mehr erinnern. Plötzlich konnte er sich auf seine Notizen keinen Reim mehr machen, und seine Aufmerksamkeit fixierte sich auf das Meer der Gesichter, die auf ihn gerichtet waren. Er mußte sich entschuldigen und vom Podium abtreten.

Erst nach mehrstündiger Ruhe hatte er sich so weit gefaßt, daß er – den vollständigen Witz eingeschlossen – seinen Vortrag halten konnte, unter großem Beifall. Als er mir später von seiner anfänglichen Panik berichtete, sagte er: »Ich konnte nur an eines denken: all die Gesichter, die mich anstarrten – doch um nichts in der Welt fiel mir ein, was ich sagen wollte.«

Bei Hirnuntersuchungen von Menschen unter Streß – etwa bei einem Vortrag vor einem kritischen Publikum – fällt eines besonders auf: So, wie das emotionale Gehirn funktioniert, untergräbt es die normalen Funktionen der Schaltzentrale des Gehirns, der Stirnlappen, die direkt hinter der Stirn liegen.

Im präfrontalen Bereich sitzt das »Arbeitsgedächtnis«, die Fähigkeit, Aufmerksamkeit aufzubringen und sich Informationen zu merken, die gerade wichtig sind. Das Arbeitsgedächtnis ist Voraussetzung für Begreifen und Verstehen, Planen und Entscheiden, logisches Folgern und Lernen.

Am besten funktioniert das Arbeitsgedächtnis bei gelassener Gemütsverfassung. Doch im Notfall schaltet das Gehirn in einen Selbstschutz-Modus um, indem es dem Arbeitsgedächtnis Ressourcen entwendet und sie anderen Hirnrealen zuschiebt, damit die Sinne überwach bleiben – eine mentale Haltung, die auf den Kampf ums Überleben zugeschnitten ist.

Im Notfall greift das Gehirn auf einfache, ganz vertraute Routinen und Reaktionen zurück und schiebt komplexes Denken, kreative Einsicht und langfristige Planung beiseite. Im Vordergrund steht die drängende Gegenwart – oder die Krise des Tages. Bei meinem Freund lähmte dieser Notfall-Modus die Fähigkeit, sich an seine Rede zu erinnern, während seine Aufmerksamkeit auf die aktuelle »Gefahr« konzentriert wurde: all die gespannten Gesichter im Publikum, die auf seinen Vortrag warteten.

Das Wirken der Notfallschaltung, die sich vor Jahrmillionen entwickelt hat, erleben wir heute in Gestalt von beunruhigenden Emotionen: Sorgen, Aufwallungen von Angst, Panik, Frustration und Verärgerung, Zorn, Wut.

Der Drei-Millionen-Dollar-Amygdala-Ausreißer

Als Mike Tyson wütend wurde und Evander Holyfield während ihres Schwergewichts-Titelkampfes 1997 ein Stück vom Ohr abbiß, kostete ihn das 3 Millionen Dollar, die höchste Buße, die von seiner 30-Millionen-Dollar-Börse abgezweigt werden konnte, und eine einjährige Sperre im Boxsport.

Tyson war gewissermaßen ein Opfer der Alarmzentrale des Gehirns. Im alten emotionalen Gehirn angesiedelt, läuft die Alarmschaltung bei einer Reihe von Gebilden zusammen, die um den Hirnstamm liegen und gemeinsam als limbisches System bezeichnet werden. Das Gebilde, das in emotionalen Krisensituationen die entscheidende Rolle spielt – und uns »zusammenklappen« läßt – ist die Amygdala.

Der präfrontale Bereich, die Kommandozentrale, ist mit der Amygdala durch eine Art neurale Autobahn verbunden. Diese Nervenbahnen zwischen Amygdala und Stirnlappen fungieren als Alarmanlage des Gehirns, eine Vorrichtung, die in den Jahrmillionen der Evolution zum Menschen von ungeheurem Wert für das Überleben war.

Die Amygdala ist der emotionale Gedächtnisspeicher des Gehirns, in dem all unsere Momente des Triumphs und der Niederlage, der Hoffnung und der Furcht, der Empörung und der Frustration aufbewahrt werden. Sie nutzt diese gespeicherten Erinnerungen für ihre Aufgabe als Wächter, wenn sie alle einlaufenden Informationen – alles, was wir jeweils sehen und hören – auf Gefahren und Chancen hin abtastet, indem sie das, was im Augenblick geschieht, mit den gespeicherten Mustern unserer bisherigen Erfahrungen vergleicht.[1]

Tyson wurde durch einen Kopfstoß Holyfields von zornigen Erinnerungen überflutet, denn Holyfield hatte acht Monate zuvor dasselbe getan, in einem Kampf, den Tyson gleichfalls verlor – und über den er sich lautstark beschwert hatte. Was für Tyson dabei herauskam, war ein typischer Amygdala-Ausreißer, eine unvermittelte Reaktion mit verheerenden Folgen.

In der Evolution hat die Amygdala ihre Erinnerungsmuster wahrscheinlich dazu benutzt, überlebenswichtige Fragen wie »Ist es meine Beute, oder bin ich seine?« zu beantworten. Zur Beantwortung solcher Fragen bedurfte es scharfer Sinne, um die Situation zu erfassen, und augenblicklicher, fertig formulierter Reaktionen. Nicht hilfreich war, sich Zeit zu nehmen, um die Dinge gründlich zu überdenken.

Die Krisenreaktion des Gehirns folgt noch immer dieser uralten Strategie: Die Sinne werden geschärft, komplizierte Gedanken werden abgebrochen, und es wird die reflexartige, automatische Reaktion ausgelöst. Im modernen Arbeitsleben kann dies freilich dramatische Nachteile mit sich bringen.

Wenn Emotionen überkochen

Ich kann nicht umhin, das Gespräch der Frau, die neben mir auf dem O'Hare-Airport telefoniert, mitzuhören, denn sie schreit. Offenbar befindet sie sich gerade in einem vertrackten Scheidungsverfahren, und ihr Ehemaliger macht Schwierigkeiten. »Das mit dem Haus war eine Sauerei von ihm!« schreit sie ins Telefon. »Mein Anwalt hat mich doch tatsächlich mitten in einer Sitzung angepiepst, um mir zu sagen, daß wir jetzt wieder vor Gericht müssen. Dabei muß ich heute nachmittag eine Präsentation machen ... Ausgerechnet jetzt so eine Scheiße, im unpassendsten Augenblick!« Sie knallt den Hörer hin, rafft ihre Koffer zusammen und stolziert davon.

Für die Scherereien und dringenden Angelegenheiten, die uns an den Rand der Verzweiflung treiben, ist es immer »der unpassendste Augenblick«, jedenfalls scheint es so. Wenn eine Belastung zur anderen kommt, dann addieren sie sich nicht bloß, sondern scheinen das Gefühl der Belastung zu *vervielfachen*, und wenn wir schon einem Zusammenbruch nahe sind, erscheint jede zusätzliche Last um so unerträglicher, als der letzte Tropfen, der das Faß zum Überlaufen bringt. Das gilt auch für kleine Widrigkeiten, die uns normalerweise nicht aus der Ruhe bringen würden, aber auf einmal riesengroß erscheinen. Wie der Schriftsteller Charles Bukowski schrieb: »Was uns ins Irrenhaus bringt, sind nicht die großen Dinge, nicht der Verlust einer Liebe, sondern der Schnürsenkel, der ausgerechnet dann reißt, wenn wir es eilig haben.«

Für den Körper gibt es den Unterschied zwischen Zuhause und Arbeit nicht; eine Belastung häuft sich auf die andere, egal woher. Daß eine kleine Widrigkeit uns ausrasten lassen kann, wenn wir bereits überreizt sind, hat einen biochemischen Grund. Wenn die Amygdala auf die Paniktaste des Gehirns drückt, setzt sie eine Kaskade in Gang, die mit der Ausschüttung eines Hormons namens CRF beginnt und mit einer Flut von Streßhormonen endet, hauptsächlich Hydrocortison (Kortisol).[2]

Die Hormone, die wir unter Streß ausschütten, reichen für einen Kampf oder eine Flucht, aber einmal ausgeschüttet, bleiben sie stundenlang im Körper, und jede weitere Aufregung erhöht den schon vorhandenen Bestand an Streßhormonen. Er kann so stark anwachsen, daß die Amygdala uns bei der geringsten Provokation in einen Zornesausbruch oder eine Panik hineinreißt.

Die Streßhormone wirken unter anderem auf den Blutstrom ein. Während die Herzfrequenz schlagartig ansteigt, wird Blut von den höheren kognitiven Zentren des Gehirns umgeleitet zu anderen, für die Notfallmobilisierung wichtigeren Orten. Der Blutzuckerspiegel schnellt empor, weniger relevante Körperfunktionen werden heruntergefahren, und die Herzfrequenz steigt, um den Körper bereit zu machen zum Kämpfen oder Fliehen. Die Gesamtwirkung des Kortisols auf die Hirnfunktion besteht in der Erzwingung der erwähnten, dem Überleben dienenden uralten Strategie: die Sinne schärfen, den Verstand betäuben und das tun, was am besten erprobt ist, und sei es schreien oder in Panik erstarren.

Kortisol entwendet dem Arbeitsgedächtnis – dem Intellekt – Energieressourcen und schiebt sie den Sinnen zu. Bei hohem Kortisolspiegel machen wir mehr Fehler, sind wir zerstreuter und können uns nicht so gut erinnern, nicht einmal an etwas, was wir gerade erst gelesen haben.[3] Nicht zur Sache gehörige Gedanken mischen sich ein, und die Informationsverarbeitung ist erschwert.

Anhaltender Streß endet voraussehbar in einem Burnout oder Schlimmerem. Werden Ratten im Labor ständig unter Druck gesetzt, erreichen Kortisol und verwandte Streßhormone ein toxisches Niveau, von dem sogar Neurone vergiftet und getötet werden. Hält der Streß während eines erheblichen Teils ihrer Lebenszeit an, wirkt sich das dramatisch auf ihr Gehirn aus: Es schrumpft der Hippocampus, ein für die Erinnerung wesentliches Zentrum.[4] Beim Menschen vollzieht sich etwas Ähnliches.[5] Nicht nur, daß akuter Streß uns momentan außer Gefecht setzt – anhaltender Streß kann eine dauerhafte Abstumpfung des Intellekts nach sich ziehen.

Streß ist natürlich eine unumgängliche Tatsache; oft können wir uns Menschen oder Situationen, die uns belasten, nicht entziehen. Denken wir nur an die Nachrichtenflut. In einer Untersuchung wurde ermittelt, daß die Mitarbeiter von Großfirmen im Durchschnitt täglich 178 Nachrichten erhielten und verschickten; stündlich wurden sie in ihrer Arbeit von drei oder mehr Nachrichten unterbrochen, die sich alle (zumeist fälschlich) den Anschein der Dringlichkeit gaben.[6]

Statt die Informationsflut zu verringern, hat die elektronische Post die Gesamtmenge der Nachrichten, die uns per Telefon, Voicemail, Fax, Brief usw. erreichen, noch erhöht. Die Überflutung mit periodisch einlaufenden Nachrichten versetzt die Menschen in eine reaktive Verfassung, so als würden sie ständig kleine Buschfeuer ausmachen. Am stärksten wirkt sich das auf die Konzentration aus: Jede Nachricht wirkt ablenkend und macht es nur noch schwerer, sich nach der Störung wieder mit ungeteilter Aufmerksamkeit der vorliegenden Aufgabe zuzuwenden. Die kumulative Wirkung der Nachrichtenflut ist chronische Zerstreutheit.

In einer Studie über die Tagesleistung in Ingenieurtätigkeiten entpuppten sich denn auch häufige Ablenkungen als eine wesentliche Ursache ungenügender Leistung. Ein Ingenieur mit überdurchnittlicher Leistung fand allerdings einen Kniff, der ihm ein ungestörtes Arbeiten erlaubte: Während er intensiv an seinem Computer arbeitete, trug er Kopfhörer.[7] Alle glaubten, er höre Musik, doch in Wirklichkeit hörte er nichts; der Kopfhörer sollte ihn nur davor bewahren, vom Telefon und von den Mitarbeitern in seiner Konzentration gestört zu werden.

Mit solchen Tricks mag man sich bis zu einem gewissen Grad helfen können, doch benötigen wir auch die inneren Ressourcen, um mit den Gefühlen, die der Streß in uns auslöst, fertig zu werden.

Die Sag-einfach-nein-Neurone

Normalerweise halten die Stirnlappen das Drängen der Amygdala in Schach; deren ungestümen Impulsen begegnen sie mit ihrem Urteilsvermögen – und hinzu kommt ein Verständnis der Gesetzmäßigkeiten des Lebens und ein Sinn dafür, welche Reaktion am geschicktesten und angemessensten ist.[8] Diese »Sag einfach nein«-Schaltungen versichern der aufgeregten Amygdala, daß wir in Wirklichkeit nicht in Gefahr sind und daß auch eine nicht ganz so verzweifelte Reaktion ausreichen wird. Die Funktionsweise des Gehirns beruht auf einem simplen Gegensatz: Manche Neurone setzen eine Aktion in Gang, und andere hemmen (inhibieren) diese Aktion. Die Feinabstimmung dieser gegenläufigen Tendenzen sorgt für eine reibungslose Ausführung, sei es der Vortrag einer makellosen Singstimme oder der Präzisionsschnitt eines geübten Chirurgen. Wenn Menschen allzu impulsiv sind, dann liegt das Problem offenbar weniger bei der Amygdala, sondern bei der Impulshemmung im präfrontalen Bereich – solche Menschen gehen nicht mit allzu großem Eifer ans Werk, sondern sie können, wenn sie einmal angefangen haben, nicht aufhören.[9]

Da die Amygdala die Alarmanlage des Gehirns ist, vermag sie die Stirnlappen innerhalb eines Sekundenbruchteils auszuschalten, um entsprechend dem von ihr verkündeten Notstand zu handeln. Umgekehrt können die Stirnlappen nicht umgehend und direkt die Amygdala ausschalten. Vielmehr besitzen sie eine Reihe von »inhibitorischen« Neuronen, die die hektischen Anweisungen der Amygdala aufzuheben vermögen – so als ob man den Geheimcode eingibt, um seine Sicherungsanlage bei Fehlalarm abzuschalten.

Richard Davidson, Leiter des Laboratoriums für affektive Neurowissenschaft an der University of Wisconsin, hat mit bildgebenden Verfahren die Hirnfunktion von zwei Testgruppen untersucht: Die eine begegnete den Wechselfällen des Lebens sehr gleichmütig, die andere regte sich leicht auf. Davidson beobachtete sie während der Ausführung belastender Aufgaben; sie hatten zum Beispiel über das aufregendste Erlebnis ihres Lebens zu berichten oder unter Zeitdruck schwierige mathematische Probleme zu lösen.

Die gleichmütige Gruppe erholte sich auffällig rasch vom Streß, weil die präfrontalen Bereiche innerhalb von Sekunden begannen, die Amygdala – und damit sie selbst – zu beruhigen. Bei der leicht erregbaren Gruppe hingegen steigerte sich noch mehrere Minuten nach Beendigung der belastenden Tätigkeit die Aktivität der Amygdala kontinuierlich – und damit ihre Belastung.

»Die Gleichmütigen hatten noch während des belastenden Erlebnisses begonnen, die Impulse, von denen die Belastung ausging, zu inhibieren«, sagt Davidson. »Es sind optimistische, handlungsorientierte Menschen. Wenn im Leben etwas schiefgeht, fangen sie sofort an zu überlegen, wie man es besser machen kann.«

Diese inhibitorische Schaltung zwischen Stirnlappen und Amygdala ist die Basis vieler Kompetenzen der Selbstregulierung, insbesondere der Selbstkontrolle unter Streß und der Fähigkeit, sich an Veränderungen anzupassen, die beide erlauben, angesichts existentieller Fakten des Arbeitslebens wie Krise, Unsicherheit und wechselnde Herausforderungen die Ruhe zu bewahren. Wenn wir uns einen klaren Verstand bewahren und in unseren Handlungen einen stetigen Kurs aufrechterhalten, dann liegt das daran, daß die Stirnlappen die Nachricht von der Amygdala aufhalten können.[10]

Um vom Labor zur Realität überzugehen: Man stelle sich vor, wie teuer ein Manager als oberster Entscheidungsträger und Menschenführer sein Unternehmen zu stehen kommt, wenn er in dieser elementaren emotionalen Fähigkeit versagt. Eine große amerikanische Einzelhandelskette fand heraus, daß Filialleiter, die überdurchschnittlich nervös, gehetzt und überlastet waren, im firmeninternen Leistungsvergleich nach vier Kriterien am schlechtesten abschnitten: im Reingewinn, im Umsatz pro Quadratmeter Ladenfläche, im Umsatz pro Mitarbeiter und gemessen am Kapitalaufwand für die Lagerhaltung. Die besten Umsatzergebnisse erzielten diejenigen, die bei gleicher Belastung die größte Gelassenheit bewahrten.[11]

Die Marshmallow-Kids werden groß
und gehen arbeiten

Sechs Freunde, alles Studenten, tranken und spielten Karten bis spät in die Nacht, als es zwischen Mack und Ted zu einem Streit kam. Sie wurden immer lauter und heftiger, doch als Mack schließlich in Wut geriet und laut brüllte, wurde Ted auffallend kühl und reserviert. Macks Wut war jedoch nicht mehr zu bändigen; er stand auf und forderte Ted zum Kampf heraus. Ted reagierte darauf ganz gelassen und sagte, er wäre durchaus bereit, mit Mack zu kämpfen, aber erst müßten sie das Kartenspiel zu Ende spielen.

Obwohl er vor Wut kochte, ging Mack darauf ein. Die anderen folgten Teds Vorschlag, und das Spiel wurde fortgesetzt, als wenn nichts passiert wäre. Dadurch bekam Mack Gelegenheit, sich zu beruhigen und seine Gedanken zu sammeln. Als sie mit dem Spiel fertig waren, sagte Ted mit ruhiger Stimme zu Mack: »So, wenn du meinst, wir sollten das ausdiskutieren, dann gehe ich jetzt nach draußen.« Inzwischen hatte Mack jedoch Zeit gehabt, sich abzukühlen und sich die Sache zu überlegen, und so entschuldigte er sich für seinen Wutausbruch, und der Kampf entfiel.

Zwanzig Jahre später trafen sie sich wieder, bei einer Schulfeier. Ted hatte es im Immobilienhandel zu etwas gebracht, während Mack arbeitslos war und Probleme mit Drogen und Alkohol hatte.[12]

Der Kontrast zwischen Mack und Ted belegt, daß es vorteilhaft ist, wenn man seinen Impulsen widerstehen kann. Die dafür verantwortliche Schaltung steckt in einer Reihe von inhibitorischen Neuronen in den Stirnlappen, die die impulsiven Botschaften, welche in Momenten der Wut und der Versuchung von den emotionalen Zentren und besonders der Amygdala kommen, unterbinden können. Bei Ted funktionierte diese Schaltung offenbar gut, während sie bei Mack allzu oft versagte.

Eine deutliche Parallele zu der Geschichte von Mack und Ted liefert der Lebensweg von zwei Gruppen von Kindern, über die ich in meinem Buch *Emotionale Intelligenz* geschrieben habe. Sie nahmen an einem Experiment an der Stanford-Universität teil, das als »Marshmallow-Test« bekannt ist. Vierjährige aus dem Kindergarten von Stanford wurden einzeln in einen Raum gebracht, dann wurde auf den Tisch vor ihnen ein Marshmallow gelegt, und man sagte ihnen: »Wenn du willst, kannst du diese Süßigkeit sofort haben, aber wenn du sie nicht ißt, bis ich von einer Besorgung zurück bin, bekommst du zwei.«

Rund vierzehn Jahre später, als sie den High-School-Abschluß machten, verglich man erneut diejenigen, die das Marshmallow sofort gegessen hatten, mit denen, die gewartet und zwei bekommen hatten.[13] Diejenigen, die zugegriffen hatten, zeigten im Vergleich zu denen, die gewartet hatten, eine stärkere Tendenz, unter Streß zusammenzubrechen, sie neigten häufiger dazu, in Wut zu geraten und Streit anzufangen, und sie waren in geringerem Maße fähig, einer Versuchung zu widerstehen, um eine Zielsetzung zu verfolgen.

Doch am meisten staunten die Forscher über einen ganz unerwarteten Effekt: Die Kinder, die gewartet hatten, lagen beim SAT-Test, der über die Zulassung zum Studium entscheidet, um ganze 210 Punkte (von 1600 möglichen) über dem Ergebnis derjenigen, die nicht gewartet hatten.[14]

Daß die Lernfähigkeit unter der Impulsivität leidet, hängt wahrscheinlich mit der Verbindung zwischen Amygdala und Stirnlappen zusammen. Die Amygdala, von der die emotionalen Impulse ausgehen, ist die Quelle der Ablenkung. In den Stirnlappen ist das Arbeitsgedächtnis angesiedelt, die Fähigkeit, sich auf das zu konzentrieren, womit man sich gerade beschäftigt.

Im gleichen Maße, wie uns emotionsgeladene Gedanken in Anspruch nehmen, wird der Aufmerksamkeitsraum im Arbeitsgedächtnis eingeschränkt. Für ein Schulkind heißt das, daß es dem Lehrer, einem Buch oder den Hausaufgaben weniger Aufmerksamkeit schenkt. Im Laufe der Jahre kommt es dann zu dem Lerndefizit, das durch das schlechtere Abschneiden im SAT-Test deutlich wurde. In der Arbeitswelt ist es nicht anders – für Impulsivität und Zerstreutheit zahlt man mit einer verringerten Lern- und Anpassungsfähigkeit.

Als die Kinder aus der Stanford-Studie erwachsen wurden und ins Erwerbsleben traten, wurden die Unterschiede noch deutlicher.[15] Diejenigen, die als Kind dem Marshmallow widerstanden hatten, waren mit Ende zwanzig noch immer intellektuell wendiger, aufmerksamer und konzentrationsfähiger. Sie konnten besser echte und enge Beziehungen entwickeln, waren verläßlicher und verantwortlicher und hatten sich bei Frustrationen besser unter Kontrolle.

Anders diejenigen, die mit vier nach dem Marshmallow gegriffen hatten – jetzt, mit Ende zwanzig, waren sie kognitiv weniger gewandt und emotional merklich unfähiger als diejenigen, die sich beherrscht hatten. Unter ihnen waren mehr Einzelgänger; sie waren weniger verläßlich, leichter abzulenken und unfähig, eine Gratifikation aufzuschieben, um eine Zielsetzung zu verfolgen. Sie konnten weniger Streß aushalten und besaßen unter Streß weniger Selbstkontrolle. Auf Druck reagierten sie unflexibel, indem sie dieselbe sinnlose und übermäßige Reaktion ständig wiederholten.

Aus der Geschichte der Marshmallow-Kids können wir eine allgemeine Lehre über die Kosten von unkontrollierten Emotionen ziehen. Wenn wir uns von Impulsen, Aufregung und Emotionalität hinreißen lassen, leidet unsere Denk- und Arbeitsfähigkeit.

Management des Herzens

Emotionale Selbstregulierung bedeutet nicht nur, daß man seinen Kummer dämpft und Impulse unterdrückt; sie kann auch bedeuten, daß man eine Emotion, sogar eine unangenehme, vorsätzlich erzeugt. Es soll Rechnungseintreiber geben, die sich auf den Besuch ihrer Klientel dadurch vorbereiten, daß sie sich künstlich in einen gereizten, übellaunigen Zustand versetzen. Ärzte, die einem Patienten oder seinen Angehörigen schlechte Nachrichten zu übermitteln haben, versetzen sich in eine entsprechend düstere Stimmung, ebenso wie Leichenbestatter, die von den Hinterbliebenen aufgesucht werden. Die Beschäftigten von Einzelhandel und Dienstleistungsbranchen werden fast ständig ermahnt, freundlich zu den Kunden zu sein.

Es gibt eine Denkrichtung, der zufolge die Angestellten, wenn sie auf Befehl eine bestimmte Emotion zeigen sollen, eine beschwerliche »emotionale Arbeit« leisten müssen, um ihre Stelle zu behalten.[113] Wenn die Emotionen, die jemand ausdrücken muß, vom Diktat des Chefs abhängen, sei eine Entfremdung von den eigenen Gefühlen die Folge. Verkaufspersonal, Stewardessen und Hotelangestellte seien unter anderem die Opfer eines solchen versuchten »Managements des Herzens«; der Soziologe Arlie Hochschild von der University of California in Berkeley spricht von einer »Kommerzialisierung menschlicher Gefühle«, die auf eine Art von emotionaler Tyrannei hinauslaufe.

Schaut man näher hin, ist das jedoch nur die halbe Wahrheit. Ob emotionale Arbeit beschwerlich ist oder nicht, hängt entscheidend davon ab, wie sehr sich jemand mit seiner Arbeit identifiziert.[17] Für eine Krankenschwester, die sich selbst als fürsorglich und mitfühlend versteht, ist es keine Last, wenn sie sich einen Augenblick Zeit nimmt, um einen leidenden Patienten zu trösten, sondern das verleiht ihrer Arbeit mehr Sinn.

Emotionale Selbstkontrolle bedeutet nicht, daß man seine wahren

Gefühle verleugnen oder unterdrücken muß. »Negative« Stimmungen haben durchaus ihren Sinn; Zorn, Trauer und Angst können zur Quelle von Kreativität, Energie und engerem Zusammenrücken werden. Aus Zorn kann eine starke Motivation erwachsen, besonders wenn er aus einem Verlangen erwächst, eine Ungerechtigkeit abzustellen. Gemeinsame Trauer kann Menschen einander näherbringen. Und der aus Angst erwachsende Druck kann, wenn er nicht zu stark ist, den kreativen Geist anspornen.

Emotionale Selbstkontrolle ist nicht gleichbedeutend mit *übertriebener* Kontrolle, mit der Unterdrückung aller Gefühle und aller Spontaneität, die man mit negativen körperlichen und geistigen Auswirkungen bezahlt. Bei Menschen, die ihre Gefühle und vor allem starke negative Gefühle unterdrücken, steigt die Herzfrequenz, ein Anzeichen für erhöhten Blutdruck. Bei chronischer Unterdrückung von Gefühlen leidet das Denken, die intellektuelle Leistung, und problemlose soziale Interaktionen werden erschwert.[18]

Emotionale Kompetenz bedeutet dagegen, daß wir die Wahl haben, *wie* wir unsere Gefühle ausdrücken wollen. In einer globalen Wirtschaft ist eine solche emotionale Wendigkeit besonders wichtig, da sich die Grundregeln des emotionalen Ausdrucks von einer Kultur zur anderen stark unterscheiden. Was in einem Land schicklich ist, kann in einem anderen als unziemlich gelten. Führungskräfte aus emotional zurückhaltenden Kulturen, wie wir sie in Nordeuropa haben, können auf ihre lateinamerikanischen Geschäftspartner »kalt« und überheblich wirken.

Wer sich in den Vereinigten Staaten mit seinem emotionalen Ausdruck zurückhält, vermittelt vielfach eine negative Botschaft, einen Eindruck der Distanziertheit oder der Gleichgültigkeit. Eine Untersuchung, die annähernd zweitausend Vorgesetzte aller Ebenen aus amerikanischen Firmen erfaßte, zeigte einen engen Zusammenhang zwischen mangelnder Spontaneität und geringer Leistung.[19] Manager mit überdurchschnittlicher Leistung waren spontaner als ihre mittelmäßigen Kollegen, während Unternehmensleiter insgesamt im Ausdruck ihrer persönlichen Gefühle kontrollierter waren als Manager tieferer Ebenen; offenbar wogen Unternehmensleiter sorgfältiger ab, um in einer gegebenen Situation nicht das »verkehrte« Gefühl auszudrücken.

Diese Zurückhaltung auf den höheren Ebenen spricht dafür, daß die Arbeitswelt, soweit es um Emotionen geht, ein Fall für sich ist, fast eine vom übrigen Leben abgesonderte, eigene »Kultur«. Im intimen Freundes- und Familienkreis dürfen wir alles aussprechen, was wir auf dem Herzen haben, und wir sollten es auch tun. In der Arbeitswelt herrschen zumeist andere emotionale Grundregeln.

Selbstregulierung – die Beherrschung von Impulsen und leidvollen Gefühlen – beruht auf dem Zusammenwirken zwischen den emotionalen Zentren und den Befehlszentren des Gehirns im präfrontalen Bereich. Diese beiden primären Fähigkeiten, die Beherrschung der Impulse und der richtige Umgang mit unangenehmen Erfahrungen, bilden den Kern von fünf emotionalen Kompetenzen:

- *Selbstkontrolle:* störende Emotionen und Impulse richtig handhaben
- *Vertrauenswürdigkeit:* Ehrlichkeit und Integrität zeigen
- *Gewissenhaftigkeit:* Verläßlichkeit und Verantwortlichkeit in der Erfüllung von Pflichten
- *Anpassungsfähigkeit:* Flexibilität angesichts von Veränderungen und Herausforderungen
- *Innovation:* Aufgeschlossenheit für neue Ideen, Methoden und Informationen

Selbstkontrolle

Störende Emotionen und Impulse in Schach halten

MENSCHEN MIT DIESER KOMPETENZ
- kommen mit ihren impulsiven Gefühlen und leidvollen Emotionen gut zurecht.
- bleiben auch in kritischen Situationen gelassen, positiv und unerschütterlich.
- behalten unter Druck einen klaren Verstand und lassen sich nicht irritieren.

• • • • •

»Bill Gates ist stocksauer. Seine Augen treten hervor, und seine überdimensionale Brille sitzt schief. Sein Gesicht ist gerötet, und Speichel sprüht ihm aus dem Mund ... Er ist in einem kleinen, überfüllten Besprechungszimmer auf dem Microsoft-Gelände mit 20 jungen Microsofties um einen länglichen Tisch versammelt. Die meisten blicken mit unverhohlener Angst auf ihren Chef, wenn sie ihn überhaupt anzuschauen wagen. Der Raum ist erfüllt vom sauren Geruch schwitzender Angst.«

So beginnt die Schilderung einer Demonstration der hohen Kunst, mit Emotionen umzugehen.[20] Gates macht in weitschweifigen Ausführungen seinem Ärger Luft, während die unglücklichen Programmierer nach Worten suchen und irgend etwas hervorstammeln, um ihn zu überzeugen oder wenigstens zu beschwichtigen. Niemand scheint bei ihm durchzudringen, ausgenommen die leise Stimme einer kleinen Frau chinesischer Abstammung, offenbar die einzige Person im Zimmer, die sich von seinem Zornausbruch nicht aus der Ruhe bringen läßt. Während alle anderen den Blickkontakt vermeiden, schaut sie ihm offen in die Augen.

Zweimal unterbricht sie seine Schimpfkanonade in einem ruhigen Ton. Beim ersten Mal scheinen ihre Worte ihn zu besänftigen, doch dann fängt er wieder an zu schimpfen. Beim zweiten Mal hört er ihr schweigend und mit einem nachdenklichen Gesicht zu. Plötzlich ist sein Ärger verflogen, und er sagt zu ihr: »Okay, das hört sich gut an. Machen Sie das mal!« Damit ist die Besprechung beendet.

Im Grunde hatte die Frau nicht viel anderes gesagt als ihre Kollegen. Aber dank ihrer Unerschütterlichkeit konnte sie es vielleicht besser vortragen, konnte sie klar denken, statt sich von Angst überwältigen zu lassen. Die Art ihres Auftretens war sicherlich nicht zu trennen von dem, was sie vermitteln wollte, daß sie sich nämlich von der Schimpfkanonade nicht einschüchtern ließ, daß sie sich das anhören konnte, ohne aus dem Gleichgewicht zu geraten, daß es eigentlich keinen Grund gab, sich so zu erregen.

Diese Fähigkeit ist, wenn ich so sagen darf, weitgehend unsichtbar – zumeist äußert sich Selbstkontrolle darin, daß es gerade nicht zu emotionalen Ausbrüchen kommt. Man erkennt sie daran, daß jemand sich unter Streß nicht aus der Ruhe bringen läßt oder daß er mit einem aggressiven Menschen fertig wird, ohne ihm in gleicher Münze zurückzuzahlen. Ein anderes undramatisches Beispiel ist der Umgang mit der Zeit: Seine täglichen Pflichten pünktlich zu erfüllen, erfordert Selbstkontrolle, und sei es nur, daß man scheinbar unaufschiebbare, in Wahrheit jedoch triviale Anforderungen von sich weist oder der Verlockung zeitraubender Vergnügungen oder Ablenkungen widersteht.

Ein Höchstmaß an persönlicher Verantwortung im Berufsleben ist vielleicht dann erfüllt, wenn wir unseren eigenen Gemütszustand unter Kontrolle halten. Denken, Gedächtnis und Wahrnehmung werden stark von Stimmungen beeinflußt. Wenn wir zornig sind, fallen uns leichter Vorfälle ein, die unserem Zorn Nahrung geben, der Gegenstand unseres Zorns füllt unser ganzes Denken aus, und die Gereiztheit verzerrt unsere Wahrnehmung so sehr, daß wir eine harmlose Bemerkung als Angriff auffassen. Diesem despotischen Zwang von Stimmungen müssen wir widerstehen, wenn wir produktiv arbeiten wollen.

Wenn die Arbeit zur Hölle wird

Vor etlichen Jahren bekam ich einen neuernannten Chef, an dem mir vor allem sein ungeheurer Ehrgeiz ins Auge stach. Um auf seinem neuen Posten einen guten Eindruck zu machen, stellte er neue Journalisten ein – »seine Leute« – und sorgte dafür, daß ihre Artikel gut im Blatt plaziert wurden. Mit den neuen Leuten befaßte er sich ausgiebig, während er uns alte Hasen geflissentlich ignorierte.

Vielleicht stand mein Chef unter Druck von *seinem* Chef – was ihn bewegte, habe ich nie herausbekommen. Doch zu meiner Überraschung lud er mich eines Tages ein, in der hauseigenen Cafeteria einen Kaffee mit ihm zu trinken. Nach ein paar höflichen Floskeln erklärte er dann unvermittelt, meine Arbeit genüge nicht den Ansprüchen. Inwiefern ich die Ansprüche nicht erfüllte, blieb unklar – unter einem früheren Chef war meine Arbeit für bedeutende Preise nominiert worden. Klar war jedoch die Konsequenz: Wenn ich mich nicht verbessern würde, würde er mich feuern.

Natürlich löste das eine riesige, anhaltende Angst in mir aus. Bis über die Ohren verschuldet und mit Kindern, die in Kürze ihr Studium beginnen würden, war ich unbedingt auf diesen Job angewiesen. Was noch schlimmer war: Die journalistische Arbeit erfordert ein Höchstmaß an Konzentration, doch diese Sorgen drängten sich mir unablässig auf, und lebhafte Vorstellungen von meiner drohenden beruflichen und finanziellen Katastrophe lenkten mich von meiner Arbeit ab.

Daß ich nicht verrückt wurde, verdankte ich einer Entspannungstechnik, die ich Jahre zuvor erlernt hatte, einer einfachen Meditationsübung, die ich jahrelang hin und wieder gepflegt hatte. Hatte ich sie bisher eher lustlos praktiziert, so benutzte ich sie nun mit größtem Eifer; jeden Morgen nahm ich mir eine halbe oder sogar eine ganze Stunde Zeit, um mich innerlich zu sammeln, ehe ich in den Alltag startete.

Es funktionierte – ich bewahrte mir meinen klaren Verstand und lieferte, so gut ich konnte, die geforderten kunstgerechten Artikel ab. Und dann kam die angenehme Überraschung: Mein unerträglicher Chef wurde befördert, in eine andere Abteilung.

Viele, die mit belastenden Dingen gut fertig werden, besitzen eine bestimmte Streßbewältigungstechnik, auf die sie bei Bedarf zurückgreifen, sei es nun ein langes Bad, eine körperliche Übung oder eine Jogasitzung; in meinem Fall war es die Meditation. Über eine solche Entspannungsmethode zu verfügen heißt nicht, daß man sich nicht hin und wieder aufregt oder in Bedrängnis gerät. Die regelmäßige, tägliche Anwendung einer Entspannungsmethode scheint allerdings den Druckpunkt der Amygdala zurückzusetzen, so daß sie nicht so schnell erregt wird.[21] Durch ein solches neurales Zurücksetzen werden wir fähig, uns schneller von Amygdala-Ausreißern zu erholen, und wir fallen ihnen erst gar nicht so leicht zum Opfer. Unterm Strich werden wir weniger anfällig für negative Erlebnisse und bringen sie schneller hinter uns.

Ein Gefühl der Hilflosigkeit

Das Gefühl der Hilflosigkeit angesichts von Arbeitszwängen ist an sich schädlich. Diejenigen unter den Inhabern und Angestellten kleiner Unternehmen, die eher das Gefühl haben, das, was ihnen im Leben zustößt, beeinflussen zu können, neigen angesichts von Konflikten und Belastungen im Beruf weniger dazu, wütend, deprimiert oder aufgeregt zu werden. Diejenigen, die wenig Einflußmöglichkeiten sehen, sind hingegen eher geneigt, sich aufzuregen oder gar zu kündigen.[22] Von 7400 Beschäftigten der Londoner Stadtverwaltung, die man untersuchte, waren diejenigen, die von anderen vorgeschriebene Termine einzuhalten und auf die Gestaltung ihrer Arbeit wenig Einfluß hatten, einem um 50 Prozent höheren Risiko ausgesetzt, Symptome der koronaren Herzerkrankung zu entwickeln, verglichen mit anderen, die ihre Arbeit flexibler gestalten konnten.[23] Das Gefühl, auf die Anforderung und Rahmenbedingungen der Arbeit wenig Einfluß zu haben, birgt ein ebenso großes Risiko der Herzerkrankung wie der Risikofaktor Bluthochdruck.[24] Deshalb wirkt sich von allen Beziehungen, die wir am Arbeitsplatz haben, diejenige zu unserem Chef oder Vorgesetzten am stärksten auf unsere seelische und körperliche Gesundheit aus. Teilnehmer an einem Versuch der britischen Grippeforschung wurden mit einem Grippevirus infiziert; als nach fünf Tagen geprüft wurde, wer von ihnen erkrankt war, zeigte sich, daß diejenigen, die in soziale Spannungen verwickelt waren, am anfälligsten waren.[25] Ein einzelner schwerer Tag im Büro war kein Problem, doch ständige Scherereien mit einem Vorgesetzten waren so belastend, daß sie die Immunabwehr schwächten.

In den letzthin entdeckten anatomischen Verbindungen zwischen Gehirn und Körper, die für den Zusammenhang zwischen unserem Gemütszustand und unserer körperlichen Gesundheit verantwortlich sind, spielen die emotionalen Zentren die entscheidende Rolle, denn sie sind aufs vielfältigste mit dem Immunsystem und dem kardiovaskulären System verbunden. Es liegt an diesen biologischen Verbindungen, wenn bedrückende Gefühle – Trauer, Frustration, Zorn, Nervosität, heftige Angst – bei einem Herzkranken das Risiko verdoppeln, innerhalb von Stunden nach solchen Gefühlen eine gefährliche Absenkung der Blutversorgung des Herzens zu erleben. Manchmal kann das zu einem Herzinfarkt führen.[26]

Für berufstätige Mütter ist es nichts Neues, daß sie physiologisch eine unvergleichliche Last zu tragen haben, denn zu der gewöhnlichen Arbeitsbelastung kommt die seelische Last hinzu, daß sie »auf Abruf« bereitstehen, wenn in der Familie unerwartete Probleme auftauchen, zum Beispiel ein krankes Kind. Bei alleinstehenden und verheirateten Müttern in mittleren Stellungen, wo sie wenig Einfluß haben, ist der Spiegel des Streßhormons Kortisol erheblich höher als bei ihren Kolleginnen, die keine Kinder zu Hause haben.[27]

In geringer Dosierung kann Kortisol dem Körper helfen, ein Virus zu bekämpfen oder beschädigtes Gewebe zu heilen, aber wenn zuviel Kortisol fließt, wird die Wirksamkeit des Immunsystems beeinträchtigt.[28] Ein Forscher vom National Institute of Mental Health formulierte es so: »Wenn man hilflos mit ansehen muß, wie die Aktienkurse abstürzen, steigt durch den psychischen Streß der Kortisolspiegel. Wenn einem dann jemand ins Gesicht hustet, bekommt man leicht die Grippe.«[29]

Selbstwahrnehmung zahlt sich aus

Einem Universitätsprofessor mit Herzproblemen wurde ein Herzfrequenzmonitor verordnet, denn wenn seine Herzfrequenz 150 Schläge pro Minute überschritt, kam nicht genügend Sauerstoff zu seinem Herzmuskel. Eines Tages ging der Professor zu einer dieser regelmäßig stattfindenden, scheinbar endlosen Fakultätssitzungen, die nach seiner Ansicht Zeitverschwendung waren.

Doch während er glaubte, zu den dort geführten Diskussionen zynische Distanz zu haben, belehrte ihn der Monitor darüber, daß sein Herz gefährlich schnell schlug. Bis dahin war ihm nicht bewußt gewesen, wie sehr die ständigen fakultätsinternen Reibereien ihn emotional erregten.[30] Selbstwahrnehmung als eine zentrale Fähigkeit, mit Streß fertig zu werden, zahlt sich aus. Wenn wir nicht genau aufpassen, kann es uns wie dem Universitätsprofessor ergehen; wir merken gar nicht, wie belastend der Arbeitsalltag wirklich ist.

Es kann schon heilsame Wirkungen haben, wenn man sich gärende Gefühle bloß bewußt macht. Von dreiundsechzig entlassenen Managern, die an einer Untersuchung der Southern Methodist University teilnahmen, waren viele verständlicherweise aufgebracht und aggressiv. Die Hälfte von ihnen wurde aufgefordert, fünf Tage lang ein Tagebuch zu führen und jeweils zwanzig Minuten darauf zu verwenden, ihre innersten Gefühle und Gedanken über das, was sie durchmachten, festzuhalten. Diejenigen, die Tagebuch führten, fanden schneller eine neue Stelle als diejenigen, die nicht Tagebuch führten.[31]

Je genauer wir imstande sind, unsere emotionalen Verstimmungen zu beobachten, desto schneller können wir Belastendes überwinden. Das bestätigt ein Experiment, dessen Teilnehmern ein Film gegen das Autofahren nach Alkoholgenuß vorgeführt wird, der ungeschönt Verkehrsunfälle mit schweren Personenschäden zeigt.[32] In den ersten dreißig Minuten nach der Vorführung geben die Zuschauer an, daß sie sich bedrückt und deprimiert fühlen und daß sie immer wieder an die bestürzenden Szenen denken müssen, die sie gerade gesehen haben. Am schnellsten finden diejenigen ihre Fassung wieder, die sich über ihre Gefühle am klarsten sind. Emotionale Klarheit, so scheint es, hilft uns, negative Stimmungen zu überwinden.

Doch mit Unerschütterlichkeit ist die Sache nicht notwendigerweise schon erledigt. Auch wer unerschütterlich erscheint, obwohl er innerlich kocht, muß mit seinen aufgewühlten Gefühlen irgendwie fertig werden. Es gibt Kulturen, besonders in Asien, die dazu ermutigen, negative Gefühle zu verstecken. Das mag zur Erhaltung ungestörter Beziehungen beitragen, doch der einzelne muß einen Preis dafür bezahlen. Ein Psychologe, der Stewardessen in Asien in emotionalen Intelligenzfähigkeiten unterrichtet, sagte:»Das Problem ist dort, daß sie nicht explodieren – sie implodieren, sie halten es zurück und leiden.«

Die emotionale Implosion ist mit mehreren Nachteilen behaftet: Die unter ihr Leidenden tun oft nichts, um ihre Lage zu verbessern. Auch wenn sie nach außen hin nicht erkennen lassen, daß ihre Emotionen mit ihnen durchgehen, leiden sie innerlich doch an den negativen Auswirkungen: Kopfschmerzen, Gereiztheit, unmäßiges Rauchen und Trinken, Schlaflosigkeit, endlose Selbstkritik. Und da sie denselben Gesundheitsrisiken ausgesetzt sind wie diejenigen, die explodieren, müssen sie ebenfalls lernen, ihre Reaktionen auf Belastendes zu steuern.

Selbstkontrolle im Alltag

Es ist eine typische Straßenszene in Manhattan: Ein Mann hält auf einer verkehrsreichen Straße mit seinem Lexus in einer Halteverbotszone, eilt in einen Laden, kauft ein paar Sachen und stürzt heraus, doch inzwischen hat ein Polizist nicht nur einen Strafzettel geschrieben, sondern auch einen Abschleppwagen herbeigerufen, der seinen Lexus gerade auf den Haken nimmt.

»Verdammt!« schreit der Mann den Polizisten an und platzt vor Wut. »Du bist der letzte Dreck!« brüllt er und hämmert mit der Faust auf die Motorhaube des Abschleppwagens.

Der Polizist, sichtlich verärgert, bringt irgendwie eine ruhige Antwort zustande: »Gesetz ist Gesetz. Wenn Sie es für ungerechtfertigt halten, können Sie sich beschweren.« Damit dreht er sich um und geht davon.

Für einen Polizisten ist Selbstkontrolle unerläßlich. Wenn er es mit jemandem zu tun hat, der Opfer eines Amygdala-Ausreißers ist, kann der Zusammenstoß rasch in Gewalttätigkeit ausarten, wenn auch der Polizist von seiner Amygdala mitgerissen wird. Officer Michael Wilson, der an der New Yorker Polizeiakademie lehrt, sagt, daß es vielen Beamten in solchen Situationen schwerfällt, ihre instinktive Reaktion auf unhöfliches Verhalten zu unterdrücken, ein Verhalten, das sie nicht bloß als eine leere Drohung verstehen, sondern als Anzeichen einer Machtverschiebung in der Interaktion, die lebensgefährlich für sie werden könnte.[33] Wie Wilson sagt: »Zuerst, wenn jemand einen schwer beleidigt, möchte der Körper zurückschlagen. Aber dann meldet sich diese innere Stimme und sagt: ›Es hat keinen Zweck. Wenn ich diesen Mann antaste, habe ich verloren.‹«

In der Polizeiausbildung (zumindest in den Vereinigten Staaten, die bedauerlicherweise eine der höchsten Raten an Gewaltkriminalität haben) werden die Beamten dazu angehalten, die Anwendung von Gewalt sorgfältig und der Situation entsprechend zu dosieren. Drohungen, physische Einschüchterung oder das Ziehen der Waffe sind nur im äußersten Fall zulässig, da jedes dieser Mittel beim Gegenüber einen Amygdala-Ausreißer auslösen kann.

Kompetenzstudien in Polizeibehörden zeigen, daß die überdurchschnittlichen Beamten das geringste Maß an notwendiger Gewalt anwenden, unberechenbaren Personen besonnen und routiniert entgegentreten und sich auf die Deeskalation von angespannten Situationen verstehen. Eine Untersuchung unter New Yorker Verkehrspolizisten ermittelte, daß bei denjenigen, die auch gegenüber wütenden Autofahrern eine ruhige Reaktion fertigbringen, der Zusammenstoß in den seltensten Fällen in regelrechte Gewalt ausartete.[34]

Das Prinzip, trotz Provokationen besonnen zu bleiben, gilt für alle, die beruflich oft mit unangenehmen und aufgeregten Menschen zu tun haben. Unter psychologischen Beratern und Psychotherapeuten reagieren diejenigen, die sich durch höhere Leistung auszeichnen, auf eine persönliche Attacke des Patienten mit Besonnenheit.[35] Dies gilt auch für herausragende Stewardessen, die es mit verärgerten Fluggästen zu tun haben.[36] Und unter Managern und Unternehmensleitern bändigen die Leistungs-Asse ihren Elan, ihren Ehrgeiz und ihr selbstbewußtes Auftreten durch Selbstkontrolle und machen ihre persönlichen Bedürfnisse für die Ziele des Unternehmens nutzbar.[37]

Unverwüstlichkeit – Wachsen unter Streß

Vergleichen wir zwei führende Manager einer regionalen amerikanischen Telefongesellschaft, in der der Streß enorm zugenommen hat, weil sich in der ganzen Branche gewaltige Veränderungen vollziehen. Der eine leidet unter Nervosität: »Mein Leben kommt mir wie eine einzige Hetzjagd vor. Ständig muß ich einen Rückstand aufholen, Termine einhalten, die mir vorgegeben werden, obwohl es meistens gar nicht wichtig ist. Es ist bloß Routine. Einerseits bin ich zwar nervös und angespannt, doch gleichzeitig langweile ich mich oft.«

Der andere sagt: »Ich langweile mich eigentlich nie. Auch wenn ich etwas tun muß, was mir zunächst uninteressant erscheint, finde ich, wenn ich einmal drin bin, gewöhnlich irgend etwas, woraus ich etwas lernen kann. Ich bin ständig bestrebt, etwas Besonderes zu leisten, ein produktives berufliches Leben für mich zu gestalten.«

Bei dem ersten Manager wurde ein geringes, bei dem zweiten ein hohes Maß einer Eigenschaft ermittelt, die man als »Ausdauer« bezeichnet; es geht um die Fähigkeit, an einer Sache festzuhalten, die Fähigkeit zu glauben, daß man es schaffen wird, und darum, daß man sich von Streß eher herausgefordert als bedroht fühlt. Wer auf Streß mit Ausdauer reagiert, wer die Arbeit als anstrengend, aber erregend empfindet und den Wandel nicht als Feind, sondern als eine Chance der Weiterentwicklung auffaßt, erträgt die körperliche Belastung des Stresses sehr viel besser und erkrankt nicht so oft.[38]

Es gehört zu den Widersprüchen des beruflichen Lebens, daß der eine in einer Situation eine ungeheure Bedrohung sieht, während der andere sie als eine anregende Herausforderung empfindet. Wenn man die richtigen emotionalen Ressourcen einsetzt, kann das scheinbar Bedrohliche als eine Herausforderung begriffen werden, der man mit Energie, ja sogar mit Enthusiasmus begegnet. In der Hirnfunktion unterscheidet sich »guter Streß« – die Herausforderungen, die uns mobilisieren und motivieren – erheblich vom »schlechten Streß«, den Bedrohungen, die uns überwältigen, lähmen und demoralisieren.

Die Hirnsubstanzen, die Begeisterung für eine Herausforderung erzeugen, unterscheiden sich von denen, die auf Streß und Bedrohung reagieren. Sie sind wirksam, wenn unsere Energie groß, unser Einsatz maximal und unsere Stimmung positiv ist. Biochemisch beruhen diese produktiven Zustände auf der Aktivierung des Sympathikussystems und der Nebenniere, die daraufhin Substanzen ausschütten, die man als Katecholamine bezeichnet.

Die Katecholamine, Adrenalin und Noradrenalin, regen uns auf eine produktivere Weise zum Handeln an als das Kortisol, das nur hektische Betriebsamkeit auslöst. Wenn das Gehirn in den Krisenmodus umschaltet, beginnt es, sowohl Kortisol als auch stark erhöhte Mengen von Katecholaminen herauszupumpen, doch wir verrichten unsere Arbeit am besten bei einem niedrigeren Erregungsniveau des Gehirns, wenn nur das Katecholaminsystem beteiligt ist. (Und um Kortisol zu aktivieren, bedarf es nicht einer Gefährdung unseres Arbeitsplatzes oder einer negativen Bemerkung des Chefs; es genügen schon Langeweile, Ungeduld, Frustration, ja sogar Müdigkeit.)

Man kann also sagen, daß es zweierlei Streß gibt – guten und schlechten – und daß dabei zwei verschiedene biologische Systeme am Werk sind. Außerdem gibt es einen Gleichgewichtspunkt, an dem das Sympathikussystem am Pumpen ist (aber nicht zu sehr), unsere Stimmung positiv ist und unsere Fähigkeiten zu denken und zu reagieren optimal sind. Dann bringen wir unsere Spitzenleistung.

Vertrauenswürdigkeit und Gewissenhaftigkeit

Integrität bewahren und Verantwortung für die eigene Leistung übernehmen

MENSCHEN MIT DIESER KOMPETENZ
Vertrauenswürdigkeit betreffend:
- handeln ethisch und sind untadelig.
- bilden Vertrauen durch ihre Zuverlässigkeit und Ehrlichkeit.
- räumen ihre eigenen Fehler ein und wenden sich gegen unethisches Handeln bei anderen.
- vertreten feste Grundsätze auch dann, wenn sie unpopulär sind.

Gewissenhaftigkeit betreffend:
- erfüllen Verpflichtungen und halten Versprechungen.
- betrachten sich selbst als verantwortlich für die Erreichung ihrer Ziele.
- sind organisiert und sorgfältig in ihrer Arbeit.

• • • • •

Der Erfinder eines vielversprechenden neuen Produkts, einer Doppelkammer-Luftmatratze, die gegenüber anderen Produkten den Vorzug hatte, die Körperwärme zu halten, berichtet von einem Gespräch mit einem Geschäftsmann, der sich bereit erklärte, die Matratzen herzustellen und zu vertreiben und dem Erfinder eine Lizenzgebühr zu zahlen. Der Geschäftsmann enthüllte im Laufe des Gesprächs nicht ohne einen gewissen Stolz, daß er nie Steuern gezahlt habe.[39]

»Wie machen Sie denn das?« fragte der Erfinder ungläubig.

»Ich führe zwei getrennte Bücher«, erwiderte der Geschäftsmann selbstgefällig.

»Welches Buch werden Sie denn benutzen, um den Absatz meiner Matratzen festzuhalten, nach dem die Lizenzgebühr berechnet wird, die Sie mir schulden?« wollte der Erfinder wissen.

Diese Frage blieb unbeantwortet. Aus dem Geschäft wurde nichts.

Glaubwürdigkeit entsteht durch Integrität. »Stars« wissen, daß Vertrauenswürdigkeit am Arbeitsplatz dadurch entsteht, daß man die anderen über seine eigenen Wertvorstellungen und Prinzipien, Absichten und Gefühle nicht im unklaren läßt und daß man sich in seinem Verhalten durchgängig an ihnen ausrichtet. Sie bekennen sich freimütig zu ihren Fehlern und stellen andere, die Fehler machen, zur Rede.

Wer integer ist, bekennt sich freimütig auch zu den eigenen Gefühlen – »Das hat mich ein bißchen nervös gemacht« –, was nur zu der Ausstrahlung von Glaubwürdigkeit beiträgt. Wer dagegen nie einen Fehler oder eine Schwäche zugibt oder wer sich, seine Firma oder ein Produkt übertrieben positiv darstellt, untergräbt seine Glaubwürdigkeit.

Integrität – ein offenes, ehrliches und berechenbares Auftreten – zeichnet diejenigen aus, die in welchem Beruf auch immer Hervorragendes leisten. Wer beispielsweise im Verkauf tätig ist, muß sich auf bestehende Abmachungen verlassen können. Wer in einer solchen Tätigkeit wichtige Informationen zurückhält, Versprechungen oder eingegangene Verpflichtungen nicht einhält, untergräbt das Vertrauen, das für eine Fortsetzung der Geschäftsverbindung so wichtig ist.

»Es gab Verkaufsleiter, die für mich gearbeitet und versagt haben, und was ihnen vor allem fehlte, war Vertrauenswürdigkeit«, sagte mir der Vizepräsident eines Unternehmensbereichs von Automatic Data Processors. Im Verkauf muß man Kompromisse machen – ich mache Ihnen hier ein Zugeständnis, wenn Sie mir dort entgegenkommen. Da die Situation nicht eindeutig ist, muß man sich auf das Wort des anderen verlassen können. Der Finanzbereich ist eindeutiger, das ist mehr Wissenschaft als Kunst. Doch der Verkauf ist eine Grauzone, und um so wichtiger ist, daß man vertrauenswürdig ist.«

Douglas Lennick, geschäftsführender Vizepräsident bei American Express Financial Advisors, äußert sich im gleichen Sinne: »Manche haben den falschen Eindruck, man könne im Geschäft erfolgreich sein, wenn man andere übers Ohr haut oder sie dazu drängt, etwas zu kaufen, was sie nicht brauchen. Kurzfristig mag das funktionieren, aber langfristig gräbt man sich damit das eigene Grab. Man bringt es sehr viel weiter, wenn man seinen eigenen Wertvorstellungen treu bleibt.«

Wenn es ums Geschäft geht

Ich machte ihre Bekanntschaft im Flugzeug; sie war auf einem Flug an die Westküste einige Stunden lang meine Sitznachbarin. Wir hatten eine Weile miteinander geplaudert, als sie herausbekam, daß ich über Emotionen im Arbeitsleben schreibe. Da packte sie aus: »Wir machen Sicherheitsprüfungen für die chemische Industrie, prüfen ihre Materialien und den Umgang mit ihnen auf Risiken wie Brennbarkeit. Wir verifizieren, daß die Verfahren, mit denen sie diese Substanzen bearbeiten, den gesetzlichen Sicherheitsbestimmungen entsprechen. Doch ob der Bericht stimmt oder nicht, ist meinem Chef egal; für ihn zählt nur, daß er pünktlich da ist. Sein Motto ist: den Auftrag möglichst schnell erledigen und abkassieren. Neulich kam ich darauf, daß die Berechnungen für einen Auftrag falsch waren, also habe ich sie noch mal gemacht. Aber der Chef hat mich angemotzt, weil es länger dauerte, als er sich das gedacht hatte. Ich muß tun, was dieser Kerl mir sagt, obwohl ich weiß, daß er unfähig ist. Deshalb überprüfe ich die Berechnungen zu Hause, in meiner Freizeit. Keiner ist mit der Art, wie der Chef uns antreibt, zufrieden.«

Weshalb läßt sie sich das dann gefallen?

Sie erzählt mir, daß sie eine schwierige Scheidung hinter sich hat, sich allein um ihre beiden Kinder kümmern muß, daß es finanziell eng ist. »Wenn ich könnte, würde ich gehen, aber ich bin auf diese Arbeit angewiesen. Stellen sind im Augenblick rar ...«

Nachdem sie lange nachdenklich geschwiegen hat, fährt sie fort: »Er zeichnet sämtliche Aufträge ab, auch die, die wir machen. Erst hat es mich geärgert, daß er sich alles auf die eigene Fahne schrieb, aber jetzt bin ich froh – ich möchte nicht meinen Namen unter diese Berichte setzen. Ich habe kein gutes Gefühl dabei. Bis jetzt hat es noch keine Unfälle, keine Brände oder Explosionen gegeben, aber eines Tages könnte es passieren.«

Sollte sie nicht den Mund aufmachen und die Vorgänge melden?

»Ich habe schon daran gedacht, mit jemandem darüber zu sprechen, aber ich darf nichts sagen, weil ich mich bei meiner Einstellung zur Verschwiegenheit verpflichtet habe. Ich müßte dann aus der Firma ausscheiden und vor Gericht für das, was ich gesagt habe, den Beweis antreten; es wäre ein Alptraum.«

Als unsere Maschine ausrollt, wirkt sie erleichtert und zugleich beunruhigt über das, was sie mir offenbart hat; sie ist so besorgt, daß sie mir weder ihren Namen noch den ihrer Firma nennen will. Allerdings notiert sie sich meinen Namen und meine Telefonnummer und sagt, sie hätte noch mehr zu sagen. Sie würde mich anrufen.

Bis heute hat sie sich nicht gemeldet.

Die Ethics Officers Association ließ 1300 Mitarbeiter der unterschiedlichsten Ebenen in amerikanischen Unternehmen befragen, und was dabei herauskam, ist bestürzend: Rund die Hälfte gab zu, sich auf unethische Geschäftspraktiken einzulassen.[40]

Überwiegend handelte es sich um relativ geringfügige Fälle von Vertrauensbruch oder Verstöße gegen die Moral; zum Beispiel meldete man sich krank, wenn man einmal frei haben wollte, oder man ließ

Büromaterial aus der Firma mitgehen. Doch 9 Prozent gaben zu, Kunden zu belügen oder zu täuschen, 6 Prozent, daß sie Zahlen in Berichten oder Dokumenten gefälscht hatten, und 5 Prozent, daß sie Vorgesetzte über wichtige Angelegenheiten belogen oder wichtige Informationen verheimlicht hatten. Und 4 Prozent gestanden, daß sie die Arbeit oder die Idee eines anderen als ihre eigene ausgegeben hatten. Es traten äußerst schwerwiegende Verstöße zutage: 3 Prozent hatten gegen das Urheberrecht oder Software-Schutzbestimmungen verstoßen, und 2 Prozent hatten auf einem Dokument mit falschem Namen unterschrieben. Ein Prozent gestand, beim Ausfüllen amtlicher Formulare wie Steuererklärungen falsche Angaben zu machen.

Demgegenüber kam eine Studie über herausragende Wirtschaftsprüfer in einer der größten amerikanischen Firmen zu dem Ergebnis, daß sie sich durch eines auszeichneten, eine Kompetenz namens »Courage«: Sie waren, obwohl man sie in der eigenen Firma drängte, den Mund zu halten, bereit, *ihren Klienten* mutig entgegenzutreten und auf korrekten Angaben zu bestehen, selbst wenn sie ihre Klienten dadurch verlieren sollten. Und die besten Wirtschaftsprüfer hatten selbst gegen massiven Widerstand die Courage, entschieden auf die Einhaltung der Gesetze zu pochen, eine Haltung, die ein hohes Maß an Integrität und Selbstvertrauen erfordert. (Dieser Befund hat eine positive und eine negative Seite: Positiv war, daß die besten Wirtschaftsprüfer diesen Mut hatten; negativ war, daß die meisten ihn nicht hatten.)

Impulskontrolle:
eine emotionale Bruchlinie

- Ein Contoller wurde von der Firma gefeuert, weil er die Frauen, die für ihn arbeiteten, sexuell belästigt hatte. Zudem war er im Umgang mit Menschen insgesamt äußerst aggressiv.
- Ein führender Manager einer anderen Firma war von Natur aus mitteilsam, gesprächig, freundlich und spontan, doch zugleich hatte er wenig Selbstbeherrschung. Er wurde gefeuert, weil er leichtfertig Firmengeheimnisse verraten hatte.
- Der Leiter eines kleinen Industrieunternehmens wurde wegen Unregelmäßigkeiten im Umgang mit den Finanzen der Firma angeklagt. Er hatte sich einen Finanzchef (als Komplizen) ausgesucht, der wie er selbst kein Gewissen und kaum eine Vorstellung von den Folgen ihres Handelns hatte.

Diese Beispiele von gescheiterten Karrieren entstammen den Unterlagen einer Unternehmensberatung, die im Rahmen einer Untersuchung von 4265 Mitarbeitern, vom Chef des Unternehmens bis zum Arbeiter, auch diese Führungskräfte beurteilte.[41] Sie alle besaßen keine Impulskontrolle; sie waren nicht oder kaum in der Lage, eine Gratifikation hinauszuschieben. Wer Selbstbeherrschung besitzt, kann die möglichen Folgen seines Vorhabens durchdenken und für seine Worte und Taten Verantwortung übernehmen. Die Unternehmensberatung, die die Untersuchung in puncto Selbstbeherrschung im Berufsleben durchführte, empfiehlt »bei der Auswahl von Bewerbern für alle Ebenen industrieller Berufe, Kandidaten abzulehnen, die ein geringes oder sehr geringes Maß« an Selbstbeherrschung zeigen, da »das Risiko, daß sie Probleme der einen oder anderen Art verursachen, äußerst hoch ist«. (Es wird allerdings auch darauf hingewiesen, daß man den Leuten helfen kann, besser mit ihrer Impulsivität fertigzuwerden; mangelhafte Impulskontrolle muß nicht heißen, daß jegliche Aufstiegschancen verbaut sind.)

Sogar unter Footballspielern, wo man meinen sollte, daß schon ihre Rolle ein gewisses Maß an spontaner Aggressivität verlangt, zahlt Selbstbeherrschung sich aus. In einer Untersuchung über siebenhundert Spieler, darunter Profis und Ersatzspieler der NFL sowie Mitglieder von Universitätsmannschaften, waren diejenigen, die sich mehr zurückhielten, im Urteil ihrer Trainer stärker motiviert, mit besseren spielerischen Qualitäten und besseren Führungsqualitäten begabt und leichter zu trainieren.[42] Diejenigen, die ein geringes Maß an Selbstbeherrschung zeigten, waren nach diesem Urteil respektlos gegenüber ihren Mannschaftskameraden und Trainern, und sie waren nicht bereit, zuzuhören und Anweisungen zu befolgen. Sie setzten sich über ihre Abmachungen und Verträge hinweg, beschimpften ihre Gegner unflätig und tänzelten angeberisch herum. Von zwei Footballspielern mit einem sehr geringen Maß an Selbstbeherrschung stellte man bei dem einen fest, daß er Drogen nahm, und der andere war ein Unruhestifter, der beim Training einen Mannschaftskameraden k.o. schlug.

Stille Tugend: der Gewissenhafte

Die Zeichen, an denen man gewöhnlich die Gewissenhaftigkeit fest-
macht – Pünktlichkeit, sorgfältige Arbeit, Selbstdisziplin und skru-
pulöse Beachtung der Verantwortung – kennzeichnen dagegen die
mustergültigen Leute der Organisation, diejenigen, die erwartungsge-
mäß für einen reibungslosen Ablauf sorgen. Sie halten sich an die Vorschriften, helfen aus und nehmen Anteil an den Menschen, mit denen
sie arbeiten. Es ist der gewissenhafte Mitarbeiter, der Neulingen bei
der Einarbeitung hilft und Kollegen, die nach längerer Abwesenheit
zurückkommen, auf den neuesten Stand bringt, der pünktlich am Arbeitsplatz erscheint und nie ungerechtfertigt krankfeiert, der stets alles
termingerecht erledigt.

Gewissenhaftigkeit ist in allen Bereichen ein Erfolgsrezept. In Untersuchungen über die Arbeitsleistung zeigte sich, daß in praktisch
allen Stellungen, vom angelernten Arbeiter über den Verkauf bis zum
Management, überragende Leistungen auf Gewissenhaftigkeit beruhen.[43] Sie ist besonders wichtig für überdurchschnittliche Leistungen
in den unteren Positionen: den Angestellten in der Poststelle, der nie
ein Paket verlegt; die Sekretärin, die alle Nachrichten einwandfrei übermittelt; den Lieferwagenfahrer, der stets pünktlich ist.

Unter den Handelsvertretern eines großen amerikanischen Haus-
haltsgeräteherstellers erzielten die Gewissenhaftesten die größten Umsätze.[44] Gewissenhaftigkeit schützt angesichts der stetigen Fluktuation
auf dem Markt auch vor dem drohenden Verlust des Arbeitsplatzes,
denn Mitarbeiter mit dieser Eigenschaft werden am meisten geschätzt.
Bei den Handelsvertretern war für ihren Verbleib in der Firma der
Grad ihrer Gewissenhaftigkeit fast genauso bedeutsam wie ihr Umsatz.[45]

Sehr gewissenhafte Leute umgibt so etwas wie eine Aura, die bewirkt, daß sie besser erscheinen, als sie wirklich sind. Die ihnen nach-
gesagte Zuverlässigkeit beeinflußt die Bewertung ihrer Arbeit und sorgt
für eine höhere Einstufung, als eine objektive Messung ihrer Leistung
erwarten ließe.

Wenn es allerdings an Empathie und sozialen Fähigkeiten fehlt,
kann Gewissenhaftigkeit auch zu Problemen führen. Da gewissenhafte Menschen viel von sich selbst verlangen, können sie ihre eigenen Maßstäbe auch an andere anlegen, und ihr Urteil kann allzu streng
ausfallen, wenn die sich nicht gleichermaßen mustergültig auffüh-
ren. Fabrikarbeiter in Großbritannien und den Vereinigten Staaten,

die äußerst gewissenhaft waren, neigten dazu, ihre Mitarbeiter auch bei kleinen Fehlern zu kritisieren, die von den Kritisierten als unbedeutend empfunden wurden, was ihre Beziehungen belastete.[46]

Wenn Gewissenhaftigkeit sich darin äußert, daß man ständig den Erwartungen zu entsprechen sucht, kann sie sich lähmend auf die Kreativität auswirken. In kreativen Berufen wie Kunst und Werbung sind Offenheit für verrückte Ideen und Spontaneität gefragt. Erfolg in solchen Berufen verlangt allerdings nach einem Gegengewicht; wer nicht mindestens so gewissenhaft ist, daß er etwas zu Ende bringt, wird zu einem bloßen Träumer und kann nichts vorweisen, was seinen Einfallsreichtum belegt.

Innovation und Anpassungsfähigkeit

Offenheit für neue Ideen und Methoden, Flexibilität angesichts des Wandels

MENSCHEN MIT DIESER KOMPETENZ
Innovation betreffend:
• suchen in den verschiedensten Quellen nach unverbrauchten Ideen.
• finden originelle Lösungen für Probleme.
• entwickeln neue Ideen.
• beziehen in ihrem Denken ungewohnte Standpunkte und gehen Risiken ein.
Anpassungsfähigkeit betreffend:
• können sich geschickt auf vielfältige Anforderungen, veränderte Prioritäten und raschen Wandel einstellen.
• passen ihre Reaktionen und Taktiken an wechselhafte Umstände an.
• sind in ihrer Sicht der Dinge flexibel.

• • • • •

Es war ein leises Signal. Mitte der siebziger Jahre änderte sich etwas in der Art, wie Intel-Manager von ihren Kollegen in Japan behandelt wurden. Hatte man sie bisher mit Respektbezeugungen überschüttet, so kamen sie jetzt mit dem unbestimmten Gefühl nach Hause, daß in den Mienen ihrer Gastgeber Spott lag. Etwas hatte sich verändert.

Diese Meldung von der vordersten Front war ein erstes Anzeichen der künftigen japanischen Vorherrschaft auf dem Markt für Computerchips, damals Intels wichtigster Geschäftsbereich. Andrew S. Grove, der Intel-Vorsitzende, führt die Geschichte als ein Beispiel dafür an, wie schwer es Spitzenmanagern manchmal fällt, sich Veränderungen in einer Branche anzupassen.[47]

Grove gibt zu, daß das Topmanagement von Intel erst nach Jahren begriff, daß japanische Firmen ihre Stärke auf dem Gebiet der Feinwerktechnik dazu benutzt hatten, Intel auf seinem eigenen Feld zu schlagen, der Herstellung und dem Verkauf von Speicherchips.

Es sind entscheidende Momente in der Geschichte eines Unternehmens, wenn eine bisher erfolgreiche Strategie wegen veränderter Umstände ins Leere läuft. Grove bezeichnet diese Momente als ein »Tal des Todes«: Wenn ein Unternehmen nicht geistig hinreichend beweglich ist, um seine Strategie zu überdenken, solange es noch die Mittel und die Kraft hat, um sich zu ändern und anzupassen, muß es verdorren oder zugrunde gehen.

In solchen Momenten, wo es um Fortbestand oder Untergang geht, kommt es entscheidend auf die emotionalen Fähigkeiten der Führungskräfte an. Sie müssen flexibel und in der Lage sein, neue, auch schmerzhafte Erkenntnisse aufzunehmen, ohne im Interesse ihres Selbstschutzes abzuschalten, und sie müssen flink reagieren können.

Doch allzuoft obsiegt bei allen das Trägheitsmoment; das Topmanagement vermag die Anzeichen des bevorstehenden Gezeitenwechsels nicht zu deuten, oder es hat Angst, auf die Anzeichen hin Maßnahmen zu ergreifen, obwohl sich die Spielregeln bereits ändern.

Bei Intel herrschte bis in die achtziger Jahre hinein die Annahme, sie seien eine »Speicherfirma«, die Chips verkauft, obwohl ihr Anteil an diesem Markt mittlerweile auf 3 Prozent gesunken war. Man nahm kaum Notiz von dem Nebenzweig, der zu ihrem neuen Kerngeschäft werden sollte, den Mikroprozessoren, die wir alle inzwischen als »Intel Inside« kennen. Die High-Tech-Industrie, die sich wohl von allen am schnellsten verändert, verzeichnet eine Unmenge untergegangener Firmen, deren Management sich nicht an Marktveränderungen anzupassen vermochte. Ein Ingenieur, der in den achtziger Jahren, der Glanzzeit der Firma, als ihr Umsatz auf 3 Milliarden Dollar emporschoß, bei Wang Laboratories gearbeitet hatte und das Scheitern der Firma als Augenzeuge miterlebte, sagte: »Ich habe gesehen, was der Erfolg bewirkt – er macht arrogant. Man hört nicht mehr auf seine Kunden und Mitarbeiter. Man wird zufrieden mit seinem Geschäft, und am Ende wird man von der Konkurrenz überholt.«

Ständiger Wandel ist die Regel

Grove behauptet, daß die Fähigkeit einer Firma, ein solches, sich drohend abzeichnendes Tal des Todes zu überleben, nur von einem abhängt: »wie die Topmanager emotional reagieren«. Welche Emotionen obsiegen, wenn ihre ganze Stellung und ihr Wohlergehen – und das ihrer Firma – in großer Gefahr schweben, wenn ihre bisher unantastbaren Annahmen über ihre Lebensaufgabe und ihr Unternehmen ins Wanken geraten?

Bei Intel kam es entscheidend auf die Anpassungsfähigkeit an, als die Firma vor zwei großen Krisen stand: dem Verlust des Speicherchipmarktes und, in jüngerer Zeit, der Katastrophe, als durch einen Fehler in dem damals neuen Pentium-Prozessor Millionen von Computerbesitzern ihr Vertrauen in das Produkt verloren. Dieses letztere Drama spielte sich – von Anfang bis Ende – in nur einem Monat ab, doch in dieser kurzen Zeitspanne konnte man komprimiert beobachten, wie eine Firmenleitung sich typischerweise auf schwierige neue Realitäten einstellt: Erst wurde geleugnet, dann kamen die unausweichlichen Tatsachen, dann herrschte der große Katzenjammer, und das alles löste sich auf, als Grove und seine Topmanager sich der Realität stellten und schließlich ein schmerzliches, kostspieliges Zugeständnis machten: das Versprechen, jedem, der es verlangte, den Pentium-Prozessor umzutauschen, obwohl es die Firma 475 Millionen Dollar kosten würde.

Die halbe Milliarde Dollar, die der Umtausch die Firma kostete, war der Preis, um Intel als gängigen Markennamen zu etablieren. Die »Intel Inside«-Kampagne sollte bei Computerkäufern den Eindruck erzeugen, als sei der Mikroprozessor im Computer der Computer selbst. So entstand eine Kundenbindung an Intel, die von der gewählten Computermarke vollkommen unabhängig war.

Wenn eine Organisation neu erfunden werden soll, müssen Grundannahmen, Visionen, Strategien und Identitäten in Frage gestellt werden. Doch die Menschen hängen emotional an all diesen Dingen, was den Wandel nur noch erschwert.[48] Ein Beispiel ist der Untergang der Fahrradfabrik Schwinn, des größten amerikanischen Fahrradherstellers von der Mitte der fünfziger bis in die siebziger Jahre.[49] Schwinn, ein Familienunternehmen, erkannte nicht die Motocross- und Mountainbike-Trends der achtziger Jahre und stellte sich auf dem boomenden Markt für höherwertige Fahrräder für Erwachsene nicht schnell genug auf die ausländische Konkurrenz ein. Das Topmanagement, das den Geschmackswandel bei den Radfahrern nicht bemerkte, überdachte zu spät seine Marketingstrategie. Ein Verkaufsmanager tat die neuen, leichten Räder sogar mit der höhnischen Bemerkung ab:»Fährt man da drauf, oder trägt man die?«

Die Teilelieferanten in Übersee – darunter Giant Bicycles in Taiwan, denen Schwinn ungewollt geholfen hatte, zu einem Riesen unter den Fahrradherstellern zu werden – waren unter den Gläubigern, die Schwinn 1992 schließlich in den Bankrott zwangen.

Natürlich sind solche Veränderungen der Marktrealitäten eine unvermeidliche Begleiterscheinung des Wettbewerbs. Ein Manager einer Firma, die Daten für Autohändler verarbeitet, sagte mir:»Einer unserer größten Konkurrenten machte einen Jahresumsatz von vierhundert Millionen Dollar, indem er die Autohändler mit Formularen belieferte. Dann kamen wir und zeigten den Autohändlern, daß sie die Formulare nicht brauchen, wenn sie Computer und Laserdrucker benutzen. Wir wuchsen auf einen Jahresumsatz von sechzig Millionen Dollar und nahmen diesem Konkurrenten sein gesamtes Geschäft weg. Erst in diesem Monat sind sie endlich aufgewacht und haben ein computergestütztes System eingeführt, das mit dem unseren konkurrieren kann – aber sie haben dafür vier Jahre gebraucht, und es hat sie einen gewaltigen Batzen ihres Umsatzes gekostet.«

Den Wandel überleben: die emotionalen Voraussetzungen

Er war brillant, gar keine Frage: amtlich zugelassener Wirtschaftsprüfer, dazu ein Magister in Wirtschaftswissenschaft, ein MBA und obendrein ein Fortgeschrittenenkurs in Finanzwissenschaft, und das alles von einer Eliteuniversität. Jahrelang hatte er bei einer weltweit operierenden Großbank als Kreditfestsetzer und Risikomanager Herausragendes geleistet.

Und jetzt war er gefeuert worden.

Der Grund: Er konnte sich nicht auf seine neue Aufgabe einstellen. Aufgrund seiner Erfolge hatte man ihn in ein Team geholt, das die Bank zusammengestellt hatte, um vielversprechende Firmen ausfindig zu machen, in die man investieren könnte. Ihr Auftrag lautete, den Wertverlust von Staatsanleihen in Ländern wiedereinzubringen, in denen diese um bis zu 80 Prozent abgewertet worden waren. In den Ländern selbst wurden die Anleihen noch zum vollen Nennwert gehandelt. Doch statt seinem Team zu helfen, die *positiven* Szenarien zu prüfen, die eine Firma zu einem guten Kauf machen würden, beharrte dieser ehemalige Risikomanager bloß auf seiner gewohnten negativen Haltung.

»Er forderte ständig, nach Schwachpunkten zu suchen, nach einer eventuellen Kehrseite – statt Unternehmen aufzubauen, sollten sie vernichtet werden«, erzählte mir der Vermittler für Führungskräfte, den er aufsuchte, nachdem er seinen Posten verloren hatte. »Schließlich hatte sein Chef die Nase voll und feuerte ihn. Er konnte sich einfach nicht auf das neue Ziel einstellen.«

Im heutigen Arbeitsleben ist ständiger Wandel die Regel. »Früher sind wir ganz rigide verfahren, wie es im Lehrbuch stand, A, B, C, D – nichts anderes kam in Frage«, sagte mir der Anzeigenvertreter eines bedeutenden Blattes. »Inzwischen treffen wir diese Entscheidungen selbst und brauchen uns nicht mehr nach einer bestimmten Formel zu richten. Man ermutigt uns, Risiken einzugehen, im Team zu arbeiten. Das ist eine ganz andere Atmosphäre. Doch manche kommen damit offenbar nicht zurecht. Es fällt ihnen schwer, sich auf die neue Arbeitsweise einzustellen.«

Diejenigen, denen es an Anpassungsfähigkeit mangelt, werden beherrscht von Furcht, Angst und einem tiefen persönlichen Unbehagen angesichts des Wandels. Vielen Managern fällt es schwer, sich mit der Tendenz abzufinden, Verantwortung und Entscheidungen innerhalb von Organisationen auf eine breitere Basis zu stellen. Wie ein Manager des deutschen Siemens-Konzerns erklärte: »Die Leute denken in überkommenen Autoritätsvorstellungen. Das neue Modell gibt einzelnen die Befugnis, selbst Entscheidungen zu treffen, indem es die Verantwortung innerhalb der Hierarchie nach unten delegiert, näher zum Kunden hin. Doch wenn die Dinge nicht gut laufen, wenn beispielsweise der Ertrag in einem Monat zurückgeht, verfallen manche Manager in Panik, greifen wieder auf ihre alten Methoden zurück und ziehen die Zügel wieder fester an. Das schadet der neuen Verfahrensweise.«

Wenn die heutigen Verhältnisse nach einer Kompetenz verlangen, dann ist es die Anpassungsfähigkeit. Diejenigen, die in dieser Kompetenz glänzen, genießen den Wandel und freuen sich über Innovationen.[50] Sie sind aufgeschlossen für neue Erkenntnisse und können – wie das Management bei Intel – überholte Annahmen aufgeben und sich so auf andere Verfahrensweisen umstellen. Die Angst, die oft mit dem Neuen oder Unbekannten einhergeht, schreckt sie nicht, und sie sind bereit, ein Wagnis einzugehen und neue Wege zu beschreiten.

Anpassungsfähigkeit verlangt, daß man so flexibel ist, unterschiedliche Betrachtungsweisen zu berücksichtigen. Diese Flexibilität beruht ihrerseits auf einer emotionalen Stärke: der Fähigkeit, sich von Unklarheit nicht schrecken zu lassen und bei unerwarteten Wendungen gelassen zu bleiben. Eine andere Kompetenz, die die Anpassungsfähigkeit unterstützt, ist das Selbstvertrauen, besonders die Entschiedenheit, die es einem erlaubt, seine Reaktionen rasch anzupassen und dabei sogar uneingeschränkt alles aufzugeben, wenn die Realitäten sich ändern.

Die Offenheit für den Wandel, die die Anpassungsfähigkeit kennzeichnet, verbindet diese Kompetenz mit einer anderen, die in diesen unruhigen Zeiten immer mehr geschätzt wird: Innovation.

Die Innovatoren

Der mächtige Bekleidungshersteller Levi Strauss stand vor einem Dilemma, denn zwei Subunternehmen in Bangladesch, die für ihn nähten, beschäftigten Kinder in ihren Betrieben. Menschenrechts-Aktivisten in verschiedenen Ländern drängten Levi Strauss, die Ausnutzung von minderjährigen Arbeitskräften durch die Subunternehmen zu unterbinden. Doch Ermittler der Firma fanden heraus, daß die Kinder, wenn sie ihre Arbeit verlören, verarmen und möglicherweise in die Prostitution getrieben würden. Sollte die Firma sie feuern, weil Kinderarbeit grundsätzlich abgelehnt wurde? Oder sie weiterbeschäftigen, um sie vor einem schlimmeren Schicksal zu bewahren?

Die kreative Lösung: weder noch. Levi Strauss beschloß, die Kinder auf der Lohnliste zu behalten, während sie zur Schule gingen, ohne arbeiten zu müssen, um sie mit vierzehn, dem dortigen Reifealter, wieder einzustellen.[51]

Diese innovative Reaktion ist ein Musterbeispiel kreativen Denkens für multinationale Unternehmen, die sozial verantwortlich handeln möchten. Um auf eine so originelle Lösung zu kommen, muß man sich mit Ideen tragen, die auf den ersten Blick allzu radikal oder gewagt erscheinen mögen, und dabei den Mut haben, sie unbeirrt zu verfolgen.

Wer im Beruf als Innovator wirkt, findet seine emotionale Grundlage in der Freude am Originellen. Kreativität am Arbeitsplatz bedeutet, neue Ideen anzuwenden, um Ergebnisse zu erzielen. Wer diesen Bogen raushat, kann rasch die entscheidenden Fragen benennen und Probleme, die ungeheuer kompliziert erscheinen, vereinfachen. Was noch wichtiger ist: Er entdeckt originelle Zusammenhänge und Muster, die andere übersehen.

Denjenigen, denen der Hang zur Innovation fehlt, entgeht zumeist der größere Zusammenhang, und sie verzetteln sich in Einzelheiten, so daß sie mit komplizierten Problemen nur schleppend vorankommen. Ihre Angst vor dem Risiko läßt sie vor neuen Ideen zurückschrecken. Und wenn sie nach Lösungen suchen, vermögen sie oft nicht zu erkennen, daß das, was in der Vergangenheit funktioniert hat, nicht immer die richtige Antwort für die Zukunft ist.

Defizite in dieser Kompetenz beschränken sich nicht bloß auf einen Mangel an Phantasie. Diejenigen, denen das Risiko Unbehagen bereitet, werden zu Kritikern und Neinsagern. Mit ihrer vorsichtigen, abwehrenden Haltung erreichen sie unter Umständen, daß aus innovativen Ideen nichts wird.

Das kreative Denken ist seiner Natur nach ein wenig ungebärdig. Zwischen gebändigter Selbstkontrolle und Innovationsdrang besteht ein natürliches Spannungsverhältnis. Nicht, daß kreative Menschen emotional außer Rand und Band wären – nur sind sie bereit, ein breiteres Spektrum an Impulsen und Taten zuzulassen als weniger abenteuerliche Geister. Das ist es ja, wodurch neue Möglichkeiten entstehen.

Selbstkontrolle im Sinne der Regelbefolgung führt in großen Organisationen zu herausragenden Leistungen, besonders dort, wo man Wert darauf legt, daß die Dinge bürokratisch-korrekt erledigt werden. Doch in unternehmerischen Firmen und in kreativen Bereichen wie der Werbung führt *übertriebene* Kontrolle zum Scheitern.

Ein deutscher Investor, der Risikokapital anlegen möchte, beklagt, daß innovatives Denken und die Bereitschaft zum Risiko, die unternehmerischen Wagnissen zugrunde liegt, in seinem Land nicht unterstützt wird. Aus Japan hört man die gleiche Sorge. Der deutsche Investor sagte mir: »In vielen Ländern, auch in meinem, macht man sich Gedanken darüber, wie die unternehmerischen Fähigkeiten, die neue Arbeitsplätze schaffen, gefördert werden können.« Risikobereitschaft und der Drang, innovative Ideen zu verwirklichen, sind der Treibstoff, der den Unternehmungsgeist antreibt.

Alte und neue Paradigmen für Innovation

Die Innovation ist ein sowohl kognitiver als auch emotionaler Akt. Zu einer kreativen Erkenntnis zu kommen ist ein kognitiver Akt, doch ihren Wert zu erkennen, an ihr festzuhalten und sie umzusetzen verlangt emotionale Kompetenzen wie Selbstvertrauen, Initiative, Ausdauer und Überzeugungskraft. Kreativität setzt überhaupt verschiedene Fähigkeiten der Selbstregulierung voraus, um die inneren Schranken zu überwinden, die den Emotionen selbst anhaften. Es geht dabei, wie der Yale-Psychologe Robert Sternberg bemerkt, um emotionale Schwankungen, die von der Depression bis zur Hochstimmung reichen, von der Apathie bis zum Enthusiasmus, von der Zerstreutheit bis zur Konzentration.[52]

Jules-Henri Poincaré, ein Mathematiker des 19. Jahrhunderts, hat ein Vier-Stadien-Modell des kreativen Aktes entworfen, das mehr oder weniger auch heute noch gilt. Das erste Stadium ist die *Vorbereitung*: Wir versenken uns in das Problem, tragen die verschiedensten Tatsachen und Informationen zusammen. In der Regel mündet dieses erste Stadium in eine manchmal frustrierende Sackgasse: viele Möglichkeiten, aber keine Erkenntnisse.

In der nächsten Phase, dem *Inkubationsstadium*, kochen die Informationen und Möglichkeiten im Hinterkopf vor sich hin. Wir lassen unsere Gedanken spielen, ergehen uns in Tagträumen, überlassen uns der freien Assoziation, machen Brainstorming, sammeln die dabei auftauchenden Ideen. Wenn man Glück hat, folgt dann die dritte Phase, die *Erleuchtung*, das Aha-Erlebnis, mit dem die entscheidende Erkenntnis sich Bahn bricht. Das ist ein spannender Moment, ein Höhepunkt. Doch mit der Erleuchtung ist es nicht getan: In der Welt der Arbeit wimmelt es von vielversprechenden Ideen, die nicht weiterverfolgt wurden. Die letzte Phase ist die *Durchführung*, die Umsetzung in die Tat. Sie verlangt ein verbissenes Festhalten trotz all der Einwände, Rückschläge, Strapazen und Fehlschläge, die bei jeder Innovation auftauchen.

»Einer, der tatsächlich etwas erfindet und auch umsetzt, und einer, der bloß davon träumt – das ist ein Riesenunterschied«, sagt Phil Weilerstein, Direktor der National Collegiate Inventors and Innovators Alliance. Diejenigen, die imstande sind, ihre Ideen weiterzuverfolgen und umzusetzen, sagt er, »besitzen zumeist ein hohes Maß an emotionaler Intelligenz. Sie wissen, daß die verschiedensten Faktoren, die meisten davon menschliche, zusammenkommen müssen, damit etwas

Neues zustande kommt. Dazu muß man mit Menschen kommunizieren, sie überzeugen, zusammen mit ihnen Probleme lösen, kooperieren.«

Raymond Kurzweil, Erfinder von Spracherkennungs-Software, äußert sich im gleichen Sinne: »Um ein kreatives Projekt in die Tat umzusetzen, braucht man Mut«, sagte er mir. »Und nicht nur Mut; man muß die Idee auch an den Mann bringen können.«

Das Paradigma der Erfindung verlagert sich heute auch in der Wissenschaft vom einzelnen Erfinder zum Kollektiv. »In der komplexen modernen Technologie und Geschäftswelt haben wir eindeutig ein Stadium erreicht, wo die Ideen eines einzelnen selten zu nennenswertem Fortschritt führen«, erklärte Alex Broer, Vizekanzler der Universität Cambridge und ehemaliger Forschungsdirektor bei IBM, in einer Londoner Informationsveranstaltung der British Telecom über emotionale Intelligenz.

»Die Ideen des einzelnen müssen einfließen in ein Netzwerk der Innovation, an dem Forscher aus der ganzen Welt teilhaben«, fuhr Broer fort. »Man muß mit allen *reden*. Darum braucht man heute mehr emotionale Intelligenz als früher, um herauszufinden, wie man an relevante Ideen kommt und von wem man sie kriegt«, ganz zu schweigen von den Bündnissen und Kooperationen, die nötig sind, um diese Ideen zum Tragen zu bringen.

Fürsprecher und Schwarzmaler

Neue Ideen sind etwas Zerbrechliches und können durch Kritik allzuleicht zu Fall gebracht werden. Isaac Newton soll gegen Kritik so empfindlich gewesen sein, daß er mit der Veröffentlichung einer Arbeit über die Optik so lange wartete, bis sein Hauptkritiker tot war. Manager, die mit kreativen Gruppen arbeiten, können zur Erhaltung dieser zarten Ranken neuer Möglichkeiten beitragen, indem sie sie gegen eine allzu vernichtende Kritik in einem allzu frühen Stadium abschirmen.

»Bei uns ist es stehende Regel: Wenn jemand eine kreative Idee vorträgt, müssen die ersten, die sich zu Wort melden, als Fürsprecher für sie auftreten«, sagte mir Paul Robinson, Direktor von Sandia National Laboratories. »Erst danach darf die unvermeidliche Kritik geäußert werden, die sonst eine Idee im Keim ersticken könnte.«

Marvin Minsky, der Pionier der Künstlichen Intelligenz am MIT, weist darauf hin, daß das Problem bei der Fruchtbarmachung von Kreativität nicht im Erzeugen von Ideen besteht, sondern in der Auswahl derjenigen, auf die man setzen soll. Er erzählte mir, Xerox habe Ende der siebziger Jahre sechs Prototypen des Laserdruckers geschaffen, des ersten seiner Art, und einen davon seiner Gruppe am MIT zum Ausprobieren überlassen. »Wir vom MIT sagten: ›Das ist phantastisch‹, und irgendein Vizepräsident bei Xerox setzte sich über unser Urteil hinweg und entschied, die Technologie nicht weiterzuverfolgen. Canon brachte sie als erster auf den Markt, und Xerox entging ein entscheidender Vorsprung auf einem Milliardenmarkt.«

Ebenso eisig wie die Stimme des Zweifels ist die eng mit ihr verwandte Stimme der Gleichgültigkeit. Bei den Ingenieuren heißt das dann: NIH, »not invented here« – zu deutsch: »nicht bei uns erfunden « –, und wenn es keine Idee von uns ist, sind wir nicht interessiert. Die Psychologin Teresa Amabile von der Harvard Business School beschreibt vier »Kreativitätskiller«, von denen jeder sich nicht nur verengend auf das Arbeitsgedächtnis auswirkt, jenen geistigen Raum, in dem verrückte Ideen entstehen und die Kreativität blüht, sondern auch die Risikobereitschaft erstickt.[53]

- *Überwachung:* ständige kleinliche Überprüfung; sie erstickt das Freiheitsgefühl, das man zum kreativen Denken braucht.
- *Evaluation:* eine kritische Beurteilung, die zu früh erfolgt oder zu scharf ist. Kreative Ideen sollen durchaus kritisiert werden – es sind ja nicht alle gleich gut, und die vielversprechenden können durch hilfreiche Kritik verbessert und verfeinert werden –, aber die Evaluation ist kontraproduktiv, wenn sie dazu führt, daß man nur noch an die bevorstehende Beurteilung denkt.
- *Übermäßige Kontrolle:* Jeder einzelne Schritt wird bis ins Kleinste vorgeschrieben. Das erzeugt, wie die Überwachung, ein bedrückendes Gefühl des Eingeengtseins, und originelle Einfälle kommen nicht zustande.
- *Ständiger Termindruck:* Ein allzu enger Zeitplan läßt Panik aufkommen. Ein gewisser Druck kann motivierend sein, und Termine sowie Ziele können die Konzentration fördern, doch kann ihnen auch die fruchtbare »Auszeit« zum Opfer fallen, in der frische Ideen entstehen.

Kollektive Kreativität

Um sich geschickt an veränderte Marktrealitäten anpassen zu können, bedarf es kollektiver Kreativität, einer auf allen Ebenen des Unternehmens vorhandenen Fähigkeit, mit Ungewißheit fertigzuwerden. Betrachten wir das Beispiel der finnischen Firma SOL, die als gewerbliches Reinigungsunternehmen sehr erfolgreich war. Als sie 1992 aus einem größeren Mischkonzern in Familienbesitz ausgegliedert wurde, hatte sie zweitausend Beschäftigte, fünfzehnhundert Kunden und einen Jahresertrag von 35 Millionen Dollar. Knapp vier Jahre später hatte sie den Kundenstamm verdoppelt, die Zahl der Beschäftigten nahezu verdoppelt und kam auf einen Ertrag von 60 Millionen Dollar.[54]

Die Beschäftigten können sehr frei bestimmen, wie sie ihre Arbeit erledigen. Die Firma kennt keine Titel, keine abgetrennten Büros, keine Vorrechte für Führungskräfte und nicht einmal Sekretärinnen. Es gibt auch keine vorgeschriebene Arbeitszeit, für Finnland, wo fast alle von acht bis vier arbeiten, eine radikale Neuerung. SOL hat es den Angestellten freigestellt, sich selbst zu überlegen, wie sie ihre Aufgaben erledigen – und welche Aufgaben sie übernehmen.

Dank dieser Autonomie ist es SOL gelungen, sich in einer Branche, die ansonsten als schwerfällig gilt, durch einfallsreiche Neuerungen hervorzutun. So haben SOL-Mitarbeiter in Krankenhäusern eine Nische entdeckt und gewisse Aufgaben des Nachtdienstes übernommen, wie etwa, den Patienten zu helfen, das Badezimmer zu erreichen, oder die Ärzte von Notfällen zu unterrichten. Bei mehreren Lebensmittelketten nutzen die Reinigungskräfte von SOL ihre nächtlichen Arbeitsstunden, um die Regale aufzufüllen.

Kreativität wird auch gefördert in Organisationen, die wie SOL eine nicht so starre Hierarchie aufweisen, mehrdeutige und flexible Rollen zulassen, den Mitarbeitern Autonomie gewähren, offene Informationsflüsse haben und in gemischten oder multidisziplinären Teams arbeiten.[55]

Wie bei der Kreativität von einzelnen, so gibt es auch in Organisationen bei der Entfaltung von Innovationen mehrere Stadien. Zwei entscheidende sind die *Einbringung*, die erste Präsentation der glänzenden Idee, und die *Umsetzung*, die Verwirklichung der Idee.

In Organisationen sind diejenigen, die neue Ideen entwickeln, und diejenigen, die für die Innovation eintreten, gewöhnlich unterschiedliche Leute aus unterschiedlichen Gruppen. Wie eine Untersuchung von Tausenden von Mitarbeitern in den Forschungs- und Entwicklungsabteilungen von Maschinenbaufirmen zeigt, kommen neue Ideen eher von Leuten, die in einem engen Fachbereich ihre Stärken haben und sich gern in abstrakte Ideen versenken.[56] Außerdem arbeiten sie lieber allein.

Diejenigen, die sich für die daraus resultierenden Innovationen wirkungsvoll einsetzen, besitzen dagegen eine ausgesprochene Fähigkeit, andere zu beeinflussen, und politisches Bewußtsein: Sie können andere für die Ideen gewinnen und Unterstützung und Bundesgenossen auftreiben. Es versteht sich von selbst, daß man über einschlägige fachliche Kenntnisse verfügen muß, um innovative Ideen hervorzubringen, aber wenn es darum geht, diese Ideen in die Praxis umzusetzen, kommt es darauf an, daß man sich im Geflecht der Einflüsse auskennt, das eine Organisation durchzieht. Wenn eine Organisation Wert auf Innovation legt, muß sie bei ihren führenden Leuten beide Arten von Kompetenz fördern.

6

Was uns bewegt

Joe Kramer kann alles reparieren. Als Schweißer baut er in einem Werk in South Chicago Eisenbahnwaggons zusammen, und jeder wendet sich an Joe, wenn irgendwo eine Maschine kaputt ist. Die Aufgabe, herauszufinden, wie eine Maschine funktioniert, stachelt Joe an. Schon als Junge reparierte er seiner Mutter den Toaster, und noch immer sucht er nach neuen technischen Herausforderungen. Als er zu Hause eine Sprinkleranlage einbauen wollte, fand er keine, die einen so feinen Nebel erzeugt, um einen Regenbogen entstehen zu lassen. Also konstruierte er sich selbst eine und baute sie auf seiner Drehbank im Keller.

Auch kennt Joe den Betrieb aus dem Effeff, und er kann für jeden seiner rund zweihundert Kollegen einspringen. Joe geht auf die sechzig zu und übt seinen Beruf seit fast vierzig Jahren aus, und er liebt seine Tätigkeit noch immer. »Wenn ich noch fünf solche wie Joe hätte«, sagt der Betriebsleiter, »hätte ich den tüchtigsten Waggonbaubetrieb der ganzen Branche.«

Joe ist ein Musterbeispiel für Leute, die Freude an ihrer Arbeit haben und ihr Bestes geben. Joes Freude rührt nicht von der Aufgabe selbst her – oft besteht sie aus routinemäßigen Verrichtungen –, sondern von einem speziellen Gemütszustand, den Joe erzeugt, wenn er arbeitet, einem Zustand namens »Fließen«. Fließen bringt Menschen dazu, in der Arbeit ihr Bestes zu geben, egal, was sie tun.

»Fließen« tritt dann in Kraft, wenn unsere Fähigkeiten voll in Anspruch genommen werden, und noch mehr, wenn ein Arbeitsprojekt uns auf neue und herausfordernde Art in Anspannung versetzt. Die Aufgabe nimmt uns dermaßen in Anspruch, daß wir uns in unserer Arbeit vergessen und so vollkommen konzentriert sind, daß wir uns »außerhalb der Zeit« empfinden. In diesem Zustand scheint uns alles mühelos von der Hand zu gehen, und rasch stellen wir uns auf veränderte Anforderungen ein. Fließen ist selbst schon ein Vergnügen.[1]

Fließen ist der eigentliche, der fundamentale Motivator. Tätigkeiten, die wir lieben, ziehen uns an, weil wir bei ihnen in den Zustand des Fließens geraten. Die Quelle dieses Vergnügens ist natürlich für jeden eine andere: Der Maschinenschlosser schätzt vielleicht die Herausforderung einer schwierigen Schweißarbeit; der Chirurg geht zufrieden in einer komplizierten Operation auf; den Innenarchitekten entzückt das kreative Spielen mit Formen und Farben. Wenn wir im Zustand des Fließens arbeiten, ist die Motivation mit eingebaut – Arbeiten selbst wird zum Vergnügen.

Fließen ist eine radikale Alternative zu dem, was die Menschen nach verbreiteter Meinung zur Arbeit motiviert. Das soll nicht heißen, daß Anreize keine Rolle spielten; sie sind wichtig als Ansporn, und sie zeigen uns, wie wir stehen. Lobende Erwähnungen und Beförderungen, Aktienbezugsrechte und Prämien haben natürlich ihre Bedeutung – ebenso wie das Grundgehalt. Doch die wirksamsten Motivatoren sind innerer, nicht äußerer Art.

So zeigte sich eines ganz deutlich, als Untersuchungsteilnehmer schriftlich festhielten, was sie empfanden, während sie im Laufe des Tages unterschiedliche Aufgaben ausführten: Wenn sie eine Arbeit machten, die sie schätzten, fühlten sie sich besser als bei einer Arbeit, die sie nur taten, weil sie dafür bezahlt wurden. Wenn sie eine Aufgabe ausführten, weil sie ihnen Spaß machte, war ihre Stimmung beschwingt, sie waren zufrieden und interessiert. Wenn sie etwas nur für den Lohn taten, waren sie gelangweilt, desinteressiert, sogar leicht gereizt (und vollkommen unzufrieden, wenn die Aufgaben aufreibend und mühsam waren). Es gibt uns ein besseres Gefühl, wenn wir das tun, wofür wir uns begeistern, mag der Lohn auch anderswo höher sein.

Welches sind, im Rückblick auf ein fast abgeschlossenes Berufsleben, die reichsten Quellen der Befriedigung? Diese Frage wurde an über siebenhundert Männer und Frauen in den Sechzigern gerichtet, von denen die meisten kurz vor dem Ende eines erfolgreichen Berufslebens als Freiberufler und wirtschaftliche Führungskräfte standen.[2] Die größte Befriedigung vermittelten die kreative Herausforderung und die Anregung durch die Arbeit selbst sowie die Chance, ständig weiterzulernen. Als weitere Quellen der Befriedigung folgten der Stolz, etwas zuwege zu bringen, Freundschaften mit Kollegen und die Möglichkeit, anderen am Arbeitsplatz zu helfen oder ihnen etwas beizubringen. Weit abgeschlagen folgte der berufliche Status, und noch weniger zählte der finanzielle Ertrag.

Wenn es darum geht, Menschen zu motivieren, ihr absolut Bestes zu geben, funktionieren die herkömmlichen Anreize nicht. Um die oberste Sprosse zu erreichen, müssen die Menschen ihre Tätigkeit lieben und Spaß an ihr haben.

Motiv und *Emotion* haben die gleiche lateinische Wurzel, *motere* (bewegen). Emotionen sind buchstäblich das, was uns bewegt, unsere Ziele zu verfolgen; sie nähren unsere Motivationen, und unsere Motive treiben ihrerseits unsere Wahrnehmungen an und formen unser Handeln. Großartige Leistungen beginnen mit großartigen Gefühlen.

Lieben, was sich lohnt

Bei Menschen im Zustand des Fließens hat man oft den Eindruck, als sei das Schwierige einfach – ein äußerer Anschein, der widerspiegelt, was sich in ihrem Gehirn abspielt. Der Zustand des Fließens wirft ein neurales Paradoxon auf: Obwohl wir mit einer äußerst anspruchsvollen Aufgabe befaßt sind, arbeitet das Gehirn auf einem minimalen Aktivitätsniveau und mit minimalem Energieaufwand. Damit hat es folgendes auf sich. Wenn wir gelangweilt und apathisch oder außer uns vor Angst sind, ist unsere Hirnaktivität diffus; das Gehirn insgesamt ist zwar hochgradig aktiv, aber nicht sehr konzentriert, und die Hirnzellen feuern wild drauflos, egal was. Doch im Zustand des Fließens feuert das Gehirn offensichtlich wirksam und gezielt. Insgesamt sinkt die kortikale Erregung, auch wenn jemand von einer extrem schwierigen Aufgabe in Anspruch genommen ist.[3]

Der zentrale Lebensbereich, der uns eine Chance zum Fließen gibt, ist die Arbeit. Der Psychologe Mihalyi Csikszentmihalyi von der Universität Chicago hat in der Erforschung des Fließens bahnbrechend gewirkt. In einer Untersuchung stattete er 107 Personen, die unterschiedliche Positionen im Betrieb einnahmen, vom Manager über den Ingenieur bis zum Fließbandarbeiter, mit einem Piepser aus, der sie in regelmäßigen Abständen daran erinnerte, aufzuschreiben, was sie gerade taten und wie sie sich dabei fühlten. Dabei kam Überraschendes heraus.[4] Die Untersuchungsteilnehmer berichteten, daß sie während der Arbeit ungefähr die halbe Zeit im Zustand des Fließens waren, aber weniger als 20 Prozent der Zeit während ihrer Freizeit. Der häufigste emotionale Zustand, der während der Freizeit gemeldet wurde, war Apathie!

Allerdings schwankte die Dauer der Zeit, in der die Menschen während der Arbeit im Zustand des Fließens waren, ganz erheblich. Am größten war die Chance dazu für diejenigen, die bei komplizierten, schwierigen Aufgaben die Art, wie sie ihre Arbeit anpackten, flexibel gestalten konnten. Manager und Ingenieure waren länger in diesem Zustand als solche, die Routinearbeit versahen. Mehr Gestaltungsmöglichkeit bedeutet, den Zustand des Fließens maximieren zu können. Die Gestaltung kann verschiedene Formen annehmen, sogar die, daß man etwas bis zur letzten Minute aufschiebt, um die Herausforderung zu erhöhen, wodurch ein »Hochdruck« entsteht, der einer ansonsten einfachen Aufgabe durch Adrenalin einen Anschub gibt.

Bei Spitzenkräften besteht ein besonders enger Zusammenhang zwischen Fließen und Aufgabe; der Zustand des Fließens tritt bei einer Arbeit ein, von der ganz entscheidend die Erreichung ihrer Ziele und ihre Produktivität abhängen, nicht aber bei interessanten Zerstreuungen oder Belanglosigkeiten.[5] Für Asse sind Höchstleistung und Vergnügen an der Arbeit ein und dasselbe.

Psychologische Präsenz

Die Projektleiterin einer Architekturfirma bemerkt, daß ein Zeichner mit einem einfachen Problem in einer Planzeichnung Schwierigkeiten hat. Der Fertigstellungstermin ist in bedrohliche Nähe gerückt, und alle stehen unter einem ungeheuren Druck. Während sie auf den Kollegen zugeht, fällt ihr auf, daß sie die Fäuste geballt hat und zornige Gefühle wegen des schwierigen Termins ihr Denken beherrschen, und sie ist verärgert darüber, daß der Zeichner nicht vorankommt.

Sie entspannt sich ein wenig und fragt ihn: »Was ist los? Stimmt was nicht?« Er antwortet mit einer Aufzählung seiner eigenen Ärgernisse: daß er nicht genügend Informationen habe, um die Zeichnung fertigzustellen, daß man ihm so viel Arbeit in so kurzer Zeit aufgebürdet habe.

Einfühlsam fragt die Projektleiterin den Zeichner, wo denn genau seine Schwierigkeit liege. Sie schlägt einen ermutigenden Ton an und schaut ihm direkt in die Augen. Sie gibt ihm zu verstehen, daß der ungeheure Druck auch auf ihr lastet.

Aufgrund ihrer Fragen erkennt er, daß er tatsächlich mehr Informationen besitzt, als er dachte, und daß er doch mit der Zeichnung fertig werden kann. Mit frischem Auftrieb macht er sich sogleich wieder an seine Arbeit. Die Projektleiterin macht sogar noch eine scherzhafte Bemerkung darüber, daß bei diesem Projekt alle irgendwelche Daten nicht präsent hatten – besonders der Vizechef, der überhaupt erst eine so wahnsinnige Verpflichtung eingegangen war. Beide lachen und wenden sich wieder ihren Aufgaben zu.

Was tat die Projektleiterin, das genau der Situationsanforderung entsprach? Sie war *präsent*.

An dieser ganz alltäglichen Szene erkennt man, was es heißt, bei der Arbeit emotional präsent zu sein. Diejenigen, die in diesem Sinne präsent sind, gehen mit ungeteilter Aufmerksamkeit vollständig in ihrer Arbeit auf – und geben deshalb ihr Bestes. Andere erleben sie als zugänglich und engagiert, und sie steuern ihre kreativen Ideen, ihre Energie und ihre Intuitionen vorbehaltlos bei.

Das Gegenteil, die innere Abwesenheit, kennen wir nur allzugut von Leuten, die ihre gewohnten Aufgaben rein mechanisch verrichten, sichtlich gelangweilt oder irgendwie weggetreten. In einem gewissen Sinne hätten sie gar nicht erst zu erscheinen brauchen. Die Empfangsdame in dieser Architekturfirma, die ihren Job haßt, drückt es so aus: »Hier vorne sitzen und lächeln und tippen und freundlich sein, das ist alles Scheiße. Es ist bloß eine Rolle, und für mich steckt keine Befriedigung darin. Diese acht oder neun Stunden sind vertane Zeit.«

Präsent zu sein erfordert, »daß man nicht durch Angst gelähmt und daher nicht verschlossen, sondern offen für andere ist«, sagt William A. Kahn, der Psychologe an der School of Management der Universität Boston, der die Projektleiterin als Vorbild anführt.[6] Präsenz in diesem Sinne hat ein wichtiges Attribut mit dem Fließen gemein: ungeteilte Aufmerksamkeit für bzw. vollkommenes Aufgehen in der vorliegenden Aufgabe. Feinde von Präsenz (und Fließen) sind dagegen Apathie und Angst.

Präsenz beginnt mit Selbstwahrnehmung. Die Projektleiterin achtete, wie Kahn es sieht, auf ihre Gefühle; die geballten Fäuste machten ihr den Zorn bewußt, den sie über die Situation empfand. Und ihre Empathie ließ sie den Ärger des Zeichners wahrnehmen, ohne sich von ihm beeinflussen zu lassen.

Da die Projektleiterin fähig war, mit diesen bedrängenden Gefühlen zu leben, konnte sie sich effektiv mit ihnen auseinandersetzen, statt ihnen aus dem Wege zu gehen. Statt über den Ärger des Zeichners hinwegzugehen oder seine Leistung voreilig zu kritisieren, lockte sie ihn aus der Reserve. Und sie war in der Lage, auf Informationen hinzuweisen, die den Ärger in Begeisterung verwandelten, und sie beendete die Begegnung mit einem Scherz, der den Schwarzen Peter demjenigen zuschob, der nach beider Überzeugung an allem schuld war – ein emotionaler Judogriff, der das Band zwischen ihnen festigte.

Bei ungeteilter Präsenz achten wir auf die Menschen unserer Umgebung und auf die Erfordernisse der Situation, und wir stellen uns reibungslos auf das Erforderliche ein. Anders gesagt: Wir sind im Zustand des Fließens. Wir können aufmerksam, lustig oder nachdenklich sein, jede Fähigkeit, die wir in diesem Augenblick brauchen, steht uns zur Verfügung.

Immer besser und besser werden

Eine Universitätsprofessorin beschreibt, warum sie ihre Tätigkeit liebt:»Es gefällt mir, daß ich in der Position, in der ich bin, ständig dazulerne. Es ist eine permante Anregung. Ich muß auf Draht sein, weil die Dinge sich dauernd ändern. Man darf nicht nachlassen.«[7]

Unsere größte Lernfähigkeit besitzen wir dann, wenn unsere Fähigkeiten maximal gefordert sind – und das entspricht genau der Zone des Fließens. Das Fließen führt zwanglos zur Selbstverbesserung, aus zwei Gründen: Am besten lernt man, wenn man sich für das, was man tut, voll engagiert, und je mehr man eine Aufgabe übt, desto besser wird man. Das Ergebnis ist eine nicht nachlassende Motivation (nämlich der Spaß am Zustand des Fließens), neue Herausforderungen zu meistern.

Wenn eine Tätigkeit nicht den Zustand des Fließens vermittelt, kann sogar der Erfolg zu einer eigentümlichen Malaise führen: Was uns einmal erregt hat, wird langweilig. Wenn man es in einem Beruf zur Meisterschaft gebracht hat, droht der Stillstand. Vielleicht wird deshalb in der Mitte des Lebens so häufig der Beruf gewechselt.

»In der Mitte des Lebens und der Mitte der beruflichen Laufbahn wird man rastlos, und diese Rastlosigkeit kann sich enorm auf die Karriere auswirken«, sagt ein Psychologe, der Führungskräfte berät. »Obwohl man eigentlich nicht die Stelle wechseln will, geht man auf Anfragen von Headhuntern ein. Man widmet seine Zeit und Aufmerksamkeit einem kleinen Unternehmen, das man nebenher gründet. Oder man wird reizbar und nörglerisch, oder man fängt an, solche Dinge wie Sportautos zu sammeln, oder man knüpft außereheliche Beziehungen an.«

Diese Langeweile rührt hauptsächlich daher, daß die Menschen nicht mehr in ihren Fähigkeiten herausgefordert werden; ihre Arbeit ist ihnen so vertraut und geht ihnen so leicht von der Hand, daß sie jeglichen Reiz verloren hat. Der Psychologe bemerkt dazu: »Eine vernünftige Reaktion könnte darin bestehen, innerhalb der Firma ein neues, herausforderndes Projekt zu übernehmen, weil man eine Möglichkeit finden muß, weiterhin mit Engagement zu arbeiten.«

Guter Streß:
die engagierte Herausforderung

Erinnern Sie sich noch an die wüste Schimpfkanonade von Bill Gates, mit der die unerschütterliche Frau so gut umzugehen wußte? Es gibt eine Denkrichtung, der zufolge solche kontrollierten Ausbrüche, zur rechten Zeit eingesetzt, motivierend sein können, da man damit die Temperatur einer Gruppe erhöhen kann. Gates ist berühmt für seinen konfrontativen, explosiven Stil; bei Microsoft gilt es als eine Ehre, Zielscheibe seiner Angriffe zu sein.

Ein Freund sagte mir in diesem Zusammenhang: »Mein Chef wußte, wer sich so etwas gefallen ließ – mich hat er nie angeschnauzt. Wenn in Sitzungen alle ermattet waren, fiel er plötzlich über einen her, und sofort waren alle wieder wach.«

Das Fließen stellt sich in dem mittleren Bereich zwischen Langeweile und lähmender Angst ein. Ein gewisses Maß an Angst, ein Gefühl der Dringlichkeit mobilisiert uns. Ist der Druck zu gering, werden wir apathisch, ist er zu stark, erdrückt er uns. Die Botschaft »Jetzt kommt es darauf an« kann unwiderstehlich sein.

Eustreß, also »guter« Streß, bezeichnet den Druck, der uns zum Handeln treibt. Seine Neurochemie ist aufschlußreich. Wenn wir uns positiv auf eine Herausforderung einlassen, schwimmt unser Gehirn in Katecholaminen und anderen Substanzen, die vom Nebennierensystem ausgeschüttet werden. Diese Substanzen versetzen das Gehirn in die Lage, über längere Zeit aufmerksam und interessiert oder gar fasziniert zu bleiben, und geben ihm die Energie für eine anhaltende Anstrengung. Intensive Motivation ist ein regelrechter »Adrenalinschub«.

In einer deutschen Untersuchung wird dieser Zusammenhang zwischen Motivation und der Neurochemie des Eustreß recht deutlich.[3] Versuchsteilnehmer erhielten eine anspruchsvolle geistige Aufgabe: 120 Rechenaufgaben waren zu lösen, wobei die zur Verfügung stehende Zeit ständig verkürzt wurde, bis jede vierte Lösung falsch war. Wenn sie glaubten, die Aufgaben richtig gelöst zu haben, wurden diese geprüft; stimmten die Lösungen, erhielten sie eine Belohnung in bar, waren sie falsch, wurde ihnen derselbe Betrag abgezogen.

Die Versuchsteilnehmer mit der größten Erfolgserwartung – einer Variante des Bedürfnisses, etwas zu schaffen – konnten den Grad ihrer Mobilisierung am besten auf einem Niveau halten, der überwiegend Katecholamine produzierte, und ließen ihn nicht bis zum Krisenzustand ansteigen, bei dem Kortisol ausgeschüttet wird. Diejenigen, die von Versagensangst getrieben waren, wurden dagegen von Kortisol überschwemmt. Es zeigte sich, daß dies ein sich selbst verstärkender Effekt ist. Die mit einem geringeren Kortisolspiegel konnten während der Rechenaufgaben besser denken und aufmerksam bleiben. Sie waren, wie die Herzfrequenz zeigte, während der Aufgabe nicht ängstlicher als vorher; sie blieben wachsam, ruhig und produktiv. Auf ihre Leistung wirkte sich das erstaunlich aus: Sie gewannen mehr als doppelt soviel wie die anderen.

Anschlußbedürfnis: das soziale Motiv

Eugenia Barton, jetzt schon zwölf Jahre Lehrerin an einer High-School, schwärmt noch immer von ihren Schülern: »Ich glaube, ich mag sie von Jahr zu Jahr mehr. Wenn ich sie kennenlerne und sie zwei bis drei Jahre lang unterrichte, entsteht eine sehr enge Vertrautheit mit ihnen.«

Aus einer großen Zahl von Lehrern, die in dieser Hinsicht bewertet wurden, gehörte Barton zu denen, die in Sachen Mitgefühl und Fürsorglichkeit die höchste Punktzahl erreichten.[9] Die Freude, die ihr das Zusammensein mit den Schülern bereitet, belegt, daß die Menschen viele Wege kennen, sich in den Zustand des Fließens zu versetzen.

In Indien kennt man den Spruch: »Wenn ein Taschendieb einem Heiligen begegnet, sieht er nur die Taschen«. Unsere Motive prägen unsere Sicht der Welt; Aufmerksamkeit ist immer selektiv, und automatisch suchen wir nach dem, was uns am wichtigsten ist. Jemand, der motiviert ist, Ergebnisse zu erzielen, erkennt Wege, wie er es besser machen kann, findet Möglichkeiten, etwas zu unternehmen, Neuerungen zu schaffen oder einen Konkurrenzvorteil zu erspähen. Menschen wie Barton, die von der Freude an den Beziehungen zu ihren Schülern motiviert ist, suchen nach Gelegenheiten, Anschluß an andere zu finden.

Das Bedürfnis, etwas zu schaffen, gehört zu den Kompetenzen, die man bei Leistungs-Assen am häufigsten antrifft. Das Bedürfnis nach *Zugehörigkeit* kommt dagegen seltener vor, außer in Helferberufen wie Krankenpflege, Medizin und im Lehrerberuf. Doch das Anschlußinteresse – eine genuine Wertschätzung und Freude an anderen Menschen – ist ein wichtiger Erfolgsfaktor nicht nur bei herausragenden

Krankenschwestern und Lehrern, sondern auch bei Managern, die für Kundenbeziehungen zuständig sind.[10]

Zugehörigkeit als Motiv wird zu einem Selbstzweck, einem Ziel, wenn man so will, und ist nicht bloß ein Mittel zu einem anderen Zweck. So positiv das klingen mag, kann es doch die Leistung eines Managers beeinträchtigen, wenn es übertrieben wird oder zum Hauptmotiv wird. Erfolgreiche Manager und Vorgesetzte haben oft ein relativ geringes Anschlußbedürfnis und sind daher freier, eine Forderung abzulehnen oder gegen alle Einwände Grenzen festzusetzen.[11]

Ein allzu großes Anschlußbedürfnis kann zur Ablenkung und sogar zu einem Hindernis werden.[12] »Das Anschlußbedürfnis – daß man die Leute mag – ist positiv, wenn es bei der Erledigung der Aufgaben hilft, Beziehungen zu stärken«, sagt Richard Boyatzis, der das Anschlußbedürfnis bei Managern untersucht hat. »Wenn man allzusehr in persönliche Beziehungen am Arbeitsplatz verwickelt ist, verliert man leicht die Aufgabe des Managers aus den Augen.«

Zugehörigkeit als Motiv spielt möglicherweise die größte Rolle bei der Berufswahl. Wer ein starkes Bedürfnis nach Zugehörigkeit hat, neigt zu »Menschenberufen« und wird Lehrer oder Krankenpfleger. Sie wirkt insofern als Schwellenkompetenz und kann Menschen auf einen sehr erfüllenden Berufsweg bringen, wo die oberste Priorität nicht dem Führen und Delegieren gehört, sondern den Beziehungen mit anderen.

Die Neurologie der Motivation

Wahrscheinlich sind an den einzelnen Motiven unterschiedliche Mischungen von Hirnsubstanzen beteiligt, doch wissen wir nicht, welche.[13] Was wir allerdings wissen, ist, daß die generelle zerebrale Schaltung, die der Motivation zugrunde liegt, in der Amygdala sitzt. Das emotionale Lernen, das uns prädisponiert, eher an diesen als an anderen Tätigkeiten Gefallen zu finden, ist ebenso wie das Repertoire an Erinnerungen, Gefühlen und Gewohnheiten, die sich mit diesen Tätigkeiten verbinden, in den emotionalen Gedächtnisbanken der Amygdala und ihren entsprechenden Schaltungen gespeichert.

Für Computerwissenschaftler, die Roboter bauen möchten, welche wie Menschen sehen und hören können, ist es immer wieder frustrierend, daß Computern die lenkende Hand der Emotion fehlt.[14] Ohne eine emotionale Gedächtnisbank, die sofort erkennt, was für uns wichtig ist – welche Gegebenheiten ein *Gefühl* erwecken –, haben Computer keinen Schimmer. Allem, was sie sehen und hören, messen sie den gleichen Wert zu, und so können sie nicht herauspicken, was im Moment das Wichtigste ist. Den Computern fehlt die lenkende Kraft, welche unsere Emotionen und Motivationen für uns darstellen.

Unsere Motive lenken unser Bewußtsein auf die Gelegenheiten, auf die sie ausgerichtet sind. Die Amygdala ist Teil des »neuralen Eingangs«, durch den alles, woran uns etwas liegt, was uns motiviert, hindurch muß, um auf seinen Wert als Anreiz hin geprüft zu werden.[15] Sie führt zu dem hin, was uns am wichtigsten ist, und ist insofern das Clearinghaus für unsere Prioritäten im Leben.

Wer an einer Hirnkrankheit oder einem Trauma leidet, das ihn seiner Amygdala beraubt (aber das übrige Gehirn unversehrt läßt), leidet an einer Motivationsstörung. Er vermag nicht zu unterscheiden zwischen dem, was für ihn am wichtigsten ist, und dem, was für ihn bedeutungslos ist, zwischen dem, was ihn bewegt, und dem, was ihn kalt läßt. Jede Handlung besitzt die gleiche emotionale Valenz und ist daher gleichgültig. Die Folge ist eine lähmende Apathie oder ein wahlloses, unkontrollierbares Schwelgen in allerlei Neigungen.

Diese Motivationsschaltung, unser Steuermann durchs Leben, ist verbunden mit den Stirnlappen, der Befehlszentrale des Gehirns, die die leidenschaftlichen Aufwallungen der Amygdala in einen gewissen Rahmen der Angemessenheit rücken. Im präfrontalen Bereich gibt es eine Reihe von inhibitorischen Neuronen, die die Impulse der Amygdala unterbinden oder abschwächen können und dadurch die Schaltung der Motivation mit Umsicht koppeln: Während die Amygdala gleich springen möchte, möchten die Stirnlappen erst einmal hinschauen.

Menschen mit herausragenden Leistungen zeichnen sich durch drei motivationale Kompetenzen aus:
- *Leistungsstreben:* das Bestreben, einen Maßstab vorzüglicher Leistungen zu erfüllen oder zu übertreffen
- *Engagement:* Übernahme der Visionen und Ziele einer Organisation oder Gruppe
- *Initiative und Optimismus:* zwei Kompetenzen, die Menschen dazu bringen, Chancen zu ergreifen, und sie befähigen, Rückschläge und Schwierigkeiten zu überwinden

Leistungsstreben

*Einem Maßstab vorzüglicher Leistungen zu entsprechen
oder ihn zu übertreffen suchen*

MENSCHEN MIT DIESER KOMPETENZ
- sind ergebnisorientiert, bei einem starken Drang, ihren Zielen und Maßstäben gerecht zu werden.
- setzen sich schwierige Ziele und gehen kalkulierte Risiken ein.
- suchen nach Informationen, um Ungewißheit zu verringern, und finden Wege, sich zu verbessern.
- lernen, wie sie ihre Leistung steigern können.

• • • • •

»Es gibt in Amerika dreihundert Unternehmen, die Kraftfahrzeugversicherungen verkaufen, und wir sind das sechstgrößte«, sagte mir Peter Lewis, Hauptgeschäftsführer von Progressive Insurance, als ich ihn in seiner Zentrale in Cleveland besuchte. »Unser Ziel ist, das Volumen zu verdreifachen und im Jahr 2000 die Nummer drei zu sein.« Und Progressive könnte es schaffen: Noch vor fünfzehn Jahren lagen sie auf Platz 43. Ihr rascher Aufstieg verdankt sich der Einführung mehrerer Innovationen, die für den Rest einer von jeher schwerfälligen, risikoscheuen Branche die Meßlatte höhergelegt haben.

Progressive verspricht zum Beispiel, daß innerhalb von zwei Stunden nach Benachrichtigung einer ihrer Vertreter am Unfallort ist. Und mit einem Laptop ausgestattet, um die Preise von Ersatzteilen zu ermitteln und die Reparaturkosten schätzen zu können, stellen die Vertreter an Ort und Stelle einen Scheck aus. Eine so prompte Schadensregulierung am Ort des Geschehens bietet kein anderer größerer Versicherer.

Noch radikaler ist 1-800-AUTOPRO, ein rund um die Uhr erreichbarer, gebührenfreier telefonischer Auskunftsdienst, der Leuten, die Rat suchen, Auskunft über die Tarife für Autoversicherungen gibt – von Progressive und den drei anderen günstigsten Versicherern auf dem lokalen Markt. Oft, wenn auch nicht immer, stellen sich die Tarife von Progressive als die günstigsten heraus. Dieser offene, einfache Tarifvergleich ist beispiellos in der Branche (und kam zustande auf Anregung eines Studienkollegen von Lewis, des Verbraucheranwalts Ralph Nader).

Ein anderes Zeichen für den Erfolg des Unternehmens: Progressive ist eine der wenigen Versicherungsgesellschaften, die allein aufgrund ihrer Prämien Gewinn abwerfen.

Lewis spricht offen von seinem Bestreben, immer besser zu werden, einen immer größeren Marktanteil zu erobern, und davon, was das für seine Mitarbeiter bedeutet: »Wir erwarten sehr hohe Leistungen, aber es zahlt sich auch aus; die Leute können bis zum Zweifachen ihres Gehalts an Leistungszulagen verdienen. Wer für uns arbeitet, gehört zu einer Leistungsaristokratie: Wir zahlen am besten, aber wir verlangen auch am meisten – und wir feuern Leute, die nichts bringen.«

Trotz dieser Politik des »Leiste etwas oder geh!« hat das Unternehmen eine Fluktuationsrate von 8 Prozent, was dem Branchendurchschnitt entspricht. Der Grund: Wer sich zu dem Unternehmen hingezogen fühlt, teilt Lewis' Leistungsengagement. Lewis drückt es so aus: »Es gehört zu unseren zentralen Wertvorstellungen, mehr zu bringen, als man bisher gebracht hat. Das ist eine riesige Herausforderung, aber dies sind Leute, die die Herausforderung lieben.«

Die Erklärung der zentralen Wertvorstellungen von Progressive liest sich teilweise wie ein Bekenntnis zur Leistungskompetenz: »*Vorzügliche Leistung.* Wir sind ständig bestrebt, uns zu verbessern, um die höchsten Erwartungen unserer Kunden, Aktionäre und Kollegen zu erfüllen und zu übertreffen.«

Erfolg kann nur aus einem solchen Leistungsdrang erwachsen. Im Vergleich zwischen Leistungs-Assen in Führungspositionen und durchschnittlichen Managern fand man bei den Assen die folgenden Merkmale von Leistungskompetenz: Sie sprechen von kalkulierten Risiken und gehen häufiger solche ein; sie fordern und unterstützen kühne Neuerungen und setzen ihren Mitarbeitern hohe Ziele; und sie setzen sich für die unternehmerischen Ideen anderer ein. Der Leistungsdrang ist die stärkste Kompetenz, durch die sich überdurchschnittliche von durchschnittlichen Führungskräften unterscheiden.[16]

Das Bestreben von Mitgliedern der höheren Führungsebenen, Resultate zu erzielen, kann sich auf die Arbeitsweise ganzer Abteilungen und des ganzen Unternehmens übertragen – Progressive Insurance ist ebenso das Vehikel für Lewis' Konkurrenztrieb wie Microsoft für den von Bill Gates.[17] Eine Studie über die hundert reichsten Amerikaner der bisherigen Geschichte, darunter Bill Gates und John D. Rockefeller, zeigt, daß ihnen allen eines gemeinsam ist: der Konkurrenztrieb, ein zielstrebiger, leidenschaftlicher Einsatz für ihr Unternehmen.[18]

Das kalkulierte Risiko

Die Aufgabe erscheint wahrlich harmlos: Wirf einen Ring über einen senkrechten Pflock. Der Haken ist, daß man um so mehr Punkte bekommt, je weiter der Pflock weg ist, und man kann die Entfernung selbst bestimmen. Wer sich zuviel zutraut, setzt den Pflock außerhalb seiner Wurfweite. Wer allzu vorsichtig ist, setzt den Pflock so nah, daß er nur wenige Punkte erzielt.

Das Ringwurfspiel ist eine Metapher für das Eingehen kalkulierter Risiken im wirklichen Leben. David McClelland, seinerzeit mein Professor in Harvard, benutzte das Spiel zur Beurteilung der Fähigkeit, sich Aufgaben zu setzen, die riskant, aber zu schaffen sind. Unternehmerisches Streben verlangt, daß man bereit ist, Risiken einzugehen, daß man sie jedoch sorgfältig abzuwägen vermag. Diese Fähigkeit, durchdachte Risiken einzugehen, ist ein Kennzeichen des erfolgreichen Unternehmers.

McClelland fand heraus, daß Leute mit herausragenden Leistungen sich schwierigere Ziele setzten; zumeist plazierten sie den Pflock so, daß sie auf eine Trefferquote von 50 Prozent kamen.

Diese, bei Leuten mit hohen Zielsetzungen anzutreffende Risikostrategie läßt sie besonders auf bestimmte Leistungskriterien achten; so kann man von ihnen hören: »Als ich den Posten übernahm, lag die Effizienz bei 20 Prozent – jetzt beträgt sie 85 Prozent.« Oft beruhen ihre Entscheidungen auf einer sorgfältigen Kosten-Nutzen-Analyse, die es ihnen erlaubt, kalkulierte Risiken einzugehen.

Leute mit hohen Zielsetzungen, die gewillt sind, sich für etwas Neues einzusetzen, werden in Positionen, in denen sie diesen Drang nicht verwirklichen können, unruhig. »Die Bandarbeiter bei Ford, denen wir beibrachten, ihre Zielsetzungen heraufzuschrauben, sind zum größten Teil gegangen und haben sich selbständig gemacht«, berichtet mir Lyle Spencer Jr., lange ein Kollege von McClelland. »Dasselbe passierte mit einer Gruppe von Computeringenieuren bei IBM.«

Was andere vielleicht wahnsinnig riskant finden, das erscheint dem Unternehmer als möglich. Als der Schwede Leif Lundblad, Erfinder eines Geldautomaten für Banken, mit der Citibank einen Vertrag über die Lieferung eines ersten Postens Maschinen machte, war er sich ganz sicher, den Auftrag erfüllen zu können – es war der erste, den er überhaupt erhielt. Doch als der Liefertermin vereinbart war, so erzählte mir Lundblad, »sagten mir die Leute von der Citibank, sie schätzten die Wahrscheinlichkeit, daß ich es schaffen würde, auf höchstens zehn Prozent.«

Das Bestreben, sich zu verbessern, taucht in den Gedanken von Unternehmern dauernd auf und äußert sich in einer fortgesetzten Leistungssteigerung. Nehmen wir die Ergebnisse einer Untersuchung über neunundfünfzig Unternehmer, überwiegend naturwissenschaftliche Forscher, die eine innovative Technik genutzt hatten, um eine High-Tech-Firma zu gründen.[19] Diejenigen, die bei Leistungsmerkmalen (wie der Bemühung um Feedback über die eigene Leistung und der Setzung von Zielen) am besten abschnitten, verzeichneten fünf Jahre nach Firmengründung den größten Erfolg: Ihr Umsatz war jährlich um durchschnittlich 1 Million Dollar gewachsen, die Zahl ihrer Angestellten war um fünfzig oder mehr gestiegen, oder sie hatten ihr Unternehmen mit beträchtlichem Gewinn verkauft.

Dagegen hatten jene Gründer, die hinsichtlich der Leistungskompetenz schlecht abschnitten, keinen Erfolg erzielt. Sie hatten im Schnitt vier oder weniger Mitarbeiter, hatten die Firma mit Verlust verkauft – oder schlicht und einfach aufgegeben.

Feedback gewünscht

Als ein Großkunde der Donnelly Corporation, die die Autoindustrie mit Glas beliefert, immer wieder einen Großteil der Produktion als Ausschuß zurückwies, setzten drei Männer aus der Fertigung sich ins Auto und fuhren 650 Kilometer, um herauszufinden, warum der Kunde mit ihrem Produkt unzufrieden war.

Ihre verblüffende Erkenntnis: Der Kunde zahlte seinen Mitarbeitern eine Prämie, wenn sie nicht ganz einwandfreie Teile von Donnelly entdeckten. Die Donnelly-Mitarbeiter griffen die Herausforderung auf und verschärften ihre Qualitätskontrolle, um sicherzustellen, daß nur einwandfreie Teile versandt wurden.[20]

Diese Mitarbeiter von Donnelly verkörpern mit ihrem Unternehmungsgeist das Streben nach Selbstverbesserung, das dem Leistungsmotiv zugrunde liegt. Sobald eine Arbeitsgruppe regelmäßig zusammenkommt, um nach Wegen zur Leistungssteigerung zu suchen, verkörpert sie kollektives Erfolgsstreben.

Wenn es darum geht, sich selbst Ziele oder Maßstäbe zu setzen, sind Menschen mit geringer Leistungskompetenz entweder lässig oder unrealistisch und suchen sich eine Arbeit, die entweder zu leicht oder unrealistisch ehrgeizig ist. Vorgesetzte, denen diese Fähigkeit fehlt, erzeugen ein Arbeitsklima, in dem die Ziele verschwommen und die Mitarbeiter sich über ihre jeweilige Verantwortung, die Grenzen ihrer Autorität und sogar über die Ziele ihrer Arbeit im unklaren sind. Sie geben den Mitarbeitern kein Feedback über ihren Leistungsstand oder über das, was von ihnen erwartet wird.

Wer von Leistungsdrang erfüllt ist, möchte gern seinen Erfolg messen können. Viele denken dabei ans Geld, auch wenn sie vielfach sagen, es sei ihnen weniger wichtig wegen der Dinge, die man sich dafür kaufen kann, sondern mehr als ein Feedback, das ihnen Auskunft über die eigene Leistung gibt. »Auf Geld«, sagte ein kalifornischer Unternehmer, »kam es mir nie an; für mich war es bloß eine Möglichkeit, meinen Leistungsstand zu messen.« Ein anderer bezeichnete es als »ein Zeugnis«.[21]

Auch diejenigen, die nur über ein bescheidenes Maß an Leistungskompetenz verfügen, greifen auf irgendein Leistungsmaß zurück, zum Beispiel auf Umsatzanteile oder Qualitätsstandards der Firma. Manchmal schaffen sie sich ihr eigenes Leistungsmaß und setzen sich Ziele: etwa Kollegen zu übertreffen, eine Arbeit rascher zu erledigen oder einen Konkurrenten zu schlagen. In einem Kleinunternehmen wie zum Beispiel einem Restaurant bekommt man täglich Feedback über seine Leistung, und die Betreuer von Aktienportefeuilles bekommen es praktisch jede Minute. Doch für viele ist es verdammt schwierig, Feedback über ihre Leistung zu erhalten, weil diese sich nicht quantifizieren läßt. Sie müssen in diesem Fall einen ausgesprochenen Sinn für Selbstkritik entwickeln und sich das Feedback selbst verschaffen. Und Leistungs-Asse bemühen sich um das Feedback, das sie brauchen, genau dann, wenn es ihnen am meisten nützt.

Das Streben nach Information und Effizienz

Nathan Myhrvold, bei Microsoft für Technologiefragen zuständig, liest alles, was ihm unterkommt, sammelt Wissen um des Wissens willen und geht Informationen jeglicher Art nach.[22] Das muß er auch. Als firmeninterner Visionär von Microsoft kann er nie wissen, in welchem zufälligen Datenbit der Keim für die nächste Milliarden-Dollar-Idee steckt. Er verkörpert den Informationssüchtigen, dessen Wissensdurst unbegrenzt ist und ein feines Gespür für innovative und konkurrenzfähige Möglichkeiten unterstützt.

145

In der chaotischen modernen Arbeitswelt kann die schiere Menge der Daten und das unangenehme Gefühl, daß wir sie nicht mehr zu bewältigen vermögen, eine Quelle nagender Angst sein. Man kann diese Angst dadurch lindern, daß man wie Myhrvold unablässig das Geschehen verfolgt und so das Maß der Ungewißheit reduziert.[23] Leute mit einem starken Leistungsdrang verschlingen gierig neue Ideen und Informationen, besonders wenn diese (und sei es auch nur am Rande) ihre Ziele betreffen. Sie wenden sich regelmäßig an andere, um sich deren Meinung anzuhören, und ziehen andere in ein Netzwerk von Informanten hinein, um an neue Einsichten und wichtiges Feedback heranzukommen.

Ohne diese Kompetenz begnügt man sich mit den Informationen, an die man zufällig gelangt, oder konsultiert nur die naheliegenden und leicht erreichbaren Datenquellen. Dieses Wissensbedürfnis kann bei Führungskräften die Form eines »Management durch Herumlaufen« annehmen, das spontane Kontakte und zwanglose Begegnungen mit Menschen aller Ebenen fördert. Durch ein solches umfassendes Sammeln von Informationen verringert man die Gefahr unangenehmer Überraschungen, und man erhöht die Wahrscheinlichkeit, potentielle Chancen aufzuspüren und zu ergreifen.

Parallel zu diesem Wissensdurst läuft ein Verlangen nach immer größerer Effizienz. Dieses Bestreben führt jedoch zu Leistungsminderungen, wenn es sich in einer zwanghaften, lehrbuchmäßigen Überwachung äußert. Wenn höhere Führungskräfte sich allzu stark für Details interessieren, kann das ein Anzeichen dafür sein, daß ihr Gesichtskreis der ihnen übertragenen Aufgabe nicht angemessen ist. Dann hat man es mit einem »Mikromanager« zu tun, der Untergebene auf Schritt und Tritt überwacht und dabei den größeren Zusammenhang aus den Augen verliert.

Freilich kann diesem Bestreben, Ungewißheit zu verringern, auch eine sorgfältige Beachtung der entscheidenden Details entspringen. Leistungs-Asse verstehen sich darauf, Systeme einzurichten, die den Arbeitsfortschritt verfolgen oder für eine bessere Qualität und einen besseren Informationsfluß sorgen. Ein Verkaufsleiter, verärgert darüber, daß die Berichte seiner zahlreichen Außenvertreter so lange auf sich warten ließen, entwickelte ein automatisiertes Anrufsystem, das jeden Vertreter am Ende des Tages anpiepste, worauf dieser dann seine Umsatzmeldung einzutippen hatte. Dadurch bekam er wichtige Informationen nicht erst nach zwei Wochen, sondern innerhalb von acht Stunden!

Engagement

Ausrichtung an den Zielen einer Gruppe oder Organisation

MENSCHEN MIT DIESER KOMPETENZ
- bringen bereitwillig Opfer, damit ein höheres Ziel der Organisation erreicht werden kann.
- finden in der höheren Aufgabe Sinnerfüllung.
- richten sich beim Treffen von Entscheidungen und der Abklärung von Optionen an den zentralen Werten der Gruppe aus.
- suchen von sich aus nach Möglichkeiten, um den Auftrag der Gruppe zu erfüllen.

• • • • •

Als sie erfuhren, daß die Zentrale von American Airlines in Kürze ihr Nachbar sein würde, schrieben Angestellte der Dallas-Niederlassung des Büromöbel-Herstellers Herman Miller auf eigene Initiative einen Brief an die Fluggesellschaft und baten sie, eine Ausstattung ihrer neuen Verwaltung mit Herman-Miller-Produkten in Erwägung zu ziehen.

Ihre Initiative zahlte sich aus, in Gestalt eines ansehnlichen Auftrags. Aber eine Woche vor dem Bezug der neuen Verwaltung gingen die Angestellten hinüber, um nachzuschauen, ob die bestellten Möbel auch ordnungsgemäß ausgeliefert worden waren. Dabei stellten sie fest, daß die Verpackungskisten den Plüsch auf dem Bezug von Hunderten von Stühlen plattgedrückt hatten. Also bildeten sie Teams, um in einer Aktion, die rund um die Uhr und auch übers Wochenende ging, mit Dampfbügeleisen den Plüsch wieder aufzurichten.[24]

Das Wesen des Engagements besteht darin, die eigenen Ziele und die des Unternehmens zur Deckung zu bringen. Engagement ist eine emotionale Angelegenheit: Wir empfinden eine starke Bindung an die Ziele unserer Gruppe, wenn diese mit unseren eigenen auf einer Wellenlänge liegen. Wer die Zielsetzung eines Unternehmens schätzt und sich zu eigen macht, ist bereit, dafür nicht nur äußerste Anstrengungen auf sich zu nehmen, sondern notfalls auch persönliche Opfer zu bringen. Aus solchem Zeug sind die Angestellten, die lieber bis in die Nacht und übers Wochenende arbeiten, wenn anders ein Projekt nicht termingerecht fertig wird, und aus solchem Zeug sind die Manager, die bereit sind, von einer Stunde zur nächsten zu verreisen, wenn ein dringender Auftrag das erforderlich macht.

Engagement kann sich auch in unpopulären Entscheidungen äußern, die im Interesse der größeren Gruppe getroffen werden, auch wenn diese Entscheidungen Widerspruch und Streit auslösen. Wer wirklich engagiert ist, ist bereit, kurzfristige Opfer zu bringen, wenn sie dem Gesamtwohl der Gruppe dienen. Kurz, die Engagierten sind die »Patrioten« einer Firma, sie sind natürliche Verstärker.

Zu den Kompetenzen, die Johnson Wax seinem preisgekrönten Verkaufsteam beizubringen sucht, gehört eine uneigennützige strategische Sichtweise – das tun, was langfristig richtig ist, auch wenn keine unmittelbare Belohnung winkt. »Es kann zwei bis drei Jahre dauern, bis die Firma dahinterkommt, was Sie geleistet haben, und Sie voll dafür entschädigt, aber wenn es langfristig richtig ist, dann machen Sie weiter und vertrauen Sie darauf, daß die Unternehmensleitung Sie unterstützen wird«, sagt mir ein Manager dieser Firma.

Ein hohes Engagement ist natürlich eher in Firmen zu erwarten, wo die Leute sich nicht bloß als Angestellte, sondern als »Teilhaber« verstehen (und tatsächlich am Aktienkapital teilhaben). Doch Mitarbeiter, die von einem gemeinsamen Ziel beseelt sind, besitzen oft ein Engagement, das größer ist als jeder finanzielle Anreiz. Patricia Sueltz, Vizepräsidentin bei IBM und Leiterin einer Kampagne, die ihr Unternehmen stärker im Internet präsentieren soll, drückt es so aus: »Dauernd werde ich von Headhuntern angerufen, die mir sagen: ›Wir können Sie sehr reich machen.‹ Aber sie kapieren es nicht. Mit dem, was ich hier mache, werde ich die Welt verändern. Ich schaffe etwas Bedeutendes.«[25]

Firmen oder Organisationen ohne eine wohlformulierte Zielsetzung – oder deren programmatische Erklärungen kaum mehr sind als PR-Tricks – bieten den Menschen wenig, wofür sie sich engagieren können. Die Beschäftigten müssen die zentralen Wertvorstellungen einer Firma klar verstanden haben, um eine Bindung an sie zu entwickkeln.

Selbstwahrnehmung ist ein wesentliches Element des Engagements. Wenn die Angestellten sich der Werte oder Zwecke, von denen sie sich persönlich leiten lassen, bewußt sind, dann empfinden sie auch deutlich, ob sie zu einer bestimmten Firma »passen«. Wenn sie eine Übereinstimmung sehen, ist das Engagement spontan und stark.

Ich erinnere mich, wie eine Frau aus der Anzeigenabteilung der *New York Times* mir von den Gesprächen berichtete, die nach Feierabend unter ihren Kollegen geführt werden: »Uns wurde bewußt, daß wir von der Anzeigenabteilung den Kraftstoff liefern, damit der Rest der *Times* arbeiten kann, daß wir für die Zielsetzung der Zeitung wichtig sind. Wir sprachen darüber, wie das Blatt eine illustrierte Beilage über die Krise in Ruanda brachte, die eine Flut von Berichten auslöste, und wie die US-Regierung gleich danach Hilfe hinüberschickte. Das machte uns alle richtig stolz auf das, was wir tun.«

Betriebliche Bindung

Die Engagierten sind die Vorzeigemitglieder jedes Unternehmens. Sie tun ein bißchen mehr als die anderen. Engagierte Mitarbeiter wirken ähnlich wie ein Stein, den man in einen Teich wirft: Von ihnen gehen Wellen eines guten Gefühls aus, die durch das ganze Unternehmen wandern.

Angestellte, die ein starkes Engagement für ihre Firma empfinden, werden sich im Notfall auch mit äußerst belastenden Arbeitsbedingungen – Überstunden, Termindruck und dergleichen – abfinden, aus Hingabe an die gemeinsamen Ziele. Bei einem hohen Maß an Engagement können Angestellte sich auch unter starken Belastungen noch wohlfühlen, während andere, die keine besondere Loyalität gegenüber der Organisation empfinden, nur unter der Mühsal stöhnen. In einer Bundesbehörde litten jene Beamten, die das stärkste Engagement empfanden, am wenigsten unter dem starken Streß, der mit ihrer Tätigkeit verbunden war, und meldeten die höchste Zufriedenheit mit ihrer Arbeit.[26]

Doch ein Unternehmen, das seine Angestellten nicht fair und respektvoll behandelt, wird nie deren emotionale Anhänglichkeit gewinnen. Je mehr sich die Angestellten von ihrer Firma unterstützt fühlen, desto mehr Vertrauen, Bindung und Loyalität werden sie empfinden, und desto bessere Betriebsangehörige werden sie sein.[27]

Das Engagement für eine Organisation erwächst aus einer solchen emotionalen Bindung. In einer Studie, die sich unter anderem mit Lehrern, Büroangestellten, Versicherungsvertretern und Polizeibeamten befaßte, zeigte sich, daß der Arbeitseinsatz davon abhing, wie stark sie sich an ihre Organisation *emotional gebunden* fühlten – wie stolz sie waren, dort tätig zu sein, wie stark ihre Tätigkeit ihre Identität prägte, wie sehr sie sich als »Teil der Familie« empfanden.[28]

Die Ungebundenen

»Ich habe es so eingefädelt, daß sie die Anerkennung erhielten – es hat das Team wirklich motiviert, und unsere Abteilung hat recht gut abgeschnitten«, berichtet ein Manager darüber, wie er sein Team dazu brachte, sein vorgegebenes Ziel zu übertreffen.

Umgekehrt brüstet sich ein Unternehmensberater: »Ich habe dafür gesorgt, daß ich den lukrativsten Auftrag erhielt, habe ihn gut erledigt und die Anerkennung dafür bekommen. Die anderen waren neidisch, aber das ist ihr Problem.«

Der Manager nutzte seine Machtpositition, um die Anerkennung mit seinem Team zu teilen, dadurch dessen Moral zu stärken und es zu motivieren; dem Berater war es völlig gleichgültig, wie seine Manipulation sich auf seine Kollegen oder auf die Firma auswirkte – er wollte nur den Ruhm.[29]

Angestellte, die sich mehr als Besucher denn als Mitglieder einer Firma empfinden, zeigen wenig Engagement. Diese Einstellung findet man allerdings auch bei Mitarbeitern, die schon jahrelang dabei sind. Wer über ungenügende Bezahlung verbittert ist oder sich sonstwie von einer Firma ausgenutzt fühlt, wird sicherlich wenig Engagement für ihre höheren Ziele aufbringen. Das gilt auch für diejenigen, die sich isoliert und von Entscheidungen, die sich auf ihre Arbeit auswirken, ausgeschlossen fühlen.

Diese Unzufriedenen neigen am stärksten dazu, die Ressourcen der Firma ausschließlich zu ihrem eigenen Vorteil zu verwenden. Die Opportunisten unter ihnen betrachten ihre derzeitige Position vornehmlich als Sprungbrett für andere Ziele. Diejenigen, die sich ausgeschaltet fühlen, wollen nicht einmal mehr aufsteigen; ihre Unzufriedenheit äußert sich in einem Mangel an Integrität (sei es, daß sie Spesenabrechnungen fälschen, sei es, daß sie Waren mitgehen lassen).

Unter Mitarbeitern, die früher engagiert waren, greift verständlicherweise eine egoistische Einstellung um sich, wenn sie eine Verschlankung des Unternehmens und andere Veränderungen miterleben, die bei ihnen den Eindruck erzeugen, daß ihr Unternehmen nicht mehr loyal zu ihnen hält. Das Gefühl, verraten worden zu sein, untergräbt die Anhänglichkeit und fördert eine zynische Haltung. Ist das Vertrauen – und das darauf aufbauende Engagement – einmal verloren, läßt es sich nur schwer wiederherstellen.

Tom Peters macht darauf aufmerksam, daß sich zwischen dem Bedürfnis der Leute, ihre Karriere selbst in die Hand zu nehmen, und

ihrem Bedürfnis, sich für gemeinsame Ziele in der Arbeit zu enga-
gieren, ein neues Gleichgewicht herausbildet.[30] Die jetzt entstehende
Loyalität ziele auf eine gleichgewichtige Treue gegenüber den persön-
lichen Zielen und gegenüber dem Netz von Beziehungen innerhalb der
Firma. Diese neue Spielart von Loyalität, sagt er, »ist keine blinde
Loyalität gegenüber der Firma. Sie ist eine Loyalität gegenüber den
Kollegen, Loyalität gegenüber dem Team, Loyalität gegenüber dem
Projekt, Loyalität gegenüber den Kunden und Loyalität gegenüber
sich selbst.«

Initiative und Optimismus

Vorausschauendes Handeln und Ausdauer zeigen

MENSCHEN MIT DIESER KOMPETENZ
Initiative betreffend:
- sind bereit, Chancen zu ergreifen.
- verfolgen Ziele über das hinaus, was von ihnen verlangt oder erwartet wird.
- setzen sich notfalls über bürokratische Vorschriften hinweg und
  verletzen die Regeln, um einen Auftrag zu erledigen.
- mobilisieren andere durch außergewöhnliche, phantasievolle Anstrengungen.

Optimismus betreffend:
- streben trotz Hindernissen und Rückschlägen beharrlich ihre
  Ziele an.
- gehen von Erfolgserwartung und nicht von Versagensangst aus
- sehen Rückschläge als Folge von beeinflußbaren Umständen und
  nicht als persönlichen Makel.

• • • • •

Auf einmal tauchten auf dem Campus der einen oder anderen amerikanischen Universität Buden auf, die Eisbecher von ganz besonderer
Art – und mit einer politischen Botschaft – anboten. Enthielten die Be-
cher sonst zerstoßenes Eis in verschiedenen Farben und Geschmacksrichtungen, so war es jetzt rein schwarz – ein politischer Protest gegen Ölbohrungen im arktischen Naturschutzgebiet von Alaska. Das
war die Idee von Adam Werbach, der mit gerade mal sieben Jahren

zum ersten Mal politisch aktiv geworden war. Damals ließ er als Zweit-
kläßler unter seinen Klassenkameraden eine Petition kursieren, in
der die Amtsenthebung von Innenminister James Watt gefordert wurde, der nichts vom Umweltschutz hielt. Als er auf der High-School
war, organisierte Werbach eine Kampagne für die Anschaffung eines
Lastwagens, der den Müll der Schule zum Recycling bringen sollte,
und im letzten Schuljahr gründete er die Sierra Student Coalition, eine
Organisation junger Umweltschutz-Aktivisten, die er während seiner
Studentenzeit zu einem Verband von dreißigtausend Mitgliedern aus-
baute. Er brachte das Anliegen der Umweltschützer den Stadtbewoh-
nern auf ungewohnte Weise zu Bewußtsein, indem er das Problem der
Bleivergiftung von Kindern zum unverwechselbaren Thema seines
Verbandes machte. Und er organisierte ein »dorm-storming«: Seine
Aktivisten zogen durch die Studentenwohnheime und forderten die
Studenten auf, ihren Computer zu nutzen und dem örtlichen Abge-
ordneten per E-Mail ihre Vorstellungen über Umweltschutz vorzutragen. Mit vierundzwanzig wurde Werbach zum jüngsten Vorsitzen-
den des Sierra Club gewählt, der größten Umweltschutzvereinigung
Amerikas.[31]

Initiative äußert sich nicht selten in so ungewöhnlichen Unterneh-
mungen. Denken Sie an den Versandangestellten, der auf die Idee kam,
daß seine Firma mit Federal Express so große Umsätze machte, daß
sie nicht nur einen Mengenrabatt beanspruchen konnte, sondern auch
einen Computer für den speziellen Zweck, die Versandaufträge abzu-
wickeln. Der Angestellte nahm es auf sich, den Chef beim Verlassen
der Firma anzusprechen und ihm die Idee vorzutragen – und er er-
sparte der Firma 30 000 Dollar.[32]

Bei der PNC Bank in Pittsburgh rechnete ein Kreditsachbearbeiter
überschlägig aus, wieviel Strom die Hunderte von Personalcomputern
verschlangen, die bei Feierabend nicht ausgeschaltet wurden. Unver-
zagt forschte er weiter und stieß auf die Tatsache, daß die meisten
Computeranlagen viel zu früh ausgemustert und durch neue ersetzt
wurden, obwohl die Komponenten durchaus noch verwendbar waren.
Die Bank ließ sich von seiner Idee überzeugen und erzielte eine Ein-
sparung in solcher Höhe, wie sich sonst nur eine Ertragssteigerung um
zwei Millionen Dollar in der Bilanz ausgewirkt hätte.[33]

Wie man Gelegenheiten beim Schopf packt

Menschen mit Initiative handeln, bevor sie von äußeren Ereignissen dazu gezwungen werden. Das bedeutet oft, vorausblickend tätig zu werden, um Probleme gar nicht erst entstehen zu lassen, oder Gelegenheiten zu nutzen, ehe sie für jeden erkennbar werden. Und je höher die Stufe der Hierarchie, desto weiter muß man vorausblicken; auf der mittleren Führungsebene mag es genügen, Tage oder Wochen vorauszuschauen, doch ein visionärer Unternehmensführer blickt Jahre oder gar Jahrzehnte voraus.[34]

Mit einem solchen Weitblick wird man vielleicht Schritte ergreifen, deren Notwendigkeit von keinem erkannt wird. Dazu braucht man Mut, besonders wenn andere dagegen Einwände erheben. Spitzenkräfte in Bundes-Forschungsanstalten setzen sich zum Beispiel bei skeptischen Abgeordneten für die Finanzierung einer Grundlagenforschung ein, die sich möglicherweise erst in ferner Zukunft in Gestalt neuer Heilmittel auszahlt.[35]

Es ist ein Kennzeichen von Menschen ohne Initiative, daß sie ständig auf Ereignisse reagieren, statt auf sie vorbereitet zu sein. Wer das Kommende nicht vorhersieht, arbeitet ständig im Krisenmodus. Er bleibt hinter den aktuellen Anforderungen zurück und muß sich dauernd mit unvorhergesehenen Ereignissen herumschlagen. Das alles deutet, ebenso wie die Verschleppung von Problemen und das Versäumnis, rechtzeitig tätig zu werden, auf ein grundlegendes Unvermögen hin, die Zukunft zu antizipieren und entsprechend zu planen.

Rechtzeitiges und vorausschauendes Handeln zahlt sich dagegen aus. Immobilienmakler können einfach abwarten, bis das Telefon klingelt, sie können aber auch die Anzeigenseiten durchstöbern und Hauseigentümer, die verkaufen wollen, ansprechen und sie auffordern, den Verkauf durch ihre Agentur vermitteln zu lassen. Sie können Kaufinteressenten prüfen, um sicherzugehen, daß sie sich nur mit solchen abgeben, die ernsthaft an einen Hauskauf denken. Wenn sie in dieser Weise selbst aktiv werden, erzielen sie eine größere Zahl von vermittelbaren Objekten, eine größere Zahl von Verkäufen und höhere Provisionen.[36]

Die Fähigkeit, neue Gelegenheiten beim Schopf zu packen, ist erfolgsentscheidend im Beratungsgeschäft, wo ohne eigene Initiative keine Einkünfte fließen. Die Leistungs-Asse von Deloitte & Touche Consulting haben ständig ein waches Auge auf »Anschlußgeschäfte«, durch die sich ein kurzfristiges Projekt zu einem größeren entwickeln könnte, und machen sich Zufälle und unerwartete Gelegenheiten zunutze, um neue Geschäftsfelder zu erschließen.[37]

Initiative kann manchmal auch einfach nur heißen, daß man sich in die Arbeit kniet. Ein Handelsvertreter mit Initiative sagte:»Ich habe heute nacht bis zwei gearbeitet, um mein Angebot fertigzumachen; tagsüber besuche ich die Kunden, und nachts erstelle ich meine Programme und Präsentationen.«[38] Ein anderes Beispiel liefern zwei Treuhänder: Der eine zeigte ein hohes Maß an Initiative, indem er, schwerkrank im Krankenhaus liegend, seinen Arzt zur Eröffnung eines Treuhandkontos überredete, während der andere den Personalchef am Ende des Einstellungsgesprächs fragte, ob er schon sein Testament gemacht habe, denn für den Treuhänder war *jeder* ein potentieller Klient!

Hoffnung und Ausdauer

Mein Sitznachbar scheint sich während unseres Fluges nach Houston in der Erste-Klasse-Kabine wie zu Hause zu fühlen. Der Mann ist gut angezogen, um die dreißig, Chemiker mit einem MBA und Kundenbetreuer bei einem führenden Chemieunternehmen.

Doch was er mir erzählt, ist erstaunlich:»Ich bin in Newark, New Jersey, aufgewachsen, und bezog Sozialhilfe. Meine Eltern hatten sich scheiden lassen, und ich lebte bei meinen Großeltern, in einem Viertel, wo mehr Kids in den Knast als aufs College gingen. Letzten Monat war ich noch einmal dort, und da traf ich einen meiner Freunde von früher – er war gerade wegen Drogenhandels zu dreieinhalb Jahren verurteilt worden. Er sagte mir: ›Etwas anderes, um durchzukommen, kannten wir doch gar nicht.‹ Und das stimmt. Ein Vorbild, wie man da herauskommt, hatten wir nicht.«

Was unterschied denn nun diesen Kundenbetreuer von seinem alten Kumpel, der mit Drogen handelte?»Ich hatte Glück. Nach der High-School schickten meine Großeltern mich zu meiner Tante nach Texas. Ich fand einen Teilzeitjob als Hilfskraft in einem Forschungslabor. Und allmählich merkte ich, daß diese Doktoren, für die ich arbeitete, gar nicht soviel anders waren als ich. Ich dachte mir: ›Das kann ich auch.‹ Also ging ich auf eine Abendschule und machte schließlich meinen Magister in Chemie. Wenn man einmal weiß, was man will, und sieht, daß es machbar ist, kann man sich ausrechnen, was man tun muß, und dann ist es nur eine Frage der Ausdauer, ob man sein Ziel erreicht.«

Und seine Freunde von früher? »Die haben sich aufgegeben. Sie glaubten nicht, daß sie das Zeug haben, um aufs College zu gehen. Sie kannten nur eins, um sich Respekt zu verschaffen: mit der Waffe in der Hand.«

Ein Mangel an Initiative kennzeichnet jene, die eine gewisse Hilflosigkeit empfinden und glauben, daß sie ihre Lage selbst mit bestem Willen im Grunde nicht verändern können. Deshalb geben sie sich keinen Ruck, wie die Jugendfreunde des Chemikers. Sie sehen sich als Opfer oder als passive Schachfiguren im Spiel des Lebens und nicht als Herren ihres eigenen Schicksals. Die Hartnäckigkeit des Chemikers mag mehr, als ihm bewußt war, der Charakterschulung durch seine Großeltern und seine Tante zu verdanken sein, doch was auch immer ihre Wurzeln waren – Menschen mit Initiative sind überzeugt, daß ihre Zukunft von ihrem eigenen Handeln abhängt. Diese Einstellung bestimmt wiederum, wie gut wir mit Schwierigkeiten und Rückschlägen im Arbeitsleben fertig werden. Dem entspricht, was eine Untersuchung über mittlere Führungskräfte in einem Großunternehmen herausfand: Diejenigen, die sich als Herren ihres eigenen Schicksals sahen, ließen sich von schwierigen Herausforderungen nicht so leicht aus der Ruhe bringen und standen Belastungen positiver gegenüber als jene, die glaubten, keinen Einfluß auf ihr Schicksal zu haben.[39]

Diejenigen, denen es an Initiative mangelt, neigen am ehesten dazu, sich – und ihren Job – aufzugeben. Man beobachtet diese Einstellung bei Mitarbeitern, die jemanden brauchen, der ihnen sagt, wie sie ihre Aufgaben auszuführen haben. Wenn es darum geht, etwas mehr zu tun – und beispielsweise Überstunden zu machen, damit ein dringendes Projekt rechtzeitig fertig wird, oder die eigene Arbeit liegenzulassen, um einem anderen zu helfen –, lehnen sie oft ab mit der Begründung: »Dazu bin ich nicht verpflichtet«.

Ein Übermaß an Initiative

So löblich Initiative im allgemeinen sein mag, so muß sie doch mit einem gewissen sozialen Bewußtsein gepaart sein, um unbeabsichtigte negative Folgen zu vermeiden.

Ein Beispiel liefert der Vertriebschef eines großen Konsumgüterherstellers. Ihm fiel auf, daß einer seiner Handelsvertreter bei einem Großkunden zu keinem Abschluß kam.[40] Er selbst hatte diesen Kunden früher oft aufgesucht, und so rief er auf eigene Faust bei ihm an und machte einen Besprechungstermin aus. Dann rief er den Vertreter an und bestellte ihn für den nächsten Tag ins Büro des Kunden. Ein Ergebnis der Initiative des Vertriebschefs war, daß sie den Abschluß tätigten. Ein anderes, unbeabsichtigtes Ergebnis war, daß der Vertreter tief gedemütigt wurde.

Der Vertreter protestierte, weil er glaubte, man habe ihn vor seinem Kunden als dumm und unfähig hingestellt, und seine beiden Vorgesetzten, der regionale und der nationale Vertriebsleiter, schickten dem Vertriebschef zornige Memos mit der Feststellung, er habe seine Befugnisse überschritten, als er über ihren Kopf hinweg handelte und ihren Mitarbeiter demütigte.

Doch die Warnung fruchtete nichts. Zwei Jahre lang machte der Vertriebschef nach dem gleichen Muster weiter und verfuhr mit den Vertretern nach Gutsherrenart, bis der Präsident der Firma, durch einen plötzlichen Umsatzrückgang alarmiert, den Vertriebschef dafür verantwortlich machte, weil dieser die Vertreter der Firma demoralisiert hatte. Er stellte den Vertriebschef vor die Wahl, entweder zu gehen oder sich zurückstufen zu lassen und als regionaler Vertreter zu arbeiten.

Chefs, die Untergebene gängeln und sich um Kleinigkeiten kümmern, die man am besten diesen überläßt, mögen den Eindruck von Initiative erwecken, aber es fehlt ihnen an einem elementaren Bewußtsein, wie ihre Handlungsweise sich auf andere auswirkt. Initiative ohne Empathie – oder einen Sinn für die größeren Zusammenhänge – kann destruktiv sein und kennzeichnet Manager mit ungenügenden Leistungen.[41]

Beharrlich sein –
und sich wieder aufrappeln

Zwei Führungskräften wurde aufgrund einer negativen Beurteilung durch einen Vorgesetzten die Beförderung versagt.[42] Der eine reagierte auf den Rückschlag mit Zorn und mit Phantasien, seinen Chef umzubringen; er beklagte sich bei jedem, der ihm über den Weg lief, und begab sich auf eine Sauftour. »Es kam mir so vor, als sei mein Leben zu Ende«, sagte er später.

Er mied seinen Chef, senkte den Blick, wenn sie sich auf dem Flur begegneten. »Ich war zornig und kam mir betrogen vor«, fährt er fort, »doch im Innersten fürchtete ich, daß er recht hatte, daß ich irgendwie wertlos bin, daß ich versagt hatte, und ich konnte nichts tun, um daran etwas zu ändern.«

Auch der andere übergangene Manager war niedergeschmettert und zornig. Aber er sah die Sache nicht so verbissen: »Ich kann eigentlich nicht sagen, daß es mich überrascht hat. Er und ich, wir haben so unterschiedliche Vorstellungen, und oft gab es Auseinandersetzungen.«

Dieser Manager fuhr nach Hause und besprach den Rückschlag mit seiner Frau, um herauszufinden, woran es gehapert hatte und was er dagegen tun könnte. Er ging in sich und erkannte, daß er nicht sein Äußerstes gegeben hatte. Mit dieser Erkenntnis schwand sein Zorn, und er beschloß, mit seinem Chef zu reden. Das Ergebnis: »Wir haben die Sache besprochen, und es lief sehr gut. Er hatte wohl ein schlechtes Gewissen, weil er so mit mir verfahren war, und ich hatte ein schlechtes Gewissen, weil ich nicht mit vollem Einsatz gearbeitet hatte. Seitdem geht es uns beiden besser.«

Die entscheidende Kompetenz ist hier der Optimismus, bei dem es darum geht, wie wir unsere Rückschläge *interpretieren*. Der Pessimist – der erste Manager war einer – sieht einen Rückschlag als Bestätigung eines fatalen Fehlers bei sich, den er nicht ändern kann. Eine solche defätistische Einstellung kann natürlich nur zu Hoffnungslosigkeit und Hilflosigkeit führen: Warum soll man es versuchen, wenn man sowieso scheitern muß?

Der Optimist versteht einen Rückschlag dagegen als Ergebnis von Faktoren, die er zu beeinflussen vermag, und nicht als einen Makel oder Mangel bei sich selbst. Der Optimist – der zweite Manager war einer – wird mit einem Rückschlag fertig, indem er eine positive Antwort findet.

Hier einige Beispiele dafür, wie der Optimismus einem hilft, nach einem Fehlschlag wieder auf die Beine zu kommen.

Anne Busquet, zuvor Chefin der Optima-Card-Abteilung bei American Express, wurde 1991 von ihrem Posten entbunden, als herauskam, daß fünf ihrer Mitarbeiter zweifelhafte Forderungen in Höhe von 24 Millionen Dollar verschwiegen hatten. Sie war zwar nicht dafür verantwortlich, aber rechenschaftspflichtig, und deshalb verlor sie ihre Stellung als Hauptgeschäftsführerin der Abteilung. Von dem Rückschlag niedergeschmettert, war Busquet dennoch von ihren Fähigkeiten überzeugt und stellte sich einer anderen schwierigen Aufgabe, die man ihr, allerdings auf einer tieferen Ebene, anbot: die Merchandisingdienste, eine verlustbringende Abteilung von American Express, zu retten.[43]

Optimisten können einen Rückschlag eher realistisch einschätzen und zugeben, daß sie selbst nicht unschuldig daran waren. Busquet zum Beispiel überprüfte ihren perfektionistischen, bisweilen allzu strengen Führungsstil und schloß auch nicht aus, daß dieser ihre Mitarbeiter dazu getrieben haben könnte, die Verluste zu verheimlichen. Sie unterzog sich einem Managementtraining, um einen sanfteren Führungsstil zu entwickeln, wurde geduldiger und konnte besser zuhören. Und unter ihrer Führung kamen die verlustbringenden Merchandisingdienste binnen zwei Jahren wieder in die Gewinnzone.

Ein anderes Beispiel ist Arthur Blank, der mit seinem Chef bei Handy Dan's, einer Eisenwarenkette in Los Angeles, immer wieder persönlich aneinandergeriet und deshalb 1978 gefeuert wurde. Blanks Mutter hatte den Drogerieversandhandel, den sein Vater gegründet hatte, weitergeführt, als der Vater starb, während Arthur noch klein war. Von ihrem Beispiel, sich durch einen Schicksalsschlag nicht entmutigen zu lassen, lernte Blank, nicht aufzugeben, wenn etwas schiefgeht im Leben, sondern es immer wieder zu versuchen. Als dann ein Investor an ihn herantrat, packte er sofort zu und gründete Home Depot, eine Baumarkt-Kette, die inzwischen zu einem Handelsriesen herangewachsen ist.

Arthur Blank gab nicht auf; er reagierte wie ein Optimist und nutzte die Insiderkenntnisse, die er während der Jahre bei Handy Dan's erworben hatte, um ein Geschäft zu erfinden, das seinen früheren Arbeitgeber aus dem Feld schlagen könnte. Er traute sich die Fähigkeit zu, die Dinge zum Positiven zu wenden. Für einen Optimisten ist ein Fehlschlag nichts anderes als eine Lektion, die er für die nächste Runde zu lernen hat.

»Fehler sind ein Schatz«, erklärte mir ein deutscher Manager, »eine Chance, sich zu verbessern.« Er fügte jedoch hinzu: »Viele Manager müssen begreifen, daß sie den Fehlern der Leute gegenüber toleranter sein müssen und sie nicht dafür bestrafen, sondern ihnen helfen sollten, daraus zu lernen.«

Optimismus und Hoffnung

Dem Psychologen Martin Seligman von der Universität von Pennsylvania verdanken wir die klassischen Untersuchungen über den Einfluß des Optimismus auf den Verkaufserfolg bei der Versicherungsgesellschaft MetLife.[44] Seligman ermittelte, daß Optimisten im ersten Jahr 29 Prozent mehr Versicherungen verkauften als ihre eher pessimistischen Kollegen und im zweiten Jahr sogar 130 Prozent mehr.

Der Wert einer optimistischen Haltung hat sich in vielen Unternehmen erwiesen. Bei American Express Financial Advisors stieg der Umsatz nach einem Pilottest mit Optimismus-Training in nur drei Monaten so erheblich, daß das Unternehmen dieses Training in ihr normales Ausbildungsprogramm übernahm. Aus anderen Untersuchungen ging hervor, daß leistungsstarke Manager ihre Fehlschläge als Folge von korrigierbaren Fehlern betrachten und durch geeignete Schritte dafür sorgen, daß das Problem nicht wieder vorkommt.[45]

Eng verwandt mit dem Optimismus ist die Hoffnung: Man kennt die zur Erreichung eines Ziels erforderlichen Schritte und hat die Kraft, diese Schritte zu tun. Sie ist eine ursprüngliche motivierende Kraft, und ihr Fehlen wirkt lähmend. Kompetenzstudien zeigen, daß Spitzenkräfte in den Dienstleistungen am Menschen – das umfaßt alles von der medizinischen Versorgung über die Beratung bis hin zum Lehrerberuf – Hoffnung für diejenigen, denen sie helfen möchten, zum Ausdruck bringen.[46]

Die Macht der Hoffnung wurde deutlich in einer Untersuchung über Sozialarbeiter, deren Aufgabe es ist, Menschen mit schwersten geistigen Behinderungen wie chronischer Schizophrenie und geistigem Zurückgebliebensein zu helfen, ihr Leben in beaufsichtigten Heimen selbständig zu gestalten.[47] Das erste Jahr ist dabei das härteste: Die Klienten bessern sich nicht, manches läuft schief, Menschen können undankbar sein, Sozialarbeiter machen sich kaputt und kündigen. Doch am besten erging es jenen Sozialarbeitern, die die größte Hoffnung hatten, die die Besserungschancen ihrer Klienten und ihre eigene Fähigkeit, ihnen zu helfen, optimistisch einschätzten. Nach einem Jahr in dieser Aufgabe hatten diejenigen, die mit der größten Hoffnung begonnen hatten, sich die größte Zufriedenheit bewahrt, waren emotional nicht so erschöpft und ließen die größte Wahrscheinlichkeit erkennen, daß sie der Aufgabe treu bleiben würden.

In solchen Tätigkeiten mit hohem Streß und ständigen Frustrationen führt eine rosige Einstellung vielleicht doch zu besseren Ergebnissen. Optimismus ist wichtig, wenn jemand eine schwere Aufgabe in Angriff nimmt; positive Erwartungen können besonders hilfreich bei den schwierigsten Aufgaben sein, wo ein hohes Maß an Optimismus eine pragmatische Arbeitseinstellung sein kann.[48]

Um Mißverständnissen vorzubeugen: Diese optimistischen Kompetenzen sind etwas sehr Amerikanisches. Sie spiegeln eine Pionier-Ideologie, die sich nicht auf alle anderen Kulturen übertragen läßt. Bei Topmanagern einer weltweit operierenden Nahrungsmittel- und Getränkefirma wurde zum Beispiel ermittelt, daß Optimismus wohl in Amerika ein Indiz für Spitzenleistungen ist, nicht aber in Asien und Europa.

»In vielen asiatischen Ländern wie Japan, Taiwan oder Indien empfindet man die Das-packe-ich-Einstellung als allzu verwegen oder allzu individualistisch«, sagte mir Mary Fontaine, geschäftsführende Direktorin des Hay/McBer Innovation and Research Center. »Optimismus äußert sich in diesen Kulturen zurückhaltender, etwa in der Tonlage: ›Dies ist eine sehr schwierige Aufgabe, und ich werde es versuchen, obwohl ich es möglicherweise nicht schaffen werde.‹ Von niemandem hört man: ›Ich weiß, daß ich es schaffe, ich weiß, daß ich gut bin.‹ Und in Europa kann das, was Amerikaner als Optimismus begreifen, als bloße Anmaßung erscheinen.«

Dritter Teil

EQ² Menschenkenntnis

7

Das soziale Radar

Der Umsatz des Großkunden war unbefriedigend, und die Vertriebsabteilung von Johnson Wax stand vor einem Rätsel: Warum verkauft er von dem Hauptprodukt weit weniger als andere Einzelhändler?

Der für den Kunden zuständige Vertreter glaubte den Grund zu kennen: Der Einkäufer der Handelskette hätte gern größere Bestellungen gemacht, aber er war machtlos: Wegen hausinterner Streitereien zwischen den Leitern zweier Geschäftsbereiche wurde das Produkt in den verkehrten Läden angeboten – deshalb ging es so schlecht. Der Geschäftsbereichsleiter, der das Produkt in seinem Sortiment hatte, wollte es nicht an den anderen Geschäftsbereich abgeben, und der Einkäufer hatte nicht die Macht, diesen Teufelskreis zu durchbrechen.

Zur Lösung des Problems schlug das Vertriebsteam etwas vor, was man in der Diplomatie eine bilaterale Kommission nennen würde: ein Treffen zwischen den Verantwortlichen von drei Ebenen oberhalb des Vertreters und des Einkäufers. Bei diesem Treffen ließ Johnson Wax die Verantwortlichen der Handelskette wissen, daß sie jährlich 5 Millionen Dollar mehr Gewinn machen könnten, wenn sie das Produkt anders plazierten. Das wirkte.

»Als sie sahen, daß sie sich wegen Streitereien zwischen Geschäftsbereichen eine Fünf-Millionen-Dollar-Chance entgehen ließen, beschlossen sie, die Zerwürfnisse beizulegen«, sagt Patrick O'Brien, damals für den Nordamerika-Vertrieb zuständiger Vizepräsident. »Alle drei Ebenen stellten sich hinter den Einkäufer. Bis zu diesem Gespräch hatte es ein Jahr gedauert, doch als sie eingesehen hatten, daß sie es machen mußten, dauerte es nur wenige Tage, um die Sache zu ändern.«

Die Vorgehensweise des Vertriebs ist beispielhaft für eines der Merkmale der Empathie: Sie konnten eine Verkaufssituation aus der Sicht des Kunden sehen, um *dem Kunden* zum Erfolg zu verhelfen. Ein solches Einfühlungsvermögen verlangt, daß man die politischen Tendenzen und Realitäten in der anderen Firma zu deuten versteht.

»Am besten fährt man, wenn man die geschäftlichen Notwendigkeiten und Ziele des Einkäufers gründlich kennt und auf dieses Ziel hinarbeitet«, bemerkt O'Brien. »Man muß einfach sondieren und zuhören, dann erfährt man auch, was für den Erfolg des anderen wichtig ist. Das ist seit hundert Jahren einer der Grundsätze des Vertriebserfolges.«

Als ich mit O'Brien sprach, hatte er gerade zwei Triumphe eingeheimst: Sein Vertriebsteam war von Wal-Mart und Target, zwei der größten amerikanischen Handelsketten, zum »Verkäufer des Jahres« ernannt worden.

Eines der wechselhaften Barometer für den Einzelhandel ist das »Category Management«; dabei betrachtet beispielsweise ein Lebensmittelhändler die gesamten Snacks und Atemerfrischer als eine einzige Kategorie und entscheidet nicht mehr einzeln, sondern pauschal über die zu bestellenden Marken. Interessanterweise sind die persönlichen Beziehungen zwischen Handelsvertretern und Category Managern trotz dieses zahlenmäßigen Ansatzes um so wichtiger geworden.

»Unsere Vertriebsasse können zwischen der nüchternen Welt der Tatsachen und der Welt der zwischenmenschlichen Beziehungen ein Gleichgewicht herstellen«, sagt O'Brien. »Der Vertrieb hat sich geändert; früher verkaufte man von Mensch zu Mensch, heute stützt sich alles auf Zahlen; statt der traditionellen sozialen Verkaufsfähigkeiten haben wir heute ein Modell von Managern, die nicht ihre Verträge, sondern ihre Zahlen bearbeiten. Aber dazwischen muß man ein Gleichgewicht finden. Man braucht die zwischenmenschliche Seite, weil es noch immer um individuelle Entscheidungen geht.«

Empathie äußert sich in vielen Formen. Zum Beispiel darin, daß die Leute von Johnson Wax die Bedürfnisse ihres Kunden genau erkannten. Man erkennt sie aber auch bei einer Firma, die ein realistisches, zutreffendes Bild von ihren eigenen Leuten, ihren Kunden und Klienten, ihren Konkurrenten und dem Markt hat, aber auch von anderen Beteiligten, von den Gewerkschaften bis zu den Aktionären. Wer imstande ist, die Realität aus ihrer Sicht zu sehen und ihre Reaktionen auf die Maßnahmen der Firma vorwegzunehmen, verfügt über wichtige Informationen für eine effektive Führung.

Der Chef einer schweizerischen Privatbank sagte mir: »Meine Tätigkeit ähnelt der eines Seelsorgers oder Hausarztes. Im privaten Bankgewerbe wird man nichts, wenn man nicht seine emotionale Intelligenz benutzt, speziell die Empathie. Man muß spüren, was der Kunde erhofft oder befürchtet, auch wenn er es nicht in Worte fassen kann.«

Empathie beginnt innen

Freud bemerkte schon: »Wer Augen hat zu sehen und Ohren zu hören, überzeugt sich, daß die Sterblichen kein Geheimnis verbergen können. Wessen Lippen schweigen, der schwätzt mit den Fingerspitzen; aus allen Poren dringt ihm der Verrat.« Das nervöse Gezappel einer Unterhändlerin straft ihr ausdrucksloses Gesicht Lügen; das gekünstelte Desinteresse des Kunden, der im Ausstellungsraum des Autohändlers um Preise feilscht, steht im Widerspruch zu den heißen Blicken, die er zwischendurch zu dem Cabrio wandern läßt, nach dem es ihn gelüstet. Die Fähigkeit, solche emotionalen Hinweise mitzubekommen, ist dort besonders wichtig, wo Menschen Anlaß haben, ihre wahren Gefühle zu verbergen – und das ist im Geschäftsleben alltäglich und normal.

Spüren, was andere empfinden, ohne daß sie es sagen, ist das Wesen der Empathie. Was sie empfinden, verraten andere uns nur selten mit Worten, aber sie verraten es uns durch ihren Tonfall, ihren Gesichtsausdruck oder mit anderen nonverbalen Mitteln. Die Fähigkeit, diese subtilen Mitteilungen aufzufangen, beruht auf grundlegenderen Kompetenzen, besonders der Selbstwahrnehmung und der Selbstkontrolle. Ohne die Fähigkeit, unsere eigenen Gefühle wahrzunehmen – oder sie daran zu hindern, uns zu überschwemmen –, haben wir gar keinen Empfänger für die Stimmungen anderer.

Die Empathie ist unser soziales Radar. Eine Freundin berichtet mir, daß sie schon früh merkte, daß ihre Kollegin unzufrieden war: »Ich ging zu meinem Chef und sagte: ›Mit Kathleen stimmt was nicht, sie fühlt sich hier nicht wohl.‹ Sie mied den Blickkontakt mit mir und schickte mir nicht mehr ihre witzigen E-Mails. Bald darauf gab sie bekannt, daß sie die Stelle wechseln würde.«

Wer dieses Empfinden nicht besitzt, ist »weg von der Rolle«. Wenn jemand kein Gespür für emotionale Zwischentöne hat, kommt es zu peinlichen Situationen, sei es, weil er Gefühle mißdeutet, sei es, daß er den psychischen Kontakt durch gefühllose Offenheit oder Kälte zerstört. Dieser Mangel an Empathie kann sich auch darin äußern, daß man auf andere Menschen reagiert, als wären sie Stereotype und nicht die einzigartigen Individuen, die sie nun einmal sind.

Bei einem Mindestmaß an Empathie ist man fähig, die Emotionen eines anderen zu deuten; bei einem Mehr an Empathie kann man die unausgesprochenen Sorgen oder Gefühle eines anderen wahrnehmen und darauf eingehen; bei einem Höchstmaß an Empathie versteht man die Probleme und Sorgen, die hinter den Gefühlen des anderen stecken.

Um sich im emotionalen Gelände von anderen auszukennen, muß man mit seinem eigenen vollkommen vertraut sein. Das zeigen Untersuchungen von Robert Levenson an der University of California in Berkeley.[1] Levenson läßt Ehepaare in sein physiologisches Labor kommen und über zwei Dinge sprechen, einmal über die neutrale Frage »Wie war Ihr Tag?« und zum anderen eine Viertelstunde lang über ein Thema, über das sich die beiden uneinig sind. Während dieses kurzen Gefechts zeichnet Levenson ihre sämtlichen Reaktionen auf, von der Herzfrequenz bis zu Änderungen des Gesichtsausdrucks.

Nach dem Streit geht einer der Partner hinaus. Der andere sieht sich die Aufzeichnung der Diskussion an und berichtet währenddessen, was er oder sie wirklich empfunden, aber nicht zum Ausdruck gebracht hat. Daraufhin geht dieser Partner hinaus, und der andere kommt wieder herein und beschreibt dieselbe Szene aus der Sicht seines Partners.

Partner mit Einfühlungsvermögen tun etwas physiologisch ganz Ungewöhnliches: Ihr Körper ahmt den des Partners nach. Steigt die Herzfrequenz des auf dem Video gezeigten Partners, dann steigt auch die eigene des Partners, der sich in den anderen hineinversetzt, und sinkt sie, dann auch bei dem einfühlsamen Ehegatten.[2] Bei dieser Angleichung handelt es sich um ein biologisches Phänomen namens Nachahmung, eine Art enggetanzter emotionaler Tango.[3]

Eine so eng abgestimmte Beziehung setzt voraus, daß wir unsere eigene emotionale Tagesordnung vorläufig vergessen, um die Signale des anderen deutlich empfangen zu können. Wenn wir in unsere eigenen heftigen Emotionen verstrickt sind, befinden wir uns in einem anderen physiologischen Zustand und können nicht die feineren Hinweise empfangen, auf denen ein enger psychischer Kontakt beruht.[4]

Charles Darwin meinte, die beiden Fähigkeiten, Gefühle zu übertragen und zu deuten, hätten in der Evolution hin zum Menschen eine ungeheure Rolle gespielt: durch die Erzeugung wie die Erhaltung der gesellschaftlichen Ordnung. Negative Emotionen – Furcht und Zorn – waren in der Evolution zweifellos von größtem Überlebenswert, denn sie zwangen ein sich bedroht fühlendes Tier, zu kämpfen oder zu fliehen. Dieses Überbleibsel der Evolution ist uns bis heute geblieben; wenn unsere Amygdala verrückt spielt, sind wir empfänglicher und reagieren stärker auf jemanden, der gleichfalls schlecht gelaunt ist, als auf jemanden, der gut gelaunt ist. Dadurch kann es zu einer emotionalen Katastrophe kommen, weil eine Rückkoppelungsschleife der Negativität oder der Wut entsteht.

Die Voraussetzung für Empathie ist Selbstwahrnehmung, das Erkennen der physiologischen Anzeichen der Gefühle im eigenen Körper. Unter Beratern zum Beispiel waren die tüchtigsten und einfühlsamsten diejenigen, die das beste Gespür für die emotionalen Signale ihres eigenen Körpers hatten – eine wesentliche Bedingung für jede Tätigkeit, in der es auf Empathie ankommt, vom Lehrerberuf über den Verkauf bis zur Unternehmensführung.[5]

Ein subtiler Tanz

»Wir hatten eine Frau, die innerhalb von Minuten ein Zimmer leermachen konnte«, erzählt mir der Marketingleiter einer kalifornischen Firma für Lernsoftware. »Sie hörte nicht erst einmal zu, bevor sie sich in ein Gespräch einschaltete. Sie fing mit einem Monolog an, einer Beschwerde oder Attacke, die mit dem, worüber wir sprachen, nichts zu tun hatte, und sie redete immer weiter und merkte gar nicht, daß die anderen gähnten. Sie wußte nicht, wann sie aufhören sollte. Sie hatte keinen Schimmer.«

Wenn soziale Interaktionen reibungslos vonstatten gehen, liegt das weitgehend an spontaner Nachahmung. Wenn zwei Menschen ein Gespräch miteinander beginnen, geraten sie sofort in einen subtilen Tanz von rhythmischer Harmonie; sie synchronisieren ihre Bewegungen und Körperhaltungen, ihre Stimmlage, ihre Sprechgeschwindigkeit und sogar die Länge der Pausen zwischen den Äußerungen des einen und der Antwort des anderen.[6]

Diese wechselseitige Angleichung vollzieht sich außerhalb der bewußten Wahrnehmung und wird offenbar von den primitivsten Teilen des Gehirns gesteuert. Diese Mechanismen setzen mit atemberaubender Schnelligkeit ein, innerhalb einer Fünfzigstelsekunde. Fehlt diese automatische Koordination, bekommen wir ein unbehagliches Gefühl.

Der Gesichtsausdruck ist einer der wichtigsten Aspekte der wechselseitigen Anpassung. Wenn wir ein fröhliches (oder ein zorniges) Gesicht sehen, weckt das in uns, wenn auch kaum merklich, die entsprechende Emotion in uns.[7] In dem Maße, wie wir das Tempo, die Haltung und den Gesichtsausdruck eines anderen übernehmen, werden wir zu einem Bewohner seines emotionalen Raums; während unser Körper den des anderen nachahmt, beginnen wir emotionale Übereinstimmung zu erleben.[8]

Unser Nervensystem ist so beschaffen, daß es automatisch mit dieser emotionalen Empathie beginnt (wobei wiederum die Amygdala die entscheidende Rolle spielt).[9] Doch wie gut wir diese Möglichkeit nutzen, ist weitgehend eine Sache der erlernten Fähigkeit, die von der Motivation abhängt. Tiere und Menschen, die in extremer sozialer Isolation aufgewachsen sind, vermögen emotionale Hinweise aus ihrer Umgebung kaum zu deuten, nicht, weil es ihnen an der neuralen Schaltung für Empathie fehlen würde, sondern weil sie ohne emotionale Erzieher nie gelernt haben, auf diese Botschaften zu achten, und deshalb diese Fähigkeit nicht geübt haben.

Schon im Säuglingsalter, wenn Mutter oder Vater uns auf dem Arm halten, beginnen unsere ersten Lektionen in Empathie. Diese ersten emotionalen Bindungen bilden die Grundlage für weiteres Lernen, zum Beispiel, wie man mit anderen kooperiert und wie man es schafft, bereitwillig in eine Spielgruppe aufgenommen zu werden. Davon, wie weit wir diesen emotionalen Lehrplan meistern, hängt das Maß unserer sozialen Kompetenz ab. Man beobachte Kinder auf dem Spielplatz, die die wichtigen Hinweise für ein reibungsloses Zusammenwirken nicht verstehen; wenn sie an einem Spiel teilnehmen möchten, mischen sie sich unvermittelt ein und machen es dadurch kaputt.

Sozial geschicktere Kinder warten dagegen ein Weilchen ab und schauen zu; zuerst stellen sie sich auf das Spiel ein, und erst dann, wenn sich eine zwanglose Gelegenheit ergibt, fügen sie sich nahtlos ein. Bei den Erwachsenen ist es nicht anders: Es kommt darauf an, den sozialen Rhythmus und die zeitliche Koordinierung derer, mit denen wir arbeiten, zu erfassen.

Da wir die grundlegenden Fähigkeiten des sozialen Bewußtseins nicht alle gleichermaßen gut gelernt haben, unterscheiden wir uns auch in den arbeitsbezogenen Kompetenzen, die auf Empathie beruhen. Empathie ist die fundamentale Fähigkeit für alle sozialen Kompetenzen, auf die es in der Arbeit ankommt:

- *Andere verstehen:* die Gefühle und Sichtweisen anderer erfassen und lebhaftes Interesse an ihren Sorgen nehmen
- *Serviceorientierung:* die Bedürfnisse der Kunden vorwegnehmen, erkennen und befriedigen
- *Andere entwickeln:* die Entwicklungsbedürfnisse anderer erfassen und ihre Fähigkeiten fördern

- *Vielfalt nutzen:* die durch die Verschiedenheit der Menschen entstehenden Chancen ausbauen
- *Politisches Bewußtsein:* die politischen und sozialen Entwicklungen innerhalb einer Organisation erfassen

Andere verstehen

Die Gefühle und Sichtweisen anderer erfassen und lebhaftes Interesse an ihren Sorgen nehmen

MENSCHEN MIT DIESER KOMPETENZ
- achten auf emotionale Hinweise und hören gut zu.
- zeigen Einfühlungsvermögen und verstehen die Sichtweisen anderer.
- helfen anderen, weil sie deren Bedürfnisse und Gefühle verstehen.

• • • • •

Ein Angestellter einer großen Designfirma beschreibt die bösartigen Gefühle, die von einem reizbaren Mitarbeiter ausgehen, folgendermaßen: »Er blickte einen nur kurz an, und man wußte, daß er nicht ansprechbar ist; er stellte dieses Laß-mich-in-Ruhe-Schild auf, und ich wußte Bescheid, daß ich ihm aus dem Wege gehen sollte. Wenn ich trotzdem hin und wieder mit ihm zu tun habe, mache ich es kurz. Bloß keine scherzhafte Bemerkung – einmal habe ich eine gemacht, da ging er hoch. Also beschränke ich mich bei ihm auf belanglose, nichtssagende Worte.«[10]

Die entscheidende Wendung ist hier: »Er blickte einen nur kurz an, und man wußte, daß er nicht ansprechbar ist«; das war der emotionale Hinweis, der dem Angestellten sagte, wie er sich gegenüber dem anderen zu verhalten hatte. Im Berufsleben erhalten wir ständig solche emotionalen Hinweise und verhalten uns entsprechend. Ohne ein solches Radar laufen wir Gefahr, an den Hindernissen zu scheitern, die durch die steinharten Gefühle von Mitarbeitern errichtet werden. Wir brauchen die Empathie als ein emotionales Leitsystem, das uns ohne Blessuren durchs Arbeitsleben schleust.

Empathie dient nicht nur dem bloßen Überleben, sondern ist auch Voraussetzung für herausragende Leistungen überall dort, wo es um

Menschen geht. Wo immer es darauf ankommt, die Gefühle eines anderen geschickt zu deuten, sei es im Verkauf, in der Unternehmensberatung, der Psychotherapie oder der Medizin, aber auch in Führungspositionen jeglicher Art, ist Empathie unverzichtbar für den Erfolg.

In der Medizin hat man erst jetzt wieder die Vorzüge der Empathie entdeckt, teilweise aus zwingenden wirtschaftlichen Gründen. In einer Zeit, da man verstärkt um die Loyalität des Patienten ringt, haben Ärzte, die die Emotionen ihrer Patienten zu erkennen vermögen, größere Behandlungserfolge als ihre weniger einfühlsamen Kollegen.[11] Natürlich müssen Ärzte ein Gespür für die Besorgnis und das Unbehagen ihrer Patienten haben, um sie wirksam behandeln zu können, aber wie eine Untersuchung gezeigt hat, hören sie selten zu. Die Patienten hatten im Schnitt vier Fragen auf dem Herzen, die sie dem Arzt stellen wollten, doch während der Visite konnten sie gerade mal eine oder zwei vorbringen. Wenn ein Patient sich auszusprechen begann, fiel ihm der Arzt im Schnitt nach achtzehn Sekunden zum ersten Mal ins Wort.[12]

Ärzte, die nicht zuhören, werden häufiger verklagt, jedenfalls in den Vereinigten Staaten. Es hat sich gezeigt, daß diejenigen unter den erstversorgenden Ärzten, die nie wegen Kunstfehlern verklagt wurden, weit bessere Kommunikatoren waren als ihre von Prozessen verfolgten Kollegen. Sie nahmen sich die Zeit, ihren Patienten zu erklären, was sie von einer Behandlung erwarten konnten, sie lachten und scherzten mit ihnen, fragten die Patienten nach ihrer Meinung und prüften, ob die Patienten sie verstanden hatten, und sie ermunterten die Patienten, sich auszusprechen.[13] Und wieviel Zeit braucht ein Arzt, um sich erfolgreich in den Patienten hineinzuversetzen? Ganze drei Minuten.

Design mit Einfühlung

Die Empathie hat in der Forschung und Entwicklung Einzug gehalten. Die Forscher beobachten, wie Verbraucher die Produkte einer Firma zu Hause oder bei der Arbeit verwenden, ganz so, wie ein Anthropologe Angehörige einer anderen Kultur beobachtet.[14] Dieser Einblick in die Welt des Verbrauchers liefert ein vollständigeres Bild, als man es mit den üblichen Verfahren von Testgruppen und Markterhebungen gewinnen kann.

Wenn zu einer solchen eingehenden Erkundungsreise in die Lebenswelt der Verbraucher auf seiten des Unternehmens eine gewisse Aufgeschlossenheit für Veränderungen hinzukommt, sind wirksame Voraussetzungen für Innovationen gegeben. Kimberly-Clark ließ Eltern und Kinder daraufhin beobachten, wie sie Windeln benutzen, und erkannte bei den Kleinen das Bedürfnis nach einem ersten Schritt zu »erwachsener« Bekleidung. Aus diesem Grund entwickelte man die Huggies Pull-Ups, die die Kleinen sich selbst anziehen können – und erzielte damit einen Jahresumsatz von 400 Millionen Dollar, bevor die Konkurrenz nachzog.

Die Fähigkeit, die Bedürfnisse der Verbraucher richtig zu deuten, entwickelt sich bei den besten Leitern von Produktentwicklungsteams von selbst. Verstehen zu können, was der Markt wünscht, bedeutet, sich in die Verbraucher hineinzudenken und dann ein ihren Bedürfnissen entsprechendes Produkt zu entwickeln.[15]

Bei der Ford Motor Company bediente man sich bei der Überarbeitung des Lincoln Continental des empathischen Designs. Die Ingenieure erhielten erstmals Gelegenheit zu intensiven Gesprächen mit Besitzern des Wagens, den sie neu zu gestalten versuchten. Statt, wie bisher üblich, Testgruppen von Autobesitzern durch Marktforscher ausfragen zu lassen und dann die Ergebnisse herauszufiltern, sprachen die Ingenieure eine Woche lang mit Leuten, die sich einen Continental gekauft hatten. Ihre Aufgabe: sich einen Eindruck davon zu verschaffen, was die Besitzer an dem Auto schätzten.

»Die Kunden haben einen Sinn, ein Gefühl für bestimmte Vorzüge, die sie an einem Produkt schätzen«, erklärte mir Nick Zeniuk, damals einer der Projektmanager. »Also mußten wir uns auf die Gefühle unserer Kunden einstellen. Dazu benötigten wir Empathie. Ich sagte zu den Designleuten: ›Was euch die Marktforschung auf den Tisch gelegt hat, könnt ihr vergessen. Geht raus und redet mit den Leuten, für die wir diesen Wagen bauen. Hört ihnen zu, spürt, was sie wünschen. Schaut ihnen in die Augen, damit ihr ein inneres Gefühl dafür bekommt, was sie brauchen.‹«

Durch diese persönliche Vorgehensweise bekamen die Ingenieure, die die technischen Einzelheiten entwickelten, ein ausgeprägtes Gefühl für die Wünsche des Kunden. Zeniuk erinnert sich: »Sie kamen von einem Kunden mit einem Video zurück und sagten: ›Es ist nicht zu sehen, aber bei dieser Äußerung war er sehr erregt.‹ Wir mußten erst einmal ein Gespür dafür bekommen, wie das alles zu deuten war, und dann herausknobeln, wie das technisch umzusetzen war, damit das Auto komfortabler oder ansprechender wirkte.«

Die Kunst des Zuhörens

»Wenn man um jeden Preis etwas verkaufen will, hört man nicht so genau zu«, sagte mir der Vertriebsdirektor einer Börsenmaklerfirma an der Wall Street. »Beim Verkauf kann einem nichts Besseres passieren, als wenn jemand Einwände macht, und Sie können sagen: ›Sie haben vollkommen recht – das müssen wir uns noch einmal überlegen‹. Man fährt viel besser, wenn man zuhören und sich in den Standpunkt des anderen hineinversetzen kann.«

Kernpunkt der Empathie ist ein feingestimmtes Ohr. Richtig zuhören ist eine wesentliche Bedingung für Erfolg im Arbeitsleben. Das US-Arbeitsministerium schätzt, daß wir von der Gesamtzeit, die wir der Kommunikation widmen, 22 Prozent mit Lesen und Schreiben, 23 Prozent mit Sprechen – und 55 Prozent mit Zuhören verbringen.[16]

Wer nicht zuhören kann oder will, erweckt einen gleichgültigen oder uninteressierten Eindruck, der andere weniger kommunikativ werden läßt. Und Zuhören ist eine Kunst. Zunächst muß man zeigen, daß man überhaupt bereit zum Zuhören ist; Manager mit einer »Politik der offenen Tür«, die ansprechbar erscheinen oder sich ein Bein ausreißen, um zu erfahren, was die Leute auf dem Herzen haben, verkörpern diese Kompetenz. Und wer den Eindruck erweckt, daß man ihn umstandslos ansprechen kann, bekommt mehr zu hören.

Wer richtig und gründlich zuhören will, begnügt sich nicht mit dem, was ihm gesagt wird, sondern stellt Fragen, gibt das, was er gehört hat, mit eigenen Worten wieder, um sicherzugehen, daß er richtig verstanden hat. Das nennt man »aktives« Zuhören. Daß man einem anderen wirklich zugehört hat, bekundet man durch eine passende Antwort, die unter Umständen verlangt, daß man sein Verhalten ändert. Wie weit man sich allerdings in seinem Verhalten nach dem richten sollte, was ein anderer sagt, ist umstritten.

In Verkäuferkreisen haben manche eine verengte Auffassung von der Empathie und behaupten, es schade dem Absatz von Produkten oder Dienstleistungen, die die Kunden nicht wirklich brauchen, wenn man versucht, sich in den Kunden hineinzuversetzen.[17] Dahinter steckt natürlich eine etwas zynische beziehungsweise naive Auffassung von der Rolle des Verkäufers, als ginge es ausschließlich um den Absatz und nicht auch darum, eine Beziehung zum Kunden aufzubauen oder zu vertiefen.

Bei einer vernünftigeren Einstellung sieht man die Aufgabe des Verkäufers darin, genau zuzuhören und zu begreifen, was der Verbraucher oder Kunde braucht und dann nach einer Möglichkeit zu suchen, dieses Bedürfnis zu befriedigen. Die Erkenntnis, daß effektives Verkaufen auf Empathie beruht, wurde bestätigt durch die Befragung einer Zufallsstichprobe von Einkäufern großer und kleiner amerikanischer Textileinzelhändler, die nach den Vertretern gefragt wurden.[18]

Nicht bestätigt wurde die Klischeevorstellung, daß derjenige das Geschäft macht, der leutselig und umgänglich ist. Aus sich herausgehen und schnell reden, das reichte nicht; die Einkäufer begünstigten durchweg die Vertreter mit dem größten Einfühlungsvermögen, die Interesse an ihren Bedürfnissen und Sorgen zeigten.[19] Das galt verstärkt, wenn die Empathie sich mit dem Eindruck paarte, daß man dem Vertreter vertrauen könne.

Einfühlung, aber kein Anstand

»Ich möchte Ihnen vorweg versichern, daß die Kinder für uns das Wichtigste sind – sie kommen an erster Stelle. Manche unter Ihnen machen sich Sorgen, ich weiß. Sollten wir jedoch irgend etwas finden, was den Kindern schaden könnte, werden wir sofort aufhören.«

Mit diesen warmen, beschwichtigenden Worten begann die Darstellung des Präsidenten einer Firma, die sich darauf spezialisiert hatte, Metalle aus den Rückständen industrieller Verbrennungsprozesse zurückzugewinnen. Er war gekommen, um zu den Eltern und Lehrern einer Grundschule in der kleinen Stadt zu sprechen, in die sein Unternehmen umsiedeln wollte; der Betrieb würde, ein Stück weit entfernt, an derselben Straße wie die Schule liegen, vorausgesetzt, die Stadtverwaltung gab ihr endgültiges Jawort.

Während der Unternehmensleiter ausführte, was der Betrieb bringen würde – neue Arbeitsplätze, Vorteile für die örtliche Wirtschaft –, gewann er mit seiner Aufrichtigkeit und seiner Sorge um das Wohlergehen der Kinder und ihrer Gemeinschaft die Anwesenden für sich. Er wirkte so verständnisvoll, so einfühlsam.

Aber dann kam man zu den Fragen und Antworten. Ein Chemiker unter den Eltern fragte: »Aber werden Sie nicht Asche verarbeiten, die Dioxin enthält? Und ist Dioxin nicht hochgradig krebserregend? Wie gedenken Sie unsere Kinder davor zu schützen?«

Diese Frage brachte den Präsidenten aus dem Konzept, er wurde abweisend, ja sogar feindselig, besonders als andere Eltern, nun nicht mehr so vertrauensselig, in ihn drangen, warum er diese beunruhigende Tatsache nicht früher erwähnt habe.

Die Zusammenkunft endete mit einer Entschließung der Eltern, einen Fachmann für industrielle Toxine zu konsultieren und den Bürgermeister aufzufordern, vor einer Genehmigung des Betriebes öffentliche Anhörungen zu veranstalten.

Empathie kann auch zur Manipulation benutzt werden. Oft bedient man sich einer vorgetäuschten Empathie, einer Pose, die sich, sobald sie durchschaut wird, in nichts auflöst. Eine Freundin beklagte sich bei mir über das Verkaufspersonal eines teuren Modeladens, in dem sie sich gern umsieht: »Dauernd sagen sie, wie sehr sie sich freuen, daß ich wieder einmal hereinschaue, bleiben mir auf den Fersen und versuchen, mich in ein Gespräch zu ziehen. Ich will einfach, daß sie mich in Ruhe lassen, bis ich selbst eine Frage habe.« Dann gestand ihr eines Tages in einem unbewachten Augenblick eine der Verkäuferinnen, daß sie Anweisung vom Chef hätten, mit Kundinnen, die in der Vergangenheit teure Einkäufe gemacht hätten, ein freundliches Gespräch anzuknüpfen. Diese erzwungene Freundlichkeit wirkte jedoch nicht echt – meine Freundin fühlte sich sogar davon abgestoßen.

Es kann sein, daß wir angeborene Sicherungen gegen eine solche geheuchelte Empathie haben – wir merken, wenn Empathie nicht aufrichtig ist, so wie meine Freundin es merkte. Forscher haben außerdem bei zur Manipulation neigenden Menschen herausgefunden, daß diejenigen, die am stärksten von einem skrupellosen Drang erfüllt sind, andere zu ihrem eigenen Vorteil zu mißbrauchen, bei der Empathie sehr schlecht abschneiden. Umgekehrt zeigen vertrauensvolle Menschen, die glauben, daß der Mensch im Grunde gut ist, eine größere Feinfühligkeit.[20]

Empathievermeidung

Sam war unempfänglich für emotionale Zwischentöne. Er nahm den Hörer auf, hörte, wie eine schluchzende Stimme mit seiner Frau Marcy zu sprechen verlangte und reichte ihr den Hörer mit einem fröhlichen »Marcy, für dich!«

Die Psychologin Elaine Hatfield von der Universität von Hawaii kennt Sam und sagt über ihn: »Er achtete nicht auf emotionale Botschaften, weil sie ihn nicht interessierten.«[21]

Man muß nicht nur die Fähigkeit zur Empathie haben, man muß sie auch anwenden wollen. Wenn es manchen scheinbar an Empathie mangelt, ist das vielleicht bewußte Absicht; sie vermeiden Anteilnahme, um eine harte Linie durchzuhalten und nicht dem Drang zu helfen nachzugeben.[22] Richtig dosiert, ist das im Berufsleben nicht unbedingt verkehrt.

Wenn Manager sich zu Lasten betrieblicher Erfordernisse allzusehr um Beziehungen kümmern oder es mit der Sorge um die emotionalen Bedürfnisse der Leute übertreiben, leidet darunter die Leistung.[23] Wenn man glaubt, durch Empathie allzu große Einbußen zu erleiden, beispielsweise in Lohnverhandlungen, müssen beide Seiten ihr Mitgefühl abstumpfen. Auch Anwälte sind dafür bekannt, daß sie während eines Rechtsstreits geflissentliche Gleichgültigkeit für die Anliegen der Gegenseite an den Tag legen (allerdings ist, wie wir in Kapitel 8 sehen werden, eine totale Empathiesperre keine fruchtbare Verhandlungsstrategie).

Es kann durchaus klug sein, seine Empathie zu dämpfen, besonders wenn es um die Verteilung knapper Ressourcen innerhalb einer Organisation geht. Wenn wir uns zu sehr mit der Not eines Menschen identifizieren, besteht die Gefahr, daß wir es mit der Hilfe für ihn übertreiben, vielleicht sogar auf Kosten des Gemeinwohls.[24]

Umgekehrt können Entscheidungen, die nur mit dem Kopf und ohne Herz getroffen werden, nach hinten losgehen. So erging es vielen Unternehmen, die ihre Belegschaft rücksichtslos verschlankten und dann feststellen mußten, daß die entmutigten Angestellten, die man behalten hatte, ihnen Haß und Mißtrauen entgegenbrachten. Manche Manager blenden die Gefühle ihrer Mitarbeiter aus, nur um auf diese Gefühle keine Rücksicht nehmen zu müssen, eine Taktik, die den Eindruck erwecken kann, als seien sie herrisch und kalt.

Mangel an Empathie mag für das verantwortlich sein, was dem Chirurgen passierte, der eine Freundin von mir wegen eines Blutgerinnsels im Bein behandeln sollte. Als er ihr erklärte, daß eines der Operationsrisiken darin bestünde, daß sie ihr Bein verlieren könnte, brach meine Freundin in Tränen aus.

Seine Reaktion: »Wenn Sie anfangen zu heulen, müssen Sie sich einen anderen Arzt suchen.«

Was sie auch tat.

Leiden aus Empathie

Sie war seit sieben Jahren Kinderschwester, aber jetzt wollte sie in eine andere Abteilung des Krankenhauses versetzt werden. Warum?

»Ich halte es einfach nicht mehr aus, wieder so ein kleines Kind in den Arm zu nehmen, das an Krebs sterben wird. Es ist zu hart für mich.«

Die Qual der Schwester ist ein Musterbeispiel für »Leiden aus Empathie«, bei dem sich jemand mit dem Leid eines anderen »ansteckt«. Statt den Kindern zu helfen, von ihrem Schmerz und Leid loszukommen, erging es der Schwester so, daß sie die Pein der kleinen Patienten übernahm.

Leiden aus Empathie tritt meistens dann auf, wenn es uns tief berührt, daß jemand, den wir lieben, Schmerzen hat. So kann die Anteilnahme für einen besorgten Freund, beispielsweise einen Kollegen, der fürchtet, entlassen zu werden, dieselben besorgten Gefühle in uns aufrühren. Dieses Phänomen tritt auf, wenn jemand mit hohem Einfühlungsvermögen den negativen Stimmungen eines anderen ausgesetzt ist und nicht die Fähigkeit der Selbstregulierung hat, um sein Leiden aus Empathie zu dämpfen.

Assistenzärzte »härten sich ab« gegen das Leiden aus Empathie; wenn sie Patienten, die dem Tode nahe sind, scherzhaft als »müde Geschöpfe« oder »Todeskandidaten« bezeichnen, gehört das zu dieser emotionalen Abschirmung, mit der sie ihre eigene Empfindlichkeit schützen. Natürlich besteht die Gefahr, daß sie am Ende so werden wie der gefühllose Chirurg, der meine Freundin vertrieb. Es gibt seit einiger Zeit Programme für Medizinstudenten, die lernen wollen, ihr eigenes Leid besser zu bewältigen, ohne die Fähigkeit zur Empathie zu verlieren.

Auch wer, wie etwa Kundendienstvertreter, immer wieder mit übelgelaunten Menschen zu tun hat, kann dem Leiden aus Empathie zum Opfer fallen. Vielfach schlagen sich mit diesem Problem die Angehörigen von helfenden Berufen herum, die Tag für Tag mit Menschen in schrecklichen Umständen zu tun haben. Die Alternative ist, offen zu bleiben für Gefühle, sich aber in der Kunst des emotionalen Selbstmanagements zu üben, um von dem Leid, mit dem wir uns bei anderen anstecken, nicht überwältigt zu werden.

Die Politik der Empathie

Es gibt eine Politik der Empathie: Von denen, die wenig Macht haben, wird in der Regel erwartet, die Gefühle derer, die Macht haben, zu erspüren, während die Mächtigen sich nicht im gleichen Maße verpflichtet glauben, ihrerseits Gespür zu zeigen. Anders gesagt ist der vorsätzliche Mangel an Empathie ein Weg, auf dem die Mächtigen stillschweigend ihre Autorität festigen können.

Zur Zeit der Bürgerrechtsbewegung äußerte Martin Luther King Jr. sich erstaunt darüber, wie wenig die Weißen über die Gefühle der Schwarzen wußten; die Schwarzen, sagte er, müßten weit mehr Gespür für das Empfinden der Weißen aufbringen, schon um in einer rassistischen Gesellschaft zu überleben. Dem entspricht das Argument, die Frauen müßten um so mehr Einfühlung für die Männer aufbringen, je mehr sie in einer Gesellschaft unterdrückt sind (für eine Besprechung der Daten über die geschlechtlichen Unterschiede hinsichtlich der Empathie siehe Anhang 3).

In den siebziger und achtziger Jahren ermittelten Forscher eine negative Korrelation zwischen dem Rang innerhalb einer Machthierarchie und empathischen Fähigkeiten.[25] Das ist heute vielleicht nicht mehr ganz so, weil die Unternehmen stärker teamorientiert sind und starre Hierarchien auflockern. Zu den Anforderungen an eine moderne Führung gehört inzwischen auch eine Kompetenz in Empathie; der autoritäre Stil der Vergangenheit klappt nicht mehr so gut wie früher.

Manche tun die Empathie noch immer mit dem Argument ab, sie habe im Geschäftsleben nichts zu suchen oder sie sei zu »weich«. Dem liegen hauptsächlich zwei verbreitete Mißverständnisse zugrunde. Zum einen wird Empathie mit Psychologisieren in einen Topf geworfen; zum anderen glaubt man fälschlich, sich in Menschen einzufühlen sei dasselbe wie ihnen *zuzustimmen.*

Richard Boyatzis sagte mir: »Um die Empathie der Manager bei einem bedeutenden Computerhersteller zu beurteilen, bat ich sie, mir zu beschreiben, wie sie einmal jemandem bei einem Problem geholfen haben. Manche erzählten dann davon, daß sie den psychologischen Zustand des anderen gründlich erkundet und ihm unter Hinweis auf seine Wurzeln in der Kindheit oder mit Hilfe einer anderen beliebten Psychotheorie wie der Kodependenz erklärt hätten. Aber das ist Psychologisieren, nicht Empathie – und wer über seine vermutlichen Ursachen redet, geht in Wirklichkeit über das Problem hinweg.«

Das Psychologisieren ging, wie Boyatzis feststellte, Hand in Hand mit mäßigen Leistungen der Manager. Die Leistungs-Asse hörten zu und verstanden die Gefühle des anderen, und sie äußerten Ratschläge, ohne ihre eigene »Diagnose« dessen aufzudrängen, was hinter dem Problem steckte. Es mag interessant und sogar hilfreich sein, wenn Freunde sich bei einer Tasse Kaffee in solchen Psychotheorien ergehen, aber am Arbeitsplatz ist das unangebracht. Und so sehr es auch Empathie vortäuschen mag, ist es doch etwas anderes.

Auch daß man den Standpunkt oder die Perspektive eines anderen versteht, daß man weiß, warum er gerade so empfindet, heißt noch nicht, daß man diesen Standpunkt teilt. Besonders bei geschäftlichen Verhandlungen führt Verständnis für die Gefühle eines anderen nicht zwangsläufig dazu, daß man ihm nachgibt, sondern eher zu einer noch geschickteren Verhandlungsführung. Wenn dann harte Entscheidungen zustande kommen, erzeugen sie trotzdem weniger Groll und anhaltendes Ressentiment.

Ich denke zurück an Gespräche mit den Leitern von Managementteams beim Luft- und Raumfahrtunternehmen Lockheed Martin, das eine Reihe von Entlassungswellen hinter sich hatte. Etliche hatten Hunderte von Mitarbeitern entlassen – es sei das Härteste gewesen, was sie je hätten tun müssen, sagten einige. Ich erwähnte, daß manche Manager befürchten, durch Empathie zu weichherzig zu werden, um die harten Entscheidungen zu treffen, die das Geschäftsleben erfordert, und fragte sie, ob Empathie nach ihrer Meinung wichtig sei. »Absolut«, antwortete einer. »Wenn man Tausende von Leuten gehen lassen muß, gucken die, die bleiben, genau hin.« Sie hätten die Entlassungen, so schmerzlich sie auch waren, durchziehen müssen, sagten sie mir, doch wenn sie dabei nicht mit Empathie zu Werke gegangen wären, hätte es alle demoralisiert und gegen sie aufgebracht.

Hier zwei Beispiele, wie man bei einer Betriebsschließung mit den Beschäftigten umgeht. Bei General Electric wurde die geplante Betriebsschließung den Beschäftigten zwei Jahre vorher angekündigt, und die Firma bemühte sich intensiv, andere Stellen für sie zu finden. Die andere Firma gab die Schließung nur eine Woche vorher bekannt und tat nichts, um den Beschäftigten bei der Stellensuche zu helfen.

Das Ergebnis? Fast ein Jahr später sagte die Mehrheit der ehemaligen GE-Mitarbeiter, sie hätte dort gern gearbeitet, und 93 Prozent lobten die ihnen gewährten Übergangshilfen.[26] Von der anderen Firma sagten nur 3 Prozent, sie hätten gern dort gearbeitet. GE bewahrte sich einen großen Vorrat an Goodwill, während die andere Firma nur Verbitterung zurückließ.

Andere entwickeln

Die Entwicklungsbedürfnisse anderer erfassen und
ihre Fähigkeiten fördern

MENSCHEN MIT DIESER KOMPETENZ
- anerkennen und belohnen die Stärken und Leistungen anderer.
- liefern hilfreiches Feedback und erkennen die Bedürfnisse anderer nach weiterem Wachstum.
- beraten, geben angemessene Förderung und erteilen Aufträge, welche die Fähigkeiten eines Menschen herausfordern und fördern.

• • • • •

Es war eine kleine Lektion, aber sie blieb haften. Als resolute, schnell entschlossene Redakteurin bei einer überregionalen Zeitschrift hatte sie ein Problem: »Ich neigte dazu, Ruck-zuck-Entscheidungen zu treffen und mich in einem Moment der Begeisterung auf Projekte festzulegen, und hinterher mußte ich mich dann mit den Autoren herumquälen, die immer wieder neue Fassungen schrieben, bis ihre Artikel am Ende im Papierkorb landeten. Es laugte mich emotional aus, und es erzeugte zuviel Animosität und tat ganz einfach weh.

Aber dann«, sagte sie mir, »lehrte mich mein Chefredakteur einen Satz, der mir ungeheuer geholfen hat.«

Wie lautete dieser Satz?

»›Ich werd's mir überlegen.‹«

Dieser schlichte Ratschlag ist ein Beispiel für die Förderung, auf die es vor allem ankommt, wenn man anderen helfen will, sich weiterzuentwickeln. Bei herausragenden Managern ist diese Kompetenz sehr ausgeprägt und wird nur von ihrer Fähigkeit zur Teamführung übertroffen.[27] Für Vertriebsmanager ist es noch wichtiger, andere zu fördern – es ist die am häufigsten angetroffene Kompetenz bei denen, die an der Spitze des Feldes liegen.[28]

Dies ist eine Kunst von Mensch zu Mensch; den Kern von Förderung und Entwicklung bildet die Beratung. Und die Wirksamkeit der Beratung hängt ab von Empathie und der Fähigkeit, auf unsere eigenen Gefühle zu achten und sie mitzuteilen.[29]

In einer Untersuchung von Vorgesetzten aller Ebenen in zwölf Großunternehmen erzielten die Vorgesetzten der unteren Ebene bei der Förderung von anderen die größte Wirkung, woraus man schließen darf, daß diese Fähigkeit entscheidend ist bei der Führung derer, die direkten Kundenkontakt haben, also Verkaufspersonal, Flugpersonal u. dgl.[30] Mit wachsendem Einflußbereich eines Managers oder Unternehmensleiters werden die direkten Möglichkeiten, andere zu fördern, wahrscheinlich zurücktreten, und andere Kompetenzen wie Führungsfähigkeit treten in den Vordergrund.

Dennoch sagt Harry Levenson, ein Pionier der Beratungspsychologie:»Der Leiter eines Unternehmens ist hauptsächlich ein Lehrer«, und er fügt hinzu:»Heute müssen die Leute das Gefühl haben, im Laufe ihrer Tätigkeit immer kompetenter zu werden, sonst werden sie nicht bleiben.«

Entschiedene Förderung und Beratung verhilft den Beschäftigten zu besseren Leistungen, stärkt Loyalität und Zufriedenheit mit der Arbeit, führt zu Beförderungen und Lohnerhöhungen und senkt die Fluktuationsrate.[31]

Ein offenes, vertrauensvolles Verhältnis ist die Grundlage des Erfolges in der betrieblichen Förderung. Zu dieser eindeutigen Feststellung gelangte man, als man achtundfünfzig Manager, allesamt Vizepräsidenten oder noch höhere Ränge in Unternehmen mit einem Jahresumsatz von 5 Milliarden Dollar oder mehr, nach ihren eigenen Erfahrungen befragte.[32] Diese Führungskräfte helfen besonders denen, bei denen sie große Entwicklungsmöglichkeiten sehen. Ein hochrangiger Manager äußerte sich so:»Nett bin ich zu denen, von denen ich nicht mehr erwarte, als daß sie ihre Pflicht tun, aber diejenigen, die Talent haben, setze ich richtig unter Druck – ich dränge sie, sich selbst zu übertreffen.«

Ihre Förderung bestand hauptsächlich darin, daß sie durch Feedback und Hinweise, welche Fähigkeiten entwickelt werden müßten, die Leistung zu steigern versuchten. Ihre Bemerkungen waren überwiegend positiv; nur in fünf Prozent der Fälle bemängelten sie ungenügende Leistungen.

Worauf beruht der Erfolg der Förderung? Die besten Förderer zeigen ein echtes persönliches Interesse an denen, die sie führen, und bringen für ihre Angestellten Empathie und Verständnis auf. Wichtig war Vertrauen – wenn das Vertrauen in den Förderer gering war, wurden Ratschläge nicht beachtet. Das geschah auch, wenn der Förderer unpersönlich und kühl war oder das Verhältnis als allzu einseitig oder eigennützig erschien. Förderer, die Respekt, Vertrauenswürdigkeit und Empathie zeigten, hatten den größten Erfolg. Wenn die Angestellten sich jedoch gegen Veränderungen wehrten oder schwierig waren, empfanden die Förderer den Versuch als so wenig lohnend, daß sie dazu neigter, ihn abzubrechen.

»Rückblickend war es eine meiner größten beruflichen Unterlassungen, daß ich mich in jungen Jahren nicht um Förderung bemüht habe«, sagte mir der Vizepräsident eines großen Medienkonzerns. »Ich hatte solche Angst, als unzulänglich zu erscheinen, daß ich nicht um Rat gefragt habe, wie man etwas handhabt. Dadurch habe ich mir viele potentiell förderliche Beziehungen verbaut. Heute erscheint eine meiner jungen Mitarbeiterinnen in meiner Tür und bittet mich um Rat, wie sie unseren Präsidenten wegen etwas ansprechen kann oder wie sie mit einer bestimmten Situation umgehen soll. Sie ist patent.«

Wenn von Förderung oder Beratung die Rede ist, denkt man gewöhnlich an einen reiferen Fachmann, der einem favorisierten jüngeren Menschen unter die Arme greift. Aber wer das Talent hat, anderen zu helfen, kann es bei jedem anwenden, auch bei Vorgesetzten. Es gehört auch zu dieser Kunst, Führung nach oben hin auszuüben und einem Vorgesetzten bei der besseren Erledigung seiner Aufgaben zu helfen. So berichtete ein Obermaat der US-Marine, daß er »unerfahrenen Offizieren beibringen mußte, mich zu führen. Ich sage ihnen: ›Sie kommandieren das Schiff, und ich beobachte all diese Geräte für Sie; Sie haben ein Recht zu erfahren, wie es läuft. Fragen Sie mich. Und fragen Sie mich ruhig, Ihnen zu helfen, wenn ich kann.‹«[33]

Die Kunst der Kritik

Wenn es darum geht, Feedback zu geben, ist wohl niemand besser als Shirley DeLibero, Chefin der New Jersey Transit Authority, die sich unter ihrer Leitung zum effizientesten Verkehrsunternehmen Amerikas entwickelte. DeLibero gibt den Leuten zu verstehen, daß sie sie schätzt, und zugleich läßt sie ihnen ständig ein positives und konstruktives Leistungs-Feedback zukommen. »Ich lobe die Leute häufig, und wenn sie – egal, in welchem Bereich des Unternehmens – gute Arbeit leisten, kriegen sie von mir ein persönliches Schreiben«, sagte mir DeLibero. »Ich sage den Leuten aber auch, wenn sie Mist bauen. Man erweist den Leuten einen schlechten Dienst, wenn man ihre Leistung nicht ehrlich bewertet. Man muß ihnen sagen, was sie verbessern müssen.«

Wie DeLibero gibt der hilfreiche Förderer genau an, was verkehrt ist, verbindet das mit einem Hinweis, was geändert werden muß, und äußert die positive Erwartung, daß der Betreffende fähig ist, sich zu verbessern. Während eines Amygdala-Ausreißers sollte man auf Feedback allerdings verzichten, denn das würde unvermeidlich einen persönlichen Angriff nach sich ziehen. So schädlich das ist, so schädlich wirkt sich auch ein anderes verbreitetes Versäumnis aus: daß man überhaupt kein Leistungs-Feedback gibt.

Um die Auswirkungen von Leistungs-Feedback auf das Selbstvertrauen zu ermitteln, ließ man MBA-Studenten eine kreative Problemlösung simulieren und lobte sie, kritisierte sie oder gab ihnen kein Feedback über ihre Leistung. Man hatte ihnen gesagt, ihre Bemühungen würden verglichen mit dem, was Hunderte von anderen bei dieser Aufgabe geschafft hatten. Diejenigen, die über ihr Abschneiden nichts erfuhren, wurden in ihrem Selbstvertrauen genauso stark erschüttert wie diejenigen, die man kritisierte.[34] »Unternehmen«, heißt es warnend in dem Untersuchungsbericht, »die den Beschäftigten genaue leistungsbezogene Informationen vorenthalten, können unwissentlich deren Leistung beeinträchtigen.«

Die Menschen hungern nach Feedback, doch allzu viele Kontrolleure, Manager und Unternehmensleiter verstehen es nicht zu geben oder sind einfach abgeneigt, sich zu äußern. Und in manchen Kulturen, besonders in Asien und Skandinavien, besteht ein stillschweigendes Verbot, Kritik offen zu äußern, vor allem in Gegenwart anderer. Ein Verantwortlicher eines saudiarabischen Unternehmens sagte mir: »In unserem Betrieb arbeiten Menschen aus siebenundzwanzig Nationalitäten miteinander. Die meisten stammen aus Ländern, wo ihnen beigebracht wurde, über die Menschen, mit denen sie arbeiten, nichts Schlechtes zu sagen. Deshalb ist es schwierig, ein ehrliches Leistungs-Feedback zu bekommen.«

Andererseits kann sich hinter einem brutalen Feedback ein rein konkurrenzbedingter Angriff verbergen, eine Attacke unter dem Mantel von »Hilfsbereitschaft«. Ein niederländischer Bankvorstand sagt: »Manche geben hier Feedback, um Punkte in einem Machospiel zu machen, in dem es darum geht, den anderen immer um eine Nasenlänge voraus zu sein; wie sich das auf den Betroffenen auswirkt, kümmert sie nicht, dafür sind sie viel zu grob. Echte Hilfe ist das nicht – es ist Teil eines Spiels. Sie bräuchten mehr Empathie.«

Die Macht Pygmalions

Sie waren für ihre Bordkameraden eine Last – Matrosen, die ständig in Schwierigkeiten waren oder einfach nicht ihre Pflicht taten. »Untermotivierte Problem-Matrosen« nannte man sie bei der US-Marine; die militärische Abkürzung lautete »LP«, für »low performer« (Leistungsversager).

Man gab ihren Vorgesetzten jedoch eine Taktik an die Hand, um das Verhalten der LPs zu verändern. Sie lernten etwas ganz Neues: von diesen Leistungsversagern trotz ihrer abscheulichen Vergangenheit das Beste zu erwarten.

Die Vorgesetzten gaben den LPs zu verstehen, daß sie von ihrer Fähigkeit, sich zu ändern, überzeugt waren, und sie behandelten sie mehr wie Gewinner. Diese positive Erwartung erwies sich als wirksam: Die LPs begannen, sich in jeder Hinsicht zu bessern. Sie erhielten weniger Strafen, zeigten eine bessere Gesamtleistung und verbesserten sogar ihr persönliches Erscheinungsbild.[35] Hier wirkte sich der Pygmalion-Effekt aus: Das Beste von Leuten zu erwarten kann eine sich selbst erfüllende Prophezeiung sein.

Sporttrainer ebenso wie gute Manager wissen seit langem, daß man die Leistung eines Menschen dadurch steigern kann, daß man ihn vor eine geeignete Herausforderung stellt und ihm zugleich bekundet, daß man auf ihn baut. Positive Erwartungen kann man dadurch fördern, daß man es den anderen überläßt, ihre Ziele selbst zu festzulegen, statt ihnen die Bedingungen und die Art ihrer Entwicklung vorzuschreiben. Damit vermittelt man die Überzeugung, daß die Beschäftigten in der Lage sind, ihr Schicksal selbst zu bestimmen – ein Grundsatz derjenigen, die Initiative ergreifen.

Ein anderes Verfahren, Menschen zu besseren Leistungen zu ermutigen, ist der Hinweis auf Probleme, ohne daß man eine Lösung anbietet, in der Erwartung, daß sie die Lösung selbst finden können. Herausragende Lehrer benutzen diese Strategie bei ihren Schülern. Sie eröffnen gewissermaßen einen sokratischen Dialog und führen den anderen durch eine Reihe von Fragen. Dadurch finden die Schüler ihren eigenen Weg zu den Antworten, was ihr Selbstvertrauen bei der Entscheidungsfindung stärkt.[36]

In einem fortgeschrittenen Entwicklungsstadium stellt der Förderer oder Mentor den Betreffenden vor eine längerfristige Aufgabe, die ihm das Training, die Erfahrung und die Herausforderungen vermittelt, die er benötigt. Das kann in der Form geschehen, daß ihm Zuständigkeiten übertragen werden oder daß man ihm ein Projekt anvertraut, das neue Fähigkeiten weckt. Dazu muß man das Können des Betreffenden richtig einschätzen; ist die Aufgabe zu einfach, lernt er wenig, ist sie zu schwer, erleidet er möglicherweise einen Rückschlag. Die Kunst besteht darin, »Belastungsproben« so zu gestalten, daß die Fähigkeit und das Selbstvertrauen gestärkt werden. Die höchste Form der Unterstützung besteht darin, Angestellte in entsprechende Stellungen zu befördern – als genuine Anerkennung ihrer neuerworbenen Kompetenz und als Versuchsgelände für ein nochmals gesteigertes Niveau ihres Könnens.

Freilich kann das Bestreben, die Entwicklung der Fähigkeiten anderer zu unterstützen, auch übertrieben werden und mit den Interessen der Firma in Konflikt geraten. Es gibt die Gefahr, daß Förderung und Entwicklung allzusehr zu Lasten anderer Bedürfnisse betont wird. Wenn Vorgesetzte und Manager der Förderung allzuviel Zeit und Mühe widmen und darüber ihre Führungs- und Managementaufgaben vernachlässigen, stehen sie am Ende bestenfalls mit mittelmäßigen Leistungen da.[37]

Serviceorientierung

Die Bedürfnisse der Kunden vorwegnehmen,
erkennen und befriedigen

MENSCHEN MIT DIESER KOMPETENZ
- verstehen die Bedürfnisse der Kunden und finden entsprechende Dienstleistungen oder Produkte.
- bemühen sich, die Zufriedenheit und Loyalität der Kunden zu steigern.
- bieten freudig geeignete Hilfe an.
- begreifen die Sichtweise des Kunden, wirken als Berater, denen man vertraut.

• • • • •

Wer bei Stéphane & Bernard eintritt, einer Kleiderboutique auf der Insel St. Barts, erlebt Kundendienst als eine hohe Kunst. Die gleichnamigen Besitzer empfangen den Besucher mit einer Kombination von französischem Charme, Esprit und ungeteilter Aufmerksamkeit.

An einem »faulen« Januarnachmittag schwelgten meine Frau und ich zwei Stunden lang in dieser Aufmerksamkeit. Meine Frau und Bernard sprachen über ihr Leben und ihre Kleider, wobei Bernard immer wieder zu den Kleiderständern eilte, um das genau richtige Teil für sie zu finden. Er nahm sich aber auch zwanzig Minuten Zeit für mich, um wohlüberlegte Anmerkungen zu einer Karte der Insel zu machen und mich mit Hinweisen auf besondere Restaurants, Strände und Plätze zum Schnorcheln zu erfreuen.

»Meine Aufgabe ist vor allem, dafür zu sorgen, daß man sich hier wohlfühlt«, erklärt Bernard und deutet auf den Laden, der mit einer Fläche von nur 42 Quadratmetern vollgestopft ist mit den Kleidern von fünfzehn führenden Modeschöpfern. Der winzige Laden bringt pro Quadratmeter fünfmal soviel ein wie vergleichbare Läden, zum größten Teil in den vier Wintermonaten der Touristensaison.

Dieser Erfolg beruht auf Bernards und Stéphanes Kundendienst-Philosophie. »Ich muß meine Kundinnen kennen, um ihnen helfen zu können – wie sie sich gern anziehen, was sie gern tun, mit welchem Teil ihres Körpers sie unzufrieden sind«, erklärt mir Stéphane.

Sie verhalten sich nicht wie angestellte Verkäufer, die am Umsatz beteiligt sind »und denen es egal ist, ob der Kundin etwas steht oder nicht. Die wollen nur etwas verkaufen und sagen bei jedem Stück, das Sie sich aussuchen: ›Das steht Ihnen aber ausgezeichnet‹«, erläutert Stéphane. »Wenn ich finde, daß einer Kundin etwas nicht steht, dann sage ich es ihr, und ich sage, warum. Ich möchte ihr nicht etwas verkaufen, das nicht zu ihr paßt. Ich wirke als Beraterin für meine Kundinnen.«

Genau das sind sie für ihre rund dreihundert regelmäßigen Kundinnen. Die kennen sie so gut, daß Stéphane und Bernard schon beim Einkauf an eine ganz bestimmte Kundin denken, wenn sie dieses oder jenes bestellen. »Wir bauen Beziehungen auf«, sagt Bernard. »Wir haben über jede Kundin eine eigene Akte, achten darauf, was sie gekauft hat, was sie sucht, und helfen ihr, im Laufe der Jahre eine Garderobe zusammenzustellen.«

Stéphane und Bernard verkörpern einen Kundendienst auf höchstem Niveau, was bedeutet, die wahren, tieferen – und oft unausgesprochenen – Bedürfnisse einer Kundin zu erkennen und mit entsprechenden Produkten oder Dienstleistungen zu befriedigen. Es bedeutet auch, eine langfristige Perspektive einzunehmen und gelegentlich auf unmittelbare Vorteile zu verzichten, um die Beziehung zu schützen und zu bewahren.

Das Service-Ideal von Spitzenkräften geht über das gewohnte Kundendienst-Modell weit hinaus. Der Verkauf und die Erhaltung einer Stammkundschaft ist nicht mehr das alleinige Ziel der Beziehung, sondern eher ein Nebenprodukt, das beim Dienst an den Bedürfnissen des Kunden von selbst anfällt.

Ein Kundendienst auf höchstem Niveau schließt ein, daß man, wie Stéphane und Bernard erkannt haben, als Berater Vertrauen genießt. Dann muß man gelegentlich auch einmal einen Standpunkt vertreten, der den umittelbaren Interessen des eigenen Unternehmens zuwiderläuft, aber im Hinblick auf den Kunden geboten ist. Es braucht seine Zeit, bis eine solche, auf Vertrauen basierende Beziehung zustande kommt.

Auf dem höchsten Serviceniveau handelt man als Anwalt des Kunden, und das kann sich auf lange Sicht bezahlt machen. Rät man einem Kunden beispielsweise von Anschaffungen ab, damit er seinen Kreditrahmen nicht überzieht, so bedeutet das zwar eine kurzfristige Umsatzeinbuße, aber man sorgt auf diese Weise dafür, daß der Kunde auch in Zukunft zahlungsfähig bleibt. Gelegentlich wird man dem Kunden sogar zu einem Konkurrenzprodukt raten, womit man einen aktuellen Umsatz einbüßt, aber eine langfristige Beziehung festigt.

Mehr Weitsicht

Im modernen Unternehmen hat jeder »Kunden«. Ein Kollege, dem wir helfen müssen oder auf dessen Bedürfnisse sich unsere eigene Tätigkeit auswirkt, ist in einem gewissen Sinne Kunde. Leistungs-Asse sind bestrebt, ihren Kunden jederzeit zur Verfügung zu stehen, besonders in kritischen Situationen. Die Asse helfen ihren Kunden auch, gut dazustehen, und tun zum Beispiel etwas, das sich für den Kunden (bzw. Mitarbeiter) als ein sichtbarer Erfolg ausnimmt.

Für die Mitarbeiter der Lohn- und Gehaltsabteilung bei Sandoz Pharmaceuticals äußerte sich herausragender Kundendienst etwa darin, daß sie Überstunden machten, um in enger Zusammenarbeit mit dem Vertriebschef Leistungsziele festzulegen, oder daß sie dem Abteilungsleiter, der sich gerade in einer schwierigen Phase der Reorganisation befand, eine private Telefonnummer nannten, unter der sie bei Tag oder Nacht erreichbar waren, wenn ihre Hilfe benötigt wurde.[38] Sie äußerte sich auch darin, daß man die Anerkennung für eine gute Leistung gelegentlich einem anderen zukommen ließ.

Um im Service zu glänzen, müssen wir die Zufriedenheit der Kunden im Auge behalten und nicht erst auf Beschwerden warten, sondern uneigennützig Informationen anbieten, die hilfreich sein könnten. So schafft man die Grundlage für eine vertrauensvolle Beziehung, in der der Kunde oder Mitarbeiter sich geachtet fühlt und in uns eine Quelle zuverlässiger und hilfreicher Informationen sieht, und hebt sie damit über eine bloße Beziehung von Käufer und Verkäufer hinaus.

Dazu bedarf es natürlich der Empathie. Das kann man einer Untersuchung über die Vertriebsabteilung einer Firma für Bürobedarf und Büroeinrichtungen entnehmen, die Unternehmen und Behörden beliefert. Die erfolgreichsten Mitglieder der Vertriebsabteilung konnten die Fähigkeit, den Standpunkt des Kunden einzunehmen, mit angemessener Selbstsicherheit verbinden, um ihn zu einer Kaufentscheidung hinzulenken, die den Bedürfnissen beider Seiten entsprach.[39]

Tritt ein Verkäufer zu forsch auf, kann das zu Verstimmung führen. Erfolgreiche Verkäufer versetzen sich gleich zu Beginn der Interaktion in den Käufer, erkunden seinen Standpunkt und verfeinern im Laufe der Interaktion ihr Gespür für das, was der Käufer wünscht; sie nehmen zum Beispiel wahr, wenn er auf einen Vorschlag mit Anzeichen des Unbehagens reagiert, und äußern einfühlsames Verständnis, bevor sie weitermachen.

Die Einstellung, die Bedürfnisse des Kunden in den Mittelpunkt der Beziehung zu stellen, geht Hand in Hand mit einem freundlichen emotionalen Ton. Das ist wichtig im Umgang mit verärgerten Kunden. »Eine Kundin hatte Probleme mit der Rückerstattung eines Kaufpreises«, erinnert sich der Geschäftsführer eines großen Kaufhauses.[40] »Sie wende sich an mich, sagte sie, weil unser kaufmännischer Betriebsleiter unverschämt zu ihr gewesen sei. Das war bestimmt nur ein Mißverständnis, doch ich entschuldigte mich bei ihr, verhalf ihr zu der Rückerstattung und verabschiedete sie. Es hat nur wenige Minuten gekostet, das Problem aus der Welt zu schaffen, und als sie ging, hatte sie ein besseres Gefühl als beim Kommen.«

Diese letzte Äußerung kann man nur wiederholen: »Als sie ging, hatte sie ein besseres Gefühl als beim Kommen.« Das *Gefühl*, das Kunden im Verkehr mit einem Angestellten haben, bestimmt ihr Urteil über die ganze Firma. Psychologisch ist die Art, wie der Kunde die »Firma« wahrnimmt, gleichbedeutend mit diesen Interaktionen. Bei jeder Interaktion zwischen einer Firma und ihren Kunden wird Loyalität geschwächt oder gestärkt. In Abwandlung des Wirtschaftsexperten Peter Drucker kann man sagen, daß der Zweck eines Unternehmens nicht darin besteht, einen Verkauf zu tätigen, sondern einen Kunden zu gewinnen und zu behalten.

Die Kosten der Kosteneinsparung

Nancy Cohen betrat einen Pier-1-Laden mit der Absicht, neue Küchenstühle zu kaufen. Der Laden hatte die Stühle vorrätig, doch sie verließ ihn wütend und mit leeren Händen.

»Ich war fest zum Kauf entschlossen«, erzählte sie einer Kollegin von mir.[41] »Aber keiner wollte sich um mich kümmern. Das Verkaufspersonal war damit beschäftigt, sich zu unterhalten. Ich sagte zu der Frau, die mir endlich das Gesicht zuwandte: ›Ich bin an den Stühlen im Schaufenster interessiert. Haben Sie welche am Lager, und haben Sie auch welche in anderen Farben?‹«

Die Antwort: eine unbestimmte Geste in Richtung einer Abteilung, die voller Glaswaren war, und die noch unbestimmtere, geradezu verwirrende Erwiderung: »Ich glaube, in der Farbe gibt es ihn.«

Damit entfernte sich die Verkäuferin – von einem Geschäft von 800 Dollar.

Diese Verkäuferin war völlig inkompetent in Sachen Kundendienst, der Fähigkeit, die jeder braucht, der an der Schnittstelle zwischen einem Unternehmen und seiner Kundschaft tätig ist.[42] Und diese Inkompetenz breitet sich in Amerikas Kaufhäusern und Discountläden aus; 1996 wurden diese Einzelhandelsgeschäfte in einer Umfrage von Yankelevitch Partners, bei der viertausend Verbraucher eine Bewertung treffen sollten, unter zwanzig Dienstleistungen an elfter Stelle genannt, noch hinter den Telefongesellschaften, Restaurants und sogar dem U. S. Post Office.[43] Ein Schuldiger ist offenbar eine allzu weitgehende Reduzierung des Verkaufspersonals, ein anderer die Beschneidung der Ausbildung; für die Ausbildung des Verkaufspersonals wendet der amerikanische Einzelhandel heute weniger auf als jede andere Branche.

Eines der übelsten Anzeichen von Inkompetenz im Kundendienst ist eine Wir-gegen-sie-Einstellung, die den Kunden als Feind ins Auge faßt und ihn nur als jemanden sieht, den man manipulieren kann. Diese Einstellung hindert das Verkaufspersonal an einer effektiven Tätigkeit, weil es den Kunden im Grunde nicht wahrnimmt. Die Folge ist dann eine irregeleitete aggressive Verkaufstaktik, bei der die Bedürfnisse des Verbrauchers überhaupt nicht berücksichtigt werden.

Vielfalt nutzen

*Die durch die Verschiedenheit der Menschen
entstehenden Chancen nutzen*

MENSCHEN MIT DIESER KOMPETENZ
- achten Menschen unterschiedlicher Herkunft und verhalten sich positiv zu ihnen.
- haben Verständnis für andere Weltanschauungen und beachten die Unterschiede zwischen ethnischen und anderen Gruppen.
- verstehen Vielfalt als Chance und schaffen eine Umwelt, in der unterschiedliche Menschen sich entfalten können.
- bekämpfen Vorurteile und Intoleranz.

• • • • •

Ich erzähle oft von meiner Begegnung mit einem extrovertierten Busfahrer in New York, der es fertigbrachte, seine Fahrgäste bei guter Laune zu halten, während er durch die Straßen der Stadt steuerte. Wenn die Leute ausstiegen, war ihre schlechte Laune verflogen, weil sie von seiner übersprudelnden Fröhlichkeit mitgerissen wurden. Es war eine atemberaubende Demonstration sozialer Gewandtheit.

Ich habe den Busfahrer als »einen Schwarzen um die sechzig« beschrieben. Doch nach einem Vortrag meldete sich eine Afroamerikanerin zu Wort und fragte mich: »Weshalb erwähnten Sie, daß er Schwarzer war? Hätten Sie es auch erwähnt, wenn er Jude oder Japaner gewesen wäre?«

Ihre Frage verblüffte mich. Als ich darüber nachdachte, wurde mir klar, daß die Erwähnung der Rasse des Busfahrers für mich unausgesprochen Bestandteil einer Erwiderung auf das Buch *The Bell Curve* war, in dem behauptet worden war, der IQ sei entscheidend für den Lebenserfolg, und in diesem Bereich seien Afroamerikaner gegenüber anderen Gruppen benachteiligt. Ich fand, daß das Buch auf fehlerhaften Daten beruhte, und außerdem war der IQ nur ein Faktor unter vielen, die zum Lebenserfolg beitragen, wobei die emotionale Intelligenz eine wesentliche Rolle spielt.[44] Ich wollte unterstreichen, daß der Afroamerikaner auf diesem Gebiet begabt war.

Die Frau hielt mir jedoch entgegen, daß ich das nicht deutlich ausgesprochen hätte und daß es ihr so vorkäme, als hätte ich jemanden be-

189

schrieben, der vorankommt, weil er allzu beflissen Weißen gefällig ist. Seine Rasse spiele jedenfalls keine Rolle, meinte sie.

Und sie hatte recht. In dem Zusammenhang, in dem ich von der Begebenheit erzählte, spielte sie wirklich keine Rolle. Indem ich auf seine Rasse hinwies, betonte ich einen unerheblichen Unterschied. Seitdem habe ich darauf verzichtet, seine Rasse zu erwähnen.

Wenn man in einem Zusammenhang, wo diese Identität unerheblich ist, auf die Gruppenzugehörigkeit eines Menschen hinweist, ruft man bei den Zuhörern leicht ein Stereotyp über diese Gruppe wach. Und Gruppenstereotype können mit ihrer *emotionalen* Wirkung die Leistung negativ beeinflussen.

Die destruktive Wirkung von Stereotypen besonders für Angehörige von Minderheiten in einer Organisation hat der Psychologe Claude Steele von der Stanford University in eleganten Versuchen aufgedeckt. Steele muß es wissen als einer von ganz wenigen Afroamerikanern im überwiegend weißen Lehrkörper dieser Universität.

Ging es in Steeles Experimenten auch nur um akademische Leistungsfähigkeit, so ergeben sich doch direkte Folgerungen für den Arbeitsplatz: Negative Stereotype können die Arbeitsleistung lähmen. Um im Beruf erfolgreich zu sein, müssen Menschen überzeugt sein, daß sie dazugehören, daß sie akzeptiert und geschätzt werden und daß sie die Fähigkeiten und inneren Ressourcen haben, um es zu schaffen. Wenn negative Stereotype diese Annahmen in Frage stellen, beeinträchtigen sie die Leistung.

Steele prägte den Ausdruck »Stereotyp-Bedrohung«, um eine Art von emotionaler Landmine zu bezeichnen, eine Erwartung geringer Leistung, die, wenn auch unausgesprochen, in einer Organisation herrscht und eine Atmosphäre erzeugt, die sich auf die Arbeitsfähigkeiten von Betroffenen negativ auswirken.[45] Solche Erwartungen können so starke Ängste hervorrufen, daß die kognitive Fähigkeit ernsthaft beeinträchtigt wird. Wie wir im fünften Kapitel sahen, kann die erregte Amygdala den im Arbeitsgedächtnis verfügbaren Raum einschränken, und Stereotyp-Bedrohung ist sicherlich in der Lage, die Amygdala zu aktivieren.

Eine Drohung in der Luft

Steele ersann eine ganz einfache Versuchsanordnung: Studenten und Studentinnen, die gut in Mathematik waren, sollten Aufgaben lösen, die zur Zulassungsprüfung für die höheren Semester gehörten. Einer von den zwei Testgruppen wurde gesagt, daß bei dem Test gewöhnlich die unterschiedliche Befähigung von Männern und Frauen deutlich werde, während der anderen nichts gesagt wurde.

Die Frauen schnitten bei dem Test erheblich schlechter ab als die Männer, aber nur, wenn ihnen vorher gesagt worden war, der Test offenbare geschlechtliche Unterschiede. Wurden Geschlechterfragen gar nicht angesprochen, schnitten die Frauen genauso gut ab wie die Männer!

Die leistungsmindernde Wirkung trat auch ein, wenn schwarze Testteilnehmer eine ähnlich bedrohliche Mitteilung erhielten. Steeles Versuche zeigen eindrucksvoll, daß schon die Andeutung von Stereotypen Wirkung entfaltet. Der für die Leistungsminderung der Frauen verantwortliche Faktor war Steele zufolge eine schwächende Angst. Sie hatten zwar die Befähigung zu guten Leistungen, doch beeinträchtigte die von dem bedrohlichen Stereotyp ausgelöste Angst ihre Leistung.

Steele behauptet, diese Angst werde verstärkt durch den Interpretationsrahmen, den das Stereotyp schafft. Die Ängste, die bei einer schwierigen Aufgabe ganz normal sind, werden von den Betroffenen als Bestätigung dafür aufgefaßt, daß sie es – als Frauen oder als Schwarze – nicht können, und das verstärkt ihre eigenen Ängste so, daß sie dann wirklich schlecht abschneiden.

Die Auswirkungen der Stereotyp-Bedrohung bekommen am ehesten diejenigen zu spüren, die die *Vorhut* einer Gruppe bilden, zum Beispiel die ersten Jetpilotinnen oder die ersten Angehörigen einer Minderheit, die in eine Anwaltskanzlei oder eine Brokerfirma eintraten. Auch wenn sie die Fähigkeiten und das Selbstvertrauen haben, um dieses neue Gelände zu betreten, kann es ihnen dort passieren, daß sie die volle Wucht der Stereotyp-Bedrohung zu spüren bekommen und deshalb zum ersten Mal einen emotional induzierten Leistungsabfall erleben.

Frauen in höheren Rängen der Führungshierarchie liefern dafür ein einschlägiges Beispiel. Eine Befragung von Frauen – und ihren höchsten Vorgesetzten in der Unternehmensführung – ergab, daß ihre Vorgesetzten der Ansicht waren, mangelnde Managementerfahrung hindere die Frauen daran, in höchste Führungspositionen aufzusteigen. Die weiblichen Führungskräfte nannten dagegen als ersten und zweiten Grund das stereotype Vorurteil und die Ausschließung von informellen Beziehungsnetzen innerhalb der Organisation.[46]

Die Stereotyp-Bedrohung kommt bei Frauen unter genau angebbaren Bedingungen ins Spiel. Eine Prüfung von einundsechzig Untersuchungen über innerbetriebliche Vorurteile gegen weibliche Manager ergab, daß Vorurteile hauptsächlich dann ins Spiel kommen, wenn Frauen in Berufen tätig sind, die eine traditionelle Domäne der Männer waren, und wenn sie von Männern statt von Frauen bewertet werden.[47]

Wie Stereotype wirken

Steele meint, die Stereotyp-Bedrohung könne einer der Gründe sein, warum Frauen in Mathematik sowie Ingenieur- und Naturwissenschaften unterrepräsentiert sind. In der Grund- und der Mittelschule zeigen amerikanische Mädchen in ihren mathematischen Fähigkeiten keinen Unterschied zu den Jungen, doch vom Eintritt in die High-School an beginnen ihre Ergebnisse bei Mathematik-Tests zurückzufallen, und während des College- und Universitätsstudiums wird der Abstand größer. Am Beginn des Collegestudiums steigen Frauen aus mathematischen sowie natur- und ingenieurwissenschaftlichen Programmen zweieinhalb mal so häufig aus wie Männer. Frauen ergattern in diesen Fächern nur 22 Prozent der College-Abschlüsse und nur 13 Prozent der Doktorhüte – und nehmen nur 10 Prozent der Arbeitsplätze ein (wo sie, nebenbei bemerkt, nur drei Viertel des Gehalts verdienen, das Männern in vergleichbaren Positionen gezahlt wird).[48]

Dieses Leistungsversagen hat nichts mit der eigentlichen Fähigkeit zu tun. Es hat viel zu tun mit dem Wirken von unfähig machenden Stereotypen. Steele verweist auf Fälle, in denen Schwarze und Frauen trotz guter Testergebnisse ungenügende Leistungen erbringen, um die Rolle der emotionalen Bedrohung zu belegen, die wirksam wird, wenn Leute einen Bereich betreten, in dem ein bedrohliches Stereotyp existiert. An diesem Punkt seien Menschen besonders anfällig dafür, an ihren eigenen Fähigkeiten zu zweifeln, ihre Talente und ihr Können in Frage zu stellen – und damit ihre Überzeugung, befähigt zu sein, zu untergraben. Ihre Angst wirkt wie ein Punktscheinwerfer, sowohl für

sie selbst als auch (jedenfall glauben sie das) für jene, die genau acht-
geben, wie gut oder schlecht sie sich bewähren. Schwarze Schüler zum Beispiel werden durch »Gerüchte über Min-
derwertigkeit«, wie sie in dem Buch *The Bell Curve* vorgetragen wer-
den, beeinträchtigt. Überall in der Welt leiden unterdrückte Minderheiten unter solchen falschen Vorstellungen. Wenn man ihnen lange
ausgesetzt ist, nisten sich solche negativen sozialen Stereotype Steele
zufolge ein und wirken auf die Angehörigen solcher Gruppen ein-
schüchternd. Am Arbeitsplatz entfaltet diese Einschüchterung ihre
zerstörerische emotionale Wirkung.

Erfolg durch andere

Eine der Losungen der Harvard Business School lautet dieser Tage:
»Erfolg durch andere, die von dir verschieden sind«. In der Verschiedenheit liegt Stärke, und dies macht die Fähigkeit, Vielfalt zu nutzen,
zu einer immer wichtigeren Kompetenz.

In Organisationen jeglicher Art sind Menschen von ganz unterschiedlicher Art tätig, weshalb man stärker auf die subtilen Verzerrungen achten muß, die durch Stereotype und Vorurteile in die Arbeitsbeziehungen hineingetragen werden. Unter den Managern heben sich
die Leistungs-Asse vom Durchschnitt durch die Fähigkeit ab, Menschen zutreffend einzuschätzen und sich durch emotionsgeladene Stereotype nicht beirren zu lassen.[49]

Es fällt uns generell schwer, die subtilen nonverbalen Signale der
Emotionen von Menschen zu erfassen, die einer ganz anderen Gruppe
als wir selbst angehören, ob es nun um das andere Geschlecht, eine andere Rasse, Nationalität oder ethnische Gruppe geht.[50] Jede Gruppe
hat für den Ausdruck von Emotionen ihre eigenen Normen, und je
weniger wir diese Normen kennen, desto schwerer fällt uns die Einfühlung. Ein Mangel an Empathie kann, wie wir gesehen haben, einen
falschen Ton in eine Interaktion hineinbringen, ein Unbehagen und
eine emotionale Distanz erzeugen, was uns wiederum darin bestärkt,
den anderen durch die Brille des Gruppen-Stereotyps zu sehen und
nicht als das Individuum, das er (oder sie) ist.

In vielen Programmen zur besseren Nutzung der Vielfalt fehlt etwas; sie versäumen es, die Vielfalt in der Weise nutzbar zu machen, daß
die Teilnehmer leichter lernen, wie sie ihre beruflichen Aufgaben besser erfüllen können. Man bemüht sich darum, daß Menschen unter-

schiedlicher Herkunft sich am Arbeitsplatz wohl- und willkommen fühlen, und das ist alles gut und schön. Man kann jedoch noch mehr tun und die Vielfalt als *Hebel* nutzen, um die Leistung auf der ganzen Linie zu steigern.

Bei der Fähigkeit, Vielfalt zu nutzen, geht es, abgesehen von null Toleranz gegenüber Intoleranz, um drei Dinge: mit Menschen, die anders sind, gut auszukommen, die eigenwillige Art, wie andere eine Aufgabe angehen, zu schätzen und jede geschäftliche Chance, die diese eigenwilligen Verfahrensweisen unter Umständen bieten, zu ergreifen.

Diese Prinzipien weisen den Weg zu dem, was nach der Ansicht, die David Thomas und Robin Ely in einem Artikel der *Harvard Business Review* vertreten, die potentiellen Vorteile der Nutzung von Vielfalt sind: höhere Ertragskraft, verstärkte innerbetriebliche Lernprozesse, Flexibilität und rasche Anpassung an sich wandelnde Märkte.[51]

Der zusätzliche Schritt, Vielfalt in diesem Sinne nutzbar zu machen, verlangt jedoch, daß man sich von der verbreiteten Annahme löst, die Diversifikation der Belegschaft ziele einzig darauf ab, die Zahl der verschiedenen Gruppen innerhalb der Belegschaft zu erhöhen und ihre Angehörigen dort einzusetzen, wo sie es mit Kunden von gleicher Gruppenzugehörigkeit zu tun haben. Diese Annahme, so Thomas und Ely, sieht den wesentlichen Beitrag, den Angehörige von Minderheiten für eine Firma leisten können, in der Nutzung ihres Insidergespürs, um das Angebot der Firma bei Angehörigen ihrer Gruppe besser an den Mann zu bringen.

Dieses Ziel ist durchaus ehrenwert, nur geht es an den eigentlichen Vorteilen der Vielfalt vorbei. Für Thomas und Ely bringen Menschen unterschiedlicher Herkunft »vielfältiges, wichtiges und wettbewerbsrelevantes Wissen und unterschiedliche Auffassungen darüber mit, wie die Arbeit insgesamt gestaltet sein sollte – wie man Prozesse gestaltet, Ziele erreicht, Aufgaben formuliert, effektive Teams schafft, Ideen kommuniziert und wie man führt«.[52] Und dieses Wissen kann einer Organisation zugute kommen.

Da ist das Beispiel einer im öffentlichen Interesse tätigen Anwaltskanzlei im Nordosten der USA. Die Mitarbeiter, allesamt Weiße, machten sich in den achtziger Jahren Sorgen darüber, daß ihre wichtigsten Klienten, Frauen mit arbeitsrechtlichen Klagen, ebenfalls allesamt Weiße waren. Sie glaubten verpflichtet zu sein, ihren Klientenstamm zu diversifizieren.

Man stellte also eine Anwältin hispanischer Herkunft ein, in der Hoffnung, sie werde hispanische Klienten einbringen. Sie brachte jedoch noch mehr als das ein, nämlich eine neue Auffassung von den grundlegenden Aufgaben der Kanzlei. Das führte dazu, daß die Kanzlei nicht mehr nur Klagen von Frauen vertrat, sondern auch Präzedenzfälle schaffende Prozesse führte, in denen gegen Englisch als einzige Unterrichtssprache gefochten wurde.

Die Kanzlei nahm weitere nicht-weiße Anwälte auf, und das, so sagt einer ihrer Partner, »hatte Einfluß auf unsere Arbeit, denn wir erweiterten unsere Vorstellungen über das, was relevante Probleme sind, und formulierten sie auf eine kreative Weise, die mit ausschließlich weißen Mitarbeitern nicht möglich gewesen wäre. Es hat wirklich die Substanz unserer Arbeit verändert und insofern auch deren Qualität gesteigert.«[53]

Wenn Unternehmensführer die Einsichten schätzen, die Menschen anderer Herkunft mitbringen, kann ein innerbetrieblicher Lernprozeß in Gang kommen, der die Wettbewerbsfähigkeit erhöht. Ein Unternehmen, das Finanzdienstleistungen anbot, hatte in seiner Verkaufspolitik auf kurze, nüchterne Argumente gesetzt, bis ihm auffiel, daß seine erfolgreichsten Verkäufer Frauen waren, die einen anderen Ansatz verfolgten, der mehr ihrem geschlechtsspezifischen Stil entsprach: den langsamen, aber sicheren Aufbau von Beziehungen. Inzwischen verfolgt dieses Unternehmen eine flexiblere Verkaufspolitik und ermutigt und belohnt die unterschiedlichen Stile, die den Verkäufern von anderer Herkunft besser liegen. Das Unternehmen war fähig, die durch den Erfolg der Frauen gewonnene Einsicht zu nutzen, um seine eigenen Annahmen in Frage zu stellen, zu lernen und sich zu ändern – und somit durch Nutzung der Vielfalt erfolgreicher zu sein.

Politisches Bewußtsein

Soziale und politische Entwicklungen erfassen

MENSCHEN MIT DIESER KOMPETENZ
- schätzen wichtige Machtbeziehungen richtig ein.
- erkennen bedeutsame soziale Beziehungsgeflechte.
- verstehen die Kräfte, von denen das Denken und Handeln von Kunden, Verbrauchern oder Konkurrenten geprägt wird.
- schätzen die inner- und außerbetrieblichen Realitäten zutreffend ein.

•   •   •   •   •

Ein tüchtiger Diplomat berichtet, wie er in ein afrikanisches Land mit reichen Ölvorkommen entsandt wurde und rasch in Erfahrung brachte, daß es in Wirklichkeit »der Neffe der Geliebten des Ministerialdirektors des Ministerpräsidenten« war, der in der Erdölpolitik dieses Landes das Sagen hatte. Also sorgte er gleich dafür, daß man ihn zu einer Party einlud, auf der er den Neffen kennenlernen, sich mit ihm anfreunden und ihn gegebenenfalls beeinflussen könnte.[54]

Die Fähigkeit, politische Realitäten zu erfassen, ist wesentlich, wenn man hinter den Kulissen die Fäden ziehen und Bündnisse schmieden möchte, um Einfluß auszuüben, gleichgültig, welchen Beruf man ausübt. Solcher soziale Scharfsinn fehlt denen, die nur mäßige Leistungen bringen; sie verraten damit ein betrüblich geringes Maß an politischem Durchblick.

Die für die Aus- und Weiterbildung zuständige Direktorin einer Firma, die zu den 500 größten auf der Liste der Zeitschrift *Fortune* gehört, bat mich, an der Gestaltung eines Programms für ihre Manager mitzuwirken, denn man könne, wie sie es unumwunden formulierte, »von vielen dieser Manager sagen, daß sie praktisch kein Bewußtsein für das haben, was um sie herum geschieht, und nichts davon mitbekommen«.

In jeder Organisation gibt es ein unsichtbares Nervengeflecht von Beziehungen und Einflüssen. Manche ahnen nichts von dieser unterhalb des Radar liegenden Welt, während andere sie voll auf ihrem Bildschirm haben. Um die Tendenzen erfassen zu können, von denen die *wirklichen* Entscheidungsträger sich leiten lassen, muß man sein Einfühlungsvermögen nicht nur auf der zwischenmenschlichen Ebene, sondern auch auf der Ebene der Organisation spielen lassen.

Diejenigen, die ein Netz vielfältiger persönlicher Beziehungen pflegen, wissen in der Regel Bescheid über das, was in der Firma los ist, und diese soziale Intelligenz erfaßt auch die äußeren Realitäten, die für die Firma von Belang sind. Menschen mit hervorragenden Vertriebserfolgen zeichnen sich oft durch genaue Kenntnis der Entwicklungen innerhalb der Firma des Kunden aus. Ein politisch gewieftes Leistungs-As nannte folgendes Beispiel: »In einer Firma, an die wir verkaufen, gab es einen geschäftsführenden Vizepräsidenten, der relativ neu an Bord war, aber als kommender Star und ›Ziehsohn‹ des Präsidenten galt. Im Grunde traf er die Entscheidungen – der Präsident hatte ihm völlig freie Hand gegeben. Wir entdeckten, daß es sehr zu unserem Vorteil und entscheidend für den Verkaufserfolg war, wenn wir eine Beziehung zu ihm pflegten.«[55]

Wer durch hervorragende Leistungen glänzt, besitzt fast durchweg diese Fähigkeit. Unter Managern und Führungskräften insgesamt zeichnen sich die Leistungs-Asse durch diese emotionale Kompetenz aus; da sie Situationen objektiv, ohne die verzerrende Brille ihrer eigenen Vorurteile und Annahmen, zu erfassen vermögen, können sie effektiv reagieren – und das zählt um so mehr, je höher die Position innerhalb der Unternehmenshierarchie ist.[56]

Führungskräfte geraten ständig in die mißliche Lage, scheinbar gegensätzliche Standpunkte oder Interessen ausgleichen zu müssen, sowohl innerhalb als auch außerhalb des Unternehmens. Ohne diesen politischen Scharfsinn fällt es Managern schwer, die mannigfaltigen Ansichten von Kollegen, Vorgesetzten, Untergebenen, Kunden und Konkurrenten zum Ausgleich zu bringen.

Wer sich darauf versteht, vermag eine gewisse Distanz einzunehmen und von der eigenen emotionalen Verwicklung in die Dinge abzusehen, um objektiver zu urteilen. Bei einem innerbetrieblichen Konflikt kann er sich zum Beispiel in die Standpunkte der beteiligten Parteien hineinversetzen und deren jeweilige Auffassung einigermaßen zutreffend beschreiben, obwohl wir doch alle kaum mit Vorgängen – und besonders mit emotional aufgeladenen Vorgängen – konfrontiert werden, über die wir uns nicht schon eine Meinung gebildet hätten. Diese emotionale Kompetenz, die sowohl auf emotionaler Selbstkontrolle als auch auf Empathie beruht, erlaubt uns, die Dinge klar zu sehen und uns nicht von unserem eigenen Standpunkt hinreißen zu lassen.

Politischer Durchblick

Während der Regierungszeit von Deng Xiaoping fuhr der Vizepräsident einer amerikanischen Erdölgesellschaft nach China und hielt dort eine Rede vor einem kleinen Kreis chinesischer Funktionäre, wobei er auch einige kritische Bemerkungen über Präsident Clinton fallen ließ.[57]

Seine Zuhörer reagierten mit eisigem Schweigen, und nachdem er seine Rede beendet hatte, sagte niemand ein Wort. Tags darauf kam jemand in die Vertretung der Erdölgesellschaft, um sich in gewundenen Worten zu entschuldigen: »Wir bedauern, daß wir gestern nicht in der Lage waren, ein Gespräch zu führen, das näher auf die Ausführungen Ihres Vizepräsidenten eingegangen wäre. Aber Sie werden verstehen, daß uns manche der Themen, die er anschnitt, fremd sind.«

Der Mitarbeiter, der diese Äußerung entgegennahm, sagte später: »Sie haben sich nach meiner Meinung sehr höflich ausgedrückt. Was

197

sie meinten, aber nicht direkt gesagt haben, war: ›Ihr Vizepräsident mag der Ansicht sein, daß es in Ordnung ist, Clinton zu kritisieren. Wenn einer von uns dasselbe mit unserem Staatschef machen würde, säße er wahrscheinlich am nächsten Tag im Gefängnis.‹«

Dem Vizepräsidenten der Erdölgesellschaft mangelte es an Gespür für die Grundregeln der Kultur, mit der er es hier zu tun hatte. Und so wie die Kulturen verschiedener Länder haben auch alle Unternehmen ihre ungeschriebenen Grundregeln bezüglich dessen, was akzeptabel ist und was nicht. Einfühlungsvermögen auf der Ebene der Firma bedeutet, daß man sich über das Klima und die Kultur einer Firma nicht hinwegsetzt.

Aus den unvermeidlichen innerbetrieblichen Kungeleien, die es überall gibt, entstehen konkurrierende Bündnisse und Machtkämpfe. Wer ein Gespür für diese politischen Bruchlinien zwischen Freund und Feind besitzt, kann die zugrundeliegenden Konflikte besser verstehen und sich besser auf das einstellen, was für die obersten Entscheidungsträger wirklich zählt. Wer diese Kompetenz in einem noch höheren Maß besitzt, vermag auch die allgemeineren Tendenzen zu erfassen – Zwänge, die sich aus dem Wettbewerb oder aus gesetzgeberischen Maßnahmen ergeben, technologische Chancen, politische Entwicklungen und dergleichen –, aus denen sich die Chancen und die Zwänge, denen ein Unternehmen unterliegt, herleiten lassen.

Eine Warnung an die »Schlaumeier«, die sich der innerbetrieblichen Intrigen nur zum eigenen Nutzen und Fortkommen bedienen und sich im unsichtbaren Geflecht der Machtbeziehungen genauestens auskennen: Ihr Schwachpunkt besteht darin, daß sie ausschließlich von Eigennutz getrieben werden. Dadurch übersehen sie Dinge, die sich nicht unmittelbar auf ihr persönliches Programm auswirken, und so können blinde Flecke entstehen. Zudem blenden sie die Gefühle ihrer Mitmenschen aus, außer wenn diese sich auf ihre eigene Ambition beziehen – und deshalb wirken sie oft rücksichtslos, gefühllos und egozentrisch.

Umgekehrt ist es aber auch von Nachteil, wenn man die innerbetrieblichen Machtbeziehungen verachtet oder als unerheblich abtut. Diejenigen, denen es an politischem Gespür mangelt, scheitern meistens bei dem Versuch, andere für ihr Anliegen zu mobilisieren, weil sie sich in dem Bemühen, Einfluß zu gewinnen, an die falschen wenden oder es verkehrt anpacken. Es reicht nicht, den formalen Organisationsplan eines Unternehmens genau zu kennen; was man braucht, ist ein feines Gespür für die informelle Struktur und die heimlichen Machtzentren im Unternehmen.

198

8

Die Kunst der Beeinflussung

Durch die Fusion von Salomon Brothers und Smith Barney entstand eines der größten Finanzinstitute der Welt. Die Wirtschaftspresse kündigte den Zusammenschluß als krönenden Erfolg von Sanford (»Sandy«) Weill an, dem Präsidenten von Smith Barney, der alles eingefädelt hatte (und Monate später noch eine Fusion folgen ließ, diesmal mit Citicorp).

Nach der Ankündigung wurde in beiden Firmen wochenlang eifrig konferiert, um die Zusammenfügung der beiden schwergewichtigen Firmen zu einem einzigen Giganten in allen Einzelheiten zu regeln. Wie bei solchen Fusionen üblich, würden Hunderte von Angestellten ihre Stelle verlieren, da viele Funktionen in beiden Firmen doppelt besetzt waren.

Aber wie kann man die Nachricht überbringen, ohne die sowieso schon beunruhigende Realität noch finsterer erscheinen zu lassen?

Ein Abteilungsleiter packte es auf die denkbar schlimmste Art an. Er hielt eine düstere, einer Drohung gleichkommende Ansprache, die auf folgendes hinauslief: »Ich weiß nicht, was ich tun werde, aber erwartet nicht, daß ich nett zu euch bin. Ich muß die Hälfte der Leute hier feuern, und da ich noch nicht genau weiß, wie ich diese Entscheidung treffen werde, möchte ich, daß jeder mir seinen beruflichen Werdegang und seine Qualifikationen beschreibt, damit ich anfangen kann.«

Sein Pendant in der anderen Firma machte es viel geschickter. Seine Botschaft war optimistisch: »Wir denken, daß dieses neue Unternehmen eine sehr spannende Plattform für unsere Arbeit sein wird, und wir sind glücklich, daß wir mit vielen talentierten Leuten aus beiden Unternehmen arbeiten werden. Wir werden unsere Entscheidungen so schnell wie möglich treffen, aber nicht, bevor wir nicht ganz sicher sind, daß wir genügend Informationen zusammen haben, um fair entscheiden zu können. Wir werden Sie alle paar Tage über unsere Verfahrensweise unterrichten. Und wir werden die Entscheidung sowohl auf objektive Leistungskriterien als auch auf qualitative Fähigkeiten wie Teamarbeit stützen.«

Mark Loehr, geschäftsführender Direktor bei Salomon Smith Barney, berichtete mir, daß die in der zweiten Gruppe »produktiver wurden, weil sie sich auf die Zukunftsaussichten freuten. Und sie wußten, daß es, auch wenn sie nicht ihre Stelle behielten, eine faire Entscheidung sein würde.«

Doch in der ersten Gruppe, bemerkte er, »waren alle unmotiviert. Sie verstanden: ›Ich werde nicht fair behandelt‹, und es löste bei allen eine Amygdala-Attacke aus. Sie waren verbittert, demoralisiert. Manche sagten: ›Ich weiß nicht, ob ich für diesen Idioten überhaupt arbeiten *möchte*, gar nicht zu reden von der Firma.‹ Headhunter setzten sich mit seinen Leuten in Verbindung und warben einige der besten ab, aber keinen aus der anderen Gruppe.«

Loehr sagte: »Als Lehman ohne vollständige Integration mit Shearson fusionierte, war es ein massiver Mißerfolg. Doch als Smith Barney dann Shearson übernahm, klappte es. Es kommt ganz darauf an, wie man direkt nach einer Fusion mit den Leuten umgeht. Wenn man es richtig anpackt, können die Wurzeln des Vertrauens zwischen den beiden Kulturen wachsen. Das Geniale an Sandy Weill ist seine Fähigkeit, Firmen so rasch zu integrieren, daß sie nicht verkümmern.«

Die Kunst der Beeinflussung besteht darin, auf die Emotionen von *anderen* einzuwirken. Insofern waren beide Abteilungsleiter einflußreich, aber in entgegengesetztem Sinne. Spitzenkräfte verstehen sich darauf, emotionale Signale auszusenden, und das macht sie zu wirksamen Kommunikatoren, die ein Publikum lenken können, mit einem Wort: zu Führungspersönlichkeiten.

Emotionen sind ansteckend

All diese Fähigkeiten machen sich eine Grundtatsache zunutze: Wir beeinflussen gegenseitig unsere Stimmungen. Daß jemand den emotionalen Zustand eines anderen positiv oder negativ beeinflußt, ist etwas ganz Natürliches; wir tun es ständig, indem wir uns von den Emotionen eines anderen »anstecken« lassen wie von einer Art sozialem Virus. Dieser emotionale Austausch stellt eine unsichtbare zwischenmenschliche Ökonomie dar, die Bestandteil jeder menschlichen Interaktion ist, aber meist zu subtil ist, als daß man es bemerken könnte.

Dennoch ist die Übertragung von Stimmungen ungemein wirksam. In einer Untersuchung über Stimmungen ließ man drei Versuchsteilnehmer, die einander nicht kannten, zwei Minuten lang wortlos in einem Kreis sitzen, und innerhalb der zwei Minuten übertrug die Person, die emotional am ausdrucksstärksten war, ihre Stimmung auf die beiden anderen.[1] Die Stimmung, welche die ausdrucksstärkste Person am Beginn einer solchen Sitzung hatte, hatten die beiden anderen an deren Ende, mochte sie nun fröhlich, gelangweilt, besorgt oder ärgerlich sein.

Emotionen sind ansteckend. Das hatte schon der Psychoanalytiker C. G. Jung erkannt: Auch wenn der Arzt vollständig vom emotionalen Zustand des Patienten getrennt sei, habe der reine Umstand, daß der Patient Emotionen hat, eine Wirkung auf ihn. Und es wäre ein großer Fehler, wenn der Arzt glauben sollte, er könne sich darüber hinwegsetzen. Er könne gar nicht anders, als sich der Tatsache bewußt zu werden, daß er affiziert wird. Wenn er das aus den Augen verlöre, bliebe er abseits und würde das Wesentliche nicht begreifen.

Was im intimen Austausch zwischen Psychotherapeut und Patient gilt, gilt nicht minder in der Fabrikhalle, im Vorstandszimmer oder im emotionalen Treibhaus von Büros. Daß Stimmungen so leicht übertragbar sind, hat seinen Grund darin, daß sie überlebenswichtige Signale sein können. Unsere Emotionen sagen uns, worauf wir zu achten haben, wann wir bereit sein müssen zu handeln. Emotionen bemächtigen sich rücksichtslos unserer Aufmerksamkeit, ob sie nun als Warnung, als Einladung, als Alarm oder was auch immer fungieren. Es sind durchschlagende Botschaften, die wichtige Informationen vermitteln, ohne Tatsachen in Worte fassen zu müssen. Emotionen sind eine hypereffiziente Form der Kommunikation.

In der menschlichen Urhorde fungierte die emotionale Ansteckung – etwa die Ausbreitung von Furcht von einem zum anderen – vermutlich als Alarmsignal, das unverzüglich die Aufmerksamkeit aller auf eine drohende Gefahr lenkte, etwa einen sich anpirschenden Tiger.

Heute ist derselbe kollektive Mechanismus am Werk, wenn sich herumspricht, daß der Absatz beunruhigend zurückgegangen ist, daß mit einer Entlassungswelle zu rechnen ist oder daß erneut Gefahr von der Konkurrenz droht. Jeder in der Kommunikationskette aktiviert beim nächsten denselben zugrunde liegenden emotionalen Zustand und gibt so die Nachricht weiter, daß man hellwach sein muß.

Emotionen sind als Mitteilungssystem nicht auf Worte angewiesen und könnten deshalb, wie Evolutionstheoretiker meinen, eine wichtige Rolle in der Entwicklung des menschlichen Gehirns gespielt haben, lange bevor Menschen sich über Worte symbolisch verständigten. Dank dieses Erbes der Evolution stellt sich unser Radar für Emotionen auf die Menschen unserer Umgebung ein und ermöglicht uns eine problemlosere, effektivere Interaktion.

Die *emotionale* Ökonomie umfaßt sämtliche gefühlsmäßigen Austauschvorgänge zwischen uns. Mit jedem Kontakt, den wir haben, steuern wir alle auf subtile (oder nicht so subtile) Weise dazu bei, daß wir uns ein bißchen besser (oder sehr viel schlechter) fühlen; dabei kann jede Begegnung gewichtet werden auf einer Skala, die vom emotionalen Gift bis zum Stärkungselixier reicht. Diese Ökonomie kann, obwohl weitgehend unsichtbar, für ein Unternehmen oder für den Ton, der in ihm herrscht, ungeheuer segensreich sein.

Das Gruppengefühl

Eine Gruppe von Managern verhandelt darüber, wie ein begrenzter Betrag an Prämien verteilt werden soll. Alle präsentieren einen würdigen Kandidaten aus der eigenen Abteilung und begründen, wie hoch die Prämie für die einzelnen Kandidaten ausfallen soll. Die Diskussion kann in Verbitterung oder auch in Harmonie enden, je nachdem.

Wie sie endet, hängt davon ab, welche *Stimmungen* sich während der Verhandlung unter ihnen ausbreiten. Die Stimmungen, mit denen sich die Menschen in der Arbeit anstecken, sind, oft unbemerkt, mitverantwortlich dafür, wie gut sie arbeiten.

Daß die Emotionen, die sich in einer Gruppe ausbreiten, die Leistung beeinflussen können, wurde von Professor Sigal Barsade an der School of Management der Harvard University eindrucksvoll nachgewiesen.[2] Versuchsteilnehmer waren Studenten der Managementschule, und sie sollten Manager spielen, die über die Verteilung von Prämien zu entscheiden haben. Jeder Teilnehmer verfolgte zwei Ziele: für seinen Kandidaten eine möglichst hohe Prämie herauszuholen und dazu beizutragen, daß die Gruppe als ganze die verfügbaren Mittel im Interesse des Unternehmens optimal verwendet.

Was die Teilnehmer nicht wußten, war, daß Barsade einen speziell instruierten Agenten in die Gruppe eingeschleust hatte. Dieser »Manager«, ein ausgebildeter Schauspieler, meldete sich immer zuerst und trug immer dieselben Argumente vor. Dabei schlug er aber jeweils eine von vier verschiedenen emotionalen Tonarten an: fröhlichen, überschäumenden Enthusiasmus, entspannte, gelassene Heiterkeit, depressive Schwerfälligkeit oder unangenehme, aggressive Reizbarkeit. Seine eigentliche Aufgabe war, die Gruppe mit dem einen oder anderen dieser emotionalen Zustände zu infizieren, so als würde er unter ahnungslosen Opfern ein Virus verbreiten.

Die Emotionen breiteten sich tatsächlich wie ein Virus aus. Als der Schauspieler fröhlich oder heiter argumentierte, wurde die Gruppe von diesen Gefühlen angesteckt, und die Mitglieder wurden im Laufe der Verhandlung freundlicher. Wenn er reizbar war, wurden die Leute mißmutiger. (Depression breitete sich dagegen kaum aus, möglicherweise deshalb, weil sie als ein stiller sozialer Rückzug wirkt, was sich zum Beispiel in der Vermeidung von Blickkontakten äußert; daher die geringe Ausbreitung.)

Gute Gefühle breiteten sich stärker aus als schlechte, und die Auswirkungen waren überaus positiv: Kooperation, Fairneß, Zusammenarbeit und die Gesamtleistung der Gruppe stiegen an. Die Verbesserung war mehr als nur ein Abglanz von guten Gefühlen; objektive Messungen zeigten, daß die Gruppen effektiver waren, was in diesem Fall hieß, daß sie besser in der Lage waren, das Prämiengeld gerecht und auf eine Weise zu verteilen, die dem Wohl des Unternehmens am dienlichsten war.

In der Arbeitswelt spielen emotionale Elemente eine entscheidende Rolle, unabhängig von der Art des Unternehmens. Statt sich von den emotionalen Unterströmungen, die immer im Spiel sind, herunterziehen zu lassen, kann man mit emotionaler Kompetenz durch sie hindurchsteuern.

Umgang mit den Emotionen des Gegenübers

In Disney World geht ein langer, schwüler und ermüdender Tag zu Ende, und Familien mit Kindern treten im Bus die zwanzigminütige Heimfahrt zu ihrem Hotel an. Die Kinder sind genau wie ihre Eltern überreizt und mißmutig. Alle quengeln herum.

Es ist eine höllische Fahrt.

Da dringt ein dünnes, anhaltendes Trällern durch das ansteckende Gejammer der Kinder und Eltern: Der Busfahrer hat das Lied »Under the Sea« aus dem Film *Die kleine Meerjungfrau* angestimmt. Nach und nach werden alle still und hören zu. Schließlich fällt ein kleines Mädchen ein, dann schließen sich noch ein paar Kinder an. Am Ende der Fahrt singen alle »The Circle of Life« aus dem Film *Der König der Löwen*. Eine höllische Fahrt hat sich verwandelt in den wohltuenden, von Gesang begleiteten Abschluß eines erfüllten Tages.

Dieser Busfahrer wußte genau, was er tat. Die singenden Fahrer sind nämlich Bestandteil einer bewußten Strategie, die Besucher bei Laune zu halten. Ich erinnere mich noch (mit Vergnügen) an den Fahrer eines Mickey-Mouse-Busses, der die Titelmelodie der damals beliebten Fernsehsendung *Mickey Mouse Club* anstimmte, als ich, damals noch ein Kind, in den fünfziger Jahren Disneyland besuchte; es ist bis heute meine lebhafteste Erinnerung an diesen Ausflug.

Diese Strategie macht sich raffiniert die emotionale Ansteckung zunutze. Jeder von uns wird positiv oder negativ von allen anderen emotional beeinflußt; ständig wirken wir auf die emotionalen Zustände anderer ein, so wie die anderen auf unsere. Diese Tatsache liefert ein mächtiges Argument gegen die ungehemmte Äußerung bösartiger Gefühle am Arbeitsplatz: Sie vergiften die Atmosphäre.

Umgekehrt hängen unsere positiven Gefühle im Hinblick auf ein Unternehmen weitgehend davon ab, wie die Spitze des Unternehmens auf unsere Gefühle einwirkt. Die wirklich tüchtigen Leute in einem Unternehmen wissen das instinktiv und benutzen ihr emotionales Radar, um die Reaktionen anderer zu erspüren, und stimmen ihre eigene Reaktion darauf ab, um die Interaktion im günstigsten Sinne zu lenken. Tom Pritzker, der Präsident von Hyatt Hotels, sagte mir: »Die Dame am Empfang, die den Kunden mit ihrem Lächeln für sich gewinnt, bringt keinen meßbaren Gewinn, aber den Vorteil spürt man.« Und wirklich ist Lächeln das ansteckendste emotionale Signal, denn es vermag fast unwiderstehlich andere dazu zu bringen, zurückzulächeln. Das Lächeln allein löst schon positive Gefühle aus.[3]

Dieselben Hirnmechanismen, die der Empathie zugrunde liegen und die emotionale Einstimmung ermöglichen, bahnen auch die Wege für die emotionale Ansteckung. Außer der von der Amygdala ausgehenden Schaltung sind jedoch auch die basalen Bereiche einschließlich des Hirnstamms beteiligt, die die reflexartigen, automatischen Funktionen regeln. Die Aktivität dieser Areale erzeugt einen geschlossenen Kreis von Neuronen, der den physiologischen Zustand des anderen nachbildet – und auf diesem Weg springen Emotionen offenbar vom einen auf den anderen über.[4]

Dieses System ist im Spiel, wenn jemand ein Publikum geschickt zu lenken versteht. Der Psychologe Howard Friedman von der University of California in Irvine bemerkt dazu: »Zum Wesen einer überzeugenden, leidenschaftlichen, mitreißenden Kommunikation gehört offenbar die Übertragung von Emotionen durch den Einsatz des Gesichtsausdrucks, der Stimme, der Gestik und der Körperbewegungen.« Friedmans Untersuchungen zeigen, daß diejenigen, die diese emotionale Gewandtheit besitzen, besser in der Lage sind, andere zu bewegen und zu inspirieren und ihre Phantasie zu fesseln.[5]

Die Darbietung von Emotionen hat etwas vom Theaterspielen. Hinter der Bühne, im Verborgenen, empfinden wir unsere Emotionen, und auf der Bühne, wo uns die anderen sehen, präsentieren wir die Emotionen, die wir vorzeigen wollen. Diese persönliche Aufspaltung in ein öffentliches und privates Gefühlsleben entspricht dem, was sich vorn im Geschäft und was sich hinten im Büro abspielt. Im Verkehr mit den Kunden inszenieren wir sorgfältig die Darbietung unserer Emotionen, während wir im Hintergrund weniger sorgfältig damit umgehen, und diese Diskrepanz wirkt sich manchmal ungünstig aus. Ein Unternehmensberater sagte: »So manche Führungskraft, die draußen einen charismatischen Eindruck macht, verhält sich den eigenen Angestellten gegenüber wie ein Idiot.« Und die Leiterin einer Sonntagsschule beklagte sich bei mir über ihren Geistlichen: »Er ist zu teilnahmslos, vollkommen ausdruckslos. Er ist so schwer zu durchschauen. Auf vieles, was er mir sagt, kann ich mir gar keinen Reim machen; es ist sehr schwer, mit ihm zusammenzuarbeiten.« Es kann ein großes Handikap sein, wenn man sich auf den Umgang mit seinen Emotionen und ihren angemessenen Ausdruck nur ungenügend versteht.

Den sozialen Fähigkeiten in dem Sinne, daß man geschickt mit den Emotionen eines anderen umzugehen versteht, liegen mehrere Kompetenzen zugrunde. Ich nenne die folgenden:

- *Einfluß:* wirksame Mittel benutzen, um andere zu überzeugen
- *Kommunikation:* klare und überzeugende Botschaften aussenden
- *Konfliktbewältigung:* über Meinungsverschiedenheiten verhandeln und sie beilegen
- *Führung:* inspirieren und lenken
- *Katalysator des Wandels:* Wandel initiieren, fördern und steuern

Einfluß

Wirksame Mittel benutzen, um andere zu überzeugen

MENSCHEN MIT DIESER KOMPETENZ
- verstehen sich darauf, andere für sich zu gewinnen.
- gestalten ihre Vorträge so, daß sie beim Hörer Anklang finden.

- benutzen komplexe Strategien wie die indirekte Beeinflussung, um Zustimmung und Unterstützung zu gewinnen.
- inszenieren dramatische Vorgänge, um ihre Ansicht durchzusetzen.

• • • • •

Der Repräsentant einer amerikanischen Firma in Tokio begleitete seinen Chef bei Besprechungen mit japanischen Geschäftspartnern. Auf dem Weg zur ersten Besprechung ließ der Repräsentant, der fließend Japanisch sprach, seinen Chef wissen, daß es nicht ratsam sei, wenn er in Gegenwart der Japaner für ihn dolmetsche; lieber solle er sich des Dolmetschers bedienen. Sein Chef ging bereitwillig darauf ein.[6]

Warum?

»Dann würden sie denken, ich sei bloß ein Sprachrohr und von Weisungen aus New York abhängig. Ich wollte sicherstellen, daß sie in mir denjenigen sehen, der genügend Macht hat, um an Ort und Stelle Entscheidungen zu treffen. Ich wollte als derjenige angesehen werden, der überwiegend die Verhandlungen führt. Ich hatte die Antworten, nicht New York.«

Daß der Mann ein Gespür für die Wirkung einer scheinbar so nebensächlichen Angelegenheit besaß, zeugt von Kompetenz in der Kunst der Beeinflussung. Beeinflussung und Überzeugung beruhen ganz wesentlich darauf, daß beim anderen bestimmte Emotionen geweckt werden, sei es nun Respekt vor Macht, leidenschaftliches Interesse an einem Projekt, Begeisterung für das Übertreffen eines Konkurrenten oder angemessene Empörung über eine Ungerechtigkeit.

Wer sich auf Beeinflussung versteht, vermag die Reaktion seiner Zuhörer auf die eigene Botschaft zu erspüren oder sogar vorwegzunehmen, und er vermag alle für ein angestrebtes Ziel einzunehmen. Den Leistungs-Assen bei Deloitte & Touche Consulting ist zum Beispiel klar, daß ein gutes Argument allein möglicherweise nicht ausreicht, um Kunden zu gewinnen, und sie spüren, welcher Mittel es sonst noch bedarf, um die Entscheidungsträger zu überzeugen.[7] Entscheidend ist dabei, daß man merkt, wann logische Argumente ihr Ziel verfehlen und wann man mit emotionaleren Mitteln mehr Wirkung erzielt.

Es zeigt sich immer wieder, daß vor allem Vorgesetzte mit überragenden Leistungen über diese emotionale Kompetenz verfügen.[8] Man muß allerdings auf jeder Unternehmensebene genau wissen, mit welchen Mitteln man Einfluß ausüben kann. »In untergeordneten Positionen kann man ins Straucheln kommen, wenn man allzusehr auf Macht aus ist und übertrieben Wert darauf legt, Eindruck zu machen, besonders wenn man versucht, sich wichtig zu machen und sich mit den äußeren Anzeichen von Macht zu umgeben«, erklärte mir Richard Boyatzis. »Wenn man gerade zum Verkaufsleiter befördert wurde und dann versucht, die Leute dadurch zu beeindrucken, daß man Distanz verlangt oder einen hohen Status vortäuscht, indem man beispielsweise teure Dreiteiler trägt oder von den Untergebenen verlangt, einen nicht mehr mit dem Vornamen anzureden, dann kann man die Leute leicht verprellen.«

Spitzenkräfte bedienen sich der verschiedensten Kniffe: Sie verstehen es, Eindruck zu machen, berufen sich auf Vernunft und Tatsachen, bedienen sich dramatischer Argumente und Aktionen, bauen sich hinter den Kulissen eine Hausmacht auf, stellen wichtige Informationen in den Vordergrund und dergleichen mehr. Beispielsweise wurde einem überdurchschnittlichen Manager die Verantwortung für die Qualitätskontrolle in einem großen Industrieunternehmen übertragen. Als erstes änderte er die Bezeichnung »Qualitätskontrolle« in »Qualitäts- service«, eine subtile, aber entscheidende Akzentverschiebung: »Ich wollte das Image erzeugen, daß es sich nicht bloß um eine polizeiartige Kontrolle handelt, sondern daß wir auch technischen Sachverstand investieren. Wenn jetzt Qualitätsbeschwerden von Kunden kommen, können wir die Sache sofort aufklären, und die Leute von der Produktion schalten nicht gleich auf Abwehr.«[9]

Dramatische Aktionen können Aufmerksamkeit fesseln und Emotionen wecken; richtig angepackt, ist dies eine der wirksamsten Strategien der Beeinflussung. »Dramatisch« bedeutet nicht unbedingt, daß man bei Vorträgen mit imposantem Anschauungsmaterial aufwartet; manchmal kann man mit ganz prosaischen Mitteln Eindruck machen. Ein tüchtiger Vertriebsmann beeindruckte einen potentiellen Kunden dadurch, daß er fast einen ganzen Tag dafür opferte, mit aufgekrempelten Ärmeln eines seiner Produkte in ein defektes Gerät des Kunden einzubauen – ein Gerät, das dieser bei der Konkurrenz gekauft hatte!

Er gewann den Kunden durch die dramatische Demonstration des umfassenden Service, den sein potentieller Kunde bei ihm erwarten konnte.[10] »Sie waren verblüfft«, meinte er.

Zuerst psychischen Kontakt herstellen

Um Einfluß auszuüben, bedarf es der Empathie; es ist schwer, positiv auf andere einzuwirken, wenn man nicht vorher weiß, wie sie empfinden, und wenn man nicht ihr Verhalten versteht. Wer emotionale Hinweise nicht richtig zu deuten weiß und sich bei sozialen Interaktionen dumm anstellt, wird keinen großen Einfluß gewinnen. Als erstes muß man einen psychischen Kontakt herstellen.

Der Analyst einer weltweit operierenden amerikanischen Erdölgesellschaft mußte daher die Art des Umgangs mit den Vertretern einer südamerikanischen Bank ändern.[11] Er sagte: »Große Summen kommen von dort und fließen dorthin zurück, und dabei spielt die Bank eine wichtige Rolle; und in Südamerika sind freundschaftliche Bande wichtig, wenn man Geschäfte machen will. Ich wollte erreichen, daß ich einen Geschäftspartner anrufen und ihm sagen kann: ›Hey, ich habe da ein Problem‹ und daß sie dann bereit sind, mit uns an der Lösung des Problems zu arbeiten.« Sein Kniff: Er traf sich mit mehreren wichtigen Repräsentanten in zwanglosem Rahmen, und während sie Kaffee tranken, unterhielten sie sich ausgiebig über sich selbst, ihre Familien, ihr Leben – nur nicht übers Geschäft.

Ähnliches berichtete mir der Vertreter eines Industrieunternehmens: »Wenn man ins Büro eines Kunden kommt, schaut man sich als erstes im Zimmer um, ob da nicht etwas ist, wofür er sich begeistert – und daran knüpft man dann das Gespräch an.« Diese Vorgehensweise setzt als selbstverständlich voraus, daß man zuerst einen psychischen Kontakt herstellt, bevor man jemanden überzeugen kann. Ein überdurchschnittlich erfolgreicher Vertreter meinte: »Manchmal gehe ich ohne Aktentasche rein und sage: ›Na, wie geht's? Hätten Sie Lust auf ein heißes Würstchen an der Bude gegenüber? Gehen wir doch hin und holen uns eins.‹ Und wenn ich den Mann in Jeans und Flanellhemd besuche, ziehe ich natürlich nicht meinen Dreiteiler an.«[12]

Solche Überzeugungsfähigkeit beweist auch der Firmenchef, der eine Mitarbeiterin dafür gewinnen will, eine Aufgabe in einer anderen Stadt zu übernehmen, so daß sie umziehen muß. Er weiß, daß die Kandidatin, die er ins Auge gefaßt hat, gern segelt, und so zeigt er ihr den Yachthafen, den es dort gibt. Oder er nutzt die Tatsache, daß der Mann der Kandidatin gern reitet, und macht ihn mit Freunden bekannt, die Reiter sind, damit auch der Mann dem Umzug zustimmt.

Überzeugungsarbeit wird erleichtert, wenn man eine Bindung oder Zugehörigkeit des Adressaten anspricht, und es ist kein Umweg, sondern eine wesentliche Voraussetzung, wenn man sich die Zeit nimmt, eine solche Bindung ausfindig zu machen. Wenn ein weit entfernter Unternehmenschef, der fast nie zu sehen ist, eine Ankündigung macht, wird das nicht so unmittelbar überzeugen, wie wenn dieselbe Mitteilung von jemandem kommt, mit dem die Angestellten täglich Kontakt haben. Um in einem großen und weitverzweigten Unternehmen einen Wandel durchzusetzen, sollte man sich daher der unmittelbaren Vorgesetzten und derjenigen bedienen, die jeder in einer Arbeitsgruppe kennt, schätzt und achtet.[13]

Eine höchst wirksame Beeinflussung erreicht man oft mit indirekten Strategien, die die lenkende Hand nicht mehr erkennen lassen. Man läßt zum Beispiel das entscheidende Argument von einem Dritten vortragen, um den Einfluß durch diesen auszuüben; man sorgt hinter den Kulissen für starke Verbündete, die einen unterstützen; oder man präsentiert sein Anliegen auf geschickte Weise so, daß alle leicht und ohne Widerstreben zu dem gewünschten Konsens gelangen.

Es ist eine Faustregel, die aber in erstaunlichem Maß mißachtet wird, daß man nämlich auf Konsens, auf einmütige Beschlüsse hinarbeiten sollte. In einer Untersuchung über strategische Entscheidungen in 356 amerikanischen Unternehmen wurde ermittelt, daß mehr als die Hälfte davon entweder überhaupt nicht beschlossen, nur teilweise umgesetzt oder von Anfang an mißachtet wurde.[14]

Das Scheitern dieser Pläne lag meistens am selbstherrlichen Auftreten der Topmanager, die sich nicht um Unterstützung und Konsens bemühten, sondern ihre eigenen Ideen durchzusetzen versuchten. Dieses Verhalten führte in 58 Prozent der Fälle zum Scheitern. Dagegen wurden strategische Pläne in 96 Prozent der Fälle angenommen, wenn die Topmanager ihre Kollegen in Vorbesprechungen zum Überdenken ihrer langfristigen Prioritäten bewogen. Paul McNutt, der Management-Professor von der Ohio State University, der die Untersuchung durchführte, sagt: »Wer die Leute wenigstens in einigen Stadien am Prozeß beteiligt, macht sie zu seinen Missionaren.«

Wenn man nicht überzeugen kann

Der Erlös war für eine gute Sache bestimmt: eine neue Vorschule für die Kinder armer alleinerziehender erwerbstätiger Mütter. Eine einheimische Künstlerin von einiger nationaler Berühmtheit hatte rund hundert Freunde zu einer Sonderausstellung ihrer neuesten Arbeiten und zu einem kalten Büfett eingeladen, das von mehreren örtlichen Restaurants gespendet worden war. Nach dem Essen bat die Gastgeberin alle nach draußen in den Garten und stellte ihnen die Vorsitzende des Vereins vor, der die Vorschule betrieb. Die Vorsitzende schilderte zunächst ausführlich die Ereignisse ihres Lebens, die sie dazu gebracht hatten, ihre derzeitige Aufgabe zu übernehmen. Daraufhin beschrieb sie minutiös, wie die Vorschule entstanden war. Dann ging sie dazu über, die ganze Geschichte der Vorschule abzuhandeln, mit quälender Genauigkeit.

Ein Vortrag, der vielleicht wirkungsvoll gewesen wäre, wenn er zehn Minuten gedauert hätte, zog sich über fast eine geschlagene Stunde hin. Und dabei hatte sie noch nicht einmal einige der Mütter und Lehrerinnen vorgestellt, die ebenfalls ein paar Worte sagen sollten.

Die Zuhörer, die anfangs alle sehr aufgeschlossen waren, begannen abzuwandern. Es war dämmrig geworden, und mit der Dunkelheit kamen die Mückenschwärme.

Schließlich erhob sich der Mann der Gastgeberin, ein recht streitbarer älterer Herr, in auffälliger Weise, schlenderte geradewegs auf die Kuchentafel zu und rief grölend: »Genug mit den Einzelheiten! Der Kuchen verdirbt!«

Hatten bisher alle den Anschein erweckt, aufmerksam zuzuhören, so strebten sie nun dem Nachtisch zu.

Wer es ungeachtet seiner guten Absichten versäumt, eine emotionale Verbindung zu seinen Zuhörern herzustellen, landet, was seine Kompetenz zur Beeinflussung betrifft, ganz hinten: Er meint es vielleicht gut, doch schafft er es nicht, seine Botschaft an den Menschen zu bringen. Die unverhohlene Kritik des Ehemanns der Gastgeberin drückte in diesem Augenblick die allgemeine Stimmung sehr viel besser aus als die weitschweifige Rede der Schulleiterin.

Auch wer sich allzusehr auf die überzeugende Wirkung solcher Hilfsmittel wie sorgfältig ausgearbeiteter Overheadprojektionen oder eleganter statistischer Analysen verläßt, kann den Anschluß verpassen. Man muß seine Zuhörer emotional packen, doch schlechte Vortragsredner belassen es meistens bei einer nüchternen Aufzählung von Fakten, mögen diese auch noch so auffallend bebildert werden, und berücksichtigen nicht die emotionale Temperatur der Zuhörer. Wer nicht genau darauf achtet, wie eine Idee beim Zuhörer ankommt, riskiert, daß diese Idee auf taube, gleichgültige oder gar abweisende Ohren stößt.

Wir können intellektuell noch so glänzend sein – wenn wir nicht überzeugend sind, kommt dieser Glanz nicht zur Geltung. Das gilt besonders dort, wo – wie in Ingenieur- und Naturwissenschaften, Medizin und Recht und Führungspositionen generell – die kognitiven Fähigkeiten hohe Zulassungshindernisse überspringen müssen. Der Direktor der Forschung einer der größten Brokerfirmen an der Wall Street erklärte mir: »Um bei uns überhaupt hereinzukommen, muß man verdammt gut mit Zahlen umgehen können. Aber das reicht einfach nicht, um etwas auf die Beine zu stellen – dafür muß man überzeugen können.«

Hier einige Punkte, an denen man unter anderem Mangel an Überzeugungskraft erkennt:

- Weder wird ein Bündnis geschmiedet, noch beschafft man sich Anerkennung.
- Man verläßt sich zu sehr auf eine gewohnte Strategie, statt die jeweils beste zu wählen.
- Ein Standpunkt wird stur durchgeboxt, ohne Rücksicht auf Reaktionen der Umwelt.
- Man wird übergangen oder vermag kein Interesse zu wecken.
- Man hat eine negative Wirkung.

Der skrupellose Drahtzieher

Der äußere Schein war für ihn alles. Er hatte eine Frau aus vornehmer Familie geheiratet und besaß äußerst geschliffene Umgangsformen. Als hochrangiger Manager einer deutschen Industriedynastie war er für einen Unternehmensbereich verantwortlich, der jährliche Einnahmen von über 1 Milliarde Dollar erzielte. Doch am Arbeitsplatz richtete er seinen ganzen beträchtlichen Charme nach oben, auf seinen Chef, und nach außen, um Eindruck zu machen. Gegenüber seinen Untergebenen verhielt er sich wie ein engstirniger Tyrann, der seine Sklaven mißhandelt.

»Wenn man ihn kennenlernte, konnte er ganz bezaubernd sein, doch diejenigen, die für ihn arbeiteten, hatten Angst vor ihm«, erzählte mir ein externer Berater, den man heranzog, um den Manager unparteiisch beurteilen zu lassen. »Für die Leute unter ihm hatte er keinen Respekt. Ließ die Leistung zu wünschen übrig, brüllte er die Leute an; war sie hoch, sagte er nichts. Er demoralisierte seine Untergebenen. Schließlich forderte sein Chef ihn auf zu gehen; aber weil er einen so guten ersten Eindruck macht, bekam er gleich wieder einen anderen hochrangigen Job.«

Der aalglatte Manager verkörpert einen Typ, der in Unternehmen gedeihen kann, die mehr auf das Auftreten als auf die Leistung achten. »Solche Leute sind effektiv nach oben, aber schwach nach unten, weil sie im Grunde kein Interesse haben«, erklärte mir der Berater. »Oft sind sie egozentrisch, mögen die Leute nicht und fühlen sich nur sich selbst, nicht dem Unternehmen verpflichtet.«

Charme und gesellschaftlicher Schliff ergeben noch keine Kompetenz in Sachen Beeinflussung; gesellschaftliche Gewandtheit im Dienst der eigenen Interessen und zu Lasten der Gesamtheit wird früher oder später als Farce durchschaut. Wirklicher Einfluß als positive Kompetenz ist etwas ganz anderes als das skrupellose Streben nach Erfolg um jeden Preis. Die Fähigkeit, die sich in der Kunst der Beeinflussung äußert, ist gesellschaftlicher Natur, sie ist im Einklang mit dem gemeinsamen Ziel und dient nicht nur dem egoistischen Vorteil.

Ein Forscher, der in nahezu dreihundert Unternehmen das Phänomen der Beeinflussung untersuchte, erklärte: »Wir haben nicht feststellen können, daß die Spitzenkräfte auf ihren Status, ihr Prestige oder ihren Vorteil aus waren zu Lasten anderer oder des Unternehmens.«[15]

Kommunikation

Offen zuhören und überzeugende Botschaften aussenden

MENSCHEN MIT DIESER KOMPETENZ
- pflegen den Meinungsaustausch und berücksichtigen bei ihren Äußerungen die emotionalen Hinweise anderer.
- setzen sich offen mit schwierigen Problemen auseinander.
- hören gut zu, bemühen sich um gegenseitiges Verständnis und begrüßen eine uneingeschränkte Unterrichtung.
- fördern die offene Kommunikation und bleiben aufnahmebereit für gute wie für schlechte Nachrichten.

• • • • •

Bei Bill Gates von Microsoft ist es eine E-Mail-Adresse, bei Martin Edelston, Präsident von Boardroom, Inc., ist es ein altmodischer Briefkasten für Vorschläge und Anregungen, und bei Jerry Kalov, Chef von Cobra Electronics, ist es eine Durchwahlnummer, die nur seine Angestellten kennen. Jeder Anruf bei dieser Geheimnummer genießt höchste Priorität, und sobald es klingelt, hebt er ab.

Jeder dieser Kommunikationskanäle stellt eine Lösungsmöglichkeit für das Dilemma dar, vor dem jeder Chef steht: »Sagen sie mir nur, was ich hören soll, oder sagen sie mir, was ich wissen muß?«

Kalov hatte die Idee zu seiner Telefonnummer lange, bevor er Chef wurde.[16] »Sehr oft hatte ich Dinge, die ich mitteilen wollte, aber mein unmittelbarer Vorgesetzter ließ mich nicht, weil er sich das Verdienst an seine eigene Fahne heften wollte«, erinnert sich Kalov. »Vielleicht war er auch dagegen. Ich war jedenfalls überzeugt, daß ich gute Ideen oder daß ich was zu sagen hatte, aber ich kam nicht durch ... Wer weiß, woher die nächste glänzende Idee kommt?«

Die Telefonnummer, fügt Kalov hinzu, funktioniert besser als das »Management durch Herumlaufen«, weil die Leute sich unter Umständen scheuen, im Gespräch mit dem Firmenchef gesehen zu werden, oder weil sie zu schüchtern sind, ihn anzusprechen. Das Telefon sichert Diskretion und Vertraulichkeit, und das zusammen sorgt dafür, daß man sich offen äußert und vielleicht sogar etwas sagt, was man sich sonst nicht zu sagen trauen würde.

Solche offenen Kanäle machen sich bezahlt. Edelston fand in seinem Vorschlagsbriefkasten einen Zettel von einem einfachen Angestellten, der ihn normalerweise nie angesprochen hätte. Sein Vorschlag half der Firma, jährlich eine halbe Million Dollar einzusparen. Der Versandgehilfe regte an, die Postsendungen leichter zu machen, um unter der Gebührengrenze von vier Pfund zu bleiben. Daraufhin wurde das Gewicht der Bücher, die die Firma verschickte, um ein Achtel verringert, und die Einsparungen waren erheblich.

Wenn man eine Atmosphäre der Offenheit schafft, ist das keine belanglose Geste. Mangelhafte Kommunikation mit der Unternehmensführung ist das, worüber die Beschäftigten in Amerika sich am häufigsten beklagen; zwei Drittel sagen, das würde sie daran hindern, in der Arbeit ihr Bestes zu geben.[17]

»Ich würde sagen, man erschließt den Wert einer Person, wenn man offen mit ihr kommuniziert«, sagte mir Mark Loehr, geschäftsführender Direktor bei Salomon Smith Barney. »Wenn man offen kommuniziert, eröffnet man die Möglichkeit, das Beste aus den Leuten herauszuholen, ihre Energie, ihre Kreativität. Wenn man das nicht tut, fühlen sie sich nur wie Rädchen in einer Maschine, gefangen und unglücklich.«

Stimmungen unter Kontrolle

»Meine Chefin hält ihre Emotionen zurück«, beklagte sich bei mir der Werbekundenbetreuer eines Medienunternehmens mit einem Jahresumsatz von zwei Milliarden Dollar. »Egal, was ich mache, Lob bekomme ich nie von ihr. Vor kurzem konnte ich einen wirklich großen Kunden überzeugen, sein Budget von dreihunderttausend Dollar jährlich beinahe zu verdoppeln. Als ich ihr das sagte, antwortete sie nicht: ›Das haben Sie toll gemacht‹, sondern: ›Natürlich sind sie auf Ihr Angebot eingegangen – ein tolles Geschäft.‹ Sie sagte das ohne jegliches Gefühl, ohne Wärme oder Begeisterung. Dann ging sie einfach weg. Andere Vertriebsleute, denen ich von meinem Coup erzählte, gratulierten mir. Es war der dickste Umsatz, den ich bisher gemacht hatte, und meine Chefin hat die ganze Mühe, die ich mir gegeben hatte, um an den Auftrag zu kommen, einfach nicht anerkannt.«

Der Kundenbetreuer fährt fort: »Allmählich hatte ich den Eindruck, daß mit mir etwas nicht stimmt, aber so ergeht es vielen bei ihr. Nie zeigt sie positive Gefühle oder sagt einem etwas Ermutigendes, weder bei kleinen noch bei großen Erfolgen ... Unser Team leistet was, aber irgendein Gefühl der Bindung zu ihr besteht nicht.«

Ein guter Kommunikator zu sein ist der Grundpfeiler aller sozialen Fähigkeiten. Leistungs-Asse unter den Managern unterscheiden sich von durchschnittlichen oder leistungsschwachen ganz erheblich durch ihre kommunikative Kompetenz; ein Mangel an dieser Fähigkeit kann, wie bei der Chefin des Kundenbetreuers, die Moral untergraben.

Gut zuhören können, der Schlüssel zur Empathie, ist gleichfalls wichtig für die kommunikative Kompetenz. Ob jemand, mit dem sie arbeiten, ein guter Kommunikator ist, hängt in der Einschätzung der Leute zu etwa einem Drittel davon ab, ob er zuhören kann – ob er kluge Fragen stellt, aufgeschlossen und verständnisvoll ist, nach Anregungen fragt und nicht ins Wort fällt.[18] Zuhören gehört verständlicherweise zu den Managementfähigkeiten, die in der Weiterbildung einen vorderen Platz einnehmen.

Für eine gute Kommunikation ist es ferner wichtig, daß wir unsere Stimmungen unter Kontrolle haben. Eine Untersuchung ermittelte bei

130 Unternehmensführern und Managern, daß man um so lieber mit ihnen zu tun hatte, je besser sie ihre eigenen Emotionen in der Hand hatten.[19] Im Umgang mit Gleichgestellten und Untergebenen waren Gelassenheit und Geduld entscheidend. Die Chefs hatten ihrerseits am liebsten mit Angestellten zu tun, die nicht allzu aggressiv zu ihnen waren.

In welcher Stimmung wir sind, zählt nicht – es kommt darauf an, gelassen und ruhig zu bleiben. Wenn wir uns auf ein bevorstehendes Gespräch einstellen, ist es am besten, sich in eine neutrale Stimmung zu versetzen, schon deshalb, weil wir dadurch emotional reinen Tisch machen und uns besser auf alle Herausforderungen der Situation einstellen können.[20] Es ist, als würde man beim Auto den Gang herausnehmen, um, je nach den Gegebenheiten des emotionalen Geländes, leichter in den Rückwärtsgang, den ersten oder den höchsten Gang schalten zu können. Bei einer neutralen Stimmung behalten wir die Bereitschaft, uns stärker zu engagieren, und sind nicht emotional entrückt, sondern vollkommen präsent.

Gelassen bleiben

Eine reibungslose Interaktion wird unmöglich, wenn wir von einer beherrschenden Stimmung ganz in Anspruch genommen sind. Wenn wir unter dem Einfluß einer beherrschenden Stimmung ein Gespräch aufnehmen, wird uns der andere als unzugänglich erleben, so als seien wir, mit einem Ausdruck des Soziologen Irving Goffman, »nicht da«; wir folgen zwar dem Gang des Gesprächs, sind aber sichtlich zerstreut.[21]

Die Fähigkeit, gelassen zu bleiben, hilft uns, Sorgen einstweilen zu vergessen und in unseren emotionalen Reaktionen flexibel zu bleiben. Sie wird überall bewundert, auch in Kulturen, die in bestimmten Situationen die Aufgeregtheit der Gelassenheit vorziehen.[22] Wer in einer kritischen Lage oder angesichts der Panik eines anderen besonnen bleiben kann, besitzt ein beruhigendes Maß an Selbstkontrolle, kann ohne Umstände ein Gespräch anknüpfen und ihm aufgeschlossen folgen. Umgekehrt ist derjenige, dem Emotionen auf der Seele liegen, für die Erfordernisse des Augenblicks weit weniger aufgeschlossen.

Manager der mittleren und höheren Ebene erhielten einer Untersuchung zufolge die besten Benotungen als Kommunikatoren, wenn sie ungeachtet ihres emotionalen Zustands die Fähigkeit besaßen, eine ruhige, besonnene und geduldige Haltung zu wahren.[23] Sie waren imstande, sich von den Imperativen ihrer Gefühle, sogar aufgewühlter Gefühle, freizumachen, um sich ganz der Person zuzuwenden, mit der sie es zu tun hatten. Dadurch konnten diese Manager sich die Zeit nehmen, wichtige Information einzuholen und ihrem Gegenüber zu helfen, gegebenenfalls durch ein konstruktives Feedback. Sie waren nicht abweisend oder aggressiv, sondern äußerten sich präzise zu dem, was gut lief und was falsch lief, und sie wußten genau zu sagen, wie man das Gute beibehalten und das Schiefgegangene wieder in Ordnung bringen könnte. Sie hielten ihre Emotionen unter Kontrolle, blieben gelassen, um offen zu sein für das, was man ihnen sagte, und gingen feinfühlig auf ihr Gegenüber ein, statt es mit einer pauschalen Reaktion abzufertigen.

Umgänglich und extrovertiert zu sein, heißt noch nicht, daß man gut kommunizieren kann. Und was sich in der einen Kultur oder gesellschaftlichen Umwelt als gelungene Kommunikation darstellt, kann in einer anderen kläglich scheitern.

Wirksame Interaktion kann manchmal erfordern, daß man sich zurücknimmt. Beim Personal eines piekfeinen Erholungsortes im Südwesten der Vereinigten Staaten bestand zwischen Effektivität und Extrovertiertheit ein *negativer* Zusammenhang. In dieser vornehmen Umgebung empfanden die Gäste diejenigen, die allzu geschwätzig und leutselig waren, als aufdringlich. Die Gäste suchten diesen Ort auf, um dort ungestört zu sein, und deshalb verlangte man vom Personal, bei Bedarf freundlich und hilfsbereit zu sein, ansonsten aber so wenig wie möglich aufzufallen.[24]

Konfliktbewältigung

Über Meinungsverschiedenheiten verhandeln und sie beilegen

MENSCHEN MIT DIESER KOMPETENZ
- gehen mit schwierigen Menschen und kritischen Situationen auf diplomatische und taktvolle Weise um.
- entdecken drohende Konflikte, sprechen Meinungsverschiedenheiten offen an und tragen zur Deeskalation bei.
- ermutigen zu Auseinandersetzung und freimütiger Diskussion.
- führen Lösungen herbei, bei denen beide Seiten gewinnen.

• • • • •

»Ein Banker wollte ein Kupferunternehmen an Investoren verkaufen, und er brauchte einen Analysten, der sich im Bergbau auskannte, damit er die Leute im Verkauf überzeugen konnte, den Deal festzumachen. Aber der Analyst lehnte rundweg ab, zur Verärgerung des Bankers. Ich war Direktor der Analyse-Abteilung, und so beschwerte der Banker sich bei mir«. So berichtet Mark Loehr von Salomon Smith Barney.

Und weiter: »Ich ging zu dem Analysten, und er sagte mir, er sei überlastet. Er arbeite schon jetzt siebzig bis achtzig Stunden in der Woche, müsse bis zum Monatsende Analysen von achtzehn Firmen fertig haben, Hunderte von Anrufen machen, zwischendurch noch zu Besprechungen nach Boston – und für diesen Bericht hätte er zusätzlich vierzig Stunden gebraucht. Nach unserem Gespräch wandte er sich nochmals an den Banker und erklärte ihm, wie überlastet er sei, fügte aber hinzu: ›Wenn Sie unbedingt wünschen, daß ich es mache, dann mache ich es.‹

Der Banker hatte Verständnis für die schwierige Situation des Analysten und beschloß, die Sache anderswo erledigen zu lassen. Aber es hätte Krach geben können. Alle sind so beschäftigt und überlastet, daß sie kaum noch zuhören können. Und jeder glaubt, daß keiner so viel zu tun hat wie er, und beruft sich auf zwingende Gründe.

Man kriegt die Leute schwer dazu, daß sie sich die Zeit zum Zuhören nehmen. Es geht nicht bloß darum, nett zu sein – solange man nicht gut genug hinhört, solange man nicht erfaßt, was der andere durchmacht, ist man nicht in der Lage, einen vernünftigen Vorschlag zu machen, eine Lösung zu finden, die einem abgenommen wird.«

Zu den Talenten derer, die sich auf Konfliktlösungen verstehen, gehört es, daß sie drohende Schwierigkeiten früh erkennen und etwas unternehmen, um die Beteiligten zu beruhigen. Hier kommt es, wie Loehr unterstreicht, auf die Kunst an, zuzuhören und sich in den anderen hineinzuversetzen: Nachdem der Investmentbanker den Standpunkt des Analysten verstanden hatte, nahm er eine gütlichere, entgegenkommendere Haltung ein – und der Konflikt war beendet.

Diplomatie und Takt sind entscheidende Erfolgsbedingungen in so heiklen Bereichen wie der Betriebsprüfung, der Polizeiarbeit oder der Fürsorge, praktisch in jedem Bereich, in dem Menschen, die unter Druck stehen, aufeinander angewiesen sind. Zu den Kompetenzen, die sich die US-Regierung von den Betriebsprüfern der Finanzverwaltung wünscht, gehört die Fähigkeit, einen unangenehmen Sachverhalt so darzustellen, daß möglichst keine Feindseligkeit erzeugt wird und die Würde des Betroffenen gewahrt bleibt. Es gibt für diese Fähigkeit ein

Wort: *Takt*. American Express schätzt bei seinen Finanzberatern die Fähigkeit, potentielle Konfliktursachen zu erkennen, Verantwortung für das eigene Handeln zu übernehmen, sich gegebenenfalls zu entschuldigen und sich unvoreingenommen auf eine Diskussion der beiderseitigen Standpunkte einzulassen.

Die Anzeichen erkennen

Nach monatelangen Verhandlungen hatte Charlene Barshefsky die chinesische Regierung endlich dazu gebracht, gegen das illegale Kopieren amerikanischer Filme, Compact Discs und Computersoftware vorzugehen. Wie hatte sie das gemacht? Frau Barshefsky hatte sich stets geweigert, ihr jeweils »letztes, endgültiges« Angebot aus einer langen Reihe von Angeboten anzunehmen, die nach ihrer Meinung alle ungenügend waren. Doch nun dankte ihr der Leiter der chinesischen Delegation für ihre Arbeit, erklärte, er werde sich später äußern, und nahm mit einem leichten Achselzucken die Schultern zurück. Diese einfache und kaum merkliche Geste zeigte ihr an, daß es ihr gelungen war, die Gegenseite auf Kooperationskurs zu bringen.

Barshefsky hatte an diesem Tag die Gesichter auf der anderen Seite des Tisches genau beobachtet, und sie hatte weit weniger Verbissenheit wahrgenommen als in den endlosen und ermüdenden Sitzungen zuvor. An diesem Tag waren die Reaktionen gedämpft und die Fragen selten – ein auffälliger Wandel gegenüber dem aggressiven, herausfordernden Stil, der die bisherigen Verhandlungsrunden geprägt hatte.

Barshefskys Deutung dieser subtilen Signale erwies sich als richtig: An diesem Tag hörte die chinesische Delegation auf zu kämpfen und und begann, sich auf das Handelsabkommen zuzubewegen, das beide Länder später unterzeichneten.[25]

Die Fähigkeit, während einer Verhandlung die Gefühle der Gegenseite zu deuten, ist wesentlich für den Erfolg. Robert Freedman, einer meiner Anwälte, sagt über das Aushandeln von Verträgen: »Es ist zum größten Teil Psychologie. Verträge sind eine emotionale Angelegenheit – es kommt nicht nur darauf an, was wörtlich drinsteht, sondern was die Parteien darüber denken und fühlen.«

Wer die Kunst des Verhandelns beherrscht, ist sich der Tatsache bewußt, daß jede Verhandlung mit Emotionen befrachtet ist. Geschickte Unterhändler merken, welche Punkte der anderen Partei am wichtigsten sind, und geben hier elegant nach, um in anderen Punkten, die emotional nicht so befrachtet sind, auf Zugeständnisse zu dringen. Und dazu braucht es Empathie.

Verhandlungsgeschick ist offenkundig wichtig für Höchstleistungen in Bereichen wie Diplomatie und Rechtsprechung. Doch bis zu einem gewissen Grad braucht jeder, der in Unternehmen und Organisationen tätig ist, diese Fähigkeiten; wer Konflikte zu lösen und Schwierigkeiten abzuwenden vermag, gehört zu den Friedensstiftern, auf die jede Organisation angewiesen ist.

Eine Unterhandlung kann man durchaus als eine Übung in gemeinsamer Problemlösung auffassen, da beide Parteien an dem Konflikt beteiligt sind. Der Grund für die Unterhandlung ist natürlich der, daß jede Seite ihre eigenen, konkurrierenden Interessen und ihren eigenen Standpunkt hat und die andere Seite dazu bringen möchte, vor ihren Wünschen zu kapitulieren. Doch schon mit der Einwilligung in Verhandlungen wird anerkannt, daß das Problem ein gemeinsames ist und daß es möglicherweise eine beiderseits befriedigende Lösung gibt. Insofern ist die Verhandlung ein kooperatives und nicht nur ein Konkurrenz-Unternehmen. Der Harvard-Psychologe Herbert Kelman, der sich speziell mit Verhandlungen befaßt, weist denn auch darauf hin, daß der Verhandlungsprozeß als solcher die Kooperation zwischen Konfliktparteien wiederherstellt. Das gemeinsame Lösen ihrer Probleme verwandelt ihre Beziehung.[26]

Diese Lösung setzt voraus, daß jede Seite nicht nur den Standpunkt der anderen, sondern auch deren Bedürfnisse und Befürchtungen zu verstehen vermag. Diese Empathie, bemerkt Kelman, versetzt jede Seite »besser in die Lage, die andere zum eigenen Vorteil zu beeinflussen, indem sie auf die Bedürfnisse der anderen eingeht, mit anderen Worten: Wege zu finden, auf denen beide Parteien gewinnen können.«

Verhandeln über Absatzwege

Es wird dauernd verhandelt, meistens informell. Beispielsweise, wie im folgenden, zwischen einem Hersteller und den Einzelhändlern, die seine Produkte verkaufen: »Mit einem der wichtigsten Sortimente an Damenschmuck, die wir bisher geführt haben, werde ich nicht mehr beliefert«, erklärt ein Boutiquenbesitzer. »Ich wollte mit dem Generalvertreter günstigere Bedingungen aushandeln – wir haben ihre Erzeugnisse schließlich gut verkauft. Aber ein Laden am anderen Ende der Stadt hat ihm ein besseres Angebot gemacht. Daraufhin machte ich einen Gegenvorschlag. Doch der andere Laden bekam den Zuschlag – und die Firma möchte in einer Stadt von dieser Größe nur einen Laden beliefern. Ich habe eben Pech gehabt.«

So, wie das Überleben der Hersteller von solchen Absatzwegen abhängt, hängen die Händler von der Belieferung durch die Hersteller ab. Doch jeder Seite stehen verschiedene Optionen offen. Deshalb wird ständig über solche Dinge wie Kalkulationsaufschlag, Zahlungsbedingungen und Pünktlichkeit der Lieferungen verhandelt.

Die meisten »Lieferbeziehungen« sind langfristig und symbiotisch. Und in jeder langfristigen Beziehung gibt es Probleme, die lange vor sich hinköcheln und von Zeit zu Zeit hochkochen. Wenn das geschieht, wählen die Beteiligten auf beiden Seiten der Hersteller-Händler-Beziehung einen von drei Verhandlungsstilen: die Problemlösung, bei der beide Parteien sich bemühen, die Lösung zu finden, die beiden am besten dient; den Kompromiß, bei dem beide Seiten in mehr oder weniger gleichem Maß nachgeben, ohne zu beachten, ob ihren Bedürfnissen damit gedient ist; oder die Aggression, bei der eine Partei der anderen einseitige Zugeständnisse abnötigt.

In einer Untersuchung über Einkäufer von Kaufhausketten, die jeweils Ware im Wert von 15 bis 30 Millionen Dollar umsetzten, ließ sich am Verhandlungsstil genau die Gesundheit der Hersteller-Händler-Beziehung ablesen.[27] Wenn die Verhandlungen in der Regel aggressiv und von Drohungen und Forderungen geprägt waren, war es um die Zukunft der Beziehung schlecht bestellt; die Einkäufer waren am Ende verbittert und enttäuscht und ließen vielfach das Warensortiment fallen. Wo man sich dagegen unaggressiv um Problemlösungen oder Kompromisse bemühte, war den Beziehungen eine längere Dauer beschieden.

Drohungen und Forderungen sind Gift für Verhandlungen. Selbst dort, wo eine Seite weit mächtiger ist als die andere, kann sich, wie die Untersuchung zeigte, eine großmütige Haltung langfristig auszahlen, besonders wenn beide Seiten ständig miteinander zu tun haben. Deshalb waren die Verhandlungen selbst dort, wo ein Einzelhändler vollkommen von einem einzigen Hersteller abhängig war, in den meisten Fällen frei von Zwang; wenn man eine langfristige Beziehung wünscht, funktioniert angesichts der gegenseitigen Abhängigkeit eine kooperative Haltung immer am besten.

Kreative Konfliktlösung

Eines Abends ging Linda Lantieri eine einsame, gefährliche Straße entlang, deren Häuser unbewohnt und mit Brettern zugenagelt waren, als sie sich plötzlich von drei ungefähr vierzehnjährigen Jungen umringt sah, die aus dem Nichts aufgetaucht waren. Während die drei sie bedrängten, zog einer ein Messer mit einer Zehn-Zentimeter-Klinge. »Her mit dem Portemonnaie! Los!« zischte der Junge mit dem Messer.

Lantieri war zwar erschrocken, hatte aber die Geistesgegenwart, tief durchzuatmen und ruhig zu erwidern: »Mir ist ein bißchen unwohl, Jungs. Ihr seid mir nämlich ein bißchen zu nah auf die Pelle gerückt. Könntet ihr vielleicht ein bißchen zurücktreten?«

Lantieri blickte vor sich hin auf den Bürgersteig und sah zu ihrer Verblüffung drei Paar Turnschuhe, die einige Schritte zurückwichen. »Danke«, sagte sie und fuhr dann fort: »Jetzt sag mir nochmal, was du eben gesagt hast, aber ehrlich gesagt, das Messer macht mich ein bißchen nervös. Könntest du es vielleicht wegstecken?«

Nach einem Moment des Schweigens und der Ungewißheit, der ihr wie eine Ewigkeit erschien, wanderte das Messer zurück in eine Tasche.

Sie griff kurz in ihr Portemonnaie, zog einen 20-Dollar-Schein hervor, fixierte den mit dem Messer und fragte ihn: »Wem soll ich's geben?«

»Mir«, sagte er.

Mit einem raschen Blick zu den beiden anderen fragte sie, ob sie einverstanden seien. Einer der beiden nickte.

»Prima«, sagte sie und überreichte dem Anführer den 20-Dollar-Schein. »Jetzt hört mir mal zu: Ich bleibe hier stehen, und ihr geht weg.«

Mit einem verwirrten Gesichtsausdruck entfernten sich die Jungen langsam von ihr und blickten über die Schulter zu Lantieri zurück, bis sie plötzlich anfingen zu rennen. *Sie* liefen vor *ihr* davon.

Dieses kleine Wunder, daß Lantieri den Spieß umdrehte, ist im Grunde nicht erstaunlich, denn sie ist Begründerin und Leiterin des in New York ansässigen Resolving Conflict Creatively Program, das solche Kenntnisse an Schulen verbreitet. Lantieri hat sich gründlich mit den Künsten der Verhandlung und der gütlichen Konfliktregelung beschäftigt.[28] Hatte sie ihr Handwerk als Lehrerin erlernt – eine Zeitlang an einer Harlemer Schule, nicht weit von der einsamen Straße entfernt –, so sorgt sie inzwischen an mehr als vierhundert Schulen in den gesamten USA für die Weiterbildung von anderen.

Lantieri wirbt nicht nur für Unterricht in Konfliktlösung – vorher muß sie skeptische Schulverwaltungen dazu bewegen, ihr Programm zu genehmigen. Dabei passierte ihr in Kalifonien etwas Bemerkenswertes: Die Schulverwaltung einer Kleinstadt, die durch zwei zerstrittene Fraktionen völlig gelähmt war, war von ihrem Verhandlungsgeschick dermaßen beeindruckt, daß beide Seiten sie baten, sich des Konflikts anzunehmen und den Bruch zu heilen.

Lantieris meisterhafter Auftritt auf der Straße enthält einige der Kniffe, mit denen man in der Regel eine Abkühlung von Konflikten erreicht:

- Beruhige dich erst einmal, achte auf deine Gefühle und bringe sie zum Ausdruck.
- Laß deine Bereitschaft erkennen, den Streit im Gespräch beizulegen, statt ihn durch noch mehr Aggression zum Eskalieren zu bringen.
- Trag deine Meinung in einem neutralen und nicht in einem streitbaren Ton vor.
- Bemüh dich um faire Lösungsmöglichkeiten und beziehe die andere Seite ein, um eine Lösung zu finden, die beide akzeptieren können.

Diese Strategien entsprechen denen, die Experten am Harvard-Center for Negotiation für Lösungen wählen, bei denen beide Seiten gewinnen. Es mag zwar einfach erscheinen, diese Strategien zu befolgen, doch um sie so glanzvoll umzusetzen, wie es Linda Lantieri vorführte, bedarf es der emotionalen Kompetenzen der Selbstwahrnehmung, des Selbstvertrauens, der Selbstkontrolle und der Empathie. Bedenken Sie aber, daß Empathie nicht notwendigerweise dazu führt, daß man wohlwollend den Forderungen der anderen Seite nachgibt – zu wissen, wie jemand empfindet, heißt nicht, mit ihm übereinzustimmen. Wenn man jedoch, um eine harte Linie durchzuhalten, die Empathie unterbindet, kann das zur Polarisierung der gegensätzlichen Positionen und in Sackgassen führen.

Führung

Einzelne und Gruppen inspirieren und lenken

MENSCHEN MIT DIESER KOMPETENZ
- artikulieren und wecken Enthusiasmus für eine gemeinsame Vision und Aufgabe.
- treten ungeachtet ihrer Position vor, um notfalls die Führung zu übernehmen.
- leiten andere in ihrer Tätigkeit an, ohne ihnen die Verantwortung dafür abzunehmen.
- führen durch Vorbild.

• • • • •

Ronald W. Allen, ehemaliger Chef von Delta Air Lines, und Gerald Grinstein, ehemaliger Chef von Western Airlines und der Burlington-Northern-Eisenbahngesellschaft, verkörpern gegensätzliche Führungsstile, aus denen man sehr viel lernen kann.[29]

Grinstein, von Haus aus Jurist, versteht sich meisterhaft darauf, einen persönlichen Kontakt zu seinen Mitarbeitern herzustellen und diese emotionale Übereinstimmung zu nutzen, um sie zu überzeugen. Als Chef von Western Airlines, einer Gesellschaft, die kränkelte, als er sie 1985 übernahm, verbrachte er Hunderte von Stunden in Cockpits, hinter Check-in-Schaltern und in Gepäckbeförderungsräumen, um seine Mitarbeiter kennenzulernen.

Dank des Kontakts, den er dadurch aufbaute, konnte er die Beschäftigten von Western Airlines überzeugen, bei betrieblichen Vereinbarungen und Löhnen Abstriche hinzunehmen, wofür er ihnen ein solventes Unternehmen versprach, an dem ihnen mehr gelegen sein mußte. Nachdem er diese Zugeständnisse erreicht hatte, landete Western Airlines zuverlässig in der Gewinnzone, und Grinstein konnte die Fluglinie nach nur zwei Jahren für 860 Millionen Dollar an Delta verkaufen.

1987 wurde er Chef von Burlington Northern, einem Unternehmen, das ebenfalls Verluste machte, und wieder bewies Grinstein seine sagenhaften zwischenmenschlichen Fähigkeiten. Er ließ eine Auswahl von Wartungspersonal, Sekretärinnen und Zugbegleitpersonal aus dem ganzen Land zu einem Essen in der Firmenzentrale nach Fort Worth einfliegen. Er fuhr die Strecken der Bahngesellschaft ab und sprach mit

223

den Besatzungen, wobei er ständig – und mit Erfolg – darauf hin-
arbeitete, sie zu überzeugen, seinen Kostensenkungsplänen zuzustimmen.

Jemand, der mit Grinstein eng befreundet ist, bemerkte über seinen
Führungsstil: »Um sich durchsetzen zu können, muß man nicht unbedingt ein Arschloch sein.«

Die Bahn hatte Schulden von drei Milliarden Dollar, als Grinstein
sie übernahm, doch er sanierte sie. Und er schuf die größte amerikanische Bahngesellschaft, als Burlington Northern 1995 Santa Fe Pacific
kaufte.

Werfen wir nun einen Blick auf Ronald W. Allen, der im April 1997
von seinem Aufsichtsrat als Generalbevollmächtigter der Delta Air
Lines entlassen wurde, obwohl die Gesellschaft Rekordgewinne ver-
buchte.

Allen war nach einem stetigen Aufstieg 1987 Generalbevollmächtigter geworden und hatte das Ruder genau in dem Moment übernommen, als die Luftfahrtbranche dereguliert wurde. Sein strategischer
Plan war, global konkurrenzfähiger zu werden; um Zugang zu den
Europa-Routen zu bekommen, kaufte er 1991 Pan American World
Airways, die gerade pleite gemacht hatte. Das erwies sich als eine Fehl-
kalkulation, die Delta genau in dem Moment eine riesige Schuldenlast
aufbürdete, als in der ganzen Branche die Gewinne absackten. Delta,
bis dahin immer gewinnträchtig, stürzte sich in den drei Jahren nach
dem Erwerb von Pan Am alljährlich um zusätzlich 500 Millionen
Dollar in Schulden.

Es war jedoch nicht diese verheerende finanzielle Entscheidung, die
Allen seinen Posten kostete. Allen reagierte auf die Schwierigkeiten,
indem er zu einem harten, fast grausamen Boß wurde. Er erwarb sich
den Ruf, Untergebene zu demütigen, indem er sie in Gegenwart anderer Mitarbeiter beschimpfte. Widerspruch in der Führungsspitze
brachte er zum Schweigen, und er betrieb sogar die Absetzung des
Finanzchefs, des einzigen, der ihm beim Erwerb von Pan Am offen
widersprochen hatte. Ein anderer Spitzenmanager (mit dem Allen um
den Posten des Generalbevollmächtigten konkurriert hatte) gab bekannt, daß er ausscheiden würde, um Präsident von Continental Airlines zu werden, worauf Allen von ihm die unverzügliche Herausgabe
der Schlüssel für den Firmenwagen verlangt haben soll; wie er nach
Hause kommen würde, blieb ihm überlassen.

Abgesehen von einer so unglaublichen Kleinlichkeit bestand Allens
größter Fehler in seiner herzlosen Schrumpfungspolitik. Er warf zwölftausend Leute raus, rund ein Drittel der gesamten Belegschaft von

Delta. Manche der abgebauten Stellen waren zweifellos überflüssiges Fett, doch viele andere bildeten die Muskeln, Sehnen und Nerven des Unternehmens. Mit den tiefen Einschnitten stürzten die vormals beneidenswerten Kundendienst-Bewertungen der Fluglinie steil ab. Die Beschwerden über Delta stiegen auf einmal sprunghaft an, und es war alles dabei, von schmutzigen Flugzeugen über verspätete Abflüge bis zu abhanden gekommenem Gepäck. Allen hatte zusammen mit dem Fett die Seele aus dem Unternehmen herausgepreßt.

Die Delta-Mitarbeiter waren geschockt – so hart war das Unternehmen noch nie mit ihnen umgesprungen. Unsicherheit und Wut griffen um sich. Auch nachdem die Fluglinie nach den Einschnitten wieder in die schwarzen Zahlen gekommen war, ergab eine Umfrage unter den verbliebenen fünfundzwanzigtausend Mitarbeitern, daß die Belegschaft skeptisch und verängstigt war und die Hälfte Allens Führung ablehnte.

Im Oktober 1996 gestand Allen öffentlich ein, daß seine drakonischen Maßnahmen zur Kostensenkung sich auf die Belegschaft von Delta verheerend ausgewirkt hatten. Doch er sagte dazu nur: »So be it« (»Gut so«). Das wurde zum Schlachtruf für den Protest der Angestellten; Anstecknadeln mit der Aufschrift »So be it« prangten auf den Uniformen von immer mehr Piloten, Stewardessen und Mechanikern.

Als Allens Vertrag zur Verlängerung anstand, sah der Delta-Aufsichtsrat nicht nur auf die Zahlen, sondern auch auf den Gesundheitszustand des gesamten Unternehmens. Deltas Ruf, einen hervorragenden Service zu bieten, war befleckt; talentierte Manager verließen die Firma. Und was das Schlimmste war: Die Moral der Belegschaft war im Keller.

Der Aufsichtsrat, angeführt von keinem anderen als Gerald Grinstein, schritt zur Tat. Allen, dessen Macht einmal so groß gewesen war, daß er die Titel des Vorsitzenden, des Generalbevollmächtigten und des Präsidenten in sich vereinigt hatte, war mit fünfundfünfzig draußen – vor allem, weil er die Seele des Unternehmens getötet hatte.

Führung als Energiequelle

Die Beispiele von Robert W. Allen und Gerald Grinstein beweisen, daß die Kunst der Führung darin besteht, *wie* man den Wandel durchführt, und nicht im Wandel selbst. Beide Männer vollzogen den schmerzhaften Prozeß der Kostensenkung, doch der eine tat es so, daß er die Loyalität und Moral der Beschäftigten auf einem hohen Niveau hielt, während der andere eine ganze Belegschaft demoralisierte und sich zum Feind machte.

Kluge Führungspersönlichkeiten achten auf die subtilen emotionalen Unterströmungen in einer Gruppe und begreifen, wie sich ihre Maßnahmen auf diese Strömungen auswirken. Ihre Glaubwürdigkeit können sie unter anderem dadurch begründen, daß sie diese unausgesprochenen kollektiven Gefühle erfassen und sie für die Gruppe insgesamt artikulieren, oder dadurch, daß sie in einer Weise handeln, die stillschweigend erkennen läßt, daß diese Gefühle verstanden wurden. Insofern ist die Führungsfigur ein Spiegel, in dem die Gruppe ihre eigene Erfahrung gespiegelt sieht.

Der Boß ist jedoch auch eine wichtige *Quelle* des emotionalen Tons, der in einem Unternehmen herrscht. Die Erregung, die von ihm ausgeht, kann eine ganze Gruppe in die entsprechende Richtung lenken. Birgitta Wistrand, Chefin eines schwedischen Unternehmens, sagt es so: »Führung heißt Energie geben.«

Diese Übertragung von emotionaler Energie macht Führungspersönlichkeiten zu Lotsen, die den Kurs und die Richtung eines Unternehmens bestimmen. Als Lou Gerstner Chef bei IBM wurde, wußte er, daß er an der Kultur des Unternehmens etwas ändern mußte, wenn er es retten wollte. Und das, meinte Gerstner, »schafft man nicht, indem man Memos schreibt. Man muß an die Gefühle der Leute appellieren. Sie müssen sich nicht nur mit dem Kopf, sondern auch mit Herz und Bauch engagieren.«[30]

Ob Führungskräfte dieses Engagement erwirken können, hängt auch vom Fluß der Emotionen in einer Gruppe ab. Wir sahen schon, daß die Emotionen sich von der ausdrucksstärksten Person in einer Gruppe ausbreiten. Bei einer Führungspersönlichkeit ist diese Fähigkeit, Emotionen zu übertragen, besonders stark, denn die Blicke der Mitglieder einer Gruppe richten sich häufiger auf ihn als auf alle anderen. Wegen dieser erhöhten Beachtung wirkt sich die Stimmung der Führungsperson verstärkt auf die Gruppe aus; wer eine Machtposition innehat, braucht nur geringfügig seinen Gesichtsausdruck oder den

Tonfall seiner Stimme zu ändern, und doch ist seine Wirkung stärker als die eines Menschen in untergeordneter Position, mag dieser auch noch so dramatisch seine Gefühle zur Schau stellen.

Nicht nur, daß die Leute mehr auf Führungspersonen achten, sie neigen auch dazu, sie nachzuahmen. Wie man hört, wiegen die Leute von Microsoft ihren Oberkörper hin und her, wenn sie in Konferenzen über einen Punkt nachdenken oder diskutieren, eine nonverbale Huldigung an die Gewohnheit von Bill Gates. Durch solche Nachahmung zeigt man dem Mächtigsten in einer Gruppe unbewußt seine Loyalität und Aufmerksamkeit.

Ronald Reagan galt während seiner Präsidentschaft als »der große Kommunikator«. Reagan war ein erfahrener Schauspieler, und welche emotionale Wirkung sein Charisma erreichte, zeigte eine Untersuchung, in der man beobachtete, wie sein Gesichtsausdruck sich während einer Wahlkampfdiskussion mit seinem Gegenspieler Walter Mondale auf die Zuhörer auswirkte. Lächelte Reagan, lächelten zumeist auch diejenigen, die ihm zuschauten, selbst wenn sie ihn nur in einer Videoaufzeichnung sahen; runzelte er die Stirn, taten die Zuschauer desgleichen. Mondale, der die Wahl verlor, hatte keine solche emotionale Wirkung, nicht einmal auf diejenigen, die mit seinen Ansichten sympathisierten.[31]

Daß Emotionen sich so leicht von einer Führungspersönlichkeit auf die Gruppe übertragen, hat allerdings auch eine Kehrseite. Man kennt ja den Spruch: »Der Fisch stinkt vom Kopfe her.« Ein seelenloser, arroganter oder willkürlicher Führungsstil demoralisiert die Gruppe. Birgitta Wistrand spricht von »emotionaler Inkontinenz«, wenn destruktive Emotionen von oben nach unten durchsickern: »Mit beunruhigenden Emotionen raubt eine Führungsfigur anderen die Energie, denn sie macht sie ängstlich, depressiv oder wütend.«

Besonders erfolgreiche Führungspersönlichkeiten zeigen dagegen ein hohes Maß an positiver Energie, die sich im ganzen Unternehmen ausbreitet. Und je positiver die Stimmung eines Gruppenführers ist, desto positiver, hilfsbereiter und kooperativer sind die Mitglieder der Gruppe.[32]

Emotionales Charisma hängt im allgemeinen von drei Faktoren ab: daß man starke Emotionen empfindet, daß man sie überzeugend zum Ausdruck bringen kann und daß man mehr ein emotionaler Sender als ein Empfänger ist. Ausdrucksstarke Menschen kommunizieren durch ihren Gesichtsausdruck, ihre Stimme, ihre Gestik, durch ihren ganzen Körper. Dank dieser Fähigkeit können sie andere bewegen, inspirieren und fesseln.[33]

Um eine Emotion überzeugend, von innen heraus, zu vermitteln, muß eine Führungsperson an die Botschaft, die sie überbringt, aufrichtig glauben; die charismatische Führungsfigur unterscheidet sich von der eigensüchtigen, manipulativen dadurch, daß sie ehrlich von ihrer emotionalen Botschaft überzeugt ist. Manipulative Führer mögen eine Zeitlang schauspielern können, doch wird es ihnen nicht so leicht gelingen, ihre Anhänger von ihrer Aufrichtigkeit zu überzeugen. Zynismus ist der Tod der Überzeugungskraft; um ein charismatischer Vermittler zu sein, muß eine Führungspersönlichkeit aus ehrlicher Überzeugung handeln.[34]

Was herausragende Führungspersönlichkeiten können müssen

Zwischen den einzelnen emotionalen Kompetenzen besteht ein Wirkungszusammenhang, und das gilt ganz besonders für die Führungskompetenz. Die Führungsaufgabe setzt eine ganze Reihe von persönlichen Fähigkeiten voraus. Herausragende Leistungen beruhen, wie ich durch die Analyse von unzähligen Tätigkeiten herausgefunden habe, generell zu zwei Dritteln auf emotionaler Kompetenz, doch bei herausragenden Führungspersönlichkeiten sind emotionale Kompetenzen – im Gegensatz zu fachlichen oder kognitiven Fähigkeiten – nach Angabe der betreffenden Unternehmen zu 80 bis 100 Prozent für Erfolg verantwortlich.[35]

Mathew Juechter, Chairman der American Society for Training and Development, teilt diese Auffassung: »Führung beruht fast ausschließlich auf emotionaler Intelligenz, und diese zeigt sich speziell in den unterschiedlichen Tätigkeiten von bloßen Managern und Führungspersönlichkeiten – letztere beziehen Stellung, wissen, was ihnen wichtig ist, verfolgen ihre Ziele in Partnerschaft mit anderen.«

Die erfolgreichsten Unternehmensführer zeichnen sich durch drei Bündel von Kompetenzen aus. Davon fallen die beiden ersten unter die Rubrik emotionale Intelligenz; das erste umfaßt persönliche Kompetenzen wie Leistungswille, Selbstvertrauen und Engagement, das zweite soziale Kompetenzen wie Einfluß, politisches Bewußtsein und Empathie. Dieses breite Spektrum von Fähigkeiten kennzeichnet herausragende Unternehmensführer in Asien, Nord- und Südamerika sowie Europa, so daß man sagen darf, daß diese Merkmale sich um kulturelle und nationale Grenzen nicht scheren.[36]

Das dritte Bündel von Kompetenzen bei Unternehmensführern war kognitiver Art: Sie denken strategisch, suchen sich umfassend zu informieren und vermögen stark zu abstrahieren. Wie wir schon im zweiten Kapitel bei den Chefs von fünfzehn Großunternehmen sahen, zeichnen sich die besten durch die Fähigkeit aus, die großen Zusammenhänge zu erfassen, in dem Wust von Informationen die bedeutsamen Muster zu erkennen und weit in die Zukunft zu denken.

Doch überragende Führungspersönlichkeiten gehen noch einen Schritt weiter; sie bringen die emotionalen Realitäten mit dem, was sie sehen, zusammen und verhelfen der Strategie auf diese Weise zu Aussagefähigkeit und Resonanz. Dank ihrer emotionalen Intelligenz können sie all diese Elemente zu einer inspirierten Vision verbinden.

Die besten Führungspersönlichkeiten, sagt Robert E. Kaplan vom Center for Creative Leadership, »haben eine beinahe übernatürliche Fähigkeit, exakt, zwingend und einprägsam einen Gedanken zu formulieren und ihr Programm für das Unternehmen zu artikulieren.«[37] Führung heißt mit anderen Worten, die Phantasie von anderen anzuregen und sie anzufeuern, in eine gewünschte Richtung zu gehen. Bloße Macht reicht nicht aus, um andere zu motivieren und zu führen.

Die netten Burschen gehen als erste durchs Ziel

Wie weit ein Führer Einfluß auf den positiven oder negativen Ton hat, der in einer Organisation herrscht, wurde in der US-Marine untersucht, die eindeutige Maßstäbe für überdurchschnittliche Leistungen entwickelt hat: Alljährlich werden die Geschwader mit der größten Effizienz, dem höchsten Sicherheitsstandard und dem höchsten Bereitschaftsniveau ausgezeichnet.[38] Durch ausgedehnte Vergleiche zwischen besseren und knapp durchschnittlichen Kommandos trat ein bemerkenswerter Unterschied in dem von den befehlshabenden Offizieren bestimmten *emotionalen* Ton zutage. Es zeigte sich, daß die besten Kommandos nicht von Kapitän-Ahab-Typen befehligt werden, die ihre Besatzungen terrorisieren, sondern von, man kann es nicht anders sagen, netten Burschen.

Die überdurchschnittlichen Führungskräfte wußten einen menschenorientierten persönlichen Stil mit einer entschlossenen Führungsrolle zu verbinden. Ohne Zögern übernahmen sie die Leitung, die sie entschlossen, selbstbewußt und sachlich ausübten. Am stärksten unterschieden sich durchschnittliche und überragende Führungskräfte jedoch in ihrem emotionalen Stil. Die tüchtigsten waren positiver und aufgeschlossener, emotional ausdrucksstärker und dramatischer, wärmer und umgänglicher (wozu auch gehörte, daß sie häufiger lächelten), freundlicher und demokratischer, kooperativer, sympathischer und beliebter, aufmerksamer und vertrauensvoller und – man denke nur – sanfter als die nur durchschnittlichen Kollegen.

Die mittelmäßigen Marine-Offiziere verkörperten dagegen das Stereotyp des militärischen Zuchtmeisters. Sie hielten sich stur an die Vorschriften, waren negativ, grob, mißbilligend und egozentrisch. Verglichen mit den überragenden Kommandeuren waren die durchschnittlichen autoritärer und kontrollierender, despotischer und härter, abweisender und ichbezogener, und sie mußten häufiger beweisen, daß sie recht hatten. Sie übten ihre Führungsaufgabe lehrbuchmäßig aus, mit Hilfe der Vorschriften und der Behauptung der bloßen Macht ihrer Position. Und es funktionierte nicht, *nicht einmal beim Militär*, wo, wie man meinen könnte, ein solcher autoritärer Stil seine natürliche Heimat zu haben scheint.

Der Vorbildeffekt der Führung

Der von einer Führungsperson bestimmte emotionale Ton pflanzt sich mit bemerkenswerter Zielgenauigkeit fort.[39] Untersucht man die einzelnen Ebenen einer Organisation von oben nach unten, wird man sehr an russische Puppen erinnert, die ineinander stecken, wobei die Führungsperson alle anderen enthält.

Das erkennt man sofort in militärischen Hierarchien, wo – wie sich in der Marine-Studie zeigte – die erfolgreichsten Führungsfiguren warm und aufgeschlossen, emotional ausdrucksstark, demokratisch und vertrauensvoll waren, was sich durch die folgenden Ränge nach unten fortsetzte, auch wenn es nicht in gleichem Maß für den Oberkommandierenden galt. Umgekehrt waren die weniger erfolgreichen Offiziere gröber und mißbilligender, abweisend und reizbar, bürokratisch und unkooperativ – und ihre Untergebenen waren es auch.

Während man von durchschnittlichen Führungspersönlichkeiten kaum etwas sieht, zeigen sich die besten häufig im Betrieb, knüpfen mit den Beschäftigten ein Gespräch an, erkundigen sich nach der Familie und anderen persönlichen Dingen. Dabei geben sie zu verstehen, daß sie informiert werden möchten, und schaffen eine Atmosphäre der

Offenheit, die die Kommunikation erleichtert. Solche Offenheit ermutigt die Menschen auf allen Ebenen, ihre Vorgesetzten von wichtigen Dingen zu unterrichten.

Die unteren Ränge in Kommandos mit mäßigem Erfolg berichteten ungern nach oben, besonders wenn es sich um unangenehme Dinge handelte, weil die höheren Ränge bei unerfreulichen Meldungen oft »in die Luft gingen« und sich, statt die Verantwortung auf die unterste mögliche Ebene zu verlagern, persönlich um die unbedeutendsten Dinge kümmerten.

Selbstverständlich waren die besten Offiziere hochgradig aufgabenorientiert und zögerten nicht, ein Verhalten entschieden zu rügen, wenn es die Erfüllung der Leistungskriterien gefährdete. Bei nebensächlichen Vorschriften waren sie jedoch flexibel. Offiziere mit mittelmäßigen Leistungen machten zwischen bedeutenden und unbedeutenden Vorschriften keinen Unterschied, sondern hielten sich stur an den Buchstaben, was der Moral oder der Leistung nicht förderlich war.

In der Erkenntnis, daß Einigkeit und Zusammenhalt auf persönlichen Bindungen beruhen, organisieren die besten Offiziere Freizeitveranstaltungen wie Softballspiele und Feiern nach Auszeichnungen, an denen sie natürlich auch selbst teilnehmen. Solche gemeinsamen Freizeiterlebnisse mit ihren typischen Witzeleien und ihrem freundlichen geselligen Klima stärken die gemeinsame Identität, was sich wiederum in einer höheren Leistung niederschlägt. Die mittelmäßigen Offiziere interessieren sich dagegen mehr dafür, ob ihr technisches Gerät funktioniert, als für ihre Leute.

Wann man entschieden sein muß

Gewiß erfordert Führung eine bestimmte Entscheidungsstärke – wenn es geboten ist. Es gehört zur Kunst der Führung, daß man weiß, wann man entschieden auftreten muß – und sich beispielsweise jemanden wegen ungenügender Leistungen zur Brust nimmt – und wann man kollegial sein und die Leute mit indirekten Mitteln lenken oder beeinflussen kann.

Führung kann auch erfordern, daß man unangenehme Entscheidungen trifft. Jemand muß den Leuten sagen, was sie zu tun haben, muß sie an ihre Verpflichtungen erinnern und unzweideutig an Konsequenzen erinnern. Nicht immer ist es mit Überzeugungsarbeit, Konsensbildung und all den anderen Künsten der Beeinflussung getan. Es kommt vor, daß man ohne Umschweife die mit der eigenen Position verbundene Macht anwenden muß, um den Leuten Beine zu machen.

Bei Chefs aller Ebenen, vom Vorgesetzten der untersten Ebene bis zum Topmanager, beobachtet man häufig, daß sie nicht mit nachdrücklicher Entschiedenheit auftreten, wenn es geboten ist. Der Grund kann Passivität sein, wie es bei Leuten der Fall ist, denen mehr daran liegt, daß man sie mag, als an der korrekten Erfüllung der Aufgaben und die deshalb ungenügende Leistungen durchgehen lassen, statt sie zu rügen. Wer Mißstände nur mit äußerstem Unbehagen anspricht, scheut oft auch davor zurück, eine entschiedene Haltung einzunehmen, wenn sie notwendig ist.

Inkompetenz in diesem Punkt äußert sich häufig in dem Versäumnis, in einer Besprechung das Ruder zu übernehmen; statt daß die wichtigsten Tagesordnungspunkte einer nach dem anderen abgehakt werden, kommt man dann vom Hundertsten ins Tausendste. Ein anderer Führungsmangel in diesem Bereich ist die Unfähigkeit, sich klar und entschieden zu äußern. Die Mitarbeiter wissen dann nicht, was von ihnen erwartet wird.

So zeichnet sich eine entschlossene Führungspersönlichkeit dadurch aus, daß sie klar und definitiv nein sagen kann. Ein weiteres Merkmal besteht darin, daß sie hohe Maßstäbe an die Leistung oder die Qualität anlegt und auf deren Erfüllung besteht, wobei sie notfalls auch offen die Leistung überwacht.

Bei ungenügender Leistung ist es ihre Aufgabe, hilfreiches Feedback zu geben, statt den Augenblick verstreichen zu lassen und das Versäumnis zu ignorieren. Und wenn jemand trotz aller hilfreichen Bemühungen um Feedback und Unterstützung weiterhin ungenügende Leistungen zeigt, muß der Mangel ohne Umschweife offen angesprochen werden.

Nehmen wir den Manager, der folgendes berichtete: »Mein Vorgänger hat, was Besprechungen angeht, überhaupt nicht für Disziplin gesorgt. Bei der ersten Besprechung unter meiner Führung kamen die Leute nach und nach hereingebummelt und waren nicht vorbereitet. Als sich das zum dritten Mal wiederholte, wurde ich energisch. Ich sagte: ›Meine Damen und Herren, ich kann dieses Verhalten nicht hinnehmen. Ich verschiebe diese Besprechung auf übermorgen. Seien Sie pünktlich, und seien Sie vorbereitet, sonst können Sie sich auf was gefaßt machen.‹«[40]

Dieser energische Manager ist nicht der engstirnige Tyrann, nicht der Chef, der das ganze Büro schikaniert. Die hier beschriebene Strategie sollte nur dann in Betracht kommen, wenn andere, weniger strenge Mittel versagt haben, nicht aber als erste Reaktion. Sollte der hier angeschlagene Ton bei einem Manager der Normalfall sein, dann stimmt etwas nicht mit seinen Fähigkeiten, persönlichen Kontakt aufzubauen und Menschen zu beeinflussen. Wenn einer dauernd markige Worte von sich gibt, ist das nicht ein Zeichen von starker Führung, sondern von Schwäche.

Manche Firmen halten große Stücke auf Führungskräfte, die flegelhaft, anmaßend und schroff auftreten, übersehen dabei aber die möglichen Einbußen für das Unternehmen. Natürlich müssen harte Entscheidungen mit einer gewissen Entschiedenheit getroffen werden, aber der Chef, der solche Entscheidungen mit rücksichtsloser Härte durchzieht, macht sich nur verhaßt – und wird am Ende versagen.

In schweren Zeiten müssen Manager auf eine Reserve an Goodwill zurückgreifen können, die sie sich im Laufe der Zeit aufgebaut haben. Tyrannische Typen scheitern in solchen Fällen. »Wir hatten einen Manager, der anmaßend und schroff war, was ihm seine Leute auch übelnahmen, aber er brachte etwas zuwege«, berichtete mir Muhammad Amin Kashgari, Vizepräsident der Savola Company, des größten Nahrungsmittelherstellers Saudiarabiens, um dann fortzufahren: »Als sich jedoch die Lage änderte, der Markt schwieriger wurde und wir alle härter ran mußten, um unseren Marktanteil zu behaupten, scheiterte er an seinem autokratischen Gehabe.« Der Star-Manager, der nun folgte, war einer, den die Leute mochten und der alle beflügelte, härter zu arbeiten. »Der andere Manager blieb dennoch bei seinem herrischen Gebaren, und die Leute liefen ihm weg.«

Ein Kennzeichen einer reifen Führungspersönlichkeit ist die Fähigkeit, schiere, ungezügelte Machtgier unter Kontrolle zu halten. Eine inzwischen klassische Langzeitstudie bei AT&T ermittelte speziell für Großunternehmen, daß Manager, die neben Durchsetzungsfähigkeit auch ein gewisses Maß an Selbstkontrolle besaßen, mit der Zeit immer weiter aufstiegen, während solche mit Durchsetzungsfähigkeit, aber ohne ein Mindestmaß an Selbstkontrolle scheiterten.[41] Bei Managern und leitenden Führungskräften wird der persönliche Ehrgeiz durch eine starke Selbstkontrolle in Schach gehalten und auf kollektive Ziele gelenkt.[42]

Die virtuelle Führungspersönlichkeit

Nebel lag über dem Flughafen von San Francisco. Ein Flug nach dem anderen fiel aus, und an den Serviceschaltern der Fluglinien bildeten sich endlose Schlangen. Von Stunde zu Stunde war die Stimmung gereizter geworden, und die Fluggäste fingen an, die Vertreter der Fluglinien und sich gegenseitig zu beschimpfen. Da beschloß David Kolb, Management-Professor an der Case Western Reserve University, der von diesem Vorfall berichtet, etwas zu tun, um die Leute auf andere Gedanken zu bringen, zumindest diejenigen seiner unmittelbaren Umgebung. Also verkündete er: »Ich gehe jetzt Kaffee besorgen; will sonst noch jemand welchen?«

Erst meldete sich einer, dann noch einer, und schließlich kam eine Menge Bestellungen von seinen frustrierten Mitpassagieren zusammen; er zog ab und kam mit Kaffee für jeden zurück. Und das genügte, um eine sich ausbreitende Welle guter Laune zu erzeugen.

Kolb trat in diesem Moment als der natürliche Anführer dieser Gruppe hervor. Daß er es so plötzlich werden konnte, zeigt, daß Führerschaft etwas Fließendes ist.

Nicht immer stimmt die formale Position in der Hierarchie eines Unternehmens mit der tatsächlichen Führungsrolle überein. Es kommt vor, daß in einer besonderen Notlage jemand hervortritt und vorübergehend eine Führungsrolle übernimmt, um anschließend wieder in der Gruppe zu verschwinden. Eine solche Entschiedenheit kann sich auch nach oben richten, wenn beispielsweise ein niederer Angestellter einem Höhergestellten in einer schwierigen Frage, die für das Wohl der Firma bedeutsam ist, mit seinen eigenen Vorstellungen entgegentritt.

So war in der Führungsebene einer Erdölgesellschaft, die in einer südamerikanischen Stadt eine Niederlassung errichten wollte, entschieden worden, Büroräume in einem nagelneuen Hochhaus im teuersten Viertel der Stadt anzumieten. Der Leiter dieser Niederlassung bekam jedoch im Gespräch mit einem Minister dieses Landes die sarkastische Bemerkung zu hören: »Das war von einer Firma wie der Ihren auch nicht anders zu erwarten.«

Der Leiter der Niederlassung konnte sich auf diese Bemerkung keinen Reim machen. Durch Erkundigungen kam er schließlich dahinter, daß die Ansiedlung der Büros in diesem Stadtviertel so verstanden wurde, als sei der Gesellschaft mehr daran gelegen, Eindruck zu schinden, als ernsthaft Geschäfte zu machen. Solchermaßen aufgeklärt, verwarf er eigenmächtig die ursprüngliche Absicht und kümmerte sich um Büroräume in einem wachsenden Gewerbegebiet, an einem Standort, der umißverständlich die ernsthaften Absichten seines Unternehmens bekundete. Anschließend rief er seine Vorgesetzten in den Vereinigten Staaten an und erklärte ihnen, was er getan hatte und warum. Deren Reaktion: »Wir sind anderer Meinung als Sie, aber wir kennen uns da unten nicht aus – entscheiden Sie, was das Beste ist.«

Eine solche Handlungsweise setzt natürlich Selbstvertrauen und Entschlußkraft voraus, beides emotionale Kompetenzen, die für Führungsaufgaben wesentlich sind. Dieses Auftauchen von virtuellen Führern wird immer mehr zur Praxis in High-Tech-Bereichen, wo ganz junge Leute auf neuen Fachgebieten sehr beschlagen sein können.

Bei der finnischen Nokia Telecommunications Group sind rund 70 Prozent der Beschäftigten Ingenieure mit einem Durchschnittsalter von zweiunddreißig. Ein Großteil dieser Ingenieure kommt frisch von der Universität und ist mit neueren Technologien vertrauter als ihre Chefs, die um die vierzig sind. Veli-Pekka Niitamo, für Kompetenzmanagement und Einstellungen verantwortlich, sagt: »Wir haben das Wesen der Führung neu definiert. Jeder besitzt Führungsqualitäten – wenn nötig übernimmt ein junger Ingenieur die Führung. Unser Modell ist, daß innerhalb der Nokia-Welt jeder sein eigener Chef ist. Die alte statische Struktur mit Managern und Untergebenen ist überholt.«

Genaugenommen sind im Wirtschaftsklima von heute alle statischen Strukturen überholt. Was uns zu der nächsten Kompetenz bringt: den Wandel anzuführen.

Katalysator des Wandels

Den Wandel initiieren und steuern

MENSCHEN MIT DIESER KOMPETENZ
- erkennen die Notwendigkeit des Wandels und räumen Hindernisse weg.
- stellen den Status quo in Frage, um dem notwendigen Wandel Anerkennung zu verschaffen.
- treten für den Wandel ein und gewinnen andere dafür.
- zeigen durch ihr Vorbild den Wandel auf, der von anderen erwartet wird.

• • • • •

Die persönliche Erleuchtung kam für John Patrick Ende 1993. Und er brauchte nur vierundzwanzig Monate, um die inspirierte Einsicht in Firmenpolitik umzusetzen.

Die Firma ist IBM; 1993 übernahm Lou Gerstner das Ruder und begann, das Unternehmen umzukrempeln. Doch tiefgreifender Wandel vollzieht sich nicht nur von oben nach unten; in Patricks Fall war seine Minirevolution ein Triumph der Basis.

Es ging um das Internet. An jenem Tag des Jahres 1993 bastelte Patrick, seinerzeit einer der führenden Strategen der Firma, an einem Programm namens Gopher herum, einer Internet-Software. »Ich fand«, sagt er, »die Idee, zu Hause zu sitzen und in einem fremden Computer herumzustöbern, faszinierend. Mit einem anderen Computer verbunden zu sein, das war bei IBM nichts Neues. Aber *in* einem fremden Computer zu sein, unabhängig davon, welcher Art beide Maschinen sind – das war die Erleuchtung.«[43]

IBM hatte seinen Schwerpunkt damals auf Computer-Hardware. Das sich entwickelnde Internet war unterhalb des Radars der Firma, und sie hatte praktisch keine Produkte oder Pläne für das Worldwide Web. Gerstner hatte vor, das zu ändern, aber es waren über die ganze Firma verteilte Leute wie Patrick, die es zur Realität machten.

Patrick entwarf das Manifest »Get Connected«, in dem er argumentierte, daß Internet-artige Verbindungen ganze Unternehmen und Branchen und auch die Arbeit von Grund auf umkrempeln würden. Er untermauerte seine Idee mit einigen praktischen Vorschlägen: Jeder in der Firma sollte eine E-Mail-Adresse bekommen, innerhalb der Firma sollten Newsgroups gebildet werden, um Leute mit gemeinsamen Interessen zusammenzubringen, und IBM sollte eine eigene Website erstellen.

Heute ist so etwas Allgemeingut, doch damals waren das radikale Ideen, besonders bei IBM. Aber es gab ein Publikum für solche Ideen, verteilt über die ganze Firma. Kaum hatte Patrick sein Manifest verteilt, als er von Leuten aus allen Ecken von IBM per Fax, E-Mail und Telefon ein Echo erhielt. Also schuf er eine Mailingliste, mit deren Hilfe er so etwas wie eine virtuelle Organisation innerhalb von IBM zusammenbrachte, eine Organisation, die sich über die formalen Strukturen der Firma hinwegsetzte.

Dieser neuen Gruppe gehörten Leute aus der ganzen Welt an. Sie hatten keinen offiziellen Status, keine Autorität, kein Budget. Und doch stellten sie etwas auf die Beine, noch immer unentdeckt vom Radar der Firma. Ihr erstes Projekt stand im Mai 1994. Es ging um die Erstellung einer offiziellen IBM-Website, einer der ersten unter den Großunternehmen.

236

Im selben Monat verpflichtete sich Patrick im Namen der Firma zur Teilnahme am bevorstehenden Internet-World-Forum – ohne Genehmigung von IBM. Für diesen gewagten Schritt brauchte es Mut und Weitblick – und wohl auch ein bißchen Glauben an die Idee. Dieser Glaube machte sich bezahlt. Patrick, der sich zwecks Finanzierung an einzelne Geschäftsbereiche von IBM wandte, bekam hier 5000 Dollar, dort 5000 Dollar, und als das World Forum herannahte, hatten sich fünfundfünfzig Leute aus zwölf verschiedenen Zweigen bereit erklärt, IBM zu vertreten. Noch immer hatte das Vorhaben keinen offiziellen Status und kein Budget.

Doch nachdem die Sache einmal so in Schwung gekommen war, entwickelte IBM eine offizielle Internet-Strategie, berief eine Spezialgruppe und schuf eine eigene Internet-Abteilung. Sie entstand am 1. Dezember 1995. Ihre Aufgabe: die Internet-Initiativen der Firma zu formulieren und umzusetzen. Geleitet wurde sie von John Patrick, verantwortlicher Vizepräsident und Technologie-Beauftragter. Aus dem lose verknüpften Team war eine offizielle Abteilung mit sechshundert Leuten geworden.

Eines ihrer Projekte war eine Website für die Olympischen Spiele 1996 in Atlanta, ein ungeheurer Erfolg: Täglich wurde sie im Schnitt von elf *Millionen* Benutzern angewählt. Um diesen starken Verkehr zu bewältigen, benutzte das IBM-Team eine noch in Entwicklung befindliche Software – eine einzigartige Chance für Forschung und Entwicklung. Die entwickelte Software, so erkannte das Team, bewältigte ein enormes Verkehrsaufkommen, und so machten sie daraus eine kommerzielle Software – eines von zahlreichen Internet-Produkten, die aus Patricks Erleuchtungserlebnis hervorgegangen sind.

Der Katalysator des Wandels: Entscheidende Voraussetzungen

Unternehmen werden heute umgebaut, aufgegeben, aufgekauft, fusionieren, bauen ihre Hierarchien ab, werden global. Die Beschleunigung des Wandels während der neunziger Jahre hat die Fähigkeit, den Wandel anzuführen, zu einer neuen Kompetenz werden lassen. Katalysator des Wandels zu sein, galt in den siebziger und achtziger Jahren nicht viel. Doch je näher das nächste Jahrtausend heranrückt, desto mehr Firmen legen Wert auf Leute, die das Unternehmen durch den Wandel hindurchsteuern können.

Welche Qualitäten zeichnen einen erfolgreichen Katalysator des Wandels aus? »Wenn wir eine Firma bei der internen Umgestaltung beraten, kommt es ganz entscheidend auf die persönlichen Fähigkeiten des Leiters ihres Teams an«, erläutert John Ferreira, Partner bei Deloitte & Touche Consulting. »Angenommen, wir beraten sie bei der Beschleunigung der Auftragsabwicklung. Dazu muß man mit den verschiedensten Abteilungen der Firma zusammenarbeiten, und man braucht jemanden, der nicht allzu hoch angesiedelt ist – keinen Theoretiker, sondern jemanden, der genügend praktische Erfahrung hat, um genau zu wissen, wie es wirklich läuft, so daß er alle beteiligten Bereiche überblicken und die wirkliche Situation erfassen kann. Das ist oft ein Manager der zweiten Ebene.«

Über die fachliche Erfahrung hinaus benötigt der Katalysator des Wandels eine Fülle weiterer emotionaler Kompetenzen. »Was man braucht, ist ein Manager der zweiten Ebene, der imstande ist, zum Vizepräsidenten zu gehen und ihm eine Liste dessen, was er zu tun hat, auf den Tisch zu legen, ohne sich durch die Tatsache, daß er bloß ein zweitrangiger Manager ist, einschüchtern zu lassen«, fügt Ferreira hinzu.

Bei einem großen Unternehmen im Bereich Finanzdienstleistungen, das gerade die Schwierigkeiten der Deregulierung und den frischen Wind der neuen Konkurrenz zu bewältigen hat, führten diejenigen, die am stärksten an ihre eigenen Fähigkeiten glaubten, Abteilungen, die ungeachtet aller Veränderungen florierten.[44]

Erfolgreiche Führer des Wandels besitzen nicht nur ein hohes Maß an Selbstvertrauen, sondern auch ein hohes Maß an Einfluß, Engagement, Motivation, Initiative und Optimismus sowie ein Gespür für innerbetriebliche Machtstrukturen. Fereira formuliert es so: »Man braucht jemanden, der das nicht bloß als einen Job versteht, sondern als eine Mission, jemanden, der sich leidenschaftlich für den Wandel engagiert und der schon beim Aufstehen an nichts anderes denkt. Es ist vergleichbar mit dem Unterschied zwischen einem Mieter und einem Eigentümer – der Eigentümer ist engagiert. Das ist wichtig, denn man braucht auch Ausdauer – man stößt auf große Widerstände. Man muß wissen, wie man uns, die Berater, einsetzt, um die richtigen Leute zur rechten Zeit auf seine Seite zu bringen. Und man muß seine Sache nachhaltig vertreten, sich innerhalb des Unternehmens Unterstützung sichern, bis man die kritische Masse zusammen hat, um die Entscheidung durchzusetzen.«

Der Transformationsführer

Anführer des Wandels sind nicht unbedingt *Innovatoren*. Führungspersönlichkeiten erkennen zwar den Wert einer neuen Idee oder eines neuen Verfahrens, aber oft sind sie nicht die Urheber der Innovation. Für Unternehmen, die auf den Wogen des Wandels reiten (und welches Unternehmen täte das heute nicht?), reicht das herkömmliche Management nicht aus. In Zeiten des Wandels braucht man eine charismatische, inspirierende Führungsperson.

Das Modell der »Transformationsführung« geht über Management im üblichen Sinne hinaus; solche Führungspersönlichkeiten können Menschen mit dem bloßen Schwung ihres Enthusiasmus wachrütteln. Sie geben keine Befehle oder Anweisungen – sie inspirieren. Indem sie ihre Vision artikulieren, wirken sie intellektuell und emotional stimulierend. Sie zeigen einen starken Glauben an diese Vision, und sie regen andere an, sie gemeinsam mit ihnen zu verwirklichen.[45] Und engagiert pflegen sie Beziehungen zu den von ihnen geführten Menschen.

Im Unterschied zu rationaleren Führungsmodellen, die sich bei der Ermunterung der Mitarbeiter herkömmlicher Mittel wie Lohn und Beförderung bedienen, greift der Transformationsführer auf eine andere Ebene zurück und mobilisiert die Menschen für einen Wandel des Unternehmens, indem er die Emotionen anspricht, die sie im Hinblick auf ihre Arbeit empfinden. Dabei appellieren solche Manager an das Gefühl der Leute für Sinn und Wert. Die Arbeit wird zu so etwas wie einer moralischen Aussage, einer Demonstration des Engagements für eine höhere Mission, die bei den Menschen das Gefühl stärkt, an einer hochgeschätzten Identität teilzuhaben.[46]

Um das zu erreichen, muß die Führungsperson eine unwiderstehliche Vision der neuen Unternehmensziele artikulieren. Das Engagement für diese Ziele kann an sich befriedigend sein, selbst wenn die Ziele einigermaßen utopisch sein mögen. Ein Manager, der auf diese Weise die Emotionen der Menschen weckt und sie für hochgesteckte oder hehre Ziele nutzbar macht, kann den Wandel mit Überzeugungskraft durchsetzen. Diese Art von Führung erzielt, wie Untersuchungen zeigen, größere Anstrengungen bei den Untergebenen und führt, indem sie deren Arbeit effektiver werden läßt, zu besseren Leistungen.[47]

Die emotionale Kunst

Auf die Probe gestellt wurde dieser Transformationsführungsstil in einem großen kanadischen Unternehmen für Finanzdienstleistungen, das mit gewaltigen Marktturbulenzen und starker Verunsicherung infolge der Deregulierung zu kämpfen hatte.[48] Ein Unternehmen, das bisher in aller Ruhe mit Erfolg auf einem abgeschirmten Markt operiert hatte, mußte nun beweglich werden, um sich zu behaupten.

Ein Jahr lang wurde eine Gruppe von erfahrenen Managern aus den vier obersten Führungsebenen des Unternehmens beobachtet, wie sie ihre Abteilungen durch diese chaotischen Zeiten führten. Anschließend wurden alle anhand von Produktivitätssteigerung, Prämieneinkommen und Verhältnis zwischen Gehalt und Budget bewertet. Der Erfolg schwankte sehr stark: Manche erreichten von den angestrebten Zielen nur 17 Prozent, andere bis zu 84 Prozent.

Die größten Erfolge erzielten jene, die den Transformationsstil angewandt hatten. Bei denen, die nach herkömmlichem Rezept verfuhren, beobachtete man sogar, daß sie ihre Mitarbeiter zu kontrollieren und einzuengen versuchten. Die erfolgreichen Chefs wurden von ihren Untergebenen als sehr charismatisch und flexibel beurteilt. Offenbar konnten sie ihr Selbstvertrauen und ihre Kompetenz anderen vermitteln, und sie bewegten die Menschen dazu, einfallsreicher, anpassungsbereiter und innovativer zu sein.

Diese Studie macht deutlich, was John Kotter, Führungsexperte an der Harvard Business School, als den Unterschied zwischen »Management« und »Führung« bezeichnet.[49] Management in seinem Wortverständnis bezeichnet die Art und Weise, wie komplexe Unternehmen in einem geordneten Zustand und produktiv gehalten werden. Führung bezeichnet dagegen die erfolgreiche Bewältigung der Veränderungen, die durch die verstärkte Konkurrenz und die Unbeständigkeit der Verhältnisse entstanden sind.

Kotter drückt das folgendermaßen aus: »Motivation und Inspiration spornen die Menschen an, nicht dadurch, daß sie sie auf dem Wege der Kontrolle in die richtige Richtung drängen, sondern durch die Befriedigung grundlegender menschlicher Bedürfnisse nach Erfolg, nach einem Gefühl der Zugehörigkeit, einem Gefühl, das eigene Leben selbst gestalten zu können, und der Möglichkeit, seine Ideale zu verwirklichen. Solche Gefühle bewegen uns tief und lösen eine mächtige Reaktion aus.« Führung in diesem Sinne ist demnach eine emotionale Kunst.

240

9

Zusammenarbeit, Teams und Gruppen-IQ

Niemand von uns ist so klug wie wir alle.
Japanisches Sprichwort

Es war ein bedeutender Moment in der Frühgeschichte von Silicon Valley. 1982 drängten sich bei einer Tagung des Silicon Valley Computer Club Hunderte von Ingenieuren in dem Versammlungsraum, als ein Journalist vom *San Jose Mercury* die Versammelten fragte: »Wie viele von Ihnen haben vor, eine eigene Firma zu gründen?« Zwei Drittel der Befragten meldeten sich.[1]

Seither sind Tausende von Firmen entstanden, darunter Silicon Graphics, Oracle und Cisco Systems. Gemeinsam ist ihnen allen die Überzeugung, daß eine großartige Idee oder eine innovative Technologie sehr bedeutend sein kann. Es ist jedoch noch etwas erforderlich, wenn eine großartige Idee zum Keim eines großartigen Unternehmens werden soll: Zusammenarbeit.

Die Suche nach hervorragenden Teams ist für die Geschäftswelt so etwas wie eine moderne Gralssuche. »Es gibt heute eine Menge Technologie, eine Menge Unternehmer, eine Menge Geld, eine Menge Risikokapital in der Welt. Woran es mangelt, sind großartige Teams.« Das sagt John Doerr, ein legendärer Silicon-Valley-Risikokapitalist, der Unternehmensgründungen, die die Branche veränderten, mit Startkapital versorgt hat, von Lotus und Compaq bis zu Gentech und Netscape.[2]

Bei Doerrs Firma, Kleiner Perkins Caulfield and Byers, gehen alljährlich zweitausendfünfhundert Geschäftspläne von hoffnungsvollen Unternehmern ein. Daraus fischen sie etwa hundert heraus, die ernsthaft in Betracht kommen, und investieren schließlich in fünfundzwanzig. Doerr sagt: »Ein Team glaubt, es könnte uns für die Technologie und das Produkt oder den Service begeistern. In Wirklichkeit machen wir uns aber Gedanken über *sie*, die Teammitglieder. Wir möchten wissen, wer sie sind, wie sie zusammenarbeiten werden.« Bei seinen

Besprechungen mit angehenden Gründerfirmen sondiert er die Dynamik der Gruppe: wie sie mit sich selbst umgehen werden, wie sie sich über Prioritäten verständigen werden, wie sie messen werden, ob sie ihre Sache gut machen, wie sie mit einem verfahren werden, bei dem es nicht so richtig klappt. »Ich checke ihre Instinkte, ihr Navigationssystem, ihre Werte.«

Wichtig für ein solches Team ist die richtige Mischung aus Intelligenz und Sachverstand – Doerr spricht von »wirklich gescheiten Leuten« – und emotionaler Intelligenz (auch wenn Doerr es nicht so ausdrückt). Beides muß im richtigen Verhältnis sein, nicht nur Brillanz und Erfahrung, aber auch nicht nur Schwung, Energie und Leidenschaft. »Diese Mischung richtig hinzukriegen, das macht den Unterschied zwischen Unternehmen, die Bedeutung erlangen, und Neugründungen, die bloß erfolgreich sind oder schlimmer.«

Überleben des Sozialen

Menschen sind von Natur aus Teamspieler: Unsere unvergleichlich komplexen sozialen Beziehungen waren ein entscheidender Überlebensvorteil. Unser hochgezüchtetes Talent zur Kooperation gipfelt in der modernen Unternehmensorganisation.

Nach Meinung mancher Evolutionstheoretiker trat der entscheidende Moment für die Entwicklung interpersonaler Fähigkeiten ein, als unsere Vorfahren von den Bäumen herunterstiegen, um in der Weite der Savanne zu leben, als die soziale Koordination beim Jagen und Sammeln riesige Dividenden abwarf. Um die fürs Überleben wesentlichen Fähigkeiten zu erlernen, mußten die Kinder in der kritischen Phase bis etwa zum fünfzehnten Lebensjahr, in der das menschliche Gehirn anatomisch reift, »geschult« werden. Diesen Vorteil bot die Kooperation, und mit ihr entstand ein komplexes soziales System – und eine neue Herausforderung für die menschliche Intelligenz.[3]

Die Ansicht, daß die Kooperation in der Evolution eine entscheidende Rolle spielte, ist Ergebnis einer radikalen Überprüfung der berühmten Wendung vom »Überleben des Tüchtigsten«.[4] Sozialdarwinisten griffen diese Wendung im späten 19. Jahrhundert auf und behaupteten, »Tüchtigkeit« bedeute, daß die Starken und Rücksichtslosen unausweichlich über die Schwachen triumphieren würden. Sie benutzten diese Begründung, um die ungezügelte Konkurrenz zu feiern und sich über das Los der Armen und Entrechteten hinwegzusetzen.

Inzwischen ist diese Idee in der Evolutionstheorie durch die simple Erkenntnis ersetzt worden, daß evolutionäre Tüchtigkeit sich nicht nach der Härte bemißt, sondern nach dem Fortpflanzungserfolg, nach der Zahl der Kinder, die überleben, um die eigenen Gene an künftige Generationen weiterzugeben. Diese genetische Erbschaft ist der eigentliche Sinn von »Überleben« in der Evolution.

So gesehen war die *Gruppe*, die zusammenarbeitet – die gemeinsam nach Nahrung sucht, die Kinder aufzieht und Raubtiere abwehrt –, entscheidend fürs menschliche Überleben, nicht aber die Rücksichtslosigkeit bösartiger Einzelgänger. Darwin hat denn auch als erster davon gesprochen, daß menschliche Gruppen, deren Mitglieder bereit waren, zum gemeinsamen Wohl zusammenzuarbeiten, eher überlebten und mehr Nachkommen hatten als jene Gruppen, deren Mitglieder egoistisch waren, oder als diejenigen, die gar keiner Gruppe angehörten.

Auch heute sind die Vorteile eines enggeknüpften Bandes deutlich erkennbar bei den wenigen menschlichen Gruppen, die noch ihr Dasein als Jäger und Sammler fristen, mit jener Lebensweise, die während der Jahrmillionen praktiziert wurde, in denen unser Gehirn seinen heutigen Aufbau erhielt. Die Gesundheit der Kinder hängt in solchen Gruppen weitgehend davon ab, ob sie eine lebende Großmutter oder einen anderen älteren Verwandten haben, der die elterlichen Bemühungen um die Nahrungsbeschaffung ergänzen kann.[5]

Ein modernes Überbleibsel aus dieser Vergangenheit ist das Radar für Freundlichkeit und Kooperation, das die meisten von uns besitzen; wir fühlen uns zu jenen hingezogen, die diese Qualitäten erkennen lassen. Auch besitzen wir ein energisches Frühwarnsystem, das uns auf der Hut sein läßt vor jemandem, der egoistisch oder nicht vertrauenswürdig sein könnte. In einem Experiment an der Cornell University konnten Probanden, die einander nicht kannten, sich eine halbe Stunde lang in einer Gruppe kennenlernen; anschließend sollte jeder sagen, wie egoistisch oder kooperativ die anderen waren. Diese Beurteilungen deckten sich mit dem tatsächlichen Verhalten der Probanden in einem Spiel, bei dem sie egoistische oder kooperative Strategien wählen konnten, um zu gewinnen. Außerdem fühlen Menschen sich zu anderen hingezogen, die ebenso freundlich und kooperativ sind wie sie selbst; Mitglieder von Gruppen, die aus kooperativen Unbekannten gebildet wurden, sind untereinander ebenso altruistisch und hilfsbereit wie Mitglieder einer Familie.[6]

Geselligkeit formt das Gehirn

Eine große anatomische Hinterlassenschaft des menschlichen Bedürfnisses, sich zusammenzuschließen, ist der Neokortex, die jüngste, äußere Schicht des Gehirns, dank derer wir denken können. Die für das Überleben einer Art wichtigsten adaptiven Herausforderungen führen zu evolutionären Veränderungen dieser Art. Das Zusammenwirken in einer koordinierten Gruppe – sei es ein Arbeitsteam in einem Unternehmen, sei es eine umherstreifende Horde von Urmenschen – erfordert ein hohes Maß an sozialer Intelligenz, eine Geschicklichkeit im Erfassen und Handhaben von Beziehungen. Wenn die sozial Intelligenteren die meisten überlebenden Nachkommen haben – und insofern die »Tüchtigsten« sind –, wird die Natur solche Veränderungen im menschlichen Gehirn positiv auslesen, die mit den Komplexitäten des Lebens in Gruppen besser fertig werden.[7] Im Verlauf der Evolution mußten Gruppenmitglieder – so wie auch heute noch – die Vorteile der Kooperation bei der Abwehr von Feinden, beim Jagen und Sammeln und bei der Kinderaufzucht ins Gleichgewicht bringen mit den Nachteilen der Konkurrenz um Nahrung, Geschlechtspartner und andere begrenzte Ressourcen innerhalb der Gruppe, besonders in Zeiten der Knappheit. Hinzu kam die Berechnung von Hierarchien der Dominanz, von sozialen und verwandtschaftlichen Verpflichtungen sowie von Tauschbeziehungen auf Gegenseitigkeit, so daß ein Riesenberg sozialer Tatsachen zusammenkam, die es zu durchschauen und gut zu nutzen galt.

Darauf beruht der evolutionäre Druck, ein »denkendes Gehirn« zu entwickeln, das augenblicklich all diese sozialen Zusammenhänge zu erfassen vermag. Im Tierreich haben überhaupt nur die Säugetiere einen Neokortex. Unter den Primaten (zu denen auch wir Menschen gehören) steigt der Anteil des Neokortex am gesamten Hirnvolumen im direkten Verhältnis zu der Größe der Gruppe, die für die jeweilige Art typisch ist.[8] Beim Frühmenschen konnte die Gruppengröße in die Dutzende oder Hunderte gehen (und in modernen Unternehmen in die Tausende).

So betrachtet trat die soziale Intelligenz lange vor dem rationalen Denken in Erscheinung; die abstrakte Denkfähigkeit der menschlichen Spezies entwickelte sich später in einem Neokortex, der ursprünglich gewachsen war, um mit der unmittelbaren Welt der zwischenmenschlichen Beziehungen zurechtzukommen.[9] Allerdings entwickelte sich der Neokortex aus älteren Strukturen im emotionalen Gehirn, zu dem etwa die Amygdala gehört, und ist daher stark mit Schaltungen für die Emotion durchsetzt.

Der Neokortex mit seinem ausgefuchsten Verständnis für gruppendynamische Vorgänge muß seine Daten in Abstimmung mit emotionalen Signalen interpretieren. Tatsächlich ist in jeden Akt des Erkennens (»Das ist ein Stuhl«) eine emotionale Reaktion eingebaut (»... und er gefällt mir nicht«).

Dank dieser zerebralen Schaltung wissen wir zum Beispiel sofort, wen von denen, die mit uns den Fahrstuhl benutzen, wir grüßen sollten und wen nicht (»Die Chefin scheint heute schlecht gelaunt zu sein – laß ich sie besser in Ruhe«). Und sie prägt jedes Detail der kooperativen Arbeitsbeziehungen, die in den Organisationen von heute der Schlüssel zum Überleben sind.

Selbst bei den sachlichsten Informationen, die wir mit anderen austauschen, lesen unsere neuralen Monitore für emotionale Zwischentöne unzählige stumme Hinweise – Tonfall der Stimme, Wortwahl, Feinheiten der Körperhaltung, der Gestik, des Timings – nach den strukturierten Botschaften ab, die diesen Informationen ihren emotionalen Kontext verleihen. Von diesen emotionalen Signalen hängt es ab, ob ein Gespräch – oder eine Gruppe – in den gewünschten Bahnen bleibt oder nicht. Eine reibungslose Koordination beruht auf diesem emotionalen Kanal im gleichen Maße wie auf dem expliziten, rationalen Inhalt dessen, was gesagt und getan wird.

Die Kunst der Kooperation

John Seely Brown, Forschungschef bei der Xerox Corporation und selbst Kognitionstheoretiker, weist darauf hin, daß die Bedeutung der sozialen Koordination wohl nirgendwo so deutlich wird wie bei den wissenschaftlichen Vorhaben von heute, wo durch abgestimmte, kooperative Bemühungen neueste Erkenntnisse gewonnen werden.

Brown erklärt: »Viele Theoretiker betrachten das Lernen als eine rein kognitive Angelegenheit, aber wenn man erfolgreiche Leute bittet, einmal zu überlegen, wie sie das, was sie gegenwärtig wissen, gelernt haben, dann sagen sie einem: ›Das meiste von dem, was wir wissen, haben wir voneinander und miteinander gelernt.‹ Kognitive Fähigkeit reicht da nicht, dazu braucht man auch soziale Intelligenz. Viele Menschen haben Probleme, weil sie nicht verstehen, wie man in eine bestimmte zwischenmenschliche Situation, in eine Beziehung hineinkommt. Wer sich auf die kognitive Fähigkeit beschränkt und die soziale Intelligenz übergeht, macht es sich einfach. Wenn man jedoch beides zusammenbringt, kann man Wunder wirken.«

In der legendären Forschungs- und Entwicklungsabteilung der Xerox Corporation im Silicon Valley, die Brown leitet, erklärt er mir: »Alles geschieht in Zusammenarbeit, wie überall in der High-Tech-Welt von heute. Einsame Genies gibt es nicht mehr. Schon Thomas Edison war ein glänzender Wissensmanager. Wir handeln mit Humankapital; Ideen entspringen nicht aus einem einsamen Kopf, sondern aus gründlicher Zusammenarbeit.«

Soziale Intelligenz ist immens wichtig für den Erfolg in einer Welt, in der die Arbeit, besonders Forschung und Entwicklung, in Teams geleistet wird. »Es ist eine der wichtigsten Fähigkeiten in Führungspositionen, daß man den menschlichen Kontext erfaßt, daß man merkt, was im Gange ist«, sagt Brown. »Die Leistung besteht in Führungspositionen darin, daß man etwas auf die Beine stellt. Aber wie stellt man es an, daß die anderen einen Teil der Arbeit für einen erledigen? Es läuft auf eine Art Judo hinaus – man muß die Situation, die Bestrebungen der Menschen erkennen und darauf angemessen reagieren. Je mehr wir dazu übergehen, in einer nicht mehr so stark hierarchisch gelenkten Umgebung zu arbeiten, desto mehr müssen wir in der Lage sein, die Energien zu erfassen, die die Menschen bewegen.«

Brown fährt fort: »Manche haben kein Gespür für die Dynamik einer Gruppe. Nach einer Sitzung rede ich mit einem der beteiligten Forscher, und er hat keine Ahnung, was dort passiert ist, während ein anderer die Dynamik im Raum vollkommen erfaßt hat: Er weiß, wann er sich zu Wort melden muß, wie er die Dinge darstellen muß, worauf es ankommt. Er ist in der Lage, auch Menschen außerhalb der Arbeit von seinen Ideen zu überzeugen.«

Die Kunst, »mit Hilfe von anderen eine Wirkung zu erzielen«, beruht Brown zufolge »auf der Fähigkeit, Menschen zusammenzubringen, Kollegen für die Arbeit zu gewinnen, die für die Forschung kritische Masse zu erreichen. Wenn das geschafft ist, entsteht die nächste Frage: Wie gewinnt man den Rest der Firma für sich? Und danach: Wie bringt man die Botschaft rüber und überzeugt den Rest der Welt? Kommunizieren heißt nicht bloß, andere mit Informationen zu überhäufen. Man muß ihnen eine Erfahrung vermitteln, sie in ihrem Inneren packen, und das ist eine emotionale Fähigkeit.«

Vorteil des Teams: der kollektive Geist

Es ist eine grundlegende Tatsache der heutigen Arbeitswelt, daß jeder nur einen Bruchteil des Wissens und Könnens besitzt, das für die Bewältigung unserer Aufgaben erforderlich ist. Robert Kelley von der Carnegie-Mellon University stellt seit vielen Jahren an die Mitarbeiter der verschiedensten Firmen dieselbe Frage: Welcher Anteil des Wissens, das Sie für Ihre Aufgabe benötigen, ist in Ihrem eigenen Kopf gespeichert?

1986 wurde darauf überwiegend geantwortet: etwa 75 Prozent. 1997 war der Anteil auf 15 bis 20 Prozent zurückgegangen.[10] Das ist zweifellos eine Folge der gewaltigen Explosion des Wissens. Im 20. Jahrhundert soll mehr Wissen erzeugt worden sein als in der gesamten bisherigen Geschichte, und mit Beginn des 21. Jahrhunderts beschleunigt sich der Zuwachs noch.

Angesichts dieser Tatsache wird das Netzwerk oder das Team von Leuten, die wir um Informationen und Fachkenntnisse angehen können, immer wichtiger. Mehr als je zuvor sind wir auf den kollektiven Geist angewiesen.

»Meine Intelligenz endet nicht an meiner Haut«, sagt Howard Gardner, der einflußreiche Harvard-Theoretiker. Sie umfaßt auch, wie er sagt, seine Hilfsmittel, etwa seinen Computer und dessen Datenbanken, aber ebenso wichtig ist »das Netz meiner Mitarbeiter, der Bürokollegen, der Berufskollegen, all der anderen, die ich anrufen oder denen ich elektronische Mitteilungen schicken kann«.[11]

Es steht außer Frage, daß der kollektive Geist weit intelligenter sein kann als der einzelne; die wissenschaftlichen Belege dafür sind unanfechtbar. In einem Experiment studierten und arbeiteten College-Studenten bei einem Kurs in Gruppen zusammen. Bei der abschließenden Prüfung wurden sie zunächst einzeln geprüft. Nach Abgabe ihrer Antwortfragebögen wurden ihnen zusätzliche Fragen gestellt, die sie als Gruppe beantworten sollten.

Die Ergebnisse von Hunderten von Gruppen zeigten, daß die Gruppen in 97 Prozent der Fälle mehr Punkte erzielten als die besten Einzelkandidaten.[12] Dieser Effekt bestätigte sich immer wieder, selbst bei ganz kurzlebigen Gruppen, die nur für ein Experiment zusammengestellt wurden. Wenn man Teams von Menschen, die einander nicht kennen, das Auf und Ab einer beruflichen Karriere schildert, ist das kollektive Gedächtnis um so besser, je mehr Menschen dem Team angehören: Drei erinnern sich besser als zwei, vier besser als drei usw.[13]

»Als studierter Mathematiker dachte ich, das Ganze sei gleich der Summe seiner Teile, bis ich mit Teams arbeitete«, erklärte mir Chuck Noll, der legendäre ehemalige Trainer der Pittsburgh Steelers. »Als ich dann Trainer wurde, erkannte ich, daß das Ganze niemals die Summe seiner Teile ist – es ist größer oder kleiner, je nachdem, wie gut die einzelnen zusammenarbeiten.«

Es erfordert emotionale Intelligenz, die Mechanismen des kollektiven Geistes so zu ölen, daß er auf überlegene Weise denken und handeln kann. Überragender Intellekt und fachliches Talent allein machen Menschen noch nicht zu guten Teammitgliedern.

Das ergab eine Reihe überzeugender Versuche an einer Management-Schule der Universität Cambridge. Die Forscher stellten 120 Management-Teams zusammen, die die Entscheidungsprozesse einer Scheinfirma simulieren sollten. Einige der Teams bestanden ausschließlich aus hochintelligenten Leuten. Trotz dieses offenkundigen Vorteils schnitten die Teams mit dem hohen IQ schlechter ab als andere, deren Mitglieder nicht alle so brillant.waren.[14] Woran das lag, zeigte die Beobachtung der Teams während des Experiments: Die hochintelligenten Mitglieder verbrachten zuviel Zeit mit Diskussionen, in denen jeder den anderen zu überbieten suchte, und das Ganze artete in nicht endende Effekthascherei aus.

Die hochintelligenten Teams hatten noch einen Schwachpunkt. Alle Mitglieder verlegten sich auf dieselben Probleme und wandten ihre kritischen Fähigkeiten auf die intellektuell anspruchsvollen Aspekte der gestellten Aufgabe an, indem sie Analysen noch und noch erstellten. Darüber kamen sie gar nicht erst zu den anderen wichtigen Teilen der Aufgabe: der Planung, der Einholung und Diskussion von praktischen Informationen, der Dokumentation dessen, was sie gelernt hatten, der Koordination eines Maßnahmeplans. Alle gingen so sehr in dem Bemühen auf, intellektuell zu glänzen, daß das Team als ganzes scheiterte.

Der Gruppen-IQ

Sie haben sich in einer Wüste verirrt, die Sonne brennt erbarmungslos auf sie herunter, Luftspiegelungen führen sie in die Irre, kein Orientierungspunkt ist auszumachen. Ihr Wasservorrat geht zur Neige, und sie haben weder Kompaß noch Karte. Ihre einzige Hoffnung besteht darin, sich aufzumachen und nach Hilfe zu suchen, doch ihre Vorräte sind eine zu schwere Last. Sie müssen sich entscheiden, was sie mitnehmen und was sie zurücklassen sollen, um zu überleben. Es ist ein Szenario auf Leben und Tod, aber es ist ungefährlich. Es ist eine Simulation, mit der die Teamworkfähigkeit der Teilnehmer getestet wird. Bei diesem Szenario können die Entscheidungen jedes einzelnen bewertet werden, und die Einzelentscheidungen können mit denen verglichen werden, die die Gruppe insgesamt trifft.

Bei Hunderten und Aberhunderten von Versuchen hat sich gezeigt, daß Gruppen in Untergruppen mit drei verschiedenen Leistungsniveaus zerfallen. Im schlimmsten Fall bewirken Reibungen innerhalb der Gruppe, daß sie als Team scheitert und mit ihrer Leistung *hinter* der durchschnittlichen individuellen Leistung zurückbleibt. Wenn das Team halbwegs funktioniert, übertrifft die Gruppe die *durchschnittliche* individuelle Leistung. Wenn das Team jedoch wirklich zusammenarbeitet, übertrifft es bei weitem die *beste* individuelle Leistung.

So waren zum Beispiel, was fachliches Können und Erfahrung betrifft, die Mitglieder des Management-Teams der PKW-Abteilung eines der größten europäischen Automobilherstellers den Mitgliedern des Teams der LKW-Abteilung überlegen, doch arbeiteten die Manager der LKW-Abteilung besser als Team zusammen.

»Wenn man sich das Leistungsprofil und den Werdegang der einzelnen Mitglieder der LKW-Abteilung anschaute, war es gar nicht zu verstehen – danach mußten sie eigentlich schlechter abschneiden als das andere Team«, erklärte mir der Unternehmensberater, der mit den beiden Teams arbeitete. »Doch wenn sie in der Gruppe arbeiteten, waren sie unschlagbar.«

Woran liegt es, daß ein Team besser ist als sein bestes Mitglied? Das ist die entscheidende Frage. Herausragende Teamleistung steigert den »Gruppen-IQ«, die Summe der besten, vollständig eingebrachten Fähigkeiten jedes einzelnen Mitglieds.[15] Wenn Teams in Höchstform sind, addieren sich die Einzelleistungen nicht nur, sondern sie multiplizieren sich: die besten Fähigkeiten des einen locken als Katalysator bei einem anderen und noch einem anderen die besten Ergebnisse hervor, und was insgesamt herauskommt, übertrifft bei weitem alles, was jeder einzelne geschafft hätte. Diesen Aspekt der Teamleistung muß man mit den *Beziehungen* zwischen den Mitgliedern erklären, mit der »Chemie« zwischen den Mitgliedern.

In einer klassischen Untersuchung über den Gruppen-IQ, die von Wendy Williams und Robert Sternberg in Yale durchgeführt wurde, zeigte sich, daß die Leistung von den sozialen Fähigkeiten und der gegenseitigen Verträglichkeit der Gruppenmitglieder abhängt (was sich immer wieder bestätigt hat).[16] Williams und Sternberg fanden, daß Leute mit mangelnden sozialen Fähigkeiten und ohne Gespür für die Gefühle anderer ein Hemmschuh für das gemeinsame Unternehmen waren, besonders wenn es ihnen an der Fähigkeit mangelte, Meinungsverschiedenheiten zu klären oder erfolgreich zu kommunizieren. Daß wenigstens ein Mitglied einen hohen IQ hatte, war eine wichtige, aber nicht hinreichende Bedingung für gute Leistungen; die Gruppe mußte auch in anderer Hinsicht harmonieren. Eine andere potentielle Belastung ging von einem Mitglied aus, das sich zu sehr in den Vordergrund drängte und alles kontrollieren wollte; dann konnten die anderen nicht ihren vollen Einsatz bringen.

Eine große Rolle spielte die Motiviation. Waren die Mitglieder interessiert und für die Ziele engagiert, gaben sie sich mehr Mühe und schnitten besser ab. Insgesamt hing der Erfolg der Gruppe weniger vom IQ der einzelnen Mitglieder als vielmehr von ihrem *sozialen* Zusammenhalt ab. Ergebnis: Gruppen, die einen Zustand innerer Harmonie pflegen, erreichen höhere Leistungen. Sie schöpfen die Talente ihrer Mitglieder vollständig aus.

Bei der Untersuchung von sechzig Arbeitsteams in einem großen amerikanischen Unternehmen für Finanzdienstleistungen kam heraus, daß für die Effektivität der Teams viele Elemente eine gewisse Bedeutung hatten. Die größte Bedeutung kam jedoch dem menschlichen Element zu – wie die Mitglieder miteinander und mit den Kunden, zu denen sie Kontakt hatten, umgingen.[17]

Mehrere Kompetenzen von Leistungs-Assen haben ihre Wurzel in den elementaren menschlichen Fähigkeiten zu sozialer Koordination:
• *Bindungen aufbauen:* nützliche Beziehungen pflegen
• *Zusammenarbeit:* mit anderen für gemeinsame Ziele zusammenarbeiten
• *Teamfähigkeiten:* beim Hinwirken auf Gruppenziele für Synergie sorgen

Bindungen aufbauen

Nützliche Beziehungen pflegen

MENSCHEN MIT DIESER KOMPETENZ

- pflegen und erhalten ausgedehnte informelle Beziehungsnetze.
- erkennen Beziehungen, die von gegenseitigem Nutzen sind.
- stellen persönlichen Kontakt her und halten den Kontakt zu anderen aufrecht.
- schließen und pflegen persönliche Freundschaften mit Arbeitskollegen.

• • • • •

Jeffrey Katzenberg ist wie ein Wilder auf Kontakte aus. Drei Sekretärinnen mit Kopfhörer dienen ihm als Antennen und suchen für ihn die Unterhaltungsindustrie nach Möglichkeiten ab, den nächsten Kontakt herzustellen; pausenlos rufen sie Leute an, um einen Termin zu vereinbaren, rufen nochmals an, um den Termin zu verlegen oder um an einen bevorstehenden Anruf ihres Chefs zu erinnern; und das alles dient nur dazu, daß Katzenberg in jedem freien Moment am Telefon hängen und die Hunderte von Menschen, mit denen er routinemäßig Kontakt hält, erreichen kann.[18]

Katzenberg, einer der drei Gründer der kreativen Hollywood-Firma Dreamworks SKG, ist ein Netzwerker, der nicht seinesgleichen hat. Das Motiv für seine manische Telefonierwut ist in erster Linie, einfach in Kontakt zu bleiben – und nicht ausdrücklich, »Geschäfte zu machen«. Allerdings werden diese Beziehungen durch die regelmäßigen Anrufe frischgehalten, und wenn sich ein geschäftlicher Anlaß ergibt, kann er nahtlos darauf zurückgreifen, um einen Vorschlag zu unterbreiten oder ein Geschäft auszumachen.

In der Unterhaltungsindustrie sind Beziehungen der Schlüssel zum Geschäft, denn alle Projekte – egal ob Film, TV-Serie oder interaktive CD-ROM – werden kurzfristig angesetzt und müssen zielstrebig innerhalb einer begrenzten Zeit abgewickelt werden. Dazu muß man im Handumdrehen eine Organisation auf die Beine stellen, eine Pseudofamilie aus Regisseur, Produzenten, Schauspielern und Produktionspersonal, die sich hinterher wieder auflöst in ein loses Netz von potentiellen Mitspielern. Katzenberg hält zu allen einen Verbindungsfaden, um sie bei Bedarf zu sich heranzuziehen.

Die Leistungs-Asse in praktisch jedem Tätigkeitsbereich besitzen dieses Talent, Verbindungen herzustellen. Als man die Spitzenkräfte in Bereichen wie Ingenieur- und Computerwissenschaft, Biotechnologie und anderen »intelligenten« Arbeitsbereichen untersuchte, erwies sich der Aufbau und die Pflege von Netzwerken als entscheidend für den Erfolg.[19] Auch in Bereichen wie der Technik werden die Netze auf altmodische Art geknüpft, im direkten Gespräch oder per Telefon, neuerdings auch per E-Mail.

Doch eine Verbindung wird weniger durch physische (auch wenn sie durchaus hilfreich ist) als vielmehr durch *psychische* Nähe zusammengehalten. Die, mit denen wir gut auskommen, denen wir vertrauen, die wir sympathisch finden, sind die stärksten Maschen in unseren Netzen. Die Beziehungsnetze von Leistungs-Assen sind kein Ergebnis des Zufalls, sondern sorgfältiger Auswahl; aufgenommen werden Menschen wegen besonderer Fachkenntnisse oder Leistungen. In diesen Netzen werden Fachkenntnisse und Informationen fortlaufend in einem verschlungenen Prozeß des Gebens und Nehmens ausgetauscht. Jeder, der dazugehört, repräsentiert ein sofort abrufbares Wissen, das mit einem einzigen Anruf erreichbar ist.

Wer sich eines solchen Netzes gut zu bedienen weiß, hat gegenüber all denen, die sich aus allgemeineren Informationsquellen unterrichten müssen, einen riesigen zeitlichen Vorsprung. Um an eine bestimmte Information heranzukommen, werden einer Schätzung zufolge im Durchschnitt drei bis fünf Stunden benötigt, doch Leistungs-Asse brauchen dafür dank ihrer Beziehungen nur eine Stunde.[20]

Die Kunst des Networking

In vielen Branchen verbringen die Menschen einen geringeren Teil ihrer beruflichen Laufbahn in einem einzigen Unternehmen und sind dafür mehr in kurzen, sehr intensiven Beziehungen tätig. Ihr Erfolgsgeheimnis sind netzartige Kommunikationszusammenhänge. Das gilt auf jeden Fall für die Unterhaltungsindustrie. Dieses Muster wird sich, wie einige vorhersagen, in den kommenden Jahren auf viele oder gar auf die meisten Bereiche ausdehnen. In einer solchen fließenden Realität, wo virtuelle Organisationen entstehen, um Projekte zu verwirklichen, und sich nach Abschluß des Projekts wieder auflösen, ist der Schlüssel zum Erfolg nicht, *für* wen man gearbeitet hat, sondern *mit* wem man gearbeitet hat und weiterhin in Kontakt bleibt.

Die Elektronikbranche belegt unzweideutig die entscheidende Rolle menschlicher Beziehungsnetze für Entstehung und Wachstum von Unternehmen. Zwischen 1981 und 1990 entwickelte sich der Wertzuwachs der PC-Branche von praktisch null auf annähernd 100 Milliarden Dollar – eine ungeheure Akkumulation von Reichtum, die angetrieben wurde von den Bündnissen, die zwischen unternehmungslustigen technischen Genies und ebenso unternehmungslustigen Gebern von Risikokapital geschmiedet wurden.[21] Zwei Drittel der High-Tech-Firmen wurden in Gang gebracht von Risikokapitalisten, einer Sorte von Investoren, die von Anfang an eine symbiotische Beziehung zu Amerikas High-Tech-Branche hatte, lange bevor Banken auch nur einen Penny zu investieren bereit waren, von den Finanzmärkten ganz zu schweigen.

Die Risikokapitalisten im Silicon Valley tun weit mehr als nur eine vielversprechende Idee ausfindig zu machen und Geld in die Neugründung zu stecken – sie nehmen an der Firma, in die sie investieren, auch weiterhin Anteil. So verschaffen sie den Jungunternehmen Zugang zu den Leuten, die sie im Management, im Finanzwesen und in der High-Tech-Branche selbst kennen, und sie helfen ihnen sogar, gute Leute anzuheuern.

Von den Jungunternehmen, welche die Risikokapital-Firma Kleiner Perkins Caulfield and Byers finanzierte, wurden fast alle von jemandem an die Firma verwiesen, den sie kannte und dem sie vertraute. John Doerr, maßgeblich an dieser Firma beteiligt, sagt über dieses vielfältige Beziehungsnetz: »Das Silicon Valley können Sie sich als ein System vorstellen, das Leute, Projekte und Kapital erfolgreich zusammenbringt.« Ein solches System von Verbindungen kann ungeheuren Reichtum erzeugen – und das Fehlen eines solchen Systems kann bittere Opfer fordern, besonders in schweren Zeiten.

Soziale Netze, persönliches Kapital

Es war in den achtziger Jahren an der Wall Street, als fast alles möglich schien. Er war erst vierundzwanzig und verwaltete dennoch einen Geldmarktfonds von drei Milliarden Dollar, und er verdiente ansehnlich. Doch er investierte fast ausschließlich in spekulative Obligationen, und beim Börsenkrach im Oktober 1987 verlor der Fonds praktisch seinen ganzen Wert. Er verlor seinen Job.

»Damals lernte er, daß Beziehungen im Geschäft alles sind«, sagt mir seine Frau. »Niemand ergriff für ihn Partei. Er war so angeberisch geworden und so selbstgefällig, daß er keinen Wert darauf gelegt hatte, Freundschaften zu pflegen, so daß vielleicht einer gesagt hätte: ›Wir sollten ihn doch behalten.‹ Als er sich dann nach einem neuen Job umschaute, kannte er niemanden, der ihm geholfen hätte, etwas in einer anderen Firma zu finden.«

Nach einem halben Jahr und fünfhundert fruchtlosen Anrufen ergatterte er schließlich einen Job mit weit geringerem Prestige, und von dort aus begann er sich wieder emporzuarbeiten. Aber seine Grundeinstellung hatte sich geändert.

»Jetzt ist er Vorsitzender seines örtlichen Berufsverbandes, und er kennt alle wichtigen Leute der Branche«, sagt seine Frau. »Wir fragen uns: Wenn er morgen seinen Job verlöre, wie viele Anrufe würde er machen müssen, um einen neuen Job zu kriegen? Heute würde einer genügen.«

Netze persönlicher Kontakte sind so etwas wie ein persönliches Kapital. Ob wir in unseren Jobs erfolgreich sind, hängt mehr oder weniger von einem Netz von anderen ab. Ein Unternehmensleiter meinte, es scheine zwar so, als hänge es allein von ihm ab, wie gut er seinen Job macht, doch »in Wirklichkeit gibt es außer meinen direkten Untergebenen Hunderte von Leuten, auf die ich keinen direkten Einfluß habe, die aber den Erfolg meiner Arbeit beeinflussen können. Wenigstens zwei Dutzend davon sind wirklich wichtig.«[22]

Beziehungen aufzubauen hat unter anderem den Vorteil, daß man sich einen Vorrat an Goodwill und Vertrauen schafft. Sehr erfolgreiche Manager verstehen es geschickt, solche Beziehungen zu pflegen, während weniger erfolgreiche dies generell nicht tun.[23] Besonders wichtig ist dies, wenn man innerhalb eines Unternehmens aufsteigen möchte; dank solcher Beziehungen spricht sich herum, daß man etwas kann.

Solche Netzwerke mögen etwas ganz anderes sein als die Netze von Freundschaften, die wir hauptsächlich um unserer Freude willen pflegen. Der Aufbau von Beziehungen hat jedoch immer ein Motiv; es sind Freundschaften, die einen Zweck verfolgen. Leute, die geschickt mit solchen Netzwerken arbeiten, vermengen oft ihr Privatleben mit ihrem Berufsleben, so daß viele oder die meisten ihrer persönlichen Freundschaften durch die Arbeit entstehen, und nur mit Disziplin gelingt es, zwischen Arbeit und Privatangelegenheiten einen klaren Trennungsstrich zu ziehen.

Wer schüchtern und introvertiert ist und ein zurückgezogenes Leben führt, kann natürlich nur schlecht solche Beziehungen pflegen. Und wer sich nur einladen läßt, selbst aber niemanden einlädt oder nur über seine Arbeit spricht, wird kein großes Beziehungsnetz aufbauen können.

Ein anderer häufiger Fehler besteht darin, daß man sich hinter seiner begrenzten Arbeitszeit und seinen eigenen Aufgaben verschanzt, wenn andere einen um Hilfe oder um kooperative Mitarbeit bitten; damit ruft man Unwillen hervor, und die Beziehungen verkümmern. Wer freilich überhaupt nicht nein sagen kann, wenn jemand um etwas bittet, ist in Gefahr, sich so viel aufzubürden, daß die eigene Arbeit darunter leidet. Leistungs-Asse verstehen es, ihre eigenen Aufgaben wichtig zu nehmen und daneben sorgfältig dosierte Gefälligkeiten zu erweisen, womit sie sich ein Konto an Wohlwollen bei Leuten erwerben, die ihnen später einmal gute Dienste leisten können.[24]

Um starke nützliche Beziehungen zu entwickeln, muß man einen persönlichen Kontakt aufbauen. Dieser Kontakt beruht auf Empathie, und meistens stellt er sich von allein im Laufe eines zwanglosen Gesprächs her, bei dem man sich über die Familie, die Kinder, den Sport und das Leben im allgemeinen austauscht. Der Aufbau einer engen Freundschaft mit Arbeitskollegen bedeutet schließlich auch, daß man ein Bündnis schafft, eine Beziehung, auf die man zählen kann. Wer sich wie Katzenberg oder Doerr darauf versteht, Beziehungen herzustellen, kann sich auf ein ausgedehntes und ständig wachsendes Netz von Freunden verlassen.

Beteiligt die Beziehungsmanager!

Die große britische Kaufhauskette Marks & Spencer macht ihren Dauerlieferanten ein ungewöhnliches Geschenk: eine spezielle Schlüsselkarte, die ihnen jederzeit Zutritt zur Unternehmenszentrale verschafft. Termine müssen sie zwar immer noch vereinbaren, doch die Schlüsselkarte gibt ihnen das Gefühl, zur Marks & Spencer-Familie zu gehören.

Genau darum geht es. Die Schlüsselkarte ist Teil eines gezielten Bemühens auf seiten von Marks & Spencer, zu seinen Lieferanten eine Beziehung des Vertrauens und der Kooperation zu unterhalten. Außerdem fährt man mit den Lieferanten gemeinsam auf Messen und ins Ausland, um Rohstoffquellen zu besichtigen. Ziel ist, das wechselseitige Verständnis zu festigen, aber auch, neue Möglichkeiten für Produkte zu erkunden, die man gemeinsam entwickeln könnte.

Das Programm von Marks & Spencer ist beispielhaft für einen Trend, zwischen Lieferanten und Einzelhändlern kooperative Beziehungen aufzubauen, statt bloß einen potentiellen Partner gegen einen anderen auszuspielen. Diese kooperative Strategie zahlt sich wirtschaftlich aus: Von 218 Händlern, die die Produkte eines Herstellers von Autoersatzteilen führten, waren unter denjenigen, die dem Hersteller vertrauten, gegenüber denen, die ihm mißtrauten, 22 Prozent weniger, die auch noch andere Bezugsquellen hatten, und ihr Absatz seiner Produkte war um 78 Prozent höher.[25]

Die Beziehungen zwischen so großen Firmen mögen als etwas Abstraktes erscheinen, doch letztlich beruhen sie auf den tagtäglichen Kontakten von Vertretern, Kundenbetreuern, Produktmanagern und dergleichen. Diese engen persönlichen Verbindungen zwischen verschiedenen Firmen haben für beide Seiten konkrete Vorteile: Man kann gemeinsam interessierende, vertrauliche Informationen untereinander austauschen und Menschen wie Ressourcen dafür einsetzen, kundenspezifische Bedürfnisse zu befriedigen. Die Mitarbeiter der einen Firma können manchmal als faktische Berater der anderen auftreten. So übernahm es ein Verkaufsteam von Kraft Foods, bei einer Einzelhandelskette sechs Monate lang den Absatz von Molkereiprodukten zu verfolgen. Anschließend empfahlen sie, den Regalraum anders zu organisieren und mit neuen Artikeln zu beschicken, die aktuellen Käufertrends entsprechen. Das Ergebnis: Der Absatz des Händlers – und der Verkauf von Kraft-Produkten an ihn – stieg um 22 Prozent.[26]

Noch ein Beispiel: Procter & Gamble pflegte seine Vertriebsleiter auf der Grundlage der gesamten Warenmenge zu bezahlen, zu deren Übernahme sie die Händler bewegen konnten, auch wenn die Ware am Ende im Lager liegenblieb. Die Vertriebsleute von P & G wurden also für eine Strategie belohnt, die den Händler letztlich schädigte und guten geschäftlichen Beziehungen abträglich war. Inzwischen hat P & G das geändert, und die Vertriebsleute werden dafür bezahlt, daß sie sowohl den Absatz von P & G als auch den der Händler maximieren, die P & G-Produkte verkaufen.

Da eine Beziehung von Firma zu Firma nichts anderes ist als die Verbindung zwischen den jeweiligen Mitarbeitern beider Firmen, kommt es entscheidend darauf an, daß die »Chemie« zwischen den Beteiligten stimmt. Deshalb lädt der Farbenhersteller Sherwin-Williams sogar die Manager von Sears Roebuck, einem seiner großen Abnehmer, ein, an der Auswahl der Leute teilzunehmen, die als Kundenbetreuer für Sears zuständig sein werden.

Nirmalya Kumar schrieb über dieses Vorgehen in der *Harvard*

Business Review: »Das Vertrauensspiel hat Auswirkungen auf den Typ von Leuten, den eine Firma für die Zusammenarbeit mit ihren Partnern auswählt ... Bisher waren Hersteller, Vertriebsleute und Einkäufer des Einzelhandels auf Mengen oder Preise fixiert. Statt ihrer werden jetzt *Beziehungsmanager* benötigt, die gut mit anderen umgehen können.«[27]

Zusammenarbeit

Mit anderen für gemeinsame Ziele zusammenarbeiten

MENSCHEN MIT DIESER KOMPETENZ
* behalten neben ihrer Aufgabe auch die Beziehungen im Auge.
* kooperieren und beziehen andere in ihre Pläne, Informationen und Ressourcen ein.
* fördern ein freundliches, kooperatives Klima.
* erkennen und nutzen Gelegenheiten zur Zusammenarbeit.

• • • • •

Intel, der ungeheuer erfolgreiche Hersteller von Computerprozessoren, stand vor einem paradoxen Problem: Die Firma drohte an ihrem eigenen Erfolg zu scheitern. Intel war extrem aufgabenorientiert, konzentrierte sich auf die Produktentwicklung, um den anderen mit der Schaffung neuer Technologien immer eine Nasenlänge voraus zu sein, und verkürzte laufend die Zeit bis zur Markteinführung neuer Produkte, mit dem Ergebnis, daß die Firma einen riesigen Marktanteil hielt und ungeheure Gewinne machte. Doch allzu viele hatten einfach keinen Spaß mehr daran.

So stellte es mir jedenfalls ein Unternehmensberater dar, der von einer Intel-Abteilung zu Rate gezogen wurde. »Sie wollten einen Kurs darüber, wie sie den Beziehungsaspekt ihrer Arbeit pflegen könnten, weil es immer unerfreulicher wurde«, sagte mir der Berater. »Auf der persönlichen Ebene mochten sie sich, aber sie waren so aufgabenorientiert, daß ihre Arbeitsbeziehungen darunter litten. Die Vorgesetzten mußten wissen, daß es nicht bloß darum gehen kann, die Arbeit zu erledigen, wenn die Beziehungen innerhalb der Arbeitsgruppe dadurch zerstört werden. Das Management mußte erkennen, daß die Vernachlässigung der weichen Aspekte harte Konsequenzen hat.«

Diese Krise der Beziehungen bei Intel zeigt, wie wertvoll Kooperationsgeist ist. Gruppen, deren Mitglieder Spaß miteinander haben, die miteinander scherzen und feiern können, besitzen das emotionale Kapital, um nicht nur in guten Zeiten Bestes zu leisten, sondern auch in schweren Zeiten durchzuhalten. Fehlt diese emotionale Bindung, kann es unter Belastung leicht geschehen, daß die Gruppe gelähmt wird, nicht mehr ihre Leistung erbringt oder auseinanderbricht.

Auch diejenigen, die der harten »Geschäft-ist-Krieg«-Ideologie anhängen und in der Pflege eines humanen Umgangs keinen Sinn sehen, sollten einmal darüber nachdenken, warum man sich beim Militär so ungeheure Mühe gibt, auf der Kompanie-Ebene den Korpsgeist zu pflegen. Dort weiß man aus Erfahrung, daß eine Einheit auch unter ungewöhnlichen Belastungen gut funktioniert, wenn die emotionalen Bindungen stimmen; sie sind wichtig für die Moral, die Tüchtigkeit und das bloße Überleben der Einheit.

Die Ehe im Betrieb

Allen war klar, daß die Sitzung für Al, den frischgebackenen Vizepräsidenten eines großen städtischen Krankenhauses, eine persönliche Katastrophe war. Gewiß sollte die Sitzung – darüber waren sich alle einig – einem guten Zweck dienen: ein Gemeinschaftsprogramm, für dessen Durchführung Al eingestellt worden war, mit einer Vision und einer Strategie zu versehen. Aber Al sabotierte sowohl sich selbst als auch die Sitzung. »Ich habe mir selbst in den Hintern getreten«, gab er hinterher zu.

Sein erster Fehler war, daß er die Sitzung der ohnehin schon überlasteten Krankenhausleitung zu kurzfristig ansetzte und ausgerechnet einen Tag wählte, an dem, wie er wußte, der für das Pflegepersonal verantwortliche Vizepräsident, auf den es ja wesentlich ankam, gewöhnlich nicht im Dienst war. Auch der hinzugezogene Managementberater konnte an diesem Tag nicht. Sein zweiter Fehler war, daß er den Sitzungteilnehmern keinerlei Vorabinformation zukommen ließ und sich in keiner Weise vorbereitete – er improvisierte, obwohl dies seine erste Sitzung als neuer Vizepräsident war. Sein dritter und vielleicht größter Fehler war, daß er ein Angebot von Sarah zurückwies, die als Präsidentin des Krankenhauses seine Chefin war und ihm helfen wollte, eine Sitzung vorzubereiten, bei der unter allgemeiner Beteiligung etwas herauskommen würde.

Im Laufe der Sitzung wurde allen peinlich klar, daß Al unvorbereitet und nervös war, und die Anwesenden hatten das Gefühl, daß die Sitzung für sie Zeitverschwendung war. Sarah befürchtete, daß Als katastrophaler Auftritt ein schlechtes Licht auf ihr Urteilsvermögen warf, denn sie hatte ihn auf den Posten gehievt.

Was war schiefgegangen?

James Krantz, Professor an der Yale School of Organization and Management, der Al und Sarah am Arbeitsplatz beobachtete, hält die mißlungene Sitzung für eines von mehreren Symptomen dafür, daß in ihrer Arbeitsbeziehung etwas vollkommen schieflief.[28] Erstaunlich schnell hatte sich zwischen ihnen ein Verhältnis eingespielt, das bei beiden nur Negatives zutage förderte. Al gab hinter vorgehaltener Hand zu, daß Sarah seiner Meinung nach anmaßend und hyperkritisch war und nichts gelten ließ, egal was er machte; Sarah sagte, Al erscheine ihr passiv, unfähig und wolle sich von ihr nichts sagen lassen. In emotionaler Hinsicht verhielten sich und wirkten die beiden wie ein Paar, das in einer unglücklichen Ehe gefangen sitzt – nur ging es hier nicht ums Privatleben, sondern um die Arbeit.

So etwas kann jedoch, wie Krantz bemerkt, überall passieren, und es passiert beunruhigend leicht. Jeder Vorgesetzte und sein Untergebener können in eine destruktive emotionale Dynamik hineinrutschen, weil jeder für seinen Erfolg auf den anderen angewiesen ist. Der Untergebene hat es in der Hand, seinen Chef in den Augen von dessen Chef als tüchtig oder umgekehrt als unbrauchbar erscheinen zu lassen, da der Vorgesetzte für die Leistung seines Untergebenen geradezustehen hat. Und natürlich ist der Untergebene auch auf seinen Chef angewiesen, wenn es um Beförderung, Gehaltserhöhung oder einfach nur darum geht, seinen Arbeitsplatz zu behalten – und das alles macht, daß der Untergebene durch Handlungen seines Chefs leicht emotional verletzt werden kann.

Das ist ein Segen oder auch ein Fluch. Diese gegenseitige Abhängigkeit bindet den Untergebenen und den Vorgesetzten in einer Weise aneinander, die sich hochgradig aufladen kann. Wenn beide emotional gut funktionieren, wenn sie eine Beziehung des gegenseitigen Vertrauens und des persönlichen Kontakts, des Verstehens und des wohlwollenden Bemühens bilden, werden beide mit ihren Leistungen glänzen. Wenn es jedoch emotional schiefgeht, kann die Beziehung zu einem Alptraum werden – und ihre Leistung zu einer Serie kleinerer und größerer Katastrophen.

Das vertikale Paar

Ein Untergebener hat unter Umständen eine ungeheure Macht, seinen Chef oder seine Chefin gegenüber deren Chef gut dastehen zu lassen. Doch Al war für Sarah zum Magneten einiger ihrer tiefsten Ängste bezüglich ihrer eigenen Leistung geworden. Das Scheitern des Programms, für dessen Durchführung Al eingestellt worden war, brachte sie in Verlegenheit – es warf, wie sie glaubte, ein schlechtes Licht auf ihre Fähigkeiten als Präsidentin und gefährdete ihren fachlichen Ruf. Sie zweifelte jetzt an Als Fähigkeit, die Abteilung und damit ihren Ruf zu retten, und deshalb war sie verärgert über sein Versagen.

Was Al betraf, so hatte er sich in seiner vorigen Stellung als durchaus tüchtig erwiesen, doch in der neuen Position als Vizepräsident fühlte er sich unsicher. Er befürchtete, daß die anderen Mitglieder des Leitungsteams ihn als inkompetent betrachten könnten; wenn es ihm ganz schlecht ging, kam er sich wie ein Hochstapler vor. Und was alles noch schlimmer machte: Al spürte, daß Sarah kein Vertrauen mehr in seine Fähigkeiten hatte, und das trug nur noch mehr zu seinen Ängsten und seiner Ungeschicklichkeit bei.

Jeder hatte insgeheim das Gefühl, daß der andere die Ursache seiner Probleme sei. In Als Augen untergrub Sarah sein Selbstvertrauen, indem sie seine Tätigkeit allzu engherzig überwachte und an seiner Kompetenz zweifelte. Sarah dagegen war zu der Ansicht gekommen, daß es Al (genau wie er befürchtete) sowohl an dem Selbstvertrauen als auch an der Kompetenz mangelte, die Aufgabe zu erfüllen, für die sie ihn brauchte, und so fühlte sie sich genötigt, die Verantwortung für sie beide wahrzunehmen, sogar auf eine aggressive Weise. So entstand eine Abwärtsspirale: Al wurde noch passiver, unsicherer und ungeschickter, und Sarah wurde immer kritischer und redete Al in seinen Kompetenzbereich hinein, bis sie schließlich sogar versuchte, seine Aufgabe für ihn zu erledigen.

Krantz bemüht für diese Dynamik zwischen Sarah und Al einen gewichtig klingenden Terminus: »projektive Identifikation«. Jeder projizierte seine schlimmsten Befürchtungen und Zweifel auf den anderen, in einer sich selbst erfüllenden emotionalen Prophezeiung.[29] Solche versteckten Untertöne können sich in jede Arbeitsbeziehung einschleichen, doch am anfälligsten für eine solche emotionale Sabotage ist die Beziehung zwischen Chef und Untergebenem.

Diese unbewußten Absprachen dienen einer ziemlich unheilvollen psychologischen Funktion: Sie bewahren die Leute davor, sich Problemen, Unannehmlichkeiten oder Konflikten zu stellen oder sie gar anzuerkennen. Wenn ein Chef die eigene Schwäche und die daraus erwachsenden Probleme in der Firma auf einen Untergebenen abwälzen kann, dann braucht er der eigentlichen Ursache der Schwierigkeiten, nämlich sich selbst, nicht ins Auge zu sehen. Ein Symptom dieser Art von Projektion – »schuld daran ist er, nicht ich« – liegt auch bei einem Chef vor, der selbst dann, wenn er bald in Rente geht, keinen Nachfolger finden oder benennen kann. Keiner ist gut genug; jeder Kandidat hat fatale Mängel.

Nach oben buckeln, nach unten treten

Die Kriecherei von Untergebenen und eine entsprechende Arroganz beim Vorgesetzten ist ein anderes, allzu verbreitetes Symptom der Projektion. Die Untergebenen glauben, der Chef habe außergewöhnliche Fähigkeiten, und er macht sich die Projektionen zu eigen und wird dermaßen aufgeblasen, daß er sich nicht mehr an die Regeln des Anstands gebunden glaubt.

In manchen Kulturen scheint dieses Verhalten besonders häufig zu sein. Deepak Sethi, Fachmann für Managementtraining, sagt mir, in seinem Heimatland Indien gelte die Regel: Nach oben buckeln, nach unten treten. »In den meisten traditionellen Firmen«, sagt er, »fehlt es an Verständnis für die Untergebenen. Chefs können ihren Ärger ungeniert an den Leuten auslassen. Das ist nicht verpönt; seine Untergebenen anzuschnauzen ist vollkommen akzeptabel.«

Daß die Untergebenen sich damit abfinden, liegt Sethi zufolge vor allem daran, daß viele indische Unternehmen sich im Privatbesitz mächtiger Familien befinden und sehr viel mehr hochqualifizierte Leute da sind als gute Stellen. »Selbst als erfahrener Manager ist man den Eigentümern ausgeliefert.«

Das Prinzip »Nach oben buckeln, nach unten treten« erzeugt natürlich mächtigen Groll, »der auf keinen Fall nach oben gezeigt, sondern nach unten weitergegeben wird, so daß eine Kettenreaktion von Grobheit und Unverschämtheit entsteht«. Die Mitarbeiter werden dadurch verleitet, den Erfolg des Unternehmens mit passiven Mitteln zu sabotieren, etwa dadurch, daß Aufträge nicht rechtzeitig erledigt werden, was für den Chef natürlich wieder ein Grund ist, alle Leute anzuschnauzen.

Dieser Kreislauf der Erbitterung erinnert an die Sackgasse, in der

Sarah und Al steckten: Sarah glaubte nicht darauf vertrauen zu können, daß Al seiner Aufgabe gewachsen war, und so saß sie ihm ständig im Nacken und rechnete mit dem Schlimmsten. Dadurch fühlte Al sich wiederum erniedrigt, und es untergrub seine durchaus vorhandenen Fähigkeiten.

Zum Glück geht die Geschichte von Sarah und Al gut aus. Sarah war sich vollkommen bewußt, daß in ihrer Beziehung zu Al etwas nicht stimmte, schon weil sie zu den übrigen Mitgliedern der Krankenhausleitung ein sehr positives Verhältnis hatte. Nachdem die Diagnose gestellt war, konnte Sarah die Gängelei aufgeben und Al zeigen, daß sie ein gewisses Vertrauen in seine Fähigkeiten hatte. Außerdem grenzte sie klar seinen Verantwortungsbereich ab. Nicht länger von der Angst verfolgt, daß sie ihn als ungeeignet für seinen Posten betrachtete, konnte Al nun die Initiative ergreifen und seine Kompetenz unter Beweis stellen.

Aus ihrer Geschichte lassen sich weitgehende Folgerungen ziehen. Praktisch jeder, der einen Vorgesetzten hat, ist Teil von wenigstens einem »vertikalen Paar«; zwischen jedem Vorgesetzten und jedem seiner Untergebenen besteht eine solche Beziehung. Solche vertikalen Paare sind eine Grundeinheit des Geschehens in einer Organisation, vergleichbar mit menschlichen Molekülen, durch deren Wechselwirkung das Gitternetz der Beziehungen entsteht, das die Organisation als solche ausmacht. Und während vertikale Paare mit all den Emotionen behaftet sind, die durch Macht und Unterwerfung in eine Beziehung hineingetragen werden, haben Paare von Gleichrangigen – anders gesagt: unsere Beziehungen zu Mitarbeitern – ebenfalls eine emotionale Komponente, die in diesem Fall an die Freuden, Eifersüchteleien und Rivalitäten unter Geschwistern erinnern.

Wenn emotionale Intelligenz in einer Organisation oder einem Unternehmen überhaupt vonnöten ist, dann hier, auf diesem elementaren Niveau. Der Aufbau kooperativer und fruchtbarer Beziehungen beginnt bei den Paaren, zu denen wir am Arbeitsplatz gehören. Wenn emotionale Intelligenz in eine Arbeitsbeziehung hineingebracht wird, kann sie sich weiterentwickeln, kreativ und für alle Beteiligten zu einem Gewinn werden; anderenfalls wächst die Gefahr, daß sie herabsinkt in Erstarrung, Stillstand und Scheitern.

Teamfähigkeiten

Beim Verfolgen gemeinsamer Ziele für Gruppensynergie sorgen

MENSCHEN MIT DIESER KOMPETENZ
- zeigen vorbildhaft Teamqualitäten wie Respekt, Hilfsbereitschaft und Kooperation.
- gewinnen alle Mitglieder für eine rege und begeisterte Mitwirkung.
- schaffen Teamidentität, Korpsgeist und Engagement.
- hüten die Gruppe und ihren Ruf; lassen, wenn sie Anerkennung erfahren, andere daran teilhaben.

• • • • •

Teamarbeit ist von größter Bedeutung für Firmen wie Owens-Corning, einen Hersteller von Baumaterial, der sich mit rund zweihundert inkompatiblen Software-Systemen konfrontiert sah, die jeweils auf eine bestimmte Aufgabe zugeschnitten waren, zum Beispiel die fortlaufende Registrierung der abgewogenen Mengen Kies oder der Rechnungen für Isoliermaterial. Damit das Vertriebspersonal die gesamte Produktpalette anbieten konnte und nicht nur jeweils Isoliermaterial oder Dachdeckerbedarf, brauchte Owens-Corning ein einheitliches Software-System.

Also wandte sich der EDV-Verantwortliche Michael Radcliff an SAP, ein deutsches Software-Unternehmen für industrielle Anwendungen, das bei Owens-Corning ein System installierte, welches sämtliche innerbetrieblichen Informationen zusammenführte. Wenn ein Vertreter einen Auftrag schickt, ermittelt das System automatisch die dafür erforderlichen Rohstoffe, terminiert die Produktion und Auslieferung und erstellt die Rechnung – und das alles aufgrund einer einzigen Dateneingabe.

Allerdings ist das nicht ohne Risiko: Es genügt ein winziger Defekt, und das bekanntermaßen komplexe SAP-System kann die ganze Firma ins Chaos stürzen. Owens-Corning und darüber hinaus alle Industriekunden weltweit müssen sich darauf verlassen können, daß SAP für einen reibungslosen Betrieb sorgt.[30]

»Früher«, berichtet mir ein SAP-Kundenbetreuer, »früher war es zuweilen schwierig, innerhalb der Firma die Leute aufzutreiben, um mir aus der Klemme zu helfen und gemeinsam für das Problem eines

263

Kunden eine einheitliche Lösung zu finden. Wenn unsere Software versagt, können sie schließlich nicht ihr Produkt ausliefern; sie müssen sicher sein, daß sie sich im Notfall auf uns verlassen können.« Deshalb stellte man teamSAP auf – Teams von SAP-Mitarbeitern, die jederzeit für alle Kunden erreichbar sind.

Offensichtlich gibt es heute überall solche Teams – Management-Teams, Projektgruppen, Qualitätszirkel, autonome Arbeitsgruppen usw. Außerdem gibt es die während einer Besprechung ad hoc gebildeten Teams und kurzlebige virtuelle Gruppen, die bei einem einmaligen Projekt zusammenarbeiten und sich dann wieder auflösen. Zwar haben die Menschen sich schon immer gegenseitig geholfen und ihre Bemühungen koordiniert, doch die zunehmende Zahl von Arbeitsteams in Großunternehmen läßt die Bedeutung von Teamfähigkeiten in einem neuen Licht erscheinen.

Von den Firmen, die zu den 1000 größten auf der Liste der Zeitschrift *Fortune* gehören, gab etwa die Hälfte in einer Umfrage des US-Bundesrechnungshofes an, daß sie autonome Arbeitsgruppen gebildet haben und deren Zahl in den nächsten Jahren auszuweiten gedenken.[31] Die Vorteile beginnen schon auf der persönlichen Ebene: Die Kombination von Zusammenarbeit und größerer Selbstständigkeit, wie sie autonome Arbeitsgruppen bieten, vermittelt den Gruppenmitgliedern mehr Freude und Erfüllung in ihrer Arbeit. Wenn Teams gut funktionieren, gehen Fluktuation und Fehlzeiten zurück, und die Produktivität steigt.[32]

Der wohl überzeugendste Vorteil von Teams liegt in ihren rein wirtschaftlichen Möglichkeiten. So wie einzelne durch ihre überragenden Leistungen der Firma enorme finanzielle Vorteile einbringen können, können das auch Teams. In einem Polyesterfaser-Betrieb stachen die besten Arbeitsteams gegenüber anderen, die genau dieselbe Arbeit machten, durch einen erstaunlichen Produktivitätsvorsprung hervor. Die zehn besten produzierten jährlich 30 Prozent mehr, insgesamt rund drei Millionen Kilo.[33] Bei einem Kilopreis von 3, 26 Dollar ergab das insgesamt einen Mehrerlös von 9,8 Millionen Dollar!

Der Analyst Lyle Spencer Jr. meinte dazu: »Bessere Arbeitsteams bringen einen gewaltigen Vorteil. Der Mehrerlös steht in keinem Verhältnis zu den Löhnen der Teammitglieder. Solche Ergebnisse widerlegen diejenigen, die diese Kompetenzen oder Dinge wie Teambildung als ›reinen Gefühlskram‹ abtun – die Vorteile sind mit den Händen zu greifen.«

Noch größer sind, wie Spencer hinzufügt, die Vorteile von Hochleistungteams in der Führungsspitze. »Auf den höchsten Ebenen denkt man in größeren Zusammenhängen – man plant für fünf oder zehn Jahre voraus –, und ein Hochleistungs-Führungsteam kann einem Unternehmen ungeheure wirtschaftliche Vorteile bringen.«

In einem Klima des allgemeinen Umbruchs sind Gruppen mit einem starken Zusammenhalt ganz wichtig für ein Unternehmen. 1996 war ich bei AT&T, kurz nachdem die Absicht bekannt wurde, das Unternehmen in drei selbständige Firmen aufzuspalten und vierzigtausend Mitarbeiter zu entlassen. Ein Mitglied der Geschäftsleitung eines Unternehmenszweiges, der heute zu Lucent Technologies gehört, sagte mir damals: »Nicht überall spürt man die Unruhe. In vielen technischen Bereichen, wo die Leute in gutfunktionierenden Teams arbeiten und wo sie in ihrer gemeinsamen Arbeit große Erfüllung finden, sind sie gegen den allgemeinen Aufruhr einigermaßen gefeit.«

Er fügte hinzu: »In einem starken autonomen Team mit klarer Aufgabenstellung, hohen Maßstäben für das eigene Produkt und einem einmütigen Verständnis über die eigene Arbeitsweise trifft man nicht auf die Befürchtungen und Ungewißheiten, die man in anderen Teilen des Unternehmens beobachtet. Man vertraut mehr auf seine Teamkollegen als auf das Unternehmen oder seine Führung.«

Das Streben nach Teamleistung

Ein Freund, der im Silicon Valley ein Team von Ingenieuren leitet, sagt mir: »Jeder von den Leuten, mit denen ich arbeite, bräuchte nur anzurufen und bekäme sofort einen Job, bei dem er zwanzigtausend Dollar pro Jahr mehr verdient. Aber sie tun es nicht.«

Warum?

»Ich sorge dafür, daß es ihnen Spaß macht.«

Teambildung und Teamführung beruhen wesentlich auf der Fähigkeit, dafür zu sorgen, daß jedes Mitglied des Teams Freude an der gemeinsamen Arbeit hat. Bei Untersuchungen von autonomen Arbeitsgruppen mit Höchstleistungen fand man heraus, daß es in ihnen eine »kritische Masse« von Mitgliedern gibt, die gern in Gruppen arbeiten. In dieser Orientierung auf die »Teamleistung« verbinden sich ein Bestreben, sich gemeinsam gegenüber anderen auszuzeichnen, starke soziale Bindungen und gegenseitiges Vertrauen auf die Fähigkeiten der anderen. Diese Elemente zusammen ergeben, wie Spencer sagt, »schnelle, konzentrierte, freundliche, selbstbewußte Fun-Teams«.[34]

Bei Mitgliedern solcher Teams findet man oft ein gemeinsames

Motivationsmuster. Sie sind wettbewerbsorientiert und verteilen die Aufgaben innerhalb des Teams unparteiisch in der Weise, daß jeder das tut, was er am besten kann. Sie haben ein starkes Anschlußbedürfnis – sie schätzen Geselligkeit um ihrer selbst willen –, und deshalb sind sie ausgeglichener, besser in der Lage, Konflikte zu regeln und sich gegenseitig zu unterstützen. Und statt nach Macht im rein egoistischen Interesse zu streben, setzen sie die Macht im wohlverstandenen Interesse der Gruppe ein, weil alle engagiert für das Gruppenziel arbeiten.

In High-Tech-Unternehmen, wo es auf schnelle Produktentwicklung ankommt, um sich im Wettbewerb einer Branche zu behaupten, in der eine Produktlinie schon nach Wochen oder Monaten durch andere ersetzt wird, breiten sich solche Teams immer mehr aus.

Noch vor zwanzig Jahren galten Teamfähigkeiten lediglich als Schwellenfähigkeiten, nicht als ein selbständiges Merkmal, durch das sich herausragende Teamleiter auszeichnen. In den neunziger Jahren sind Teamfähigkeiten jedoch zum Definitionsmerkmal von Leistungs-Assen geworden. Bei IBM hängt es zu 80 Prozent von der Befähigung zum Teamleiter ab, »ob jemand ein Leistungs-As ist oder nur Durchschnitt«, erklärte mir Mary Fontaine von Hay/McBer. »Diese Leute können überzeugende Visionen entwerfen, ihre Aufgabe auf mitreißende Weise formulieren und auf einfache und eindringliche Weise artikulieren«, und dadurch erfüllen sie andere mit Begeisterung für ihre gemeinsame Arbeit.

Das Center for Creative Leadership untersuchte amerikanische und europäische Führungskräfte, deren Karriere gescheitert war, und sehr häufig waren sie an ihrer Unfähigkeit gescheitert, ein Team zu bilden und zu führen.[35] In einer ähnlichen Untersuchung zu Beginn der achtziger Jahre hatten Teamfähigkeiten noch kaum eine Rolle gespielt, doch zehn Jahre später waren sie eine entscheidende Führungsqualität. Teamarbeit wurde in den neunziger Jahren zur am meisten geschätzten Kompetenz von Managern, wie Unternehmensstudien in verschiedenen Ländern ergaben.[36]

»Die allererste Aufgabe der Führung ist hier, die Chefs unserer Unternehmensbereiche zur Zusammenarbeit zu bewegen«, erklärte mir ein Führungsmitglied einer Firma, die zu den 500 größten auf der Liste der Zeitschrift *Fortune* gehört. Das ist die herausragende Aufgabe auf jeder Ebene, in jedem Unternehmen. Teamfähigkeiten kommen überall dort ins Spiel, wo Menschen für ein gemeinsames Ziel arbeiten, ob in einer informellen Dreiergruppe oder in einem ganzen Unternehmensbereich. Die Nachfrage nach Teamfähigkeiten kann in den kommenden Jahren nur wachsen, denn in der Arbeit geht es zunehmend um Ad-hoc-Gruppen und virtuelle Organisationen, um spontane Teams, die sich bei Bedarf bilden und auch wieder auflösen, und die Aufgaben werden so komplex, daß ein einzelner nicht alle dafür erforderlichen Fähigkeiten besitzen kann.

Der Wert von Star-Teams

Wie für einzelne, so gilt auch für Gruppen: Emotionale Intelligenz ist der Schlüssel zu Höchstleistungen. Verstand und Fachkenntnis sind selbstverständlich gefordert, doch was Star-Teams auszeichnet, hat viel mit ihrer emotionalen Kompetenz zu tun. In Firmen wie General Electric, Abbott Laboratories und Hoechst-Celanese wurde gefragt: »Durch welche Kompetenzen zeichnen sich sehr erfolgreiche Teams gegenüber mittelmäßigen aus?«[37]

Vanessa Drukat, mittlerweile Professorin an der Weatherhead School of Management der Case Western Reserve University, suchte die Antwort durch die Analyse von 150 autonomen Teams in einem großen amerikanischen Polyesterfaser-Betrieb, der zum deutschen Chemieunternehmen Hoechst-Celanese gehört (und woher auch die Daten von Spencer stammen). Anhand objektiver Leistungsdaten verglich sie die zehn besten Teams mit solchen, die bei gleicher Aufgabe nur Durchschnittliches leisteten.

Als Unterscheidungsmerkmale der zehn Star-Teams erwiesen sich die folgenden emotionalen Kompetenzen:[38]

• Empathie bzw. gegenseitiges Verstehen
• Kooperation und gemeinsames Bemühen
• ein Bestreben, sich zu verbessern, weshalb das Team auf Leistungs-Feedback achtete und bemüht war zu lernen, es besser zu machen
• Selbstwahrnehmung in dem Sinne, daß sie ihre Stärken und Schwächen als Team einer Bewertung unterzogen
• Initiative und eine vorausschauende Haltung zur Lösung von Problemen
• Selbstvertrauen als Team
• Flexibilität im Herangehen an ihre gemeinsamen Aufgaben
• Kenntnis des Unternehmens; einerseits weiß man, was andere wichtige Gruppen innerhalb des Unternehmens benötigen, andererseits macht man sich einfallsreich die Möglichkeiten des Unternehmens zunutze
• Beziehungen zu anderen Teams herstellen

Daß Teams dank solcher Kompetenzen bessere Leistungen erzielen, belegt eine Untersuchung über die strategischen Entscheidungen in achtundvierzig Führungsteams der amerikanischen Nahrungsmittelindustrie. Die Unternehmensleiter wurden gebeten, die jüngste strategische Entscheidung ihres Unternehmens anzugeben. Anschließend wurden die anderen an dieser Entscheidung beteiligten Mitglieder des Führungsteams von den Forschern befragt.[39]

Im Team Entscheidungen zu treffen ist eine zweischneidige Sache: Einerseits wird nach landläufiger Vorstellung die abschließende Entscheidung um so besser, je freier und intensiver vorher diskutiert wurde; andererseits kann ein offener Konflikt die Fähigkeit eines Teams zur Zusammenarbeit gefährden.

Aus Untersuchungen über Entscheidungsprozesse in Managementteams geht hervor, daß die Qualität der Entscheidungen steigt, wenn die Beteiligten die folgenden drei Merkmale besitzen: hohe kognitive Fähigkeiten, unterschiedliche Sichtweisen und Fachkenntnis. Intelligenz und Fachkenntnis allein tun es jedoch nicht; hinzukommen muß eine vernünftige Interaktion mit dem Ziel einer strengen, offenen Diskussion und einer kritischen Überprüfung der impliziten Annahmen.

Es ist manchmal eine heikle, mit Emotionen befrachtete Angelegenheit, zu einem solchen Maß an Offenheit zu gelangen. Kommt man allzu leicht zu einem Konsens, besteht die Gefahr, daß die Qualität der Entscheidung zu wünschen übrigläßt, während ein ausufernder Disput die Einigkeit und Entschlußkraft gefährdet. Was muß ein Managementteam besitzen, damit es trotz hitziger Debatten am Ende zu einem tragfähigen Konsens findet? Die Antwort: emotionale Intelligenz.

Und woran liegt es, wenn eine Gruppe entgleist, wenn eine vernünftige Debatte in offenen Krieg ausartet? Dann wurden Meinungsverschiedenheiten als persönliche Angriffe formuliert, oder die Debatte wurde mit dem Ziel geführt, sich gegenüber anderen persönlich zu profilieren, oder die Auseinandersetzung löste bei einem Mitglied der Gruppe Verbitterung aus.

Das wichtigste Resultat: Wenn die Auseinandersetzung emotional befrachtet wird, leidet darunter die Qualität der Entscheidung. Dazu sagte mir ein Unternehmensberater: »Das Bild vom wohlkoordinierten Führungsteam wird zu einem Mythos, wenn Amygdala-Ausreißer, Konflikte und andere unausgesprochene emotionale Störfaktoren seine Fähigkeit beeinträchtigen, zu planen, zu entscheiden und gemeinsam zu lernen.« Umgekehrt kamen die besten Entscheidungen zustande, wenn man frei von unguten Gefühlen diskutierte, in einem positiven Geist der gemeinsamen Lösungssuche, wenn jeder das Gefühl hatte, daß der Prozeß fair und offen ist, und alle gemeinsam am Wohl des Unternehmens statt am beschränkten Eigennutz orientiert waren.

Kurz, es gibt einen Mittelweg: Teams können durchaus die Qualität ihrer Entscheidungen durch intellektuelle Auseinandersetzungen heben, sofern sie sich freihalten von jener Emotionalität, die bei einigen Teammitgliedern dazu führen kann, daß sie sich an die getroffene Entscheidung entweder gar nicht gebunden fühlen oder diese gar sabotieren. Entscheidend sind solche emotionalen Kompetenzen wie Selbstwahrnehmung, Empathie und Kommunikation, also eine in Form und Inhalt gelungene Argumentation.

Die Leute, die den Laden zusammenhalten

Die gute Zusammenarbeit einer Gruppe sichern zu können, ist ein schätzenswertes Talent. Wenn eine Gruppe gut funktioniert, gibt es wenigstens einen, der diese Fähigkeit besitzt. Je komplexer die Aufgabe einer Gruppe ist, desto wichtiger sind solche Leute für ihren Erfolg. Ganz offenkundig ist das in Naturwissenschaft und Technik, wo es darum geht, etwas zu entdecken oder zu entwickeln. Zum Beispiel in der Neurowissenschaft: »Die biomedizinische Forschung wird zunehmend interdisziplinär und high-tech; niemand kann alles wissen«, sagt Dr. Jerome Engel, der als Neurobiologe und Professor der Neurologie das Seizure Disorder Center an der University of California in Los Angeles leitet. »Heute wird nur noch im Team geforscht. Leute, die gut motivieren und kooperieren können, die das Zeug haben, ein medizinisches Projekt zum Erfolg zu führen, sind der Leim, der alles zusammenhält. Die Zukunft der Forschung hängt davon ab, daß man solche Leute in seinem Team hat.«

Zumindest in der akademischen Welt werden diese Fähigkeiten jedoch arg unterbewertet. »Wenn es um die Verlängerung eines Lehrauftrags geht, wird nicht berücksichtigt, was diese Leute Wertvolles zur Leistung der Gruppe beigetragen haben«, bemerkt Dr. Engel. »Diese tüchtigen Mitarbeiter pflegen gemeinsam mit anderen zu publizieren, gewöhnlich mit ihrem Vorgesetzten, und die Prüfungsausschüsse, die über die Weiterbeschäftigung entscheiden, nehmen unbesehen an, daß es die Arbeit des Vorgesetzten ist, obwohl das Wichtigste von diesen Leuten kommt. Es ist eine Katastrophe. Ständig versuche ich den Mitgliedern der Prüfungsausschüsse begreiflich zu machen, daß man diese

Leute allein schon wegen ihrer Fähigkeit zur Kooperation halten sollte – in der biomedizinischen Forschung ist sie unverzichtbar. Aber Mathematik- oder Geschichtsprofessoren, in deren Fächern man für sich allein forscht, begreifen das nicht.«

Die Folge: »Unter jungen Forschern, die sich deswegen scheuen, an gemeinsamen Projekten mitzuwirken, gibt es teilweise eine Gegenreaktion; sie bosseln vor sich hin und befassen sich mit trivialen oder unwichtigen Forschungen«, sagt Dr. Engel. »Es entsteht eine paranoide Atmosphäre – eine Abneigung, Ergebnisse auszutauschen oder gemeinsam etwas zu machen –, die eine ganze Generation von Wissenschaftlern der Fähigkeit zur Zusammenarbeit beraubt.«

Hat die akademische Welt den Wert der Befähigung zu Kooperation und Teamarbeit bisher verkannt, so kann man das von der Wirtschaft nicht sagen. Der Psychologe Richard Price vom Institute for Social Research der University of Michigan nennt solche Typen, die mit ihrer fürsorglichen Haltung die Eckpfeiler starker Arbeitsteams sind, »health-engendering people«, kurz HEPs, »Leute, die für ein gesundes Klima sorgen«. »Ein Team braucht solche Leute«, sagt Price. »Natürlich muß nicht jeder mit sozialen und emotionalen Fähigkeiten glänzen, aber wenn ein HEP dabei ist, arbeitet die Gruppe zehnmal besser.«

Ein legendäres Team, die Technikgruppe bei Data General, deren Leistungen in dem Bestseller *Die Seele einer neuen Maschine* verewigt wurden, hatte zwei HEPs an Bord.[40] Der stellvertretende Teamleiter Carl Alsing fungierte für alle als Vertrauter und emotionale Stütze. Alsing hatte, bevor er sich auf die elektronische Technik verlegte, Psychotherapeut werden wollen, und er wurde zum gesuchten Zuhörer der Gruppe; alle sprachen sich gern bei ihm aus.

Die andere Teampflegerin war Rosemarie Seale, die Sekretärin des Teams; sie fungierte als eine Art »Mutter der Kompanie«, die sich um die materiellen Bedürfnisse der Mitglieder kümmerte, immer wieder vorkommende kleine Krisen wie eine nicht angekommene Gehaltszahlung klärte und dafür sorgte, daß neue Mitglieder des Teams im Betrieb herumgeführt und mit allen bekanntgemacht wurden.[41] Man mag solche Aufgaben von Sekretärinnen für trivial und prosaisch halten, aber sie sind wichtig, weil sie den Leuten das Gefühl geben, daß sie am Arbeitsplatz behütet, unterstützt und umsorgt werden – und darum, sagen manche, werden Sekretärinnen oder wer immer ihre Funktion wahrnimmt ungeachtet aller technischen Neuerungen, die sie scheinbar überflüssig machen, immer von unschätzbarem Wert sein.

Der kompetente Teamleiter

Ein amerikanischer Arzneimittelhersteller hatte ein kostspieliges Problem: Nach der Entdeckung und Patentierung eines neuen Arzneimittels mußte er für Prüfung und Entwicklung rund 100 Millionen Dollar aufwenden, und es dauerte bis zu dreizehn Jahren, ehe nach der amtlichen Zulassung die Vermarktung beginnen konnte. Da das Patent für die chemische Hauptkomponente eines neuen Arzneimittels auf siebzehn Jahre befristet ist, hatte die Firma gerade vier Jahre Zeit, um ihre Investitionen wieder hereinzuholen und einen Gewinn zu machen, bevor das Medikament als Generikum verfügbar wurde.

Eine Sonderkommission befaßte sich mit dem Dilemma und schlug eine neue Struktur vor: Projektgruppen für einzelne Medikamente, geführt von Projektleitern, die direkt dem Chef der Forschung und Entwicklung unterstellt und in den Teamführungskompetenzen ausgebildet werden sollten. Diese Projektleiter würden einerseits innerhalb der Firma für das Produkt eintreten und anderseits unternehmerische Energie, Enthusiasmus und Kooperation in das Team selbst hineintragen.

Drei Jahre später verglich man diese Teams mit anderen, deren Leiter nicht diese Ausbildung genossen hatten, und es zeigte sich, daß sie nicht nur eine höhere Moral und einen stärkeren Korpsgeist hatten, sondern sie hatten die Zeit für die Produktentwicklung auch um 30 Prozent verkürzt, so daß die Firma das Medikament doppelt so lange exklusiv verwerten konnte.[42]

Der berufene Leiter ist so etwas wie ein Vater in einer Familie. Er muß wie ein Vater sicher sein, daß seine Entscheidungen von allen im Team als gerecht empfunden werden, und ein guter Teamleiter wird wie ein Vater auf seine Teammitglieder aufpassen, sie zum Beispiel innerhalb der Firma verteidigen, wenn ihr Ruf unter Beschuß gerät, und für sie sorgen, indem er die praktische Unterstützung beschafft, die sie benötigen, seien es Geldmittel, zusätzliche Mitarbeiter oder Zeit.

Die besten Teamleiter schaffen es, daß alle sich die Aufgabe, die Ziele und den Zeitplan zu eigen machen. Die Fähigkeit, eine überzeugende Vision zu artikulieren, an der sich die Gruppe ausrichtet, ist vielleicht der wichtigste Beitrag eines guten Teamleiters. Ein charismatischer Leiter kann ein Team auch dann auf Kurs halten, wenn alle Stricke reißen.

Der Leiter prägt nicht nur den emotionalen Ton eines Teams, er sorgt auch für die Koordination, die der Schlüssel zu Kooperation und

Konsens ist. Als man Leute in einem Experiment zu einer führungs-
losen Gruppe zusammenfaßte und ihnen die Aufgabe stellte, gemeinsam ein schwieriges Problem zu lösen, erwiesen sich die Teams als
erfolgreicher, die spontan eine Struktur entwickelten, in der ein Mann
oder eine Frau ihre Bemühungen so organisierte, daß sie möglichst
effektiv zu einer Lösung kamen. Weniger erfolgreich waren Gruppen,
die führungslos arbeiteten, so daß jeder sich wohl oder übel mit allen
anderen verständigen mußte.[43]

Starke Teamleiter fungieren jedoch weniger als »Gehirn« oder als
autonome Entscheidungsträger, sondern vielmehr als Konsensbilder.
Äußern Teamleiter in einer Diskussion, die zu einer Entscheidung
führen soll, allzu früh ihre eigene Meinung, bringt die Gruppe weniger Ideen hervor und trifft daher schwächere Entscheidungen. Halten
sie sich dagegen zurück und fördern sie vor allem den Gruppenpro-
zeß, indem sie ihre Ansichten erst am Ende der Diskussion vortragen,
kommt eine bessere Entscheidung zustande.[44]

In diesem Sinne führen Teamleiter dann am besten, wenn sie am
wenigsten führen. Dies gilt besonders für autonome Arbeitsgruppen,
wo die Vorgesetzten der Teams nicht selbst zum Team gehören und
die Teams selbständig handeln können.

In einer Untersuchung über autonome Kundendienst-Teams einer
großen amerikanischen Telefongesellschaft kamen die Teams ins Stok-
ken, wenn die Vorgesetzten Anregungen und darüber hinaus »förderliche« Ratschläge gaben.[45] Offenbar verstanden die Teammitglieder den
»Ratschlag« entweder als demoralisierende Botschaft, daß ihre Leistungen ungenügend waren und sie daher Hilfe benötigten, oder als
Einmischung, die sie beim Erbringen ihrer Bestleistung störte.

Ganz anders lief es bei Kundendienst-Teams, die zwar selbständig
waren, aber direkt von einem Vorgesetzten geführt wurden. In diesen
eher traditionellen Teams wirkte sich das Feedback der Vorgesetzten
positiv auf die Leistung aus. Die unterschiedliche Wirkung des Ein-
greifens von Vorgesetzten hat offenbar etwas mit der Verfassung des
Teams zu tun. Bei einem Team, dem das Recht auf Selbstverwaltung
verbrieft ist, kann ein noch so wohlmeinender Vorgesetzter die Teamleistung beeinträchtigen.[46] Wenn es um autonome Teams geht, scheint
die beste Führung entweder eine minimale oder gar keine Führung zu
sein.

Das Team im Spannungsfeld
innerbetrieblicher Sonderinteressen

»Die einzelnen Weisungsbereiche und kreativen Pools sind in diesem Unternehmen vollkommen gegeneinander abgeschottet«, berichtet mir ein Unternehmensberater, den einer der größten Nahrungsmittelhersteller Amerikas zu Rate gezogen hat. »Die Leute, die für eine Marke zuständig sind, arbeiten mit den für eine andere Marke Zuständigen nicht zusammen, und von einer gemeinsamen Entwicklung neuer Produkte oder neuer Vermarktungsstrategien kann erst recht keine Rede sein. Dabei müssen sie, wenn sie konkurrenzfähig bleiben wollen, Teams schaffen, die sich über diese Abgrenzungen hinwegsetzen.«

Unternehmen jeglicher Art haben begriffen, daß es im Interesse des Ganzen erforderlich ist, fähige Leute in Teams zusammenzubringen, die auf die herkömmlichen Abgrenzungen keine Rücksicht nehmen. Davon zeugen ad hoc gebildete Projektteams, Teams für die Planung, Teams für die Verbesserung von innerbetrieblichen Abläufen, Teams für die Entwicklung von Produkten und Teams für die Behebung von Störquellen. Was sie eint, ist eine klar umgrenzte Aufgabe, und ihre Mitglieder kommen aus verschiedenen Unternehmensbereichen.

Solche funktionsübergreifenden Teams sind ein Sonderfall, eine Art Pseudo-Team, das unterschiedliche Leute zusammenbringt, die mit ihren Füßen gewissermaßen in zwei Lagern stehen: einerseits auf ihrer Ausgangsbasis innerhalb des Unternehmens, andererseits in dem Team, in dem sie zusammentreffen. Da sie unterschiedliche Unternehmensbereiche repräsentieren, haben sie unter Umständen größere Durchsetzungs- und Koordinationsmöglichkeiten, als sie ein abgeschottetes Team hätte. Während diese Teams im umfassenden Interesse des Unternehmens zusammenarbeiten, bleibt jedes Mitglied zugleich seinem Entsendungsbereich verpflichtet.

Allzu große Loyalität gegenüber dem Entsendungsbereich kann sich allerdings verheerend auf das Team auswirken. So hatte ein amerikanischer Autohersteller für die Entwicklung eines neuen Prototyps ein funktionsübergreifendes Lenkungskomitee berufen, das zusammentrat, um den jeweiligen Strombedarf abzuklären. Zwanzig verschiedene Teilsysteme des Autos werden mit Strom versorgt, darunter die Stereoanlage, das Armaturenbrett, die Scheinwerfer und der Motor. Die Prototypen dieser Teilsysteme wurden in gesonderten Teams entwickelt, und in der ersten gemeinsamen Besprechung stellte sich heraus, daß ihre Einzellösungen zusammen 125 Prozent der verfügbaren elektrischen Energie verschlingen würden. Und weil die Mitglieder des Lenkungsteams von ihren jeweiligen Chefs die Weisung erhalten hatten, keinen Kompromiß zu machen, endete die Besprechung in einem Desaster.[47]

Wie können Teams wie dieses ihre Aufgabe wirksam erfüllen? Wie die Untersuchung von dreiundvierzig solcher Teams bei einem weltweit operierenden Autohersteller (darunter auch das für die Stromversorgung zuständige) zeigte, gibt es mehrere Antworten. Erstens kommt es auf einen geeigneten organisatorischen Rahmen an, innerhalb dessen das Team mit Mitteln und Befugnissen ausgestattet wird und der auch die Bezahlung der Teammitglieder in Abhängigkeit von der Teamleistung regelt.

Eine andere Lösung bestünde darin, die emotionale Intelligenz des Teams zu steigern. Man könnte zum Beispiel jemanden zum »Prozeßleiter« berufen, der darüber zu wachen hat, ob sich in der Arbeit der Gruppe Kooperation, gegenseitiger Respekt, Offenheit für andere Sichtweisen, Zuhören, Empathie und andere Anzeichen für einen hohen Gruppen-IQ zeigen. Wenn der Teamprozeß richtig läuft, sollten die Mitglieder die Arbeit als aufregend, herausfordernd und bedeutend empfinden. Fehlt es an diesen elementaren Grundlagen einer emotional intelligenten Teamarbeit, kommt, wie sich ein Mitglied eines nicht funktionierenden Teams äußerte, »ein Fiasko« heraus.

Das Team als Held

1997 war die Weltöffentlichkeit mehrere Wochen lang im Bann von Sojourner, dem draufgängerischen Geländefahrzeug, das durch die mit Felsblöcken übersäte Landschaft des Mars zischte.

Die Fernsehberichte von dem winzigen Fahrzeug, das sich mutig seinen Weg durch das zerklüftete Gelände des Mars bahnte, waren wirklich spannend. Doch das eigentliche Wunder war die bemerkenswerte Teamleistung, Sojourner überhaupt dort hinaufzubringen.

Ursprünglich hatte die NASA eine großangelegte Erkundung des Mars geplant. Das Projekt erlitt 1992 einen beinahe tödlichen Rückschlag, als der Kongreß die Mittel einfror, so daß gerade noch genug übrigblieb, um ein winziges, maßstäblich verkleinertes Demonstrationsmodell zu bauen, das man nur als Vorstufe in einem weiterreichenden Plan vorgesehen hatte.

Die Mitglieder der Projektgruppe mußten also ein nichtfunktionierendes maßstabsgetreues Modell in eine voll funktionsfähige Miniaturversion des Erkundungsfahrzeugs umwandeln.

Anthony Spear, der Leiter des Pathfinder-Projekts, das Sojourner bereitstellte, veranlaßte Donna Shirley, die Programm-Managerin, ein Team nach dem Vorbild von »Skunkworks« zu schaffen, jenem berühmten Forschungs- und Entwicklungsteam bei Lockheed, das in völliger Zurückgezogenheit eine Flut von bahnbrechenden Flugzeugprototypen schuf, vom ersten Überschall-Düsenjäger Amerikas bis zum Stealthbomber.

Shirley stellte ein kleines geschmeidiges Team zusammen, das sich nur um die für die Mars-Mission nötige Arbeit kümmern sollte. Spear machte das Team noch effizienter, indem er es von dem bürokratischen Wust befreite, der frühere NASA-Projekte belastet hatte. Bei Pathfinder sollte alles in der Hand einer Gruppe sein, von der Planung bis zur Durchführung.

Das Team kümmerte sich um alle Aspekte der Aufgabe, und oft fand es in langen Sitzungen, die sich bis in die Nacht hinzogen, kreative Problemlösungen. In diesem offenen Forum fand jeder Gehör, ungeachtet seiner formalen Stellung.

So beängstigend die Aufgabe auch sein mochte, ging man doch in einer spielerischen Haltung an sie heran. Al Sacks, der EDV-Verantwortliche, erinnert sich, daß einer zum wiederholten Mal mehr Geld für das Projekt forderte. Da holte er eine Gummipfeilpistole unterm Tisch hervor und beschoß damit den Teamkollegen. »Die Sache war ernst, aber wir machten einen Spaß daraus«, sagt Sacks.

Das Team mußte beweglich sein, denn immer wieder traten neue Schwierigkeiten und Überraschungen auf. So stellte sich zum Beispiel während der Verladung von Sojourner in die Pathfinder-Raumkapsel – und das ausgerechnet vor laufenden Fernsehkameras – heraus, daß der große ausfahrbare Metallschirm, der das Fahrzeug auf dem Mars schützen sollte, sich nicht ganz einfalten ließ. Alle waren entsetzt.

Die Presse wurde weggeschickt, während das Team hektisch nach der Fehlerquelle suchte. Das Fahrzeug war bis dahin nicht vollständig zusammengebaut worden, und so hatten sie nicht die Möglichkeit bedacht, daß die Schnappschlösser, die die Schirmelemente zusammenhalten sollten, unter dem Gewicht aller Teile nachgeben würden.

Also bauten Mitglieder des Teams Teile aus einem vorläufigen Modell aus, nahmen geringfügige Veränderungen daran vor, brachten sie eigenhändig von ihrer Entwicklungswerkstatt in Kalifornien zur Abschußrampe in Cape Canaveral und tauschten sie aus. Es klappte.

Das Team arbeitete sechs Monate lang rund um die Uhr, bis es soweit war. Daß jeder trotz des mörderischen Tempos bei der Stange blieb, hatte etwas mit der Größe des gemeinsamen Ziels zu tun. Die stellvertretende Systemingenieurin Bridget Landry sagte dazu: »Es war wirklich aufregend, sich vorzustellen, daß das, was wir gerade bauten und testeten, bei der Landung auf dem Mars praktisch zur Entfaltung kommen würde. Daran klammerte ich mich, als ein und derselbe Ablauf in letzter Stunde zum vierten Mal überarbeitet werden mußte!« Aber, so meinte sie weiter, »es gibt kaum einen Job, der nur erfreuliche und nicht auch unerfreuliche Seiten hat; gute Jobs, zu denen auch meiner gehörte, sind solche, bei denen das Schöne, Aufregende und emotional Befriedigende einen für die Mühsal entschädigt.«

Was aus dieser Mühsal entstand, war phantastisch. Das sechsrädrige Geländefahrzeug hatte ein erstaunlich bescheidenes Gehirn: Während in den besten Pentium-Computern über fünf Millionen Transistoren stecken, kommen die des Fahrzeugs mit weniger als siebentausend aus.

Und als Sojourner schließlich abhob, war das Projekt nicht nur ein spektakulärer Erfolg, sondern hatte den Kostenansatz auch noch um 7000 Dollar unterschritten. Das Team hatte mindestens fünfundzwanzig neue Geräte oder Prozesse erfunden, und es hatte ein Raumfahrzeug in einem Viertel der üblichen Zeit hervorgebracht. Während der Mars Observer, der 1991 vor Erreichen des Planeten verlorenging, eine Milliarde Dollar gekostet hatte, war Sojourner erfolgreich und kostete nur ein Viertel dieser Summe.

Ein Teammitglied erinnerte sich: »Es war, als hätten wir Feuer gefangen – nichts konnte uns bremsen.« Das Sojourner-Team war im Zustand des Fließens.

Die Gruppe im Zustand des Fließens

Ich habe erfahrene Unternehmensführer und Manager gefragt, wie es war, wenn die Teams, denen sie angehörten oder die sie leiteten, Feuer gefangen, sich selbst übertroffen und den Zustand des Fließens erreicht hatten. Immer wieder nannten sie mir dieselben Merkmale.[48]

* *Eine herausfordernde Aufgabe oder eine noble Mission.* »Einer der Gründe, warum Gruppenziele oft scheitern, ist, daß sie zu materialistisch sind«, sagte mir ein für Raumfahrtsysteme zuständiger Vize-

präsident bei Lockheed Martin. »Ich suche nach dem Überragenden, nach Zielen, die groß genug sind, daß die ganze Gruppe sich hinter sie stellen kann.« Das ist eine Arbeit, deren Sinnhaftigkeit und motivierende Kraft alle mitreißt; es ist die größten Anstrengungen aller wert, für ein denkwürdiges Ziel tätig zu sein.

Der verstorbene Physik-Nobelpreisträger Richard Feynman erinnerte sich, wie unterschiedlich die Leute am Manhattan-Projekt gearbeitet hatten, bevor und nachdem sie erfuhren, welchem Ziel ihre Arbeit diente. Die strikte Geheimhaltung zu Anfang ließ das ganze Team im ungewissen, und so arbeiteten sie oft sehr bedächtig und nicht immer sehr gut.

Dann bewog Feynman Robert Oppenheimer dazu, das Team von Fachleuten darüber aufzuklären, woran sie tatsächlich arbeiteten – es war in der schlimmsten Phase des Zweiten Weltkriegs, und ihr Projekt war eine Waffe, die den damals noch überlegenen feindlichen Achsenmächten vielleicht Einhalt gebieten würde. Von da an, erinnerte sich Feynman, »ein *vollkommener* Umschwung. Jetzt ersannen *sie* Möglichkeiten, die Sache besser zu machen ...«[98] Nachdem sie das Ziel begriffen hatten, ging ihnen die Arbeit, so schätzte er, zehnmal so schnell von der Hand.

- *Starke Gruppenloyalität.* »Wenn außergewöhnliche Teams sich darüber äußern, was sie so erfolgreich sein ließ, führen sie es oft darauf zurück, daß sie einander wirklich mochten und sich umeinander kümmerten«, sagt Daniel Kim, Mitbegründer des Center for Organizational Learning am MIT und jetzt bei Pegasus Communications. »Wenn die Leute sich ehrlich darüber äußern würden, was hervorragende Teams in einer Firma auszeichnet, dann würden sie sagen, daß es auch an den emotionalen Beziehungen liegt, die sowohl Offenheit als auch Fürsorglichkeit ermöglichen.«
- *Unterschiedliche Talente.* Je breiter das Spektrum der Fähigkeiten, die ein Team für seine Aufgabe mitbringt, desto flexibler kann es auf wechselhafte Anforderungen reagieren. Zu dieser Vielfalt gehören zuerst die fachlichen Anforderungen, aber sie umfaßt auch die emotionale Kompetenz – und dazu auch jemand, der »den Laden zusammenhält«.
- *Vertrauen und uneigennützige Zusammenarbeit.* In erfolgreichen Teams haben die Leute das Gefühl, daß sie sich aufeinander verlassen können. Als Bob Taylor bei Xerox PARC das Team zusammenstellte, das den Prototyp des benutzerfreundlichen Computers entwickelte (der schließlich zur Grundlage des Apple-Computers wurde, als Xerox das Projekt aufgab), suchte er nach Leuten, die

kooperationsfähig waren, und er ermunterte alle, sich gegenseitig zu helfen. Alan Kay, einer der ersten Computerwissenschaftler, die um ihre Mitarbeit gebeten wurden, erinnert sich: »Man verbrachte bis zu vierzig Prozent seiner Zeit damit, anderen bei ihrem Projekt ›unter die Arme zu greifen‹.«

• *Konzentration und Begeisterung.* Was von einem gefordert wird, wenn man ein großes Ziel zu erreichen sucht, sorgt allein schon für die nötige Konzentration auf die Sache; das Leben außerhalb kommt einem dann nicht nur relativ prosaisch, sondern richtig langweilig vor. Was sonst noch geschieht, wird während der Projektdauer auf Eis gelegt. Die Konzentration läßt sich verstärken, indem man für die Gruppe einen sowohl funktional als auch räumlich vom übrigen Unternehmen getrennten Arbeitsraum schafft. Das Manhattan-Projekt wurde an streng geheimen Orten durchgeführt, zu denen nur Projektmitglieder Zugang hatten; die Skunkworks bei Lockheed waren ein fensterloses, unbeschildertes Gebäude, das für alle anderen Angehörigen der Firma verboten war.

• *Eine Arbeit, die an sich Spaß macht und lohnend ist.* Eine so starke Konzentration bewirkt allein schon eine Art High. Die Mitglieder arbeiten nicht so sehr für äußerliche Vergünstigungen wie Geld, Beförderung oder Prestige als vielmehr für die innere Belohnung, die die Arbeit als solche gewährt. Als Teil einer Gruppe alle anderen zu übertreffen, ist emotional ungeheuer befriedigend, ob man nun einen starken Eindruck hinterlassen oder ob man etwas leisten möchte. Ein Mitglied des Softwareteams von Data General drückte es so aus: »Mir verschafft das hier ein enormes High, das ich nicht ganz verstehe … Ich arbeite, um zu gewinnen.«[50]

Das Team als Lernlabor: die fünf Geheimnisse

Auf die tolle Idee kam Burt Swersey, als ein Artikel, den ich im September 1995 für die *New York Times* geschrieben hatte, seine Aufmerksamkeit fesselte. Es ging um die Untersuchung bei Bell Labs, der zufolge die Leistungs-Asse in einem Konstruktionsbüro ihren Erfolg offenbar mehr auf emotionale Intelligenzfähigkeiten als auf fachliche zurückführten, und Swersey wurde dadurch inspiriert, mit seinen Ingenieur-Studenten am Rensselaer Polytechnic Institute etwas Neues auszuprobieren.

Zunächst informierte er sie über die Untersuchung bei Bell Labs und über die, wie er sagte, »fünf Geheimnisse des Erfolges«: persönlicher Kontakt, Empathie, Überzeugungskraft, Kooperation und Konsensbildung. Und statt den ersten Tag des Semesters mit dem Abfragen von Grundkenntnissen zu verbringen, sollte ein Lernlabor über die fünf Geheimnisse durchgeführt werden.

»Was tun Sie, um persönlichen Kontakt zu jemandem herzustellen, den Sie nicht kennen?« fragte Swersey.

Die anfangs zögernden Antworten der Studenten schrieb Swersey an die Tafel: »Sich vorstellen, dem anderen ins Gesicht sehen, während man mit ihm spricht, sich nach ihm persönlich erkundigen, ihm die Hand geben, ihm von sich selbst erzählen, aufmerksam zuhören …«

»Klingt alles ganz vernünftig«, meinte Swersey. »Nun suchen Sie sich jemanden, den Sie nicht kennen, und stellen Sie innerhalb von drei Minuten einen persönlichen Kontakt zu ihm her.«

Die Studenten gingen begeistert mit und stürzten sich ins Gespräch. Swersey konnte sie nach drei Minuten nur mit Mühe davon loseisen und ihre Aufmerksamkeit auf das nächste »Geheimnis«, die Kunst der Empathie, lenken.

Als Antworten auf die Frage, was »Empathie« bedeute, hielt er fest: »Anteilnahme, Zuhören, Unterstützung geben …« Ein junger Mann, der die Baseballmütze verkehrt herum trug und die Beine auf den Tisch gelegt hatte, murmelte: »Zeigen, daß der andere einen mal kann.«

»Das scheint es ganz gut zu erfassen«, sagte Swersey. »Jetzt möchte ich, daß Sie an etwas denken, bei dem Sie glauben, Hilfe zu brauchen, und es Ihrem Partner sagen. Also los, zeigen Sie Empathie.« Das Stimmengewirr, das daraufhin einsetzte, zeigte ihm, daß die Studenten auch hier eifrig mitgingen.

Daraufhin erhöhte Swersey den Einsatz: »Jetzt denken Sie sich etwas aus, das Ihren Partner unmittelbar negativ berührt. Falls Sie der Zuhörer sind, schlucken Sie es einfach, so schwer es Ihnen auch fällt, und lassen Sie sich nicht dazu hinreißen, Ihren Partner zu beschimpfen. Versuchen Sie, sich in ihn hineinzuversetzen.« Die Studenten begannen mit dem Rollenspiel und trugen mit vollem Ernst erfundene Sachen vor, die den anderen treffen sollten: »Ich habe dein Auto zu Schrott gefahren«, »Ich habe deine Goldfische umgebracht«, »Ich habe mit deiner Freundin geschlafen.«

Den Empathisierenden gab Swersey auf, es nicht bei einem stoischen »Ist schon gut« bewenden zu lassen, sondern sich in den anderen hineinzuversetzen und ihm beispielsweise zu sagen: »Du tust mir ehrlich leid; du mußt ja ganz durcheinander sein.« Die Studenten dachten sich jetzt eine realistischere Situation aus: In einem Ingenieurteam liefert jemand das für ein Projekt zugesagte Teil nicht rechtzeitig ab. Sie sprachen darüber, wie sich das aus der Sicht des anderen ausnimmt, und sahen allmählich ein, daß es wichtiger ist, Unterstützung zu geben, als seine Wut auszulassen.

Anschließend übten sie Überzeugungskraft und Konsensbildung, wobei sie sich als Gruppe innerhalb von drei Minuten zu einigen hatten, welches die beste Eissorte der Welt sei und warum (eine konsensstiftende Antwort: neapolitanisch, eine Mischung aus drei beliebten Geschmacksrichtungen).

Was kam bei diesem kleinen sozialen Experiment heraus?

»Diese Gruppen erwiesen sich als die besten Teams seit Jahren, bei denen ich Einführung in den Maschinen- und Gerätebau unterrichtet habe«, sagt Swersey heute. »Nicht nur, daß sie besser zusammenarbeiteten als alle Studenten, die ich bis dahin gehabt hatte, sie erfanden auch äußerst ehrgeizige, innovative Geräte. Ihren Erfolg führe ich zu einem großen Teil darauf zurück, daß sie sich mit den fünf Geheimnissen beschäftigt haben.«

Swerseys bescheidenes Experiment verweist auf ein ernsteres Problem in Firmen, speziell solchen, die eine große Zahl von Technikern beschäftigen. »Wenn ich mit Firmen zu tun habe, bei denen es um den richtigen Einsatz von Ingenieuren geht, besteht die Hauptschwierigkeit für die Teambildung darin, daß Ingenieure soziale Fähigkeiten von Berufs wegen für unwesentlich halten«, sagt Daniel Kim, früher am MIT. »Jetzt begreifen diese Firmen allmählich, wie teuer es sie zu stehen kommt, keine emotionale Kompetenz zu haben.«

Diese Bewußtwerdung läßt sich auch an Fachschulen wie der Harvard Business School und der Sloan School of Management des MIT beobachten. »Neuerdings wird der Teamaspekt im Lehrplan mehr berücksichtigt«, bemerkt Kim. »Man reagiert damit auf Kritik aus den Unternehmen, daß die MBAs zwar gelernt haben, als Individuen mit Höchstleistungen zu glänzen, daß sie jedoch auch lernen müssen, wie man im Team gute Leistungen erbringt.«

Viele Team-Begeisterte übersehen, daß jedes Team zum Lernlabor für genau jene Fähigkeiten werden kann, die wir brauchen, um als Teammitglieder bessere Leistungen zu bringen. »Jeder, der zu einem Team gehört, bringt seine eigenen Stärken und Fähigkeiten in die Gruppe ein, teils fachliche, teils emotionale und soziale Fähigkeiten«, bemerkt Kathy Kram, Leiterin eines MBA-Programms für Führungskräfte an der Universität Boston. »Es ist eine großartige Gelegenheit, gemeinsam zu lernen, wenn das Team dieses Lernen zum erklärten Ziel oder zum Gegenstand der gegenseitigen Absprache macht.«

Diese Gelegenheit, fügt sie hinzu, wird meistens vertan, »weil man allzuoft glaubt, die Beschäftigung mit den Beziehungen zwischen den Teammitgliedern diene nicht dazu, ihnen zu einer besseren Zusammenarbeit zu verhelfen, sondern lenke von dem eigentlichen Ziel des Teams ab. Dabei spricht vieles dafür, Teams zu benutzen, um Teamfähigkeiten zu erlernen, besonders in Unternehmen, die in Teams organisiert sind.«

Und das bringt uns zum nächsten Punkt: Ob nun im Team oder für uns allein, wir alle können jede dieser emotionalen Kompetenzen stärken und entwickeln – wenn wir wissen, wie.

Vierter Teil

Ein neues Lernmodell

EQ²

10

Der Milliarden-Dollar-Irrtum

Obgleich es ohnehin schon die am schnellsten expandierende Lebensversicherungsgesellschaft im Lande war, »sahen wir eine Möglichkeit, noch besser zu werden«, sagt Jim Mitchell, der Präsident von IDS Life, dem Geschäftsbereich Versicherungen von American Express. Mitchell sah eine Chance – eine große Chance. Obgleich aus den Finanzplänen der Kunden eindeutig hervorging, daß sie eine Lebensversicherung abschließen sollten, schlugen mehr als zwei Drittel ein entsprechendes Vertragsangebot aus. Diese gewaltige Einbuße an potentiellem Umsatz war kein vorübergehendes Phänomen, vielmehr zeigte die Entwicklung des Umsatzes über mehrere Jahre hinweg dieselbe Tendenz.

Das zusätzliche Umsatzpotential war so groß, daß Mitchell ein spezielles Forschungs- und Entwicklungs-Team einsetzte, um eine »bahnbrechende Neuerung zu finden, die die Lebensversicherung für die Kunden attraktiver machen könnte«.[1]

Zunächst wurde die Frage untersucht, was die Planer und die Kunden wirklich über Verkauf und Kauf von Lebensversicherungen dachten. Das Ergebnis war schlichtweg niederschmetternd.

Die Untersuchung deckte bestürzend viele negative Gefühle bei den Kunden und den Planern auf. Während das Team erwartete, einige grundlegende Mängel in den *Produkten* des Unternehmens, also den Versicherungen, zu finden, mußte es feststellen, daß der Vertriebs*prozeß* das eigentliche Problem war: Es lief alles auf emotionale Inkompetenz hinaus.

Die Kunden sagten, sie mißtrauten den Finanzberatern; die Aussicht, einen Versicherungsvertrag abzuschließen, gebe ihnen das Gefühl, »machtlos, uninformiert und unzulänglich« zu sein, und errege ihren Argwohn. Diese negative Einstellung war selbst bei jenen Kunden weit verbreitet, die eine Versicherung abschlossen. Nicht etwa die Konfrontation mit dem Todesfallrisiko, die Kosten oder die Gestaltung der Versicherungspolicen waren das Problem; tatsächlich sagten die Kunden, sie seien mit den angebotenen Produkten vollauf zufrieden. Vielmehr war es die Interaktion mit den Beratern, die sie verstimmte. Kaum verwunderlich, gestanden doch viele Berater ein, sie fühlten sich »unqualifiziert, unfähig, unehrlich und egoistisch«, wenn sie ihren Kunden Lebensversicherungen empfahlen. Einige sagten, der Zwang, »den Abschluß zu machen«, habe sie dazu gebracht, in einer Weise zu agieren, die ihrer persönlichen Ethik zuwiderlaufe. Sie sehnten sich nach mehr Sicherheit und Prinzipientreue. Viele meinten, der allgemein schlechte Ruf von Versicherungsvertretern und ihre häufig unangemeldeten Besuche hätten dazu geführt, daß sie sich hilflos und entmutigt fühlten.

Wenn ein Kunde Anzeichen von Nervosität oder Unbehagen zeigte, empfahlen die gängigen Verhaltensmaßregeln der Versicherungswirtschaft dem Vertreter, nicht mit Empathie, sondern mit einem rationalen Argument zu antworten. Die Berater sollten also sowohl die Emotionen der Kunden als auch ihre eigenen Emotionen ausschalten. »Unseren Beratern war beigebracht worden, daß eine emotionale Reaktion bei einem Kunden eine Form des Widerstandes sei – daher sollten sie mit logischen Argumenten und weiteren Zahlen darauf reagieren und ihre Gefühle ausblenden«, erklärte Kate Cannon, die dem Forschungs- und Entwicklungs-Team angehörte und die heute die Programme zur Einübung in emotionaler Kompetenz bei American Express Financial Advisors betreut.

Kurzum, die Gefühle, die Kunden und Vertreter gleichermaßen belasteten, stellten ihre Begegnung unter einen – in emotionaler Hinsicht – denkbar ungünstigen Stern. So heißt es in einem Abschlußbericht: »Ein Berg emotionaler Negativität stand zwischen unserem Vertrieb und unserem Geschäftserfolg.«

Die Berater konnten eine positivere emotionale Grundstimmung erzeugen, doch zuvor mußten sie den wankenden emotionalen Zustand bei sich selbst in den Griff bekommen. Ein Planer meinte: »Wir können Millionen für Produktforschung und -entwicklung aufwenden, doch wenn der Vertrieb dieser Produkte unter unseren Selbstbeschränkungen leidet, stellt sich die Frage, was wir eigentlich geleistet haben.«

Die Hemmnisse beseitigen

Die Abhilfe begann (wie wir in Kapitel 4 sahen) damit, die emotionale Selbstwahrnehmung der Berater zu schärfen. Dies brachte die Leistungshemmnisse an den Tag. »Wir analysierten die Leistungshemmnisse – die unangenehmen und schmerzlichen emotionalen Konflikte, mit denen die Berater täglich konfrontiert waren«, sagte mir Cannon. Die Liste dieser Hindernisse war beeindruckend. Dazu gehörten:

- Die Ablehnungen waren demoralisierend. Eine Serie von Ablehnungen konnte zu zermürbenden Selbstzweifeln führen, wie etwa: »Ich kann das nicht – Ich werde meine Stelle verlieren … Ich werde nie imstande sein, meinen Lebensunterhalt zu verdienen.«
- Die schiere Menge an Produktinformationen überforderte manche Berater.
- Daß die Berater, weil ihr Einkommen von den Vertragsabschlüssen abhing, zugleich Unternehmer waren, verunsicherte viele von ihnen; sie befürchteten, ihren Lebensunterhalt nicht bestreiten zu können.
- Das Problem, die Bedürfnisse der Kunden unter einen Hut zu bringen, setzte einigen Beratern schwer zu.
- Die vielen Überstunden, die erforderlich waren, um in der Branche Fuß zu fassen, führten bei vielen Beratern zu der Sorge, daß das Familienleben auf Dauer zu kurz komme.

Doch für jede emotionale Schwierigkeit gab es eine Abhilfe – eine Fähigkeit, die man erwerben konnte, eine Einstellung, die geändert werden mußte. Die Lösung bestand im wesentlichen darin, die emotionale Kompetenz der Berater zu verbessern.

In den Worten einer firmeninternen Analyse zeichnet sich der emotional kompetente Berater durch »Zuversicht, Spannkraft bei Rückschlägen und die Orientierung an Grundprinzipien und -werten« aus. Der Grund dafür: Berater, die sich in ihrem Handeln von Prinzipien und nicht vom Verkaufsdruck leiten lassen, würden eine Beziehung zu Kunden aufbauen, die auf Vertrauen basiert. Wenn sie voll und ganz hinter ihrer Arbeit stünden, würden sie überzeugender auftreten. Und wenn sie ihre Ängste und Frustrationen besser kontrollieren könnten, wären sie in der Lage, trotz Rückschlägen am Ball zu bleiben. Die bessere Befriedigung der Kundenbedürfnisse würde sich zwangsläufig in einer höheren Zahl von Neuabschlüssen niederschlagen.

Die Berater waren der gleichen Meinung; viele sagten, daß emotionale Kompetenz der versteckte Schlüsselfaktor ihres Erfolgs bzw. Mißerfolgs sei.

Das Bewertungsteam beschloß, sich zu Beginn lediglich auf einige wenige emotionale Kompetenzen zu konzentrieren. Sie wußten, daß die Berater erst dann eine positive Grundstimmung erzeugen bzw. mit den Emotionen ihrer Kunden angemessen umgehen konnten, wenn sie ihre eigenen Emotionen zu managen vermochten.

Emotionale Kompetenz entwickeln – und den Umsatz ankurbeln

»Ich bin ein Hitzkopf«, sagt mir Sharmayne Williams, eine Finanzberaterin in der Chicagoer Niederlassung von American Express. »Ich war überaus emotional – ich nahm mir alles zu Herzen und reagierte heftig. Das wirkte sich negativ auf meine Beziehungen zu Kollegen im Büro aus: Wenn sie meine Sichtweise der Dinge nicht teilten, wurde ich wütend. Entweder ich setzte mich mit meiner Auffassung durch, oder ich schaltete auf stur. Ich konnte mich nicht in sie hineinversetzen, und ich war nicht zu Kompromissen bereit.«

Dieser Mangel an emotionaler Selbstkontrolle schadete Williams. »Er hinderte mich daran weiterzukommen; er beeinträchtigte meine Fähigkeit, Entscheidungen zu treffen«, sagte sie mir. »Wenn ich über etwas verärgert war, konnte ich nicht zum nächsten Projekt übergehen. Das kam mich teuer zu stehen.«

Williams hatte acht Jahre lang als Wertpapiermaklerin gearbeitet, bevor sie bei American Express Financial Advisors eintrat, und als sie ein Jahr später ihren ersten Weiterbildungslehrgang in emotionaler Kompetenz besuchte, war es für sie eine Offenbarung: »So etwas hatte ich noch nie zuvor erlebt. Es war das fehlende Zwischenglied.«

Das Programm, so sagt sie, habe ihr Leben verändert. »Mir wurde klar, wie sehr mich meine Emotionen im Griff hatten. Wenn mich heute etwas stört, bespreche ich es mit meinem Geschäftspartner, schreibe es in mein Tagebuch und rede direkt mit dem zuständigen Vizepräsidenten. Ich lass' sie wissen, daß ich verärgert bin – ich lass' den Ärger nicht in mir nagen. Ich nehme mich mehr an. Ich habe erkannt, daß man alle möglichen Emotionen haben kann, sich aber nicht von ihnen steuern lassen darf.«

Sie hat Wege gefunden, um mit Anspannung umzugehen. »Wenn ich heute spüre, daß ich angespannt bin, gehe ich in ein Ballettstudio in meinem Haus und trainiere. Die körperliche Entspannung beruhigt mich für mehrere Tage.«

Und heute bringt Sharmayne Williams, die schon immer eine Spitzenkraft war, sogar noch bessere Leistungen. In ihrem ersten Jahr bei American Express erzielte sie einen Umsatz von etwa 1,7 Millionen Dollar. In ihrem zweiten Jahr, so Williams, erreichte sie bereits 2,4 Millionen Dollar und steht unmittelbar vor einem Karrieresprung.

Diese Verbesserung ist genau der springende Punkt. Die Finanzberater, die am ersten Pilotprojekt des emotionalen Kompetenzprogramms teilnahmen, erzielten Umsatzzuwächse von 8 bis 20 Prozent im Vergleich zum vorausgegangenen Jahr – was eine signifikante Steigerung gegenüber Vergleichsgruppen bedeutete, die die Schulung nicht erhielten, und über dem firmeninternen Durchschnitt lag.

»Das Ergebnis beeindruckte uns so sehr, daß wir das Programm fest in unseren Ausbildungslehrgang für neue Vertreter aufnahmen und es außerdem Managern und anderen Personen in Führungspositionen anboten«, sagte mir Doug Lennick, der Vizepräsident: für ihn, der sich immer nachdrücklich für das emotionale Kompetenzprogramm eingesetzt hatte, ein persönlicher Triumph.

Als Lennick die Leitung der Vertreterorganisation von American Express Financial Advisors übernahm, ließ er das emotionale Kompetenzprogramm erweitern und bot es einem breiteren Spektrum von Mitarbeitern an. Mittlerweile dauert die Fortbildung zwei Tage – dabei stehen Selbstwahrnehmung, Gewandtheit im Umgang mit anderen und Bewältigungsfähigkeiten im Mittelpunkt –, wobei einige Wochen oder Monate später ein weiteres dreitägiges Seminar stattfindet. Und das Programm steht allen neuen Finanzberatern und Abteilungsleitern sowie Vertriebsleitern, anderen Gruppenleitern und denjenigen, die ihnen unmittelbar untergeordnet sind, offen.

Für Lennick paßt der Erfolg der Ausbildung in emotionaler Kompetenz zu einer langgehegten Überzeugung, wonach der Finanzberater weniger als traditioneller Vertreter auftreten sollte, sondern vielmehr als vertrauenswürdiger Ratgeber in einer langfristigen Beziehung. »Ich war immer davon überzeugt, daß die Kunden keine Betreuung durch fünf oder sechs Berater wünschen, sondern eine langfristige Beziehung zu einem einzigen«, sagt Lennick. »Die Berater mit den besten Beziehungen zu ihren Kunden tun mehr, als diesen bloß bei der Erreichung ihrer finanziellen Ziele zu helfen, sie helfen ihnen bei ihrer Lebensplanung. Das ist eine grundlegend neue Bestimmung ihrer Rolle, denn sie verhelfen dem Kunden nicht nur zu einer soliden finanziellen Absicherung, sondern auch dazu, im Einklang mit ihren Lebenszielen zu bleiben.«

Lennick sagt: »Wir haben gezeigt, daß Mitarbeiter, die mit ihren Emotionen besser umgehen können, beruflich erfolgreicher sind, ohne gegen ihre persönlichen Wertvorstellungen zu verstoßen.«

Sharmayne Williams drückte es folgendermaßen aus: »Eine vertrauenswürdige und kontrollierte Person zu sein hilft mir im Kontakt mit meinen Kunden.« Emotional intelligente Beziehungen zahlen sich also aus.

Die guten Neuigkeiten

Bei Promega, einem Biotechnologie-Unternehmen mit Sitz in Madison, Wisconsin, trifft sich täglich eine Gruppe von Wissenschaftlern, um mit Hilfe einer Methode zur mentalen Konzentration und Entspannung, die sie in einem achtwöchigen Weiterbildungsprogramm lernten, ihre »Achtsamkeit« zu schulen. Die Wissenschaftler fühlen sich danach ruhiger, konzentrierter und kreativer.

Gut und schön. Aber noch beeindruckender ist die Tatsache, daß Forscher als unmittelbare Folge des Achtsamkeitstrainings positive Veränderungen in der *Hirnfunktion* der Wissenschaftler nachwiesen. Ihre linken Stirnlappen – der Hirnbereich, der die in der Amygdala ausgelösten affektiven Ausreißer unterdrückt und positive Gefühle erzeugt – sind erheblich aktiver geworden als vor dem Programm.[2] Das Gefühl der Wissenschaftler, aufmerksamer und entspannter zu sein, ist keine bloße Illusion: Sie geht auf eine an der Basis stattfindende Veränderung im Gehirn zurück. Diese deckt sich mit der Veränderung, die bei Menschen vorzufinden ist, die bei Streß die größte Belastbarkeit, Elastizität und Anpassungsfähigkeit zeigen (wie wir in Kapitel 5 sahen). Dieser Befund deutet darauf hin, daß die Stärkung einer Kompetenz wie Selbstkontrolle mit der Stärkung der entsprechenden neuronalen Schaltungen im Gehirn einhergeht.

Alle emotionalen Kompetenzen lassen sich mit der richtigen Praxis ausbauen. Betrachten wir die Menschen, die bei den in Kapitel 2 beschriebenen Empathietests schlecht abschnitten. Es fiel ihnen sehr schwer, die Gefühle von Männern und Frauen zu entziffern, die auf Videoaufnahmen spontane Reaktionen – Freude, Wut und so weiter – zeigten, wobei jedoch ihre verbalen Äußerungen unverständlich waren. Gab man ihnen jedoch nach jeder Vermutung Feedback über die tatsächlichen Emotionen der gezeigten Personen, dann verbesserte sich ihr empathisches Gespür deutlich.[3] Bereits ein geringes Maß an unmittelbarem Feedback über ihre emotionale Treffsicherheit wirkt sich erstaunlich nachhaltig auf die Empathie in anderen Situationen aus.[4]

Die gute Nachricht über emotionale Intelligenz lautet daher, daß sie – anders als der IQ – *im Verlauf des ganzen Lebens gesteigert werden kann*. Das Leben bietet uns eine fruchtbare Chance nach der anderen, um unsere emotionale Kompetenz zu schärfen. Im normalen Verlauf eines Lebens nimmt die emotionale Intelligenz für gewöhnlich in dem Maße zu, wie wir lernen, sensibler auf unsere Stimmungen zu achten, belastende Emotionen besser zu verarbeiten, zuzuhören und uns in andere Menschen hineinzuversetzen – kurz: in dem Maße, wie wir reifer werden. Der Begriff der Reife selbst bezeichnet sehr gut diesen Prozeß, in dem wir lernen, unsere Emotionen und unsere Beziehungen besser zu verstehen.

In einer Studie verglich John D. Mayer, ein Psychologe an der Universität von New Hampshire, der zusammen mit Peter Salovey von der Universität Yale die bahnbrechende Theorie der emotionalen Intelligenz entwickelte, mehrere hundert Erwachsene und Jugendliche und fand heraus, daß die Erwachsenen durchweg eine höhere emotionale Intelligenz zeigten.[5] Und Reuven Bar-On, der die emotionale Intelligenz bei über dreitausend Männern und Frauen – von Teenagern bis zu Fünfzigjährigen – analysierte, stieß auf geringfügige, aber stetige und signifikante Zunahmen von Altersgruppe zu Altersgruppe, mit einem Gipfelwert bei den Vierzigern.[6] Mayer resümiert: »Die emotionale Intelligenz nimmt mit dem Alter und mit der Erfahrung von der Kindheit zum Erwachsenenalter zu.«

Was die Förderung der emotionalen Kompetenz anlangt, bleibt das Alter ein Vorteil; es ist vermutlich etwas schwieriger, »jungen Hunden neue Tricks beizubringen«. In einer Studie, die der Frage nachging, wie leicht Studenten in einem MBA(Master of Business Administration)-Programm ihre emotionale Kompetenz verbessern können – wobei das Alter der Studenten von Anfang Zwanzig bis in die Fünfziger reichte –, waren die größten Steigerungen in der Altersgruppe der über Neunundzwanzigjährigen zu verzeichnen, während die Studenten unter fünfundzwanzig am schlechtesten abschnitten.[7]

Es bleibt abzuwarten, ob sich dieser Befund hinsichtlich anderer Gruppen verallgemeinern läßt. Doch er zeigt immerhin, daß sich ältere Arbeitskräfte bei hinreichender Motivation diese Fähigkeiten genauso leicht oder sogar noch leichter aneignen können als jüngere.

Männer und Frauen scheinen ihre emotionale Intelligenz in gleichem Umfang verbessern zu können. Während Frauen in der Regel in jenen Kompetenzen überlegen sind, die auf Empathie und sozialen Begabungen basieren, und Männer in den Kompetenzen besser abschneiden, die auf Selbstregulation fußen, zeigte die Studie über die MBA-Studenten, daß sich Männer und Frauen unabhängig von ihrem Ausgangsniveau im selben Umfang verbessern können.

Diese Verbesserung stellt die emotionale Intelligenz in scharfen Gegensatz zum IQ, der das gesamte Leben hindurch weitgehend unverändert bleibt. Während rein kognitive Fähigkeiten relativ konstant bleiben, läßt sich emotionale Kompetenz zu jedem Zeitpunkt im Leben erwerben. Wie unsensibel, schüchtern, jähzornig, unbeholfen oder unzugänglich Menschen auch sein mögen, bei entsprechender Motivation und Anstrengung können sie ihre emotionale Kompetenz stärken.

Aber wie?

Verstehen genügt nicht

Nehmen wir das Beispiel von Henry und Lai, die ungefähr zur gleichen Zeit als Elektrotechniker bei Bell Labs anfingen und über annähernd gleichwertige Qualifikationen verfügten: Beide hatten hervorragende Abschlüsse an Spitzenuniversitäten gemacht, besaßen überschwengliche Empfehlungsschreiben von Professoren und hatten während der Sommersemesterferien Praktika bei Computerfirmen absolviert.

Doch in dem Augenblick, in dem sie ihre Stellen bei Bell Labs antreten, verlieren ihre Gemeinsamkeiten an Bedeutung. Henry verhält sich so, als wäre er noch immer an der Universität. Er sitzt die ganze Zeit wie gebannt vor seinem Computerbildschirm, verschlingt gierig technische Dokumente und lernt neue Softwareprogramme. Seine neuen Kollegen bekommen ihn fast nur bei Betriebsversammlungen zu Gesicht; er ist ein Eigenbrötler. Er denkt: »Meine Fachkompetenz spielt bei dieser Stelle die entscheidende Rolle.«

Lai hat eine andere Einstellung. Sie verwendet genügend Zeit auf ihre Arbeit. Doch überschüssige Zeit nutzt sie dazu, ihre Kollegen kennenzulernen und etwas über ihre Interessen, Projekte und Anliegen in Erfahrung zu bringen. Wenn sie Hilfe brauchen, bietet sie sich an – als sie alle ein neues, schwer zu handhabendes Softwareinstrument installieren müssen, übernimmt sie diese Aufgabe freiwillig. Sie denkt: »Eine der besten Vorgehensweisen, um vom Team akzeptiert zu werden, besteht darin, meine Hilfe anzubieten.«

Nach den ersten sechs Monaten wird Henry hinsichtlich der fachlichen Leistungsfähigkeit etwas besser bewertet – doch Lai wird ausgezeichnete Teamfähigkeit und hohe Initiative bescheinigt, und sie ist bereits für eine zügige Beförderung vorgesehen. Henry hat nicht erkannt, daß der Aufbau sozialer Beziehungen eine wesentliche Kompetenz für seine Stelle ist; er fühlt sich allein wohler. Seine Kollegen sehen, daß er fachlich versiert ist, aber sie trauen ihm nicht zu, gut in einem Team zu arbeiten.

Lai schneidet in mehreren Kompetenzen der emotionalen Intelligenz hervorragend ab – und wenn Henry seine fachlichen Befähigungen optimal nutzen will, dann muß er sich diese Kompetenzen ebenfalls aneignen. Wie hilft man jemandem wie Henry, sich zum Besseren zu verändern?

Robert Kelley von der Carnegie-Mellon-Universität, der diese Fallstudie vorstellt, weist darauf hin, daß Lai Strategien gelernt hat, die für Leistungs-Asse typisch sind, wie etwa der Aufbau sozialer Kontakte und Eigeninitiative.[8] Aber das bloße Wissen um eine Erfolgsstrategie genügt nicht – vielmehr hängt die Fähigkeit, eine Strategie wie das Anknüpfen sozialer Kontakte und Kooperation *umzusetzen*, von der erforderlichen emotionalen Kompetenz ab. Damit jemand wie Henry die notwendigen Veränderungen an sich vornimmt, reicht es nicht, daß er *intellektuell* erkennt, daß diese vorteilhaft wären. Das bloße Wissen, daß er Beziehungen aufbauen sollte, genügt nicht, um ihn aus seiner Nische herauszuholen – oder um ihm den nötigen Schub zur praktischen Umsetzung zu geben.

Es besteht ein grundlegender Unterschied zwischen *theoretischem* Wissen, also der Kenntnis eines Konzepts und seiner fachlichen Details, und *praktischem* Wissen, also der Fähigkeit, diese Konzepte und Details in Handlung umzusetzen. Wissen ist nicht gleich Tun, ob es nun ums Klavierspielen, die Leitung eines Teams oder die Befolgung eines wichtigen Ratschlags im rechten Moment geht.

Eine Studie über die Weiterbildung von Führungskräften in einer Supermarktkette erbrachte eine sehr geringe Korrelation zwischen dem Wissen der Führungskräfte über die Kompetenzen, die ihnen vermittelt wurden, und ihrem Verhalten, nachdem sie in ihre Läden zurückgekehrt waren. Viele Kursteilnehmer wußten am Schluß des Lehrgangs bestens darüber Bescheid, was sie in ihrer Position tun *sollten* – doch scheiterten sie bei der Umsetzung. Das intellektuelle Verstehen einer Kompetenz ist eine notwendige, aber keine hinreichende Bedingung, um eine Änderung im Verhalten herbeizuführen.[9] Das kognitive Wissen um die richtige Handlungsweise sagt nichts über die Bereitschaft eines Menschen aus, sich anders zu verhalten, und ebensowenig über seine entsprechende Motivation, seine Fähigkeit oder über die Methode, mit der er sich die neue Kompetenz effizient aneignen kann. Menschen dabei zu helfen, eine emotionale Kompetenz zu meistern, erfordert ein neues Verständnis der Modalitäten des Lernens.

In einer der meistzitierten Quellen zum Thema Aus- und Weiterbildung heißt es, daß Experten im Bereich Weiterbildung »sämtliche Weiterbildungsmaßnahmen in einen Topf geworfen haben, ohne den Zweck der Weiterbildung bzw. den damit verbundenen Typ des Lernens zu berücksichtigen«.[10] Für kognitive und fachliche Kompetenz mag theoretisches Wissen ausreichen – nicht dagegen für emotionale Intelligenz. Es ist Zeit, damit aufzuhören, alle Ausbildungsmaßnahmen über einen Kamm zu scheren; wir müssen die neuen Erkenntnisse über die Funktionsweise des Gehirns dazu nutzen, sinnvolle – und praxisbezogene – Unterscheidungen zu treffen und das echte Lernen emotionaler Kompetenz zu fördern.

Der entscheidende Test

Wissen *über* eine Kompetenz zu vermitteln – also den Beschäftigten ein intellektuelles Verständnis der betreffenden Konzepte nahezubringen – mag die leichteste Trainingsmethode sein, doch im Vergleich zu anderen Ansätzen, die ich gleich erörtern werde, hat sie die geringsten Auswirkungen auf die Leistungsfähigkeit. Intellektuelles Verstehen ist ein für das Lernen notwendiger Schwellenprozeß, der jedoch nicht ausreicht, um dauerhafte Verbesserungen zu erreichen. Ein *tiefgreifender* Wandel erfordert die Umgestaltung eingewurzelter Denk-, Empfindungs- und Verhaltensgewohnheiten.

Nehmen wir Henry, den menschenscheuen Ingenieur, der bei Bell Labs arbeitet und sich nicht aus seinem Büro herauswagt, um Kontakte zu seinen Kollegen zu knüpfen. Weshalb verhält er sich so?

Henrys Isolation mag auf Schüchternheit, Mangel an sozialer Kompetenz oder bloße Ungeschicklichkeit in der Kunst der Teamarbeit zurückzuführen sein. Doch unabhängig von der spezifischen Ursache seiner Isolation ist er das Opfer einer erlernten Gewohnheit. Und was man erlernt hat, läßt sich auch wieder *verlernen* – und mit Mühe und Geduld durch eine zweckmäßigere Gewohnheit ersetzen. Dieser Prozeß des Verlernens und Lernens vollzieht sich auf der Ebene der neuronalen Schaltungen des Gehirns selbst.

In dem Maße, wie wir unser habituelles Repertoire an kognitiven, affektiven und verhaltensbezogenen Mustern erwerben, werden die neuronalen Verbindungen, die dieses Repertoire unterstützen, verstärkt und zu den dominanten Bahnen für die Übertragung von Nervenimpulsen. Während ungenutzte Verbindungen schwächer werden oder sogar verkümmern, werden die häufig genutzten immer stärker.[11]

Bei der Wahl zwischen zwei alternativen Reaktionen wird sich diejenige durchsetzen, die sich auf das reichhaltigere, stärkere neuronale Netzwerk stützen kann. Und je häufiger eine Reaktion stattfindet, um so stärker wachsen die Nervenbahnen, die sie unterstützen. Wenn Gewohnheiten durch zahllose Wiederholungen fest verwurzelt sind, wird die zugrundeliegende neuronale Schaltung zur Standardoption des Gehirns – wir handeln automatisch und spontan.

Kompetenzen lassen sich als ein koordiniertes Bündel von Gewohnheiten betrachten – als die Summe unserer Kognitionen, Emotionen und Verhaltensweisen bei der Bewältigung einer bestimmten Aufgabe. Wenn eine solche Gewohnheit dysfunktional ist, kann sie nur dann durch eine effizientere ersetzt werden, wenn die bessere Gewohnheit hinlänglich eingeübt wurde – und die unzweckmäßige gehemmt wird –, so daß die neuronale Schaltung, die der alten Verhaltensweise zugrunde liegt, schließlich schwindet (die Psychologen sprechen von »Löschung«) und die Schaltung für das zweckmäßigere Verhalten gestärkt wird. Schließlich wird die zweckmäßigere Gewohnheit die ältere Gewohnheit als automatische Reaktion in Schlüsselsituationen ersetzen.

Der Test für diese Art von Erlernen – für diese neuronale Neuverschaltung – einer emotionalen Kompetenz besteht in der Frage, wie eine Person in dem entscheidenden Augenblick spontan reagiert. Der Beweis dafür, ob jemand wie Henry die Grundlagen der sozialen Kontaktanbahnung und Kooperation beherrscht, wird in Situationen erbracht, in denen er vor eine entscheidende Alternative gestellt wird: entweder in seinem goldenen Käfig zu bleiben und sich allein abzurackern oder mehrere Kollegen, die über nützliche Informationen und Fachkenntnisse verfügen, zu Rate zu ziehen. Wenn er seinen goldenen Käfig spontan verläßt, um sich an einen Kollegen zu wenden – und dies erfolgreich tut –, dann würde dies darauf hindeuten, daß er eine neue Gewohnheit beherrscht.

Ein alternatives Lernmodell

Ein Forscher des U. S. Office of Personnel Management informiert mich über die Ergebnisse einer umfassenden Analyse der Kompetenzen, die für ein breites Spektrum von Stellen im öffentlichen Dienst erforderlich sind. »Die Vermittlung der Fachkenntnisse für eine Stelle ist leicht – sehr viel schwieriger ist es, den Beschäftigten Flexibilität, Integrität, Verantwortungsbewußtsein oder soziale Kompetenz beizubringen.«

Die Fachausbildung ist in der Tat leicht, verglichen mit der Förderung der emotionalen Intelligenz. Unser gesamtes Bildungssystem ist auf die Entwicklung kognitiver Fähigkeiten ausgerichtet. Dagegen hat unser System im Hinblick auf die Vermittlung emotionaler Kompetenzen völlig versagt. Fähigkeiten wie Empathie oder Flexibilität unterscheiden sich grundlegend von kognitiven Kompetenzen; sie beanspruchen andere Areale des Gehirns.

Rein kognitive Fähigkeiten sind im Neokortex lokalisiert, dem »denkenden Gehirn«. Bei persönlichen und sozialen Kompetenzen kommen weitere Hirnareale ins Spiel, hauptsächlich die Nervenbahnen, die von den emotionalen Zentren – insbesondere der Amygdala – tief im Innern des Gehirns zu den Stirnlappen verlaufen, dem »Kontrollzentrum« des Gehirns. Der Erwerb emotionaler Kompetenz bewirkt eine »Umstimmung« dieser neuronalen Schaltungen.

Da sich intellektuelles Lernen grundlegend von Verhaltensänderungen unterscheidet, sind die erzieherischen Modelle für beide sehr verschieden. Für intellektuelle Kompetenzen ist das Klassenzimmer der geeignete Rahmen, und um ein Konzept zu begreifen, kann es schon genügen, etwas darüber zu lesen oder davon zu hören. Strategisches Denken und Programmieren können auf diese Weise erfolgreich gelehrt werden, fern der Interaktionen im Berufsleben. Für Verhaltensänderungen dagegen ist das Leben selbst die geeignete Arena des Lernens, und diese vollziehen sich über einen längeren Zeitraum.

Das schulische Lernen besteht im wesentlichen darin, den Speicherbanken im Neokortex Informationen und Einsichten zuzuführen. Der Neokortex lernt, indem er neue Daten und Erkenntnisse in bestehende Raster der Assoziation und des Verstehens einfügt und so die zugehörige neuronale Schaltung erweitert und verstärkt.

Aber das Erlernen einer emotionalen Kompetenz erfordert mehr: Wir müssen auch unsere emotionalen Schaltungen aktivieren, in denen unsere sozialen und emotionalen Gewohnheiten gespeichert sind. Die

Änderung dieser Gewohnheiten – lernen, Menschen positiv zu begegnen, statt sie zu meiden, besser zuzuhören oder geschickt Feedback zu geben – ist eine anspruchsvollere Aufgabe, als bloß alte Fakten durch neue zu ergänzen. Emotionales Lernen erheischt einen tiefgreifenden Wandel auf neuronaler Ebene: die Abschwächung der vorhandenen Gewohnheit und ihre Ersetzung durch eine zweckmäßigere.

Wenn man Methoden zur Vermittlung emotionaler Kompetenzen konzipieren will, muß man diesen Unterschied in den zugrundeliegenden Hirnfunktionen unbedingt berücksichtigen. Organisationen machen häufig den Fehler, daß sie versuchen, ihren Mitarbeitern emotionale Kompetenz wie Serviceorientierung oder Führungsfähigkeit mit denselben Techniken beizubringen, mit denen sie ihnen erfolgreich beibringen, wie man einen Geschäftsplan erstellt. Das genügt nicht: Die Änderung einer Gewohnheit, die auf emotionaler Intelligenz basiert, verlangt eine völlig neue Lernstrategie. Einige Schulen, Großunternehmen und sogar Behörden beginnen dies endlich zu begreifen.

Viele der gängigen Lernprinzipien, die der Aus- und Weiterbildung in Organisationen zugrunde gelegt werden, sind trivialen Studien an College-Studenten entnommen, die elementare motorische Fertigkeiten übten oder einfache kognitive Aufgaben wie das Auswendiglernen von Wörterlisten ausführten.[12] Doch diese Prinzipien sind untauglich für die Bewältigung der komplizierteren Aufgabe, die emotionalen Kompetenzen zu stärken. Um die emotionale Kompetenz zu fördern, muß man die psychologischen Grundlagen der Änderung von Verhaltensweisen verstehen. Dies wird heute weitgehend außer acht gelassen, was dazu führt, daß alljährlich gewaltige Summen für Aus- und Weiterbildung vergeudet werden. Während ich diese Zeilen schreibe, werden Millionen und Abermillionen von Dollar für Ausbildungsprogramme verschwendet, die zu keiner dauerhaften – oder einer nur geringen – Stärkung der emotionalen Kompetenz führen. Das läuft auf einen Fehler hinaus, der Milliarden von Dollar kostet.

»Sprayen und Beten«

Der Vorstandsvorsitzende eines führenden US-Pharmakonzerns wurde ungeduldig. Die Ausbildungskosten des Unternehmens waren enorm gestiegen, und er wollte wissen, ob sich diese Investitionen tatsächlich auszahlten.

Ein berechtigtes Anliegen, das, da es vom Vorstandsvorsitzenden kam, unverzüglich aufgegriffen wurde. Man legte ihm schon nach kurzer Zeit einen eilig erarbeiteten Bericht vor, der auf Anekdoten basierte.

Damit gab sich der Vorstandsvorsitzende – ein Arzt mit einem Doktortitel in biomedizinischer Statistik, der früher selbst als Forscher gearbeitet hatte – nicht zufrieden: Er wollte harte Daten. Die beauftragten Mitarbeiter fingen noch einmal von vorn an und legten einen sorgfältigeren Plan zur Ermittlung der Rendite und des langfristigen strategischen Nutzens der Weiterbildungsmaßnahmen vor. Sie zogen externe Fachleute zu Rate – Charley Morrow von der Unternehmensberatung Linkage und Melvin Rupinski von der Tulane University. Das Ergebnis war eine Rarität in der Geschäftswelt: ein akribisch ausgearbeitetes vierjähriges Projekt, bei dem mit Hilfe von quantitativen wissenschaftlichen Methoden beurteilt werden sollte, ob die Weiterbildungsmaßnahmen des Unternehmens tatsächlich ihre Kosten rechtfertigten.[13]

Allerdings ist es mehr als verwunderlich, daß dies in der Geschäftswelt eine Seltenheit ist. Obwohl Milliarden von Dollar für firmeninterne Schulungsprogramme aufgewendet werden, überprüfen die Unternehmen, die dafür zahlen, den Erfolg dieser Programme nur selten. Schätzungen, in welchem Ausmaß Kompetenzen, die in den Weiterbildungsprogrammen vermittelt werden, in die alltägliche Arbeitspraxis übernommen werden, liegen bei enttäuschenden 10 Prozent. Aber niemand weiß mit Sicherheit, um wieviel sich die Arbeitsleistung genau verbessert, da nur selten Daten erhoben werden.[14]

Im Oktober 1997 befragte die American Society for Training and Development eine ausgewählte Gruppe von fünfunddreißig hochangesehenen »Referenz«-Unternehmen. Siebenundzwanzig antworteten, sie versuchten emotionale Kompetenz durch Aus- und Weiterbildung zu fördern.[15] Doch mehr als zwei Drittel von ihnen hatten den Erfolg ihrer Bemühungen niemals einer Bewertung unterzogen. Und diejenigen, die eine Evaluation durchführten, stützten sich dabei auf »weiche« Kriterien, wie etwa die Reaktionen auf Weiterbildungsmaßnahmen und Mitarbeiterbefragungen.

Bei einer umfangreicheren ASTD-Erhebung zeigte sich, daß nur 13 Prozent der Unternehmen ihre Weiterbildungsprogramme im Hinblick auf die Verbesserung der Arbeitsleistung bewerten.[16] »Der einzige harte Bewertungsmaßstab für die Personalentwicklung ist die Anzahl der Körper auf den Stühlen – wir wissen lediglich, daß die Mitarbeiter die Weiterbildungsveranstaltungen absolvieren, aber nicht, ob sie irgendwie davon profitieren«, vertraute mir der Personalvorstand eines der größten Finanzdienstleistungsunternehmen der Welt an. »Gelegentlich nennen wir dies spaßeshalber ›Sprayen und Beten‹: Man schickt die Leute in die Weiterbildungsseminare und hofft, daß etwas hängenbleibt.«

Zahlt es sich aus?

Die Führungskräfte, die sich zu einem Seminar in einem abgelegenen Erholungsort in den Bergen versammelten, gehörten zur obersten Leitungsebene eines Pharmariesen. In dieser Woche ging es um die »sozialen Kompetenzen« und die Suche nach effizienteren Methoden der Führung anderer Manager in einem von immer härterer Konkurrenz und zunehmender Dynamik beherrschten Umfeld.

Behandelt wurden auch eine Reihe emotionaler Kompetenzen, etwa die Fragen, wie man »erfolgreiche Personalführung« modellieren kann, wie man Mitarbeiter motiviert und ihre Stärken und Schwächen bewertet und wie man Leistungsbeurteilungen vornimmt, Teams führt, Konflikte meistert und Innovationen fördert. Auch fürs Nachdenken über das eigene Verhalten der Führungskräfte und seine Auswirkungen auf die Menschen, mit denen sie zu tun haben, war eine gewisse Zeitspanne vorgesehen.

Es war ein dichtgedrängtes fünftägiges Programm – das ziemlich repräsentativ war für Tausende solcher Weiterbildungsmaßnahmen für Führungskräfte in Unternehmen rund um die Welt. Aber war es den Aufwand wert, wie sich der Boß fragte?

Nein!

Nicht genug damit, daß es keine Verbesserungen gab, die Teilnehmer wurden von ihren Vorgesetzten nach dem Seminar hinsichtlich dieser Kompetenzen auch noch *schlechter* bewertet als vorher. »Beim Vergleich der Bewertungen ihres Führungsverhaltens vor und nach dem Seminar zeigte sich eine leicht negative Verschiebung«, sagte mir ein Beurteiler. »Ihre Leistungsfähigkeit verschlechterte sich geringfügig.«

Dies war eines der enttäuschenden von den etwa ein Dutzend Programmen zur Weiterbildung von Führungskräften, die in der Studie des Pharmakonzerns ausgewertet wurden. Insgesamt waren die Ergebnisse gemischt; während sich bei einigen Programmen der Aufwand zweifelsfrei auszahlte, war dies bei anderen nicht der Fall.

Die Ausbildungsprogramme hingegen hatten völlig andere Schwerpunkte, Zielgruppen und Ergebnisse. Sie zielten auf die Stärkung eines breiten Spektrums von Kompetenzen ab; etwa wie Spitzenführungskräfte ihre Mitarbeiter motivieren können, wie Manager erfolgreicher kommunizieren können, wie man Konflikte löst und wie man Veränderungen durchsetzt, bis hin zur Verbesserung der Fähigkeit von Vorgesetzten, Feedback zu geben und positive Beziehungen zu den Angestellten herzustellen.

Sämtliche Programme wurden auf der Grundlage ihrer beobachtbaren Auswirkungen auf die Leistungsfähigkeit der Kursteilnehmer beurteilt, wobei Vorgesetzte, Kollegen und nachrangige Mitarbeiter vor und nach dem Programm ihre Beurteilungen abgaben. Ein raffiniertes statistisches Verfahren ermöglichte es, diese Ergebnisse in Berechnungen der Kapitalrendite umzuwandeln, und die eingesetzten Methoden liefern ein neuesten wissenschaftlichen Erkenntnissen entsprechendes Modell für die Bewertung solcher Ausbildungsprogramme – ein Modell, das allgemein nachgeahmt werden sollte.[17]

Die Ergebnisse dieser sehr sorgfältigen – und viel zu seltenen – Bewertung sind ernüchternd, insbesondere für diejenigen, die im Bereich der Weiterbildung von Führungskräften tätig sind. Drei der elf Programme, die sich auf soziale Fähigkeiten konzentrierten, die für Führungskräfte von zentraler Bedeutung sind, erwiesen sich als völlig nutzlos: die fünftägige Klausur im Gebirge, ein Weiterbildungslehrgang für Laborleiter, auf dem ihnen beigebracht werden sollte, die Leistungsfähigkeit ihrer Mitarbeiter zu verbessern, und ein Programm in Gruppendynamik.

Die Berechnung der Zeit, bis sich diese drei Programme amortisieren – also gerade ihre Kosten decken – ergab, daß es sieben Jahre dauern würde, bis sich das Gruppentrainingsprogramm selbst tragen würde, vorausgesetzt, seine Wirkungen hielten so lange an (eine zweifelhafte Annahme). Wann würden sich die anderen beiden amortisieren? *Niemals!* Keines der beiden verbesserte die Arbeitsleistung in einem Maße, das seine Kosten rechtfertigte!

Die Bewertung ergab, daß fünf der elf Programme sich erst nach über einem Jahr bezahlt machen, wieder unter der Voraussetzung, daß ihre Ergebnisse von Dauer sind. Die Kosten für diese fünf Programme, die im Rückblick erfolglos waren, beliefen sich insgesamt auf fast 700 000 Dollar für die 147 bewerteten Mitarbeiter.

Für die fünf übrigen Weiterbildungsprogramme für Führungskräfte sah die Bilanz besser aus. Die Kapitalrendite bewegte sich hier zwischen 16 Prozent und 492 Prozent. Und ein anderes Programm zum Zeitmanagement (eine Streßbewältigungsfähigkeit, die sich auf Impulskontrolle und andere Selbstregulationskompetenzen stützt) hatte eine sensationell kurze Amortisationszeit – etwa drei Wochen und im ersten Jahr eine Kapitalrendite von 1989 Prozent. Was die Kapitalrendite anlangt, übertraf dieser firmenintern entwickelte Lehrgang bei weitem einen bekannten extern angebotenen Zeitmanagement-Kurs – hauptsächlich weil er lediglich 3000 Dollar kostete gegenüber 68 000 Dollar für den namhaften landesweit veranstalteten Lehrgang.

Kurzum, wenn Programme erfolgreich sind, rentieren sie sich meistens innerhalb des ersten Jahres, und sie sind gerechtfertigt, weil sie die Arbeitsleistung meßbar verbessern. Wenn Programme fehlschlagen, sind sie eine Verschwendung von Zeit und Geld.

War das vierjährige Projekt zur Bewertung der Weiterbildung in dem Pharma-Unternehmen die Zeit und das Geld wert? Zweifellos. Zum einen war es relativ günstig: Der finanzielle Aufwand für das gesamte Vorhaben betrug lediglich 500 000 Dollar – in einem Zeitraum, in dem das Unternehmen 240 Millionen Dollar in die Aus- und Weiterbildung seiner Mitarbeiter investierte. Mit anderen Worten: Die Bewertung nahm lediglich 0,2 Prozent des Ausbildungsbudgets in Anspruch.[19]

Seither hat das Unternehmen seine Aus- und Weiterbildungsprogramme völlig neu gestaltet; sämtliche defizitären Programme wurden gestrichen. Und die Studie selbst hat Modellcharakter, insofern sie auf beispielhafte Weise aufzeigte, wie Unternehmen den Nutzen ihrer Ausbildungsprogramme mit einer soliden empirischen Methode ermitteln können.

Wenn die Harten weich werden

Der Psychologe Cary Cherniss von der Rutgers Universität (der zusammen mit mir das Consortium for Research on Emotional Intelligence in Organizations leitet) fahndete landesweit nach firmeninternen Weiterbildungsprogrammen zur Förderung emotionaler Kompetenzen, die anhand objektiver Erfolgsmaßstäbe und einer Vergleichsgruppe bewertet worden waren, und stellte mit Erstaunen fest: »Nur wenige Unternehmen überprüfen den Erfolg der Weiterbildungsprogramme, in die sie Millionen von Dollar stecken. Wenn es um zwischenmenschliche Beziehungen geht, werden harte Unternehmen plötzlich sehr weich; sie verlangen einfach keinen Erfolgsnachweis. Es gibt eine ganze Menge Führungskräfte, die nicht zu wissen scheinen, daß man Studien konzipieren kann, um die Programme zu bewerten, für die sie so viel Geld ausgeben.«

Dies ist manchmal auf Naivität zurückzuführen, manchmal auch auf die Firmenpolitik. Cherniss schildert den Fall eines High-Tech-Unternehmens, das über eine Million Dollar in ein Weiterbildungsprogramm zur Verbesserung der Teamfähigkeit investierte. Dennoch unternahm es nichts, um dessen Erfolg zu messen. Weshalb? »Es war das Lieblingsprojekt eines Vizepräsidenten. Niemand wollte wissen, ob es *erfolgreich* war – oder ob die Mitarbeiter es wenigstens mochten. Unternehmen werten die Ergebnisse nicht aus, um herauszufinden, ob sich die Programme auch tatsächlich auf die Leistungsfähigkeit auswirken.«

Wenn sie dies tun, können die Ergebnisse sehr ernüchternd sein. »Wir haben gerade versucht, den Nutzen eines Weiterbildungsprogramms zu beurteilen, das wir jahrelang einsetzten und in das wir Millionen von Dollar gesteckt haben«, klagte ein leitender Angestellter eines Fortune-100-Unternehmens. »Wir haben bei keinem Bewertungsmaßstab auch nur die geringste Korrelation mit der Produktivität festgestellt.«

Allzuoft besteht die einzige Wirkung einer Schulung darin, daß die Teilnehmer einen kurzzeitigen »Energieschub« erhalten, der nur ein paar Tage oder Wochen vorhält; anschließend fallen sie wieder in ihren alten Arbeitsstil zurück. Die allgemeinste Wirkung von Weiterbildungsseminaren – unabhängig von ihrem vordergründigen Inhalt – besteht darin, daß sie das Selbstvertrauen der Teilnehmer stärken – zumindest eine Zeitlang.[20]

Doch wenn lediglich das Selbstvertrauen des Kursteilnehmers gestärkt wird, dann gleichen diese kostspieligen Programme der magischen Feder in dem alten Zeichentrickfilm *Dumbo* von Walt Disney. Als das ängstliche Elefantenbaby mit den Riesenohren von seinem Mentor, einer listigen Feldmaus, eine magische Feder bekommt, preßt es sie fest gegen seinen Rumpf, schlägt mit seinen Ohren – und beginnt zu fliegen.

Natürlich verliert Dumbo eines Tages seine Feder, macht aber die Erfahrung, daß er weiterhin fliegen kann. Bei emotionalen Kompetenzen ist es nicht immer so einfach. Während Begeisterung und eine optimistische Einstellung hilfreich sind, können sie doch nur in dem Maße greifen, wie Menschen die Basisfähigkeiten besitzen und die Kompetenzen lernen, um ihnen zum Erfolg zu *verhelfen*. Wenn man keine Empathie und keine soziale Kompetenz besitzt oder nicht gelernt hat, Konflikte zu lösen oder sich in einen Kunden hineinzuversetzen, ist bloße Begeisterung kein Ersatz – und kann zu gutgemeinten Fehlleistungen führen.

Die Welt der Aus- und Weiterbildung scheint anfällig für Launen und verharrt in Modetrends zu sein. So kritisiert eine Bestandsaufnahme zur gegenwärtigen Lage der Aus- und Weiterbildung, daß zu viele Programme »unter dem Einfluß eines beredten Verkäufers, einer Hochglanzbroschüre oder von Empfehlungen von Teilnehmern an früheren Veranstaltungen« beschlossen werden.[21]

Bei der Bewertung stützt man sich nicht auf objektive Daten, sondern auf Impressionen. Sachliche Bewertungen, wie sie etwa der Pharmakonzern durchführte, sind äußerst selten. Statt den Ausbildungserfolg objektiv zu bewerten, erfolgt die typische Bewertung in Form von »Zufriedenheits-Fragebögen«, auf denen die Teilnehmer angeben, ob sie das Programm gut fanden und was ihnen daran am besten gefiel – ein Beurteilungssystem, das offenkundig glatten, amüsanten Erfahrungen einen höheren Stellenwert beimißt als substantiellen. Spaß zu haben wird zum Markenzeichen von Hochwertigkeit, Unterhaltung wird höher bewertet als die Ausbildungsqualität.

Dieser Mangel an soliden Daten speist die endlosen Wellen »modischer« Programme, die sich über die Unternehmenslandschaft ergießen. In den sechziger und frühen siebziger Jahren schickten Unternehmen Tausende von Mitarbeitern in »Selbsterfahrungsgruppen« und »Sensitivitäts-Training« – unstrukturierte Veranstaltungen, in denen die Teilnehmer ihre Gefühle ungehemmt zum Ausdruck brachten (eine oftmals nutzlose Übung in Emotionalität, im Gegensatz zu einem intelligenten *Umgang* mit Gefühlen). Sie taten dies, obwohl es keinerlei Belege dafür gab, daß solche Kurse den Mitarbeitern bei der Bewältigung ihrer Arbeitsaufgaben halfen, und obwohl immer mehr Daten darauf hindeuteten, daß solche Gruppen, wenn sie schlecht geleitet wurden, negative Auswirkungen haben konnten.

Richtlinien für das Erlernen emotionaler Kompetenzen

Als die Personalentwicklungsleiter von Fortune-500-Unternehmen gefragt wurden, was ihnen die Bewertung ihrer eigenen Weiterbildungsprogramme erschwere, beklagten sich die meisten über das Fehlen verbindlicher Maßstäbe und Kriterien für die Ausbildung in sogenannten »weichen« Befähigungen wie emotionalen Kompetenzen.[22]

Tabelle 2
Richtlinien für die Schulung der emotionalen Kompetenz

Die Stelle beurteilen

Die Weiterbildung sollte sich auf die Kompetenzen konzentrieren, die für Spitzenleistungen auf einer bestimmten Stelle am dringendsten erforderlich sind.

- **Warnung:** Es ist sinnlos, den Mitarbeitern irrelevante Kompetenzen beizubringen.
- **Beste Praxis:** ein Weiterbildungsprogramm auf der Grundlage einer systematischen Bedarfsanalyse konzipieren.

Das Individuum beurteilen

Man sollte das Profil der Stärken und Schwächen einer Person analysieren, um herauszufinden, welche Aspekte verbessert werden müßten.

- **Warnung:** Es ist sinnlos, Mitarbeitern Kompetenzen beizubringen, die sie bereits haben bzw. nicht brauchen.
- **Beste Praxis:** die Schulung auf die Bedürfnisse der Person maßschneidern.

Beurteilungen mit Fingerspitzengefühl mitteilen

Feedback über die Stärken und Schwächen einer Person sind emotional besetzt.

- **Warnung:** Ungeschicktes Feedback kann frustrieren; einfühlsames Feedback ist motivierend.
- **Beste Praxis:** Man sollte einer Person die anfängliche Beurteilung ihrer emotionalen Kompetenz emotional intelligent beibringen.

Die Lernbereitschaft beurteilen

Die Lernbereitschaft der Menschen ist unterschiedlich.

- **Warnung:** Bei Mitarbeitern, denen die Lernbereitschaft fehlt, ist die Weiterbildung mit hoher Wahrscheinlichkeit vergeblich.
- **Beste Praxis:** Die Lernbereitschaft beurteilen, und bei allen, die noch nicht bereit sind, zunächst die Lernbereitschaft selbst fördern.

Motivieren

Menschen lernen in dem Maße, wie sie motiviert sind – beispielsweise indem sie erkennen, daß eine Kompetenz für ihre Leistungsfähigkeit wichtig ist, und indem sie diese Kompetenz zu einem persönlichen Ziel machen.

- **Warnung:** Bei Mitarbeitern, die nicht motiviert sind, hat die Schulung keinen Erfolg.
- **Beste Praxis:** Man sollte dem Mitarbeiter klarmachen, auf welche Weise sich die Weiterbildung am Arbeitsplatz oder laufbahnmäßig auszahlen wird bzw. ob sie ihm anderweitige Vorteile einbringen wird.

Die Mitarbeiter sollen Veränderungen selbst steuern

Menschen, die ihre Lernprogramme selbst gestalten und sie auf ihre Bedürfnisse, Lebensumstände und Motivation zuschneiden, lernen besser.

- **Warnung:** Standardisierte Weiterbildungsprogramme sind auf niemanden zugeschnitten.
- **Beste Praxis:** Man lasse die Mitarbeiter ihre eigenen Entwicklungsziele auswählen und helfe ihnen bei der Ausarbeitung ihres Umsetzungsplans.

Sich auf klare, erreichbare Ziele konzentrieren

Die Mitarbeiter brauchen eine klare Beschreibung der Kompetenz und der erforderlichen Schritte zu ihrer Verbesserung.

- **Warnung:** Schlecht definierte oder unrealistische Veränderungsprogramme führen zu unklaren Ergebnissen oder Mißerfolgen.
- **Beste Praxis:** Definieren Sie die spezifischen Merkmale der Kompetenz und legen Sie einen praktizierbaren Plan zur Erlangung dieser Kompetenz vor.

Rückschläge vermeiden

Gewohnheiten ändern sich nur langsam, und Rückschläge und Fehlleistungen müssen kein Versagen bedeuten.

- **Warnung:** Mitarbeiter können durch die Langsamkeit von Veränderungen und das Beharrungsvermögen alter Gewohnheiten entmutigt werden.

- **Beste Praxis:** Helfen Sie Mitarbeitern, Versäumnisse und Flüchtigkeitsfehler als Lehren zu sehen, damit sie sich das nächste Mal besser vorbereiten.

Leistungsfeedback geben

Laufendes Feedback ermutigt und hilft, den Wandel zu steuern.

- **Warnung:** Unklares Feedback kann den Schulungseffekt beeinträchtigen.
- **Beste Praxis:** Verankern Sie im Änderungsplan Feedback von Vorgesetzten, Kollegen und Freunden – jeder, der als Coach oder Mentor helfen kann oder geeignete Fortschrittsberichte anfertigen kann.

Zu praktischen Erfahrungen ermuntern

Dauerhafte Veränderungen erfordern beständige Praxis am und außerhalb des Arbeitsplatzes.

- **Warnung:** Ein Seminar oder ein Workshop ist ein Anfang, der als solcher nicht ausreicht.
- **Beste Praxis:** Nutzen Sie spontan auftretende Chancen für praktische Erfahrungen am Arbeitsplatz und zu Hause, und probieren Sie neue Verhaltensweisen wiederholt und konsequent über mehrere Monate hinweg aus.

Für Unterstützung sorgen

Gleichgesinnte Personen, die ähnliche Veränderungen anstreben, können einen starken Rückhalt bieten.

- **Warnung:** Wandlungsprozesse sind schwieriger, wenn man ganz auf sich allein gestellt ist.
- **Beste Praxis:** Ein unterstützendes und motivierendes persönliches Netzwerk aufbauen. Schon ein Kamerad oder Coach kann hilfreich sein.

Vorbilder bereitstellen

Hochangesehene, leistungsstarke Personen, die die Kompetenz verkörpern, können Vorbilder abgeben, die Wandlungsprozesse auslösen.

- **Warnung:** Wenn Vorgesetzte nach dem Motto »Tun Sie, was ich sage, nicht was ich tue« verfahren, kann dies die Veränderungsbereitschaft untergraben.

- **Beste Praxis:** Ermuntern Sie Vorgesetzte dazu, die Kompetenz zu würdigen und selbst vorzuführen; sorgen Sie dafür, daß dies auch für die Ausbilder gilt.

Ein unterstützendes Umfeld schaffen

Der Wandlungsprozeß ist erfolgreicher, wenn das betriebsinterne Umfeld die Veränderungsbereitschaft fördert, die Kompetenz würdigt und ein sicheres Experimentierfeld anbietet.

- **Warnung:** Wenn die Mitarbeiter keinen echten Rückhalt spüren, insbesondere bei Vorgesetzten, werden sie den Veränderungsprozeß als sinnlos – oder zu riskant – erleben.
- **Beste Praxis:** Ermuntern Sie zu Veränderungen, die mit den Werten des Unternehmens in Einklang stehen. Verdeutlichen Sie, daß sich die Kompetenz auf die Arbeitsplatzzuweisung, die Beförderung, die Leistungsbeurteilung und ähnliches auswirkt.

Die Veränderungsbereitschaft stärken

Menschen brauchen Anerkennung – um das Gefühl zu haben, daß ihre Veränderungsbemühungen gewürdigt werden.

- **Warnung:** Ungenügende Verstärkung wirkt entmutigend.
- **Beste Praxis:** Verdeutlichen Sie, daß das Unternehmen die Veränderungen konsequent belohnt: durch Lob, Beförderung oder erweiterte Verantwortlichkeiten.

Bewertung

Überprüfen Sie den Erfolg der Entwicklungsbemühungen, um zu sehen, ob die Veränderungen von Dauer sind.

- **Warnung:** Viele bzw. die meisten Weiterbildungsprogramme werden nicht bewertet, so daß Fehler bzw. sinnlose Programme nicht verändert werden.
- **Beste Praxis:** Überprüfen Sie die Kompetenz bzw. Fähigkeit anhand von leistungsbezogenen Bewertungskriterien – idealerweise vor und nach der Weiterbildungsmaßnahme und außerdem mehrere Monate (und, wenn möglich, ein oder zwei Jahre) später.

Um dem abzuhelfen, gründete ich zusammen mit anderen das Consortium for Research on Emotional Intelligence in Organizations, eine Arbeitsgemeinschaft von Forschern und Praktikern aus wirtschaftswissenschaftlichen Fakultäten, Bundesbehörden, Beratungsfirmen und Großunternehmen.[23]

Diese Arbeitsgemeinschaft hat die wissenschaftlichen Erkenntnisse über Verhaltensänderung zusammengetragen und exemplarische Weiterbildungsprogramme analysiert, um grundlegende Richtlinien für die besten Methoden zur Vermittlung von Kompetenzen auf der Grundlage emotionaler Intelligenz aufzustellen.[24]

Die resultierenden Richtlinien sind in Tabelle 2 zusammengefaßt. Dazu zwei wichtige Bemerkungen:

- Jedes Element ist für den Lernerfolg notwendig, aber allein nicht hinreichend.
- Die Wirkung jedes Elements nimmt in dem Maße zu, wie es in einen Prozeß integriert wird, der auch die anderen Elemente enthält.

Die relevanten Kompetenzen unterrichten

Sie arbeitete als Buchhalterin in einem Unternehmen der Gesundheitsfürsorge – und sie hatte ein echtes Problem. Sie konnte keine Kritik ertragen; wenn sie das Gefühl hatte, daß man ihre Ideen – oder ihren Charakter – angriff, geriet sie in Zorn, und sie sagte Dinge, für die sie sich im nachhinein schämte.

Aber sie war entschlossen, etwas dagegen zu unternehmen. Sie meldete sich zu einem MBA-Programm an, wo sie die Chance hatte, emotionale Selbstkontrolle einzuüben, eine Kompetenz, die sie nach eigenem Dafürhalten verbessern mußte.

Ihr konkreter Handlungsplan umfaßte mehrere Aspekte:

- Das Erlernen und Beherrschen von Schritten zu einer besseren Selbstkontrolle, wie etwa die Vorwegnahme emotionsgeladener Situationen und die Vorbereitung darauf, um sie »durchzustehen«.
- Die Einsicht, daß das, was ihr als »Kritik« oder »Angriff« erscheint, in aller Regel ein Feedback ist, das ihr helfen soll.
- Sie möchte diese Reaktionen bei jeder sich bietenden Gelegenheit praktisch umsetzen und sie zweimal pro Monat mental durchspielen.
- Sie möchte Mitstudenten für Rollenspiele gewinnen, in denen sie Konfliktsituationen mit ihr durchspielen, damit sie neue Strategien der Selbstkontrolle erproben kann.

- Sie möchte, daß sich ein Mitglied ihrer Lerngruppe bereit erklärt, ihr mitzuteilen, wenn es sie als stur, unnachgiebig oder sonstwie überreagierend erlebt, um sie daran zu erinnern, daß sie ihre Selbstkontrolle einsetzen muß.

Dieses Repertoire von Lerntaktiken, das sich hervorragend für die Förderung der emotionalen Intelligenz eignet, mag in einem MBA-Programm deplaziert erscheinen. Dennoch steht es auf dem Lehrplan der Weatherhead School of Management an der Case Western Reserve University in Cleveland, an der die Vermittlung dieser wichtigen Fähigkeiten einen hohen Stellenwert hat.

Die Verantwortlichen bei Weatherhead nahmen sich eine Reihe von Kritikpunkten, die häufig von MBA-Absolventen vorgebracht wurden, zu Herzen – etwa die Ausbildung sei zu analytisch und schenke sozialen, kommunikativen und Teamfähigkeiten zuwenig Beachtung. In der Folge stellte die Fakultät einen Plan auf, um die betriebswirtschaftliche Ausbildung von Grund auf zu erneuern; der Lehrkörper entwickelte einen innovativen Kurs, »Bewertung und Entwicklung von Führungskompetenzen«, der viele (wenn nicht die meisten) der Richtlinien des Consortiums berücksichtigte.[25]

Der Kurs, für den Richard Boyatzis, der stellvertretende Dekan, verantwortlich zeichnete, vermittelt den Studenten ein Rüstzeug für lebenslanges Lernen: Methoden zur Bewertung und Entwicklung ihrer persönlichen Fähigkeiten, die sie für Führungsaufgaben während ihrer gesamten beruflichen Laufbahn benötigen. Seit 1990 wird der Kurs verschiedenen Gruppen von Studenten angeboten. Die meisten sind Männer und Frauen in den Zwanzigern und Dreißigern, die nach mehrjähriger Berufstätigkeit beschlossen haben, wieder die Schulbank zu drücken, um einen MBA zu erwerben. Auch Mediziner, Juristen und andere Akademiker – die meisten davon in den Vierzigern und Fünfzigern –, die ein einjähriges Sonderprogramm (das nicht zum Erwerb eines Grades führt) an der Weatherhead School absolvieren, können den Kurs belegen.

Er beginnt mit einer Selbstbeurteilung, bei der die Studenten über ihre Wertvorstellungen, Ansprüche und Ziele nachdenken. Dann werden ihre Kompetenzen mit einer Reihe von Tests geprüft, die ihre Stärken und Schwächen aufdecken.

Der Kurs liefert eine Bestandsaufnahme der emotionalen Kompetenzen, ähnlich der in Tabelle 1 in Kapitel 2.[26] Auf dieser Basis und im Lichte der Selbstbeurteilungen und Karriereansprüche wählt jeder Student eine Reihe von Kompetenzen aus, die er stärken möchte. Statt der standardisierten Methode, die bei der firmeninternen Weiterbildung so weit verbreitet ist, stellen die Studenten einen individuellen Lernplan für sich selbst zusammen.

Die Kursteilnehmer treffen sich einmal pro Woche zu einer dreistündigen Sitzung. In den ersten beiden Wochen steht die Bewertung der Kompetenzen im Vordergrund, während in den folgenden sieben Wochen deren Ergebnisse diskutiert werden. Erst dann, wenn die Beurteilungen und die sich daraus ergebenden Konsequenzen gründlich verarbeitet worden sind, verbringen die Studenten bis zu fünf Wochen mit der Ausarbeitung ihrer Lernpläne – ähnlich dem der jähzornigen Buchhalterin, die ihre Selbstkontrolle stärken mußte.

Funktioniert das? Um dies herauszufinden, wurden mehrere aufeinanderfolgende Abschlußklassen von Weatherhead-Studenten einer Reihe genauer Prüfungen unterzogen, bei denen objektive Bewertungsmaßstäbe herangezogen wurden, die in der Geschäftswelt weit verbreitet sind.[27] Im Vergleich zu ähnlichen Bewertungen bei Studienbeginn zeigten sie, daß sich die bewerteten Fähigkeiten um 86 Prozent verbessert hatten. Und Anschlußtests drei Jahre nach Abschluß des Programms zeigten, daß diese Verbesserungen auch am Arbeitsplatz Bestand hatten.[28]

Das Fazit für die betriebliche Ausbildung: Studenten können die Kompetenzen im Bereich der emotionalen Intelligenz, die die Arbeitswelt verlangt, meistern – sofern man ihnen die geeigneten Lerninstrumente vermittelt.

Zurück an den Arbeitsplatz

Eine der innovativsten Anwendungsmöglichkeiten für die Schulung der emotionalen Intelligenz in der Arbeitswelt findet sich in keinem Unternehmen: Es handelt sich um ein Programm für Menschen, die ihren Arbeitsplatz *verloren* haben, und es zielt darauf ab, ihre inneren Ressourcen zu stärken, die ihnen bei der Stellensuche helfen.

Weil Menschen nach dem Verlust ihrer Arbeit tief erschüttert sind, sich Sorgen über ihre Zukunft und ihre finanzielle Lage machen sowie von Selbstzweifeln gepeinigt werden, kann die Stellensuche selbst durch Förderung ihrer emotionalen Kompetenz erleichtert werden. Diese Strategie wurde in einem bemerkenswert erfolgreichen Wiederanstellungsprojekt verfolgt, dem Michigan JOBS-Programm, das nach einem Stellenabbau in der Automobilindustrie dieses Bundesstaates von einer Forschergruppe an der Universität Michigan ins Leben gerufen wurde.

Das Programm war ein riesiger Erfolg – und eine weitere beispielhafte Anwendung der Richtlinien des Consortiums. Arbeitslose, die das Programm absolviert hatten, fanden etwa 20 Prozent schneller eine neue Stelle – die zudem anspruchsvoller war – als diejenigen Arbeitslosen, die das Programm nicht absolviert hatten.

»Dies funktioniert bei allen – bei dem entlassenen Vizepräsidenten wie bei der Hilfskraft, die dessen Aschenbecher leerte«, sagte Robert Caplan, der Leiter des Programms für Verhaltensentwicklung in Unternehmen an der George Washington Universität, der zusammen mit Richard Price, einem Psychologen an der Universität Michigan, das JOBS-Programm gründete.

Das zugrundeliegende Prinzip ist einfach: Viele der emotionalen Kompetenzen, die Menschen bei der Arbeit zu Spitzenleistungen anspornen, verbessern auch ihre Fähigkeit, eine neue Stelle zu finden. Wenn man Mitarbeitern hilft, diese Kompetenzen zu stärken, hilft man ihnen, schneller eine neue Stelle zu finden – und dort bessere Leistungen zu erbringen.

»Wenn man nach dem Verlust seines Arbeitsplatzes auch noch gehemmt, pessimistisch und deprimiert ist, läuft man Gefahr, doppelt bestraft zu werden«, sagt Caplan. »Es ist eine lähmende Kombination.« Allerdings fand das JOBS-Programm heraus, daß Arbeitssuchende, die die ungünstigsten Aussichten auf eine Wiederanstellung hatten, von der Schulung am meisten profitierten. »Dies funktioniert sogar bei Leuten, die in einen Zustand der klinischen Depression verfallen, wie dies oftmals nach dem Verlust des Arbeitsplatzes geschieht«, so versichert Caplan.

JOBS vermittelt Arbeitssuchenden zwei verschiedene Fähigkeiten: praktische Kompetenzen (wie die Identifikation gefragter Befähigungen und das Knüpfen von Kontakten, um über Beschäftigungschancen unterrichtet zu werden) und die inneren Fähigkeiten, die ihnen ermöglichen, aus ihren gefragten praktischen Fähigkeiten Kapital zu schlagen.

In einem einfachen Programm mit fünf Sitzungen arbeiten zwei Ausbilder mit Gruppen von fünfzehn bis zwanzig Teilnehmern, die überwiegend durch Outplacement-Programme angeworben wurden.[29] Die Sitzungen konzentrieren sich auf Lernen durch Handeln, den Einsatz von Techniken wie mentales Probehandeln und Dramatisierungen sowie das Training von Schlüsselfähigkeiten im Rollenspiel.

Eine dieser Fähigkeiten ist Optimismus. In Anbetracht der Ungewißheiten und Rückschläge, mit denen Arbeitssuchende konfrontiert
sind, brauchen sie eine »Impfung« gegen Resignation bei Mißerfolgen.
Jede Stellensuche geht zwangsläufig mit Abweisungen einher. Entmu-
tigung kann zu Hoffnungslosigkeit und Verzweiflung führen. Und Verzweiflung ist auf dem Arbeitsmarkt nicht gefragt.

Kleinere reaktive Depressionen, Alkoholmißbrauch und Beziehungs-
konflikte eskalieren bei Langzeitarbeitslosen – und gehen zurück, sobald die betreffende Person eine Anstellung findet, aus der sie Befriedigung zieht.[30] In dem Programm wird den Arbeitslosen beigebracht,
Abweisungen vorwegzunehmen und sich einzurichten, was sie sich
sagen sollten, wenn dies eintritt. Wenn man solche kritischen Momente vorwegnimmt und über eine umsetzbare innere Reaktion verfügt,
verringert dies den emotionalen Tribut und die Zeit, die man braucht,
um sich von dem Rückschlag zu erholen.

Das Programm förderte unter anderem folgende Fähigkeiten:
• Die Fähigkeit, sich in eine andere Perspektive hineinzuversetzen,
  um Stellensuchenden zu helfen, wie ein Arbeitgeber zu denken.
• Selbstbewußtsein; der feste Glaube an den eigenen Erfolg, der für
  das Ergreifen der Initiative so wichtig ist.
• Die Pflege von Beziehungen, weil die meisten Stellen über persönliche Kontakte gefunden werden.
• Entscheidungen hinsichtlich der Karriereplanung treffen – das erste
  Stellenangebot ist nicht unbedingt das geeignete, und jede Stelle muß
  an den Wertvorstellungen und den Karrierezielen einer Person gemessen werden.
• Emotionale Selbstkontrolle, damit man nicht von belastenden Gefühlen überwältigt und gelähmt wird, die es einem erschweren, die
  energischen Anstrengungen zu unternehmen, die erforderlich sind.

All diese Fähigkeiten im Bereich der emotionalen Intelligenz werden
sich höchstwahrscheinlich auch noch auszahlen, *nachdem* man eine
Stelle ergattert hat. Genau das war bei JOBS der Fall: Nachdem die
JOBS-Absolventen ihr zweites Arbeitsjahr zur Hälfte hinter sich gebracht hatten, verdienten sie 6420 Dollar mehr als vergleichbare Stel-
lensuchende, die das Programm nicht durchlaufen hatten (und hatten
gegenüber diesen ein um 48000 Dollar höheres geschätztes Lebens-
einkommen).[31]

Das JOBS-Programm liefert wie die Programme an der Weatherhead School und bei American Express ein Modell dafür, wie man
Menschen helfen kann, ihre emotionale Kompetenz zu stärken.

11

Beste Praktiken

Seit dem Erscheinen meines Buches *Emotionale Intelligenz* im Jahre 1995 haben gleichnamige Programme ihren festen Platz im Spektrum modischer Weiterbildungsmaßnahmen. Ich erhalte regelmäßig Berichte aus verschiedenen Gegenden der Erde, wonach jemand ein Programm unter dem Titel »Emotionale Intelligenz« anbietet – wohinter sich oft nur eine schlichte Umbenennung oder geringfügige Umarbeitung eines Programms verbirgt, das zuvor unter einem anderen Namen angeboten wurde.

Wenn sich solche Programme an die hier skizzierten Richtlinien halten, dann ist das schön und gut. Wenn nicht, sollten sich Interessenten vorsehen.

Allzuoft werden Programme zur Entwicklung der emotionalen Intelligenz schlecht geplant, schlecht umgesetzt und unzureichend bewertet. Sie haben dann natürlich enttäuschend geringe Auswirkungen auf die spätere Leistungsfähigkeit der Teilnehmer am Arbeitsplatz. Daher bedarf es der Richtlinien, die wir in diesem Kapitel weiter ausführen werden.

Obgleich fast jedes Programm zumindest ein paar dieser »besten Praktiken« beinhaltet, entfalten sie erst kombiniert ihre optimale Wirkung.

Für all diejenigen, die im Bereich der Aus- und Weiterbildung tätig sind, ist es verlockend, die Richtlinien mit einer Checkliste im Kopf zu vergleichen und die abzuhaken, die sie bereits beherzigen. Nützlicher – und schwieriger – ist es jedoch, die Richtlinien hervorzuheben, die *nicht* routinemäßig im eigenen Unternehmen befolgt werden, und ihre Berücksichtigung in Erwägung zu ziehen.

Nur wenige Schulungsprogramme beherzigen sämtliche Richtlinien, aber je mehr von ihnen ein Programm befolgt, um so deutlicher sollte sich anschließend die Arbeitsleistung der Teilnehmer verbessern.

Das Ziel: Dieses neue Verständnis der besten Praktiken dazu nutzen, um der Initiative zu einer Verbesserung der »weichen Kompetenzen« eine solidere wissenschaftliche Grundlage zu geben. Diese

Richtlinien stellen eine Vorlage für die lehrmäßige Vermittlung – und das Erlernen – emotionaler Intelligenz dar, und das auf dem aktuellen Stand der Forschung.

Den Arbeitsplatz beurteilen

Bevor mit der Weiterbildung begonnen wird, muß eine Grundfrage gestellt und beantwortet werden: Welche Fähigkeiten sind erforderlich, um die Anforderungen am Arbeitsplatz wirklich zu meistern? Die Antworten auf diese Frage sind nicht immer unmittelbar ersichtlich.

Nehmen wir strategische Planer. Die herrschende Theorie behauptet, daß ein strategischer Planer um so bessere Leistungen erbringt, je schärfer sein Verstand ist; schließlich ist die Planung eine rein kognitive Aufgabe – jedenfalls nach dieser Auffassung. Und wenn Experten – strategische Planer selbst oder die Führungskräfte, denen sie untergeordnet sind – befragt würden, dann würden sie weitgehend mit der Ansicht übereinstimmen, daß der Schlüssel zu erfolgreicher Planung »analytisches und begriffliches Denken« ist.[1]

Es stimmt zwar, daß ein strategischer Planer seine Aufgabe nicht ohne kognitive Fähigkeiten bewältigen kann, aber es zeigt sich, daß der Erfolg eines Planers von mehr als nur von seiner Intelligenz abhängt. Auch emotionale Kompetenzen sind unerläßlich.

Studien zeigen, daß *herausragende* strategische Planer nicht unbedingt über bessere analytische Fähigkeiten verfügen. Vielmehr sind es Fähigkeiten im Bereich der emotionalen Kompetenz, die sie über den Durchschnitt heben: ausgeprägter politischer Spürsinn, die Fähigkeit, Argumente mit emotionaler Wirkung vorzubringen, und große Gewandtheit im Umgang mit anderen.[2]

Die »Experten« hatten eine einfache Tatsache des Wirtschaftslebens übersehen: Alles ist politisch. Eine objektivere Analyse enthüllte, daß der Erfolg der Planer davon abhing, ob sie es verstanden, bei jedem Schritt wichtige Entscheidungsträger in den Planungsprozeß einzubinden, und ob es ihnen gelang, dafür zu sorgen, daß diese Leute von den Annahmen und Zielen des Plans überzeugt waren und ihn deshalb guthießen.

Ein strategischer Plan mag noch so brillant sein – ohne Verbündete und Unterstützer ist er angesichts der politischen Machenschaften in Unternehmen zum Scheitern verurteilt. Und selbst die klügsten strategischen Planer können die eigentliche Bedeutung emotionaler Kompetenz bei ihrem Erfolg verkennen.

Als Coopers & Lybrand, eine der sechs größten amerikanischen Wirtschaftsprüfungs- und Beratungsgesellschaften, beschloß, ihren Partnern ein Seminar zur Weiterbildung von beruflichen Schlüsselkompetenzen anzubieten, taten sie das, ohne zu wissen, worauf sich diese Weiterbildung konzentrieren sollte. Streng methodisch, wie es dem Stil ihrer Firma entsprach, wollten sie Daten.

»Unsere Aufgabe war es, die für den Erfolg in unserer Firma erforderlichen Kompetenzen zu ermitteln«, sagte Margaret Echols, die damals für die Kompetenzentwicklung zuständige Führungskraft, die die Initiative bei Coopers & Lybrand leitete. »So begannen wir mit der Erarbeitung eines Kompetenzmodells für Partner.«

Das beauftragte Team befragte zunächst die Partner, wer unter ihnen Spitzenleistungen erbrachte. Nachdem das Team diesen Pool von Leistungs-Assen identifiziert hatte, untersuchte es diese und eine Vergleichsgruppe von Partnern mit Durchschnittsleistung eingehend mit Hilfe von strukturierten Interviews, in denen sie zum Beispiel aufgefordert wurden, ausführlich »kritische Vorfälle« zu schildern – Fälle, bei denen sie hervorragende Ergebnisse erzielten, und andere, bei denen ihre Leistung enttäuschend gewesen war.

Protokolle dieser Interviews wurden dann verschlüsselt und analysiert, um häufige Themen und die Denk-, Emotions- und Verhaltensmuster aufzudecken, die ihrem Erfolg zugrunde lagen. Die Ergebnisse dieser Auswertung dienten als Grundlage für die Ermittlung der relevanten Kompetenzen. Anschließend wurden diese Kompetenzen überprüft, um herauszufinden, ob sie tatsächlich mittelmäßige von Spitzenkräften unterschieden, was natürlich der Fall war. Kurzum, Coopers & Lybrand orientierten sich an einer den neuesten wissenschaftlichen Erkenntnissen entsprechenden Methode zur Entwicklung eines Kompetenzmodells.[3]

Man braucht eine solche systematische, objektive Methode, um eine wirkliche Vorstellung von den Kompetenzen zu bekommen, die für eine bestimmte Position entscheidend sind. Aus diesem Grund ist die Ermittlung der Kompetenzen, die erforderlich sind, um an einem bestimmten Arbeitsplatz Herausragendes zu leisten, zu einem eigenen kleinen Wirtschaftszweig geworden, wobei die Praktiker ein ganzes Spektrum gut validierter Methoden benutzen, um die Voraussetzungen für die Erbringung von Spitzenleistungen zu ermitteln.[4]

Die Weiterbildungsstrategien müssen auch berücksichtigen, auf welche Weise eine Kategorie von Fähigkeiten eine andere stützt. Menschen müssen nur selten lediglich eine Kompetenz verbessern; emotionale Fähigkeiten sind eng miteinander verschränkt und nicht unabhängig voneinander. Und, wir haben es gesehen, viele Kompetenzen höherer Ordnung, wie etwa Wegbereiter für Wandel oder Führungskompetenz, sind aus anderen Fähigkeiten aufgebaut.

Es gibt einige Elemente der emotionalen Intelligenz, die so fundamental sind, daß sie »Metafähigkeiten« darstellen, die für die meisten anderen Kompetenzen unerläßlich sind. Zu diesen Kernkompetenzen gehören Selbstbewußtsein, Selbstkontrolle, Motivation, Empathie und soziale Fähigkeiten. Diese primären Fähigkeiten bilden die Basis der emotionalen Kompetenzen, die aus ihnen hervorgehen. So muß ein Manager, der seinen Führungsstil ändern will, möglicherweise auch sein Selbstbewußtsein stärken, um die andere Veränderung durchzuführen.

In Untersuchungen einer europäischen Fluggesellschaft zeigte sich, daß sich hervorragende Flugbegleiter durch zwei Cluster von Attributen emotionaler Intelligenz auszeichnen: einen Cluster der Selbstbeherrschung, der emotionale Selbstkontrolle, Leistungsfähigkeit und Anpassungsfähigkeit umfaßt, und einen sozialen Cluster, zu dem Einfluß, Service und Teamarbeit gehören.[5] Als American Airlines meine Kollegin Thérèse Jacobs-Stewart und mich bat, bei der Konzipierung eines Weiterbildungsprogramms mitzuhelfen, konzentrierten wir uns daher auf Eigenverantwortung und Geschick im Umgang mit anderen.

Allerdings ergänzten wir diese um zwei unterstützende Fähigkeiten der emotionalen Intelligenz, die beide diese erforderlichen Kompetenzen fördern. Das ist zum einen die Selbstwahrnehmung, die einem dabei hilft, zu erkennen, wann man zum Opfer von Amygdala-Ausreißern zu werden droht – so daß man den Aussetzer verhindern kann, bevor man die Kontrolle verliert. Die andere Fähigkeit ist Empathie, die uns in die Lage versetzt, das gleiche für eine andere Person zu tun – der frühen Warnzeichen von Verärgerung, Frustration oder Angst gewahr zu werden, die darauf hindeuten, daß eine Person in Gefahr ist, von Affekten überflutet zu werden. Das hat einen einfachen Grund: Die beste Strategie, um destruktive Begegnungen zu vermeiden, besteht darin, ihnen vorzubeugen.

Die Flugbegleiter brauchten auch Empathieschulung mit internationalem Akzent. Jede Kultur drückt ihren Angehörigen einen spezifischen Stempel auf, was den Ausdruck von Emotionen anlangt; je geringer unsere Vertrautheit mit einer bestimmten Gruppe ist, desto höher die Wahrscheinlichkeit, daß wir ihre Gefühle falsch deuten. Daher konzentrierten wir uns auf die Förderung der Empathie bei einem breitgefächerten Spektrum von Personen.[6]

Das Individuum beurteilen

Können wir unsere Stärken und Schwächen selbst am besten beurteilen? Nicht immer. Es gibt ein Paradox der Empathie. Wenn man Menschen fragt, wie genau sie die Gefühle von anderen entziffern können, so gibt es keine Korrelation zwischen ihren Antworten und ihrem Abschneiden in objektiven Tests.[7] Wird die Empathie einer Person dagegen von engen Bekannten beurteilt, dann zeigt sich eine sehr hohe Treffsicherheit. Kurzum, andere Menschen kennen uns in vielerlei Hinsicht besser, als wir uns selbst kennen – insbesondere was unsere Beziehungskompetenz betrifft.

Ganz generell stützt sich die ideale Evaluation nicht auf eine Quelle, sondern nimmt mehrere Perspektiven auf. Dazu gehören Selbstbeobachtungen sowie Feedback von Kollegen, Vorgesetzten und Untergebenen. Die »360-Grad«-Bewertungsmethode liefert Informationen aus all diesen Quellen und kann eine nützliche Quelle von Daten sein, die sich auf die Kompetenzen beziehen, die verbessert werden müssen. Es gibt mehrere 360-Grad-Methoden, die zumindest einige der emotionalen Kompetenzen prüfen.[8]

Idealerweise sollte eine Bewertung auch objektivere Indizes der Arbeitsleistung enthalten, etwa »Assessment Center«-Methoden, die erfassen, wie sich jemand in simulierten Arbeitssituationen verhält. Während einzelne Methoden, für sich genommen, fehlerbehaftet sind, können sie zusammengenommen ein wirklichkeitsgetreueres, wenn auch komplexes Bild unseres Profils der emotionalen Kompetenz zeichnen. (Siehe Anhang 5 für weitere Informationen zu den Bewertungsmethoden.)

Susan Ennis, die bei der BankBoston für die Weiterbildung von Führungskräften verantwortlich ist, bemerkt: »Sich selbst aus mehreren Perspektiven zu betrachten ist eine außerordentlich effiziente Methode zur Stärkung der Selbstwahrnehmung – und schafft die Voraussetzungen dafür, etwas daran zu ändern.«

An der Weatherhead School of Management etwa erhalten Studenten aus drei grundverschiedenen Quellen Informationen über sich. Zunächst nehmen sie eine Selbsteinschätzung ihrer Stärken, Grenzen und Wertvorstellungen vor. Dann erhalten sie Feedback von anderen, einschließlich Mitgliedern einer Arbeitsgruppe, der sie im Rahmen des Kurses angehören, Kollegen und eines Vorgesetzten sowie Familienangehörigen und Freunden. Schließlich erhalten sie die Ergebnisse einer Reihe von Bewertungstests und Simulationsübungen.

Sie sind jedoch vorgewarnt, daß keine dieser Quellen als solche besser oder genauer ist als eine andere bzw. weniger verzerrte Informationen liefert. Jede rundet das Bild einfach mit verschiedenen Arten von Daten und Perspektiven ab, die unterschiedliche Sichtweisen eröffnen. Die Studenten selbst interpretieren die Daten – unter Anleitung – und finden so einen Weg zur Selbstentwicklung.

Das JOBS-Programm übernahm eine Methode aus der Unterhaltungsindustrie, um die emotionale Kompetenz von Personen zu beurteilen, unter denen sie künftige Ausbilder auswählten – sie ließen die Kandidaten vorsprechen. »Wir wollten sie in einer Situation beobachten, die sämtliche sozialen und emotionalen Kompetenzen erfordert, die sie als Ausbilder brauchen«, sagte mir Robert Caplan. »Daher baten wir jeden, uns etwas beizubringen – wie man mit seinem Geld haushaltet, wie man ein Interview führt, *irgend etwas* –, und zwar innerhalb von nur fünfzehn Minuten. Man konnte bereits nach den ersten Momenten sagen, wie kompetent einer war.«

Das Vorsprechen war äußerst aufschlußreich, wie sich Caplan erinnert. »Ein Kandidat begann in sachlicher Weise, indem er Papiere austeilte und ein Dia projizierte und die Anweisung gab: ›Ich möchte, daß Sie in Spalte A schreiben, wieviel Geld Sie ausgeben.‹ Keine Herzlichkeit, nichts Persönliches. Tödlich. Ein Kandidat, den wir einstellten, begann dagegen in einem sehr natürlichen Ton: ›Es ist schön, daß Sie hier sind; ich weiß, was für eine schwierige Zeit dies für Sie gewesen ist. Ich würde gern etwas über jeden von Ihnen erfahren, bevor ich beginne.‹ Man spürte sofort die Empathie, man mochte und vertraute diesem Menschen.«

Beurteilungen mit Fingerspitzengefühl mitteilen

Ein Gesundheitsplan sah vor, die Mitarbeiter mit der 360-Grad-Methode zu beurteilen und sie gegebenenfalls von ihren Vorgesetzten schulen zu lassen.[9] Die Schwierigkeiten begannen, als jemand beschloß, sämtliche Resultate ohne Vorankündigung oder Interpretation gleichzeitig den Mitarbeitern und ihren Vorgesetzten zuzusenden.

Das Ergebnis war eine Katastrophe: Einige Vorgesetzte riefen alle Mitarbeiter zugleich herein, bevor diese die Chance hatten, die Beurteilungen zu verdauen, so daß viele das Gefühl hatten, runtergeputzt zu werden, statt Hilfe zu bekommen. Einige der Beschäftigten waren wütend – besonders wenn die Beurteilung durch den Vorgesetzten schlechter war als die der Kollegen – und stürzten in dessen Büro, um eine Erklärung oder sogar eine Entschuldigung zu verlangen.

Allzuoft wird Feedback ziemlich ungeschickt erteilt, mit vorhersehbar negativen Folgen. Doch geschickt eingesetzt kann Feedback ein unschätzbares Instrument zur Selbstprüfung – und zur Förderung von Wandel und Entwicklung – sein. Falsch eingesetzt kann Feedback einer emotionalen Holzhammermethode gleichkommen.[10]

»Ich höre nichts Gutes von Leuten über ihre Erfahrungen mit 360-Grad-Feedback«, sagte mir der Manager eines Unternehmens. »Den Leuten, die das Feedback geben, mangelt es selbst an Empathie, Selbstwahrnehmung und Sensibilität, so daß es für diejenigen, die die Rückmeldung erhalten, eine brutale Erfahrung sein kann.«

Viel besser ist der Bericht eines Software-Giganten, wo mir ein Experte auf dem Gebiet der Weiterbildung von Führungskräften sagte, daß er die Ergebnisse einer 360-Grad-Beurteilung streng vertraulich unter vier Augen mitteilt. »Kein anderer bekommt die Ergebnisse zu Gesicht, und die Betreffenden müssen sie niemandem mitteilen. Ich behalte nicht einmal eine Kopie, wenn ich mit ihnen fertig bin. Wir möchten, daß dies ein Entwicklungsinstrument ist und kein Hammer, den jemand anders benutzen kann.«

Häufig wird der Fehler gemacht, daß man sich für das Feedback einfach zuwenig Zeit nimmt. »Die Prüflinge verbringen zwei bis drei Tage in einem Assessment-Center, in dem sie komplexe Simulationen durchlaufen, eine Bestandsaufnahme nach der anderen machen und alle möglichen Leistungsbewertungen über sich ergehen lassen«, sagte mir ein Berater. »Dann, nachdem alles erledigt ist, verbringen sie ein oder zwei Stunden damit, die Ergebnisse in einer Art Datenausdruck durchzugehen. Die Teilnehmer sind schließlich völlig verwirrt, nicht selbstbewußter.«

Wenn es eine Aufgabe gibt, die nach emotionaler Intelligenz verlangt, dann ist es die, jemandem die Ergebnisse einer 360-Grad-Bewertung mitzuteilen; Empathie, Sensibilität und Taktgefühl sind dabei unerläßlich. Häufig wird der Fehler gemacht, daß man sich auf die Schwächen von Personen konzentriert und ihre Stärken ignoriert. Dies kann eher demoralisierend als motivierend sein.

»Man muß die Stärken eines Menschen gebührend würdigen, ihm aber auch zeigen, wo die Grenzen sind«, sagt Boyatzis. »Allzuoft stehen die Unzulänglichkeiten im Vordergrund. Dabei möchte man dem Betreffenden doch dabei helfen, den Kern seiner Stärken zu erkennen und zu bestätigen, was er an sich selbst besonders schätzt. So kann man aus der Überzeugung, daß man sich wandeln kann, eine große Kraft ziehen.«

An der Weatherhead School legt man großen Wert darauf, den Studenten zu helfen, die Ergebnisse ihrer Kompetenzbeurteilungen zu interpretieren und die Information zur Gestaltung eines hilfreichen Lernplans zu verwenden. Das MBA-Programm für Führungskräfte widmet der Interpretation und Verarbeitung der Daten aus den Kompetenzbeurteilungen vier dreistündige Sitzungen plus individuelle Beratung. In vier weiteren dreistündigen Sitzungen werden mit Hilfe der Informationen individuelle Lernpläne erstellt.

Die Lernbereitschaft beurteilen

»Viele Teilnehmer an unseren Weiterbildungsseminaren fühlen sich als Gefangene der Personalabteilung«, sagte mir jemand bei einer multinationalen Bank. »Sie wollen einfach nicht hier sein. Und ihr Widerstand ist ansteckend.«

Die Bereitschaft ist entscheidend, doch viele Unternehmen widmen der Frage, ob die Mitarbeiter, die sie auf Weiterbildungsseminare schicken, auch tatsächlich etwas lernen oder sich verändern wollen, keine Beachtung. Der Leiter der Weiterbildung von Führungskräften bei einem Fortune-100-Unternehmen sagte mir, die Kursteilnehmer ließen sich in drei Gruppen einteilen: »Arbeitspferde«, die gewillt seien, sich zu verändern; »Urlauber«, die froh darüber seien, ein oder zwei Tage lang nicht arbeiten zu müssen; und »Gefangene«, die von ihren Vorgesetzten zur Teilnahme gezwungen wurden.

Nach einer Faustregel sind lediglich etwa 20 Prozent der Gruppenmitglieder bereit, jederzeit die für ihre persönliche Veränderung nötige Arbeit zu leisten, obschon die allermeisten Entwicklungsprogramme so konzipiert sind, als ob es 100 Prozent wären.[11] Es gibt keinen Grund, sich mit diesem niedrigen Prozentsatz abzufinden. Interesse, Motivation und Veränderungsbereitschaft – die Voraussetzungen dafür, daß man an Schulungen teilnimmt und davon profitiert – lassen sich beurteilen (vgl. Anhang 5 für weitere Einzelheiten); wenn es jemandem an Veränderungsbereitschaft fehlt, dann kann diese Tatsache selbst der erste Ansatzpunkt sein. Alles andere ist Zeitverschwendung. Wenn man nicht gewillt ist, dazuzulernen, führt Zwang nur zu Katastrophen: Man unterzieht sich einer Pflichtübung, nur um andere zufriedenzustellen; es entsteht Unmut statt Begeisterung, der bis zur Kündigung führen kann.

Um eine solche Zeit- und Geldverschwendung zu vermeiden, sollte man allen Leuten dabei helfen, ihre eigene Lernbereitschaft zu beurteilen. Es gibt vier Stufen der Bereitschaft: Gleichgültigkeit bzw. offener Widerstand dagegen, eine Veränderung irgendwann einmal überhaupt zu erwägen, die feste Absicht, einen Plan aufzustellen, und die Bereitschaft, konkrete Schritte zu unternehmen.[12]

Bevor ein Team bei American Express Financial Advisors eine Fortbildung in emotionaler Kompetenz durchläuft, trifft sich ein Mitglied des Ausbildungspersonals mit dem Teamleiter, der seinerseits das Programm in Gruppensitzungen erörtert, um die Einstellung der potentiellen Teilnehmer in Erfahrung zu bringen. »Bevor sie zur ersten Sitzung kommen, versuchen wir außerdem, mit jeder Person über mögliche Bedenken ihrerseits zu sprechen«, sagt Kate Cannon.

Wem die Bereitschaft fehlt, der kann doch möglicherweise davon profitieren, daß er seine Wertvorstellungen und seine Lebensziele erkundet, und so herausfinden, ob er überhaupt zu Veränderungen bereit ist. Das bringt uns zum nächsten Schritt.

Motivieren

»Das Gefühl ›Ich kann es‹ ist die Triebkraft von Veränderungen«, sagt Robert Caplan, und beim JOBS-Programm ist das offensichtlich der Fall. »Wenn man bei der Arbeitssuche nicht selbst zum Telefon greift und den Termin wahrnimmt, bekommt man keine Stelle. Und um jemanden dazu zu bringen, diese Mühe auf sich zu nehmen, muß man seine Erfolgserwartung steigern und ihn motivieren.«

Das gilt ganz allgemein: Menschen lernen in dem Maß, in dem sie motiviert sind. Die Motivation beeinflußt den gesamten Lernprozeß, angefangen von der aktiven Teilnahme daran bis hin zur praktischen Anwendung im Beruf.[13] Und am größten ist unsere Bereitschaft zu Veränderungen, die mit unseren Wertvorstellungen und Hoffnungen übereinstimmen. Boyatzis von der Weatherhead School drückt das folgendermaßen aus: »Die Leute müssen von ihren Wertvorstellungen, ihren Zielen und ihren Träumen gefesselt sein. Wenn man sich am Anfang auf ihre Wertvorstellungen und Visionen sowie ihre Lebensziele konzentriert, dann begreifen sie das Schulungsangebot als eine

Chance zur Weiterentwicklung ihrer Persönlichkeit – und nicht bloß der Entwicklung des Unternehmens.«

Chancen gerade dazu – Augenblicke, in denen wir am stärksten motiviert sind, unsere Fähigkeiten zu verbessern – ergeben sich an vorhersagbaren Punkten einer Laufbahn.[14]

- Erweiterte Verantwortlichkeiten, etwa durch Beförderung, können eine Schwäche im Bereich der emotionalen Intelligenz deutlich sichtbar machen.
- Lebenskrisen, etwa Probleme in der Familie, Zweifel an der Karriere oder eine »Midlife-crisis«, die die eigene Lebensorientierung betrifft, können eine fruchtbare Triebfeder für persönliche Veränderungen sein.
- Schwierigkeiten am Arbeitsplatz, etwa Probleme mit Kollegen, die Enttäuschung über eine zugewiesene Aufgabe oder das Gefühl der Unterforderung können einen zur Stärkung von Kompetenzen motivieren.

Bei den meisten von uns steigert die einfache Erkenntnis, daß uns die Förderung einer bestimmten Fähigkeit bessere Leistungen erzielen läßt, die Begeisterung. »Weil die Leute hier erkennen, daß sich diese Kompetenzen auf ihre Leistungsfähigkeit auswirken, ist ihre Motivation zur Weiterbildung ungewöhnlich hoch«, sagte mir Kate Cannon von American Express. Wer einsieht, daß Schulungen seine Wettbewerbsfähigkeit auf dem Arbeitsmarkt oder innerhalb des Unternehmens verbessern können – das heißt, wer sie als Chance begreift –, ist motivierter. Und je höher die Lernmotivation, um so größer der Erfolg der Schulungsmaßnahmen.[15]

Die Mitarbeiter sollen Veränderungen selbst steuern

Die »Fließbandmethode«, bei der jeder, der in einem Unternehmen eine bestimmte Stelle oder Funktion bekleidet, ein und dasselbe Programm durchläuft, mag funktionieren, wenn es um die Vermittlung rein kognitiver Informationen geht. Aus der Sicht der emotionalen Kompetenzen stellt diese Standardisierung das alte tayloristische Effizienzdenken in negativer Reinkultur dar. Gerade in diesem Bereich der Weiterbildung wird der Lernerfolg durch das Maßschneidern auf die individuellen Bedürfnisse maximiert.

Wir verändern uns dann am nachhaltigsten, wenn wir einen Lernplan besitzen, der mit unserem Leben, unseren Interessen, unseren Ressourcen und Zielen in Einklang steht.[16] Bei American Express stellt jeder seinen Handlungsplan selbst auf. Ein Finanzberater, der seine Entscheidungsfähigkeit stärken wollte, hatte sich das persönliche Ziel gesetzt, zwanzig unangemeldete Anrufe pro Woche zu machen. Zu seinem Plan gehörte die Ausarbeitung des Szenarios für einen erfolgreichen Telefonanruf und das mentale Wiederholen dieses Szenarios vor jedem Telefonat. »Diese Methode und diese Ausrichtung funktionierte sehr gut – für ihn«, sagte Cannon. »Aber ich würde nicht sämtlichen Beratern empfehlen, es ihm gleichzutun. Das könnte kontraproduktiv oder irrelevant sein.«

Die Pläne müssen auch auf den Entwicklungsstand des Individuums abgestimmt sein. »Wir haben das Programm so gestaltet, daß jeder sich unabhängig von seinem Ausgangsniveau weiterentwickeln kann«, sagte Cannon. »So erkennen beispielsweise einige Leute einfach nicht, daß das, was man zu sich selbst sagt – das Nachdenken über das, was man tut –, das Ergebnis beeinflußt. Andere haben eine differenziertere Betrachtungsweise.«

Im Idealfall sollten die Kursteilnehmer eine ganze Palette von Techniken nutzen können und dazu ermuntert werden, eigene Ideen einzubringen. Eine Schwäche vieler standardisierter Entwicklungsseminare besteht darin, daß sie sich nur auf ein einziges pauschales Konzept stützen.

»Es hat sich gezeigt, daß das einheitliche Weiterbildungsprogramm, bei dem jeder eine vorgestanzte Erfahrung durchläuft, die schlechteste Erfolgsquote hat«, sagte mir Charley Morrow von der Beratungsfirma Linkage. Aus Evaluationsstudien, die er in Fortune-500-Unternehmen durchführte, zog Morrow den Schluß: »Wenn jemand gehen *muß*, tauchen alle möglichen Probleme auf. Einige Leute besitzen vielleicht bereits die Fähigkeit, die sie dort erlernen sollen, andere brauchen sie nicht. Wieder andere ärgern sich über den Teilnahmezwang, oder sie sind einfach nicht motiviert – es ist ihnen schlichtweg egal.«

Wenn man den Mitarbeitern erlaubt, ihre Lernpläne auf ihre eigenen Bedürfnisse und Ziele hin maßzuschneidern, vermeidet man viele dieser Probleme. Das Leitprinzip des selbstbestimmten Lernens an der Weatherhead School lautet nach Richard Boyatzis: »Man legt die Kontrolle über den Wandlungsprozeß in die Hände der Kursteilnehmer. Schließlich sind sie sowieso Herr der Lage. Diese Vorgehensweise verhindert lediglich die Illusion, daß die Lehrer am Drücker wären.«[17]

Sich auf klare,
erreichbare Ziele konzentrieren

Er war von Ohio an die Ostküste gezogen, um das MBA-Programm von Weatherhead zu absolvieren, und er brauchte eine Teilzeitbeschäftigung. Doch es fehlte ihm an Selbstsicherheit, insbesondere wenn es darum ging, auf Menschen zuzugehen, die er nicht kannte. An der Weatherhead School zeigte man ihm, wie er sein Fernziel – den Aufbau dieser Selbstsicherheit – in kleinere, realistische Handlungsschritte aufgliedern kann. Der erste Schritt, die Aktualisierung seines Lebenslaufs, war leicht. Aber die nächsten Schritte waren schwieriger, so daß er sich zunächst folgende Versprechen abnahm: »Ich werde nächsten Monat den Vorsitzenden der Finanzverwaltung der Universität anrufen und um ein Treffen bitten, um sämtliche dort verfügbaren Gelegenheiten auszuloten. Wenn er ablehnt, werde ich nach anderen Personen fragen, an die ich mich wenden kann.« Er beabsichtigte, das gleiche mit seinem Mentor, einem örtlichen Manager, zu tun. Außerdem verpflichtete er sich selbst dazu, die örtlichen Kleinanzeigen durchzugehen und sich telefonisch um vielversprechende Stellen zu bewerben. Und er nahm sich vor: »Ich werde in diesen Gesprächen selbstsicher und bestimmt auftreten.« Der konkrete Erfolg dieser Strategie: Zu Beginn des nächsten Semesters hatte er eine Teilzeitstelle.

Die Aufgabe nimmt sich ziemlich banal aus; Tausende von Menschen machen täglich ähnliche Prozeduren durch. Aber für diesen Weatherhead-Studenten waren die systematischen Schritte Teil eines umfassenderen Plans. Sie stellten ihn in Situationen, die ihn dazu zwangen, Selbstsicherheit einzuüben. Und jeder abgeschlossene Schritt stärkte sein Zutrauen, den nächsten Schritt in Angriff zu nehmen.

Während ein hochfliegendes Ziel verlockend wirkt, muß der praktische Schwerpunkt auf den direkten, machbaren Schritten liegen – und das entscheidende Wort ist hier *machbar*. Wer weitreichende Veränderungen in einem Zug anstrebt, verurteilt sich selbst zum Scheitern. Wenn man Ziele in kleinere Etappen unterteilt, sind die Schwierigkeiten geringer – und die Erfolgsaussichten sind höher.[18]

Da uns häufige kleine Erfolge mit neuem Mut erfüllen, bleiben wir motiviert und engagiert und vertrauen immer stärker auf unsere Fähigkeiten. Und je ehrgeiziger das Ziel, um so größer die resultierende Veränderung. Eine japanische Strategie berücksichtigt diese beiden Prinzipien: Beim *kaizen*, was soviel bedeutet wie kontinuierliche Verbesserung, beginnt man mit Zielen, die mittelschwer sind, und steigert den Schwierigkeitsgrad dann allmählich im weiteren Verlauf des Prozesses. Wenn wir eine Veränderung in solchen bewältigbaren Schritten vornehmen, dann gibt uns dies das Gefühl, daß wir unserem Ziel wenigstens ein bißchen näherkommen, so daß unser Elan nicht nachläßt und unsere Erfolgserwartung hoch bleibt.[19]

Ohne klare Ziele verliert man sich leicht. In dem Programm von American Express helfen erfahrene Psychologen jedem, klare persönliche Entwicklungsziele zu definieren. So wird beispielsweise häufig als Ziel genannt, besser mit belastenden Gefühlen umgehen zu lernen. Aber dieses Ziel ist zu allgemein und verschwommen, als daß es hilfreich sein könnte. »Die Leute erkennen zunächst, daß sie sich mehr um ihre Emotionen kümmern müssen«, sagte mir Kate Cannon. »Doch wenn sie ihre Schwierigkeiten beim Umgang mit ihren Gefühlen erkunden, stellen sie fest, daß diese auf zu starken Streß zurückzuführen sind – und das veranlaßt sie oftmals dazu, sich auf spezifische hilfreiche Schritte zu konzentrieren, wie etwa ein besseres Zeitmanagement.«

Aber ein »besseres Zeitmanagement« ist selbst ein unscharfes Ziel. Es muß in konkrete Schritte zerlegt werden: zum Beispiel sich zwanzig Minuten täglich mit Mitarbeitern besprechen, um Verantwortlichkeiten zu delegieren, seine Zeit nicht mehr mit dem Konsum von seichter Fernsehunterhaltung vergeuden, drei Stunden pro Woche für Entspannung einplanen.

Die Festsetzung von Zielen sollte auch die konkreten Schritte umfassen, die nötig sind, um diese zu erreichen. Strebt man beispielsweise an, sich optimistischer zu verhalten und sich nicht durch Rückschläge und Ablehnungen entmutigen zu lassen (eine äußerst nützliche Kompetenz für jemanden, der im Vertrieb arbeitet), läßt sich die Analyse konkretisieren: »Man könnte zum Beispiel damit beginnen, daß man die neuralgischen Punkte bei sich identifiziert, die Ereignisse, die die kontraproduktive Gewohnheit auslösen, und seine Gedanken, Gefühle und Verhaltensweisen genau beobachtet«, sagt Kate Cannon. »Vielleicht bemerkt man pessimistische Selbsteinschätzungen wie ›Das kann ich nicht‹ oder ›Das beweist, daß ich darin nicht gut bin‹. Oder ein Muster: Zuerst wird man wütend, dann zieht man sich zurück, dann führt man sich unmöglich auf. Man verdeutlicht sich das Muster oder die Gewohnheit, macht sich klar, was man ändern möchte und welche Denk- und Handlungsweisen in diesen Augenblicken zweckmäßiger wären. Und jedes Mal, wenn man in eine Situation kommt, die einen neuralgischen Punkt berührt, versucht man das alte Muster zu durchbrechen. Je früher man es aufbricht, um so besser.«

In gewissem Sinne definiert man durch ein Ziel ein »potentielles Selbst«: eine Vision dessen, wie wir sein werden, nachdem wir uns verändert haben.[20] Schon die bloße Imagination dieses potentiellen Selbst hat eine gewisse zündende Wirkung: Wenn wir uns selbst zutrauen, die erhofften Veränderungen zu bewältigen, erhöht sich unsere Motivation, die nötigen Schritte zu unternehmen, um dorthin zu gelangen.

Rückfälle vermeiden

Die Kultivierung einer neuen Fähigkeit ist ein allmählicher Prozeß mit Stillständen und Fortschritten; die alten Gewohnheiten kommen dabei gelegentlich wieder zum Durchbruch. Dies gilt insbesondere am Anfang, wenn die neue Gewohnheit als fremd und unvertraut empfunden wird und die alte Gewohnheit noch immer als natürlich erscheint.

Bei starker Anspannung können Weiterbildungsmaßnahmen – zumindest zeitweilig – desintegrierend wirken. Mit solchen vorübergehenden Entgleisungen muß man rechnen, und diese Tatsache läßt sich zur Vorbeugung von Rückfällen einsetzen.[21]

Um Fehltritte konstruktiv zu nutzen, muß man erkennen, daß ein Schritt zurück nicht gleichbedeutend ist mit einem totalen Rückfall. Man muß die Teilnehmer am Beginn der Weiterbildung darauf hinweisen, daß sie vermutlich schlechte Tage erleben werden, an denen sie in ihre alten Gewohnheiten zurückfallen. Wenn man ihnen zeigt, wie sie aus diesen Rückschlägen wertvolle Lehren ziehen können, sind sie in solchen Momenten gewissermaßen gegen Verzweiflung oder Demoralisierung gefeit. Andernfalls deuten sie den Fehler möglicherweise pessimistisch – als ein völliges Versagen, das bedeutet, daß sie für immer mit diesem Makel behaftet sein werden und sich nicht ändern können. Bringt man ihnen dagegen bei, wie sie Rückfälle vermeiden, dann können sie optimistisch reagieren und Mißgeschicke auf intelligente Weise dazu nutzen, wichtige Informationen über ihre Schwachstellen und Gewohnheiten zu gewinnen.

Nehmen wir einen Manager, der unter Zeitdruck in einen autoritären Führungsstil zurückfällt. Er könnte lernen, daß seine eigene Angst ihn unter Druck anfällig für den autokratischen Stil macht. Sobald der Manager lernt, die auslösenden Situationen zu erkennen, kann er sich durch mentales Probehandeln darauf vorbereiten, anders zu reagieren – etwa um Hilfe zu bitten, statt Befehle zu erteilen. Das erhöht die Wahrscheinlichkeit, daß er selbst unter starkem Streß eine zweckmäßigere Reaktion zeigt.

Selbstverständlich erfordert die Entwicklung eines solchen Frühwarnsystems Selbstwahrnehmung und die Fähigkeit, sich während des Vorfalls selbst zu beobachten (beziehungsweise, was wahrscheinlicher ist, eine nachträgliche Analyse vorzunehmen). Die exakte Rekonstruktion der Ereignisfolge, die den Rückfall auslöste, und der Gedanken und Gefühle, die damit einhergingen, läßt uns die Augenblicke, in denen wir besonders wachsam sein und unsere neue emotionale Kompetenz bewußt einsetzen müssen, aufmerksamer registrieren.

Wenn wir die Folgen unserer Fehlleistung erkennen – eine verpaßte Geschäftschance, die Verstimmung eines Kollegen oder Kunden –, kann uns dies dazu motivieren, den Prozeß unserer Veränderung energischer voranzutreiben.

Leistungsfeedback geben

Ein Golf-Profi neigte zu unvorhergesehenen Wutanfällen, die seine Ehe und seine Karriere ruinierten. Während er ein Programm zum Abbau von Intensität und Häufigkeit seiner Ausbrüche durchlief, führte er eine Art »Protokoll«, in dem er jeden Wutanfall, seine Dauer und seine Heftigkeit festhielt.

Mehrere Monate nach Beginn des Programms hatte er einen Ausbruch, bei dem seine Wut völlig außer Kontrolle geriet. Der Vorfall demoralisierte ihn, und er war verzweifelt darüber, daß all seine Bemühungen, sich zu ändern, erfolglos geblieben waren. Als er sich jedoch das Protokoll ansah, schöpfte er neuen Mut. Er erkannte, daß seine Wutanfälle deutlich zurückgegangen waren – von mehreren innerhalb einer Woche zu einem in den letzten beiden Monaten.

Feedback bildet die Grundlage des Wandels. Zu wissen, wie gut wir uns schlagen, hilft uns, am Ball zu bleiben. Feedback in seiner elementarsten Form bedeutet, daß jemand beobachtet, ob – beziehungsweise wie gut – wir die neue Kompetenz einsetzen, und uns dies mitteilt.

Wenn wir uns gut schlagen, kann eine »Vorwärtsdynamik« einsetzen, bei der positives Feedback unsere Selbstsicherheit so weit stützt, daß wir die emotionale Kompetenz ausprobieren, die wir stärken wollen. Und diese erhöhte Selbstsicherheit hilft uns, noch besser zu werden.[22]

Wenn man Feedback schlecht, zu schroff oder überhaupt nicht gibt, dann kann dies demoralisieren und demotivieren (wie wir in Kapitel 8 sahen). Die besten Ergebnisse erzielt man, wenn diejenigen, die Feedback erteilen, dies auf eine produktive Weise tun und dazu ermuntert werden – und ihrerseits offen sind für Feedback über die Qualität ihres Feedbacks.

Bei American Express Financial Advisors ist ein Großteil des Feedbacks über emotionale Kompetenz in das Netz des Arbeitsprozesses eingewoben. »Wir schenken der Frage, *wie* jemand seine Arbeit tut, genausoviel Beachtung wie der Frage, in welchem Umfang jemand seine Vorgaben erreicht«, sagte Kate Cannon. »Es gibt regelmäßige Treffen mit dem unmittelbaren Vorgesetzten. Es ist eine Beziehungsfrage – nicht nur zu unseren Kunden, sondern auch unter uns. Die Mitarbeiter erhalten so regelmäßig Feedback über ihre emotionale Kompetenz, auch wenn es wahrscheinlich anders genannt wird, etwa Teamarbeit oder Kommunikation.«

Zu praktischen Erfahrungen ermuntern

Eine internationale Hotelkette erhielt von Kunden schlechte Beurteilungen hinsichtlich der Freundlichkeit des Personals. Aus diesem Grund wurden alle Mitarbeiter, die persönlichen Kontakt zu Kunden hatten, in Weiterbildungsseminare geschickt, in denen ihre emotionale Intelligenz verbessert werden sollte. Die Schulung sollte ihnen helfen, sich ihre Gefühle bewußt zu machen, und zeigte ihnen, wie man diese geschärfte Selbstwahrnehmung einsetzen kann, um affektive Aussetzer zu verhindern. Ihnen wurde auch beigebracht, wie sie sich auf die Gefühle der Hotelgäste einstellen und deren Stimmung positiv beeinflussen können.

Doch der Leiter des Aus- und Weiterbildungsprogramms beklagte sich, daß es völlig nutzlos war – ja daß sich die Situation sogar etwas zu verschlechtern schien.

Wie lange dauerte das Weiterbildungsprogramm?

Nur einen Tag.

Darin liegt das Problem. Emotionale Kompetenz läßt sich nicht über Nacht verbessern, weil das emotionale Gehirn seine Gewohnheiten im Verlauf von Wochen und Monaten, nicht in Stunden oder Tagen verändert. Das alte Entwicklungsmodell geht stillschweigend davon aus, daß es sofort zu einschneidenden Veränderungen kommt: Man schicke die Leute nur in ein zweitägiges Seminar, und schon seien sie von Grund auf verwandelt. Aufgrund dieser Fehlannahme werden Mitarbeiter durch kurze Fortbildungsseminare geschleust, die praktisch keine anhaltende Wirkung haben – und wenn sich die versprochenen Verbesserungen nicht einstellen, machen sie sich möglicherweise selbst Vorwürfe (oder werden von Vorgesetzten gerügt), daß es ihnen an Willenskraft oder Entschlossenheit fehle. Ein Seminar oder ein Workshop ist ein Anfang, reicht aber als solches nicht aus.

Man lernt eine neue Fähigkeit effizienter, wenn man über einen längeren Zeitraum hinweg mehrfach die Chance hat, sie zu üben, als wenn das gleiche Übungspensum in ein Intensivseminar gepackt wird.[23] Und doch wird diese einfache Faustregel bei der Weiterbildung immer wieder mißachtet. Ein weiterer Fehler besteht darin, zuviel Zeit mit Reden über die Kompetenz zu verbringen und zuwenig mit ihrer Übung in einer kontrollierten Situation. In einer Studie über Weiterbildungsprogramme für Manager und Vertriebskräfte analysierten Lyle Spencer jr. und Charley Morrow, wie die Schulungszeit zwischen Informationen über die zu erlernende Kompetenz und der praktischen Übung aufgeteilt wurde. Die praktischen Übungen wirkten sich doppelt so stark auf die Arbeitsleistung aus wie die Wissensvermittlung allein. Und die Rendite für praktische Übungen während der Schulung war *siebenmal* höher als die der didaktischen Sitzungen.[24]

»Wenn man eine Kompetenz wie etwa das Erteilen von Feedback anhand von Planspielen vermittelt – statt bloß die fünf Grundsätze erfolgreicher Leistungsbeurteilung darzulegen, ohne die Chance anzubieten, diese praktisch umzusetzen –, ist der Schulungserfolg sehr viel besser«, bemerkt Spencer.

Um den Punkt zu erreichen, an dem eine neue Gewohnheit die alte ablöst, erfordert es viel Übung. Ein Direktor in einer Bundesbehörde drückte es folgendermaßen aus: »Die Beschäftigten hier werden zu einem Weiterbildungsseminar geschickt und kehren dann direkt an ihren Arbeitsplatz zurück, ohne die Chance zu haben, das Gelernte auszuprobieren. Daher fallen sie in ihre alten Gewohnheiten zurück – das in der Schulung vermittelte Wissen hat keine Chance, auf die Arbeit übertragen zu werden.« Durch »Überlernen«, bei dem eine neue Gewohnheit weit über den Punkt hinaus eingeübt wird, an dem man sie gut beherrscht, läßt sich die Wahrscheinlichkeit, daß man unter Druck in die alte Gewohnheit zurückfällt, drastisch verringern.[25] In klinischen Untersuchungen über Verhaltensänderung wurde herausgefunden, daß die Änderung um so dauerhafter ist, je länger die Betreffenden an der Änderung arbeiten. Wochen sind besser als Tage; und Monate sind besser als Wochen. Bei komplexen Gewohnheiten wie emotionaler Kompetenz kann der Übungszeitraum, bei dem ein maximaler Lerneffekt erreicht wird, drei bis sechs Monate oder sogar noch länger betragen.[26] (Weitere Informationen zu Fragen der Praxis finden sich in Anhang 5.)

Eine Faustregel für die Verstärkung der emotionalen Kompetenz lautet: Fähigkeiten, die weiter entwickelt werden oder die das Verhaltensrepertoire ergänzen – etwa besser zuhören zu können –, lassen sich in kürzerer Zeit erwerben, als für das Verlernen erforderlich ist. Seit langer Zeit bestehende Gewohnheiten, wie etwa ein aufbrausendes Temperament oder die Neigung zum Perfektionismus, sind tief in uns verwurzelt. In solchen Fällen müssen wir daran arbeiten, die alte, unwillkürliche Gewohnheit zu verlernen und sie durch eine neue, verbesserte zu *ersetzen*.

Wie lange genau eine bestimmte Person braucht, um eine emotionale Kompetenz zu beherrschen, hängt von einer Vielzahl von Faktoren ab. Je komplexer die Kompetenz, um so länger dauert es, bis man sie beherrscht; die Fähigkeit zu effizientem Zeitmanagement, die sich auf nur wenige Kompetenzen stützt (Selbstkontrolle, die notwendig ist, um der Versuchung zeitraubender Aktivitäten zu widerstehen, und Leistungsmotivation, die den Wunsch, effizienter zu werden, anspornt, sind zwei wesentliche Voraussetzungen für ein effizientes Zeitmanagement), läßt sich rascher erwerben als beispielsweise Führungsfähigkeit, eine Kompetenz höherer Ordnung, die sich auf mehr als sechs andere Kompetenzen stützt.

Ein erfolgreiches Programm ermuntert auch zu praktischer Einübung in der Freizeit. Auch wenn wir eine Kompetenz wie Zuhörenkönnen aus beruflichen Gründen stärken wollen, sind die meisten Kompetenzen auch in unserem Privatleben von Nutzen. Betrachten wir folgende provozierende Zahlen: Studenten in einem zweijährigen Vollzeit-MBA-Programm verbringen in der Regel 2500 Stunden in Lehrveranstaltungen und mit der Erledigung von Hausarbeiten. Doch angenommen, sie schlafen im Schnitt sieben Stunden pro Nacht, dann sind sie in diesen beiden Jahren 10 500 Stunden wach. Die Frage lautet: »Was lernen sie in den verbleibenden 8000 Stunden?«

Diese Frage wurde von Richard Boyatzis und den anderen Entwicklern des Seminars an der Weatherhead School gestellt. Sie führte zu dem Vorschlag, daß selbstgesteuertes Lernen immer und überall, wenn sich eine Gelegenheit dazu bietet, eingeübt werden sollte. Ebensowenig verbringen wir die Zeit zwischen Aufstehen und Zubettgehen ausschließlich bei der Arbeit (auch wenn es den *Anschein* haben mag, daß wir dies tun). Gerade was die emotionale Kompetenz anlangt, kann das gesamte Leben zur Arena der Veränderung werden; das Leben selbst ist die beste Schule.

Diese Einstellung fördert einen »positiven Überlaufeffekt«, wonach die Fähigkeiten, die aus beruflichen Gründen vervollkommnet werden, sich in anderen Lebensbereichen auszahlen. Eine Abteilungsleiterin beispielsweise lernt, Mitarbeitern besser zuzuhören, und überträgt dies auf die Kommunikation mit ihren Kindern zu Hause. Dieser positive Überlaufeffekt wird in einigen Unternehmen ausdrücklich begrüßt, etwa bei 3 M, wo ein Programm zur Senkung der Krankheitskosten unmittelbar auf die Stärkung der Bewältigungskompetenzen der Mitarbeiter am Arbeitsplatz und zu Hause abzielt.

Für Unterstützung sorgen

Ein Vizepräsident eines der größten US-amerikanischen Lebensmittelkonzerne besaß sowohl einen Bachelor-Grad in Ingenieurwesen als auch ein MBA, und er hatte einen IQ von über 125. Der Präsident des Unternehmens hätte ihn gern befördert. Doch dieser Vizepräsident neigte zu Wutanfällen: Er würde, so wurde ihm gesagt, nur dann befördert, wenn er seinen Stil änderte.

Ungesellig und introvertiert, schickte er lieber E-Mails und Memos, als sich mit seinen Kollegen persönlich auseinanderzusetzen. In Sitzungen war er oft aggressiv, streitsüchtig und autoritär. »Er würde erst befördert, wenn er dies änderte«, erinnerte sich der Führungskräfteentwickler, der eigens engagiert worden war, um dem ansonsten vielversprechenden Vizepräsidenten zu helfen.

Der Coach begann, mit dem Vizepräsidenten zu arbeiten. »Ich half ihm, seine Auslöser zu erkennen, damit er Situationen vermeiden konnte, in denen er in Wut geriet. Ich brachte ihm bei, sich, ähnlich wie Sportler, mit Autosuggestionen auf Situationen vorzubereiten, in denen er zu Wutausbrüchen neigte – er sagte sich dabei immer wieder: ›Ich werde nicht zulassen, daß mir dies passiert, ich werde nicht in Wut geraten.‹ Und ich zeigte ihm eine Technik, um die Wut zu umgehen, wenn er spürt, wie sie sich in seinem Körper aufbaut: sämtliche Muskeln seines Körpers anspannen und sie dann alle gleichzeitig lockern. Es ist eine schnelle Methode der Muskelentspannung.«

Die Coaching-Sitzungen zogen sich über Monate hin, bis der Vize schließlich in der Lage war, seine Wut in den Griff zu kriegen. Solche Privatstunden, in denen die Grundlagen der emotionalen Kompetenz vermittelt werden, werden in US-amerikanischen Unternehmen immer häufiger eingesetzt, insbesondere für hochkarätige Mitarbeiter. Coaching ist eine von vielen Formen, die nachhaltige Unterstützung annehmen kann. Mentoren können dem gleichen Zweck dienen.

Während das Mentoring nach gängiger Auffassung eine Methode zur Förderung des beruflichen Fortkommens ist, kann es auch als ein Coaching-Forum zur Stärkung der emotionalen Kompetenz dienen. Kathy Kram, die Leiterin des MBA-Programms für Führungskräfte an der Boston University School of Management, fand in ihrer wegbereitenden Untersuchung heraus, daß Mentoren ihren Schützlingen zwei Arten von Vorteilen vermitteln können: Unterstützung beim beruflichen Fortkommen (wie etwa Protektion, Einfluß und Betreuung) und Beratung und Coaching.[27]

Ein Großteil des Lernens vollzieht sich in den gewöhnlichen sozialen Interaktionen am Arbeitsplatz, ob es nun als »Coaching« betrachtet wird oder nicht. Judith Jordan, eine Harvard-Psychologin, weist darauf hin, daß jede Beziehung für beide Partner eine Chance ist, persönliche Kompetenzen zu üben und sich so gemeinsam weiterzuentwickeln.[28]

Ein solches beiderseitiges Lernen kann spontan in Beziehungen zwischen Kollegen stattfinden, bei denen Menschen, je nach ihren Stärken und Grenzen, spontan zwischen den Rollen von Mentor und Lernendem wechseln können. »Einige Unternehmen wie Bell Atlantic haben mit Mentorzirkeln experimentiert«, sagte mir Kathy Kram. »Sie versuchten, Gruppen mittlerer weiblicher Führungskräfte zusammenzubringen und ihnen eine höherrangige Führungskraft zur Seite zu stellen, um gängige Probleme bei der Arbeit durchzusprechen. Sie erzählten sich von ihren Erfahrungen, besprachen eingehend, wie man sie hätte bewältigen können, und erweiterten so ihr eigenes Repertoire an Bewältigungsstrategien für dieselben Situationen. Dies führte letztlich zu einer Stärkung ihrer sozialen und emotionalen Kompetenz.«

Wer keinen offiziellen Mentor hat, kann einen Coach engagieren, der in einer bestimmten Fähigkeit oder Kompetenz versiert ist und der für eine befristete Zeit seinen Rat zur Verfügung stellt. Diese Gestaltung unterscheidet sich vom richtigen »Mentoring« durch ihre vorübergehende, aufgabenbezogene Eigenart. Kathy Kram hat herausgefunden, daß jede Beziehung zu jemandem mit mehr Erfahrung oder Kompetenz eine Chance zum Lernen bietet. Und Menschen, die mannigfaltige Beziehungen zu einer breiten Palette von Mitarbeitern in unterschiedlichen Kompetenzbereichen entwickeln, profitieren wahrscheinlich am meisten davon.

Im Rahmen der Schulung der emotionalen Kompetenz bei American Express Financial Advisors suchen die Kursteilnehmer oft einen »Lernpartner«, der ihnen nach ihrer Rückkehr an den Arbeitsplatz mehrere Monate lang ermutigend zur Seite steht. »Die Mitarbeiter unterstützen sich gegenseitig, treffen sich regelmäßig zum Mittagessen oder rufen sich routinemäßig an«, sagte Kate Cannon. »Sie können über jede beliebige Gewohnheit sprechen, die sie ändern möchten – etwa wenn sich jemand übertrieben viel Sorgen macht oder wenn jemand selbstbewußter sein möchte. Sie halten sich gegenseitig auf dem laufenden, geben sich Ratschläge und feuern sich an.«

Solche »Partnersysteme« erhöhen die Übertragung erlernter Fähigkeiten emotionaler Intelligenz auf den Arbeitsplatz.[29] Und die Unterstützung vor Ort kann sehr hilfreich sein: »Wenn Ihr Partner weiß, daß jemand Ihre Schwachstellen ansprechen wird, kann er Ihnen dadurch helfen, daß er Sie gemahnt, sich innerlich darauf einzustellen, bevor Sie sich mit diesem Menschen treffen«, sagte Cannon. Eine derartige kollegiale Unterstützung läßt sich leichter erreichen, wenn, wie dies bei American Express der Fall ist, eine ganze Arbeitsgruppe die Weiterbildung gemeinsam durchläuft.

Weatherhead-Studenten werden in Gruppen von zehn bis zwölf Personen eingeteilt, denen jeweils ein Moderator und eine Führungskraft als Berater zur Seite gestellt werden. Zudem erhält jeder Student einen Mentor, der eine mittlere Führungskraft oder ein Experte ist. Diese Kombination von Kollegengruppe, Berater und Mentor öffnet den Studenten den Zugang zu einer Vielfalt von Menschen, an die sie sich hilfesuchend wenden können, wenn sie ihre Zielkompetenzen stärken.

Vorbilder bereitstellen

Wenn man eine neue Verhaltensweise erlernt, ist es außerordentlich hilfreich, wenn man Zugang zu jemandem hat, der diese Kompetenz in höchstem Maße besitzt. Wir lernen, indem wir andere beobachten; wenn uns jemand eine Kompetenz vorführt, schafft er für uns ein »lebendes Klassenzimmer«.[30]

Aus diesem Grund sollten diejenigen, die emotionale Kompetenz lehren, diese selbst verkörpern. Hier ist das Medium die Botschaft: Ausbilder, die lediglich darüber reden, aber sich in einer Weise verhalten, die keinen Zweifel daran läßt, daß sie diese Kompetenz nicht besitzen, machen ihre Botschaft wertlos. Wenn es darum geht, jemandem beizubringen, wie man ein Computerprogramm benutzt, ist die Herzlichkeit des Ausbilders recht belanglos. Aber sie ist entscheidend, wenn es darum geht, jemandem dabei zu helfen, in seinen Beziehungen zu Kunden ausdrucksvoller und empathischer zu werden oder seinen Zorn in Vorstandssitzungen zu zügeln.

Im JOBS-Programm »war es klar, daß wir Ausbilder brauchten, die soziale und emotionale Kompetenz verkörpern«, sagte mir Robert Caplan. »Das war das Grundprinzip, das unsere Auswahl von Ausbildern und deren Schulung leitete. Und um ihr Kompetenzniveau zu halten, gaben wir ihnen laufende Beurteilungen und Feedback über diese Kompetenzen. Es muß die Kultur der Gruppe durchdringen, die diese Schulung erteilt.«

Im allgemeinen richten wir uns in unserem Verhalten nach hochangesehenen Persönlichkeiten in unserem Unternehmen – was bedeutet, daß wir ebenso ihre negativen wie ihre positiven Gewohnheiten annehmen können.[31] Wenn die Mitarbeiter mit einem unbeherrschten Vorgesetzten zu tun haben – etwa einem, der Untergebene willkürlich rügt –, dann neigen sie dazu, in ihrem eigenen Führungsstil unduldsamer und strenger zu werden.[32]

Ein Manager bei Eastman Kodak sagte mir: »Früher waren wir hier in Rochester eine große Familie. Man sah die anderen jeden Tag, lernte ihren Arbeitsstil kennen, erhielt Ratschläge oder hatte engen Kontakt zu guten Vorbildern – Menschen, die wußten, wie man Beziehungen aufbaut, gut zuhört, Vertrauen bildet und sich Achtung verschafft. Heute dagegen sind die Leute überall verstreut und in kleineren Einheiten isoliert. Man hat nicht mehr dieselben Möglichkeiten, diese weichen Fähigkeiten zu erlernen.«

Da die Wahrscheinlichkeit, daß diese Kompetenzen von Vorbildern verkörpert und weitergegeben werden, geringer geworden sei, so der Manager weiter, spüre er die Notwendigkeit, gezielter darauf hinzuwirken, daß die Mitarbeiter in seiner Abteilung diese Kompetenzen erlernen. »Wir haben einen Entwicklungsplan, um sicherzustellen, daß wir den Mitarbeitern die Fähigkeiten beibringen, die ihnen zum Erfolg verhelfen – nicht nur die fachlichen oder analytischen Fähigkeiten, sondern auch Führungskompetenzen wie Selbstwahrnehmung, Überzeugungskraft und Zuverlässigkeit.«

Ermutigen und Verstärken

Da gab es zwei Krankenschwestern in einem Pflegeheim. Die eine hatte eine kalte und brüske Art, mit Patienten umzugehen, die sich gelegentlich bis zur Grausamkeit steigerte. Die andere war ein Vorbild an einfühlsamer Pflege.[33] Die gefühllose Krankenschwester erledigte ihre Aufgaben jedoch immer pünktlich und befolgte Weisungen; die nette Schwester dagegen setzte sich manchmal über die Regeln hinweg, um einem Patienten zu helfen, und beendete ihre Arbeit oftmals mit Verspätung, hauptsächlich deshalb, weil sie länger mit den Patienten redete. Die Vorgesetzten gaben der gefühlskalten Krankenschwester Spitzenbeurteilungen, während ihre engagierte Kollegin häufig Schwierigkeiten hatte und viel schlechter beurteilt wurde. Wie war so etwas möglich, wo doch der offizielle Auftrag des Pflegeheims lautete, die Patienten fürsorglich zu betreuen?

Derartige Diskrepanzen zwischen dem ausdrücklich verkündeten Auftrag und den Wertvorstellungen eines Unternehmens und dem tatsächlichen Verhalten werden offenkundig, wenn Mitarbeiter ermutigt werden, emotionale Kompetenzen zu stärken, die in der Alltagspraxis einfach nicht unterstützt werden. Das führt dazu, daß die Mitarbeiter emotional kompetenter sind, als es ihre Stellen erfordern oder als es in ihren Unternehmen erwünscht ist.

Ein Unternehmen kann seinen Mitarbeitern helfen, ihre emotionalen Kompetenzen zu verbessern, indem es nicht bloß entsprechende Programme anbietet, sondern auch eine Atmosphäre schafft, die solche Selbstverbesserungen belohnt. Schließlich sind unsere Versuche, uns zu verändern, dann am erfolgreichsten, wenn sie in einer Atmosphäre stattfinden, die uns das Gefühl der Sicherheit gibt.[34] Damit sie sich weiterentwickeln kann, muß eine Kompetenz auf sinnvolle Weise gefördert werden – und dies geschieht nur, wenn sie bei der Arbeit als wertvoll geschätzt wird und sich dies in den Kriterien für die Personalauswahl, die Arbeitsplatzzuweisung, die Beförderung, die Leistungsbeurteilung und ähnlichem widerspiegelt. Das könnte zum Beispiel bedeuten, daß man die Bemühungen der Mitarbeiter, sich gegenseitig zu unterstützen, belohnt und daß man die Schulung der emotionalen Kompetenzen in den Leistungsbewertungsprozeß einbezieht und Gelegenheiten zu 360-Grad-Feedback bietet.

Eine neue Kompetenz muß in der realen Arbeitssituation zum Ausdruck gebracht werden, damit sie sich fest verankert. Wenn zwischen dem Neuerlernten und der Realität am Arbeitsplatz kein Zusammenhang besteht, bedeutet dies, daß das Erlernte wieder verlorengeht. In dem Maße, wie sich ein »Schulungshoch« verflüchtigt, nimmt die Begeisterung, mit der wir das Erlernte anwenden, oftmals ab. Und Personen, die Fortbildungsprogramme durchlaufen, verweisen immer wieder darauf, daß das Ausmaß, in dem sie das Erlernte auf ihren Arbeitsplatz übertragen können, entscheidend davon abhängt, ob das Unternehmen unterstützende Rahmenbedingungen bereitstellt.[35]

Die optimalen unterstützenden Rahmenbedingungen für Fortbildungsmaßnahmen dürften dann gegeben sein, wenn sich eine ganze Arbeitsgruppe darauf konzentriert, ihre Kompetenzen gemeinsam zu fördern, wie dies bei einigen Führungsteams bei American Express Financial Advisors geschieht. In diesen Teams verpflichtet sich jeder einschließlich des Leiters, eine Weiterbildung in emotionaler Kompetenz zu machen. Bei Personalversammlungen erhalten die Mitarbeiter Feedback und motivationale Unterstützung, und es ist Zeit eingeplant, um mit den Mitarbeitern zu besprechen, wie sie mit ihren emotionalen Kompetenzzielen zurechtkommen.

Außerdem wird im Rahmen der Befähigungsbeurteilung von Führungskräften eine Prüfliste verwendet, die emotionale Kompetenzen einbezieht. »Jede hochrangige Führungskraft füllt diese Prüfliste für diejenigen aus, die in ihrer Abteilung arbeiten, und jeder Vizepräsident tut das gleiche für sie«, sagte Cannon. »Dann führen sie ein Gespräch über die Bereiche, in denen sie unterschiedlicher Meinung sind. Die Schlußfolgerungen werden dem Präsidenten des Unternehmens vorgetragen. Dinge wie Beziehungsfähigkeit, Motivation von sich und anderen, Fähigkeit zu eigenverantwortlichem Handeln spielen hier wirklich eine wichtige Rolle.«

Kurz nachdem er das Steuer bei Banker's Trust New York übernommen hatte, engagierte der neue Chairman und CEO, Frank Newman, eine Beratungsfirma, um die Spitzenmanager stärker für die menschlichen Fähigkeiten zu sensibilisieren, die das Unternehmen brauchte, um wettbewerbsfähig zu bleiben.[36] Das Resultat war ein Programm, das klarmachte, daß es nicht mehr genügte, sich lediglich auf den Gewinn zu konzentrieren: Führungsqualitäten würden bei Beförderungen und der Bemessung der Bezüge eine genauso große Rolle spielen.

Wie konnte Newman seine Banker und Wertpapierhändler dazu bringen, dem die gebührende Aufmerksamkeit zu schenken? Er nahm persönlich an jedem Fortbildungsseminar teil, bei dem Mitglieder des Führungsgremiums der Bank selbst als Dozenten auftraten. Der Leiter der Personalentwicklung der Bank formulierte es so: »Auf diese Weise kann niemand sagen: ›Mein Vorgesetzter sagte mir, es sei nicht wichtig.‹«

Beurteilung

Die Empfehlung: Zunächst sollte man fundierte Erfolgskriterien definieren, insbesondere für die Kompetenzen, auf die bei der Weiterbildung abgezielt wurde, und darin Arbeitsleistungskriterien einbeziehen. Die besten Modelle beinhalten Leistungsmessungen vor und nach der Fortbildung, eine weitere Bewertung mehrere Monate nach Abschluß der Fortbildung und Kontrollgruppen mit zufällig ausgewählten Teilnehmern. Dieses Ideal mag schwer zu erreichen sein, doch es gibt Alternativen, etwa statt einer Kontrollgruppe die Ausgangsbeurteilungen zu verwenden oder die Veränderungen in den anvisierten Kompetenzen mit Veränderungen in den nicht anvisierten Kompetenzen zu vergleichen. Und wenn ein Programm die Erwartungen nicht erfüllt, sollte diese Information dazu genutzt werden, den nächsten Fortbildungszyklus zu verbessern.

Doch diese einfachen Grundsätze werden praktisch nirgends beherzigt. Vielmehr existiert eine bedrückende Diskrepanz zwischen der wissenschaftlich empfohlenen Vorgehensweise und der tatsächlichen Durchführung und Bewertung von Weiterbildungsmaßnahmen. Eine Umfrage bei den Fortune-500-Unternehmen brachte an den Tag, daß die für die Personalentwicklung Verantwortlichen der Ansicht sind, daß Weiterbildungen vor allem bewertet werden sollten, um herauszufinden, ob sich die Aufwendungen lohnen.[37]

Die meistbenutzte Datenquelle waren Bewertungsbögen von Teilnehmern, gefolgt von der anhaltenden Nachfrage nach der Weiterbildungsmaßnahme – was eher auf eine Beliebtheitsumfrage hinausläuft, als daß es zuverlässige Indikatoren der Leistungsänderung erbrächte. Forschungen deuten darauf hin, daß keine Korrelation zwischen den Beurteilungen der Kursteilnehmer und ihrem Lernerfolg beziehungsweise der erwiesenen Verbesserung ihrer Arbeitsleistung besteht. Wie heißt es doch in einer Analyse: »Eine positive Beurteilung ist nicht gleichbedeutend mit Lernerfolg.«[38]

Kein einziges Unternehmen setzte routinemäßig die beste Bewertungsmethode ein – eine objektive Überprüfung der Arbeitsleistung vor und nach der Fortbildung. Zehn Prozent gaben an, sie würden gelegentlich so verfahren, auch wenn sich viele dieser Bewertungen ausschließlich auf die Einstellungsänderungen bei den Kursteilnehmern konzentrieren und nicht auf Änderungen ihrer Arbeitsleistung. Doch dies ändert sich allmählich. Eines der ehrgeizigsten Projekte zur Evaluation von Weiterbildungsmaßnahmen ist an der Weatherhead School of Management im Gange.[39] Dort bittet man Studenten, die das Weiterbildungsprogramm in Führungskompetenzen absolviert haben, an einem laufenden Forschungsprogramm teilzunehmen, um herauszufinden, welchen Nutzen ihnen die Förderung dieser Fähigkeiten in ihrer beruflichen Laufbahn bringt. Das Projekt soll über die nächsten fünfzig Jahre weitergeführt werden.

Fünfter Teil

Die emotional intelligente Organisation

12

Dem Unternehmen den
Puls fühlen

Bei einer internationalen Wirtschaftskonferenz, an der ich kürzlich teilnahm, wurden die Anwesenden gefragt: »Besitzt Ihr Unternehmen eine explizite strategische Mission?« Etwa zwei Drittel hoben die Hand.

Dann wurden sie gefragt: »Beschreibt die strategische Mission die alltägliche Arbeitswirklichkeit in Ihrem Unternehmen?« Alle bis auf einige wenige ließen die Hände sinken.

Wenn eine eklatante Diskrepanz zwischen der expliziten Vision eines Unternehmens und der praktischen Realität besteht, können die darin unausbleiblichen emotionalen Konsequenzen von zynischem Selbstschutz bis zu Wut und sogar Verzweiflung reichen. Unternehmen, die ihre Ertragskraft um den Preis der Verletzung des impliziten Wertekodex ihrer Mitarbeiter erreichen, bezahlen einen emotionalen Preis: eine Bürde aus Scham und Schuld, das Gefühl, daß der eigene Erfolg mit einem Makel behaftet ist.

Ein emotional intelligentes Unternehmen muß die Diskrepanzen zwischen den Werten, die es verkündet, und denen, die es praktiziert, beseitigen. Klarheit über die Werte, die Einstellung und die strategische Mission eines Unternehmens führt zu ausschlaggebendem Selbstvertrauen bei der internen Willensbildung.

Die strategische Mission eines Unternehmens dient einem emotionalen Zweck: der Artikulation des gemeinsamen Bekenntnisses zur Integrität, die es erlaubt, die gemeinschaftliche Leistung als lohnend zu betrachten. Für ein Unternehmen zu arbeiten, das seinen Erfolg an der Erfüllung einer sinnvollen Mission mißt – nicht bloß am Jahresüberschuß –, wirkt als solches motivierend und kraftspendend.

Die Einsicht in diese gemeinsamen Werte erfordert emotionale Selbstwahrnehmung auf Unternehmensebene. So, wie jeder in den verschiedenen Kompetenzbereichen ein Profil von Stärken und Schwächen besitzt und sich ihrer in einem bestimmten Maße bewußt ist, sollte dies auch bei Unternehmen der Fall sein. Für jede betriebsinterne Kompetenz lassen sich diese Profile auf jeder Organisationsebene erstellen:

Geschäftsbereich für Geschäftsbereich und dann durch sämtliche kleineren Einheiten bis hinunter auf die Ebene der einzelnen Arbeitsgruppe.

Doch nur wenige Unternehmen unterziehen sich einer solchen Bestandsaufnahme. Wie viele Betriebe wissen etwa, wo stümperhafte Manager ihre Untergebenen mit Ressentiments infizieren und ihnen Angst einjagen oder wer von den Vertriebsleuten besonders geschäftstüchtig ist? Viele Unternehmen *glauben* vielleicht, daß sie diese Bewertungen mit internen Umfragen zur Arbeitszufriedenheit, Einsatzbereitschaft und ähnlichem vornehmen. Aber dieses Standardinstrumentarium verfehlt möglicherweise das Ziel.

Das Personnel Resources and Development Center beim U.S. Office of Personnel Management hat unter Leitung von Marilyn Gowing einige der meistbenutzten firmeninternen Erhebungen ausgewertet.[1] Die Frage: Inwieweit erfassen diese Befragungen die emotionale Intelligenz auf Unternehmensebene?

Es gab, so Gowing, »einige erstaunliche Lücken« in dem, was gemessen wurde. Diese Lücken wiesen auf ungenutzte Potentiale zur Steigerung der Effizienz hin – und auf Methoden zur Diagnose von Leistungsdefiziten.

Zu den bemerkenswertesten Lücken gehören:

- *Emotionale Selbstwahrnehmung:* das Erfassen des emotionalen Klimas und seiner Auswirkungen auf die Leistungsfähigkeit.
- *Leistung:* das betriebliche Umfeld nach wichtigen Daten und Chancen zu unternehmerischer Initiative absuchen.
- *Anpassungsfähigkeit:* flexible Reaktion auf Herausforderungen und Hindernisse.
- *Selbstkontrolle:* unter Druck gute Leistungen erbringen, statt mit Panik, Zorn oder Bestürzung zu reagieren.
- *Integrität:* die Verläßlichkeit, die Vertrauen bildet.
- *Optimismus:* nach Rückschlägen neue Kraft schöpfen.
- *Empathie:* die Gefühle und den Standpunkt von anderen verstehen, gleich ob es sich um Kunden, Klienten oder firmeninterne Gruppen handelt.
- *Vielfalt nutzen:* Unterschiede als Chancen begreifen.
- *Politisches Bewußtsein:* relevante ökonomische, politische und soziale Trends verstehen.
- *Einfluß:* Überredungskunst besitzen.
- *Kontakte knüpfen:* die Stärke der persönlichen Bindungen zwischen weit entfernten Personen und Teilen eines Unternehmens.

Die Bedeutung dieser Kompetenzen für jedes Unternehmen scheint auf der Hand zu liegen. Während ich diese Zeilen schreibe, beklagen Spitzenführungskräfte von Microsoft öffentlich den Mangel an politischem Bewußtsein in ihrem Unternehmen, ein Defizit, das Microsoft in dem Rechtsstreit mit dem Justizministerium, das dem Unternehmen monopolistische Praktiken vorwirft, offenbar zum Nachteil gereicht.

Allerdings bleibt abzuwarten, in welchem Ausmaß jede dieser kollektiven Kompetenzen eine bessere Leistungsbilanz des Unternehmens vorhersagt. Aber genau das ist der Punkt: Niemand scheint hinzusehen.

Man stelle sich die Vorteile für Unternehmen vor, die diese Kompetenzen fördern – und die Probleme für diejenigen, die dies nicht tun. Lassen Sie mich mein Argument anhand der Auswirkungen, die drei verschiedene Kompetenzen auf die Leistungsfähigkeit von Unternehmen haben können, verdeutlichen: Selbstwahrnehmung, offener Umgang mit Emotionen und Leistungsmotivation.

Blinde Flecke

An einem heißen Tag im August stapft eine Familie mit zwei Kindern, die Handtücher, Spielzeug und Strandkleidung eingepackt haben, durch den glühendheißen Sand am Strand, als das Jüngste, ein Mädchen von etwa fünf Jahren, plötzlich zu quengeln beginnt: »Ich will *Wasser.* Gebt mir *Wasser.*«

Ihr Vater, verärgert über ihren quengelnden Ton, beklagt sich bei der Mutter: »Wo hat sie diesen Ton gelernt?«

Dann sagt er schroff zu seiner greinenden Tochter: »Niemand hört dich, wenn du so sprichst« – und geht weiter, rigoros ihre klagende Bitte ignorierend.

Durch zahllose Interaktionen wie diese – oftmals versteckter und unausgesprochen – lernte jeder von uns einst in seiner Familie eine Reihe von Regeln über Aufmerksamkeit und Emotionen.

Die erste Regel: Folgendes beachten wir.
Die zweite Regel: Wir nennen es folgendermaßen.
Die dritte Regel: Folgendes beachten wir nicht.
Die vierte Regel: Da wir es nicht beachten, geben wir ihm auch keinen Namen.

Das gleiche geschieht in Wirtschaftsbetrieben. Jedes Unternehmen besitzt eine spezifische Zone kollektiver Erfahrungen – gemeinsamer Gefühle und geteilter Informationen –, die nicht artikuliert werden beziehungsweise die nur vertraulich und nicht öffentlich besprochen werden und die so einen blinden Fleck im Unternehmen bilden.

Diese Zonen der Unaufmerksamkeit können potentielle Gefahren in sich bergen. Bei der Niederlassung der Barings Bank in Singapur beispielsweise ermöglichte die Tatsache, daß ein betrügerischer Wertpapierhändler sowohl für die Abschlüsse als auch für deren Abwicklung zuständig war – so daß seine Wertpapiergeschäfte von niemandem kontrolliert wurden –, den Verlust von Hunderten von Millionen Dollar, was zum Konkurs des Unternehmens führte. Bei Archer Daniels Midland, einem Riesen der Agroindustrie, wurde aufgrund eines geheimen Einverständnisses eine Preisabsprache getroffen, die nach ihrer Aufdeckung zur Anklageerhebung gegen mehrere Spitzenführungskräfte führte.

Die Unternehmensfamilie

Die Regeln, die uns sagen, was wir am Arbeitsplatz artikulieren dürfen, sind Bestandteil des impliziten Vertrags, den jedes Unternehmen mit seinen Mitgliedern schließt. Die Befolgung dieser Regeln ist der Preis, den man zahlen muß, um in die Unternehmensfamilie aufgenommen zu werden. So übersehen wir etwa geflissentlich, daß unser Vorgesetzter ein unfähiger Alkoholiker ist, der vor Jahren eine bessere Position bekleidete und dann auf diese Stelle abgeschoben wurde, um ihn aus der Schußlinie der Unternehmensspitze zu bringen. Wir wenden uns einfach an seinen Assistenten (der im Grunde genommen seine Arbeit erledigt), wie es alle anderen auch tun.

Angst – die nicht unbegründet ist – erlegt Menschen Stillschweigen auf. Nehmen wir das Schicksal von Mitarbeitern, die Verfehlungen ihres Unternehmens öffentlich anprangern. Studien über diese Menschen haben gezeigt, daß sie in der Regel nicht von rachsüchtigen oder egoistischen Motiven angetrieben werden, sondern einen edelmütigen Beweggrund haben: Treue zur Ethik ihres Berufsstandes oder zur erklärten Mission und den expliziten Grundsätzen ihres Unternehmens. Und doch werden die meisten von ihrem Unternehmen drangsaliert – entlassen, verfolgt, verklagt –, statt daß man ihnen dankt.

Sie begehen die schwerste Sünde: Sie sprechen das Unaussprechbare aus. Und ihre Vertreibung aus dem Unternehmen sendet ein still-schweigendes Signal an alle übrigen Mitarbeiter aus: »Halten Sie sich an die heimliche Absprache, damit nicht auch Sie Ihre Zugehörigkeit verlieren.« Insofern diese heimliche Absprache dafür sorgt, daß Fragen, die für den Erfolg des Unternehmens von zentraler Bedeutung sind, nicht gestellt werden, bedrohen sie dessen Fortbestand.

Das geheime Einverständnis fördert zudem frustrierende Gruppen-scharaden, wie dieses Beispiel aus einer Studie zeigt, bei der die Ent-scheidungsfindung in Sitzungen des Führungsgremiums beobachtet wurde:

Die Untergebenen stimmten darin überein, daß zuviel Zeit mit lang-atmigen Vorträgen verbracht wurde, die dem Präsidenten gefallen sollten. Der Präsident dagegen teilte uns vertraulich mit, daß er langen und manchmal trockenen Vorträgen nur widerwillig zuhörte (vor allem wenn er die meisten Daten bereits kannte). Er war jedoch der Ansicht, daß es wichtig sei, dies über sich ergehen zu lassen, weil es die Mitar-beiter möglicherweise dazu brachte, sich intensiver mit dem Problem auseinanderzusetzen![3]

Geschäft ist Geschäft

Zu Beginn der neunziger Jahre traf Carl Frost, ein amerikanischer Un-ternehmensberater, in Schweden mit Arbeitsgruppen von Volvo zu-sammen.[4] Das Gespräch drehte sich um die Verlängerung des Urlaubs, den sie alle für dieses Jahr erwarteten. Doch Frost hatte sich mit einer bedenklichen Tatsache auseinanderzusetzen, die den zusätzlichen Ur-laub erklärte: Es gab einen Absatzeinbruch. Volvo saß auf einem rie-sigen Überbestand, die Nachfrage war gering, und die Fließbänder stan-den still.

Frost stellte fest, daß die Manager mit dem Beschluß, ihren Urlaub zu verlängern, recht zufrieden waren. Doch er spürte die Notwendig-keit, Fragen aufzuwerfen, um Fakten zutage zu fördern, vor denen die Mitarbeiter von Volvo blind zu sein schienen. Maßgeblich war die Tat-sache, daß Volvo im globalen Wettlauf um den Automarkt immer wei-ter zurückfiel: Die Fertigungskosten bei Volvo waren höher als die aller anderen großen Automobilhersteller; die Arbeiter von Volvo brauch-ten doppelt so lange, um ein Auto zusammenzubauen, wie japanische Arbeiter, und Volvos Export war in den letzten Jahren um 50 Prozent zurückgegangen.

Das Unternehmen befand sich in der Krise, seine Zukunft – und die Arbeitsplätze – waren in Gefahr. Und doch, so Frost, habe jeder so getan, als ob alles in Ordnung wäre. Niemand schien einen Zusammenhang zwischen dem Urlaub, den sie nehmen sollten, und der Zukunft des in Schieflage geratenen Unternehmens zu sehen.

Diese gleichgültige Haltung war nach Frosts Einschätzung ein Zeichen für eine schwerwiegende Störung der innerbetrieblichen Kommunikation, die es den Arbeitern bei Volvo unmöglich machte, den Zusammenhang zwischen ihrer Situation und dem allgemeinen Schicksal des Unternehmens zu erkennen. Daß diese Einsicht fehlte, so behauptete er, habe dazu geführt, daß sie sich nicht in der Verantwortung fühlten, ihrem Unternehmen zu helfen, wettbewerbsfähiger zu werden.

Um ein Unternehmen gegen ein solches stillschweigendes Einverständnis zu wappnen, muß man seinen internen Informationsfluß vertrauensvoller und offener gestalten. Dies erfordert eine Atmosphäre, in der Wahrheit einen hohen Stellenwert genießt, wie beängstigend sie auch sein mag, und in der eine Frage von allen Seiten beleuchtet wird. Doch eine solche echte Diskussion ist nur möglich, wenn sich alle so frei fühlen, daß sie kein Blatt vor den Mund nehmen, weil sie keine Angst haben müssen, bestraft, schikaniert oder lächerlich gemacht zu werden.

Bei einer Umfrage von Coopers & Lybrand bei den Fortune-500-Unternehmen waren nur 11 Prozent der Firmenbosse der Meinung, daß »Überbringer schlechter Nachrichten in meinem Unternehmen ein hohes Risiko eingehen«. Doch ein Drittel der mittleren Führungskräfte in diesen Unternehmen sagte, daß Überbringer schlechter Nachrichten sich selbst in Gefahr brächten. Und etwa die Hälfte der gewöhnlichen Beschäftigten meinten, das Publikmachen schlechter Nachrichten sei mit einem erheblichen Risiko verbunden.[5]

Diese Diskrepanz zwischen der Führungsspitze und denjenigen, die die tagtäglichen Vorgänge aus unmittelbarer eigener Anschauung kennen, bedeutet, daß die obersten Entscheidungsträger möglicherweise in der Illusion leben, sie erhielten alle erforderlichen Daten, während die Personen, die über die Daten – insbesondere heikle Informationen – verfügen, zu große Angst haben, sie weiterzuleiten. Führungskräfte, die es versäumen, ein Klima zu schaffen, das Mitarbeiter dazu ermutigt, all ihre Bedenken und Fragen einschließlich beunruhigender Nachrichten vorzubringen, handeln sich dadurch selbst Probleme ein. Denn dann, so William Jennings, der die Befragung von Coopers & Lybrand leitete, »können die Beschäftigten interne Kontrollen leicht als ein Produktivitätshemmnis empfinden und sich allein darauf konzentrieren, die ›Vorgaben zu erreichen‹.«[6]

Man erzählt sich, daß der ehemalige Präsident von PepsiCo, Wayne Calloway, mit allen neueingestellten Führungskräften ein persönliches Gespräch führte. Angeblich sagte er ihnen: »Sie können hier aus zwei Gründen entlassen werden. Erstens: Sie erreichen Ihre Zahlen nicht. Zweitens: Sie lügen. Aber am schnellsten sind Sie draußen, wenn Sie über Ihre Zahlen lügen.«

»Wenn einem Manager Informationen vorenthalten wurden, insbesondere über einen geschäftlichen Fehlschlag, kannte er keine Gnade«, sagte mir ein früherer Kollege von Calloway. »Wenn man ihm dagegen sofort reinen Wein einschenkte, war er sehr nachsichtig. So entstand eine Kultur, in der die Beschäftigten sehr offen, sehr authentisch und sehr aufrichtig waren.«

Man vergleiche dies mit dem Kommentar einer Führungskraft über ein High-Tech-Unternehmen: »Wenn man hier die Wahrheit sagt, kann man seine Karriere vergessen.«

Offener Umgang mit Emotionen

Ein oft übersehenes Anzeichen der Existenzfähigkeit eines Unternehmens sind die typischen emotionalen Zustände seiner Beschäftigten. Die Systemtheorie sagt uns, daß das Außerachtlassen *irgendeiner* relevanten Datenkategorie unser Verständnis und unser Reaktionsspektrum einschränkt. Die Erkundung der Tiefen der emotionalen Ströme in einem Unternehmen kann konkrete Vorteile mit sich bringen.

Sehen wir uns eine Gasfabrik von Petro Canada an, der größten Erdöl- und Ergasraffinerie des Landes. »In den Gasfabriken kam es zu einer Serie von Unfällen, einige davon mit tödlichem Ausgang«, sagte mir ein Berater, der engagiert worden war, um Abhilfemaßnahmen zu erarbeiten. »Ich fand heraus, daß die Macho-Kultur in der petrochemischen Industrie die Beschäftigten dazu zwingt, ihre Gefühle zu verbergen. Wenn jemand in gedrückter Stimmung zur Arbeit erschien, sich Sorgen wegen der Krankheit seines Kindes machte oder wegen eines Zwistes mit seiner Frau schlechte Laune hatte, fragten seine Arbeitskollegen ihn nie, wie es ihm gehe oder ob er sich fit genug für die Arbeit fühle. Dies führte dazu, daß der Betreffende unaufmerksam war und einen Unfall verursachte.«

Nachdem die Verantwortlichen des Unternehmens erkannt hatten, welche menschlichen Kosten mit dem Ignorieren von Emotionen am Arbeitsplatz verbunden waren, organisierten sie eine Reihe von Workshops, »um den Beschäftigten bewußt zu machen, daß ihr emotionaler Zustand Folgen hat – daß *er von Bedeutung ist.* Sie erkannten, daß sie sich umeinander kümmern mußten und daß sie sich und anderen einen Gefallen taten, wenn sie sich danach erkundigten, wie es ihnen ging. Wenn jemand an einem bestimmten Tag nicht in Form war, sollten sie zu ihm sagen: ›Ich glaube nicht, daß ich heute mit dir arbeiten kann.‹ Und ihre Unfallbilanz verbesserte sich.«

Ich möchte damit nicht dafür plädieren, Unternehmen zu Orten zu machen, an denen die Mitarbeiter sich gegenseitig ihr Herz ausschütten – was einer alptraumhaften Vision des Büros als einer Art fortwährender Selbsterfahrungsgruppe entsprechen würde. Das wäre völlig kontraproduktiv und würde den Unterschied zwischen Berufs- und Privatleben verwischen, was seinerseits auf mangelhafte emotionale Kompetenz hindeuten würde.

Vom Standpunkt der Arbeit sind Gefühle insoweit von Belang, als sie das Erreichen des gemeinsamen Ziels erleichtern oder erschweren. Das Paradox besteht nun darin, daß unsere Interaktionen am Arbeitsplatz Beziehungen sind wie andere auch; wir sind auch hier unseren Leidenschaften unterworfen. Der Managementexperte Warren Bennis formuliert es so: »Man fühlt sich mit seinem Schmerz allein gelassen – mit den Kränkungen, der Einsamkeit, den geschlossenen Türen, all den Dingen, die ungesagt und unbeachtet bleiben. Es ist nicht statthaft, darüber zu sprechen.«

In zu vielen Unternehmen ziehen die Grundregeln, die emotionale Sachverhalte ausgrenzen, unsere Aufmerksamkeit von solchen emotionalen Interferenzen ab, so als ob diese keine Rolle spielten. Derartige Scheuklappen fördern endlose Probleme: Entscheidungen, die demoralisieren; Schwierigkeiten, schöpferische Potentiale zu entfalten und Entscheidungen zu treffen; das Übersehen der zentralen Bedeutung sozialer Kompetenz; die Unfähigkeit, zu motivieren, geschweige denn zu inspirieren; nichtssagende strategische Missionen und leere modische Schlagworte; Führung durch starre Reglementierung, Mangel an Elan bzw. Energie; Plackerei statt Spontaneität; mangelnder Korpsgeist; Teams, die nicht funktionieren.

Ausgebrannt? Selber schuld!

Eine Führungskraft bei einem rasch expandierenden Unternehmen, in dem die Fluktuationsrate in jüngster Zeit bei 40 Prozent lag, sagte mir: »Die Leute an der Spitze haben vor lauter Arbeit praktisch keine Freizeit mehr; viele stehen kurz davor, sich scheiden zu lassen. Unsere Vergütung ist phantastisch, aber wenn man nicht Jahr für Jahr bessere Ergebnisse vorzuweisen hat, wird man gefeuert. Hier gibt es keine Arbeitsplatzsicherheit.«

Solche Klagen sind die neue Kehrseite einer Technologie- und Wettbewerbslandschaft, die zu einer Erhöhung von Ansprüchen aller Art geführt hat. »Es ist ein ständiger Streß«, sagte mir ein Manager bei einem überaus erfolgreichen Unternehmen. »Heute gibt es zu starke Turbulenzen, einfach aufgrund der schieren Komplexität der wirtschaftlichen Rahmenbedingungen. Früher konnte man sich zu Hause erholen, aber wenn man heute für ein globales Unternehmen arbeitet, muß man zwanzig Stunden pro Tag verfügbar sein – damit man Europa um vier Uhr morgens und Asien bis Mitternacht anrufen kann.«

Eine Methode, die sein Unternehmen einsetzt, um die Mitarbeiter dazu zu bringen, sich ständig zu neuen Höchstleistungen anzuspornen, besteht darin, mit gewaltigen Anreizen zu locken: Sie bezahlen besser als alle anderen, und viele Mitarbeiter erhalten enorme Leistungsprämien. Für das Unternehmen ist es eine Erfolgsstrategie, die jedoch oftmals mit hohen persönlichen Kosten verbunden ist. Unternehmen wie dieses können die Produktivität gewissermaßen »turboladen« – bis zu einem gewissen Punkt. Die engagiertesten Mitarbeiter werden für ihren Einsatz reich belohnt, aber wenn sie auf diesem übersteigerten Leistungsniveau gehalten werden, dann nimmt ihr Privatleben, ihre Arbeitsmoral oder ihre Gesundheit – oder alle drei – Schaden.

Nur wenige Unternehmen erkunden das Ausmaß, in dem sie den Streß selbst erzeugen. In der Regel wird dem Betreffenden selbst die Schuld an seinem Zustand gegeben. »Das Ausgebranntsein ist ein Problem des einzelnen«, sagte ein Boß den Forschern.[7] »Es wirkt sich nicht weiter auf die Produktivität des Unternehmens aus. Es ist ein schwer greifbares Problem, keine klar umrissene Frage des finanziellen oder strategischen Managements. Wenn die Mitarbeiter einen Sprachkurs oder ihre Urlaubstage dazu nutzen wollen, sich zu entspannen, ist das schön und gut. Dazu sind diese Dinge ja da. Viel mehr kann das Unternehmen aber nicht tun.«

Die eklatanten Irrtümer dieses Herrn: die Annahme, daß ein Unternehmen nicht mehr tun kann und daß sich eine solche emotionale Erschöpfung nicht auf die Produktivität des Unternehmens auswirkt. Eines der deutlichsten Anzeichen des Ausgebranntseins ist ein plötzlicher Rückgang der Produktivität und die Unfähigkeit, selbst Routineaufgaben zu erledigen. Wenn das nicht nur bei ein paar Personen, sondern bei ganzen Gruppen von Mitarbeitern der Fall ist, wird die Leistungsbilanz des Unternehmens zweifellos darunter leiden.

Eine Studie über ausgebrannte Krankenpfleger verdeutlicht dies. In einer großen Klinik korrelierte das Ausmaß, in dem Pflegekräfte auf den Stationen klassische »Burnout«-Syndrome wie Zynismus, Erschöpfung und Frustration über die Arbeitsbedingungen zeigten, mit der Unzufriedenheit der Patienten mit ihrem Krankenhausaufenthalt. Je zufriedener die Pflegekräfte mit ihrer Arbeit waren, um so positiver beurteilten die Patienten ihre medizinische Versorgung.[8] Da Patienten Konsumenten sind, die darüber entscheiden, wo sie ihr Geld für die Wiederherstellung ihrer Gesundheit ausgeben, können sich solche menschlichen Gegebenheiten nachhaltig auf die Wettbewerbsfähigkeit der Krankenhäuser auswirken, in denen die Pflegekräfte arbeiten.

Betrachten wir auch das Risiko, wenn etwas schiefgeht. In einer Studie an zwölftausend Pflegekräften zeigte sich, daß die Abteilungen und Krankenhäuser, in denen sich die Angestellten am meisten über Arbeitsstreß beklagten, die meisten Schadensersatzklagen wegen ärztlicher Kunstfehler zu verzeichnen hatten.[9]

Wie man Leistungsfähigkeit herabsetzt

Unternehmen können viel tun, um sich – und ihre Mitarbeiter – vor den Kosten des Ausgebranntseins zu schützen. Dies geht aus einer Serie von Studien über die Ursachen des Burnout-Syndroms hervor, die über fünfundzwanzig Jahre an mehreren tausend Männern und Frauen aus Hunderten von Unternehmen durchgeführt wurden.[10] Während sich die meisten Untersuchungen des Burnout-Syndroms auf das Individuum konzentrieren, betrachteten diese Studien die Praktiken und Muster in den Organisationen, in denen diese Menschen arbeiteten. Sie erfaßten sechs Hauptfaktoren, mit denen Organisationen ihre Mitarbeiter demoralisieren und demotivieren:

- *Arbeitsüberlastung:* ein zu großes Arbeitspensum bei zuwenig Zeit und zuwenig Unterstützung. Stellenkürzungen erfordern von Vorgesetzten, daß sie mehr Mitarbeiter betreuen, Krankenpfleger mehr Patienten, Lehrer mehr Schüler, Bankangestellte mehr Transaktionen abwickeln und Manager mehr administrative Aufgaben erledigen. In dem Maße, wie das Tempo, die Komplexität und Arbeitsanforderungen zunehmen, fühlen sich die Betreffenden überfordert. Die Steigerung des Arbeitspensums verringert die Zeit für Verschnaufpausen, in denen man sich erholen kann. Die Erschöpfung nimmt zu, die Arbeit leidet darunter.
- *Mangelnde Autonomie:* für die Arbeit rechenschaftspflichtig sein, aber keinen Einfluß darauf haben, wie sie angepackt wird. Mikromanagement bedeutet Frustration, wenn Arbeitskräfte Möglichkeiten sehen, ihre Arbeit besser zu verrichten, aber durch starre Regeln daran gehindert werden. Dies verringert die Verantwortlichkeit, die Flexibilität und die Innovativität. Die emotionale Botschaft an die Beschäftigten lautet: Das Unternehmen weiß ihre Urteilsfähigkeit und ihre angeborenen Fähigkeiten nicht zu würdigen.
- *Knauserige Vergütung:* für mehr Arbeit zuwenig Gehalt bekommen. Bei Personalabbau, Lohnstopps und Trends zu Leiharbeit sowie Streichungen bei Lohnzusatzleistungen wie den Krankenversicherungszuschüssen zweifeln die Mitarbeiter zunehmend daran, daß ihr Gehalt mit ihrem beruflichen Fortkommen steigt. Zudem verlieren sie eine emotionale Gratifikation: Arbeitsüberlastung führt zusammen mit mangelnder Autonomie und Arbeitsplatzsicherheit dazu, daß die berufliche Tätigkeit immer unbefriedigender wird.
- *Verlust der sozialen Einbindung:* zunehmende Isolation am Arbeitsplatz. Persönliche Beziehungen sind der Leim, der Teams zu Spitzenleistungen antreibt. Ständige Umbesetzungen vermindern die Bindung an die Arbeitsgruppe. In dem Maße, wie Beziehungen zersplittern, wird die Befriedigung, die aus dem Gefühl der Zusammengehörigkeit mit den Kollegen erwächst, untergraben. Das zunehmende Gefühl der Entfremdung leistet Konflikten Vorschub, gerade weil es die gemeinsame Geschichte und die emotionalen Bindungen aushöhlt, die solche Spaltungen heilen können.
- *Ungerechtigkeit:* Ungerechtigkeit in der Behandlung von Mitarbeitern. Mangelnde Fairneß erzeugt Ressentiments, egal ob dies auf ungleiche Bezahlung oder ungleiche Arbeitspensen, auf das Ignorieren von Beschwerden oder willkürlich erscheinende Verhaltensregeln zurückzuführen ist. Die rasche Erhöhung von Gehalt und Zulagen

der Spitzenführungskräfte, während die Gehälter an der Basis kaum oder gar nicht steigen, untergräbt das Vertrauen der Mitarbeiter in die Personen, die das Unternehmen leiten. Ressentiments entstehen, wenn man nicht offen miteinander redet. Das Ergebnis: Zynismus und Entfremdung, zusammen mit nachlassendem Engagement für die strategische Mission des Unternehmens.

- *Wertekonflikte:* Inkongruenz zwischen individuellen Prinzipien und den Anforderungen des Arbeitsplatzes. Wenn Beschäftigte dazu gezwungen sind, zu lügen, um einen Kauf abzuschließen, oder eine Sicherheitsüberprüfung auszulassen, um einen Auftrag rechtzeitig zu erledigen, oder machiavellistische Taktiken einzusetzen, um in einem knallharten Wettbewerbsumfeld zu überleben, dann geht dies auf Kosten ihres moralischen Verantwortungsgefühls. Tätigkeiten, die ihren Werten zuwiderlaufen, demoralisieren die Beschäftigten und veranlassen sie, den Wert ihrer Arbeit in Frage zu stellen. Das gleiche tun hochtrabende Missionen, wenn sie durch die Alltagsrealität der betrieblichen Abläufe widerlegt werden.

Diese verschiedenen Formen des Fehlverhaltens in einem Unternehmen erzeugen auf lange Sicht chronische Erschöpfung, Zynismus und einen Verlust an Motivation, Enthusiasmus und Produktivität.[11]

Betrachten wir nun die Vorteile, die ein Unternehmen daraus zieht, seine kollektive emotionale Intelligenz zu stärken.

Wille zum Erfolg

Ein Betrieb war drauf und dran, den Wettlauf mit seinen Konkurrenten zu verlieren, die Preisangebote für potentielle Aufträge binnen zwanzig Tagen an Kunden weiterleiteten, während unser Produzent vierzig Tage brauchte, um die Angebote zu erstellen.

Dies veranlaßte die Verantwortlichen zu einer grundlegenden Umgestaltung der entsprechenden Abläufe. Sie änderten den Prozeß der Angebotserstellung, indem sie weitere Kontrollstellen einbauten, diese zum Teil computerisierten und andere strukturelle Veränderungen vornahmen. Ergebnis: Die Bearbeitungszeit für Preisangebote erhöhte sich von vierzig auf fünfundfünfzig Tage.

Daraufhin engagierten sie Berater, die Spezialisten auf dem Gebiet der Umgestaltung betrieblicher Abläufe waren. Die Zeit bis zur Abgabe der Preisangebote stieg auf siebzig Tage – und die Fehlerrate erhöhte sich auf 30 Prozent.

In ihrer Verzweiflung schalteten sie nun Experten ein, die sich in den Methoden der »lernenden Organisation« auskannten. Mittlerweile ist die Zeit, die sie brauchen, um ein Angebot an Kunden weiterzuleiten, auf fünf Tage gesunken, und die Fehlerrate liegt bei 2 Prozent.

Wie haben sie das gemacht? Sie änderten ihre Arbeitsbeziehungen, nicht die Technologie oder die Struktur. »Man kann ein menschliches Problem nicht mit technologischen oder strukturellen Veränderungen lösen«, sagte mir Nick Zeniuk, der Leiter des Interactive Learning Labs, der das Unternehmen durch den Lernprozeß führte.

Zeniuk muß es wissen. Er erlangte Berühmtheit auf dem Gebiet des Organisationslernens, weil er dieser Methode zu einem triumphalen Erfolg verhalf, als er, zusammen mit Fred Simon, die Markteinführung eines Autos, des Lincoln Continental, im Jahr 1995 leitete, und ihr Beispiel wird von Peter Senge vom Learning Center des MIT als eine klassische Erfolgsgeschichte zitiert.[12]

Es steht außer Frage, daß der neugestaltete Lincoln Continental 1995 eine spektakuläre Erfolgsgeschichte war. Unabhängige Bewertungen der Fahrzeugqualität und der Zufriedenheit der Käufer setzten den Lincoln 1995 an die Spitze der Typenliste von Ford; er schnitt besser ab als jeder andere amerikanische Wagen in seiner Klasse und lag gleichauf mit den besten ausländischen Konkurrenzprodukten, vom Mercedes bis zum Infiniti. Die Zufriedenheit der Kunden stieg um 9 Prozent auf 85 Prozent (Lexus, das bestbewertete Auto, erreichte 86 Prozent).

Ebenso eindrucksvoll: Obgleich das Projekt der Neuentwicklung vier Monate verspätet anlief, kam der Wagen bereits einen Monat vor der geplanten Einführung auf den Markt. Und der neue Lincoln erreichte oder übertraf sämtliche Kennzahlen, an denen der Produktionserfolg gemessen wurde – eine großartige Leistung, wenn man bedenkt, daß der Prozeß insgesamt mehr als tausend Menschen, ein Kernteam von 300 Mitarbeitern und ein Budget von einer Milliarde Dollar umfaßte.

Man hätte die Herausforderung leicht als rein technisch betrachten können – ein kognitives Rätsel par excellence, das nur von den intelligentesten Leuten mit dem größten Sachverstand gelöst werden könnte. Der Entwurf eines Autos erfordert die Verknüpfung von Hunderten zum Teil widersprüchlichen Anforderungen, vom Drehmoment des Motors bis zum Bremssystem, von der Beschleunigung bis hin zur Kraftstoffersparnis. Der verzwickteste und schwierigste Teil beim Entwurf eines neuen Autos sind die endgültigen technischen Spezifikationen seiner Komponenten – eine Aufgabe, die vergleichbar ist mit der Festlegung der Größe und Form jedes Teils eines riesigen Puzzles, wobei man die Teile im Prozeß der Lösung selbst gestaltet.

Verständlicherweise müssen Projektgruppen, die mit der Entwicklung neuer Autos befaßt sind, nach der Montage eines Prototyps häufig viele ihrer Entwurfsspezifikationen nachbessern, weil mit dem ersten Prototyp unvorhergesehene Probleme sichtbar werden. Zu diesem Zeitpunkt – sobald flüssiges Roheisen in eine Form gegossen worden ist, um ein Arbeitsmodell herzustellen – ist eine solche Nachbesserung ziemlich kostspielig: Dazu müssen nämlich für jedes betroffene Teil die entsprechenden Maschinen umgerüstet werden, was in der Regel Kosten von Millionen von Dollar verursacht.

Das Entwicklungsteam für den Continental gab jedoch nur ein Drittel des Budgets von 90 Millionen Dollar aus, das für die Umrüstungserfordernisse eingeplant war, und widersetzte sich damit einem branchenweiten Trend, das Umrüstungsbudget zu überschreiten. Das Entwicklungsprojekt war so effizient wie der Motor des Continental selbst: Die technischen Zeichnungen der Komponenten waren einen Monat früher als geplant fertig, statt, wie gewöhnlich, drei bis vier Monate zu spät, wobei statt der normalen 50 Prozent 99 Prozent der Teile bereits in ihrer endgültigen Form vorlagen.

Harte Ergebnisse, weiche Mittel

Das Entwicklungsteam des Continental stand vor der Herausforderung, harte Ergebnisse – ein besseres Auto – mit Methoden zu erreichen, von denen viele Manager in der Automobilindustrie wenig hielten: Offenheit, Integrität, Vertrauen und reibungslose Kommunikation.[13] In der Firmenkultur dieser Branche galten solche Werte traditionell sehr wenig: Sie war hierarchisch und basierte auf dem Autoritätsprinzip, wonach der Chef alles am besten weiß und sämtliche wichtigen Entscheidungen allein trifft.

Die Bewältigung dieses Problems ging mit starken emotionalen Turbulenzen einher. Es gab ein allgemeines Gefühl der Frustration wegen der viermonatigen Verspätung und eine Fülle von Barrieren, die Vertrauen und Offenheit verhinderten. Eines der größten Hindernisse war jemand an der Spitze des Teams; Zeniuk erinnert sich daran, daß die Spannungen zwischen ihm und dem Finanzmanager so groß waren, daß er sich mit ihm nur »im Hochdezibelbereich« unterhalten konnte.

Diese Spannung war ein Symptom für die tiefe Feindseligkeit und das Mißtrauen zwischen denjenigen, die für die Entwicklung des neuen Modells zuständig waren, und jenen, deren Aufgabe darin bestand, die Kosten zu kontrollieren.

Um diese Probleme zu lösen, setzte das Führungsteam zahlreiche Methoden des Organisationslernens ein, darunter eine, die Menschen dabei hilft, defensive Kommunikationsmuster zu verlernen.[14] Die Methode ist einfach: Statt sich zu streiten, erklären sich die Beteiligten bereit, wechselseitig die Annahmen zu erkunden, die ihren jeweiligen Standpunkten zugrunde liegen.

Ein klassisches Beispiel dafür, wie man zu voreiligen Schlüssen kommen kann, ist, wenn man jemandem, der in einer Sitzung gähnt, unterstellt, er langweile sich, und dann zu der viel negativeren Generalisierung übergeht, er interessiere sich nicht für das Treffen, die Ideen anderer oder das ganze Projekt. Daher sagt man ihm: »Ich bin von Ihnen enttäuscht.«

Bei dieser Methode des Organisationslernens wird dieser Kommentar unter der Überschrift »Was gesagt oder getan wurde« aufgelistet. Die kritischeren Daten dagegen stehen in einer anderen Spalte, »Unausgesprochene Gedanken und Gefühle«: daß das Gähnen bedeutete, er langweile sich und interessiere sich nicht für die Sitzung, andere Personen oder auch das gesamte Projekt. In dieser Spalte werden auch unsere eigenen Gefühle der Kränkung und Wut aufgelistet.[15]

Sobald diese stillschweigenden Annahmen ans Tageslicht kommen, können sie mit der Wirklichkeit verglichen werden, indem man über sie redet. So entdecken wir vielleicht, daß das Gähnen nicht auf Langeweile, sondern auf Übermüdung zurückzuführen war, weil der Betreffende nachts aufstehen mußte, um sich um den weinenden Säugling zu kümmern.

Diese Übung, bei der wir lernen sollen, das zu artikulieren, was wir denken und fühlen – aber nicht laut aussprechen –, erlaubt uns, die verborgenen Gefühle und Annahmen zu verstehen, die sonst unerklärliche Ressentiments und verwirrende Dilemmata erzeugen können.

Um sich diese geheimen Gedanken und Gefühle ins Gedächtnis zurückzurufen, braucht man nicht bloß eine geschärfte Selbstwahrnehmung, sondern noch andere emotionale Kompetenzen: Empathie, um den Standpunkt des anderen zu verstehen, und soziale Fähigkeiten, um bei der Erkundung der verborgenen Unterschiede – und brisanten Gefühle –, die zum Vorschein kommen, produktiv zusammenzuarbeiten.

In gewisser Hinsicht sind die inneren Gespräche die *eigentlichen*

Gespräche, und sei es auch nur, weil sie unsere wahren Gedanken und Gefühle offenbaren. Der innere Dialog manifestiert sich, besonders wenn er emotional aufwühlend ist, häufig in einem gehässigen Tonfall oder einem abgewandten Blick. Aber wir können diese Signale bei anderen und bei uns übersehen, wenn sich die Dinge überschlagen, wenn wir unter Druck stehen oder abgelenkt sind. Das Endergebnis: Der innere Dialog wird ignoriert, auch wenn er viele wichtige Informationen enthält – Bedenken, Ressentiments, Befürchtungen und Hoffnungen.

Laut Zeniuk wissen wir nicht, was wir mit diesem eigentlichen Gespräch anfangen sollen. »Daher ignorieren wir es. Es ist wie mit Giftmüll. Was tut man damit? Auf Halde kippen? Vergraben? Was immer wir mit dem Giftmüll tun, er bleibt schädlich – er vergiftet das Gespräch. Wenn wir andere Menschen angreifen, aktivieren sie ihre Abwehrmechanismen.« Und daher laufen Gespräche am Arbeitsplatz so ab, als gebe es keinen inneren Dialog, obwohl jeder bei diesem stummen Zwiegespräch voll involviert ist. Die Ursachen von Konflikten, aber auch die Basis echter Zusammenarbeit können auf dieser tiefen Diskursebene gefunden werden.

Als die Dialog-Übung zu Beginn des Lincoln Continental-Projektes eingesetzt wurde, zeigte sich, daß es zwei sich feindlich gegenüberstehende Lager gab. Die Finanzleute waren der Ansicht, daß die Leiter des Programms sich nicht im geringsten um die Begrenzung der Kosten bemühten; die Programmleiter ihrerseits dachten, die Finanzleute hätten »keinen blassen Schimmer« davon, was es heißt, ein qualitativ hochwertiges Auto zu entwickeln. Diese wechselseitige Erkundung unausgesprochener Gefühle und Annahmen machte unmißverständlich klar, daß das Projekt durch Mangel an Vertrauen und Offenheit beeinträchtigt wurde. Die zentralen Probleme:

- Aus Furcht, sich zu irren, hielten manche Mitarbeiter des Projektes Informationen zurück.
- Das Kontrollbedürfnis der Vorgesetzten hinderte Mitglieder des Teams daran, ihre Fähigkeiten optimal einzusetzen.
- Wechselseitiges Mißtrauen war weit verbreitet – die Beteiligten hielten sich gegenseitig für ungefällig und nicht vertrauenswürdig.

Hier spielt die emotionale Intelligenz eine wesentliche Rolle. Damit eine Arbeitsgruppe Ängste, Machtkämpfe und Mißtrauen überwinden kann, braucht sie ein solides Fundament an Vertrauen und innerem Zusammenhalt. Die anstehende Veränderungsarbeit mußte sich daher ebensosehr auf die Stärkung des Vertrauens in den Beziehungen zwischen den Mitarbeitern als auch auf die Aufdeckung der unausgesprochenen Annahmen konzentrieren. Und dazu bedurfte es sehr viel angewandter Sozialwissenschaft. Fred Simon formulierte es folgendermaßen: »Der stärkste Hebel, um die Qualität dieses Autos zu verbessern, war, den Teammitgliedern zu helfen, bessere persönliche Beziehungen zu entwickeln und sich gegenseitig mehr menschlichen Respekt entgegenzubringen.«

An der Spitze beginnen

»Zunächst waren die betroffenen Mitarbeiter zutiefst verbittert und verzweifelt über ihre Unfähigkeit, die erforderliche Arbeit zuwege zu bringen – sie begannen mit einer ›Der Chef ist schuld‹-Einstellung«, erinnert sich Zeniuk. »Doch als sich die Vorgesetzten richtig engagierten und ihnen zuhörten, verwandelte sich ihre Einstellung in ein ›Okay, ich kann das. Aber laß mich die Arbeit selbständig machen.‹ Doch nichts dergleichen: Wir waren bei unserer Arbeit voneinander abhängig, und wir mußten den nächsten Schritt machen – lernen, wechselseitige Beziehungen aufzubauen. So wurden die Vorgesetzten zu Helfern und Förderern. Die Aufgabe eines Vorgesetzten bestand nun nicht mehr nur darin, zu kontrollieren und anzuweisen, sondern auch darin, zuzuhören und Ressourcen und Unterstützung bereitzustellen.«

Um diese Veränderungen zu erleichtern, wurde das gesamte dreihundertköpfige Entwicklungsteam in Gruppen von je zwanzig Personen aufgeteilt, die an den realen Problemen arbeiteten, mit denen sie bei dem Projekt gemeinsam konfrontiert waren, wie etwa die Neugestaltung der Innenausstattung des Autos. Externe Helfer wie Daniel Kim, der damals am MIT arbeitete, brachten ihnen das grundlegende begriffliche Instrumentarium des kollektiven Lernens bei. Doch das Wichtigste, so Zeniuk, waren »emotionale Aufmerksamkeit, Empathie und das Knüpfen von Beziehungen. Die Förderung der emotionalen Intelligenz war kein unmittelbares Ziel, sondern ergab sich auf spontane Weise, als wir uns bemühten, unsere Ziele zu erreichen.«

Vergegenwärtigen wir uns nochmals die Herausforderung: fünfzehn verschiedene Entwicklungsteams, die jeweils auf Teile des Autos spezialisiert sind, die eine bestimmte Funktion erfüllen, wie etwa das Fahrgestell und der Antriebsstrang, die unabhängig voneinander arbeiten. Doch im endgültigen Entwurf für das Auto mußten all ihre Einzelentwürfe nahtlos ineinandergreifen – und dennoch redeten sie nicht genug miteinander. Traditionell arbeitete jedes Team für sich allein, fertigte den seines Erachtens besten Entwurf an und versuchte dann, eine Änderung der Entwürfe anderer Teile herbeizuführen, damit diese ihren eigenen Anforderungen entsprachen. Es war der reinste Revierkampf.

»Wenn ich einen Konstruktionsfehler erst bei der Blechbearbeitung bemerke und dann umrüsten muß, um ihn zu korrigieren, kann das neun Millionen Dollar kosten«, sagt Zeniuk. »Wenn ich dagegen den Fehler erkenne, bevor ich ins Stadium der Blechbearbeitung komme, dann kostet mich seine Beseitigung nichts. Wenn etwas nicht funktioniert, müssen wir so früh wie möglich davon erfahren.«

Im typischen Entwurf eines neuen Modells können Hunderte kleiner Änderungen an den Spezifikationen der Teile erforderlich sein. Aus diesem Grund stand dem Continental-Team ein Budget von 90 Millionen Dollar für die Deckung der Kosten dieser Änderungen zur Verfügung, ein Budget, das in der US-amerikanischen Automobilindustrie normalerweise überschritten wird. In Japan dagegen wurden, wie Zeniuk wußte, die meisten derartigen Änderungen im voraus vorgenommen, bevor die Spezifikationen in die Fahrzeugausstattung umgesetzt wurden und es sehr kostspielig werden konnte, diese noch zu ändern.

»Wir fanden heraus, daß wir deshalb im voraus nichts von diesen Änderungen erfuhren, weil die Ingenieure befürchteten, sich bloßzustellen oder angegriffen zu werden«, sagte mir Zeniuk. »Sie hofften, daß jemand anders den Fehler als erstes zugeben und die Schuld auf sich nehmen würde. Sie dachten: ›Ich kann meinen Fehler am Armaturenbrett dann beheben, wenn sie ihr Problem mit der Seitenwand lösen, und niemand wird bemerken, daß ich Mist baute.‹ Wie bringt man die Leute dazu, die schmerzliche Wahrheit zu sagen, wenn sie solche Angst haben?«

Der entscheidende Wandel zeigte sich beispielsweise in einem neuen Stil bei den Sitzungen. Zeniuk sagt: »Wir sorgten dafür, daß jeder die Chance bekam, offen zu sagen, was er auf dem Herzen hatte«, statt wieder die Gewohnheiten von früher einreißen zu lassen, als »die Manager mit der festen Überzeugung in eine Sitzung gingen, sie besäßen alle Antworten, und nur widerwillig zugaben, wenn sie etwas nicht wußten.« Statt dessen »teilten wir einen Beschluß mit und fragten: ›Was meinen Sie dazu?‹«

Statt der üblichen taktischen Winkelzüge und des Bemühens, gut dazustehen, wodurch so oft die Atmosphäre von Gruppentreffen geprägt wird, setzte sich diese direktere Vorgehensweise durch und schärfte in der Tat die kollektive Selbstwahrnehmung der Gruppe. Wenn jemand mit einer getroffenen Entscheidung unzufrieden war, konnte er die Sitzung unterbrechen und sich mit Hilfe der Methoden, die er gelernt hatte, auf sorgfältige, respektvolle Weise nach den Gefühlen und Annahmen erkundigen, aus denen sich dieses Unbehagen speiste. »Es bestand eine hohe Wahrscheinlichkeit, daß es eine Ursache für dieses Unbehagen gab, und diese Ursache führte oftmals zu einer Änderung der gesamten Entscheidung«, sagt Zeniuk. »Es dauerte eine Zeitlang, bis wir diese Ebene der Aufrichtigkeit und Offenheit erreicht hatten.«[16]

Er verweist auf einen konkreten Nutzen dieses emotional intelligenteren Ansatzes: »Die Teams versuchten nicht mehr, Kosten- und Qualitätsvorgaben ohne Rücksicht auf die anderen zu erreichen, und sie begannen zusammenzuarbeiten. Sie arbeiteten nicht länger isoliert voneinander, sondern in ständigem Austausch. Nachdem sie die Zusammenhänge erkannt hatten – daß meine Arbeit Teil der Arbeit des anderen ist –, handelten die verschiedenen Teams sehr viele Kompromisse unter sich aus. Einige Entwicklungsteams gaben sogar einen Teil ihres Budgets ab, damit andere die Kosten und die Qualität ihres Teils erhöhen konnten – das hat es bisher bei der Entwicklung von Autos noch nie gegeben.«

Die Bilanz? »Wir haben bereits achtzehn Monate vor Produktionsbeginn siebenhundert Änderungen an den Spezifikationen vorgenommen, statt, wie sonst, in allerletzter Minute eine Welle kostspieliger Änderungen durchzuführen. Wir sparten so sechzig Millionen Dollar an Umrüstungskosten ein, bei einem Budget von neunzig Millionen Dollar, und schlossen das Projekt einen Monat eher als geplant ab, obwohl wir mit viermonatiger Verspätung begonnen hatten.«

13

Die Schlüsselfaktoren des Erfolges

Der Absatz von Haushaltsgeräten war bei General Electric (GE) bedenklich zurückgegangen, und der verantwortliche Manager war bestürzt. Als er und seine Kollegen ein Diagramm analysierten, das einen stetigen Absatzrückgang zeigte, erkannten sie, daß der Geschäftsbereich Haushaltsgeräte ernste Probleme mit dem Marketing hatte. Die Diskussion drehte sich schon bald um die Suche nach einer Lösung. Sollten sie sich auf die Preispolitik konzentrieren? Auf die Werbung? Auf eine andere Änderung des Marketing?

Dann zeigte ein Mitarbeiter des Konzernbereichs Finanzdienstleistungen, GE Capital, ein Diagramm, auf dem zu sehen war, daß die Verschuldung der privaten Haushalte eine Sättigungsgrenze erreicht hatte – das Unternehmen hatte keine Marketingfehler gemacht, vielmehr fiel es den Verbrauchern schwer, teure Konsumgüter wie Haushaltsgeräte zu bezahlen.

»Plötzlich eröffnete sich allen eine völlig neue Sicht des Problems«, bemerkte ein Teilnehmer der Sitzung. Diese neue Information lenkte die Diskussion vom Marketing auf die Frage der Finanzierung – die Suche nach Möglichkeiten, den Verbrauchern zu helfen, eine so teure Anschaffung zu bezahlen.[1]

Es war ein Augenblick, in dem wichtige Informationen – ein Blick auf die Gesamtlage – gerade noch rechtzeitig eintrafen, um zu verhindern, daß der Geschäftsbereich Schiffbruch erlitt.

Dieses Beispiel verdeutlicht, daß auch ein Unternehmen als Ganzes – wie seine Bereiche und Teams – eine Art »Intelligenz« besitzt.[2] *Intelligenz* ist in einer ihrer elementarsten Bedeutungen die Fähigkeit, Probleme zu lösen, Herausforderungen zu bestehen beziehungsweise hochwertige Produkte zu erzeugen.[3] Entsprechend stellt die *betriebliche* Intelligenz diese Fähigkeit dar, so wie sie aus dem komplexen Wechselspiel von Menschen und Beziehungen, Kultur und betriebsinternen Rollen erwächst.

Wissen und Sachverstand sind auf das gesamte Unternehmen verteilt, und keine Person kann für sich allein sämtliche Informationen bewältigen, die die Gruppe braucht, um effizient zu arbeiten – der

Finanzchef besitzt eine bestimmte Schlüsselkompetenz, die Vertriebsleute eine andere und die Forschungs- und Entwicklungsabteilung wieder eine andere. Das Unternehmen selbst ist nur so »intelligent« wie die rechtzeitige und zweckmäßige Verteilung und Verarbeitung dieser heterogenen Informationselemente.

Jedes Unternehmen ist »kybernetisch«; das heißt, es ist in geschlossene und sich überlappende Regelkreise eingebunden, es sammelt Informationen von innen und von außen und paßt seine internen Abläufe entsprechend an. Die Systemtheorie sagt uns, daß in einem Umfeld, das von stürmischem Wandel und erbittertem Wettbewerb beherrscht wird, jene Einheit die größte Anpassungsfähigkeit besitzt, die die breitgefächertsten Informationen aufnimmt, am gründlichsten daraus lernt und am gewandtesten, kreativsten und flexibelsten darauf reagiert.

Dieses Prinzip gilt für den Tante-Emma-Laden ebenso wie für das größte Weltunternehmen. Es weist darauf hin, daß der ungehinderte Informationsfluß durch das gesamte Unternehmen eine wesentliche Determinante seiner Existenzfähigkeit ist. Manche Autoren sprechen davon, daß Unternehmen ihr »intellektuelles Kapital« nutzen müßen: ihre Patente und Verfahren, ihre Führungsfähigkeiten, ihre Technologien und das gesammelte Wissen von Kunden, Lieferanten und Geschäftspraktiken. Die Summe der theoretischen und praxisbezogenen Kenntnisse sämtlicher Mitarbeiter eines Unternehmens bildet den Grundstock seines Wettbewerbsvorteils – sofern diese Kenntnisse zweckmäßig nutzbar gemacht werden.

Die Intelligenz des Unternehmens maximieren

Die Service-Techniker, die im Auftrag von Xerox die Kopiergeräte warteten, verschwendeten sehr viel Zeit. Zumindest hatte es den Anschein, als Xerox analysierte, wie sie ihre Arbeit verrichteten.

Man fand heraus, daß die Service-Techniker sehr viel Zeit miteinander verbrachten, statt den Kunden vor Ort zu helfen. Sie trafen sich regelmäßig im örtlichen Ersatzteillager und tauschten sich bei einer Tasse Kaffee über ihre Erfahrungen im Außendienst aus.

Dies war unter Produktivitätsgesichtspunkten eine offenkundige Zeitverschwendung. Doch John Seely Brown, der leitende Wissenschaftler von Xerox, sah das ganz anders. Brown hatte einen Anthropologen engagiert, der die Techniker eine Zeitlang beobachten sollte, und dieser Forscher gelangte zu dem Schluß, daß die Pausen keineswegs vergeudete Zeit sind, sondern vielmehr von zentraler Bedeutung für die Fähigkeit der Techniker, ihre Arbeit gut zu machen. Nach Browns Ansicht ist der Kundendienst »eine *soziale* Aktivität. Wie die meisten Arbeiten stützt er sich auf eine Gemeinschaft von Fachleuten. Die Service-Techniker warteten nicht bloß Maschinen; sie sammelten zugleich Erkenntnisse darüber, wie man die Geräte noch besser reparieren konnte.«[4]

Die Service-Techniker sind also Wissensarbeiter, und bei ihren Gesprächen tauschen sie ihr Wissen aus und erweitern es. Wie Brown bemerkt: »Der wirkliche Genius von Unternehmen sind die informellen, improvisierten und oftmals inspirierten Methoden, mit denen Menschen echte Probleme lösen, und zwar in einer Weise, die formale Prozesse nicht vorwegnehmen können.«

Sowohl Arbeits- als auch Lernprozesse sind sozial vermittelt. Unternehmen sind laut Brown »partizipative Netzwerke«. Um Wissensarbeiter – *alle* Arbeiter – zu Spitzenleistungen zu motivieren, muß man ihnen Begeisterung und Engagement einflößen, zwei Eigenschaften, die Unternehmen erwerben, aber nicht erzwingen können. »Nur Arbeiter, die beschließen, sich einzubringen – die sich freiwillig auf ihre Kollegen einlassen – können ein erfolgreiches Unternehmen schaffen«, sagt Brown.

Hier kommt nun die emotionale Intelligenz ins Spiel. Das Niveau der kollektiven emotionalen Intelligenz eines Unternehmens bestimmt das Ausmaß, in dem das intellektuelle Kapital dieses Unternehmens realisiert wird – und damit seine Gesamtleistung. Die Kunst, das intellektuelle Kapital zu maximieren, besteht darin, die Interaktionen der Menschen, die dieses Wissen und diesen Sachverstand besitzen, zu koordinieren.

Was die fachlichen Fähigkeiten und die Kernkompetenzen betrifft, die ein Unternehmen wettbewerbsfähig machen, so hängt die Fähigkeit, andere zu übertreffen, von den *Beziehungen* der Betroffenen ab. In Browns Worten: »Man kann Kompetenzen nicht von dem sozialen Strukturgefüge trennen, das diese unterstützt.«

So wie die Maximierung des IQ einer kleinen Arbeitsgruppe davon abhängt, daß man die Mitglieder der Gruppe eng zusammenschweißt, gilt das gleiche auch für das Unternehmen als Ganzes: Emotionale, soziale und politische Gegebenheiten können das potentielle Leistungsvermögen eines Unternehmens fördern oder schwächen. Wenn die Mitarbeiter eines Unternehmens nicht gut zusammenarbeiten können, wenn es ihnen an Entschlußkraft, Verbundenheit oder einer anderen emotionalen Kompetenz mangelt, leidet die kollektive Intelligenz darunter.

Dieses Erfordernis einer reibungslosen Koordination von weitverteiltem Wissen und Fachkompetenz hat einige Großunternehmen dazu veranlaßt, eine neue Position zu schaffen: die des »Chief Learning Officer« (CLO), dessen Aufgabe darin besteht, Wissen und Information innerhalb des Unternehmens zu steuern. Aber man macht es sich zu leicht, wenn man die »Intelligenz« eines Unternehmens auf seine Datenbanken und seine Fachkompetenz reduziert. Obwohl Unternehmen immer stärker von der Informationstechnologie abhängig sind, wird diese doch von *Menschen* genutzt. Unternehmen, die solche Lernbeauftragte haben, tun möglicherweise gut daran, die Aufgaben des CLO so zu erweitern, daß sie auch die Maximierung der kollektiven emotionalen Intelligenz umfassen.

Emotional intelligente Unternehmen: die Praxis

- »Wir sind ein Telekommunikationsunternehmen mit einem Umsatz von zehn Milliarden Dollar, aber unser ehemaliger Vorstandsvorsitzender war sehr autokratisch; er hinterließ einen Konzern, der einer mißhandelten Familie glich«, vertraute mir ein älterer Vizepräsident an. »Jetzt versuchen wir, das Unternehmen zu heilen, seine emotionale Intelligenz zu erhöhen – und so den Umsatz zu verdoppeln.«
- »Wir haben gerade schmerzhafte Veränderungen hinter uns gebracht, und vor uns liegen weitere«, berichtet ein Vorstand einer europäischen Fluggesellschaft. »Wir sind auf das Vertrauen unserer Mitarbeiter und auf das Einfühlungsvermögen und Verständnis unserer Manager dringend angewiesen – damit wir ein stärkeres Wir-Gefühl entwickeln können. Was wir im gesamten Unternehmen brauchen, ist emotional intelligente Führung.«
- »Unsere Unternehmenskultur wurde von der Technik und Fertigung geprägt«, bemerkt ein Vorstand eines High-Tech-Unternehmens. »Wir möchten eine Atmosphäre von Vertrauen, Offenheit und Teamarbeit schaffen, die sich auf die Fähigkeit der Beschäftigten auswirkt, auf direkte und ehrliche Weise mit Gefühlen umzugehen. Aber wir haben festgestellt, daß viele unserer Manager mit dieser emotionalen Seite nicht zurechtkommen. Wir müssen unsere eigene emotionale Intelligenz erhöhen.«

Immer mehr Unternehmen streben danach, ihre emotionale Intelligenz zu verbessern, egal, ob sie diesen Begriff nun verwenden oder nicht. Die kollektive emotionale Intelligenz eines Unternehmens ist ein »weiches« Merkmal mit »harten« Konsequenzen.

Mitchell Kapor, der Gründer und frühere Boß der Lotus Development Corporation, der heute Kapital in neugegründete High-Tech-Unternehmen investiert, sagte mir, daß seine Firma, bevor sie Geld in ein Unternehmen stecke, dessen emotionale Intelligenz abzuschätzen suche.

»Wir möchten wissen, ob jemand verärgert oder verstimmt über das Unternehmen ist, ob die Mitarbeiter Groll dagegen hegen«, sagte Kaplan. »Wie Menschen haben auch Unternehmen einen bestimmten Stil. Wenn sie gegenüber ihren Lieferanten, Mitarbeitern oder Kunden arrogant oder doppelzüngig gewesen sind, können diese ›karmischen‹ Vergehen zurückkehren und sie quälen. Je mehr Menschen sie in ihrer Anlaufphase verärgert haben, um so höher die Wahrscheinlichkeit, daß sie verklagt werden, sobald sie erfolgreich sind.«

Das vielleicht stärkste Argument für den ökonomischen Nutzen emotionaler Intelligenz in Unternehmen läßt sich aus Daten entnehmen, die Jac Fitz-Enz vom Saratoga Institute im Rahmen eines Projekts zusammentrug, das von der Society for Human Resource Management gefördert wurde. Das Institut sammelt seit 1986 Daten von nahezu sechshundert Unternehmen in über zwanzig Branchen und beschreibt detailliert die Zielsetzungen und die Praktiken. Es analysierte Spitzenunternehmen, die nach Rentabilität, Produktzykluszeiten, Umsatzvolumen und anderen ähnlichen Leistungsindizes ausgewählt wurden.[5]

Bei der Suche nach gemeinsamen Merkmalen dieser Spitzenunternehmen identifizierte das Institut die folgenden grundlegenden Praktiken bei der Führung des »Humankapitals« – ihrer Mitarbeiter:[6]

• ein ausgewogenes Verhältnis zwischen der menschlichen und der finanziellen Seite in den Zielsetzungen des Unternehmens;
• die Bindung des Unternehmens an eine grundlegende Strategie;
• Initiative, um zu Leistungsverbesserungen anzuspornen;
• offene Kommunikation und Aufbau von Vertrauen zu allen Beteiligten;
• das Anknüpfen firmeninterner und -externer Beziehungen, die einen Wettbewerbsvorteil eröffnen;
• Zusammenarbeit, Unterstützung und gemeinsame Nutzung von Ressourcen;

- Innovation, Risikobereitschaft und gemeinsames Lernen;
- Freude am Wettstreit und an fortwährenden Verbesserungen.

Diese Liste ist deshalb so interessant, weil zwischen diesen Praktiken und den emotionalen Kompetenzen, die Leistungs-Asse auszeichnen, deutliche Übereinstimmungen bestehen. Die letzte Praktik beispielsweise beschreibt eine motivationale Kompetenz, die Leistungsmotivation, die in Kapitel 6 auf individueller Ebene beschrieben wurde. Das gleiche gilt für Innovativität, Risikofreude, Zusammenarbeit, Aufbau von Beziehungen, offene Kommunikation, Vertrauenswürdigkeit, Initiative, Bindung – wir haben in früheren Kapiteln gesehen, daß jede dieser emotionalen Kompetenzen ein Element persönlicher Spitzenleistungen ist.

Doch hier tauchen dieselben Fähigkeiten auf einer Liste auf, die durch Beobachtung von Spitzen*unternehmen*, nicht von Individuen erstellt wurde.[7] Die Kompetenzen von Unternehmen lassen sich wie die individuellen Kompetenzen in drei Kategorien einteilen: kognitive Fähigkeiten, die die praktische Anwendung von Wissen betreffen; Sachverstand; die Führung des Humankapitals, die soziale und emotionale Kompetenz erfordert.

Aber wie sieht ein emotional intelligentes Unternehmen aus? Betrachten wir den Fall von Egon Zehnder International, einem weltweit tätigen Personalberatungsunternehmen für Führungskräfte.[8]

Ein globales Team

Victor Loewenstein stand vor einem Dilemma – einem globalen Dilemma. Im Auftrag der Weltbank sollte er weltweit nach der geeigneten Person für die neugeschaffene Stelle eines Vizepräsidenten suchen. Es sollte sich um einen ausgewiesenen Finanzexperten handeln – und da die Weltbank eine stärkere personelle Diversifizierung anstrebte, sollte es vorzugsweise kein Amerikaner sein, eine Nationalität, die in der Bank sowieso schon überrepräsentiert war. Doch Loewenstein, geschäftsführender Gesellschafter der New Yorker Niederlassung von Egon Zehnder International, saß im Zentrum von Manhattan.

Unerschrocken schaltete Loewenstein die weltweiten Büros des Unternehmens ein.»Ich schickte ein Memo an etwa zwanzig Büros in den Ländern, die am ehesten ein Reservoir von Leuten mit der geforderten hohen Finanzkompetenz besaßen – überwiegend in Europa, aber auch in Hongkong, Japan, Singapur und Australien.«

Loewenstein erhielt von diesen Büros zwanzig Kurzporträts potentieller Kandidaten; er bat darum, daß Mitarbeiter in diesen Büros mit den acht Kandidaten, die ihm am vielversprechendsten erschienen, ein Gespräch führten, um herauszufinden, ob sie tatsächlich die erforderliche Fachkompetenz besaßen. Dadurch schieden zwei weitere aus.

»Abgesehen von der fachlichen Eignung«, sagt Loewenstein, »brauchte der Gesuchte persönliche Befähigungen und Kompetenzen, die zu dem spezifischen Arbeitsumfeld in der Weltbank paßten – und da ich der Ansprechpartner der Bank war, konnte auch nur ich die Endauswahl treffen.« Nachdem das Feld der Bewerber auf sechs geschrumpft war, reiste Loewenstein kreuz und quer über den Globus, um die verbliebenen Kandidaten selbst zu prüfen.

»In der Weltbank wird ein sehr kollegialer Stil gepflegt«, bemerkt er. »Man muß in einem Team arbeiten, Entscheidungen einvernehmlich treffen und kooperieren können; man darf keine Primadonna sein. Einer der Kandidaten war ein Investment-Banker, der unbedingt überall die erste Geige spielen wollte – damit aber war er in einer so kollegialen Organisation fehl am Platz und schied ebenfalls aus.«

Die Wahl fiel auf den Partner einer Wirtschaftsprüfungsgesellschaft, einen Niederländer – einer von zwei Kandidaten, die nach Einschätzung Loewensteins die richtige Mischung aus Sachverstand und persönlicher »Chemie« besaßen, um sich erfolgreich in die Organisation einzupassen. Allein hätte Loewenstein diesen Kandidaten möglicherweise nie gefunden – doch mit Hilfe seines weltweiten Netzes von Beziehungen verlief die Suche erfolgreich.

Dieses Fallbeispiel verdeutlicht die Unternehmenspolitik von Egon Zehnder International, das seine weit verstreuten Partner zu einem globalen Arbeitsteam vernetzt hat, die auf dynamische Weise Kontakte und Informationen teilen. Als ein japanischer Autohersteller einen KFZ-Designer aus Europa suchte, durchmusterten die Büros von Egon Zehnder International in Großbritannien, Frankreich, Deutschland und Italien die Automobilindustrien dieser Länder, wobei die Niederlassung in Tokio die Suche koordinierte. Als ein globales Unternehmen mit Sitz in Europa Egon Zehnder International bat, einen neuen Personalvorstand zu suchen, wurde der vielversprechendste Kandidat von einem Mitarbeiter des Büros in New York, der gerade einen Auftrag in Asien erledigte, aufgespürt. Der Kandidat wurde von dem Büro in Hongkong interviewt und dem Auftraggeber schließlich von der Niederlassung des Unternehmens in London vorgestellt.

Einer für alle:
die ökonomischen Aspekte der Zusammenarbeit

Diese nahtlose Zusammenarbeit ist eines der wichtigsten Ziele von Egon Zehnder International. Der Hauptgrund dafür, daß die Mitarbeiter des Unternehmens ein eingeschworenes weltweites Team bilden, das reibungslos funktioniert, liegt in einer Innovation aus der Anfangszeit seiner Geschichte: Das globale Unternehmen wird als ein Team behandelt, und jedes Mitglied des Teams wird nach der Gesamtleistung vergütet. Die etwa einhundert Partner teilen sich einen Gewinnpool, der nach einem einheitlichen Schlüssel aufgeteilt wird. Der Anteil jedes Mitarbeiters wird immer auf die gleiche Weise berechnet, unabhängig davon, ob sein Beitrag zu den Einnahmen des Unternehmens in einem Jahr hoch oder niedrig war. Das ganze Unternehmen arbeitet als ein Profit Center.

Die meisten Personalberatungsfirmen knüpfen die Vergütungen ihrer Mitarbeiter an eine Mischung aus Firmen-, Niederlassungs- und individueller Leistung; Leistungs-Asse erhalten in der Regel einen direkten Prozentsatz der Honorare, die sie erwirtschaften. Bei Egon Zehnder International ist dies anders. Der CEO Daniel Meiland sagt: »Die Stärke unseres Unternehmens liegt darin, daß wir keine individuellen Spitzenleistungen honorieren.«

Diese Einkommens- und Machtgleichheit fördert eine Einstellung, die sich mit dem Schlagwort »Alle für einen und einer für alle!« umschreiben läßt. Sie steht im Gegensatz zu der Einstellung, die in der Branche für gewöhnlich herrscht, wo die »Kopfjäger« ihrem Spitznamen alle Ehre machen, weil sie nach einem Bonussystem arbeiten, wobei der erfolgreiche Vermittler einen Prozentsatz des Gehalts für die besetzte Stelle erhält.

Ein leitender Angestellter bei einer anderen Personalberatungsfirma formulierte es so: »Ich horte meine Informationen und Kontakte, weil ich auf der Grundlage der erfolgreichen Vermittlungen vergütet werde. Wenn ich im Verlauf der Suche für eine Stelle einen vielversprechenden Kandidaten finde, behalte ich seinen Namen für mich, um bei einem künftigen Suchauftrag darauf zurückgreifen zu können, statt ihn einem Kollegen mitzuteilen. Da ich nicht einmal weiß, ob ich im nächsten Jahr noch für dasselbe Unternehmen arbeiten werde – weshalb sollte ich da meine Ressourcen verschenken?«

Bei Egon Zehnder International arbeiten Menschen aus neununddreißig verschiedenen Nationalitäten und acht unterschiedlichen Religionen in achtundvierzig Niederlassungen, die über neununddreißig Länder verstreut sind, als ein gemeinsames Team. »Der grundlegende Unterschied zwischen unserem Unternehmen und anderen besteht darin, daß wir alle im selben Boot sitzen«, sagt Loewenstein. »Wir haben keine divergierenden Zielsetzungen oder Eigeninteressen, die uns dazu animierten, so viele Aufträge wie möglich an uns zu ziehen. Statt dessen gilt: Je intensiver wir zusammenarbeiten, um so leistungsfähiger sind wir – und um so schneller können wir mit dem nächsten Auftrag weitermachen.«

Das Vergütungsmodell von Egon Zehnder International bedeutete bei seiner Einführung einen radikalen Bruch mit den branchenüblichen Gepflogenheiten. Und selbst heute hat erst eine Handvoll Wettbewerber damit begonnen, es nachzuahmen. Zudem sind alle Partner gleichberechtigte Miteigner des Unternehmens (Berater steigen nach etwa sechs Jahren in den Rang von Partnern auf). Sogar Zehnder selbst, der früher Alleineigentümer des Unternehmens war, hält heute nur noch einen Anteil, wie jeder andere Partner auch.

»Ich erkannte, daß ich auf diese Weise die besten Partner an die Firma binden konnte«, sagt mir Zehnder. »So wurden wir alle zu Unternehmern mit gemeinsamen Interessen.«

»Wie erklärt es sich, daß wir so gut zusammenarbeiten? Weil wir die individuelle Leistung von der Vergütung abgekoppelt haben«, sagt Zehnder. »Niemand wird nach seinem Umsatzvolumen bewertet. Die Leistung eines Partners in Deutschland, der sich die Zeit nimmt, einem Partner in Tokio bei einem Auftrag zu helfen, zählt genausoviel wie die Akquisition eines neuen Klienten. Niemand schert sich darum, wer die Lorbeeren für einen Erfolg erntet, denn es gibt nur ein Profit Center, an dem alle in gleicher Weise beteiligt sind. Ein Büro, das Verluste einfährt, bekommt genausoviel wie das Büro, das den höchsten Gewinn erzielt.«

»Wir arbeiten vernetzt und teilen unsere Fachkenntnisse und unser Vertrauen«, sagt Claudio Fernández-Aráoz von der Niederlassung in Buenos Aires. »Ich freue mich, von Argentinien aus alles mit meinen Kollegen irgendwo auf der Welt teilen zu können, und ich weiß, daß sie mir in gleicher Weise helfen würden, weil unsere Bezüge vom Gesamtgewinn des Unternehmens abhängig sind.«

In dem egalitären Vergütungssystem des Unternehmens spiegelt sich eine Erkenntnis Zehnders über das Wesen der Teamarbeit wider. »Mir wurde klar, daß die Mitarbeiter, die keine Führungskräfte vermittelten, aber andere Dinge taten – etwa einen neuen Klienten warben oder die Vereinigung der ehemaligen Harvard-Studenten in Deutschland leiteten –, eine genauso wertvolle Leistung erbrachten wie derjenige, der zufälligerweise das Glück hatte, eine Führungskraft zu vermitteln. Ich möchte keine Stars – ich möchte, daß jeder jedem anderen hilft, ein Star zu sein.«

Der Lohn

Der Teamansatz zahlt sich aus; Egon Zehnder International weist eine hervorragende Ertragslage auf. Als Personalberatungsunternehmen, das sich auf die Vermittlung von Vorstandsvorsitzenden und anderen Spitzenführungskräften von Großunternehmen spezialisiert hat, ist es das, gemessen am Umsatz pro Mitarbeiter, profitabelste Personalberatungsunternehmen der Welt. Und 1997 war das sechste Jahr in Folge, in dem die Ertragskraft von Egon Zehnder International gestiegen war.

Nach Auskunft der Economist Intelligence Unit betrug der mittlere Nettoerlös pro Berater bei den zwanzig Spitzenunternehmen der Branche weltweit 577 000 Dollar.[9] Für Egon Zehnder International betrug die entsprechende Zahl 908 000 Dollar – so daß das Unternehmen die branchenspezifische mittlere Produktivität der Spitzenfirmen um 60 Prozent übertraf. Im Jahre 1997 war der Erlös pro Berater trotz einer Vergrößerung des Beraterstabs um 27 Prozent (im allgemeinen dauert es drei bis fünf Jahre, bis neue Berater ihr Produktivitätsoptimum erreichen) auf 1 Million Dollar pro Berater gestiegen.

Die Dienstleistung von Egon Zehnder International ist für Unternehmen von enormer Bedeutung. Abgesehen von den Kosten für die Ablösung erfolgloser Spitzenführungskräfte (ein Mindestbetrag von 500 000 Dollar für die Vermittlung eines Topmanagers entspricht einer gängigen Schätzung), hängt der eigentliche Wert der Dienstleistung davon ab, wie diese Führungskräfte die Leistungsfähigkeit eines Unternehmens beeinflussen.

Wie wir in Kapitel 3 sahen, wirken sich hervorragende Leistungen um so stärker auf die Ertragslage aus, je höher die Komplexität und je größer die Weisungsbefugnis einer Stelle ist. Daraus ergibt sich eine klare Konsequenz für die Personalauswahl: Je höher die Leitungsebene der zu besetzenden Stelle, um so mehr zahlt es sich aus, die Suche nach der richtigen Persönlichkeit für die Stelle mit großer Sorgfalt zu betreiben. »Wir sehen immer wieder Fälle, in denen die schlechte Ertragslage eines Unternehmens ein Grund dafür ist, daß man sich mit der Bitte an uns wendet, einen neuen CEO zu suchen«, sagt mir Claudio Fernández-Aráoz. »Sobald er oder sie das Ruder übernommen hat, kommt es in der Regel zu einer dramatischen Verbesserung der Ergebnisse, sofern die Suche mit der nötigen Sorgfalt durchgeführt wurde.«

Die Veränderungen bestehen nicht nur in verbesserter Ertragskraft, sondern betreffen auch »harte« Bereiche, wie Produktivität, Umsatzwachstum und Kostensenkung, und »weiche« Bereiche, wie eine gehobene Arbeitsmoral und Motivation, eine stärkere Kooperativität, eine niedrigere Fluktuation und einen geringeren Verlust an fähigen Mitarbeitern. In den Worten von Fernández-Aráoz: »Topmanager können einen gewaltigen ökonomischen Wert schaffen bzw. zerstören, und je höher die Leitungsebene, um so stärker die Hebelwirkung.«

Wachstum durch Integrität

Zehnder selbst trug wesentlich dazu bei, die Personalberatungsbranche in Europa zu etablieren, wo seine Firma noch immer die Nummer eins ist. In den fünfziger Jahren, kurz nachdem Zehnder seinen MBA an Harvard erworben hatte, trat er in das US-amerikanische Personalberatungsunternehmen Spencer Stuart ein und gründete in dessen Auftrag Niederlassungen in Zürich und später in London, Frankfurt/M. und Paris.

Integrität ist ein Markenzeichen der Kultur des Unternehmens, ein Wert, der sich beispielsweise in der Änderung der Abrechnungsmodalitäten widerspiegelte, die Zehnder vornahm, als er 1964 Spencer Stuart verließ, um sein eigenes Unternehmen zu gründen.

»Ich mochte das System nicht, in dem man einen bestimmten Prozentsatz des gegenwärtigen Gehalts der Person erhielt, nach der man suchte, und nur dann bezahlt wurde, wenn man jemanden fand, den der Kunde einstellte«, erklärt Zehnder. »Das erzeugte einen Druck, nur Personen zu ›finden‹, die die höchsten Gehaltsforderungen stellen würden, unabhängig davon, ob sie auch die fähigsten waren, damit man sein Honorar in die Höhe trieb.«

Zehnder gestaltete das Vergütungssystem neu, um sicherzustellen, daß die Eignung eines Kandidaten für eine Stelle das einzige Kriterium war. Von Anfang an hat Egon Zehnder International den Auftraggebern nur ein Pauschalhonorar in Rechnung gestellt, das im voraus nach Maßgabe der Schwierigkeit der Suche berechnet wurde.

Zehnders Festhonorare erlauben den Beratern, nach dem fähigsten Kandidaten statt dem höchstbezahlten zu suchen. Diese Honorare bedeuten auch, daß sie mitunter »Geld auf dem Tisch zurücklassen«, also weniger bekommen, als der Kunde normalerweise für den gleichen Vermittlungsauftrag bei einer anderen Firma zahlen würde. Nach Ansicht von Daniel Meiland wird dieser Erlösausfall durch das Vertrauen der Kunden mehr als wettgemacht. Er meint: »Die Kunden bezahlen das Vertrauen, das sie in den Berater und das Unternehmen haben. Aber als Sozietät müssen wir konsistent sein. Wir können unsere Honorare nicht in siebzig Prozent der Fälle nach einem Grundsatz festlegen und in den restlichen dreißig Prozent nach einem anderen.«

Es zahlt sich auch in Form wiederholter Aufträge und langfristiger Kundenbindungen aus. Lee Pomeroy von der Niederlassung New York beschreibt die Suche nach dem Leiter der Analyseabteilung bei einer großen amerikanischen Bank. Da die Suche relativ leicht war, betrug das Honorar 110 000 Dollar. Doch die Position war mit Jahresbezügen von über einer Million Dollar dotiert – so daß die erfolgreiche Vermittlung bei einem anderen Unternehmen 330 000 Dollar gekostet hätte.

Pomeroy meinte: »Nachdem das Honorar im Vergleich zu dem, was wir nach den branchenüblichen Gepflogenheiten hätten in Rechnung stellen können, niedrig war, bekamen wir fortan mehr Aufträge von dieser Bank und berechneten für die nächsten beiden Vermittlungsaufträge, die international ausgerichtet und etwas schwieriger waren, Honorare von je 150 000 Dollar.«

Das Unternehmen versucht ein ausgewogenes Verhältnis zwischen Gewinnstreben und sozialem Engagement zu erreichen. Die Partner werden ermutigt, für karitative Organisationen, Krankenhäuser, Universitäten und Behörden unentgeltlich tätig zu werden. »Finanzielle Vergütung darf nicht der einzige Anreiz bzw. das einzige Ziel des Unternehmens sein«, bemerkt Victor Loewenstein. Gegenwärtig sucht das Büro New York für seine Stammkunden unentgeltlich hochkarätige Kandidaten aus gesellschaftlichen Minderheiten.

Derartige unentgeltliche Aktivitäten zahlen sich auch auf indirekte Weise aus. Bei solchen Arbeiten helfen die Berater des Unternehmens »in einer Weise, die ihre persönliche Kompetenz und ihren engagierten Einsatz für andere unter Beweis stellt«, wie Egon Zehnder anmerkt. »Nichts ist wichtiger für die Anwerbung neuer Kunden, als zu sehen, daß hochkarätige Spitzenkräfte wie unsere sich selbstlos engagieren.«

Das bestätigt die Taktik von Egon Zehnder International, durch ein

Netzwerk von Beziehungen, das sich von selbst erweitert, stetig neue Kunden zu gewinnen. Nach gängigen Kategorien beurteilt, fehlt es dem Unternehmen an einer Marketingstrategie; es treibt keine Werbung, und die Partner lassen sich oftmals nur widerwillig in der Massenpresse zitieren. Statt die üblichen Werbemaßnahmen durchzuführen, bauen die Partner und Berater durch das laufende Geschäft, aber auch durch das Engagement in ihren Gemeinden Beziehungsgeflechte auf. Die Mitarbeiter des Unternehmens sind Kontaktvermittler par excellence.

Die Kardinalsünde

Loyalität ist das herausragende Kennzeichen der Beziehung zwischen den Mitarbeitern von Egon Zehnder International und dem Unternehmen. Bislang hat die Firma noch kein Büro geschlossen, das die Ertragserwartungen nicht erfüllte. Zu Beginn der neunziger Jahre beispielsweise haben einige kleinere Büros ihre Ziele nicht erreicht, aber das Unternehmen hat sie getreu seinem allgemeinen Grundsatz, keine Mitarbeiter zu entlassen, nicht geschlossen – was in krassem Gegensatz zu den anderen Firmen der Branche steht, in denen Entlassungen in schwierigen Zeiten die Regel sind.

Meiland meinte dazu: »Andere Personalberatungsfirmen entlassen viele Berater, wenn sich die Auftragslage verschlechtert. Sie kommen zu unseren Leuten und fordern sie auf, zu ihnen zu gehen, wir dagegen stellen grundsätzlich keine Mitarbeiter von ihnen ein. Wir kaufen keine Kundenkarteien ein. Wie binden wir unsere Mitarbeiter? Die Leute hier sagen: ›Das ist das beste Unternehmen, für das ich arbeiten kann. Ich fühle mich hier wohl.‹ Die Stellen hier sind sicher, und die Berater wissen das.«

Mit der Arbeitsplatzgarantie ergeben sich Verpflichtungen. Natürlich liegt in der Kombination von dem, was auf eine Anstellung auf Lebenszeit hinausläuft, und einem Vergütungssystem, das jeden unabhängig von seinen individuellen Leistungen entlohnt, ein Risiko. Aus diesem Grund ist Müßiggang eine Kardinalsünde. Zehnder sagt mir: »Das System funktioniert nur, wenn wir alle unser Bestes geben. Unverzeihlich ist daher das Herumtrödeln und nicht der mangelnde Erfolg, wenn man hart arbeitet.«

In einer so eingeschworenen Gemeinschaft sind »der Druck von Kollegen und die Angst vor Bloßstellung« wichtige Antriebsfaktoren für Mitarbeiter, die ihr Arbeitspensum nicht erledigen. Wenn jemand herumzubummeln scheint, wird er verwarnt. »Ich kann jemandem sagen: ›Sie lassen bei der Arbeit und bei der Zahl der Kunden, mit denen Sie sprechen, das nötige Engagement vermissen‹«, so Meiland.

Ändert sich daraufhin nichts, wird den Betreffenden eine Art Bewährungsfrist eingeräumt, in der ihr Gehalt gekürzt wird. Bei einem Berater, der seit zehn Jahren im Unternehmen ist, wird die jährliche Erfolgsbeteiligung vielleicht auf das Niveau eines Beraters abgesenkt, der dem Unternehmen seit fünf Jahren angehört, und zwar so lange, bis er sich bessert. Wenn im Verlauf des Jahres keine Besserung eintritt, wird die Erfolgsbeteiligung vielleicht auf das Niveau eines Beraters gekürzt, der dem Unternehmen drei Jahre angehört. Aber dazu kommt es nur ganz selten, weil die Partner sich loyal verbunden und sich einander und ihrem gemeinsamen Unternehmen verpflichtet fühlen.

Weil die Berater mit dem Wunsch in das Unternehmen eintreten, dort zu bleiben, empfinden sie das Unternehmen als eine große Familie. So sagt ein Partner: »Wir wissen, daß wir viele Jahre zusammenarbeiten werden, und deshalb sind wir bereit, Zeit und Mühe in den Aufbau von Beziehungen zu investieren.«

Die Pflege von Beziehungen ist ein Schwerpunkt bei den halbjährlichen Treffen, zu denen sich sämtliche Partner und Berater einfinden und auf denen neueingestellte Berater in das Unternehmen eingeführt werden. Dieses Treffen beginnt mit einem Ritual: einer Dia-Vorführung über das Leben jedes neuen Beraters mit Fotos und Anekdoten aus seiner frühen Kindheit. »Wir erhalten auf diese Weise erste Aufschlüsse über ihn als Person«, erklärt Fernández-Aráoz. »Das ist von entscheidender Bedeutung – denn unsere Mitarbeiter sind unser einziger Aktivposten.«

All dies fördert die emotionalen Bindungen. »Die besten Umsatzträger bleiben bei uns«, sagt Zehnder. »Sie scheiden nicht aus, weil sie die Kultur mögen. Es ist wie in einer Familie. Wir haben Verständnis für die Schwierigkeiten, die Partner in ihrem Privatleben haben – die Krisen in ihren Familien, Krankheiten oder Sorgen wegen der Kinder.«

Als eine Beraterin im Büro New York ihren Mutterschaftsurlaub antrat, erklärten sich mehrere Kollegen spontan bereit, die Aufgaben zu übernehmen und abzuschließen, die sie nicht zu Ende geführt hatte – »für eine Kollegin und Freundin einzuspringen«, wie es einer von ihnen formulierte. Als Victor Loewenstein schwer erkrankte und sich einer Notoperation unterziehen mußte, wurden sämtliche Mitarbeiter täglich über seinen Zustand informiert. Und als bei einem neueingestellten Berater in Kanada bei der ärztlichen Untersuchung vor dem Eintritt ins Unternehmen Krebs diagnostiziert wurde, wurde er dennoch eingestellt und in den drei Jahren bis zu seinem Tod, in denen er gegen die Krankheit kämpfte, weiterbeschäftigt.

»Wir alle fühlen uns persönlich füreinander verantwortlich«, sagt mir Fernández-Aráoz. Dieses Verantwortungsgefühl erstreckt sich auch auf das Gleichgewicht zwischen Berufs- und Privatleben. Obgleich das Unternehmen zur Spitzengruppe in seiner Branche gehört, werden eingefleischte Workaholics, deren Arbeitssucht jegliche Hoffnung auf ein intaktes Familienleben zunichte macht, von seiner Finanzkultur abgeschreckt.

»Vor zwanzig oder dreißig Jahren waren die Leute bereit, für den Erfolg ihres Unternehmens alles aufzugeben – Familie, Ehe, Privatleben«, erzählt Zehnder. »Wenn heute jemand sagt, er sei bereit, alles dem Erfolg zu opfern, dann ist dies die falsche Antwort.«

Die familiäre Atmosphäre im Unternehmen ist zum Teil auf die Demokratisierung der Entscheidungsbefugnisse zurückzuführen. So meint ein Partner: »Wir tun an der Spitze das gleiche wie an der Basis.« Das bedeutet, daß jeder, ganz gleich, wie lange er dem Unternehmen angehört oder was für einen Titel er trägt, mehr oder minder die gleiche Arbeit verrichtet. Diese Arbeitsverteilung »festigt nachhaltig die Beziehungen in vertikaler Richtung, während die Stabilität und das Vergütungssystem die Beziehungen in horizontaler Richtung festigen«, wie es Philip Vivian vom Büro London ausdrückt. Das Organisationsschema des Unternehmens gleicht eher einem Netz als einer Hierarchie.

Wenn Hilfe benötigt wird

Der Arbeitsstil bei Egon Zehnder International erfordert ein außerordentlich hohes Maß an Kooperation, offene Kommunikation, die geschickte Nutzung personeller Vielfalt und die Befähigung zur Teamarbeit. Seine Wachstumsstrategie stützt sich auf seine Fähigkeit, Beziehungen zu knüpfen und zu entwickeln, und auf seine kollektive Motivation zu stetiger Leistungssteigerung.

Das egalitär gestaltete Vergütungssystem des Unternehmens funktioniert nur dann, wenn jeder integer und verantwortungsbewußt handelt. Das Tätigkeitsfeld – das Auffinden der richtigen Person für ein Unternehmen – erfordert Empathie, intuitive Treffsicherheit und Gespür für innerbetriebliche Vorgänge. Und die Pflege langfristiger Beziehungen zu Kunden erfordert eine ständige Berücksichtigung ihrer Bedürfnisse. Kein Wunder, wenn Daniel Meiland mir sagt: »Bei allem, was wir tun, ist emotionale Intelligenz unverzichtbar.«

Wie sieht die explizite Akzentuierung der emotionalen Intelligenz in der Praxis aus? Betrachten wir, wie das Unternehmen bei der Einstellung von Personal vorgeht. Seine Tätigkeit besteht darin, abzuschätzen, ob die Chemie zwischen einer Organisation und einem potentiellen Kandidaten stimmt. Und die Sorgfalt, die die Berater auf die Beurteilung potentieller Mitarbeiter verwenden, liefert ein Beispiel dafür, wie man emotionale Intelligenz bei der Einstellung nutzen kann.

Während Personalberatungsunternehmen gewöhnlich mit Vorliebe Mitarbeiter anderer Firmen ihrer Branche anwerben, die einen Kundenstamm mitbringen, spielt dies für Egon Zehnder International keine Rolle: Sie stellen grundsätzlich niemanden ein, der für andere Personalberatungsunternehmen gearbeitet hat. »Wenn wir einen neuen Berater einstellen, orientieren wir uns in erster Linie an seinen persönlichen Kompetenzen und nicht an seiner Fähigkeit, vom ersten Tag an Umsatz zu bringen«, sagte ein Berater.

Die Voraussetzungen beginnen bei Intelligenz und Sachverstand. Wie bei jeder anderen Tätigkeit, die so hohe kognitive Anforderungen stellt, spielt der IQ eine Rolle. Jeder neueingestellte Mitarbeiter hat eine Erfolgsbilanz in einer anderen Branche und *zwei* akademische Grade aufzuweisen (überwiegend MBAs und Jura-Abschlüsse von Spitzenuniversitäten, etwa 25 Prozent haben einen Doktortitel). Wer diese Qualifikationsanforderungen nicht erfüllt, braucht sich gar nicht erst zu bewerben – aber wer diese hohe Hürde aus intellektuellen und praktischen Anforderungen überwindet, befindet sich erst im Pool der Kandidaten.

Ein menschliches Radar

Üblicherweise wird ein potentieller Berater von zwanzig und manchmal sogar bis zu vierzig der etwa einhundert Partner des Unternehmens in bis zu fünf verschiedenen Ländern befragt. Zehnder selbst trifft sich mit etwa 150 Kandidaten pro Jahr. Er hat kein Sondervetorecht, aber er sagt, daß er sich ein- oder zweimal entschieden gegen

Kandidaten ausgesprochen hat, die ansonsten als sehr vielversprechend beurteilt worden waren.

»Wir brauchen in diesem Geschäft ein Radar, aber das entwickelt sich erst mit der Erfahrung«, bemerkt Zehnder. »Unsere Leute müssen ihre Recherchen und ihre Hausaufgaben gewissenhaft erledigen, doch die Intuition wächst mit der Anzahl der Kandidaten, die sie beurteilen.«

Jeder Partner, der sich mit Kandidaten trifft, bewertet sie in vier Hauptdimensionen. Die erste ist rein kognitiv und bezieht sich auf Fähigkeiten wie Problemlösung, logisches Denken und analytische Kompetenz. Doch in den anderen drei spiegelt sich emotionale Intelligenz wider. Dazu gehören:

- *Aufbau tragfähiger Beziehungen:* ein Teamspieler sein; Selbstbewußtsein, Präsenz und Stil besitzen; einfühlend sein und gut zuhören können; die Fähigkeit besitzen, eine Idee zu verkaufen; Reife und Integrität.
- *Effizienz:* Eigeninitiative, Antrieb, Energie und ein Gespür für die Dringlichkeit von Aufgaben besitzen; Urteilsvermögen und gesunden Menschenverstand zeigen; unabhängig, unternehmerisch und einfallsreich sein; Führungspotential aufweisen.
- *Persönliche Eignung:* die Eigenschaften eines Freundes, eines Kollegen und Partners besitzen; aufrichtig und seinen Werten treu sein; motiviert sein; umgänglich sein, »Esprit« und Humor besitzen; Bescheidenheit; ein erfülltes Privatleben und Interessen außerhalb des Unternehmens haben; das Unternehmen und seine Werte verstehen.

Die Latte liegt hier aus gutem Grund hoch. »Es ist so, wie wenn man Mitglied einer Familie wird«, sagt Fernández-Aráoz. »Wir müssen langfristig denken. Wir möchten nicht, daß jemand bloß deshalb einen Mitarbeiter einstellt, weil er in seinem Büro unter großem Arbeitsdruck steht und Hilfe braucht – wir wollen Mitarbeiter, die eines Tages Partner werden können.«

Egon Zehnder äußert sich unverblümter: »Wir haben in unserer Firma nur Platz für einsatzfreudige Familienmitglieder.« Das ist keine leere Rhetorik; die Statistik zeigt, daß etwa 90 Prozent der Berater später einmal Partner werden. Etwa 3 Prozent verlassen das Unternehmen wieder, verglichen mit etwa 30 Prozent beim Rest der Branche – ein Gebiet, in dem jeder mit einer Kundenkartei ausscheiden kann, die lang genug ist, um ein eigenes Unternehmen zu gründen.

Zehnder sagt: »Ich führe mit jedem einzelnen Berater ein zweistündiges Gespräch, bevor er eingestellt wird. Ich möchte sehen, was für ihn wichtig ist. Geht er in die Oper? Was für Bücher liest er? Welche Werte hat er? Ist er allzu nachgiebig, unfähig, für seine Werte einzutreten?«

Hinter diesem Unternehmensziel steht ein persönliches Motiv. Zehnder bekennt freimütig: »Ich möchte bei der Arbeit Spaß haben. Ich wünsche mir Menschen, mit denen ich am Wochenende beim Abendessen angeregt plaudern kann. In meinem Beruf muß man seinen Mitarbeitern vertrauen können. Ich möchte Menschen, denen ich von Herzen zugetan bin – Menschen, die ich auch um drei Uhr morgens, wenn ich erschöpft bin, noch sympathisch finde.«

Abschließende Überlegungen

Ein Unternehmen gleicht einem Organismus: Es wird geboren, durchläuft mehrere deutlich unterscheidbare Stadien der Entwicklung und Reifung und stirbt schließlich. Unternehmen haben eine bestimmte Lebenserwartung: Wenn sich die Trends der Vergangenheit in der Zukunft fortsetzen, dann werden in vierzig Jahren bis zu zwei Drittel der Fortune-500-Unternehmen nicht mehr existieren.[1]

Vermutlich werden die Tüchtigen überleben. Und zu den wesentlichen Eigenschaften eines erfolgreichen Unternehmens gehört, wir haben es gesehen, eine gesunde Dosis emotionaler Intelligenz.

Natürlich gibt es zahlreiche »Krankheitserreger«, die für ein Unternehmen tödlich sein können: umwälzende Marktveränderungen, eine kurzsichtige strategische Vision, unfreundliche Übernahmen, unerwartete technologische Neuerungen bei den Wettbewerbern und so weiter. Aber ein Mangel an emotionaler Intelligenz kann ein Unternehmen anfällig für diese Erreger machen, indem er dessen »Immunsystem« schwächt.

Aus demselben Grund kann emotionale Intelligenz eine Schutzimpfung sein, die das Unternehmen gesund erhält und sein Wachstum fördert. Wenn ein Unternehmen die Kompetenzen besitzt, die das Ergebnis von Selbstwahrnehmung und Selbstregulation, Motivation und Empathie, Führungsfähigkeit und offener Kommunikation sind, dann sollte es belastbarer sein, ganz gleich, was die Zukunft bringt.

Und dies wiederum prämiert Mitarbeiter, die ihrerseits emotional intelligent sind.

Die alten Praktiken funktionieren nicht mehr; der immer härtere Wettbewerbsdruck in der Weltwirtschaft stellte jedes Unternehmen vor die Herausforderung, sich anzupassen, um unter den neuen Regeln erfolgreich zu sein. Im alten System führte die Hierarchie zu einem Gegeneinander von Arbeitnehmern und Führungskräften; die Arbeitskräfte wurden nach ihren Fähigkeiten entlohnt, aber dieser Grundsatz wird in dem Maße ausgehöhlt, wie die Geschwindigkeit des Wandels zunimmt. Hierarchien verwandeln sich in Netzwerke; Arbeitnehmer und Manager schließen sich in Teams zusammen; das Entgelt setzt sich aus neuen Mischungen aus Optionen, Zulagen und Beteiligungen zusammen; feste Berufsqualifikationen weichen in dem Maße einem lebenslangen Lernen, wie feste Stellen in dynamischen Laufbahnen aufgehen.

Mit den wirtschaftlichen Rahmenbedingungen ändern sich auch die Merkmale, die erforderlich sind, um zu überleben, und erst recht, um Spitzenleistungen zu erzielen. All diese Veränderungen bewirken, daß die emotionale Intelligenz an Bedeutung gewinnt. Der erhöhte Wettbewerbsdruck führt dazu, daß Mitarbeiter, die motiviert sind, Initiative zeigen, den inneren Antrieb besitzen, sich selbst zu übertreffen, und so optimistisch sind, daß sie mühelos mit Veränderungen und Rückschlägen fertig werden, einen neuen Stellenwert bekommen. Die dringliche Notwendigkeit, die Servicewünsche von Kunden und Klienten zu befriedigen und mit einem immer mannigfaltigeren Spektrum von Menschen reibungslos und kreativ zusammenzuarbeiten, macht empathische Fähigkeiten immer wichtiger.

Zugleich läßt die Umgestaltung überholter Organisationsformen von einem hierarchischen »Schaltplan« zu einem Netz-Mandala zusammen mit dem Aufschwung der Teamarbeit traditionelle soziale Kompetenzen wie Kontaktfreudigkeit, Überzeugungskraft und Kooperativität an Bedeutung zunehmen.

Außerdem stellt die Bereitstellung der geeigneten Führungskräfte eine Herausforderung dar: Die Fähigkeiten, die Führungskräfte im nächsten Jahrhundert brauchen, werden sich grundlegend von denen unterscheiden, die heute so hoch geschätzt werden. Kompetenzen wie Wegbereiter des Wandels zu sein, Anpassungsfähigkeit, Nutzbarmachung gesellschaftlicher Vielfalt und Teamfähigkeiten waren vor zehn Jahren noch nicht auf dem Radar. Heute spielen sie von Tag zu Tag eine immer größere Rolle.

Unsere Kinder
und die Zukunft der Arbeit

Wie bilden wir junge Menschen so aus, daß sie für die neue Arbeitswelt gerüstet sind? Bei unseren Kindern gehört dazu die Erziehung zu emotionaler Mündigkeit; bei denjenigen, die bereits im Berufsleben stehen, bedeutet es Förderung ihrer emotionalen Kompetenz. All dies erfordert, daß wir den Begriff der »Schlüsselkompetenzen« im Bildungssystem überdenken: Die emotionale Intelligenz ist heute für die

Zukunft unserer Kinder genauso wichtig wie die akademische Standardkost.

Eltern auf der ganzen Welt erkennen die Notwendigkeit einer breiter angelegten Vorbereitung aufs Leben – breiter, als es das herkömmliche Unterrichtsprogramm vorsieht. Die Collaborative for Social and Emotional Learning an der Universität von Illinois in Chicago berichtet, daß Tausende amerikanischer Schulen heute über 150 verschiedene Programme in emotionaler Kompetenz anbieten. Und aus allen Regionen der Erde – Asien, Europa, Naher Osten, Süd- und Mittelamerika und Australien – ist zu hören, daß ähnliche Programme im Entstehen sind.

Den vielleicht zukunftsweisendsten Ansatz verfolgen Netzwerke von lokalen Behörden, Schulen und Unternehmen, die darauf abzielen, das kollektive Niveau der emotionalen Intelligenz in den Kommunen zu erhöhen. Der Bundesstaat Rhode Island beispielsweise hat eine Initiative zur Förderung der emotionalen Intelligenz an so unterschiedlichen Orten wie Schulen, Strafvollzugsanstalten, Krankenhäusern, psychiatrischen Kliniken und bei Umschulungsprogrammen ins Leben gerufen.

Weitblickende Unternehmen erkennen, daß sie ebenfalls Anteil daran haben, wie gut die Schulen ihre künftigen Arbeitskräfte ausbilden. Ich kann mir Bündnisse von Unternehmen vorstellen, die Programme zur Förderung der emotionalen Kompetenz als eine Geste des guten Willens, aber auch als eine vorausschauende Investition unterstützen. Wenn es den Schulen nicht gelingt, ihren Schülern diese elementaren menschlichen Fertigkeiten zu vermitteln, dann werden es die Unternehmen später ersatzweise tun müssen, wenn jene Schüler Mitarbeiter werden. Eine solche konzertierte Anstrengung, den Schulen bei der Vermittlung dieser Fähigkeiten zu helfen, kann sowohl das gesellschaftliche Miteinander in unseren Kommunen als auch deren wirtschaftliches Wohlergehen fördern.

Das Unternehmen der Zukunft:
die virtuelle Organisation

Die Bedeutung der emotionalen Intelligenz wird zwangsläufig zunehmen, da Organisationen immer stärker auf die Fähigkeiten und die
Kreativität der Beschäftigten angewiesen sind, die selbständig initiativ
werden. Schon heute sagen 77 Prozent der amerikanischen »Wissensarbeiter«, sie entschieden selbst, wie sie ihre Arbeit erledigen, und
müßten dabei nicht den Weisungen ihrer Vorgesetzten folgen.[2]
    Die zunehmende Beliebtheit von Telearbeit beschleunigt diesen
Trend. Eigenständigkeit kann nur dann funktionieren, wenn sie mit
Selbstkontrolle, Vertrauenswürdigkeit und Gewissenhaftigkeit einhergeht. Und je weniger die Menschen »für das Unternehmen« und je
mehr sie auf sich selbst gestellt arbeiten, um so mehr emotionale Intelligenz ist erforderlich, um die Beziehungen, die für das Überleben
der Arbeitskräfte unverzichtbar sind, aufrechtzuerhalten.
    Solche unabhängigen Agenten weisen in eine Zukunft der Arbeits-
welt, die sich mit der Funktionsweise des Immunsystems vergleichen
läßt: umherwandernde Zellen, die eine akute Notlage erkennen, sich
spontan zu einer festgefügten, hochkoordinierten Arbeitsgruppe zu-
sammenschließen, um diese Notlage zu meistern, und sich nach ge-
taner Arbeit wieder trennen. Im Rahmen einer Organisation können
derartige Gruppen mit einer spezifischen Kombination von Fähigkeiten und Sachverstand je nach Bedarf ressortgebunden oder ressort-
übergreifend entstehen, und sie lösen sich wieder auf, sobald sie ihre
Aufgabe erfüllt haben. In der Unterhaltungsindustrie, in der sich für
die Dauer eines Projekts eine Pseudoorganisation bildet, die sich danach wieder auflöst, ist dies bereits gängige Praxis. Dies, so meinen
viele, sei die Standardform der Arbeit in der Zukunft.
    Solche virtuellen Teams sind besonders agil, weil sie jeweils von
demjenigen geführt werden, der die erforderlichen Fähigkeiten besitzt, statt von jemandem, der zufällig den Titel »Manager« trägt. In
vielen Organisationen nimmt die Zahl der Ad-hoc-Projekt- und -Ar-
beitsgruppen ständig zu; andere Unternehmen schaffen die Voraussetzungen für die Entstehung solcher Gruppen, indem sie Mitarbeiter
zusammenbringen, damit sie in lockerer Atmosphäre Informationen
und Ideen austauschen können.
    Die Frage für uns alle lautet, ob diese neue Arbeitswelt immer här-
ter wird – mit unerbittlichem Leistungsdruck und ständigen Ängsten,
die uns jegliches Sicherheitsgefühl rauben und uns keine Zeit mehr für

die einfachen Freuden des Daseins lassen – oder ob wir, angesichts dieser neuen Realität, Arbeitsweisen finden können, die uns Spaß machen, uns Erfüllung bringen und fördern.

Fazit

Die gute Nachricht lautet: Emotionale Intelligenz kann erlernt werden. Jeder von uns kann mit diesen Fähigkeiten sein Rüstzeug erweitern, das ihm ermöglicht, sich in einer Zeit, da die »Sicherheit des Arbeitsplatzes« wie ein befremdliches Oxymoron anmutet, in der Arbeitswelt zu behaupten.

Für Unternehmen aller Branchen erschließt die Tatsache, daß emotionale Kompetenzen eingeschätzt, bewertet und verbessert werden können, ein weiteres Feld, auf dem sie ihre Leistungsfähigkeit – und damit ihre Wettbewerbsfähigkeit – verbessern können. Erforderlich ist eine Stärkung der emotionalen Kompetenz des Unternehmens.

Auf individueller Ebene lassen sich Elemente der emotionalen Intelligenz identifizieren, bewerten und fördern. Auf Gruppenebene bedeutet dies eine Feinabstimmung der zwischenmenschlichen Dynamik, die Gruppen intelligenter macht. Auf Organisationsebene bedeutet es, die Wertehierarchie umzugestalten und der emotionalen Intelligenz Priorität einzuräumen – in den konkreten Modalitäten der Personaleinstellung, der Aus- und Weiterbildung, der Leistungsbeurteilung und der Beförderungspraxis.

Sicherlich ist emotionale Intelligenz kein Zauberstab, verbürgt sie allein keine stärkere Marktposition und keine gesündere Ertragslage. Die Ökologie eines Unternehmens ist überaus dynamisch und komplex, und eine Maßnahme oder Veränderung allein kann nicht jedes Problem lösen. Doch bekanntlich »geben die Menschen den Ausschlag«, und wenn der Faktor Mensch außer acht gelassen wird, dann funktioniert nichts so gut, wie es könnte. In den kommenden Jahren werden die Unternehmen, deren Mitarbeiter am besten zusammenarbeiten, einen Wettbewerbsvorteil erlangen, so daß verstärkte emotionale Intelligenz immer größere Bedeutung erlangen wird.

Doch abgesehen von der emotionalen Intelligenz der Unternehmen, für die wir arbeiten, eröffnet der Besitz der entsprechenden Fähigkeiten jedem von uns einen Weg, in der Arbeitswelt unsere menschliche Würde und psychische Stabilität zu bewahren. Und in dem Maße, wie sich die Arbeitswelt verändert, helfen uns diese menschlichen Fähigkeiten nicht nur, uns im Wettbewerb zu behaupten, sondern sie fördern auch unsere Fähigkeit, bei der Arbeit Spaß zu haben, ja sogar Freude zu empfinden.

Anhang

Anhang I

Emotionale Intelligenz

Emotionale Intelligenz: Das ist die Fähigkeit, unsere eigenen Gefühle und die anderer zu erkennen, uns selbst zu motivieren und gut mit Emotionen in uns selbst und in unseren Beziehungen umzugehen. Damit sind Fähigkeiten umschrieben, die sich von der akademischen Intelligenz, von rein kognitiven, vom IQ gemessenen Fähigkeiten unterscheiden, diese allerdings ergänzen. Es gibt viele, die superschlau sind, denen es aber an emotionaler Intelligenz mangelt, und so arbeiten sie schließlich für andere, die einen niedrigeren IQ haben, aber in emotionalen Intelligenzfähigkeiten glänzen.

In diesen unterschiedlichen Arten von Intelligenz, der intellektuellen und der emotionalen, äußert sich die Aktivität unterschiedlicher Teile des Gehirns. Der Intellekt basiert ausschließlich auf den Funktionen des Neokortex, jener äußeren Schichten des Gehirns, die sich evolutionsgeschichtlich zuletzt entwickelt haben. Die emotionalen Zentren liegen tiefer im Gehirn, im älteren Subkortex; die emotionale Intelligenz basiert auf dem Zusammenwirken dieser emotionalen Zentren mit den intellektuellen Zentren.

Einer der einflußreichsten Theoretiker der Intelligenz, der auf den Unterschied zwischen intellektuellen und emotionalen Fähigkeiten aufmerksam machte, war Howard Gardner, ein Harvard-Psychologe, der 1983 ein stark beachtetes Modell der »vielfachen Intelligenz« vortrug.[1] Zu den von ihm angeführten sieben Arten von Intelligenz gehörten nicht nur die üblichen verbalen und mathematischen Fähigkeiten, sondern auch zwei »persönliche« Formen: die eigene Innenwelt zu kennen und soziale Geschicklichkeit.

Eine umfassende Theorie der emotionalen Intelligenz wurde 1990 von zwei Psychologen der Yale University vorgeschlagen, Peter Salovey und John Mayer, der mittlerweile an der University of New Hampshire tätig ist.[2] Ein anderes bahnbrechendes Modell der emotionalen Intelligenz entwickelte in den achtziger Jahren der israelische Psychologe Reuven Bar-On.[3] Und in den letzten Jahren haben mehrere andere Theoretiker Variationen zu dieser Idee ausgearbeitet.

Salovey und Mayer definierten die emotionale Intelligenz im Sinne einer Fähigkeit, die eigenen Gefühle und die anderer zu überwachen und zu regulieren sowie Denken und Handeln an Gefühlen zu orientieren. Sie haben ihre Theorie seitdem laufend verfeinert, doch habe ich ihr Modell in eine Version umgearbeitet, die besser geeignet ist, um die Bedeutung dieser Fähigkeiten im Arbeitsleben zu verstehen. Meine Version umfaßt fünf grundlegende emotionale und soziale Kompetenzen:

- *Selbstwahrnehmung:* wissen, was wir im Augenblick empfinden, und diese Präferenzen in unsere Entscheidungen einbeziehen; eine realistische Einschätzung unserer Fähigkeiten und ein wohlbegründetes Selbstvertrauen besitzen.

- *Selbstregulierung:* mit unseren Emotionen so umgehen, daß sie uns bei unseren Aufgaben nicht stören, sondern diese erleichtern; gewissenhaft sein und Gratifikationen aufschieben, um ein Ziel zu verfolgen; sich von emotionalen Belastungen gut erholen.

- *Motivation:* uns von unseren tiefsten Präferenzen in Richtung auf unsere Ziele drängen und leiten lassen; sie nutzen, um die Initiative zu ergreifen und danach zu streben, uns zu verbessern, und angesichts von Rückschlägen und Frustrationen nicht aufzugeben. .

- *Empathie:* spüren, was andere empfinden; fähig sein, sich in ihre Lage zu versetzen, und persönlichen Kontakt und enge Abstimmung mit einer großen Vielfalt unterschiedlich geprägter Menschen pflegen.

- *Soziale Fähigkeiten:* in Beziehungen gut mit Emotionen umgehen und soziale Situationen und Beziehungsgeflechte genau erfassen; reibungslos mit anderen interagieren; diese Fähigkeiten für Kooperation und Teamarbeit nutzen und um zu überzeugen und zu führen, zu verhandeln und Streitigkeiten zu schlichten.

Anhang 2

Welche Kompetenzen haben die Leistungs-Asse?

Es gibt zwei Stufen der beruflichen Kompetenz und daher zwei Arten von Kompetenzmodellen. Zum einen handelt es sich um *Schwellenkompetenzen*, die Menschen brauchen, um ihren beruflichen Anforderungen gewachsen zu sein. Es sind Fähigkeiten, die mindestens erforderlich sind, um die mit einer bestimmten Position verbundenen Aufgaben erfüllen zu können. Die meisten betrieblichen Kompetenzmodelle, die ich kenne, fallen in diese Kategorie. Die andere Art von Kompetenzmodell beschreibt *unterscheidende* Kompetenzen, jene Fähigkeiten, durch die sich Leistungs-Asse vom Durchschnitt abheben. Es sind dies Kompetenzen, die Menschen benötigen, um überdurchschnittliche Leistungen zu erbringen. In der Informationstechnologie braucht man zum Beispiel ein hohes Maß an fachlichem Können, um seinem Job überhaupt genügen zu können; dieses Können ist eine Schwellenkompetenz. Die beiden Kompetenzen, auf die es am meisten ankommt, um jemanden in diesem Bereich zum Leistungs-As zu machen, sind jedoch das Bestreben, sich zu verbessern, und die Befähigung zur Überzeugung und Beeinflussung – und das sind emotionale Kompetenzen. Aufzählungen von Kompetenzen geben zwar eine gute allgemeine Orientierung, aber man kann ihnen nicht entnehmen, wieviel die einzelnen Komponenten zur herausragenden Leistung beitragen. Die allerbesten Daten stammen aus Kompetenzstudien, welche das der einzelnen Kompetenz zukommende *relative Gewicht* messen, mit dem diese an der herausragenden Leistung der Asse beteiligt ist. Es kann ja zum Beispiel sein, daß eine kognitive Kompetenz dreimal so wichtig ist wie eine bestimmte emotionale Kompetenz.

Um den Beitrag der emotionalen Kompetenz zur Höchstleistung genauer zu verstehen, wandte ich mich an Ruth Jacobs und Wei Chen, Analysten bei Hay/McBer in Boston. Sie unterzogen ihre eigenen Rohdaten aus Kompetenzstudien in vierzig Unternehmen einer erneuten Analyse, um das relative Gewicht abzuschätzen, mit dem eine bestimmte Kompetenz die Spitzenkräfte vom Durchschnitt abstechen läßt.

Sie fanden folgendes heraus: Bei den Assen waren größere Stärken in rein kognitiven Fähigkeiten um 27 Prozent häufiger als beim Durchschnitt, größere Stärken in emotionalen Fähigkeiten aber um 53 Prozent häufiger. Mit anderen Worten: Emotionale Kompetenzen trugen zur Höchstleistung *doppelt* so stark bei wie reiner Intellekt und fachliche Kenntnisse.

Dieses Resultat entspricht dem, was ich selbst gefunden habe (siehe 2. Kapitel), und ich akzeptiere diese Zahl gern als vorsichtige Faustregel für den allgemeinen Beitrag der emotionalen Kompetenz zu herausragenden Leistungen.

Diese Ergebnisse zur Bedeutung der emotionalen Kompetenz passen in ein allgemeines Bild, das sich aus anderen empirischen Untersuchungen über exzellente Arbeitsleistungen ergab. Alle Daten aus einer Vielzahl von Quellen lassen den Schluß zu, daß emotionale Kompetenzen für überlegene Leistungen allgemein eine weit größere Bedeutung haben als kognitive Fähigkeiten und fachliches Können.

Richard Boyatzis von der Weatherhead School of Management an der Case Western Reserve University führte eine inzwischen klassische Untersuchung an über zweitausend Vorgesetzten der unteren, mittleren und führenden Ebene aus zwölf Firmen durch.[1] Von den sechzehn Fähigkeiten, durch die sich Leistungs-Asse von durchschnittlichen Kollegen unterschieden, waren alle bis auf zwei emotionale Kompetenzen.

Nichts anderes fand eine erweiterte Untersuchung der spezifischen Qualitäten von Leistungs-Assen, die Lyle Spencer Jr., Direktor für internationale Forschung und Technologie bei Hay/McBer, durchführte. Er überprüfte Kompetenzstudien in 286 Unternehmen, zwei Drittel davon in den Vereinigten Staaten, der Rest in zwanzig anderen Ländern ansässig. Die Tätigkeiten, für welche die Kompetenzen von Leistungs-Assen untersucht wurden, umfaßten Leitungsfunktionen, vom Vorgesetzten der unteren Ebene bis zum Vorstandsvorsitzenden, Vertriebs- und Marketingpersonal, wissenschaftliche und technische Berufe, Gesundheitswesen, staatliche Verwaltung und Erziehungswesen bis hin zu religiösen Organisationen.

Spencer identifizierte einundzwanzig allgemeine Kompetenzen, und bis auf drei basierten alle auf emotionaler Intelligenz. Von den drei rein kognitiven Kompetenzen waren zwei intellektueller Art: analytisches und konzeptionelles Denken; die dritte war fachliches Wissen. Die überwiegende Mehrheit – mehr als 80 Prozent – der allgemeinen Kompetenzen, durch die sich Leistungs-Asse vom Durchschnitt abhoben, beruhten also auf emotionaler Intelligenz, nicht auf rein kognitiver Fähigkeit.

Marilyn Gowing, Direktorin des Personnel Resources and Development Center im U.S. Office of Personnel Management, leitete eine gründliche Untersuchung der Kompetenzen, durch die sich Spitzenkräfte von denen, die gerade mal den Anforderungen genügten, in praktisch allen Positionen der Bundesverwaltung unterschieden. Robert Buchele, Arbeitswissenschaftler am Smith College, analysierte diese Daten auf mein Ersuchen hin, um zu ermitteln, wie sich bei Leistungs-Assen aller Ebenen die technische Kompetenz zu den interpersonalen Fähigkeiten verhält.

In unteren Positionen (wie Einkaufssachbearbeitern und Bürokräften) waren technische Fähigkeiten bedeutender als interpersonale. Doch auf höheren Ebenen (Fachbeamte und Leitungsfunktionen) wogen interpersonale Fähigkeiten bei Leistungs-Assen stärker als technische. Und was diese gehobenen Tätigkeiten betrifft, wurden die interpersonalen Fähigkeiten um so bedeutender, je höher die Leistungs-Asse in der Hierarchie rangierten.

Auf mein Ersuchen hin unternahmen Lyle Spencer Jr. und Wei Chen bei Hay/McBer in Boston eine weitere Untersuchung von emotionalen Kompetenzen in Führungspositionen. An über dreihundert Topmanagern aus fünfzehn global operierenden Unternehmen zeigten sie, daß sechs emotionale Kompetenzen die Asse vom Durchschnitt abhoben: Einfluß, Teamführung, Identifikation mit dem Unternehmen, Selbstvertrauen, Leistungsdrang und Führungskraft.

Wie sich in David McClellands Analyse von Leistungs-Assen auf den höchsten Führungsebenen (siehe 3. Kapitel) zeigte, repräsentieren diese Kompetenzen Stärken in einem breiten Spektrum der emotionalen Intelligenz, von Selbstwahrnehmung und Motivation bis hin zu sozialem Bewußtsein und sozialer Geschicklichkeit. Als einzige emotionale Fähigkeit kam die Selbstregulierung nicht vor, doch die zu demselben Bündel gehörende Anpassungsfähigkeit war bei den Assen um 57 Prozent häufiger (und hat sich auch in anderen Untersuchungen als unterscheidende Kompetenz erwiesen).

Während sich die Asse vom Durchschnitt der Führungskräfte weder durch technisches Können noch durch intellektuelle Fähigkeit unterschieden, waren Mustererkennung und Denken in großen Zusammenhängen bei ihnen um 13 Prozent häufiger. Dagegen war deduktives Denken in Wenn-dann-Beziehungen bei den besten Führungskräften nicht sehr stark vertreten – sie zeigten es in ihrer Arbeit um 12 Prozent *seltener* als durchschnittliche Führungskräfte. Denken in großen Zusammenhängen hat sich, wie einige Forscher vermerkten, auch in anderen Untersuchungen als signifikant erwiesen.[2]

Anhang 3

Geschlecht und Empathie

Frauen haben im allgemeinen mehr Übung in einigen interpersonalen Fähigkeiten als Männer, jedenfalls in Kulturen wie den Vereinigten Staaten, wo Mädchen im Unterschied zu Jungen dazu erzogen werden, mehr auf Gefühle und ihre Feinheiten zu achten. Bedeutet das, daß Frauen einfühlsamer sind als Männer?

Oft, aber nicht zwangsläufig. Die verbreitete Ansicht, Frauen achteten von Natur aus mehr auf die Gefühle anderer als Männer, hat eine wissenschaftliche Grundlage, aber es gibt zwei bemerkenswerte Ausnahmen, die für die Arbeitswelt von besonderer Bedeutung sind. Einen geschlechtsbedingten Unterschied gibt es weder dort, wo Menschen ihre wahren Gefühle zu verbergen suchen, noch dort, wo die Aufgabe darin besteht, in einer Begegnung die unausgesprochenen Gedanken eines anderen zu erahnen.

Zu geschlechtlichen Unterschieden generell eine klärende Vorbemerkung: Wann immer große Gruppen wie Männer und Frauen miteinander verglichen werden, gleichgültig, in welcher psychologischen Dimension, findet man mehr Ähnlichkeiten als Unterschiede; die Normalverteilungen beider Gruppen decken sich im wesentlichen und weichen nur in Randbereichen voneinander ab. Das kann zum Beispiel heißen, daß Frauen in gewissen emotionalen Fähigkeiten zwar im Schnitt besser sind als Männer, daß es aber dennoch Männer gibt, die besser sind als die meisten Frauen – ungeachtet eines statistisch signifikanten Unterschieds zwischen den Gruppen.

Nun zu den wissenschaftlichen Befunden aus Dutzenden und Aberdutzenden von Untersuchungen über Empathie, die verwirrend und zugleich klärend sind.[1] So hängt es davon ab, was man unter »Empathie« oder »Einfühlung« versteht, ob Frauen besser abschneiden als Männer. In einem bestimmten Sinne sind Frauen, jedenfalls in westlichen Kulturen, im Schnitt einfühlsamer: wenn es darum geht, dasselbe zu empfinden wie ein anderer – wenn also jemand Kummer oder Freude empfindet, teilt die Frau dieses Gefühl. Frauen neigen stärker als Männer zu diesem spontanen Mitempfinden der Gefühle anderer.[2]

Auch sind Frauen besser als Männer im *Entdecken* der flüchtigen

Gefühle eines anderen, wie ein Test zeigte: das Profil der nonverbalen Sensitivität (PONS), das von einem meiner Professoren in Harvard, Robert Rosenthal, zusammen mit Judith Hall, inzwischen an der Northwestern University, entwickelt wurde. Der Test besteht aus Dutzenden von kurzen Videoszenen, in denen jemand eine emotionale Reaktion zeigt (nachdem ihm zum Beispiel gesagt wurde, er habe im Lotto gewonnen oder sein geliebter Hund sei gerade überfahren worden). Die Sprache ist gefiltert, so daß man die Worte nicht klar verstehen kann, doch der Gesichtsausdruck und der Klang der Stimme sind klar. Rosenthal und Hall fanden in Hunderten von Experimenten, daß Frauen im Schnitt 80 Prozent besser abschnitten als Männer, wenn zu erraten war, welche Emotion die gezeigte Person empfindet.[3]

Der Unterschied zwischen den Geschlechtern im Deuten von Emotionen wurde jedoch kleiner, wenn die Szenen emotionale Hinweise enthielten, die nicht so leicht zu kontrollieren sind wie der Gesichtsausdruck. Unseren allgemeinen Gesichtsausdruck können wir besser kontrollieren als den Klang unserer Stimme, die Körpersprache oder flüchtige »Mikroemotionen«, die für einen Sekundenbruchteil über unser Gesicht huschen. Solche ungewollten Hinweise auf Emotionen auffangen zu können ist dann besonders wichtig, wenn Menschen Anlaß haben, ihre wahren Gefühle zu verbergen – und das ist im Geschäftsleben gang und gäbe. Geschlechtsbedingte Unterschiede bezüglich der Empathie werden deshalb im geschäftlichen Alltag zunehmend bedeutungslos, etwa im Verkauf oder in Verhandlungen, wo es den meisten einfach unmöglich ist, sämtliche Kanäle zu kontrollieren, auf denen der Körper Emotionen ausdrückt.

Hinsichtlich einer anderen Dimension der Empathie – der Fähigkeit, zu erahnen, was jemand genau denkt – scheint es gar keinen Unterschied zwischen den Geschlechtern zu geben. Bei dieser komplizierten Aufgabe, *empathische Genauigkeit* genannt, werden kognitive und emotionale Fähigkeiten gleichermaßen angesprochen. Im Experiment wird nicht nur ein Ausschnitt einer emotionalen Reaktion gezeigt, aus dem die Probanden die Emotion erraten sollen, sondern eine ausführliche Gesprächsszene, aus der die Probanden die verborgenen Gedanken und Gefühle erschließen sollen. Die zugeschriebenen Gedanken werden dann mit den Selbstaussagen der gezeigten Person verglichen. In sieben Experimenten zu dieser Aufgabe schnitten Frauen insgesamt nicht besser ab als Männer – nichts deutete auf einen Vorsprung der »weiblichen Intuition«.[4] Es gab eine signifikante Ausnahme: In einem Teil der Tests wurden die Frauen vom Versuchsleiter subtil dazu angehalten, sich als einfühlsamer zu erweisen, mit dem

Hinweis, Empathie sei ein Kennzeichen weiblicher Identität. Danach wurde der weibliche Empathievorsprung noch einmal deutlich. Mit anderen Worten: Die Motivation, einfühlsamer zu *erscheinen*, machte die Frauen einfühlsamer (vermutlich, weil sie sich mehr Mühe gaben).[5]

Aus den Daten zu geschlechtlich bedingten Unterschieden läßt sich durchaus das Argument ableiten, daß Männer eine ebenso große latente Fähigkeit zur Empathie haben wie Frauen, nur sind sie nicht so motiviert wie Frauen, empathisch zu sein. Da Männer nämlich dazu neigen, sich selbst durch die Brille eines gewissen Machismo zu sehen, sind sie weniger geneigt, empfindsam zu sein, da man das als ein Zeichen von »Schwäche« deuten könnte.[6] William Ickes, einer der führenden Forscher auf dem Gebiet der Empathie, sagt: »Wenn Männer manchmal den Eindruck erwecken, sozial unsensibel zu sein, kann das mehr mit dem Bild zu tun haben, das sie von sich vermitteln möchten, als mit ihrer Einfühlungsfähigkeit.«[7]

Anhang 4

Strategien zur Nutzung von Vielfalt

Die früher praktizierte gutwillige Absicht, die ethnische Zusammensetzung der Belegschaft zu berücksichtigen, führte dazu, daß man Angehörige von Minderheiten in hohe Positionen beförderte, nur um sie scheitern zu sehen – zweifellos in nicht geringem Maße als Opfer der Stereotyp-Bedrohung, wie wir im 7. Kapitel gesehen haben. Aber es gibt verschiedene Wege, dem abzuhelfen.

Einige davon zeigt der Stanford-Psychologe Claude Steele auf, der die Wirkung der Stereotyp-Bedrohung erforscht hat. Nachdem er die emotionale Dynamik verstanden hatte, die das Leistungsverhalten von Angehörigen von Minderheiten beeinträchtigt, entwarf Steele ein Programm von »klugen Strategien«, die diese Dynamik umkehren. Die Ergebnisse sind ermutigend. Schwarze Studenten an der University of Michigan, die sein Zehn-Wochen-Programm absolvierten, schnitten im ersten Studienjahr weit besser ab als vergleichbare schwarze Studenten.[1] Hier einige Aspekte aus Steeles Programm, die sich mit Strategien decken, wie sie in Unternehmen angewandt werden, um den Arbeitsplatz für Menschen jeglicher Art angenehm zu machen:

- *Optimistische Führer:* Mentoren oder Vorgesetzte bestärken Menschen, die sonst unter dem Stigma bedrohlicher Stereotype leiden könnten, in ihren Fähigkeiten.
- *Echte Herausforderungen:* Herausfordernde Aufgaben zeigen dem Mitarbeiter, daß man Respekt vor seinen Fähigkeiten hat und daß man ihn nicht durch die Brille eines schwächenden Stereotyps sieht. Diese Aufgaben sind auf die Fähigkeiten des Mitarbeiters zugeschnitten und fordern ein vernünftiges Maß an Anstrengung; sie sind weder so entmutigend, daß er daran scheitern muß, noch sind sie zu einfach, um den vom Stereotyp Verfolgten nicht in seinen schlimmsten Befürchtungen zu bestätigen, daß man ihm nicht zutraut, die Aufgaben zu schaffen.
- *Betonung des Lernens:* Man folgt ausdrücklich der Vorstellung, daß fachliche Kenntnisse und Fähigkeiten durch Lernen in der Praxis wachsen und daß Kompetenz schrittweise erworben wird. Damit stellt man das grausamste Stereotyp in Frage, daß jemand, nur weil

er einer bestimmten ethnischen Gruppe angehört, von vornherein in seinen Fähigkeiten begrenzt sei.

- *Das Zugehörigkeitsgefühl stärken:* Negative Stereotype erzeugen das Gefühl »Ich gehöre eigentlich nicht dazu« und lassen so die eigene Eignung für einen Job fraglich erscheinen. Allerdings muß die Bestärkung der Zugehörigkeit an die wirkliche Eignung des oder der Betreffenden gebunden sein.
- *Unterschiedliche Perspektiven schätzen:* Beiträge unterschiedlicher Art werden in der Unternehmenskultur ausdrücklich begrüßt. Das vermittelt denen, die sich von Stereotypen bedroht fühlen, daß Stereotype in diesem Unternehmen keinen Platz haben.
- *Vorbilder:* Angehörige der eigenen Minderheit, die es in dieser Tätigkeit zu etwas gebracht haben, vermitteln dem Betroffenen stillschweigend, daß das bedrohliche Stereotyp in diesem Betrieb kein Hindernis ist.
- *Durch geschicktes Feedback Selbstvertrauen aufbauen:* Man überfällt den Mitarbeiter nicht mit einer Leistungsbeurteilung, sondern zeigt ihm, ohne ausdrücklich darauf einzugehen, ob er gut oder schlecht war, in einem fortlaufenden Dialog, in welcher Richtung er an sich zu arbeiten hat. Dadurch wird die Mentorenbeziehung gestärkt, während die emotionalen Kosten anfänglicher Fehlschläge minimiert werden. Durch diese Strategie kann sich im Zuge kleinerer oder größerer Erfolge allmählich Selbst-Wirksamkeit aufbauen.

Anhang 5

Was in der Ausbildung noch zu bedenken ist

Mehr über die Bewertung von emotionaler Kompetenz

Es gibt keinen hundertprozentigen Bewertungsmaßstab. Die Selbstbeurteilung wird tendenziell dadurch verfälscht, daß der Mensch einen guten Eindruck machen möchte. Und bei der Beurteilung der emotionalen Kompetenz taucht die Frage auf, ob man jemandem mit unterentwickelter Selbstwahrnehmung zutrauen kann, die eigenen Stärken und Schwächen zutreffend zu bewerten. Die Selbstbeurteilung kann durchaus hilfreich (und ehrlich) sein, sofern der Betroffene darauf vertraut, daß das Ergebnis in seinem Interesse verwertet wird, doch ohne dieses Vertrauen ist wenig Verlaß darauf.

In die Instrumente zur Selbstbeurteilung wird gewöhnlich ein »Lügenmesser« eingebaut, eine Fragenbatterie, mit der solche Leute erwischt werden, die einen Eindruck zu erwecken versuchen, der »zu gut ist, um wahr zu sein« – wenn sie zum Beispiel der Aussage zustimmen: »Ich lüge nie«. Allerdings hat die Sache einen Haken: Die vorsätzliche Täuschung wird gewöhnlich aufgedeckt, nicht aber eine *Selbst*täuschung, deren Grundlage eine unzulängliche Selbstwahrnehmung ist.

»Ob Selbstbeurteilungen sinnvoll sind, hängt vom Verwendungszweck ab«, sagt Susan Ennis, Leiterin der Entwicklung von Führungskräften bei der BankBoston. »Eine entscheidende Frage ist: ›Welche Rolle spielt das Unternehmen, und wie werden die Daten gespeichert und verwendet?‹ Die Antworten werden unzweifelhaft von dem Wunsch beeinflußt, sich vorteilhaft darzustellen. Man möchte einen guten Eindruck machen.«

Ennis bemerkt weiter: »Wenn die Selbstbeurteilung ausschließlich eine Sache zwischen dem Mitarbeiter und seinem Coach ist, wenn er sie vertraulich behandelt und sie nicht von der Firma eingesehen oder aufbewahrt wird, wird der Mitarbeiter aufrichtiger sein oder doch so aufrichtig, wie es ihm möglich ist, unter Berücksichtigung sonstiger Beschränkungen seiner Selbstwahrnehmung.«

Andererseits können auch Beurteilungen durch andere auf verschiedene Weise verfälscht werden. Wenn zum Beispiel Bürointrigen hineinspielen, ergibt eine Rundumbefragung nicht unbedingt ein wirklichkeitsgetreues Bild des zu Beurteilenden, da man die Beurteilung als Waffe im internen Krieg benutzen kann; auch können Freunde sich gegenseitig Gefälligkeiten erweisen, indem sie einander übertrieben gute »Noten« geben.

Innerbetriebliche Intrigen können es Führungskräften der höchsten Ebenen ausgesprochen schwer machen, ehrliche Beurteilungen zu erhalten, schon weil die Macht, über die sie verfügen, sich störend bemerkbar macht; und wie wir im 4. Kapitel gesehen haben, kann gerade der Erfolg den narzißtischen Eindruck erzeugen, man habe keine schwachen Punkte. Von gegenteiligen Tatsachen sind Führungskräfte oft abgeschirmt, teils weil sie isoliert sind, teils weil Untergebene sie nicht gern kränken möchten.

In jeder Beurteilung spiegelt sich bis zu einem gewissen Grad immer auch der Beurteilende. Eventuelle Verzerrungen kann man dadurch korrigieren, daß man sich eine Vielzahl von Beurteilungen verschafft, denn man kann annehmen, daß die emotionalen oder tendenziösen Beurteilungen der einen durch Urteile der anderen aufgewogen werden.

Mehr über die Beurteilung der Bereitschaft

Der Psychologe James Prochaska von der University of Rhode Island hat in ausgedehnten Untersuchungen (mit über dreißigtausend Probanden) vier Stadien der Bereitschaft ermittelt, die im Zuge einer erfolgreichen Verhaltensänderung durchlaufen werden.

- *Blindheit:* Wie der weise Brite G. K. Chesterton sagte: »Nicht daß sie die Lösung nicht sehen – sie sehen das Problem nicht.« In diesem Stadium sind die Leute ganz und gar nicht bereit; sie leugnen schlichtweg, daß sie sich überhaupt ändern müssen. Jedem Bemühen, ihnen zu helfen, sich zu ändern, setzen sie Widerstand entgegen; sie sehen einfach nicht, was das soll.
- *Nachdenklichkeit:* In diesem Stadium sehen die Leute ein, daß sie sich bessern müssen, und sie haben sich schon Gedanken darüber gemacht, wie sie es anstellen sollen. Sie sind offen dafür, über das

Problem zu sprechen, aber nicht recht bereit, sich ernsthaft der not-wendigen Entwicklung zu stellen. Die Haltung ist überwiegend am-bivalent; manche warten ab, bis sich ein »magischer Augenblick« der Bereitschaft einstellt, andere stürzen sich vorschnell in die Aktion, scheitern aber, weil sie halbherzig sind. In diesem Stadium hört man Leute gern sagen, sie hätten vor, »nächsten Monat« etwas zu unter-nehmen, oder auch »in den nächsten sechs Monaten«. Prochaska stellt fest, daß es nicht ungewöhnlich sei, daß Leute »sich jahrelang sagen, eines Tages würden sie sich ändern«.

- *Vorbereitung:* Jetzt haben die Leute begonnen, sich auf die Lösung einzustellen, darauf, wie sie sich bessern können. Sie brennen dar-auf, einen Aktionsplan zu entwickeln. Sie sind sich des Problems be-wußt, sehen, daß es Lösungsmöglichkeiten gibt, und man spürt, daß sie sich darauf freuen. In diesen Zustand erhöhter Bereitschaft gera-ten manche durch ein tiefgreifendes Ereignis – eine ernste Ausspra-che mit dem Vorgesetzten, eine Katastrophe am Arbeitsplatz, eine Krise in ihrem Privatleben. Einem Topmanager wurde schlagartig klar, daß er etwas für seine Selbstkontrolle tun mußte, als er auf dem Heimweg von einem Arbeitsessen angehalten und wegen Trunken-heit am Steuer festgenommen wurde. An diesem Punkt sind die Leute reif für die Veränderung, jetzt gilt es, einen detaillierten Aktionsplan zu formulieren.

- *Handeln:* Die sichtbare Veränderung beginnt. Die Leute machen sich den Plan zu eigen, praktizieren seine einzelnen Schritte und ändern tatsächlich ihr Verhalten, ihre emotionalen Muster, ihre An-sichten über sich selbst und all das, was dazugehört, wenn man ein-gefleischte Gewohnheiten aufgibt. Die meisten glauben, daß sie sich in diesem Stadium ändern, doch baut es auf den früheren Schritten zum Bereitwerden auf.

Mehr über das Einüben

Eine Kompetenz zu pflegen bedeutet, neurologisch gesehen, die alte Gewohnheit als automatische Reaktion des Gehirns zu löschen und sie durch die neue zu ersetzen. Der Erwerb einer Kompetenz ist dann ab-geschlossen, wenn die alte Gewohnheit ihren Status als selbstver-ständliche Reaktion verliert und die neue an ihre Stelle tritt. Jetzt hat sich die Verhaltensänderung gefestigt, und ein Rückfall in die alte Ge-wohnheit wird unwahrscheinlich.

Die tiefverwurzelten Einstellungen und damit zusammenhängenden Wertvorstellungen sind im allgemeinen schwerer zu verändern als die darauf basierenden Arbeitsgewohnheiten. Ein ethnisches Stereotyp ist zum Beispiel nicht leicht zu verändern wie das, was jemand in Anwesenheit eines Mitglieds der betreffenden Minderheit sagt und tut. Es ist möglich, Motive wie Leistungsstreben und Persönlichkeitsmerkmale wie Freundlichkeit zu verstärken oder zu modifizieren, aber der Prozeß ist langwierig.[1] Gleiches gilt für die zugrundeliegenden Kompetenzen wie Selbstwahrnehmung, Bewältigung beunruhigender Emotionen, Empathie und soziale Gewandtheit.

Abgesehen von der Schwierigkeit der zu erlernenden Kompetenz kommt es sehr darauf an, wie groß der Abstand vom Ausgangsverhalten zu dem neuen Verhalten ist. Wer schon einigermaßen einfühlsam ist, lernt unter Umständen ganz leicht, gekonnt Leistungs-Feedback zu geben oder sich auf die Bedürfnisse der Kunden einzustellen, da diese Kompetenzen spezielle Anwendungen einer Fähigkeit darstellen, die er schon besitzt. Ein entschlosseneres, langwieriges Bemühen wird dagegen von demjenigen verlangt, der Mühe hat, sich in andere einzufühlen.

Schulungsprogramme, die eine Gelegenheit bieten, die gewünschte Kompetenz durch passende Simulationen, Spiele, Rollenspiel und ähnliche Methoden einzuüben, können einen mächtigen Anstoß für die Praxis geben. Allerdings fallen die Ergebnisse recht unterschiedlich aus, wenn es um kompliziertere simulierte berufliche Aufgaben, computergestützte Unternehmensspiele, Rollenspiel, Problemlösungsübungen im Team und umfassende Simulationen der Realität eines ganzen Unternehmens geht.

Oft ist unklar, welche Fähigkeiten genau eine solche Simulation kultivieren soll; meistens wird kaum oder gar nicht darauf geachtet, welche Kompetenzen eigentlich eingeübt werden. Damit, daß man an einem Spiel oder einer Übung teilnimmt, ist außerdem noch nicht gesagt, daß man wirklich lernt. Insgesamt empfiehlt es sich, solche Simulationen und Spiele sorgfältig zu planen, sie auf spezifische Kompetenzen auszurichten, die den Teilnehmern klar beschrieben werden, und hinterher eingehend darüber zu sprechen. Ferner sollte man sie in Verbindung mit (und nicht als Ersatz für) Coaching und Feedback, Verstärkung und praktischem Einüben betreiben.[2]

Wenn es um das Einüben von emotionaler Kompetenz geht, hat das computergestützte Lernen, das im Ausbildungswesen derzeit in Mode ist, seine Grenzen. Computergestützte Verfahren haben durchaus ihre Vorteile: individualisierte Lernprogramme, Möglichkeiten der Wiederholung und Einübung im selbstgewählten Tempo, sofortige Rückmeldung über Fortschritte, unterstützende Hilfsprogramme und dergleichen; sie eignen sich aber besser für die Schulung technischer Fähigkeiten als für die Entwicklung von personalen und interpersonalen Fähigkeiten.

»Die Leute sagen, man kann an seinem Computer sitzen, sich selbst beurteilen und herausfinden, wie man eine Kompetenz entwickelt«, bemerkt Richard Boyatzis von der Case Western Reserve University. »Aber das ist nicht möglich ohne Beziehungen; allein kann man das nicht lernen.«

In manchen Kreisen schwärmt man davon, die Ausbildung umzustellen auf High-Tech-Medien wie intelligente computergestützte Schulungssysteme, virtuelle Realität, interaktive CD-ROMs und dergleichen. Vielleicht kann man mit diesen Technologien Kosten senken, indem man Maschinen statt Menschen als Ausbilder einsetzt, und vielleicht erlauben sie den Benutzern mehr Flexibilität, aber wenn man allein auf sie setzt, geht vielleicht manches Wichtige verloren. Ein Psychologe drückte es so aus: »High-Tech-Schulungsmedien mögen ja viele Vorzüge haben, aber wenn es um emotionale Intelligenz geht, schneiden sie meistens ziemlich schlecht ab.« Solche High-Tech-Lehrmittel können im größeren Rahmen eines Schulungsprogramms für emotionale Kompetenz durchaus ihren Platz haben (beispielsweise, um individuell an Videoausschnitten empathische Genauigkeit einzuüben und Feedback für Lernfortschritte zu erhalten). Zu denken wäre auch an Online-Neigungsgruppen, die sozusagen virtuell Unterstützung und Coaching geben.

Es wäre jedoch ein großer Fehler, allzusehr auf die Technologie zu setzen und darüber den menschlichen Kontakt zu vernachlässigen, besonders wenn es um das Einüben von Kompetenzen geht. In einer Besprechung aktueller Tendenzen in der Ausbildung heißt es sarkastisch: »Oft sind es die prosaischen und technisch anspruchslosen Faktoren eines Ausbildungssystems, die den Unterschied zwischen einem erfolgreichen Ausbildungsprogramm und vergeudeten Firmengeldern ausmachen« – und diese technisch anspruchslosen Faktoren sind Menschen mit den wesentlichen Kompetenzen der emotionalen Intelligenz.[3]

Dank

Die Ideen, aus denen dieses Buch entstanden ist, haben verschiedene Wurzeln. Besonders wichtig waren die ständigen Gespräche mit meiner Frau, Tara Bennett-Goleman, ausgelöst durch so manche frustrierende Sitzung von Leitungsgremien, denen wir beide angehörten. Oft merkte ich, daß es einfach nicht klappte, aus welchem Grund auch immer. Tara erfaßte die emotionalen Tendenzen unter der Oberfläche dieser Sitzungen und machte diejenigen aus, die die Aufmerksamkeit und Energie der Gruppe fesselten und uns davon abhielten, unsere Aufgaben zu erledigen.

Tara und ich begannen mit der Arbeit an dem Stoff, aus dem schließlich das Buch *Emotionale Intelligenz* hervorgegangen ist. Ihre Überlegungen fließen ein in ein Buch, an dem sie gerade arbeitet. Sie hat mich auf dieser intellektuellen Reise Schritt für Schritt begleitet.

Eine weitere wichtige Wurzel der hier vorgetragenen Gedanken ist mein verstorbener Freund David C. McClelland, bei dem ich an der Harvard University studierte. Davids visionäre Erfassung des Wesens der Kompetenz und sein unbedingtes Streben nach Wahrheit haben mich seit langem inspiriert, und seinen Forschungen verdanke ich einen Großteil des Materials, mit dem ich meine Thesen untermauere. Es hat mich traurig gestimmt, als ich während der letzten Arbeiten an diesem Buch von Davids Tod erfuhr.

Unterstützung fand ich bei etlichen Freunden in der Bostoner Zentrale von Hay/McBer (der Firma, die David zusammen mit David Berlew, meinem derzeitigen Unternehmensberater, gründete): James Burrus, Präsident; Mary Fontaine, Vizepräsidentin und Gesamtgeschäftsführerin; Ruth Jacobs, Chefconsultant; Jason Goldner und Wei Chen, Researcher.

Richard Boyatzis, stellvertretender Leiter der Abteilung für die Ausbildung von Führungskräften an der Weatherhead School of Management der Case Western Reserve University, vormals Präsident von Hay/McBer, Kollege von David McClelland und ein guter Freund seit unserer Studentenzeit in Harvard, hat mir enorm geholfen. Seine Bücher *The Competent Manager* und *Innovation in Education* sind klassische Darlegungen der Bedeutung emotionaler Kompetenzen und zugleich die besten Übungen, um sie zu pflegen. Richard hat mich an den über etliche Jahre gewonnenen Erkenntnissen zur Kompetenz und an seinem reichen Erfahrungsschatz großzügig teilhaben lassen; mit größtem Vergnügen arbeite ich in meinem neuen Unternehmen Emotional Intelligence Services mit ihm zusammen.

Lyle Spencer, Direktor für internationale Forschung und Technologie bei Hay/McBer, hat Daten und Erkenntnisse über die Leistungseliten und die Bedeutung von Leistungs-Assen für die Leistung von Organisationen beigesteuert. Das Buch *Competence at Work*, dessen Mitautor er ist, gilt bis heute als Standardwerk auf diesem Gebiet.

Marilyn Gowing, Direktorin des Personnel Resources and Development Center im U.S. Office of Personnel Management, hat mir sehr entgegenkommend Einblick in ihre bahnbrechenden Untersuchungen zur Bedeutung der emotionalen Intelligenz für die Leistung von einzelnen und Organisationen gewährt.

Besonderer Dank gilt meinen übrigen Kollegen im Consortium for Research on Emotional Intelligence in the Workplace: meinem Vorstandskollegen Cary Cherniss von der Graduate School for Applied Psychology an der Rutgers University; Robert Caplan, Professor für Organisationspsychologie an der George Washington University; Kathy Kram, Direktorin des MBA-Programms für Führungskräfte an der School of Management der Boston University; Rick Price vom Institute for Social Research an der University of Michigan; und Mary Ann Re in der Personalverwaltung bei AT&T. Rob Emmerling und Cornelia Roche, Forscher für das Consortium, leisteten unschätzbare Hilfe beim Durchstöbern der Forschungsliteratur über Ausbildung und Entwicklung. Maurice Elias lieferte einen ersten Grundlagenüberblick über den Forschungsstand.

Tiefer Dank gilt dem Fetzer Institute dafür, daß es die Arbeit des Consortium unterstützt und an Initiativen zur emotionalen Intelligenz fortlaufend Anteil nimmt.

Meine Kollegen Rita und Bill Cleary, Judith Rodgers, Ken Rhee und Thérèse Jacobs-Stewart bei Emotional Intelligence Services waren beteiligt an der Entwicklung der praktischen Anwendungen, die sich aus meiner Analyse des Arbeitens mit emotionaler Intelligenz ergeben.

Intellektuell stehe ich in der Schuld von Claudio Fernández-Aráo von der Buenos-Aires-Filiale von Egon Zehnder International, der dieses Buch mit seiner generösen Haltung, seinem scharfen Verstand und seiner ungeheuren Energie bereichert hat. Gespräche mit den Leuten bei Egon Zehnder International, unter ihnen der Hauptgeschäftsführer Daniel Meiland, Victor Loewenstein, der geschäftsführende Direktor, und Egon Zehnder persönlich, ein Pionier bei der Schaffung einer emotional intelligenten Organisation, haben mir bei meiner Fallstudie geholfen.

Generös haben auch andere mich an ihren Gedanken teilhaben lassen: Warren Bennis, Distinguished Professor of Business Administration bei USC; John Seely Brown, Forschungsleiter der Xerox Corporation; Rick Canada, Direktor für Führungsfragen und organisatorische Entwicklung von Motorolas Cellular Sector; Kate Cannon, Direktorin für Weiterbildung von Führungskräften, American Express Financial Advisors; Richard Davidson, Direktor des Labors für affektive Neurowissenschaft an der University of Wisconsin; Margaret Echols und Meg O'Leary bei Coopes & Lybrand; Susan Ennis, Leiterin der Weiterbildung von Führungskräften bei BankBoston; Joanna Foster von der British Telecom; Howard Gardner, Professor an der Harvard University; Robert E. Kelly an der Carnegie Mellon University; Phil Harkin, Präsident von Linkage; Judith Hall, Psychologin an der Northeastern University; Jed Hughes von Walter V. Clarke Associates; Linda Keegan, Vizepräsidentin für die Weiterbildung von Führungskräften bei der Citibank; Fred Kiehl, Präsident von KRW Associates in Minneapolis; Doug Lennick, geschäftsführender Vizepräsident bei American Express Financial Advisors; Mark Loehr, geschäftsführender Direktor bei Salomon Smith Barney; George Lucas, Hauptgeschäftsführer von LucasFilm; Paul Robinson, Direktor von Sandia National Laboratories; Deepak Sethi, Vorstand für Ausbildung, AT&T; Erik Hein Schmidt, Hauptgeschäftsführer Rangjung Yeshe Publications; Birgitta Wistrand vom schwedischen Parlament; Nick Zeniuk von Interactive Learning Labs; Dr. Vega Zagier vom Tavistock Institute, London; Shoshana Zuboff von der Harvard Business School; und Jim Zucco von Lucent Technologies.

Rachel Brod, meine erste Forschungsassistentin, machte die Studien ausfindig, die ich benötigte, um dieses Buch auf die aktuellsten Forschungsergebnisse zu stützen. Miranda Pierce, meine erste Datenanalytikerin, untersuchte Hunderte von Kompetenzmodellen, um die Wirksamkeit der emotionalen Intelligenz für Höchstleistungen abzuschätzen. Robert Buchele, Professor der Wirtschaftswissenschaft am Smith College, führte eine parallele Untersuchung bei Angestellten der amerikanischen Bundesregierung durch und stellte weitere wirtschaftswissenschaftliche Forschungsresultate zur Verfügung.

David Berman, Computerberater par excellence, stand mir rechtzeitig mit Krisenmanagement und technischer Unterstützung zur Seite.

Rowan Foster, mein Assistent, sorgte für den Fortgang meiner beruflichen Obliegenheiten, während ich an diesem Buch schrieb.

Mein tiefster Dank gilt den Hunderten von Männern und Frauen aus großen und kleinen Firmen in aller Welt, die mir ihre Erfahrungen, Geschichten und Gedanken mitgeteilt haben. Viele werden auf diesen Seiten namentlich erwähnt, viele, sehr viel mehr aber auch nicht. Ihnen verdankt das Buch einen Großteil der Einblicke in das, was es heißt, mit emotionaler Intelligenz zu arbeiten.

Anmerkungen

1. Der neue Maßstab

1 Daniel Goleman, *Emotionale Intelligenz*, München: Hanser, 1996. Für Einzelheiten zur Natur der emotionalen Intelligenz siehe Anhang 1.

2 Reuven Bar-On, Bar-On Emotional Quotient Inventory: Technical Manual, Toronto: Multi-Health Systems, 1997.

3 Reuven Bar-On, der in der Beurteilung der emotionalen Intelligenz bahnbrechend wirkte und diese Untersuchung durchführte, berichtet mir, das Muster der Stärken und Schwächen von Männern und Frauen gleiche sich überall, ob bei den Igbu in Nigeria, den Tamilen in Sri Lanka, in Deutschland, Israel oder Amerika. Seine Folgerungen zieht er aus der Untersuchung von über fünfzehntausend Probanden in zwölf Ländern auf vier Kontinenten.

4 ASTD Benchmarking Forum, Member-to-Member Survey results, American Society for Training and Development, Alexandria, Virginia, Oktober 1997.

5 Angaben aus Challenger, Gray, and Christmas, zitiert nach Bob Herbert, »Separation Anxiety«, *New York Times*, 19. Januar 1996.

6 Krugman zitiert in Stephen Lohr, »On the Road with Chairman Lou«, *New York Times*, 26. Juni 1994.

7 Ulric Neisser, Hrsg., *The Rising Curve*, Washington, DC: American Psychological Press, 1997.

8 Thomas Achenbach und Catherine Howell, »Are America's Children's Problems Getting Worse? A 13-Year Comparison«, *Journal of the American Academy of Child and Adolescent Psychiatry*, November 1989.

9 The Harris Education Research Council, »An Assessment of American Education«, New York City, 1991.

10 Anthony P. Carnevale et al., »Workplace Basics: The Skills Employers Want«, U.S. Department of Labor Employment and Training Administration, 1989. 1996 nannten Arbeitgeber als die drei gesuchtesten Fähigkeiten bei Neueingestellten: mündliche Kommunikation, geschickter Umgang mit anderen und Teamworkfähigkeiten.

11 Karen O. Dowd und Jeanne Liedtka, »What Corporations Seek in MBA Hires: A Survey«, *The Magazine of the Graduate Management Admission Council*, Winter 1994.

2. Kompetenzen der Leistungs-Asse

1 Die Untersuchung über die Mitarbeiter des Außenministeriums und die Anfänge der Kompetenzprüfung beschreibt David C. McClelland in seiner Einführung zu Lyle M. Spencer Jr. und Signe M. Spencer, *Competence at Work: Models for Superior Performance*, New York: John Wiley and Sons, 1993.

2 Siehe David M. McClelland, »Testing for Competence Rather than Intelligence«, *American Psychologist* 46 (1973). Selbst nach einem Vierteljahrhundert sorgt McClellands bahnbrechender Artikel noch immer für Diskussionen.

3 Spencer und Spencer, *Competence at Work*.

4 Wie Kenneth Clark fand, gab das Abschneiden bei Auswahltests für junge Diplomaten keinen Aufschluß über ihren späteren Erfolg, gemessen an der dienstlichen Leistungsbewertung. Die Ergebnisse dieser Untersuchung beschreiben D. C. McClelland und C. Dailey, »Improving Officer Selection for the Foreign Service«, McBer, Boston 1972.

5 Der Test ist das Profil der nonverbalen Sensitivität, kurz PONS, entwickelt von Robert Rosenthal von der Harvard University. Siehe z. B. Robert Rosenthal, »The PONS Test: Measuring Sensitivity to Nonverbal Cues«, in P. McReynolds, Hrsg., *Advances in Psychological Asessment*, San Francisco: Jossey-Bass, 1977.

6 Siehe z. B. John B. Hunter und F. L. Schmidt, »Validity and Utility of Alternative Predictors of Job Performance«, *Psychological Bulletin* 96 (1984); F.L. Schmidt und John B. Hunter, »Employment Testing: Old Theories and New Research Findings«, *American Psychologist* 36 (1981).

7 Robert Sternberg, *Successful Intelligence*, New York: Simon & Schuster, 1996.

8 Dean K. Whitla, »Value Added: Measuring the Impact of Undergraduate Education«, Office of Instructional Research and Evaluation, Harvard University, 1975; zitiert in David M. McClelland, »The Knowledge-Testing-Educational Complex Strikes Back«, *American Psychologist* 49 (1994).

9 Die Firma hieß ursprünglich McBer; einer der Mitbegründer war David Berlew, auch ein ehemaliger Student von McClelland.

10 Spencer und Spencer, *Competence at Work*. Leistungs-Asse zeichnen sich ihnen zufolge nicht nur durch kognitive Fähigkeiten aus, denn »in höheren Stellungen, seien es technische, Marketing-, juristische oder Managementfunktionen, hat fast jeder einen IQ von 120 oder höher und einen höheren Abschluß einer guten Universität. Was die Leistungs-Asse in diesen Positionen auszeichnet, sind Motivation, soziale Fähigkeiten und strategisches Denken.«

11 Siehe Robert J. Sternberg und Richard K. Wagner, *Practical Intelligence: Nature and Origins of Competence in the Everyday World*, Cambridge: Cambridge University Press, 1986.

12 Siehe Sternberg, *Successful Intelligence*.

13 R.K. Wagner und R.J. Sternberg, »Practical Intelligence in Real-World Pursuits: The Role of Tacit Knowledge«, *Journal of Personality and Social Psychology* 49 (1985).

14 Spencer und Spencer, *Competence at Work*.

15 Die Geschichte von Penn und Matt schildert Sternberg in *Successful Intelligence*.

16 Die Geschichte von dem Präsidenten schildert Ann Graham Ehringer, Leiterin des Family Business Program an der Marshall School of Business der University of Southern California.

17 Das Maß der Fähigkeit, mit kognitiver Komplexität umzugehen, entwickelte Elliott Jacques; siehe Elliott Jacques, *Requisite Organization*, Arlington, VA: Cason Hall, 1989.

18 Der Ausdruck »emotionale Kompetenz« wurde in diesem Sinne von mehreren anderen Theoretikern und Forschern benutzt; siehe z. B. Carol Saarni, »Emotional Competence: How emotions and relationships become integrated«, in R. A. Thompson, Hrsg., *Nebraska Symposium on Motivation*, vol. 36, 1988; Carol Saarni, »Emotional Competence and Self-regulation in Childhood«, in Peter Salovey und David J. Sluyter, Hrsg., *Emotional Development and Emotional Intelligence*, New York: Basic Books, 1977. Wenn ich die emotionalen Kompetenzen betone, heißt das nicht, daß Sachkenntnis und kognitive Fähigkeiten bedeutungslos sind; diese Fähigkeiten sind Teil eines komplexen Systems, und alle Teile leisten ihren Beitrag zu einem solchen interagierenden System. Ich möchte nur erreichen, daß die emotionalen Kompetenzen, die so leicht übergangen oder übersehen werden, angemessen beachtet werden.

19 Neuerdings versucht man, emotionale Fähigkeiten in Software zu übersetzen, um Computer zu »vermenschlichen«. Siehe Roz Picard, *Affective Computing*, Cambridge: MIT Press, 1998.

20 Verletzungen der Hirnrinde beeinträchtigen unsere Denk- und Wahrnehmungsfähigkeit, Verletzungen wichtiger subkortikaler Bereiche zerstören unsere Fähigkeit, Emotionen wahrzunehmen (siehe Joseph LeDoux, *Das Netz der Gefühle*, München: Hanser, 1998). Eine Unterbrechung der Hauptverbindungen zwischen den obersten Schichten des Gehirns und diesen emotionalen Zentren raubt uns die emotionalen Kompetenzen, die alle auf der engen Abstimmung zwischen Denken und Fühlen beruhen. Bei der Schaltung, die für Integration von Denken und Emotion entscheidend ist, handelt es sich speziell um die Verbindung zwischen der Amygdala im limbischen System, dem subkortikalen Zentrum der Emotion, und dem ventromedialen Bereich in den Stirnlappen, dem neokortikalen Befehlszentrum des Gehirn. Sie wird ausführlich beschrieben in Antonio Damasio, *Descartes' Irrtum*, München: List, 1995. Damasio, Neurologe an der University of Iowa, ist führend in der Erforschung der zerebralen Grundlage der Kompetenz. Zu meiner Liste der emotionalen Kompetenzen erklärte er, sie alle (jedoch nicht die kognitiven Fähigkeiten) würden beeinträchtigt, wenn die Verbindung zwischen den präfrontalen Bereichen und den emotionalen Zentren unterbrochen würde. Aus der Beeinträchtigung von Fähigkeiten bei Patienten, bei denen ein bestimmter Hirnbereich geschädigt ist, schließen die Neurologen, daß dieser Hirnbereich diese Fähigkeiten bei Menschen mit ungeschädigtem Gehirn reguliert. Das heißt mit anderen Worten, daß die emotionale Kompetenz – im Unterschied zur intellektuellen Kompetenz – auf der neuralen Verbindung zwischen dem präfrontalen Bereich und den emotionalen Zentren beruht. Das schließt man vor allem daraus, daß eine Schädigung dieser Bereiche bei unversehrten kognitiven Fähigkeiten die persönlichen und sozialen Fähigkeiten beeinträchtigt, auf denen eine effektive berufliche Tätigkeit beruht.

21 Der Ausdruck »emotionale Kompetenz« umfaßt sowohl soziale als auch emotionale Kompetenzen, so wie Howard Gardner sowohl die intra- als auch die interpersonalen Fähigkeiten unter dem Ausdruck »persönliche Intelligenz« subsumiert.

22 Dieser Überblick faßt die Ergebnisse verschiedener Untersuchungen zusammen, darunter: »MOSAIC competencies for professionals and administrators«, entwickelt

vom U.S. Department of Personnel, 1996; Spencer und Spencer, *Competence at Work*; Richard Boyatzis, *The Competent Manager: A Model for Effective Performance*, New York: John Wiley and Sons, 1982; und Kompetenz-Untersuchungen, die veröffentlicht wurden in Richard H. Rosier, Hrsg., *The Competency Model Handbook*, 3 Bde., Lexington: Linkage, 1994-96.

23 Walter V. Clarke Associates, »Activity Vector Analysis: Some Applications to the Concepts of Emotional Intelligence«, Juni 1996.

24 Ann Howard und Douglas W. Bray, *Managerial Lives in Transition*, New York: Guilford Press, 1988.

25 Die berufsspezifischen Kompetenzen machen bis zu 20 Prozent der Kompetenzen aus, die man für herausragende Leistungen benötigt. Siehe Spencer und Spencer, *Competence at Work*.

26 Spencer und Spencer, *Competence at Work*.

27 Diese emotionalen Kompetenzen sind in praktisch jeder Tätigkeit zu einem großen Teil für Spitzenleistungen verantwortlich. Nach einer Schätzung sind, je nach der spezifischen Tätigkeit, die typischen Verhaltensweisen von Leistungs-Assen zu 80 bis 98 Prozent auf allgemeine Kompetenzen zurückzuführen, darunter auch drei rein kognitive – analytisches Denken, konzeptionelles Denken und berufsspezifische Kenntnisse –, die also nicht in die Kategorie emotionale Intelligenz fallen. Für eine ausführlichere Diskussion siehe Spencer und Spencer, *Competence at Work*.

3. Der harte Beweis für weiche Fähigkeiten

1 Die Kompetenzmodelle von Lucent Technologies, der University of Nebraska und von Amoco in Richard H. Rosier, Hrsg., *The Competency Model Handbook*, Bd. 1, Lexington: Linkage, 1994.

2 In den besten Kompetenzmodellen werden Leute mit Durchschnittsleistungen mit den Spitzenkräften des jeweiligen Fachgebiets verglichen. Die Auswahl derer, die zu den Leistungs-Assen gehören, wird zumeist anhand des Umsatzes oder anderer objektiver Leistungskriterien getroffen, oder man legt vertrauliche Bewertungen zugrunde, die von Vorgesetzten, Gleichrangigen, Angestellten und Kunden des Betreffenden über seine Leistung abgegeben werden. Alle Kandidaten – und eine Vergleichsgruppe von Leuten mit Durchschnittsleistungen – werden streng nach ihren beruflichen Leistungen befragt und müssen u. a. ausführlich schildern, was sie in drei Fällen großer beruflicher Erfolge und in drei Fällen des Scheiterns im einzelnen getan haben. Diese Schilderungen werden dann nach Hinweisen auf die Kompetenzen untersucht, die der Betreffende in den aktuellen Fällen bewiesen hat. Gern greift man auch, um Zeit und Geld zu sparen, auf die weniger genaue Methode zurück, Expertenrunden nach den Kompetenzen zu befragen, durch die sich Leistungs-Asse in ihren Augen auszeichnen.

3 Die Kompetenzmodelle der US-Regierung findet man auf der CD-ROM »Personnel Manager«. Personnel Resources and Development Center, U.S. Office of Personnel Management, Washington, DC, 1997.

4 Die besten Führungskräfte verließen sich mehr auf ein Denken in großen Zusammenhängen, aber weniger als andere Führungskräfte auf das deduktive Denken in Wenn-dann-Zusammenhängen.

5 Robert D. Spector und Patrick D. McCarthy, *The Nordstrom Way*, New York: John Wiley, 1995.

6 John E. Hunter, Frank L. Schmidt und Michael K. Judiesch, »Individual Differences in Output Variability as a Function of Job Complexity«, *Journal of Applied Psychology* 75, 1 (1990).

7 Bei einfachen Jobs erzeugte das oberste 1 Prozent gegenüber dem Durchschnitt 52 Prozent mehr Wert, und bei Jobs von mittlerem Schwierigkeitsgrad betrug der im Vergleich zum Durchschnitt erzeugte Mehrwert 85 Prozent – noch immer beeindruckend. Siehe Hunter, Schmidt und Judiesch, »Individual Differences«.

8 Siehe sein bahnbrechendes Buch: Lyle M. Spencer Jr. und Signe M. Spencer, *Competence at Work: Models for Superior Performance*, New York: John Wiley and Sons, 1993.

9 J. Martin, *Rapid Application Development*, New York: Macmillan, 1990; C. Jones, *Programming Productivity*, New York: McGraw-Hill, 1986. Beide wurden von Lyle Spencer Jr. zitiert in seinem Vortrag vor dem Jahreskongreß der International Personnel Management Association, Boston, 25. Juni 1996.

10 S. Sloan und Lyle M. Spencer, »Participant Survey Results«, Hay Salesforce Effectiveness Seminar, Atlanta, 1991.

11 Die sechs oder sieben, die den Ausschlag gaben, entstammten einem Bündel von zwölf Kompetenzen (darunter zehn emotionale), die für den Erfolg in einer bestimmten Firma besonders wichtig waren. David C. McClelland, »Behavioral event interviews as an alternative to traditional ability tests as a way to identify personal competencies associated with top executive success«, *Psychological Science*, im Druck, 1998. McClelland ließ mich in weitere Daten Einblick nehmen.

12 Spencer und Spencer, *Competence at Work*.

13 Hay/McBer Research and Innovation Group, 1997; McClelland, »Behavioral event interviews«.

14 Hay/McBer Research and Innovation Group, 1997.

15 Scheitern bedeutete, gefeuert zu werden, zur Kündigung gezwungen zu werden oder in einer Position ohne Aufstiegsmöglichkeiten steckenzubleiben. Die Untersuchung, ursprünglich Anfang der achtziger Jahre von Forschern des Center for Creative Leadership durchgeführt, wurde 1996 aktualisiert; man interviewte zweiundsechzig Führungskräfte aus fünfzehn multinationalen Firmen in Nordamerika, die zu den 500 größten auf der Liste der Zeitschrift *Fortune* gehören, bzw. aus entsprechenden Firmen in zehn europäischen Ländern. Jean Brittain Leslie und Ellen Van Velsor, »A Look at Derailment Today: North America and Europe«, Center for Creative Leadership, Greensboro, NC, 1996.

16 Leslie und Van Velsor, »A Look at Derailment Today«.

17 Stärken und Schwächen der erfolgreichen im Vergleich zu den gescheiterten Managern wurden anhand der Daten der ersten Untersuchung identifiziert und 1996 weitgehend bestätigt. Leslie und Van Velsor, »A Look at Derailment Today«.

18 Claudio Fernández-Aráoz, persönliche Mitteilung, 1997.

19 Die Untersuchungen über gescheiterte Manager wurden von Zehnder International durchgeführt, in Japan von Ken Whitney und Tomo Watanabe von der Niederlassung Tokio, in Deutschland von Horst Bröcker von der Niederlassung München.

20 Leslie und Van Velsor, »A Look at Derailment Today«.

21 Spector und McCarthy, *The Nordstrom Way*.

22 Stephen Rosen ist Direktor des Science and Technology Advisory Board in New York City, eines Projekts der Alfred P. Sloan Foundation. Siehe Stephen Rosen und Celia Paul, *Career Renewal: Tools for Scientists and Technical Professionals*, New York: Academic Press, 1997.

23 Gregory J. Feist und Frank Barron, »Emotional Intelligence and Academic Intelligence in Career and Life Success«, Vortrag beim Jahreskongreß der American Psychological Society, San Francisco, Juni 1996.

24 Die Bemerkungen von Ernest O. Lawrence fiel in einem Gespräch mit Alvin M. Weinberg, dem ehemaligen Direktor des Oak Ridge National Laboratory, der sie mir mitteilte.

4. Der innere Kompaß

1 Ann Graham Ehringer, *Make Up Your Mind*, Santa Monica, CA: Merritt Publishing, 1995.

2 Die Verschaltung der erweiterten Amygdala, von mir vereinfachend als »Amygdala« bezeichnet, wird beschrieben in James D. Duffy, »The Neural Substrates of Emotion«, *Psychiatric Annals*, Januar 1997.

3 Zur Amygdala als Speicher emotionaler Erinnerungen, und sei es nur der emotionalen Valenz (mögen oder nicht mögen) unseres Erlebens, siehe Joseph LeDoux, *Das Netz der Gefühle*, München: Hanser, 1998.

4 Gretchen Vogel, »Scientists Probe Feelings Behind Decision-making«, *Science*, 28. Februar 1997. Auch die übrigen Patienten Damasios mit präfrontalen Ausfällen trafen genau wie der glänzende Jurist, verheerende finanzielle, berufliche und ethische Entscheidungen, obwohl sie durchaus in der Lage waren, das rationale Für und Wider einer Entscheidung zu beschreiben. Sie gingen wahllos Ehen ein und wieder auseinander, vergeudeten Geld mit törichten finanziellen Entscheidungen, und am Arbeitsplatz kränkten sie unabsichtlich ihre Mitarbeiter oder brachten sie gegen sich auf.

5 Weston Agor, *The Logic of Intuitive Decision-making*, New York: Quorum Books, 1986.

6 Ehringer, *Make Up Your Mind*.

7 Nalini Ambadi, »Half a Minute: Predicting Teacher Evaluations from Thin Slices of Nonverbal Behavior and Physical Attractiveness«, *Journal of Personality and Social Psychology* 64 (1993). Fast derselbe Grad von Genauigkeit aufgrund kurzer Beobachtungen wurde in vierundvierzig anderen Untersuchungen ermittelt, darunter solche über Interaktionen mit Vorgesetzten, Gleichgestellten und Untergebenen: Nalini Ambadi und Robert Rosenthal, »Thin Slices of Expressive Behavior as Predictors of Interpersonal Consequences: A Meta-analysis«, *Psychological Bulletin* 111 (1992).

8 Gavin deBecker, *The Gift of Fear: Survival Signs That Protect Us from Violence*, New York: Little, Brown, 1997.

9 Das »Bewußtsein vom eigenen emotionalen Erleben« ist eine von mehreren emotionalen Kompetenzen, die man bei American Express Financial Advisors ermittelte; Mitteilung von Kate Cannon, dort verantwortlich für die Weiterbildung von Führungskräften.

10 Stratford Sherman, »Leaders Learn to Heed the Voice Within«, *Fortune*, 24. August 1994.

11 Über Abdoo siehe Sherman, »Leaders Learn to Heed the Voice Within«.

12 Robert E. Kelley, *How to Be a Star at Work*, Times Books, 1998.

13 Ehringer, *Make Up Your Mind*.

14 Siehe Leonard Syme, »Explaining Inequalities in Heart Disease«, *The Lancet*, 26. Juli 1997.

15 Eine der wichtigsten Methoden der Selbstwahrnehmung, die Zuboff benutzt, ist das »Fokussieren«, entwickelt von Eugene T. Gendlin an der University of Chicago und The Focussing Institute, Spring Valley, New York. Siehe Eugene T. Gendlin, *Focussing*, New York: Bantam Books, 1981.

16 Mort Meyerson, »Everything I Thought I Knew About Leadership Is Wrong«, *Fast Company*, Sondernummer, Mai 1997.

17 Jaworski zitiert in Allan M. Webber, »Destiny and the Job of the Leader«, *Fast Company*, Juni/Juli 1996.

18 Robert E. Kaplan, *Beyond Ambition: How Driven Managers Can Lead Better and Live Better*, San Francisco: Jossey-Bass, 1991.

19 Morgan W. McCall Jr. und Michael Lombardo, »Off the Track: Why and How Successful Executives Get Derailed«, technical report Nr. 21, Center for Creative Leadership, Greensboro, NC, 1983; A. M. Morrison et al., *Breaking the Glass Ceiling: Can Women Reach the Top of America's Largest Corporations?*, Reading, MA: Addison-Wesley, 1987.

20 Richard Boyatzis, *The Competent Manager: A Model for Effective Performance*, New York: John Wiley and Sons, 1982.

21 Kaplan, *Beyond Ambition*.

22 Siehe z. B. Dianne Nilsen, »Understanding Self-observer Discrepancies in Multi-rater Assessment Systems«, Vortrag beim Jahreskongreß der American Psychological Society, San Francisco, Juni 1991.

23 James O. Prochaska et al., *Changing for Good*, New York: Avon, 1994.

24 Dianne Nilsen und David P. Campbell, »Self-observer Rating Discrepancies: Once an Overrater, Always an Overrater?«, *Human Resource Manager*, Sommer/Herbst 1993.

25 Kelley, *How to Be a Star at Work*.

26 Boyatzis, *The Competent Manager*.

27 Lee Iacocca, *Iacocca. Eine amerikanische Karriere*, Düsseldorf: Econ 1995.

28 Zitiert in David Leonard, »The Impact of Learning Goals on Self-directed Change in Education and Management Development«, Diss., Weatherhead School of Management, Case Western Reserve University, 1996.

29 Siehe z. B. Jerome Kagan, *Galen's Prophecy*, New York: Basic Books, 1994.

30 Siehe Albert Bandura, *Social Foundation of Thoughts and Action*, Englewood Cliffs, NJ: Prentice-Hall, 1986; Albert Bandura, »Organizational Applications of Social Cognitive Theory«, *Australian Journal of Management*, Dezember 1988.

31 Alan M. Sacks, »Longitudinal Field Investigation of the Moderating and Mediating Effects of Self-efficacy on the Relationship Between Training and Newcomer Adjustment«, *Journal of Applied Psychology* 80 (1995).

32 Daniel Cervone, »Social-cognitive Mechanisms and Personality Coherence: Self-knowledge, Situational Beliefs, and Cross-situational Coherence in Perceived Self-efficacy«, *Psychological Science* 8 (1997).

33 Ann Howard und Douglas W. Bray, *Managerial Lives in Transition*, New York: Guilford Press, 1988. Es bestätigt sich in allen Untersuchungen, daß erfolgreiche Mitarbeiter sich von solchen mit geringen Leistungen durch Selbstvertrauen unterscheiden; siehe zum Beispiel Richard Boyatzis, *The Competent Manager*.

34 Carole K. Holahan und Robert R. Sears, *The Gifted Group in Later Maturity*, Stanford: Stanford University Press, 1995.

35 Louise E. Parker, »When to Fix It and When to Leave: Relationships Among Perceived Control, Self-efficacy, Dissent, and Exit«, *Journal of Applied Psychology* 78 (1993).

5. Selbstkontrolle

1 Die beste Beschreibung der emotionalen Rolle der Amygdala gibt Joseph LeDoux, *Das Netz der Gefühle*, München: Hanser, 1998.

2 Genauer gesagt löst die Ausschüttung von CRF die Freisetzung einer anderen Hirnsubstanz namens ACTH aus, die wiederum einen Strom von Hormonen bewirkt, die Kortikosteroide; das wichtigste beim Menschen ist Kortisol.

3 Siehe z. B. O. M. Wolowitz et al., »Cognitive Effects of Corticosteroids«, *American Journal of Psychiatry* 147, 10 (1990).

4 Bruce McEwen und R. M. Sapolsky, »Stress and Cognitive Function«, *Current Opinions in Neurobiology* 5 (1995).

5 M. Mauri et al., »Memory Impairment in Cushing's Disease«, *Acta Neurologica Scandinavia* 87 (1993).

6 Alex Markels, »Memo 4/8/97, FYI: Messages Inundate Offices«, *The Wall Street Journal*, 8. April 1997.

7 Robert E. Kelley, *How to Be a Star at Work*, Times Books, 1998.

8 Ein Mann, dessen präfrontaler Kortex beschädigt wurde, als ihm durch einen platzenden Reifen ein Stück der Felge in die Stirn drang, verwandelte sich plötzlich aus einem frommen Kirchgänger in einen, der ein Glas Orangensaft nach einer Kellnerin warf, weil der Saft warm war. Menschen mit Stirnlappenschäden neigen zu solchen Ausbrüchen explosiver, unbeherrschbarer Impulse, weil ihre ursprünglichen Gefühle von Furcht oder Wut nicht in Schach gehalten werden; Vietnam-Veteranen mit Stirnlappenschäden waren bis zu sechsmal so gewalttätig und aggressiv wie Veteranen ohne solche Schäden. Aus solchen klinischen Befunden lassen sich allgemeine Folgerungen ziehen: Wenn die Schädigung einer neuralen Schaltung dramatische Verhaltensänderungen nach sich zieht, kann man daraus entnehmen, daß eine normale Variation in der Funktionsweise dieser Schaltung eine parallele Variation in dem betreffenden Verhaltensbereich bewirkt. Auf das Material zur Rolle des Stirnlappens, speziell des orbitofrontalen Kortex, bei der Impulshemmung gehe ich ausführlicher ein in *Emotionale Intelligenz*, München: Hanser 1996.

9 Gordon D. Logan et al., »Impulsivity and Motor Control«, *Psychological Science*, Januar 1997.

10 Diese inhibitorischen Schaltungen beruhigen die Amygdala, so daß der Verstand selbst unter Streß besser arbeiten kann. In einem Experiment wurden die Versuchsteilnehmer einer Belastung ausgesetzt, die ziemlich gut dem in vielen beruflichen Tätigkeiten auftretenden Streß entspricht: Sie sollten unter wachsendem Zeitdruck

schwierige Rechenaufgaben lösen. Diejenigen mit dem niedrigsten Kortisolspiegel hatten die meisten richtigen Lösungen und erzielten trotz der wachsenden Anspannung länger richtige Antworten; diejenigen mit einem hohen Kortisolspiegel litten maximal unter Angst, Wut, Depression und Erschöpfung – und erzielten die schlechteste intellektuelle Leistung. J. Lehman et al., »Differences in Mental Task Performance and Slow Potential Shifts in Subjects Differing in Cortisol Level«, *International Journal of Psychophysiology* 13 (1992).

11 Robert F. Lusch und Rapy Serpkenci, »Personal Differences, Job Tension, Job Outcomes, and Store Performance: A Study of Retail Managers«, *Journal of Marketing*, Januar 1990.

12 Die Geschichte von dem Kampf, zu dem es nicht kam, wurde mir übermittelt von Roger Grothe, damals verantwortlich für das Training während des Flugs bei Northwest Airlines.

13 Erhebung und Analyse der Daten über die Kinder im Teenager- und Twenalter waren das Werk von Philip Peake, Psychologe am Smith College, der sie mir übermittelte.

14 Nach Auskunft der Mitarbeiter beim Educational Testing Service in Princeton, die den Test durchführen, beobachtete man einen Unterschied von 210 Punkten beim Vergleich von Kindern aus den reichsten mit solchen aus den ärmsten Familien und beim Vergleich von Kindern, deren Eltern keinen High-School-Abschluß haben, mit solchen, bei denen ein Elternteil einen Magister- oder einen noch höheren Titel hat.

15 Die Follow-up-Studie wurde von Philip Peake geleitet.

16 Arlie Hochschild, *The Managed Heart: The Commercialization of Human Feeling*, Berkeley: University of California Press, 1983.

17 Blake E. Ashforth und Ronald H. Humphrey, »Emotional labor in services roles: The influence of identity«, *Academy of Management Review*, 18, 1993.

18 James J. Gross und Robert W. Levenson, »Hiding Feelings: The Acute Effects of Inhibiting Negative and Positive Emotion«, *Journal of Abnormal Psychology* 106 (1997).

19 Richard Boyatzis, *The Competent Manager: A Model for Effective Performance*, New York: John Wiley and Sons, 1982.

20 Über den Ausbruch von Bill Gates schreibt Fred Moody, »Wonder Women in the Rude Boys' Paradise«, *Fast Company*, Juni/Juli 1996.

21 Meine Forschungen in Harvard lieferten einen der ersten Beweise für die Wirkung von Entspannungsübungen als Streßpuffer; siehe Daniel Goleman und Gary E. Schwartz, »Meditation as an Intervention in Stress Reactivity«, *Journal of Clinical and Consulting Psychology* 44 (1976). Seither wurde dieser Effekt in vielen anderen Untersuchungen gefunden, siehe Daniel Goleman und Joel Gurin, Hrsg., *Mind/ Body Medicine*, New York: Consumer Report Books, 1994.

22 M. Afzalur Rahim und Clement Psenicka, »A Structural Equations Model of Stress, Locus of Control, Social Support, Psychiatric Symptoms, and Propensity to Leave a Job«, *Journal of Social Psychology* 136 (1996).

23 Siehe Leonard Syme, »Explaining Inequalities in Heart Disease«, *The Lancet*, 26. Juli 1997.

24 R. Karasek und T: Theorrell, *Healthy Work: Stress, Productivity, and the Reconstruction of Working Life*, New York: Basic Books, 1990.

25 Sheldon Cohen, Vortrag auf dem Dritten Internationalen Kongreß der Internatio-

nal Society for Neuroimmunomodulation, Bethesda, MD, November 1996. Abgedruckt in *Science*, 29. November 1996.

26 E. C. Gullete et al., »Effects of Mental Stress on Myocardial Ischemia During Daily Life«. *Journal of the American Medical Association* 227 (1997).

27 L. J. Luecken et al., »Stress in Employed Women: Impact of Marital Status and Children at Home on Neurohormone Output and Home Strain«, *Psychosomatic Medicine* 59 (1997).

28 Siehe Christine Blanck, »Anticortisols Can Help Many«, *Drug Topics*, 8. Dezember 1997.

29 Kathleen Fackelman, »The Cortisol Connection«, *Science News*, 29. November 1997.

30 Richard Lazarus, *Emotion and Adaptation*, New York: Oxford University Press, 1991.

31 James Pennebaker, persönliche Mitteilung.

32 Peter Salovey, John D. Mayer et al., »Emotional Attention, Clarity, and Repair: Exploring Emotional Intelligence Using the Trait Meta-mood Scale«, in James W. Pennebaker, Hrsg., *Emotion, Disclosure, and Health*, Washington, DC: American Psychological Press, 1995.

33 Deborah Sontag und Dan Barry, »Disrespect as Catalyst for Brutality«, *New York Times*, 19. November 1997.

34 Elizabeth Brondolo et al., »Correlates of Risk for Conflict Among New York City Traffic Agents«, in Gary R. VandenBos und Elizabeth Q. Bulatao, Hrsg., *Violence on the Job: Identifying Risks and Developing Solutions*, Washington, DC, American Psychological Association, 1996.

35 Richard A. Boyatzis und James A. Burrus, »The Heart of Human Resouce Development: Counseling Competencies«, unveröff. Ms., Juli 1995.

36 Lyle M. Spencer Jr. und Signe M. Spencer, *Competence at Work: Models for Superior Performance*, New York: John Wiley and Sons, 1993.

37 Richard Boyatzis, *The Competent Manager*.

38 Salvatore R. Maddi und Suzanne C. Kobasa, *The Hardy Executive: Health Under Stress*, Homewood, IL: Dow Jones-Irwin, 1984.

39 Die Geschichte wird erzählt in Stanley Foster Reed, *The Toxic Executive*, New York: HarperBusiness, 1993.

40 Henry Fountain, »Of White Lies and Yellow Pads«, *New York Times*, 6. Juli 1997.

41 »Activity Vector Analysis: Some Applications to the Concepts of Emotional Intelligence«, Walter V. Clarke Associates, Pittsburgh, Juni 1996.

42 «Activity Vector Analysis«.

43 M. R. Barrick und M. K. Mount, »The Big Five Personality Dimensions and Job Performance: A Meta-analysis«, *Personnel Psychology* 44 (1991).

44 M. R. Barrick, M. K. Mount und Judy P. Strauss, »Conscientiousness and Performance of Sales Representatives: Test of the Mediating Effects of Goal Setting«, *Journal of Applied Psychology* 78 (1993).

45 M. R. Barrick, M. K. Mount und Judy P. Strauss, »Antecedents of Involuntary Turnover Due to a Reduction in Force«, *Personnel Psychology* 47 (1994).

46 Dennis W. Organ und Andreas Lingl, »Personality, Satisfaction, and Organizational Citizenship Behavior«, *The Journal of Social Psychology* 135 (1995).

47 Robert A. Burgelman und Andrew S. Grove, »Strategic Dissonance«, *California Management Review* 38, 2 (1996).

48 Reaktionen des Topmanagements auf Krisen ähneln den Stadien der Auseinandersetzung mit einer Katastrophe; diese Ideen werden entwickelt in Burgelman und Grove, »Strategic Dissonance«.

49 Judith Crown und Glenn Coleman, *The Rise and Fall of the Schwinn Bycicle Company, an American Institution*, New York: Henry Holt, 1996.

50 Boyatzis, *The Competent Manager*.

51 Stratford Sherman, »Levi's: As Ye Sew, So Shall Ye Reap«, *Fortune*, 12. Mai 1997.

52 Robert Sternberg, Hrsg., *Handbook of Human Intelligence*, Cambridge: Cambridge University Press, 1988.

53 Teresa Amabile, »The Intrinsic Motivation Principle of Creativity«, in Barry Staw und L. L. Cummings, Hrsg., *Research in Organizational Behavior*, Bd. 10, Greenwich, CT: JAI Press, 1988.

54 Gina Imperato, »Dirty Business, Bright Ideas«, *Fast Company*, Februar/März 1997.

55 Amabile 1988.

56 E. B. Roberts und A. R. Fusfeld, »Staffing the Innovative Technology-Based Organization«, *Sloan Management Review* 22 (1981); C. M. Beath, »Supporting the Information Technology Champion«, *MIS Quarterly* 15 (1991).

6. Was uns bewegt

1 Mihalyi Csikszentmihalyi, *Flow: The Psychology of Optimal Experience*, New York: Harper and Row, 1990.

2 Befragt wurden 1528 Männer und Frauen, die im Fünfjahresabstand durch ihr Leben begleitet wurden, bis in die neunziger Jahre. Siehe Carole K. Holahan und Robert R. Sears, *The Gifted Group in Later Maturity*, Palo Alto, CA: Stanford University Press, 1995.

3 Jean Hamilton et al., »Intrinsic Enjoyment and Boredom Coping Sales: Validation with Personality, Evokes Potential and Attention Measures«, *Personality and Individual Differences* 5 (1984).

4 Judith LeFevre, »Flow and Quality of Experience During Work and Leisure«, in Mihalyi Csikszentmihalyi und Isabella S. Csikszentmihalyi, Hrsg., *Optimal Experience: Psychological Studies of Flow in Consciousness*, Cambridge: Cambridge University Press, 1988.

5 Robert E. Kelley, *How to Be a Star at Work*, Times Books, 1998.

6 William A. Kahn, »To Be Fully There: Psychological Presence at Work«, *Human Relations* 45 (1992); William A. Kahn, »Psychological Conditions of Personal Engagement and Disengagement at Work«, *Academy of Management Journal* 33 (1990).

7 Maria T. Allison und Margaret C. Duncan, »Women, Work and Flow«, in Csikszentmihalyi und Csikszentmihalyi, Hrsg., *Optimal Experience*.

8 An der Motivation sind unzweifelhaft viele Neurosubstanzen beteiligt, da das Gehirn laufend mehr oder weniger große Mengen der über zweihundert Neurotransmitter ausschüttet. Am besten untersucht sind jedoch die Katecholamine, und sie spielen in der Chemie der Motivation eine bedeutende Rolle; siehe zum Beispiel

U. Lundberg, »Catecholamine and Cortisol Excretion Unter Psychologically Different Laboratory Conditions«, in J. Usdin, T. Kvetnanski und D. Kopin, Hrsg., *Catecholamines and Stress: Recent Advances*, North Holland: Elsevier, 1980.

9 Cary Cherniss, *Beyond Burnout*, New York: Routledge, 1995.

10 Siehe Richard Boyatzis, *The Competent Manager: A Model for Effective Performance*, New York: John Wiley and Sons, 1982; Lyle M. Spencer Jr. und Signe M. Spencer, *Competence at Work: Models for Superior Performance*, New York: John Wiley and Sons, 1993.

11 Spencer und Spencer, *Competence at Work*.

12 Boyatzis, *The Competent Manager*.

13 Aus einer Reihe von Untersuchungen, in denen die chemische Hirnaktivität von Menschen gemessen wurde, die ein hohes Maß verschiedener Motive zeigten, schloß David McClelland, daß Noradrenalin beteiligt ist, wenn das Bedürfnis nach Macht erregt wird, während das Bedürfnis nach Anschluß – sich den anderen nah und verbunden fühlen – mit Dopamin in Verbindung zu stehen scheint, einer Hirnsubstanz, die neben anderen Stimmungen an der Freude beteiligt ist; siehe David C. McClelland et al., »The Relationship of Affiliative Arousal to Dopamine Release«, *Motivation and Emotion* 11 (1987); David C. McClelland et al., »The Need for Power, Brain Norepinephrine Turnover, and Memory«, *Motivation and Emotion* 9 (1985). Und am Leistungsbedürfnis schien unter anderem Vasopressin, ein Hypophysenhormon, beteiligt zu sein; siehe David C. McClelland, »Achievement Motivation in Relation to Achievement Related Recall, Performance, and Urine Flow, a Marker Associated with Release of Vasopressin«, *Motivation and Emotion* 19 (1995). Doch zum gegenwärtigen Zeitpunkt sind solche spezifischen Zusammenhänge zwischen Motiven und Hirnsubstanzen äußerst spekulativ.

14 Roz Picard, *Affective Computing*, Cambridge: MIT Press, 1998.

15 James D. Duffy, »The Neural Substrates of Emotion«, *Psychiatric Annals*, Januar 1997.

16 In einer Analyse von 286 Untersuchungen von Firmen in einundzwanzig Ländern erschien das Leistungsmotiv als dasjenige, das die Kompetenz von Führungskräften mit herausragenden Leistungen am häufigsten kennzeichnete. Spencer und Spencer, *Competence at Work*.

17 In Gates' Branche, der Software-Entwicklung, ist wie in den meisten anderen technischen und akademischen Fachbereichen der Leistungsdrang diejenige Kompetenz, durch die sich Leistungs-Asse mehr als durch jede andere vom Durchschnitt unterscheiden. Spencer und Spencer, *Competence at Work*.

18 Michael Klepper und Robert Gunther, *The Wealthy 100: A Ranking of the Richest Americans, Past and Present*, New York: Carol Publishing Group, 1997.

19 John B. Miner et al., »Role of Entrepreneurial Task Motivation in the Growth of Technologically Innovative Firms: Interpretations from Follow-up Data«, *Journal of Applied Psychology* 79 (1994).

20 Carl F. Frost, *Changing Forever: The Well-Kept Secret of America's Leading Companies*, East Lansing: Michigan State University Press, 1996.

21 Ann Graham Ehringer, *Make Up Your Mind*, Santa Monica, CA: Merritt Publishing, 1995.

22 Ken Auletta, »Annals of Communication«, *The New Yorker*, 12. Mai 1997.

23 Die Beschreibung der Sorge um Effizienz stützt sich weitgehend auf Spencer und Spencer, *Competence at Work*.

24 Frost, *Changing Forever*.
25 Patricia Sueltz zitiert in *Fast Company*, Oktober/November 1997.
26 C. S. Leong et al., »The Moderating Effect of Organizational Committment on the Occupational Stress Outcome Relationship«, *Human Relations*, Oktober 1996.
27 Siehe zum Beispiel Arthur Brief und S. J. Motowidlo, »Prosocial Organizational Behaviors«, *Academy of Management Review* 11 (1986).
28 Robert Eisenberger et al., »Perceived Organizational Support and Employee Diligence, Committment and Innovation«, *Journal of Applied Psychology* 75 (1990).
29 Der Manager, der den Ruhm teilt, und der Berater, der den Ruhm für sich sucht, in Spencer und Spencer, *Competence at Work*.
30 Tom Peters, »The Brand Called You«, *Fast Company*, August/September 1997.
31 Adam Werbach: »We Can Sit Here Bemoaning Beavis ans Butthead or We Can Learn from Their Appeal«, *Time*, 27. Juni 1997.
32 Die Geschichte von dem eifrigen Versandgehilfen wird erzählt von Spencer und Spencer, *Competence at Work*.
33 Die Einsparungen bei der PNC Bank: Kelley, *How to Be a Star at Work*.
34 Größerer Zeithorizont als Erfolgsmerkmal: Elliott Jacques, *Requisite Organization*, Arlington, VA: Cason Hall, 1989.
35 Initiative im Staatsdienst: Boyatzis, *The Competent Manager*.
36 Initiative im Immobilienhandel: J. Michael Crant, »The Proactive Personality Scale and Objective Job Performance Among Real Estate Agents«, *Journal of Applied Psychology* 80 (1995).
37 Richard H. Rosier, Hrsg., *The Competency Model Handbook*, Bd 3, Lexington: Linkage, 1996.
38 Zitiert in Spencer und Spencer, *Competence at Work*.
39 Ferdinand A. Gul et al., »Locus of Control, Task Difficulty, and Their Interaction with Employees' Attitudes«, *Psychological Reports* 75 (1994).
40 Die Geschichte wird erzählt in Boyatzis, *The Competent Manager*.
41 Allzu eifrige Manager sind schlecht: Boyatzis, *The Competent Manager*.
42 Der Fall wird beschrieben in Salvatore R. Maddi und Suzanne C. Kobasa, *The Hardy Executive: Health Under Stress*, Homewood, IL: Dow Jones-Irwin, 1984.
43 Über Anne Busquet und Arthur Blank: Patricia Sellers, »So You Fail. Now Bounce Back«, *Fortune*, 1. Mai 1995.
44 Näheres über Seligmans Untersuchungen in Peter Schulman, »Explanatory Style and Achievement in School and Work«, in G. Buchanan und Martin Seligman, Hrsg., *Explanatory Style*, Hillsdale, NJ: Lawrence Erlbaum, 1995.
45 Boyatzis, *The Competent Manager*; Spencer und Spencer, *Competence at Work*.
46 Spencer und Spencer, *Competence at Work*.
47 Stuart Kirk und Gary Koeske, »The Fate of Optimism: A Longitudinal Study of Case Managers' Hopefulness and Subsequent Morale«, *Research in Social Wort Practice*, Januar 1995.
48 Shelley Taylor und J. D. Brown, »Illusion and Well-being: A Social Psychological Perspective on Mental Health«, *Psychological Bulletin* 183 (1988).

7. Das soziale Radar

1 Robert W. Levenson und Anna M. Ruef, »Physiological Aspects of Emotional Knowledge and Rapport«, in William Ickes, Hrsg., *Empathic Accuracy*, New York: Guilford Press, 1997.

2 Die physiologische Spiegelung, die man bei Ehepartnern findet, hat einen paradoxen Aspekt. Bei Paaren, die am wenigsten miteinander auskommen, besteht eine starke Neigung zur physiologischen Kopplung, wenn das Video über ihre Meinungsverschiedenheit gezeigt wird: Der Partner, der das Video betrachtet, erregt sich zur gleichen Zeit wie der gezeigte Partner. Doch der Ehe hilft dieser Amygdala-Tango nicht, denn die Partner haben zwar eine hochgradige Empathie für das, was der andere empfindet, aber sie verhalten sich nicht diesem Wissen entsprechend konstruktiv. Sie können sich zwar grob in ihren Partner einfühlen, doch mangelt es ihnen an umfassender genauer Einfühlung, da sie keine Ahnung haben, wodurch diese Gefühle hervorgerufen wurden, was sie tun könnten, um die Verhältnisse zu ändern, und wie sie eine Wiederholung in der Zukunft verhindern könnten. Siehe Robert W. Levenson und Anna M. Ruef, »Emotional Knowledge and Rapport«, in William Ickes, Hrsg., *Empathic Accuracy*, New York: Guilford Press, 1997.

3 Die physiologische Kopplung war am stärksten bei den hochgradig erregten negativen Emotionen wie Zorn, Furcht, Ekel und Verachtung. Wenn die Partner sich bei positiven Emotionen aufeinander bezogen, war die empathische physiologische Reaktion eine niedrige Herzfrequenz, ein Indiz für eine Amygdala im Gleichgewicht und nicht im Anfallszustand.

4 Die Unempfindlichkeit wächst in dem Maße, wie die eigenen starken Emotionen andere sind als die der Person, mit der man zusammen ist. Zwei zornige Menschen können immer noch auf einer Wellenlänge sein, nicht aber ein zorniger und ein trauriger Mensch. Siehe Levenson und Ruef, »Emotional Knowledge and Rapport«.

5 Beachtung der eigenen Gefühle als Grundlage der Empathie: Richard A. Boyatzis und James A. Burrus, »Validation of a Competency Model for Alcohol Counselors in the U.S. Navy«, McBer, Boston, 1977.

6 Elaine Hatfield et al., *Emotional Contagion*, New York: Cambridge University Press, 1994.

7 Die Forschungsbefunde werden besprochen in Hatfield et al., *Emotional Contagion*.

8 Hatfield et al., *Emotional Contagion*.

9 In der Amygdala registrieren bestimmte Neurone automatisch die Emotionen der Menschen um uns. Untersuchungen an Primaten zeigen, daß sie Amygdala-Neurone besitzen, die nur in Reaktion auf spezifische emotionale Ausdrücke feuern, etwa drohend gebleckte Zähne. Siehe Leslie A. Brothers in *Science News*, 18, Januar 1997; und ihren Artikel »A Biological Perspective on Empathy«, *American Journal of Psychiatry* 146 (1989). Menschen mit Amygdala-Schäden können emotionale Unruhe, Zorn oder Furcht, weder erkennen noch zeigen, und es fällt ihnen schwer, Fröhlichkeit oder Traurigkeit zu erkennen. Ross Buck und Benson Ginsburg, Hrsg., *Empathic Accuracy*, New York: Guilford Press, 1997.

10 William A. Kahn, »Psychological Conditions of Personal Engagement and Disengagement at Work«, *Academy of Management Journal* 33 (1990).

11 Howard Friedman und Robert DiMatteo, *Interpersonal Issues in Health Care*, New York: Academic Press, 1982.

12 H. B. Beckman und R. M. Frankel, »The Effect of Physician Behavior on the Collection of Data«, *Annals of Internal Medicine* 101 (1984).

13 Wendy Levinson et al., »Physician-Patient Communication: The Relationship with Malpractice Claims Among Primary Care Physicians and Surgeons«, *Journal of the American Medical Association*, 19. Februar 1997.

14 Dorothy Leonard und Jeffrey F. Rayport, »Spark Innovation Through Empathic Design«, *Harvard Business Review*, November/Dezember 1997.

15 Produktentwicklung und Kundendienst: Spencer und Spencer, *Competence at Work*.

16 Anthony P. Carnevale et al., *Workplace Basics: The Skills Employers Want* (American Society for Training and Development, Arlington, VA, und U. S. Department of Labor, Washington, DC, 1989).

17 R. B. Marks, *Personal Selling*, Boston: Allyn and Bacon, 1991.

18 Bruce K. Pilling und Sevo Eroglu, »An Empircal Examination of the Impact of Salesperson Empathy and Professionalism and Merchandise Salability on Retail Buyers' Evaluations«, *Journal of Personal Selling and Sales Management*, Winter 1994.

19 Siehe auch Murray R. Barrick, , M. K. Mount und Judy P. Strauss, »Conscientiousness and Performance of Sales Representatives: Test of the Mediating Effects of Goal Setting«, *Journal of Applied Psychology* 78 (1993).

20 Mark Davis und Linda Kraus, »Personality and Empathic Accuracy«, in Ickes, *Empathic Accuracy*.

21 Hatfield et al., *Emotional Contagion*.

22 Laura Shaw et al., »Empathy Avoidance: Forestalling Feeling for Another in Order to Escape the Motivational Consequences«, *Journal of Personality and Social Psychology* 67 (1994).

23 Siehe zum Beispiel Richard Boyatzis, *The Competent Manager: A Model for Effective Performance*, New York: John Wiley and Sons, 1982.

24 C. Daniel Baston et al., »Empathy and the Collective Good: Caring for One of the Others in a Social Dilemma«, *Journal of Personality and Social Psychology* 68 (1995).

25 Siehe zum Beispiel Hatfield et al., *Emotional Contagion*.

26 Deborah Sholl Humphreys, »Decline as a Natural Resource for Development«, vorgetragen auf der Jahreskonferenz der Academy of Management, 1987.

27 Spencer und Spencer, *Competence at Work*.

28 Spencer und Spencer, *Competence at Work*.

29 Boyatzis und Burrus, »The Heart of Human Resouce Development: Counseling Competencies«, unveröff. Ms., Juli 1995; ferner Boyatzis und Burrus, »Validation of a Competency Model«.

30 Boyatzis, *The Competent Manager*.

31 Christopher Orpen, »TheEffect of Mentoring on Employees' Career Success«, *Journal of Social Psychology* 135 (1995); David Laband und Bernard Lentz, »Workplace Mentoring in the Legal Profession«, *Southern Economic Journal*, Januar 1995.

32 David Peteson et al., »Management Coaching at Work: Current Practices in Fortune 250 Companies«, vorgetragen auf der Jahreskonferenz der American Psychological Association, Toronto, August 1996.

33 Spencer und Spencer, *Competence at Work*.

34 Paulette A. McCarty, »Effects of Feedback on the Self-confidence of Men and Women«, *Academy of Management Journal* 29 (1986).

35 K. S. Crawford et al., »Pygmalion at Sea: Improving the Work Effectiveness of Low Performers«, *Journal of Applied Behavioral Science* 16 (1980).

36 Mark Lepper et al., »Motivational Techniques of Expert Human Tutors«, in S. P. Lajoie und S. J. Derry, Hrsg., *Computers as Cognitive Tools*, Hillsdale, NJ: Lawrence Erlbaum, 1993.

37 Boyatzis, *The Competent Manager.*

38 Richard H. Rosier, Hrsg., *The Competency Model Handbook*, Bd. 2, Lexington: Linkage, 1995.

39 Donald McBane, »Empathy and the Salesperson: A Multidimensional Perspective«, *Psychology and Marketing* 12 (1995).

40 Spencer und Spencer, *Competence at Work.*

41 Jennifer Steinhauer, »Whatever Happened to Service?«, *New York Times*, 4. März 1997.

42 Spencer und Spencer, *Competence at Work.*

43 Darüber berichtet Steinhauer, »Whatever Happened to Service?«

44 Die Fehler in *The Bell Curve*: So wird ignoriert, daß die in Amerika beobachteten IQ-Unterschiede in der Karibik nicht zu beobachten sind, wo die Schwarzen keine unterdrückte Gruppe sind, und daß man in jeder Gesellschaft, in der es eine privilegierte und eine unterdrückte Klasse gibt, dieselbe Abweichung hinsichtlich der IQ-Werte findet wie zwischen schwarzen und weißen Amerikanern, so daß man vermuten darf, daß der Effekt auf den wirtschaftlichen und sozialen Verhältnissen und nicht auf der Rasse beruht. Ferner ignoriert das Buch, daß, wenn Mitglieder einer unterdrückten Gruppe in eine Kultur auswandern, in der sie nicht Opfer von Unterdrückung sind, der IQ-Unterschied innerhalb einer Generation verschwindet. Siehe Ulric Neisser, Hrsg., *The Rising Curve: Long-Term Gains in IQ*, Washington, DC: APA Press, 1998.

45 Claude M. Steele, »A Threat in the Air: How Stereotypes Shape Intellectual Identity and Performance«, *American Psychologist*, Juni 1997.

46 »Women in Corporate Leadership: Progress and Prospects«, *Catalyst*, New York, 1996.

47 Über die Untersuchung von Alice Eagly an der Northwestern University wird berichtet in *The American Psychological Association Monitor*, August 1997.

48 N. M. Hewitt und E. Seymour, »Factors Contributing to High Attrition Rates Among Science and Engineering Undergraduate Majors«, Bericht an die Alfred P. Sloan Foundation, 1991.

49 Boyatzis, *The Competent Manager.*

50 Die Emotionen eines Menschen sind schwerer zu deuten, wenn der andere einer Gruppe angehört, die wir nicht kennen. Beim PONS-Test fällt Ausländern die Deutung der Emotionen von Amerikanern um so schwerer, je unähnlicher ihre Kultur derjenigen der Vereinigten Staaten ist; Robert Rosenthal, Judith Hall et al., »Sensitivity to Nonverbal Communication: The PONS Test«, Baltimore: Johns Hopkins University Press, 1970.

51 David A. Thomas und Robin J. Ely, »Making Differences Matter: A New Paradigm for Managing Diversity«, *Harvard Business Review*, September/Oktober 1996.

52 Thomas und Ely, »Making Differences Matter«.

53 Thomas und Ely, »Making Differences Matter«.

54 David McClelland, Einführung zu Spencer und Spencer, *Competence at Work.*

55 Spencer und Spencer, *Competence at Work*.

56 Boyatzis, *The Competent Manager*.

57 Richard H. Rosier, Hrsg., *The Competency Model Handbook*, Bd. 3, Lexington: Linkage, 1996.

8. Die Kunst der Beeinflussung

1 Howard Friedman und Ronald Riggio, »Effect of Individual Differences in Non-verbal Expressiveness on Transmission of Emotion«, *Journal of Nonverbal Behavior* 6 (1981).

2 Sigal Barsade, »The ripple effect: emotional contagion in groups«, Working paper, Yale School of Management, 1998; Sigal Barsade und Donald E. Gibson, »Group emotion: A view from the top and bottom«, in D. Gruenfeld et al., Hrsg., *Research on Managing Groups and Teams*, Greenwich, CT: JAI Press, im Druck, 1998.

3 Robert W. Levenson und Anna M. Ruef, »Emotional Knowledge and Rapport«, in William Ickes, Hrsg., *Empathic Accuracy*, New York: Guilford Press, 1997.

4 Hatfield et al., 1994, op. cit.

5 Howard Friedman et al., »Understanding and Assessing Non-verbal Expressiveness: The Affective Communication Test«, *Journal of Nonverbal Behavior* 6 (1981).

6 Richard H. Rosier, Hrsg., *The Competency Model Handbook*, Bd. 3, Lexington: Linkage, 1996.

7 In Richard H. Rosier, Hrsg., *The Competency Model Handbook*, Bd. 3.

8 Richard Boyatzis, *The Competent Manager: A Model for Effective Performance*, New York: John Wiley and Sons, 1982.

9 Boyatzis, *The Competent Manager*.

10 Lyle M. Spencer Jr. und Signe M. Spencer, *Competence at Work: Models for Superior Performance*, New York: John Wiley and Sons, 1993.

11 Zitiert in Rosier, Hrsg., *The Competency Model Handbook*, Bd. 3.

12 Spencer und Spencer, *Competence at Work*.

13 Zur Benutzung der unmittelbaren Vorgesetzten: Sander Larkin, Erwiderung in *Harvard Business Review*, September/Oktober 1996.

14 Paul C. Nutt, Management-Professor an der Ohio State University, in *Fast Company*, Oktober/November 1997.

15 Spencer und Spencer, *Competence at Work*.

16 Michelle Conlin, »The Truth«, *Forbes*, 10. Februar 1997.

17 *Newsweek*, 12. August 1996.

18 John Haas und Christa Arnold, »An Examination of the Role of Listening in Judgments of Communication Competence in Co-workers«, *The Journal of Business Communication*, April 1995.

19 Walter V. Clarke Associates, Pittsburgh, April 1997.

20 Siehe Ralph Eber et al., »On Being Cool and Collected: Mood Regulation in Anticipation of Social Interaction«, *Journal of Personality and Social Psychology* 70 (1996).

21 Als vorrangiges Beispiel für Leute, die nicht »da« sind, zitierte Goffman Geisteskranke , die in der Öffentlichkeit ihre persönlichen Stimmungen zur Schau stellen. Goffman, Erving: *Verhalten in sozialen Situationen*, Gütersloh: Bertelsmann-Fachverlag, 1971.

22 Siehe S. M. Lyman und M. B. Scott, »Coolness in Everyday Life«, in S. M. Lyman und M. B. Scott, Hrsg., *The Sociology of the Absurd*, Pacific Palisades, CA: Goodyear, 1968.

23 »Activity Vector Analysis: Some Applications to the Concepts of Emotional Intelligence«, Walter V. Clarke Associates, Pittsburgh, Juni 1996.

24 Greg L. Stewart und Kenneth P. Carson, »Pesonality Dimensions and Domains of Service Performance: A Field Investigation«, *Journal of Business and Psychology* 9 (1995).

25 Elsa Walsh, »The Negotiator«, *The New Yorker*, 18. März 1996.

26 Herbert Kelman, »Negotiation as Interactive Problem-solving«, *International Negotiation* 1 (1996).

27 Shankar Ganesan, »Negotiation Strategies and the Nature of Channel Relationships«, *Journal of Marketing Research*, Mai 1993.

28 Linda Lantieri und Janet Patti, *Waging Peace in Our Schools*, Boston: Beacon Press, 1996.

29 Martha Brannigan und Joseph B. White, »Why Delta Airlines Decided It Was Time for CEO to Take Off«, *Wall Street Journal*, 30.-31. Mai 1997; Phyllis Berman und Roula Khalaf, »Sweet-talking the Board«, *Forbes*, 15. März 1993.

30 Zitiert in Stephen Lohr, »On the Road with Chairman Lou«, *New York Times*, 26. Juni 1994.

31 G. J. McHUgo et al., »Emotional Reactions to a Political Leader's Expressive Displays«, *Journal of Personality and Social Psychology* 49 (1985). Reagans emotionale Intelligenzfähigkeiten hatten eine Kehrseite, denn er zeigte einen gewissen Mangel an Selbstwahrnehmung, wenn nicht sogar regelrechte Selbsttäuschung. Manchmal schien er den Unterschied zwischen Filmen, die er gesehen, oder Geschichten, die er gehört hatte, und den wirklichen Tatsachen nicht zu kennen. Einmal trieb er dem seinerzeitigen israelischen Ministerpräsidenten Jitzchak Shamir die Tränen in die Augen, indem er von seiner Zeit beim U.S. Signal Corps erzählte, das am Ende des Zweiten Weltkriegs die Greuel der deutschen Todeslager entdeckte. Der Haken war nur, daß Reagan während der ganzen Kriegszeit in Hollywood war und in den Filmeinheiten der Armee diente. Anscheinend hatte er wohl Aufnahmen aus den befreiten Lagern gesehen und sich eingeredet, er sei selbst dabei gewesen. Siehe Michael Korda, »Prompting the President«, *The New Yorker*, 6. Oktober 1997.

32 J. M. George und K. Bettenhausen, »Understanding Prosocial Behavior, Sales Performance, and Turnover: A Group Level Analysis in a Service Context«, *Journal of Applied Psychology* 75 (1990).

33 Howard S. Friedman et al., »Understanding and Assessing Non-verbal Expressiveness: The Affective Communication Test«, *Journal of Nonverbal Behavior* 6 (1981).

34 Patricia Wasielewski, »The Emotional Basis of Charisma«, *Symbolic Interaction* 8 (1985).

35 In meiner (ungewichteten) Analyse von Führungskompetenz-Modellen aus Firmen in aller Welt betrug der Anteil der angeführten, auf emotionaler Intelligenz basierenden Kompetenzen gegenüber den kognitiven und fachlichen Fähigkeiten etwa 80 Prozent. Doch in vielen Führungskompetenz-Modellen von Firmen beruhen die angeführten Kompetenzen zu 100 Prozent auf emotionaler Intelligenz. In einer gewichteten Analyse von Hay/McBer wird der Beitrag der emotionalen Kompetenz

zu herausragenden Führungsleistungen auf knapp 90 Prozent veranschlagt. Siehe Anhang 2.

36 Lyle Spencer Jr. et al., *Competency Assessment Methods: History and State of the Art*, Boston: Hay/McBer, 1997. Untersucht wurden Unternehmensführer in Japan, China, den Philippinen, Kanada, den Vereinigten Staaten, Mexiko, Venezuela, dem Vereinigten Königreich, Belgien, Frankreich, Deutschland, Spanien und Italien. Überall folgt man offenbar ungefähr demselben Rezept für exzellente Führung; regionale Abweichungen spiegeln Nuancen der Auswirkungen der Kompetenzen in einer Kultur.

37 Robert E. Kaplan, *Beyond Ambition: How Driven Managers Can Lead Better and Live Better*, San Francisco: Jossey-Bass, 1991.

38 Wallace Bachman, »Nice Guys Finish First: A SYMLOG Analysis of U.S. Naval Commands«, in Richard Brian Polley et al., Hrsg., *The SYMLOG Practitioner: Applications of Small Group Reserach*, New York: Praeger, 1988.

39 Polley et al., *The SYMLOG Practitioner*.

40 Spencer und Spencer, *Competence at Work*.

41 David C. McClelland und Richard Boyatzis, »The Leadership Motive Profile and Long-term Success in Management«, *Journal of Applied Psychology* 67 (1982).

42 Boyatzis, *The Competent Manager*.

43 Die Geschichte wird erzählt in Eric Ransdell, »IBM's Grassroots Revival«, *Fast Company*, Oktober/November 1997.

44 Jane Howell und Bruce Avolio, »Transformational Leadership, Transactional Leadership, Locus of Control, and Support for Innovation: Key Predictors of Consolidated-Business-Unit Performance«, *Journal of Applied Psychology* 78 (1993).

45 M. B. Bass, *Bass and Stodgill's Handbook of Leadership: Theory, Research and Applications*, 3. Aufl., New York: Free Press, 1990.

46 Siehe die Diskussion in Blake E. Ashforth und Ronald H. Humphreys, »Emotion in the Workplace: An Appraisal«, *Human Relations* 48 (1995).

47 R. J. House et al., »Charismatic and Non-charismatic Leaders: Differences in Behavior and Effectiveness«, in J. A. Conger et al., Hrsg., *Charismatic Leadership: The Elusive Factor in Organizational Effectiveness*, San Francisco: Jossey-Bass 1988.

48 Howell und Avolio, »Transformational Leadership«.

49 John Kotter, »What Leaders Really Do«, *Harvard Business Review*, Mai/Juni 1990.

9. Zusammenarbeit, Teams und Gruppen-IQ

1 John Markoff, »The Soul of a New Economy«, *New York Times*, 29. Dezember 1997.

2 Interview mit John Doerr in Michael S. Malone, »John Doerr's Startup Manual«, *Fast Company*, Februar/März 1997.

3 Das Kooperationsbedürfnis als prägende Kraft der Hirnentwicklung wurde vielleicht zuerst angesprochen von Allison Jolly in »Lemur Social Behavior and Primate Intelligence«, *Science* 153 (1966).

4 Der maßgebende Theoretiker auf diesem Gebiet ist David S. Wilson, »Incorporating Group Selection into the Adaptationist Program: A Case Study Involving Human Decision-making«, in J. Simpson und D. Kendrick, Hrsg., *Evolutionary Social Psy-*

chology, Hillsdale, NJ: Lawrence Erlbaum, 1997. Einige Evolutionspsychologen betonen, daß die Fähigkeit des Menschen, andere zu täuschen, ihm einen Wettbewerbsvorteil verschaffe, vernachlässigen aber die größeren Vorteile, die durch verstärkte Kooperation und gegenseitige Hilfe gerade für das Überleben einer Gruppe entscheidend sind.

5 Daß Kooperation in der Evolution zum Menschen vorteilhaft gewesen sein muß, kann man ansatzweise schon bei Schimpansenhorden beobachten; Jane Goodall berichtet, daß Weibchen mit ausgesprochenen Kooperationsbeziehungen zu anderen Weibchen mehr Junge großziehen, daß ihre Töchter schneller reifen und sie ihren Nachwuchs sehr schnell groß haben. Anne Pusey, Jennifer Williams und Jane Goodall, »The Influence of Dominance Rank on Reproductive Success of Female Chimpanzees«, *Science*, 8. August 1997.

6 Siehe Bruce Bower, »Return of the Group«, *Science News*, 18. November 1995.

7 Hauptverfechterin dieser Theorie ist Denise Cummins, Evolutionspsychologin und Autorin von *Human Reasoning: An Evolutionary Perspective*, Cambridge, MA: Bradford/MIT Press, 1997.

8 T. Sawaguchi und H. Kudo, »Neocortical Development and Social Structures in Primates«, *Primates* 31 (1990).

9 Siehe Cummins, *Human Reasoning*.

10 Robert E. Kelley, *How to Be a Star at Work*, Times Books, 1998.

11 Howard Gardner, *Abschied vom IQ : die Rahmentheorie der vielfachen Intelligenzen*, Stuttgart: Klett-Cotta, 1994.

12 G. W. Hill, »Group Versus Individual Performance: Are N+1 Heads Better Than One?«, *Psychological Bulletin* 91 (1982).

13 Roger Dixon, *Interactive Minds*, New York: Cambridge University Press, 1996.

14 R. Meredith Belbin, *Management Teams: Why They Succeed or Fail*, London: Halstead Press, 1982; R. Meredith Belbin, *Team Roles at Work*, London: Butterworth-Heinemann, 1966.

15 Der Begriff des Gruppen-IQ wurde erstmals entwickelt in Wendy M. Williams und Robert J. Sternberg, »Group Intelligence: Why Some Groups Are Better Than Others«, *Intelligence* 12 (1988). Sie definieren Gruppenintelligenz als »die funktionale Intelligenz einer Gruppe von Menschen, die als eine Einheit arbeiten«.

16 Williams und Sternberg, »Group Intelligence«.

17 Michael A. Campion et al., »Relations Between Work Team Characteristics and Effectiveness: A Replication and Extension«, *Personnel Psychology* 49 (1996).

18 Jeffrey Katzenberg, wie ihn Nathan Myhrvold von Microsoft beobachtete, beschrieben in Ken Auletta, »The Microsoft Provocateur«, *The New Yorker*, Mai 1997.

19 Kelley, *How to Be a Star at Work*.

20 Kelley, *How to Be a Star at Work*.

21 «Venture Capitalists«, *The Economist*, 25. Januar 1997.

22 Zitiert in John Kotter, *Power in Management*, New York: AMACOM, 1979.

23 Richard Boyatzis, *The Competent Manager: A Model for Effective Performance*, New York: John Wiley and Sons, 1982; Robert E. Kaplan, *Beyond Ambition: How Driven Managers Can Lead Better and Live Better*, San Francisco: Jossey-Bass, 1991.

24 Kelley, *How to Be a Star at Work*.

25 Nirmalya Kumar, »The Power of Trust in Manufacturer-Retailer Relationships«, *Harvard Business Review*, November/Dezember 1996.

26 Ken Partch, »Partnering: A Win-Win Proposition ... or the Latest Hula Hoop in Marketing?«, *Supermarket Business*, Mai 1991.

27 Kumar, »The Power of Trust«.

28 James Krantz, »The Managerial Couple: Superior-Subordinate Relationships as a Unit of Analysis«, *Human Resource Management*, Sommer 1989.

29 Die beste Arbeit über diesen schleichenden Prozeß ist der Klassiker von Thomas Ogden, *Projective Identification and Psychotherapeutic Technique*, New York: Jason Aronson, 1991.

30 «Owens Corning: Back from the Dead«, *Fortune*, 26. Mai 1997.

31 Zitiert in Lawler et al., *Employee Involvement and Total Quality Management: Practices and Results in Fortune 1,000 Companies*, San Francisco: Jossey-Bass, 1992.

32 Richard Moreland et al., »Training People to Work in Groups«, in R. S. Tinsdale, Hrsg., *Application of Theory and Research on Groups to Social Issues*, New York: Plenum, 1997.

33 Ein Topteam in einem Polyesterfaser-Betrieb erzielte jährlich 14 Millionen Tonnen, ein Durchschnittsteam knapp 11 Millionen Tonnen. Der Wert der Produktion von Durchschnittsteams belief sich auf 33,6 Millionen Dollar, der der überdurchschnittlichen Teams auf 43,4 Millionen Dollar. Die Lohnsumme für ein Team belief sich gerade mal auf 270 000 Dollar. Quelle: Lyle Spencer Jr., Vortrag vor der International Family Business Programs Association, Northampton, MA, Juli 1997.

34 Lyle Spencer Jr. et al., *Competency Assessment Methods: History and State of the Art*, Boston: Hay/McBer, 1997.

35 Jean Brittain Leslie und Ellen Van Velsor, »A Look at Derailment Today: North America and Europe«, Center for Creative Leadership, Greensboro, NC, 1996.

36 Lyle M. Spencer Jr. und Signe M. Spencer, *Competence at Work: Models for Superior Performance*, New York: John Wiley and Sons, 1993.

37 Die Team-Untersuchungen wurden vorgestellt von Lyle Spencer Jr. und Charles Morrow auf der International Conference on Competency-based Tools and Applications to Drive Organizational Performance, London, Oktober 1997.

38 Die Teams konnten ihre Kompetenzen auf unterschiedliche Weise in Effektivität umsetzen; nicht jedes Star-Team glänzte in jeder. Eine erfolgreiche Kombination war zum Beispiel der Drang, sich zu verbessern, in Verbindung mit ausgeprägten interpersonalen Fähigkeiten, die für Zusammenhalt und harmonische Zusammenarbeit sorgten. Eine andere Art, sich auszuzeichnen, war der Drang, sich zu verbessern, in Verbindung mit dem Blick nach außen, der betonten Rücksichtnahme auf die Bedürfnisse anderer Unternehmensteile und der Herstellung von Bindungen zu ihnen.

39 Allen C. Amason, »Distinguishing the Effects of Functional and Dysfunctional Conflict in Strategic Decision Making: Resolving a Paradox for Top Management Teams«, *Academy of Management Journal* 39 (1996).

40 Tracy Kidder, *Die Seele einer neuen Maschine: vom Entstehen eines Computers*, Reinbek bei Hamburg: Rowohlt, 1989.

41 Lee Bolman und Terrence E. Deal, »What Makes a Team Work?«, *Organizational Dynamics*, Bd. 23, 1992.

42 Richard E. Boyatzis et al., »Entrepreneurial Innovation in Pharmaceutical Research and Development«, *Human Resource Planning* 15 (1990).

43 Siehe Wilson, »Incorporating Group Selection«.
44 Siehe zum Beispiel L. E. Anderson und W. K. Balzer, »The Effects of Timing of Leaders' Opinions on Problem-solving Groups: A Field Experiment«, *Group and Organizational Studies* 16 (1991).
45 Susan G. Cohen et al., »A Predictive Model of Self-managing Work Team Effectiveness«, *Human Relations* 49 (1996).
46 R. I. Beekun, »Assessing the Effectiveness of Sociotechnical Interventions: Antidote or Fas?«, *Human Relations* 47 (1989).
47 Daniel R. Denison et al., »From Chimneys to Cross-functional Teams: Developing and Validating a Diagnostic Model«, *Academy of Management Journal* 39 (1996).
48 Die Anzeichen des Fließens beobachtet man bei den »Great Groups«, wie Warren Bennis sie in seiner bahnbrechenden Untersuchung über sechs hervorragende Teams nennt. An ihnen sieht man die Merkmale von Menschen, die sich in einem kollektiven Zustand des Fließens befinden. Fließen ist der typische Zustand von Menschen, die sich selbst übertreffen, und er macht sich deshalb bei wirklich herausragenden Gruppen bemerkbar. Warren Bennis und Patricia Ward Biederman, *Organizing Genius: The Secrets of Creative Collaboration*, Reading, MA: Addison-Wesley, 1997.
49 Feynman zitiert in Bennis und Biederman.
50 Kidder, *Die Seele einer neuen Maschine*.

10. Der Milliarden-Dollar-Irrtum

1 Die Fallstudie über emotionale Kompetenz bei American Express wurde mir von Kate Cannon, Leiterin der Ausbildungsabteilung für Führungskräfte bei American Express Financial Advisors, zur Verfügung gestellt.
2 Die Änderungen der hirnphysiologischen Prozesse bei Mitarbeitern von Promega wurden mit der neuesten Methode, der funktionellen Kernspintomografie, vor und nach der Schulung gemessen. Die Schulungsteilnehmer wurden mit einer randomisierten Kontrollgruppe von Kollegen verglichen, die die Schulung noch nicht durchlaufen hatten. Die Daten wurden von Richard Davidson gesammelt, dem Direktor des Laboratory for Affective Neuroscience an der Universität Wisconsin. Die Achtsamkeitsschulung wurde von Jon Kabat-Zinn erteilt, dem Direktor des Stress and Relaxation Programm an der Medizinischen Fakultät der Universität von Massachusetts in Worcester.
3 Vgl. zum Beispiel H. J. Smith u. a., »Just a Hunch: Accuracy and Awareness in Person Perception«, *Journal of Nonverbal Behavior* 15 (1991). Während Frauen bei einigen Empathietests im Schnitt besser abschneiden, lassen sich die bestehenden Geschlechtsunterschiede dadurch beseitigen, daß man Männern beibringt, Emotionen genauso treffsicher zu entziffern, wie dies Frauen können; vgl. William Ickes, Hg., *Empathic Accuracy*, New York: Guilford Press, 1997.
4 William Ickes u. a., »Studying empathic accuracy in a clinically relevant context«, in: Ickes, Hg., *Empathic Accuracy*.
5 John D. Mayer, David R. Caruso und Peter Salovey, »Emotional Intelligence Meets Traditional Standards for an Intelligence«, unveröffentlichtes Manuskript, 1997.

6 Reuven Bar-On, *Bar-On Emotional Quotient Inventory: Technical Manual,* Toronto: Multi-Health Systems, 1997.

7 Ronald Ballou u. a., »Fellowship in Lifelong Learning: An Executive Development Program for Advanced Professionals«, unveröffentlichtes Manuskript, Weatherhead School of Management, 1997.

8 Kelley, *How to Be a Star at Work,* Times Books, 1998.

9 Bruce Tracey u. a., »Applying Trained Skills on the Job: The Importance of the Work Environment«, *Journal of Applied Psychology* 80 (1995). Eine umfassendere Übersicht über die Korrelationen zwischen dem, was Beschäftigte in Weiterbildungsprogrammen lernen, und dem, was sie tatsächlich mit ins Alltagsleben nehmen, zeigt, daß mehr als die Hälfte der beschriebenen Korrelationen zwischen Lernen und Verhalten enttäuschend niedrig waren – das bedeutet, daß viele Menschen das Erlernte nicht umsetzen. Vgl. G. M. Alliger und E. A. Janak, »Kirkpatrick's Levels of Training Criteria: Thirty Years Later«, *Personnel Psychology* 43 (1992).

10 Scott I. Tannenbaum und Gary Yukl, »Training and Development in Work Organizations«, *Annual Review of Psychology* 43 (1992).

11 Gerald Edelman, *Unser Gehirn – Ein dynamisches System,* Piper: München, 1993.

12 Tannenbaum und Yukl, »Training and Development«.

13 Charley C. Morrow u. a., »An Investigation of the Effect and Economic Utility of Corporate-Wide Training«, *Personnel Psychology* 50 (1997).

14 Timothy T. Baldwin und J. Kevin Ford, »Transfer of Training«, *Personnel Psychology* 41 (1988).

15 Ergebnisse der Mitgliederbefragung beim Benchmarking Forum der American Society for Training and Development, Alexandria, Virginia, Oktober 1997.

16 Laurie J. Bassi u. a., »The Top Ten Trends«, *Training,* November 1996.

17 Vgl. Morrow u. a., »An Investigation of the Effect«.

18 Zwei Programme für Manager befaßten sich mit kognitiven bzw. fachlichen Themen, nicht mit emotionaler Kompetenz.

19 Die Kosten der Evaluation bei dem Pharmaunternehmen machten nur einen ganz geringen Teil des Gesamtbudgets für Aus- und Weiterbildung aus, allerdings wurden auch nicht alle Weiterbildungsmaßnahmen bewertet. Das Unternehmen hat jedoch im Rahmen dieses Pilotprojekts Methoden für die fortlaufende Evaluation entwickelt, die bei ihrer routinemäßigen Anwendung vermutlich viel weniger kosten würden.

20 Richard Boyatzis, »Consequences and Rejuvenation of Competency-based Human Resource and Organization Development«, *Research in Organizational Change and Development* 9, 1993.

21 Robert Dipboye, »Organizational Barriers to Implementing a Rational Model of Training«, in: M. A. Quinones und A. Ehrenstein (Hgg.), *Training for a Rapidly Changing Workforce: Applications of Psychological Research,* Washington, D.C.: American Psychological Association, 1996.

22 William H. Clegg, »Management Training Evaluation: An Update«, *Training and Development Journal,* Februar 1987.

23 Wer mit dem Consortium for Research on Emotional Intelligence in Organizations in Verbindung treten möchte, wende sich an den Ko-Vorsitzenden, Dr. Cary Cherniss, an der Graduate School of Applied and Professional Psychology der Rutgers University, Piscataway, New Jersey 08855-0819.

24 Der Abschlußbericht des Consortiums kann bei Dr. Cary Cherniss (vgl. Anmerkung 23) angefordert oder unter der Web-Adresse: http://www.EIConsortium.org eingesehen werden.

25 Die Initiative der Weatherhead School und Einzelheiten des Seminars in Führungsbewertung und -entwicklung werden ausführlich beschrieben in Richard Boyatzis u. a., *Innovation in Professional Education: Steps on a Journey from Teaching to Learning*, San Francisco: Jossey-Bass, 1995.

26 Zu diesen Kompetenzen gehören unter anderem Selbstbewußtsein, Initiative, Flexibilität, Selbstkontrolle, Empathie, Überzeugungskraft, Kontaktfreudigkeit, Verhandlungsgeschick, Teamführung und Förderung anderer. Analytische und fachliche Fähigkeiten werden ebenfalls einbezogen.

27 Boyatzis u. a., *Innovation in Professional Education*.

28 Ronald Ballou u. a., »Fellowship in Lifelong Learning«; Richard Boyatzis und Robert Wright, »Competency Development in Graduate Education: A Longitudinal Perspective«, vorgestellt auf der First World Conference on Self-Directed Learning, Boston, September 1997.

29 J. Curran, *A Manual for Teaching People Successful Job Search Strategies*, Ann Arbor: Michigan Prevention Research Center, Institute for Social Research, University of Michigan, 1992.

30 Richard H. Price, »Psychosocial Impact of Job Loss on Individuals and Families«, *Current Directions in Psychological Science* 1 (1992).

31 Robert Caplan, A. D. Vinokur und Robert Price, »Field Experiments in Prevention-focused Coping«, in: George Albee und Thomas Gullotta (Hgg.), *Primary Prevention Works*, Thousand Oaks, CA: Sage, 1997.

II. Beste Praktiken

1 Vgl. zum Beispiel Chris Argyris und S. A. Schon, *Theory in Practice: Increasing Professional Effectiveness*, San Francisco: Jossey-Bass, 1974.

2 David C. McClelland, »Assessing Competencies Associated with Executive Success Through Behavioral Interviews«, unveröffentlichtes Manuskript, 1996.

3 Die Methoden werden in zahlreichen Quellen eingehend beschrieben, z. B. Lyle M. Spencer jr. und Signe M. Spencer, *Competence at Work: Modells for Superior Performance*, New York: John Wiley and Sons, 1993.

4 Vgl. zum Beispiel Spencer und Spencer, *Competence at Work*; David Dubois, *Competency-Based Performance Improvement: A Strategy for Organizational Change*, Amherst, MA: HRD Press, 1993.

5 Spencer und Spencer, *Competence at Work*.

6 Die Fähigkeit, sich in Menschen einzufühlen, die sich grundlegend von uns unterscheiden, läßt sich wie jede andere Kompetenz erlernen. Wir schulten die Kursteilnehmer auch in der Fähigkeit, die emotionale Bedeutung der Mimik von Personen aus Kulturen zu entschlüsseln, die den Flugbegleitern völlig fremd waren. Außerdem berücksichtigten wir bei der Schulung der Empathie die kulturübergreifenden Gegebenheiten der Arbeit. Das Ergebnis: Sechs Monate später war an einem großen ausländischen Drehkreuz, das die höchste Zahl an Passagierbeschwerden aufgewiesen hatte, keine einzige Beschwerde mehr eingegangen.

7 Mark Davis und Linda Kraus, »Personality and Accurate Empathy«, in: William Ickes (Hrsg.), *Empathic Accuracy*, New York: Guilford Press, 1997.

8 Ein Maß für das gesamte Spektrum an Fähigkeiten der emotionalen Intelligenz, an dessen Entwicklung ich beteiligt war, ist das Emotional Competence Inventory – 360 (ECI-360), das vom Emotional Intelligence Service, Sudbury, MA, 01776, bezogen werden kann. E-Mail: EISGlobal@AOL.com.

9 in Mark R. Edwards und Ann J. Ewen, *360° Feedback*, New York, AMACOM, 1996.

10 Vgl. zum Beispiel »Performance Review Input by Peers Catches on at More Firms«, *Los Angeles Times*, 17. April 1997.

11 Die 20-Prozent-Regel basiert auf Daten aus einem breiten Spektrum von Programmen zur Verhaltensänderung, aber seine Schlußfolgerung scheint auch für die Aus- und Weiterbildung in Organisationen zuzutreffen. Vgl. James O. Prochaska u. a., *Changing for Good*; New York: Avon, 1994.

12 In Prochaska u. a., *Changing for Good*.

13 Miguel Quinones, »Contextual Influences on Training Effectiveness«, in: M. A. Quinones und A. Ehrenstein (Hrsg.), *Training for a Rapidly Changing Workforce: Applications for Psychological Research*, Washington, D. C., American Psychological Association, 1996.

14 Ellen Van Velsor und Christopher Musselwhite, »The Timing of Training, Learning, and Transfer«, *Training and Development Journal*, August 1986.

15 Vgl. zum Beispiel Miguel Quinones, »Pretraining Context Effects: Training Assignment as Feedback«, *Journal of Applied Psychology* 80 (1995).

16 Vgl. zum Beispiel Scott I. Tannenbaum und Gary Yukl, »Training and Development in Work Organizations«, *Annual Review of Psychology* 43 (1992).

17 Richard Boyatzis u. a., *Innovation in Professional Education: Steps on a Journey from Teaching to Learning*, San Francisco: Jossey-Bass, 1995.

18 C. R. Snyder, *The Psychology of Hope*, New York: Free Press, 1993.

19 Snyder, *The Psychology of Hope*.

20 Hazel Markus und Peter Nurius, »Possible Selves«, *American Psychologist* 41 (1989).

21 Die Grundprinzipien zur Vorbeugung von Rückfällen sind dargelegt in Alan Marlatt und Judith Gordon (Hrsg.), *Relapse Prevention*, New York: Guilford Press, 1985. Ihre Umsetzung bei der Aus- und Weiterbildung in Unternehmen beschreibt Robert D. Marx in: »Relapse Prevention for Managerial Training: A Model for Maintenance of Behavior Change«, *Academy of Management Review* 7 (1982), und Robert D. Marx, »Improving Management Development Through Relapse Prevention Strategies«, *Journal of Management Development* 5 (1993).

22 Quinones, »Contextual Influences on Training Effectiveness«.

23 F. N. Dempster, »The Spacing Effect: A Case Study in the Failure to Apply the Results of Psychological Research«, *American Psychologist* 43 (1990).

24 Lyle Spencer und Charley Morrow führten die Datenauswertung durch, deren Ergebnisse Lyle Spencer zusammenfaßt in: »Competency Assessment Methods: what works; assessment development and measurement«, Hay/McBer 1997.

25 Vgl. zum Beispiel Timothy T. Baldwin und J. Kevin Ford, »Transfer of Training«, *Personnel Psychology* 41 (1988).

26 Ein Großteil der Forschungen über den Erfolg langfristiger Bemühungen, Verhal-

tensweisen zu ändern, wurde von Kenneth Howard, einem Psychologen an der Northwestern University, durchgeführt. Vgl. zum Beispiel Kenneth Howard u. a., »The Dose-Effect Relationship in Psychotherapy«, *American Psychologist* 41 (1986); Kenneth Howard u. a., »Evaluation of Psychotherapy«, *American Psychologist* 51 (1996).

27 Kathy E. Kram, »A Relational Approach to Career Development«, in: Douglas T. Hall und Mitarbeiter, *The Career ist Dead – Long Live the Career*, San Francisco: Jossey-Bass, 1996.

28 Judith Jordan u. a. (Hrsg.), *Women's Growth in Connections*, New York: Guilford Press, 1991. Wie der Titel schon andeutet, fällt das beziehungsgestützte Lernen Frauen leichter als Männern (zumindest in den Vereinigten Staaten).

29 Vgl. zum Beispiel R. K. Fleming und B. Sulzer-Azaroff, »Peer Management: Effects on Staff Teaching Performance«, Vortrag auf der Fifteenth Annual Convention of the Association for Behavioral Analysis, Nashville, Tennessee, 1990. Zitiert in Tannenbaum und Yukl, »Training and Development«.

30 Es gibt eine reichhaltige Dokumentation zum Einfluß positiver Vorbilder auf die Änderung von Verhaltensweisen, die auf Albert Banduras wegweisende Arbeiten zurückgeht. Vgl. zum Beispiel Albert Bandura, »Psychotherapy Based on Modeling Principles« in: A. E. Bergin und S. L. Garfield (Hrsg.), *Handbook of Psychotherapy and Behavior Change: An Empirical Analysis*, New York: John Wiley and Sons, 1971.

31 Vgl. zum Beispiel H. M. Weiss, »Subordinate Imitation of Supervisor Behavior: The Role od Modeling in Organizational Socialization«, *Organizational Behavior and Human Performance* 19 (1977).

32 Charles C. Manz und Henry P. Sims, »Beyond Imitation: Complex Behavioral and Affective Linkages Resulting from Exposure to Leadership Training Models«, *Journal of Applied Psychology* 71 (1986).

33 Zitiert in Cary Cherniss, *Beyond Burnout*, New York: Routledge, 1995.

34 David Kolb und Richard Boyatzis, »Goal Setting and Self-directed Behavioral Change«, *Human Relations* 23, 1970.

35 Vgl. zum Beispiel Van Velsor und Musselwhite, »The Timing of Training«.

36 nach einem Bericht in *Business Week*, 20. Oktober 1997.

37 William H. Clegg, »Management Training Evaluation: An Update«, *Training and Development Journal*, Februar 1987.

38 Tannenbaum und Yukl, »Training and Development«.

39 Die Langzeitstudie der Weatherhead School wird von Richard Boyatzis betreut.

12. Dem Unternehmen den Puls fühlen

1 Mary York, U. S. Office of Personnel Management, unveröffentlichter Bericht, November 1997. Zu den Bewertungsinstrumenten und -modellen für leistungsstarke Unternehmen, die in diese Analyse einbezogen wurden, gehören: S. M. Arad und M. A. Hanson, »High Performance Workplaces: A Construct Definition«, Vortrag auf der Twelfth Annual Conference of the Society for Industrial and Organization Psychology, St. Louis, MO; David Campbell, *The Campbell Organizational Survey: For Surveying Employee Attitudes about Organizational Issues*, National Com-

puter Systems, 1988; James Collins und J. I. Porras, *Visonary Companies – Visionen im Management*, München: Artemis und Winkler, 1995; D. R. Denison, *Organizational Dynamics: Bring Corporate Culture to the Bottom Line*, New York: American Management Association, 1984; D. R. Denison und A. K. Mishra, »Toward a Theory of Organizational Culture and Effectiveness«, *Organization Science*, Bd. 6 (2), 1995; D. R. Denison und W. S. Neale, *DENISON: Organizational Culture Survey, Linking Organizational Culture to the Bottom Line*, AVAIT, 1994; Jac Fiz-Enz, *The 8 Practices of Exceptional Companies: How Great Organizations Make the Most of Their Human Assets*, New York: American Management Association, 1997. D. J. Kravetz, *The Human Resource Revolution: Implementing Progressive Management Practices for Bottom-Line Success*, San Francisco: Jossey-Bass Publishers, 1988; United States Office of Personnel Management, *Building a Model Agency: Changing OPM's Culture to Support Workplace Partnership and Diversity Initiatives, Organizational Assessment Survey*, Washington, D.C., U.S. Office of Personnel Mangement, 1995.

2 Bei der Voranalyse deckte sich nur eine – bzw. häufiger keine – der Schlüsseldimensionen für den Unternehmenserfolg mit emotionaler Kompetenz auf kollektiver Ebene.

3 Vgl. Chris Argyris, »Interpersonal Barriers to Decision Making«, *Harvard Business Review*, März/April 1966.

4 Carl F. Frost, *Changing Forever: The Well-Kept Secret of America's Leading Companies*, East Lansing: Michigan State University Press, 1996.

5 William Jennings, »A Corporate Conscience Must Start at the Top«, *New York Times*, 29. Dezember 1996.

6 Jennings, »A Corporate Conscience«.

7 Christina Maslach und Michael P. Leiter, *The Truth About Burnout: How Organizations Cause Personal Stress and What to Do About It*, San Francisco: Jossey-Bass, 1998.

8 Michael P. Leiter u. a., »The Correspondence of Nurse Burnout and Patient Satisfaction«, *Social Science and Medicine*, im Druck, 1998.

9 John W. Jones u. a., »Stress and Medical Malpractice: Organizational Risk Assessment and Intervention«, *Journal of Applied Psychology* 73 (1988).

10 Michael P. Leiter und L. Robichaud, »Relationships of Occupational Hazards with Burnout: An Assessment of Measures and Models«, *Journal of Occupational Health Psychology* 2 (1997); Maslach und Leiter, *The Truth About Burnout*.

11 Maslach und Leiter, *The Truth About Burnout*.

12 Peter Senge u. a., *The Fifth Discipline Fieldbook: Strategies and Tools for Building a Learning Organization*, New York: Doubleday Currency, 1994.

13 Mein Bericht über die emotionalen Turbulenzen bei der Einführung des Lincoln Continental '95 und ihre Lösung stützt sich weitgehend auf die Dokumentation von George Roth und Art Kliener in »The Learning Initiative at the AutoCo Epsilon Program, 1991-1994«, erhältlich beim Center for Organizational Learning am MIT, 1995. Die Dokumentation beschreibt nicht nur die Grundsätze innerbetrieblichen Lernens, sondern auch die emotionale und soziale Dynamik, die dabei am Werk ist, da beide Aspekte im Leben eng miteinander verzahnt sind.

14 Für weitere Informationen zur Methode vgl. Chris Argyris, *Overcoming Organizational Defenses*, New York: Prentice-Hall, 1990.

15 Für weitere Informationen zur Zweispaltenmethode vgl. Peter Senge u. a., *The Fifth Discipline Fieldbook*. Obgleich die Zweispaltenmethode ihrem theoretischen Anspruch nach unausgesprochene Gefühle und Gedanken zu Tage fördern soll, werden die Emotionen, die unausgesprochene Gedanken begleiten, in der Praxis oftmals außer acht gelassen, obschon sie genauso wichtig sind wie die Gedanken.

16 Zeniuk in einem Vortrag mit Fred Simon vor dem Council for Continuous Improvement, »Learning to Learn: A New Look at Product Development«, 1996.

13. Die Schlüsselfaktoren des Erfolges

1 Die Sitzung bei GE beschreibt L. B. Ward in »In the Executive Alphabet You Call Them C.L.O.'s«, *New York Times*, 4. Februar 1996.

2 Mary Ann Glynn, »Innovative Genius: A Framework for Relating Individual and Organizational Intelligences to Innovation«, *Academy of Management Review* 21 (1996). Glynn gibt folgende etwas umständliche Definition: »Unter der Intelligenz einer Organisation versteht man ihre Fähigkeit, Informationen in einer zweckmäßigen, zielgerichteten Weise zu verarbeiten, zu interpretieren, zu codieren, zu manipulieren und abzurufen, so daß sie ihr adaptives Potential in dem Umfeld, in dem sie tätig ist, steigern kann.«

3 Diese Definition von Intelligenz ist eine Variante des Intelligenzbegriffs, den Howard Gardner in seinem bahnbrechenden Buch *Abschied vom IQ* beschreibt.

4 John Seely Brown und Estee Solomon Gray, »The People Are the Company«, *Fast Company*, November 1995.

5 Jac Fitz-Enz, »The Truth About Best Practices: What They Are and How to Apply Them«, *Human Resources Management*, Frühling 1997.

6 Jac Fitz-Enz, *The Eight Practices of Exceptional Companies*, New York: American Management Association, 1997.

7 Selbstverständlich ist die kollektive emotionale Intelligenz lediglich ein Faktor unter den zahllosen komplexen Determinanten des Geschäftserfolgs.

8 Neben Informationsquellen des Unternehmens selbst habe ich die Fallstudie der Harvard Business School über das Unternehmen herangezogen: »Egon Zehnder International«, von Eunice Lai und Susan Harmeling unter Leitung von Professor Michael Y. Yoshino, Harvard Business School (N9-395-076), 2. November 1994.

9 Nancy Garrison-Jenn, Economist Intelligence Unit, 1996.

Abschließende Überlegungen

1 325 der Unternehmen, die 1955 auf der Fortune-500-Liste standen, existierten im Jahr 1995 nicht mehr. Vgl. Charles J. Bishop, Jahresbericht 1995 des Industrial Research Institute, zitiert in: Philip H. Abelson, »The Changing Frontiers of Science and Technology«, *Science*, 26. Juli 1996.

2 Diese Studie wurde von Michael Hair von der Firma Frank N. Magid Associates, Los Angeles, durchgeführt und wird von Dudley Buffa und Michael Hair in ihrem Aufsatz »How knowledge workers vote«, *Fast Company*, Oktober/November 1996, aufgegriffen.

Anhang I

1 Modell der vielfachen Intelligenzen: siehe Howard Gardner, *Abschied vom IQ : die Rahmentheorie der vielfachen Intelligenzen*, Stuttgart: Klett-Cotta, 1994. Neben den üblichen kognitiven Fähigkeiten wie mathematisches Deduzieren und sprachliche Gewandtheit (sowie Intelligenzen in Bereichen wie Bewegung und Musik) gibt es Gardner zufolge auch »persönliche Intelligenzen«: eine für den Umgang mit sich selbst und eine für den Umgang mit Beziehungen. So wie Gardner diese persönlichen Intelligenzen darstellte, standen jedoch deren kognitiven Elemente im Vordergrund, während er der wichtigen Rolle der Emotionen in diesen Bereichen wenig Aufmerksamkeit widmete.

2 Peter Salovey und John D. Mayer, »Emotional Intelligence«, *Imagination, Cognition, and Personality* 9 (1990).

3 Reuven On-Bar beschrieb seine Theorie der emotionalen Intelligenz erstmals in seiner Dissertation und charakterisierte sie, in Verbindung mit weiteren Forschungsergebnissen, in Reuven Bar-On, »The Development of a Concept and Test of Psychological Well-being«, unveröffentlichtes Manuskript, 1992. Sein Modell beschreibt die emotionale Intelligenz im wesentlichen als »ein Spektrum von personalen, emotionalen und sozialen Fähigkeiten, die bedeutsam dafür sind, daß man Anforderungen und Zwänge der Umwelt erfolgreich bewältigt«. Er unterteilt die fünfzehn wesentlichen Fähigkeiten in fünf große Gruppen: intrapersonale Fähigkeiten (die Fähigkeit, sich selbst wahrzunehmen, die eigenen Emotionen zu verstehen und seine Gefühle und Ideen zu bejahen); interpersonale Fähigkeiten (die Fähigkeit, die Gefühle anderer wahrzunehmen und zu verstehen, an anderen Menschen überhaupt Anteil zu nehmen und emotional enge Beziehungen herzustellen); Anpassungsfähigkeit (die Fähigkeit, seine eigenen Gefühle zu verifizieren, die unmittelbare Situation zutreffend einzuschätzen, die eigenen Gefühle und Gedanken flexibel zu ändern und Probleme zu lösen); Streßbewältigungs-Strategien (die Fähigkeit, mit Streß fertig zu werden und starke Emotionen zu zügeln); und motivationale und allgemeine Stimmungsfaktoren (die Fähigkeit, optimistisch zu sein, sich selbst und andere zu genießen sowie Glück zu empfinden und auszudrücken).

Anhang 2

1 Richard Boyatzis, *The Competent Manager: A Model for Effective Performance*, New York: John Wiley and Sons, 1982.

2 Siehe zum Beispiel Elliott Jacques, *Requisite Organization*, Arlington, VA: Cason Hall, 1989.

Anhang 3

1 Siehe zum Beispiel Tiffany Graham und William Ickes, »When Women's Intuition Isn't Greater than Men's«, in William Ickes, Hrsg., *Empathic Accuracy*, New York: Guilford Press, 1997.

2 Graham und Ickes, »When Women's Intuition Isn't Greater than Men's«.

3 Siehe Judith Hall, *Nonverbal Sex Difference*, Baltimore: Johns Hopkins University Press, 1984.
4 Graham und Ickes, »When Women's Intuition Isn't Greater than Men's«.
5 Graham und Ickes, »When Women's Intuition Isn't Greater than Men's«.
6 Graham und Ickes, »When Women's Intuition Isn't Greater than Men's«.
7 Ickes, zitiert in *Science News*, 23. März 1996.

Anhang 4

1 Claude M. Steele, »A Threat in the Air: How Stereotypes Shape Intellectual Identity and Performance«, *American Psychologist*, Juni 1997.

Anhang 5

1 Faustregeln abgewandelt nach Lyle Spencer Jr. et al., *Competency Assessment Methods: History and State of the Art*, Boston: Hay/McBer, 1997.
2 Scott I. Tannenbaum und Gary Yukl, »Training and Development in Work Organizations«, *Annual Review of Psychology* 43 (1992).
3 Miguel Quimones, »Contextual Influences on Training Effectiveness«, in: M. A. Quimones und A. Ehrenstein, Hrsg., *Training for a Rapidly Changing Workforce: Applications of Psychological Research*, Washington, DC: American Psychological Association, 1996.

Namenregister

Kontaktaufnahme mit dem Autor

Emotionale Intelligenz und ihre praktischen Implikationen beschäftigen mich seit vielen Jahren, und in diesen Rahmen fügt sich auch das vorliegende Buch ein. Die Leser sind eingeladen, mir ihre Gedanken, Geschichten und Reaktionen mitzuteilen, auch wenn ich nicht immer auf jeden Brief antworten kann. Für Unternehmen, die die hier vorgetragenen Ideen umsetzen möchten, steht mein Beratungsunternehmen Emotional Intelligence Services (EIS) mit Entwicklungsinstrumenten, Medienprodukten und Dienstleistungen zur Verfügung. Zu den von EIS angebotenen Instrumenten gehört das »Emotional Competence Inventory« (ECI), das das gesamte Spektrum der emotionalen Kompetenzen umfaßt. Es kann zur Ermittlung des Bedarfs, aber auch als erster Schritt zur Entwicklung von emotionaler Kompetenz verwendet werden, und es kann zur Selbstentwicklung ebenso anregen, wie es helfen kann, jene Kompetenzen zu ermitteln, die am dringendsten verbessert werden müssen. Zu den angebotenen Dienstleistungen gehören ferner die Gestaltung und Durchführung von Programmen zur Entwicklung emotionaler Kompetenz sowie die Ausbildung von Ausbildern für Unternehmen. Die Adresse von EIS:

Emotional Intelligence Services
142 North Road
Sudbury, MA 01776
USA
Telefon: 001-978-371-5922
E-Mail: EISGlobal@AOL.com
Internet: www.EISGlobal.com

Um den im 11. Kapitel beschriebenen technischen Report über die Entwicklungsrichtlinien vollständig einzusehen, besuchen Sie die Homepage des Consortium for Research on Emotional Intelligence in Organizations: http://www.eiconsortium.org